镇巴史话

美丽中国故乡热土

文化丛书

谭平 主编

梅冬盛 副主编

文物出版社

责任编辑　高梦甜

责任印制　张　丽

封面设计　陈静雅

图书在版编目（CIP）数据

镇巴史话/谭平主编 . —北京：文物出版社，2015. 4

（美丽中国：故乡热土文化丛书）

ISBN 978 – 7 – 5010 – 4242 – 5

Ⅰ . ①镇… Ⅱ . ①谭… Ⅲ . ①镇巴县 – 地方史 Ⅳ . ①K294. 14

中国版本图书馆 CIP 数据核字（2015）第 055213 号

镇巴史话

谭　平　主　编

梅冬盛　副主编

*

文物出版社出版发行

（北京市东城区东直门内北小街 2 号楼）

http：//www. wenwu. com

E-mail：web@ wenwu. com

北京宝蕾元科技发展有限责任公司制版

北京京都六环印刷厂印刷

新华书店经销

787 × 1092　1/16　印张：31. 5

2015 年 4 月第 1 版第 1 次印刷

ISBN 978 – 7 – 5010 – 4242 – 5

定价：80. 00 元

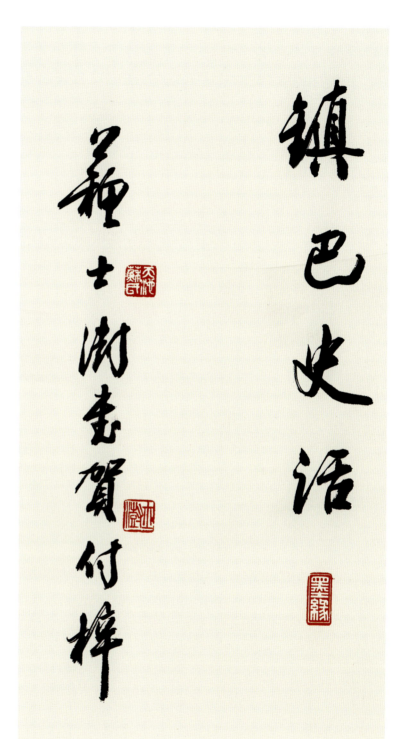

镇巴史话

题士澍恭贺付梓

苏士澍

1949年出生于北京。满族。现任全国政协常务委员、国家文物局文物出版社名誉社长、中国书法家协会副主席、中国绿化基金会副主席、国家文物鉴定委员会委员、《书法丛刊》主编、西泠印社理事。

# 序　言

近些年来，文化是一个很流行又似乎已经泛滥了的词，娱乐文化、消费文化、餐饮文化等为人们所熟知。对于研究地方志与地方文史的人来说，这种时尚的"文化"多少带有浮躁与迎合时代的气息；同时我也为地方的古老历史文化与独具特色的地域文化少有人问津感到遗憾。

对于一个地方而言，其深厚的历史文化与浓郁的地域文化应是其精神家园的两大支柱。人们在自然地消费着这两种文化，骨子里在传承、因袭着这两种文化，但往往不清楚这两种文化应该以何种形式、以何为载体呈现在人的眼前。

日前收到《镇巴史话》（以下简称《史话》）书稿，不觉眼前一亮，这不就是一种很好的地方文化载体吗？

仔细阅读了《镇巴史话》的全部内容，并调阅了《定远厅志》（余修凤编撰）及《镇巴县志》（1996版），觉得这是一本很好地将地域文化与历史文化结合起来的文史书籍，很有普及价值及意义。

我研究地方史多年，深知人们了解地方文化及历史文化一般都会借助于地方志。但大多数地方志是官方语言形成的地方资料汇编，其工具性的效能远远大于阅读的效能，缺乏普及的作用。试问：有几人愿意抱着一本地方志去埋头阅读，获得一种精神的愉悦？地方志对地域文化或有记述，但缺乏专业人士的搜集整理及编撰，大多语焉不详，不成系统，而《镇巴史话》的成书刚好弥补了这两点不足。下面具体谈谈对这部书的认识。

首先，相比于《定远厅志》及《镇巴县志》，《史话》在体例形式上自成格局，以时间为序，从远古至1949年新中国成立，其间几千年的历史，择其纲要收录，条理清晰，线索明了，颇具"史"的"框架"。形式上推陈出新，以史的叙述为主，辅以文史、文艺资料的链接，相互印证，相互说明。篇章分节既成系统又保持相对的独立，打破了一般史志平板单一的"资料式"结构。内容上以"话"带史，既有

"史"严谨、准确的特点，又有"话"通俗易懂、趣味性强的特色。"五分史、三分话、二分引"，史料性及文艺性兼备，充实了史料的具体内容。如果说史志重"面"的话，《史话》则着重于"点"的阐发；史志追求完备，《史话》则注重重大节点的具体内容——这样一来，《史话》有了更多的可读性，给了读者阅读的兴趣，利于普及。

其次，一个地方的地方志就相当于该地的"百科全书"，其资料的完备与涉及面之广当然是一般书籍无法取代的，但任何一部地方志的编写都有一定的局限性，或是时间的截断，或是内容的错讹，后人总会在此基础上进行不断的完善和修订，以使史志传达的信息更加准确、更加丰富。纵观《镇巴史话》的内容，就对两部地方志做了很好的增、修、改、订。这部《史话》涉及历史、地理、社会、经济、军事、文学、宗教、少数民族、自然科学、民风民俗等多方面内容，虽然内容不及两部地方志宽泛齐全，但也起到了"补志之缺，参志之错，详志之略，续志之无"的作用。如《史话》中出现了较多的"民歌文化"，曾闻镇巴有"民歌之乡"的美誉，作为特色的地方文化，两部史志几无记载，而《史话》对此有所收录研究，不仅增加了史话的内容，也为搜集整理地域文化开了一个先例。像这类增添的内容还有民风民俗的再现，如端公戏、吊角楼；历史陈迹的重挖，如胡家寨、红岩双洞、神道碑等；烽火硝烟的文学描述，如定远风云白莲教、匪患王三春等；农业经济的考证，如镇巴的茶业、手工造纸等，这些增添的内容取材于史志的轮廓，还原了具体的细节，读起来趣味盎然，既是对历史的重现，又是对历史文化的一种重新认识与思考。

在两部地方志的叙述中，对某些错讹之处作了考辨。如《洋水悠悠》、《"二十四地"何所指》等，这些史志记载不全、不详的东西，《史话》通过各方资料搜集整理、斟别，最终给出合理的结论，相对于史志而言，是一种局部的修正。如在翻阅《镇巴县志》时，《艺文·传说》一章里收录的古代散文诗歌来源于《定远厅志》，因厅志是古籍读本，县志在收录时出现了一些错误，《史话》不仅作了修正，并对相当多的诗文做了赏析，这对正确传承和普及该地的历史文化带来了极大的便利。

第三，史话打破体例，是史而非史，辅以文学性的传记与描述。对于这样综合的史料类的书，一般会是一个团体共同承担编辑的任务，但从这部书来看，书的作者既有组织又有相对的独立性，书的内容既成体系但又相对独立，所以以史话里面文艺性的东西有相当比例，且大多带有作者自己的思辨与鲜明的导向，这与一般史志是完全不同的。《史话》作为文史读物，文章都有相对的独立性，有很多是在史料基础上形成的原创文艺作品，如《四十异域觅封侯》、《漫话星子山》、《从孤儿到大校》、《碧血洒人间　赤心为人民》、《镇巴古代文学作品辑赏》、《定远厅同知诗词辑赏》等，这些链接文章既是对史料的印证补充，又是自成篇章的文学作品，基于史而不囿于史，拓宽了史料的内容，丰富了读者的见闻，让人获得一种审美享受。

作为一部历史类书籍，相比于地方志而言，我谈了上述看法与认识。下面我想再说说这部《史话》在传承发扬地方文化上所具有的价值与意义。

一部史话就是一部文史读物，它教导人们认识历史、审视历史，从历史中借鉴经验，在本地的历史人物中寻求自信与荣光，《史话》为人们提供了认识历史、回看历史的平台。一部史话就是一部地方文化的汇编，但人们对地方文化几无完整统一的印象，借助史话，人们也许会系统而全面地阅读并认识到地方文化的亮点，认识到地域文化里流淌在人们血液里的一些东西，人们思想里一些"根"的东西。面对时代冲击，阅读地方文化史，使人们摆脱浮躁、不会盲目地自我迷失。一部优秀的地方文史书籍在传承和发扬当地的历史文化和地域文化上有不可低估的作用。只要它进入人们的视野，人们都会在书中寻找、考证、总结、反思，找到属于自己的东西，或继承、或发扬，或找寻问题，寻求进步。因为作者鲜明的导向性和史料的公正性在自觉地引导人们，教化人们。

读了《镇巴史话》，知道镇巴自汉封为班超食邑后，居民生息繁衍未绝；此处山大沟深，地近蛮荒，多受匪患滋扰，以农耕为主，百姓吃苦耐劳，性格憨厚淳朴；自清嘉庆七年（1802）设厅后，历任同知为政多有善举，于己多苛责自省，于民则多有行善教化之功，如严如煜治政勤勉，生活俭朴清贫，兴修衙署，开设文馆武备，作《三省边防备览》等，颇有建树。功绩卓著的还有马允刚、李枢焕、余修凤等。这些人不但卓有政绩，"处江湖之远"而能"不以己悲"，且大多雅好文墨、通于诗文。严如煜《蠲修石城碑记》、《谕农词》、《夏耕词》等诗文，颇有中唐白居易之风，字里行间深藏着对百姓疾苦的同情和为官的自省；沈际清（沈尹默之祖父）的书法对后人影响甚大；德亮是一位雅好诗词的旗人，在流传刊载的诗歌中，内容虽然大多为清心养闲的性情之作，但其体例有古诗的回文体、轳辘体，兼有酬唱，说明当时文化氛围颇浓；到后来民国的第一任知事王世镗赴任，其著名的章草书法亦为一绝。这说明该地在清代中叶以来二百多年的历史中，文化的教化传承根脉延续，形成了独具特色的文化底蕴。《镇巴史话》的成书无疑对挖掘这样的文化底蕴、传承这样独特的地域文化有重要的作用及意义。

《镇巴史话》是一部优秀的地方文史书籍。当这部书跟读者见面时，茶余饭后，不拘章节翻看一、二，自可得本地史实风物之趣，若能以此为教化，传承厚德嘉训，自豪自爱生于斯、长于斯的土地，既是读者之乐，又是编者之幸。

是为序。

郑欣淼[*]

二〇一五年一月于故宫御史衙门

---

[*] 郑欣淼，陕西省澄城县人，曾任故宫博物院院长、文化部副部长等，现为故宫研究院院长、中华诗词学会会长。多年来从事政策科学研究、文化理论研究、鲁迅思想研究，2000 年以来着力于文物、博物馆研究，2003 年首倡"故宫学"。先后出版著作 20 余部。

# 弁　言

甲午马年秋夜，如约收到《镇巴史话》书稿，甚喜。全稿近四十万言，从"几个磨过的石头"至新中国建立，数千年之县域历史，跃然眼前。再读，尤喜。其架构有章法，体例有创意，史事有新掘，形神兼备，骨肉相连，珠玑缀结，爱不释手，至为感佩。镇巴乃吾桑梓之地，置身京畿漂泊多年，倍感其血脉之亲润，根源之悠醇。夙愿多年，渐近现实，焉能不喜。因共筹此事，受托序言，遂悉心为斯文。

我自大学毕业二十余年，先后供职于地方和国家文物行政主管部门，近年又步入出版业。期间耳濡目染，深谙文化之绵力，推陈出新之功效。大约十年前偶得《章武史话》，读罢有感：深入挖掘一县之社会文化历史，可以接地气、展风物、聚民智、传民风，身心之教益，文脉之传承，社会之发展，尽得矣。之后，我便有意识收集阅读各县史话，如《环县史话》、《漳县史话》、《岷县史话》、《临夏县史话》、《长沙县史话》等，遂萌生编撰《镇巴史话》的念头了。

陕南镇巴是我的故乡，她地处大巴山腹地，为川北冲要，汉南屏藩，自古山大林深，偏狭贫瘠。然，正是其居秦望蜀傍楚的特殊地理位置，决定了她深受秦楚及巴蜀文化浸润而呈现出的文化多元性；也正是其偏鄙封闭的地理环境，天然地保存了她原生态文化倔强的生命力。在与家乡朋友的交流中，尤其是在与北漂老乡的交往中，我深感悉知故土历史文化的迫切和必要，这也是大家共同的桑梓情结和文化期盼。闲暇之余，也对此做了一些定点的思考。2008年秋，我回老家看望父母，与故友梅冬盛老师不期而遇。他身为中学教师，是家乡颇有影响的文化人士，谙悉乡情。由于此前多次向他索要相关资料无果，这次遂将自己的构想和盘托出。他很兴奋，称自己也早有此念，但兹体事大，需周全考虑并寻谋时机。2013年夏，他来京时顺便与我谈及此事，并介绍了他的筹备、团队及初步研究状况，特别提到近几年来，他们不断深入民间，探访搜寻，获得了一些险些被历史淹没的重要线索和史实，这都大大出乎我的意料。为确保最终质量，我特别强调：自己浏览过一些县域史话，但大多较为平俗，学术层次还有待提升；我们此次着手从史话角度勾勒镇巴历史，仍须以文献作为基础，当言之有征，论之有据，兼顾"话"的通俗与"史"的严谨，准确定位，方有价值。

如今，文稿在手，彻夜嚼读，我还是深感震撼——其整体质量远超预期。我不禁如释重负，倍感欣慰；同时，也对承担此项工作的团队深怀敬意：他们对编纂工作的谨严态度，对故土山水的脉脉深情，对当地历史文化传统的拳拳崇敬，全都凝聚在了这部厚厚的书稿中。

纵览全稿，其最有意义的地方还在于：它介乎字斟句酌的官修正史与隐晦光怪的稗官野史之间，在专业圈内高、大、上版本与大众市井平、微、底读物之间，架起了一道完整而不乏灵性、通俗而不失根本的民间桥梁。同时，其研究方法、行文手段、史料挖掘及权衡遴选，均表现出了相当高的创造性和专业精神。事实上，由于镇巴作为县级行政建制的历史赓续有缺，隶属城固、西乡管辖的历史较长，加之地处荒僻，地方文献的形成在历史上出现了很长一段时期的断层，故在勾勒定远厅行政建制以前的历史概貌时，遇到很大的障碍。相关著者便从镇巴县域遗存的有较高历史文化价值的文物和考古发掘实物的研究入手，找到了很好的突破口。如从一口遗存的古钟推演出当时的人口、宗教、交通、手工业及生产生活现状，并用相当丰富具体的语言进行描摹勾画，从而弥补了一般史书在此方面的空白。

年岁渐长，乡情日浓。我虽与故土相隔千里，并不常"回家看看"，但对家乡基础设施条件的改善与城镇化建设的日新月异，甚为关注并欣慰。随着社会经济的快速发展，县域文化建设的战略价值日益凸显，当地政府经过多年摸索和提炼，清晰地提出了"打造民歌之乡、红军之乡、苗民之乡"即"三乡文化"的建设目标，现已初见成效。本书的刊发也契合了县域社会经济文化大发展的时代脉搏。同时，本书作为镇巴县专业技术人员继续教育的本土教材，有着较大的读者群和广泛的社会受益面，其文化教育价值足可预期。

"郡县治，天下安"，是中国传统政治制度的历史法则。习近平总书记也指出："县一级工作好坏，关系国家的兴衰安危。"而一县之治理，物质经济的发展是基石，精神文化的建设才是长治久安的灵魂。因此，我们在推动县域社会经济发展的同时，更应该重视其历史文化精神的挖掘和面向未来的县域文化形象与价值的重塑。

"美丽中国　故乡热土文化丛书"的编创，是一次积极的尝试；而《镇巴史话》的出版，当为此工程有力地发轫。

谭平

2014 年冬于北京

# 绪　论

如果说《定远厅志》是肇始于 19 世纪 70 年代的镇巴历史文化创修工程，而《镇巴县志》是发端于 20 世纪 90 年代的镇巴社会文化创修工程，那么《镇巴史话》则是 21 世纪初期一群生长于斯的学人以真诚的态度、探索的精神和自由的表述，对前两部史志完成的系统解读——这样的工作，其本身就表达了对前两部史志的最高敬意。

这部《史话》以我们这个时代的话语特色及结构体例，将凝固在古志文言与新志规范之中的镇巴历史文化世界整体性地开显出来，在史实求索的过程中融入了价值、情感、经验，使其兼具知识性、思想性和艺术性的综合特点，为地方文化的深入传播和普及教育提供了颇具示范性的阅读文本。

《史话》一书的作者们长期以来在乡土风物间探访笔录，在地境场所中行走体验，在历史文本内诠释对话，一方面在书外传承着本土社会历史文化的薪火，一方面在书中荟萃了这个群体的成果与作品。因而《镇巴史话》的成书问世，具有较好的社会意义和学术价值。

一

本书题名"镇巴史话"，取"史话"通俗讲述历史之意（《汉语大词典》），即通俗讲述了止于新中国建国的镇巴整个历史文化。显然，与本地前两部史志所需承担社会记录的规范性和学术研究的严肃性相呼应，本书是藉此"史话"的通俗性，来追求地方文化传播与普及教育（而非专致于学术的严格分析论证），强调读史阅世的本土历史文化教育功能而非修史治学的学术价值。

不过，本书与一般史话体的通俗性有很大的不同。首先，为达到上述的目标，全书取材不但强调对各类史志文本资料展开全面系统的梳理采用，而且注重对相关史实遗迹展开广泛深入的田野调查采访，本地很多史迹传说在书中得到验证或辑存。书中处处显示了作者们在山水间求证历史的足迹，探索本土文化源流的心迹，这已经不是一般史话体书籍的取材范围及方式能够涵括的。其次，全书文体及其表述风格多样。正文内容多以史述体，而"相关链接"更为自由灵活多样，有史学的史证体，也有文学的游记、散文、诗赋、议论、报告等体裁，还有文献史料类的辑录、辑注体等等。这些都远远超越了单纯"史话"以史实掌故为基础的故事叙述体的局限。在这个意义上，本书题名所谓的"史话"，其"史"者乃史实、史迹，其"话"者乃对话、交流。面对史迹、史实展开对话与交流，使地方历史文化从历史语言文本和学术记录规范中解放出来，以源于生活的调查交流方式和自由明畅的日常语言表达方式，重新诠释了镇巴数千年的地方历史文化，完全达到了地方文化普及传播的功效。总之，全书在保留史话体的通俗性和可读性这些基本特质之外，还开拓性地完成了地方文化的当代探索与教育传播的双重任务。

全书结构体例及其内容组织有条不紊、点线结合、疏密有致。其内容体例分为八类：行政沿革、地貌物产、人口政权、经济生活、治安军事、革命往事、文教风俗、地方人物，这些分类是对本地前两部史志（《定远厅志》、《镇巴县志》）内容体例的整合提炼，适应了本书的目标任务及内容特点。每类主题下分正文内容、相关链接和超链接。正文内容记述每类主题的专题通史，旨在梳理并阐述各专题的整体历史发展脉络。各专题的正文内容构成了全书最为基础的经纬线。它们编写的基础是本县古志《定远厅志》和新志《镇巴县志》，又充分利用了本县各类地方数据和文档资料，对各专题给予了全面系统的梳理，并展开一定程度的田野调查和口述史记录，大大补充并盘活了史志史料的内涵理解，并有诸多深化、拓展、矫正之处。在这些基本的经纬网线之下，"相关链接"收录的各组文章则是正文内容相关细节的专门研究或调查记述，如同经纬网线上随机分布的各个点。在本书中，它们不具有完整序列性，而是本书作者们各自研究、调查或创作的成果。从全书结构体例看，"相关链接"的各组文章似乎是正文内容的点状细节深化或补充，但在篇幅分量上它们远远超过了正文内容，集中体现了本书的各类活动成果和特色。总之，本书结构体例以正文内容为经纬，以相关链接内容为节点，系统脉络和专题细节相互交织，题材全面而又多样，点线结合，表述灵活自由，并在研究类表述和创作类表述之间建立相互补充、相得益彰的关系。较之体例规范、表述严谨的方志体书籍而言，本书具有自身的特点，较好地发挥了对史志文化的普及传播作用。

本书虽然旨在普及传播本土本地历史文化，但从整体内容所表现出的材料类型和文本表述方式看，蕴涵有浓郁的文学特质。在各专题"相关链接"所收录的专题文章里，集中展示了本书创作群体的文学色彩。当然，其中还有很多史述、史证、辑录辑注、调查报告等内容，但文学表述之风浸染在字里行间，这也是本书的一大特色。一般史话体重在利用史实内蕴的历史情节展开叙事铺陈，具有行为活动细节的故事性。而本书的文本表述特色不在于此，而是利用采访回忆、调查报告、游记散文、诗歌或各类仿古诗赋等体裁的文学表述，完成其对地方历史文化的交流传播，具有价值判断和情感体验的情景性。这类善于抒发情志的文学表述特色，让我们追想起清朝嘉庆以来镇巴文风振兴的缘起。从《定远厅志》的记述史料看，本县文风振起于第八任同知马允刚任期，《定远厅志·职官志》"马允刚"条述曰：（马允刚）"捐刻唐诗、明文，及国初时艺授读，文风由此丕振"。《地理志·风俗》"文风"条又云："厅治文学渐新，礼仪复古，城乡多俊秀，子弟读书皆可成名……"此类文风属于传统历史文化的价值塑造，而本书《史话》所辑录的民歌则又反映了山内乡土原生态的情怀及其艺术表现力。两者摩荡融合，可能就是斯乡抒发情志之文风的生起处。本书作者们集成有《镇巴民歌大全》，继此又有《镇巴史话》，斯土之文风自清以来在当代之振兴，实为本土骄傲。

## 二

不仅如此，这部书还汇聚了不少有价值的研究成果，对前两部史志工作有很多的拓展与深化。这里扼要介绍一二。

第二章《地貌资源》第一节对记述本县疆域边界四至沿革变化的不同史料，展开了勾稽对比，补充完善了《厅志》和《县志》的内容，初步理清疆界划分变化的过程及其相关史料问题。第二节对巴山的抒情式理解："这块占全县面积四分之一的神秘净土，好似镇巴的'青藏高原'，那瑰奇的风景、纯净的蓝天，是我们心中永远的眷恋！"在情感体悟中通过联想对比和情境提纯，更换了我们对乡土地貌的整体观察视角，从而加深了我们的理解力和乡土情结。这正是史话体的自由与史志体的规范相得益彰的表现。书中处处能对县志、厅志史料里的关键内容给予指示强调，加强了我们对史实的判断与把握，诸如第二节对巴山水系的史料价值给予判断："厅志曰：'定远万山耸列，细流纷出。其为众水所聚集成巨浸，则有所谓洋、楮、渔、巴四水是也。四水虽各自为源流，而所在千支万派要皆纳于四水，而后归于巴江、汉江。'这个概括可谓简明扼要。"本章相关链接的文章《楮水向东南》充满了环境意识和现实责任感，并提出明确的环境保护要求。类似的链接文章灵活多样地体现了本书作者群体不同的个性和共同的乡土感情。

第三章《人口政权》弥补了《厅志》《县志》受体例所限在综合分析方面表现出的不足，对方志相关内容给予了更为系统的勾稽梳理，提高了记述的系统性和可读性。其中第六节论厅治建设，史料详实，选材适当，分析精要有据，难能可贵，颇有史学之风。本章的相关链接诸文，实为正文内容的画龙点睛。通过各位作者的调查走访、融合文献资料，撰写了一篇篇有关本地难得而又动人的掌故和史迹的文章，对于方志的补充实为有益。又以其灵动详实的表述增添了情感与阅读的兴味，对本地文化、历史的情感也在其间油然而生。思想、情感、史迹、故事、个性，历史审美、现实感悟、地域文化等等因素，交融于风格迥异的文字中，它们的多样性又汇成了《史话》本身的地域文化共性。在某种意义上，这些文章比方志编纂更难书写，没有足够的地域经验和知识、没有丰富而又真诚的地域情感、没有热情和精力、没有语言文字的表现才华，这些附于《史话》主脉之下的文章难以从偏隅中跳跃而出。它们本可以组成一部独立的书稿，若果真如此，它们又仅为个人才华的彰显，而在这里融入地方历史文化的长脉，则文化个性与地域文化共性、史话的历时性与共时性得到融合。虽然目前尚难以充分达到这样的效果，体例的探索仍有诸多商榷和检验之处，但书中已经呈现了一些新的供人深思的现象，至少在地方文化传播上将会发挥重要的作用。现在这个时代，任何一种规范较强的体例都很难体现大多数人的阅读需求和审美理想，而本书的多元性、探索性和来自于本土文化人的直接表述，却能带给我们一些关于传统、现代与后现代史学文本撰写的思考。

第四章《经济生活》的相关链接文章，大多为专题调查、考证、研究与游记，比正文内容的梳理记述更有文献史料价值，是对史志的拓展和深化。

第五章《治安军事》的相关链接文章也是如此，其内容份量远超正文记述，它们一起成为本书《史话》的双翼。在某种意义上，这些链接文章之于正文内容的关系，类似于裴松之的注释之于陈寿《三国志》的关系，是构成《史话》正文内容不可缺少的专题研究与注释。其表现形式又灵活多样，充分发挥了各位作者的个性特长及其对资料的诠释手法，融史学、文学于一体。诸如书中提问："蜀国为什么要建这个南乡县呢？"又问："唐帝国为什么会在建国初分置洋源县呢？"这是方志不会解答的问题，而在《史话》中可以尽情探究。如果史料证据和相关条件具备，这些好问题就会成为地域文化的专题研究内容，必将大大推动本地文化的发展。诸如此类现象，皆是《史话》重要贡献之所在，足以激发后学的问题意识和热情，加强对本地文化的尊重、情感联系和文化研究。本章附录《定远风云白莲教——镇巴单设厅治溯源》一文，勾稽史料和调查走访，将白莲教活动及其在清史中有关本地的史料给予了系统深入梳理，并点明了厅治创设的具体背景，为本章史话增添了史学份量，文笔清新充实。《土匪王三春事略》则对影响本地近代史的一个重要人物给予了详实勾稽，大大补充了史话主脉的内容，对于方志也有补益。其余诸篇在史实记述的点、线、面上都有全面体现，同时以专题形式完善了正文内容，加之深入细致的走访调查，可谓贡献多多。

第六章《红色往事》调查资料详实，相关链接文献与正文内容处理相得益彰，内容充实完整，点面结合得很好。如果能够充分结合红四军军史，深入探讨这些活动在本地的前因后果，将会具备更高的史学价值。

第七章《文教风俗》在全书中的内容份量很重，由于它充分显示了本土文化生态的多样性，这种处理是非常适当的。本章相关链接中，《镇巴古代文学简史》对镇巴文学史料展开基础调查，并有初步的总结分类整理，实为本地文学文献学的奠基作。《严如熤农事词辑注》显示了本地学人的文史之功。《传说辑录》对本土民间传说资料的调查辑录，意义重大。《镇巴旧时文学史上的一篇奇文——丁木坝胡高学墓表》对文学史料的考索和调研具有典型性。其他数篇文章的选题和撰写，从古迹、建筑、宗教、民俗等多层面给予调查记述，并形成各篇富于个性化的文本，极大扩充了《史话》的深度和广度。本章如果能继承《定远厅志》的资料成果，进一步对方言展开全面的调查研究，那么《史话》对本县地方文化的研究水平无疑会更上层楼。

第八章《地方人物》开篇引言高屋建瓴："郁达夫在《怀鲁迅》中说：'没有伟大的人物出现的民族，是世界上最可怜的生物之群；有了伟大的人物，而不知拥护、爱戴、崇仰的国家，是没有希望的奴隶之邦。'邦国如是，地方亦如是。镇巴历史文化名人涵养本土文化，塑造父老精神，当拂去其尘霾，厘清其事迹，追慕其神思，尊崇显扬而为斯土之荣，发扬光大而为文化之魂。"由此，地方人物生平史迹的价值意义得到深刻的反思，充分体现了本书地方文化普及传播的宗旨。本章对历任同知事迹的系统梳理，相关链接文章对余谦相关史实的反复考论，对严如熤相关史料的详实考述，皆大有裨益于史志研究。而《北大"三沈"与陕西镇巴》、《孙文密使 民国中将》、《民国镇巴第一任知事——章草大师王世镗》、《碧血洒人间 赤心为人民》、《从孤儿到大校》、《"潍县团"长 援朝英雄》、《四行仓库保卫战 800 壮士之镇巴籍英雄晏安兴》、《一个镇巴老兵的传奇人生》等一组近现代人物史迹的调查采录，更是提升了本书《史话》的史学价值。

# 三

《镇巴史话》即将出版问世，建议这项工作完成后，组织人力辑录《镇巴史料集成》，尤其是嘉庆设厅以后的清史、民国史资料。此为重中之中的任务，当大大推动镇巴历史文化研究的深入。同时，与此相配合，展开适合本地文化生态、自然生态的方志理论及实践研究。《史话》编写已经留下了大量调查资料，也暴露很多史料难以从系统性全面性上给予把握，因而观点和体例出现了一些问题，或过于局促、或放之过大，很多与本地史迹发生的整体历史现象难以贯通理解。这是史料集成的重要任务，一是系统全面辑录本地及相关资料，以供研究、阅读的上通下达；二是深入保存本次工作的资料成果，以免出现不必要的流失和精力时间的耗费；三是为将来的本地社会、文化、生态发展提供真正的基石；四是为相关学术研究提供资源库，也为检核厅志、县志、史话和其他相关工作成果和质量，为有效发挥学术批评、社会评价力量，提供切实的平台。

目前正值镇巴县第二轮《镇巴县志》续修工程的开启之际，《史话》成书出版正当时。这部书或许难以比拟那些大型文化创修工程，但它如同山内一潭清渊，映照汇聚了斯土斯乡的文化灵魂。这里面荡漾的没有鸿篇巨制，从这里流淌出的也许难成湖海江河，但它蕴涵着斯乡生生不息的创造源流。南宋大儒朱熹有诗云："半亩方塘一鉴开，天光云影共徘徊。问渠那得清如许？为有源头活水来。"（《活水亭观书有感二首》）镇巴文化的澄明自信，在于斯土斯乡的真实情感经验与更为广阔的文化视域发生的那些开合承转；在于身处其乡的人如何将自我与环境沟通、如何与人类文化不断完成视域交融。这或许是《史话》诞生之后，我们需要继续走的路。

# 目　　录

# 第一章　历史沿革：置县一千八百年

"镇巴"这个名字诞生不过百余年。对于一片土地来说，这个时间太短。虽然庄子认为"名者，实之宾也"，可孔老夫子先说过"名不正则言不顺"的话。所以，要谈这片土地的历史，还是先追溯一下她的名字的变迁吧。

## 一、两千余年默无名号

这当然是从夏朝算起的。地球上所有的地方最初都没有名字，何时才有名字，这有待人类的赋予。镇巴在四千年前只能悄悄地存在于夏人心目中一个模糊的范围里。"依《尚书·禹贡》和《周礼·职方》划区，镇巴在夏、商为梁州域，西周为雍州域，东周属楚，赧王三年（前312）秦惠王取楚地置汉中郡，辖城固县，地属之。"（《镇巴县志》卷二《建置沿革》）所谓"地属之"，"地"仍无名。州、郡、县一层层命名下来，用了一千八百年，终于快要抵达这片土地了！可是，历史的步伐很慢很慢，这片土地要拥有自己的名号还要再等四百年——比孙悟空在五行山下等唐僧的时间稍短一点。

## 二、永元七年获名定远

东汉和帝永元七年，也就是公元95年，平定西域五十余国的名将、政治家班超获封定远侯，而朝廷赐给他的封邑就是现在的镇巴。可能有人会问：东汉在洛阳的朝廷会知道这个无名之地吗？我们不妨从古书上的一段话中去寻找答案。北魏郦道元《水经注》卷二十七《沔水上》有这样的记载：

> 汉水又东，右会洋水，川流漫阔，广几里许。洋水导源巴山，东北流迳平阳城……洋川者，汉戚夫人之所生处也。高祖得而宠之，夫人思慕本乡，

追求洋川米，帝为驿致长安，蠲复其乡，更名曰县，故又目其地为祥川，用表夫人载诞之休祥也。城即定远矣。汉和帝永元七年，封班超以汉中郡南郑县之西乡，为定远侯，即此也。

这段文字中说，"洋（xiáng）水"注入汉水后，汉水"川流漫阔，广几里许"，这说明洋水（也就是现在的泾洋河）当时的流量很大，（到上个世纪五十年代镇巴县城还可以通航）人们逐水而居，溯流而上，很容易进入县境；并且，西汉初年汉高祖就从现在的西乡一带"为驿致长安"，朝廷不可能不知道洋水源头的这片土地。从西汉初年到东汉和帝时期的这三百年间，由于人口的增长，经济活动范围的扩大，或躲避战乱的需要，镇巴这块地方应该已经有了一定数量的居民活动。所以，公元95年东汉朝廷把这块附近有驿路与长安相通的地方封给班超作食邑，也是情理之中的事。

班超这位名垂青史的人物食邑于此之后，这块土地也就终于有了自己的名字——定远。因此，对于镇巴这块土地来说，汉和帝永元七年，也就是公元95年，是一个重要的时间节点。从某种意义上说，这一年可以说是镇巴的诞生之年，她从此有了属于自己的名字，开始了自己独立的存在史；同时，她在文化与精神上永远与班超联系在了一起——班超应该被视为"班城之父"！

## 三、章武元年设南乡县

"三国蜀汉章武元年（221），析成固县南部置南乡县，辖今镇巴、西乡两县地，县城设归仁山，即渔渡坝古城堡，是为本县置县之始。"（《镇巴县志》卷二《建置沿革》）蜀汉章武元年，即公元221年，这又是一个节点——镇巴地境首次有了县级行政中心，时间距今大约一千八百年！

蜀汉的"南乡"指原成固县的南部，涵盖现在的镇巴、西乡两县，治所在渔渡坝（其原由故事，参阅第三章第三节"蜀汉建县：南乡设治归仁山"、第五章第一节"戍边镇守：南乡北迁继洋源"及第八章相关链接《南乡县首任县令——余谦》）。此后，如今的这两个县域在很长一段历史时期内作为同一个县级行政区域而联系在一起。南乡县存在了60年，曾相继隶属于蜀汉、曹魏和西晋三个政权。到晋武帝太康二年（281）改名为西乡县，治所北移（《镇巴县志》卷二《建置沿革》说："治所北移至今西乡境内。"1991年版《西乡县志·大事记》则说："县治由归仁山北移平西城。"注释中对平西城的位置存两说：一是今镇巴县城所在地，二是今西乡古城子），"西乡"这个名字也就从这时诞生了。

## 四、武德七年析置洋源

从西晋武帝太康二年（281）到清仁宗嘉庆七年（1802）的一千五百多年时间里，镇巴地境大部分时间与现在的西乡地境共为西乡县，只在唐代有二百多年时间从西乡分出来设置了洋（xiáng）源县。"（唐高祖武德）四年（621，一说武德七年）析西乡县东南（今镇巴县境）置洋源县，属洋州辖。洋源县治所史书无载，但据唐李吉甫《元和郡县图志》云，洋源县'因洋水为名'，洋水即今泾洋河，发源镇巴星子山，顺洋水源头下，境内能建县城的地址唯固县坝一处，疑此……敬宗宝历元年（825）洋源县废，地属山南西道洋州西乡县。"（《镇巴县志》卷二《建置沿革》）可知，在唐高祖武德七年（624）至唐敬宗宝历元年（825）期间，本县境又有一段独立创设洋源县治的历史（其原由故事，参阅第三章第四节"蜀汉建县：南乡设治归仁山"和第五章第一节"戍边镇守：南乡北迁继洋源"）。

## 五、嘉庆七年升格为厅

从全国的地理格局来看，镇巴所在的大巴山地区情况十分特殊：它横亘在秦蜀之间，离中心城市较远；且山大沟深，林木茂密，交通不便；却又东连中原，西接陇右，北近关中，南通巴蜀。所以，自明代中叶以来，川陕鄂一带的农民起义军和其他军事力量，常常以大巴山为依托来蓄积力量或实施战略迂回。其中规模较大且在镇巴境内活动频繁的有：明正德四年（1509）四川鄢本恕、蓝廷瑞、廖惠等聚众十万起义，八年间两次出入县境；明隆庆二年（1568）通江何勉聚众起义，在星子山与明军激战；明崇祯十三年（1640），张献忠起义军在渔渡九拱坪玛瑙山等地与明军左良玉部激战；清康熙十三年（1674）吴三桂部将谭宏陷据县境五年，烧杀抢劫，致使人民流离、田园荒芜。到了嘉庆三年（1798），白莲教起义军先后在毛垭塘、青岗坪、巴山林、长岭、九阵、红洋河、简池坝、渔渡坝、盐场坝、姚家坝、小洋坝等地与清军激战，直至七年（1802）十二月，因寡不敌众，退至四川太平县（今四川万源市）遭围截失利。率兵入境镇压白莲教的清经略大臣额勒登保"奏设厅治，置游击营，分立瓦石坪、观音堂、渔渡坝各要隘泛守"（《定远厅志·武备志·兵事》引《三省边防纪》）。于是，镇巴继唐代设置洋源县之后再次被分割出来，于嘉庆七年（1802）设置了定远厅，隶属于汉中府（参阅第三章第六节"嘉庆设厅：文治武卫守斯境"）。

从定远厅设置的背景来看，它在清代的三类厅中属于内地战略要地类（另有经济类和边疆类）。厅的长官称同知，级别高于县令。定远厅在镇巴存在了 112 年（1802－1913），它的设置基本上奠定了现代镇巴县级行政区划的格局。

## 六、民国三年更名镇巴

"民国二年（1913）废府、州、厅制，改定远厅为定远县，直属陕西省辖。民国三年（1914）元月为避免与四川、安徽、云南三省定远县重名，以境处大巴山、一方之主山曰镇、县城固县坝又为巴山重镇之意，更名镇巴县。"（《镇巴县志》卷二《建置沿革》）这样，这块土地就有了她的第五个名字（前四个名字依次是南乡、西乡、洋源、定远）、也是沿用至今的名字——镇巴。

从区域地理位置上来说，镇巴虽非边疆，实为边地：战国秦汉时期，它先属楚，后归秦，最后在蜀汉政权下设置为县（南乡）。从历史演变上来说，她命运多舛，生生不息：三国以来的一千八百年间，在纷乱的的政权更迭之中，先后有 25 个全国或地方性的封建王朝统治过这块土地；民国年间，兵匪蜂起，天灾频仍，民不聊生；直到 1949 年 12 月 17 日和平解放，这块古老的土地终于迎来了新生！

（本章由杨盛峰执笔）

# 四十异域觅封侯

去国三千里，定远五十邦。班超，一个遥远的奇迹！

在你的封邑镇巴，当我从你的雕像下走过，你那深邃的目光依然把我的思绪引向漫漫黄沙、茫茫大漠！

近两千年的岁月，可谓久矣；几千公里的异域，岂不远乎？大时空，大跨度，绝对的远方！

但你威武的身姿居然跨越千山万水，屹立在这泾洋河畔；你不朽的名字竟能穿透岁月风尘，闪烁于那煌煌史册！

定远侯，你是一个拥有神性尺度的传奇！

和许多英雄人物不同，你虽然出生于历史上一个著名的文学家、史学家的家庭，却并非天生卓异、少年神武。恰恰相反，与父亲班彪、哥哥班固、妹妹班昭相比，青少年时代的你甚至显得过于庸常。"居家常执勤苦，不耻劳辱"（《后汉书·班超传》，下未注明出处者同)，父亲兄妹都在为《汉书》而奋斗，家庭的重负责无旁贷地落在了你一个人的肩上，你在这个伟大的家庭里艰难操持、默默奉献。

汉明帝永平五年，公元62年，哥哥班固被征召到朝廷担任校书郎（管理书籍的官），三十一岁的你和母亲随之到了洛阳。虽然哥哥做了官，但一家人的生活依然十分艰辛；你也没有什么事儿干，只能靠打零工来养家糊口："家贫，常为官佣书以供养，久劳苦。"早已过了而立之年的你，还只不过是一个临时的小小抄写员！可有什么办法呢？父兄的事业需要有人做出牺牲，家庭的一切需要有人料理。而我知道，在这种庸常、琐碎与生活的重负中，一个人的精气神是多么容易被磨蚀掉！

可是，你与常人的不同恰恰就在这种庸常与琐碎中显露了出来。在卑微与劳苦之中，你依然对自己大声说："大丈夫无他志略，犹当效傅介子、张骞立功异域，以取封侯，安能久事笔研（砚）间乎？"这铿锵有力的誓言，表明你胸中始终珍藏着远大的理想！你对左右嘲笑你的人说："小子安知壮士志哉？"这陈涉式的反诘透露了你非凡的志向！我想，正是这种不甘平庸的强烈愿望和永不落潮的胸中豪情，使你注定要从常人中超拔出来，成就不朽的传奇！

在细读你的传记之前，我一直以为你那投笔从戎的铮铮誓言出自一位风华正茂、挥斥方遒的青年之口，哪知道你说这话时已年近不惑。这不禁让我想起塞缪尔·厄尔曼《青春》中的一段话："青春不是年华，而是心境；青春不是桃面、丹唇、柔膝，而是深沉的意志、恢宏的想象、炽热的感情；青春是生命的深泉涌流。青春气贯长虹，勇锐盖过懦弱，进取压倒苟安。如此锐气，二十后生有之，六旬男子则更多见。年岁有加，并非垂老；理想丢弃，方堕暮年……"千百年后，激荡于你心中的理想与锐气依然在描绘着你不老的青春！

汉明帝永平十六年，公元73年，你终于踏上了理想中"立功异域，以取封侯"的人生道路。而这一年，你已四十二岁！

四十二岁，很多人早已功成名就；一般人则会感叹大势巳去，将个性的锋芒悄悄收起，并开始安顿余生。而你，辉煌的人生历程才刚刚开始！

这一年，国力逐渐充实的东汉王朝决定对时常犯边的北匈奴展开积极攻势。这场最终迫使北匈奴向欧洲迁徙的战争，极大地改变了世界历史的走向。而你在四十二岁时，偶然地跨入了这一宏大历史事件的一角。也许，这一机遇对你来说来得太晚了一些，但有一次机遇就已经足够。而且，正因为你有着四十二年的人生积淀，你的横空出世注定会一飞冲天，你的首次出使也必然出手不凡！

这一年，作为一个将领，你在蒲类海之战中"多斩首虏而还"，获得了上峰、奉车都尉窦固将军的高度赞赏；作为一位使节，你在到达西域的第一站——鄯善国，就创造了"不入虎穴，焉得虎子"的千古传奇！

四十二岁，异域万里觅封侯，你的生命开始绽放异彩！

在此，我不打算再来复述那个大家耳熟能详的故事，而只是想稍稍指出人们对你的一点错觉。可能是由于对你投笔从戎的誓言和"不入虎穴，焉得虎子"的故事太过熟悉，所以大家对你的主要印象是：一位血脉贲张的勇士！《后汉书》中你的传记开头也有这样的话："为人有大志，不修细节……"然而，你真的是一个"不修细节"的人吗？

就在你与手下三十六人到达鄯善国不久，有一天，大家都感觉到先前"礼敬甚备"的鄯善王变得怠慢了。其他人以为，这不过是胡人缺少恒心罢了，只有你从这个细微的变化中敏锐地推断出：匈奴的使者到了。这难道是一个"不修细节"的人能够觉察得到的吗？你说："明者睹未萌，况已著耶？"这种敏锐的洞察力，只有长期生活在复杂的环境中才能够锻炼得出来。四十余年艰苦生活的磨练，早已为你后来建功立业储备了宝贵的精神财富。当你抓来一个胡人侍者，了解到匈奴使者确实已经到来，并且知道了他们的驻地，你并没有洋洋自得地将侍者放掉，而是把他禁闭了起来——因为你知道，如果此时走漏了风声，即便入了虎穴，也不一定能掳得虎子，反倒有可能为虎所伤。细节决定成败，你在"大行"之中充分注意到了"细谨"，这是你出使西域首战告捷的重要原因——这种冷静而缜密的思维与四十二岁的年龄是密不可分的。

这个故事里还有一个细节，就是你对副手郭恂的态度，也是令人玩味的。在你召集手下商议奇袭匈奴营帐的时候，有人提出："当与从事议之。"郭恂作为使团的领导成员，使团的非常行动当然应该参与，而你却愤怒地拒绝了这一提议："吉凶决于今日。从事文俗吏，闻此必恐而谋泄，死无所名，非壮士也！"读到这里，我曾觉得你对文人有偏见——也许是因为你长期以来被家里那几个写书的文人欺负够了。但事情的发展让我改变了这一看法。当你们奇袭匈奴营帐、大功告成之后，郭恂先是"大惊"，确有"恐而谋泄"的可能；继而"色动"，功成而又想分一杯羹——看来，你对郭恂的了解是十分深入的。老子曰："知人者智。"君之谓乎！

此后几十年间，你智取于阗，献策朝廷，应对谗言，计败龟兹……在一系列的外交、军事、政治活动中，无不表现出惊人的智慧与谋略。

公元102年，七十一岁的你在妹妹班昭的协助下，终于被皇上征召还朝。行前，继任西域都护任尚请教治理之策，你回答说："年老失智，任君数当大位，岂班超所能及哉！必不得已，愿进愚言：塞外吏士，本非孝子顺孙，皆以罪过徙补边屯，而蛮夷怀鸟兽之心，难养易败；今君性严急，水清无大鱼，察政不得下和，宜荡佚简易，宽小过，总大纲而已。"（《资治通鉴》，下同）在这番话里，你的谦逊令人印象深刻；而你针对任尚的个性，向他建议的治理西域的总体策略，尤其显得高明。无奈，任尚对你的大智慧不能理解，还私下对关系密切的人说："我以班君当有奇策，今所言平平耳。"其结果是，"尚后竟失边和，如超所言"。这个不幸的结局却正好从另一个侧面证明了你非凡的政治智慧！

从四十二岁出征到七十一岁回朝，你在西域度过了整整三十年。你最初只带着三十六个人出发，却争取到了西域五十余国的归附，完成了汉王朝"断匈奴右臂"的战略任务，也实现了自己"立功异域，以取封侯"的人生宏愿。你以深厚的家学渊源、

**清·班侯食邑碑**

丰富的人生历练和永不退色的人生志向，成就了半生传奇和不朽功绩，在历史的天空中留下了浓墨重彩的一笔！

四十异域觅封侯。你厚积薄发、大器晚成的人生，对那些年华已逝而积淀甚富的人来说，无疑是一个极大的鼓励！

杨盛峰*

* 杨盛峰，男，1971年生，陕西镇巴人，镇巴中学语文高级教师，第五届"汉中名师"。从事教育工作二十余年，在《汉中日报》、《语文报》、《杂文报》、《语文天地》、《中学语文》、《散文选刊·下半月》、《新华每日电讯》等报刊发表文章近两百篇，著有散文集《树影书香》。参编著作五部。

# 镇巴曾有个"长安街"

据《定远厅志》载，光绪年间，厅城内共有 12 条街道，即南街、西街、北街、沈家街、兴隆街、上周家街、下周家街、景家街、张家街、马王庙街、金家街、九道拐街，城外有两条：大南街和北关街；另有巷道两条，即张家巷、庞家巷。但在这所有街巷里，并没有"长安街"。因此，此街不在县城内。

它在县城以外的集镇吗？查遍所有资料也不曾有。

这条"长安街"是在一偏僻山上。在现今的百度地图上，就能找到它的准确位置。它位于镇巴县巴庙镇东南部。此地有个村名叫"长安寨村"，村名是因"长安寨"而得名，而"长安寨"又源于"长安街"。据传，早在东汉时期，在下楮河一山顶之上建有一街市，以"长治久安"之意取名"长安街"。到了清嘉庆初年，当地士绅为剿白莲教军，并躲避兵匪，在山顶筑有似石城的寨子，其寨名毫无争议地定为"长安寨"。这个寨名一直保留至今。紧挨着寨子的"挂灯台"据说是早年就有，也有人认为是建寨时所设。上世纪八十年代当地百姓说，先辈曾有"镇巴早年建城池时，是先有长安街，后有定远城"这样的说法。

东汉始建于公元 25 年，班超封为定远侯是在和帝永元七年即公元 95 年，而"长安街"的兴盛是在班超封侯之前，照此推算，此街市距今一千九百多年。

按现代人的眼光，这种建街市于山顶的做法简直是不可思议的，但分析东汉时的民生经济状况，却是理所当然的。在当时交通不便而又需要进行物资交换或买卖时，大山两边的人们约定在中间位置——山顶来进行交易，是最方便、最公平、最可行的。然而，这个传说中的街市究竟是何状况，最终延续了多少年，尚无据可考。可以肯定的是，随着人口的增长和经济的不断发展，长安街逐渐失去集市作用，最终湮没在了历史的荒草丛林中。

吴平昌*

* 吴平昌，男，1968 年生，镇巴县人。1986 年毕业于安康农校，西北大学茶学专业工商管理硕士研究生在读。现任镇巴县茶技站副站长，农艺师。系中国茶叶学会会员，镇巴县茶业协会副秘书长。曾有《镇巴县茶产业发展规划》、《茶网蝽虫口密度调查方法及为害程度的分级》、《陕南茶区茶网蝽发生现状及防控研究》等多篇论文在《中国茶叶》、《茶业通报》、《陕西农业科学》等专业刊物上发表。作为主要研究者完成的"镇巴县茶网蝽绿色防控技术的研究与运用"成果，被评审为具有国内先进水平的科技成果。

# 张飞园中话张飞

在镇巴县城的中心地带，苗乡广场对面，安居桥东头北侧，寸土寸金之地辟有一园，蜀汉英雄张飞居焉，是为张飞园。园中主体建筑为张飞勒马造型塑像：张飞身披甲胄、怒目圆睁傲立马上，右手执丈八长矛，左手勒马，其马昂首奋蹄，萧萧长嘶。塑像高四米，立于一米五高的基座之上，战马凌空而起，更显张飞威风凛凛、气吞万里如虎之势。塑像后并排立有三块糙白玉浮雕，高约两米，绘张飞在镇巴的传说故事，分别题以镇巴相关地名，曰截曹坝、九阵坝、拴马岭。那么，张飞与镇巴究竟有何关系，镇巴为何要在城中为之建园呢？

据《三国志·蜀书·关张马黄赵传》载："……以飞领巴西太守。曹公破张鲁，留夏侯渊、张郃守汉川。郃别督诸军下巴西，欲徙其民于汉中，进军宕渠、蒙头、荡石，与飞相拒五十余日。飞率精卒万余人，从他道邀郃军交战，山道迮狭，前后不得相救，飞遂破郃。郃弃马缘山，独与麾下十余人从间道退，引军还南郑，巴土获安。"《资治通鉴·汉记五十九》中的记载类是而更简略。张飞"从他道邀郃军交战"，走的可能就是镇巴这条路。

清代地理学家严如熤《三省山内风土杂识》曰："汉昭烈取汉中，大军发葭萌关，张桓侯由西乡一路，后西乡为桓侯封邑。定远之扯旗溪、拴马岭各处尚有桓侯遗迹。"严如熤学富五车，久官汉南，言必有据。《定远厅志·艺文志》收录的定远厅第八任同知马允刚的《汉张桓侯祠记》一文说："定远分西乡之南鄙，所谓拴马岭、捞旗河、九阵坝等处，凡侯战功所在之处皆隶其中，居民至今切切记之。"马允刚在上任的第二年——嘉庆十七年（1812）于城南主持修建了张桓侯庙，与孔子庙、文昌庙、关夫子庙并祀。

除了一系列标记着张飞在镇巴征战之迹的地名外，还有一些张飞为官镇巴的民间故事，其中张飞智断偷牛案就广为流传。《西乡县志》1991年版《大事记》中说："蜀汉昭烈帝章武元年（221），将成固县东南部分出，新置南乡县（今西乡、镇巴二县地），为蜀重镇，县治归仁山（今镇巴县渔渡坝古城堡）。为本地设县之始。同年，刘备封司隶校尉、车骑将军张飞为西乡侯，食采县地。""食采县地"这一说法虽然于史无证，但张飞曾在镇巴征战、镇守的说法绝不会是空穴来风。

宋代曾巩在《墨池记》中谈到当时有人纪念传说中王羲之习字的墨池说："岂爱人之善，虽一能不以废，而因以及乎其迹乎？"其实，不论是马允刚两百年前建张桓侯庙，还是现在建张飞园，都是因为"爱人之善"，借以传承一种精神。马允刚在《汉张桓侯祠记》中说，建祠祭祀的目的在于使民"知正直忠义人人可师"。张飞身上的正直忠义、血性勇猛、坦荡自信不都是值得我们每个人汲取的精神养料吗？笔者以一首歪诗《张飞勒马》赞之曰：

> 豹头环眼声霹雳，挥矛勒马谁能敌？
>
> 截曹九阵铭君勇，晒旗拴马传戎迹。
>
> 四海驰骋血和气，百代传扬忠更义。
>
> 桃园一诺肝照胆，从此君臣兄与弟。

杨盛峰

# "二十四地"何所指

镇巴地境最早建县是在三国蜀汉章武元年（221），蜀汉政权将所辖的益州汉中郡成固县南部分出来，设置了南乡县，辖今镇巴、西乡两县地，县城设归仁山，即渔渡坝古城堡。至西晋武帝太康二年（281），南乡县改名为西乡县，治所北移。从这时起到1802年的一千五百多年时间里，镇巴大部分时间属于西乡县，只在唐代有204年时间从西乡分出来设置了洋（xiáng）源县。清嘉庆七年（1802），率兵入境镇压白莲教起义的经略大臣额勒登保"奏设厅治"，于是，镇巴再次被分割出来，于当年设置了定远厅。《定远厅志·地理志·沿革》曰："嘉庆七年，析西乡县二十四地为定远厅。"那么，这里说的"二十四地"是指哪些地方呢？

据嘉庆十八年（1813）刊印的《汉南续修郡志》（以下简称"郡志"）卷七记载，定远厅有里编五，即定远里、从政里、怀远里、归仁里、安定里；乡村二十四，即晒旗坝、山沙坡、截草坝、蜡溪坝、小祥坝、固县坝、渔渡坝、鹿池坝、平落坝、盐场坝、仁村、松树坝、九阵坝、麻池堡、黎坝、花石堡、三元坝、简池坝、石虎坝、大池坝、皮货铺、凉桥铺、十二坝、三楮河。据此可知，"二十四地"乃是指二十四个乡村。

据《定远厅志》记载，最初从西乡划拨出来的二十四地中，有两地进行过一次调整。"（嘉庆）十四年（1809），遵旨案内议，以厅属菩提河、楼房坪二地距城窎远，输课不便，请将厅属较近、西乡县治之蜡溪、大市川二地兑拨。"（《定远厅志》卷七《赋役志·地亩》）

光绪五年（1879）刊印的《定远厅志》卷二说："定远厅分四乡五里二十四地。""四乡"指"东乡、南乡、西乡、北乡"；"五里"与郡志所记略有不同，无"怀远里"而有"宣化里"。"二十四地"分属五里："其属定远里曰：固县坝、山沙坡、大楮河、平落、仁村；属从政里曰：上楮河、中楮河、下楮河、偏溪河、拴马岭；属宣化里曰：渔渡坝、大池堡、双北河、花石堡；属归仁里曰：大市川、蜡溪、三元黎坝、清水河、白杨关；属安定里曰：盐场、九阵坝、石虎坝、麻池堡、黄村。"

厅志记载的"二十四地"与郡志有一些出入，如郡志中三元、黎坝各为一地，厅志中则合计一地；郡志中有"三楮河"一地，厅志则分为"上楮河、中楮河、下楮河"三地；还有一些此有彼无或名称变化的情况。厅志出版较郡志晚六十余年，这期间可能有一些乡村名称发生了变化；厅志专记本地之事，应当较郡志更为准确。

厅志所记二十四地中有一半左右的名称沿用至今，地域也大致相当。另外那些已经不用或不常用的地名所指区域大致如下：固县坝——县城及周边地区；山沙坡——泾洋镇东部高桥一带；偏溪河——巴庙镇；双北河——白河、松树、巴山一带；大池堡——大池、池洋及红鱼的一部分；花石堡——伍家、三溪一带；蜡溪——碾子镇；白阳关——永乐镇；麻池堡——长岭的一部分和草坝、向家坪一带；石虎坝——简池镇；黄村——凉桥、红鱼一带。

需要指出的是，"二十四地"并不是一级行政区划，而是自然地域名称。里则属于一种应役纳赋组织，从赋税徭役平衡着眼，采取高、矮山和上、中、下地搭配的原则，将二十四地划编各里，故各里辖地呈跨乡插花状，甚至相距甚远。光绪三年（1877），定远厅同知余修凤整理保甲，将固县坝以外的23地按地理方位划归四乡，每地之内根据住户多少设若干保，保下设甲，甲下设牌，全厅4乡24地，共划编为71保150甲1604牌。保甲本来是一种治安防卫自治组织，后来逐渐演变成县以下的行政区划。

民国前期，将清代的四乡改称四区，二十四地平均划归各区，固县坝属北区；每地设若干牌，全县共72牌；牌下设甲，数目不详。民国十三年（1924）至二十四年（1935）改二十四地为二十四村，牌、甲均与前同。民国二十五年（1936）以后，相继实行联保、乡保制，保、甲的名称逐渐成为人们指称各地名称，"二十四地"的说法遂慢慢淡出了历史。

定远厅1809－1877年行政区划表（《镇巴县志》卷二）

| 里名 | 地等 | 地名 | 乡别 | 主要辖境相当今乡（镇）域 |
|---|---|---|---|---|
| 定远里 | 上地 | 固县坝 | | 小洋乡、泾洋乡、城关镇、陈家滩乡二郎滩以南 |
| | | 坪落 | 南 | 赤南乡一带 |
| | 中地 | 山沙坡 | 北 | 高桥乡、泾洋乡东部 |
| | | 仁村 | 南 | 仁村乡一带 |
| | 下地 | 大楮河 | 北 | 大楮乡一带 |

续表

| 里名 | 地等 | 地名 | 乡别 | 主要辖境相当今乡（镇）域 |
|---|---|---|---|---|
| 从政里 | 上地 | 上楮河 | 东 | 觉皇、前进、平安乡境一带 |
| | | 下楮河 | 东 | 青狮、观音、田坝乡一带 |
| | | 偏溪河 | 东 | 吊钟岩、巴庙、小河、庙溪乡一带 |
| | 中地 | 中楮河 | 东 | 兴隆场、麻柳滩乡一带 |
| | 下地 | 拴马岭 | 北 | 陈家滩乡二郎滩以北，杨家河乡岩寨子以南 |
| 宣化里 | 上地 | 渔渡坝 | 南 | 渔渡、毛垭、木竹乡及源滩乡一部分 |
| | | 双北河 | 南 | 白河、松树、巴山乡一带 |
| | 中地 | 大池堡 | 西 | 大池、池洋及红鱼乡的一部分 |
| | 下地 | 花石堡 | 西 | 伍家、三溪乡一带 |
| 归仁里 | 上地 | 三元黎坝 | 西 | 三元镇、黎坝乡一带 |
| | | 蜡溪 | 东 | 碾子垭、新生、后河乡一带 |
| | 中地 | 大市川 | 东 | 大市乡一带 |
| | 下地 | 白阳关 | 西 | 永乐乡一带 |
| | | 清水河 | 北 | 青水、仁河乡一带 |
| 安定里 | 中地 | 盐场坝 | 南 | 盐场镇、源滩乡一部分 |
| | | 九阵坝 | 南 | 九阵、长岭乡的一部分 |
| | | 麻池堡 | 西 | 长岭乡的一部分和草坝、向家坪乡 |
| | 下地 | 石虎坝 | 西 | 简池乡一带 |
| | | 黄村 | 北 | 凉桥、红鱼乡的一部分 |

**镇巴县建置更迭简表**

| 朝 代 | | 置县名称 | 县地隶属 | 更迭始年 | 公元 |
|---|---|---|---|---|---|
| 夏、商 | | | 梁州之域 | 约公元前 21 世纪 | |
| 西周 | | | 雍州之域 | 约公元前 1016 年 | |
| 战国 | | | 汉中郡成固县 | 秦惠文王更元十三年 | 前 312 |
| 秦 | | | 汉中郡成固县 | 始皇帝二十六年 | 前 221 |
| 汉 | 西汉 | | 益州部汉中郡成固县 | 武帝元封五年 | 前 106 |
| | 东汉 | | 益州汉宁郡成固县 | 献帝初平二年 | 191 |
| | | | 益州汉中郡成固县 | 献帝建安二十年 | 215 |
| 三国 | 蜀 | 南乡县 | 益州汉中郡 | 先主章武元年 | 221 |
| | 魏 | | 梁州汉中郡 | 元帝景元四年 | 263 |

| 朝　代 | | 置县名称 | 县地隶属 | 更迭始年 | 公元 |
|---|---|---|---|---|---|
| 晋及十六国 | 西晋 | | 梁州汉中郡西乡县 | 武帝太康二年 | 281 |
| | 成汉 | | 梁州汉中郡西乡县 | 李雄玉衡三年 | 313 |
| | 东晋 | | 梁州汉中郡西乡县 | 穆帝永和三年 | 347 |
| | 前秦 | | 梁州汉中郡西乡县 | 苻坚建元九年 | 373 |
| | 东晋 | | 梁州汉中郡西乡县 | 孝武帝太元九年 | 384 |
| | 后秦 | | 梁州汉中郡西乡县 | 姚兴弘始七年 | 405 |
| | 东晋 | | 梁州汉中郡西乡县 | 安帝义熙四年 | 408 |
| 南北朝 | 宋 | | 梁州汉中郡西乡县 | 武帝永初元年 | 420 |
| | 齐 | | 梁州汉中郡西乡县 | 高帝永建元年 | 479 |
| | 梁 | | 梁州汉中郡西乡县 | 武帝天监元年 | 502 |
| | 北魏 | | 直州丰宁郡丰宁县 | 宣武帝正始元年 | 504 |
| | 梁 | | 梁州汉中郡西乡县 | 武帝大同元年 | 535 |
| | 西魏 | | 直州丰宁郡丰宁县 | 废帝元年 | 552 |
| | | | 洋州丰宁郡丰宁县 | 废帝二年 | 553 |
| | 北周 | | 洋州丰宁郡丰宁县 | 孝闵帝元年 | 557 |
| 隋 | | | 洋州丰宁县 | 文帝开皇三年 | 583 |
| | | | 汉川郡西乡县 | 炀帝大业二年 | 606 |
| 唐 | | 洋源县 | 洋州西乡县 | 高祖武德元年 | 618 |
| | | 洋源县 | 洋州 | 高祖武德四年 | 621 |
| | | | 山南道洋州 | 太宗贞观元年 | 627 |
| | | | 山南西道洋州 | 玄宗开元二十一年 | 733 |
| | | | 山南西道洋川郡 | 玄宗天宝元年 | 742 |
| | | | 山南西道洋州 | 肃宗乾元元年 | 753 |
| | | | 山南西道洋州西乡县 | 敬宗宝历元年 | 825 |
| | | | 歧王洋州西乡县 | 昭宗景福元年 | 892 |
| 五代十国 | 前蜀 | | 洋州西乡县 | 王建天复二年 | 902 |
| | 后唐 | | 洋州西乡县 | 庄宗同光二年 | 924 |
| | 后蜀 | | 源州西乡县 | 孟知祥明德元年 | 934 |
| 宋 | 北宋 | | 洋州西乡县 | 高祖天福元年 | 936 |
| | | | 峡西路洋州西乡县 | 太宗至道三年 | 997 |
| | | | 利州路洋州西乡县 | 神宗元丰年间 | 1078－1085 |

续表

| 朝　代 | | 置县名称 | 县地隶属 | 更迭始年 | 公元 |
|---|---|---|---|---|---|
| 宋 | 南宋 | | 利州东路洋州西乡县 | 高宗绍兴十四年 | 1144 |
| | | | 利州路洋州西乡县 | 光宗绍熙五年 | 1194 |
| | | | 利州东路洋州西乡县 | 宁宗庆元二年 | 1196 |
| | | | 利州路洋州西乡县 | 宁宗嘉定三年 | 1210 |
| | | | 利州东路洋州西乡县 | 宁宗嘉定十一年 | 1218 |
| 蒙古汗国 | | | 利州东路洋州西乡县 | 宪宗三年 | 1235 |
| 元 | | | 兴元路洋州西乡县 | 世祖至元二十年 | 1283 |
| | | | 陕西行中书省兴元路西乡县 | 世祖至元二十七年 | 1290 |
| 夏 | | | 陕西行中书省兴元路西乡县 | 明玉珍天统四年 | 1365 |
| 明 | | | 陕西行中书省汉中府西乡县 | 太祖洪武三年 | 1370 |
| | | | 陕西承宣布政使司汉中府西乡县 | 太祖洪武九年 | 1376 |
| | | | 陕西省汉中府西乡县 | 太祖洪武十三年 | 1380 |
| 清 | | 定远厅 | 陕西省汉中府 | 仁宗嘉庆七年 | 1802 |
| 中华民国 | | 定远县 | 陕西省 | 民国二年 | 1913 |
| | | 镇巴县 | 陕西省汉中道 | 民国三年 | 1914 |
| | | | 陕西省 | 民国十七年 | 1928 |
| 中华苏维埃共和国 | | 陕南县 | 川陕省 | 中华苏维埃共和国三年 | 1933 |
| 中华民国 | | 镇巴县 | 陕西省第六行政督察区 | 民国二十四年 | 1935 |
| | | | 陕西省第十二行政督察区 | 民国三十八年 | 1949 |
| 中华人民共和国 | | 镇巴县 | 陕甘宁边区陕南行政区汉中分区 | 1949. 12. 17 | |
| | | | 陕西省陕南行政区汉中分区 | 1950. 1. 19 | |
| | | | 陕西省陕南行政区 | 1950. 5. 5 | |
| | | | 陕西省南郑专区 | 1951. 3. 2 | |
| | | | 陕西省汉中专区 | 1954. 1. 1 | |
| | | | 陕西省汉中地区 | 1969. 10. 1 | |

（引自《镇巴县志》陕西人民出版社，1996 年。）

杨盛峰

# 班超赋

洋水亘古而流兮，巴山兀然以矗立；

千年文明得广兮，仲升功名其传今。

讨匈奴兮使诸国，投笔从戎之虎穴；

战莎车兮畅丝路，征伐招安尽韬略；

平西域兮50余国臣汉，建奇功兮63岁封侯。

封侯定远享食邑兮，千户食邑乃镇巴；

县因此而名定远兮，曰班城者或平西；

枢焕修"班侯庙"乎前，石珩立"食邑碑"于后。

因侯吾得嘉名兮，越古今惠泽斯地；

叹时光之荏苒兮，惜碑与庙之不存；

逢盛世之图冶兮，其精神之正可汲；

仿旧制再立碑兮，建新园而述吾志。

梅冬盛*

---

* 梅冬盛，1966年生，陕西镇巴县人。陕西理工学院中文系毕业，获文学学士学位。中学高级教师，陕西省、汉中市两级语文学会、作家协会会员，汉中市中语会理事；全国优秀语文教师。在《延河》、《飞天》、《文学报》、《陕西日报》、《世界华文诗报》、《各界导报》等各级报刊发表文章数百篇，有《风中的门》、《语林散步》等多部著作面世。现任镇巴县教师进修学校校长。

# 拴马岭谒张桓侯庙

树荫高岗一径幽，昔年拴马属桓侯。

停骖小憩空山里，解辔聊登翠岭头。

志在长驱扶汉鼎，人宁伏枥老巴州。

祠堂百尺松杉翠，慷慨书生笔共投。

清·段秀生

民国·桓侯拴马碑

# 班城赋

溯源稽考　史载秦汉　初日南乡　隶属屡变　班超食邑　复称定远
巴山中守　秦岭北环　荔枝故道　东贯川陕　箭杆破云　米仓锁关
洋水湍急　楮河浩瀚　鄙蛮不毛　川鄂迁填　插占为业　渐次繁衍
启愚教化　班城书院　乡试科考　定远会馆　庙藏柳林　坊立溪畔
宋钟声威　章草名远　唐氏捐金　始通天堑　修凤倡植　林土得完
张飞晒旗　献忠鏖战　白莲蜗踞　王匪久患　一声霹雳　十万儿男
徐帅立马　先辉催鞭　青鹤泣血　两河入川　前赴后继　四海康安
塔筑安垭　心仰先贤　秉承遗志　宏图大展　励精图治　城乡巨变
灵山慧水　陕南奇观　罗城旋坑　天河葱苑　幽谷险峰　别有洞天
板石木竹　油汽乍现　物华天宝　蔚为大观　溪舍月近　菜畦香远
民风醇朴　域外桃源　城市建设　一河两岸　截流内湖　辟梁后园
引弓志立　铭石文传　花草舔足　林竹怡眼　路桥畅达　灯火璀璨
山歌声声　苗舞翩翩　红色老区　文化强县　鸟鸣山水　民居林苑
是乃佳地　天上人间　高山苍苍　大水澹澹　福泽千秋　永享万年

梅冬盛

# 渔渡赋

　　汉之南有县，曰镇巴；县之南有镇，曰渔渡。群山之深，镇中之显矣。古称鱼肚，水天相映；后谓渔渡，渔水潜行。蜀汉置县，南乡者云；归仁设衙，余谦首任。西乡始起，镇巴发轫。明置通判署，治汉南边境；清设渔渡营，镇陕西南门。张献忠玛瑙山铩羽，左良玉营盘梁驻军，长毛岭太平天国余脉，云雾山红军战士铸魂；高脚洞连起红色交通线，杨家沟建成乡苏大本营。峥嵘岁月，洪尘滚滚。文衙门继武衙门，源远资深；旧鱼肚变新渔渡，邻蜀重镇。

　　方圆辽阔，区中有盛名；域内物华，民风淳而勤。宝藏油气煤，特产茶菇樱。三山两河松柏翠，一社九村面貌新。通当先，通路通水通电通讯；民为本，有医有教有保有文。鱼池九家榜花果飘香，永久长滩河红旗凌云。老街蜕变，楼区如林；市井熙熙尽繁华，书声朗朗育才俊。迎晨曦，南乡公园松风奏和弦；剪斜阳，健身广场父老舞升平。

　　星汉千年流转，渔渡这边风景。红崖梁、祖师寨、九拱坪，三山龙脉争渔水；北似头、南如尾、田为鳞，一尾鲤鱼画形胜。熊道士重修当阳寺，老关庙一祠共五姓。端公社火老戏楼，街头市井多川音；石阶雕栏，风雨纳凉桥；土垭虬柏，古楼藏书经。天关塘雾中平畴，观音寨苍松祥云。双石人鬼斧仙工，大溶洞幽秘传神。

　　斯地殷实，斯邑文明。市级新农村，省级示范镇。汗水添，殊荣增，渔渡梦，盛世文。沐阳光兮雨露，遇盛世兮昌明。利而永贞，吾镇久恒！

梅冬盛　吴平昌

# 第二章　地貌资源：山川相缪富物产

在当代中国版图上，镇巴差不多处在几何中心的位置，与"中华人民共和国大地原点"（陕西省泾阳县永乐镇）在同一经度上，纬度只差两度，其地理坐标是：北纬 $32°08'54''$ – $32°50'42''$，东经 $107°25'30''$ – $108°16'42''$。这片三千多平方公里的土地位于陕西省南端、汉中市东南隅，被誉为陕西省"南大门"。它东邻安康市汉阴、紫阳两县，南接四川省万源市、通江县，西北与本市西乡县相连。嘉庆《汉南续修郡志》所录顺治《汉中府志·序》说："郡国亘古不变者，在天为分野，在地为山川。"山川虽然亘古不变，人们对它的认识却是不断深入的；物产虽然有赖于自然条件，人们的培育和开发却是永不止息的。从历史的角度看，山川物产也呈现出一种不断变化的状态。

## 一、疆域：边秦际蜀，山重水复

镇巴这块地方何时才在人们心目中有了一个清晰的轮廓呢？据史书记载，蜀汉之南乡县及西晋至清前期的西乡县的界域大致相当于现在镇巴和西乡两县相连的界域，唐代洋源县乃"析西乡县东南百八十里地以置"（《太平寰宇记》），但史书对其疆界四至言之不详。

及至清代，地界变更才有据可考。嘉庆七年（1802），析西乡县南 24 地置定远厅，其中两地的划拨进行过一次调整。据厅志记载："（嘉庆）十四年（1809），遵旨案内议，以厅属菩提河、楼房坪二地距城窎远，输课不便，请将厅属较近、西乡县治之蜡溪、大市川二地兑拨。"（《定远厅志》卷七《赋役志·地亩》）嘉庆十八年（1813）刊印的《汉南续修郡志》记定远厅幅员曰："广二百一十五里，袤四百七十里……东一百四十里至白杨坪，交紫阳县界；西二百四十里至两河口，交通江县界；南一百四十里至滚龙坡，交太平厅（今四川省万源市）界；北七十五里至岩寨子，交西乡县界。"需要说明的是，这个界域不包括杨家河在内，杨家河是解放初才从西乡划归到镇巴的。

光绪五年（1879）刊印的《定远厅志》对定远厅疆界四至有详细说明："东：左……至十二岭、倒水洞止，俱抵西乡县境；右……至关垭止，抵紫阳县境；其循楮河上流……至灵官垭、木竹关止，抵西乡县境；又循老南山至大鞍山，抵汉阴厅境；南至大垭、白阳坪，抵紫阳县境；北至小沟，抵西乡县境。俱以山为界。南：右……至滚龙坡止，西南出盐场至大鞍山止，俱抵四川太平县境；左……至高滩、大黄垭止，俱抵紫阳县境；又西南……至九元关止，抵太平县境。俱以山为界。西……至黑水池止，俱抵西乡县境，以山为界；西南……至两河口、杨家河，俱抵四川通江县境，以河为界；又西南循花石堡下至亮垭关止，抵四川太平县境，以山为界；西北循清水河至黄杨岭止，交西乡县境，以山为界。北：自拴马岭起至九打杵止，东北自鹿子坝至节草坝、贯溪止，俱抵西乡县境，以河为界；又自大楮河起至干沟河止，西北自清水河起至三官堂止，俱抵西乡县境，以山为界。"这段文字用了各个方向的 25 个点（地名）来描绘厅境的疆域线，本地界域轮廓已较为清晰。

据比较，厅志记载的疆域四至里程均与郡志无异，很可能直接采用了郡志资料。而光绪十八年（1892）定远厅同知贺培芬主持绘制的《定远厅全图》标注的四至里程与此已有很大变化："正东九十里至观音岩交汉阴厅界"，"正南七十二里至滚龙坡交太平界"，"正西一百二十里至两河口交通江县界"，"正北四十一里至油坊沟交西乡县界"。贺培芬在《续刻定远厅全图序》中说，清政府于1891年颁发了《钦定舆图格式图说式》，省政府配发测量仪器，厅政府组织人力进行了历时一年的实测，绘制了新的舆图，与厅志中的记载相比，"辖境之广狭相去已过半矣"。很显然，测绘技术的进步大大改变了人们对山川广袤的认知。

1996 年版《镇巴县志》对镇巴疆域的表述是："县东观音岩、板凳垭与汉阴县交界；白杨坪、卡子梁、长安寨、唐家垭口、烂泥垭、山王庙、白河垭、落人洞、带河垭与紫阳县交界；县南莲花池、滚龙坡、秋坡梁、将军石、枫橡垭、大小九元与四川省万源市交界；西南老君山、云雾山、西乡街、王家营、郎家河与四川通江县交界；西北癞子洞、林口子、尖山坪、黄杨岭，县北凤家梁、汤家山、柳树垭、十二岭、王耳垭、摩天岭、卡子垭、小沟、大寨均与西乡县交界。东、南、北三面皆以山为界，唯西面癞子洞至西乡街段以高庄河为界。"这段文字中构建县境疆域线的地名点增加到了 36 个，其中有一些是郡志和厅志中的老地名，但更多的是一些新地名。新地名的增加反映了人们对这片土地更广的开拓和更深的认识。把这些地名点连成一条线就清晰地勾画出了我们县域版图的轮廓。同时，测量技术的进一步发展，也使人们对镇巴地域的距离与面积有了更为精确的把握："东起长安寨，西止王家营，最长处直线80.45公里；南起秋坡梁，北止王耳垭，最宽处直线77.45公里，总面积3437平方公里。"

生活在这片土地上的人们，曾经只能凭登高远望和行走记忆来感知其广袤。随着测绘技术的进步，尤其是卫星遥感技术的出现，我们可以通过卫星图片越来越直观真切地看清大地母亲的面容了。

## 二、山川：星巴一脉，汉嘉两派

镇巴地处大巴山西部，境内由大巴山主脊和星子山主脊构成地貌骨架。嘉庆《汉南续修郡志》卷三这样描述镇巴之形胜："重峦叠嶂，地形险固，星子峙其东，巴山蟠其西，扼川北之冲要，作汉南之屏藩。"

巴山主脊自东向西奔来，北为西乡，南为镇巴，南侧支脉南下，若鬓鬟纷披。因相传为春秋时期古巴国巴氏族人的居住地，故名巴山。其地势西北高、东南低，东西长46.5公里，南北宽41公里，面积约845.6平方公里，山体平均海拔1200–1500米，主峰箭杆山海拔2534米，年平均气温9.1℃，降雪长达5个月，云雾多，日照短，为高寒区域。《定远厅志·地理志·山》记巴山曰："在厅西北隅，西乡居其北，定远居其南，山右为四川通江县。隆冬积雪，盛夏始消，'巴山积雪'为《西乡志》八景之一。层峦高耸，横亘数百里。"厅志以巴山为中心，记其东面之山二十六（光头山、混人坪、熊岭、九龙寨、后坪、挖泉坝、盘龙山〈何家营〉、天池山、严家山、黑虎梁、青岗坪、三尖山、南山、黑马头〈石人山〉、文峰山、红椿垭、麻池寺、分水岭、降头山、狮子山、王二山〈佛降山〉、赵家山、张家山、蓝家坪、红花坪、九元子山），南面之山五（石椿垭、马鞍山、中山、颜家坡、油盘垭），西南之山十五（八卦梁、双龙山、凤凰山、盘龙岭、卧虎山、西大池、钻天坡、黄草坪、乌豆山、老道崖山、白石沟、立寸坡、西乡街、大毛坡、雅雀口），西面之山二（青冈坪、黑水池），北面之山一（黄杨岭），西北之山二（三官堂、箭杆山）：六方共五十一山，各方皆依次标明两山之间相距里程。这块占全县面积四分之一的神秘净土，好似镇巴的"青藏高原"，那瑰奇的风景、纯净的蓝天，是我们心中永远的眷恋！

星子山主脊从巴山之东一路东南行，北起西乡，南达紫阳，若翠玉一带，将镇巴黄金分割为东西两域。与巴山林的近乎方形不同，星子山地形狭长，南北达60公里，而宽仅 6.2 公里，总面积约 200 平方公里，平均海拔 1000 - 1200 米，主峰海拔 1954 米。《定远厅志·地理志·山》述星子山曰："在厅东南三十里（郡志言八十里），高出云表，绵亘百余里，洋水出焉。"以星子山为中心，记其东北之山五（三十六峰、钻天坡、大东山、王儿垭、十二岭），南面之山十（盘头山、茶园坡、灵官垭、五凤包、老南山、大垭、大鞍山、铜锣观、祖师寨、红岩寨），西南之山二十五（毛垭山、高脚洞、茅坪山、九龙山、归仁山、五台山、营盘梁、九拱坪、石宝山、土地岭、鹿池山、尖山子、大尖山、得胜岭、白果坪、黑包山、滚龙坡、毛垭、尖垛子、铁匠垭、盐场关、尖山子、秋坡梁、将军石、大庵山），西面之山六（葛藤坡、沙坡子、七盘子山、周子垭、平溪山、庵垭），北面之山三（中山、拴马岭、九打杵）：五方共四十九座山，各方亦依次标记两山相距里程。其中名"尖山子"者二，一在盐场，一与紫阳相邻。星子山所领四十九山与大巴山所领五十一山相加，不多不少，恰为一百。

百山百川，山多水众，山高流长。巴山之水多南下西折入川，汇嘉陵江；星子山之水多往东南出境赴汉江，惟泾洋河北去，于西乡入汉江。郡志记定远厅之水甚为简略：发源于巴山的有清水河、红羊河及鸳鸯池，发源于星子山的有大小洋河、双白河、三楮河及龙泉。厅志曰："定远万山耸列，细流纷出。其为众水所聚集成巨浸，则有所谓洋、楮、渔、巴四水是也。四水虽各自为源流，而所在千支万派要皆纳于四水，而后归于巴江、汉江。"这个概括可谓简明扼要。其所谓"巴江"，当指通江、万源境内的嘉陵江支流，而"巴水"则指三元、简池一带最终流入巴江的河流。从最终流入巴江这个角度来说，"渔水"也可归入巴水。"洋、楮、渔、巴"四水之中，洋水（即今泾洋河）名气最大。北魏郦道元《水经注》卷二十七《沔水上》曰："汉水又东，右会洋水，川流漫阔，广几里许。洋水导源巴山（应为星子山），东北流迳平阳城……"镇巴在唐代有两百多年时间被称作洋源县，县名即源于此水。《定远厅志》记此水曰："源出星子山，为大洋河；西流十里至高桥，右纳捞旗河水；又十里至大桥，左纳小洋河水；又一里许至荒田嘴，左纳七里沟水；绕厅城北流至较场坝，左纳谭家沟水；又五里至小豆坝，左纳黄家河水；又五里至学堂坝，右纳小河子水；又二十里至陈家滩，右纳蜡溪沟水；又三十里纳王家河水；又六十里至黄石板，左纳大楮河水，出西乡县入汉江。"照此算来，洋水在县境长达 145 里，现在实测却只有 54 公里。洋水的流量曾经相当大。清人陈庆怡《洋河夜涨》一诗说："会当夜风吹，浊浪拍如山。"县城以下河道曾经长期通航，《镇巴县志》卷十三说："镇巴通公路前……通航河道一是洋河，自镇巴县城西门码头起顺流向北，经陈家滩码头，至黄石板码头出县境入西乡界……1957 年西镇公路通车后，洋河航道业务减少，航道渐废。"泾洋河现在的正常流量只有 1.935 立方米／秒，除非像县城段这样截河成湖，否则无法载舟。在历史的高处凝望，不由得望"洋"兴叹：这枯瘦的水还会丰腴起来吗？

镇巴流量最大、境内里程最长的河流其实是星子山东侧的楮河。楮河向来被分作上、中、下三段，所以郡志中称其为"三楮河"。《定远厅志》记此水曰："源二，一出王儿垭，一出十二岭（郡志则说"发源父子关"），为上楮河；南流六十里至麻柳滩，右纳干沟河水；又四十里至兴隆场，为中楮河，左纳庙溪沟、火焰溪二水，右纳五块石河水；又二十里至魏家滩，为下楮河，右纳乱石泉、川角洞二水，左纳砰潭溪水；又二十里至观音堂，左纳星子河水，右纳泗溪河水；又四十里至田家坝，右纳洋耳河水；又二十里纳沙石沟水；又四十里至小河口，左纳偏溪河水；又东南流经葫芦头，左纳庙溪河水，会紫阳县仁河入汉江。"楮河支流达十三条之多，境内河长 95.8 公里（按厅志所记则为 240 里），近乎泾洋河的两倍；现正常流量 9.27 立方米／秒，差不多是泾洋河的五倍；流域面积 705.4 平方公里，接近县域面积的四分之一：楮河是名副其实的镇巴第一大河。比起泾洋河，楮河的通航时间更长一些。县志说："从观音堂到紫阳，解放前和解放初期均通木排竹筏，1958－1960 年间，还派专人疏浚过此河航道，70 年代以后，随着东区公路建设发展，楮河航道渐废。"

同楮河一样东流入汉的还有碾子一带的焦王河和白河、松树、巴山一带的双白河。焦王河旧名蜡溪河，出汉阴入汉江，过去也可以通航，据说武昌的船可以直达碾子垭，碾子老街曾建有武昌会馆。双白河在县境内是两条河，一从白河封门垭出境，一从巴山镇土地岭出境，至紫阳合注入汉江。

以上说的是我县汉江流域的几条较大的河：泾洋河（洋水）、楮河（楮水、三楮河）、焦王河（蜡溪河）和双白河。下面再说说嘉陵江流域的几条河：渔水河、徐家河（含青水河）、尹家河（巴水）和鱼洞河。

镇巴南部最大的河叫渔水河。厅志曰："渔水源二，一出毛垭塘，一出鲁家坝，至高脚碥合注；南流十里至老坟坝，右纳喻家沟水；又五里至新坟坝，左纳大陂寨沟水；又五里至张家营，左纳柴家沟水；又三里至杨家沟，右纳九龙山水；又半里许至渔渡市，左纳深洞子水；又二十里至大河口，左纳盐场河水；又三十里至三花滩，右纳木竹河水；又八十里至洪渡潭，左纳响冬子水；又西南流九十里至火嵊子，左纳松林溪水；又三里至两河口，右纳徐家河水；又十余里，由清滩河出四川竹峪关入巴江。"这里记载的渔水长度竟然达到 256 里，而实际不过 46 公里，相差悬殊。

就其长度而言，渔水其实应该算作徐家河的支流。厅志中虽然把徐家河作为渔水的支流看待，可仍然详述其源流："源出清水河之向家河龙洞，南流五十里至老马滩，左纳后河水；又十五里至庙河口，左纳九阵坝水；西流十五里至长岭，右纳降炉河水；又南流五十里入仁村，左纳黄龙洞沟水、沙坝水，右纳南溪水；又四十里，右纳梅子溪水、石梁河水，左纳杨洞沟；又二十里至青冈碥，右纳洞沟水，左纳碗厂沟水、红鱼泉；又十里，右纳洋峪沟水；又南流至两河口入渔水。"按这段文字推算，徐家河长达两百余里。现在人们习惯上把徐家河的上游称作青水河，实测全长 69 公里，正常流量 6.59 立方米/秒，算得上是镇巴第二大河。

县志中记载的尹家河（县志地图中上游标注为殷家河，下游为汤家河）就是厅志中的"巴水"："巴水源二，一出关门石，一出石椿垭，为黄村水；各南流三十里，至凉桥之两河口合注；又南流七十里至蒿头坝，左纳黄家河、黑沟河二水；又西南流十八里至三元坝市左，纳简池沟水；又西流十里至汤家河，右纳红羊河水；又西南流三十里至鱼关，左纳黎坝水；又西南流经井泉关，纳花河子水，出四川通江县入巴江。"巴水实长 45 公里，流域面积 444 平方公里，正常流量 4.02 立方米/秒。

另一条出通江入巴江的河流是鱼洞河，厅志也有记载："源二，一出九股泉为茶园河，一出大洞子为石笋河，南流十余里至鱼洞合注；又南流三十里，绕简池坝下流至河坎子，有三岔河水注之；又西流四十里至西乡街、两河口，会窝坝河，出四川通邑入巴江。"鱼洞河全长 42 公里，流域面积 347 平方公里，正常流量 4.73 立方米/秒，总落差达 1287 米，是镇巴落差最大的河流。

从全县范围来看，镇巴河流的地域分布较为均衡：楮水东归，渔水南下，巴水西流，洋水北去。《镇巴县志·地表水》说："本县共有河、溪 854 条，总长 2224.57 公里，河网密度为每平方公里 0.66 公里，年平均径流量 25.5 亿立方米。"这些清澈的源头之水哺育了镇巴人，也滋润着这片美丽的土地。

《兰亭集序》曰："此地有崇山峻岭，茂林修竹，又有清流激湍，映带左右……"此非镇巴之山水乎？

## 三、物产：物华天宝，品类极盛

镇巴位于我国南北分界线的南侧，秦岭如屏，北拒黄沙寒流；巴山东倾，南迎暖风甘霖；全县最低处马头岭海拔 425 米，最高处箭杆山海拔 2534 米，垂直高差达 2109 米。这样一个亚热带和暖温带南北衔接、高山与谷地海拔悬殊的地方，天生就是动植物资源的宝库。

嘉庆《汉南续修郡志》载汉中物产 13 属 505 种，其中植物 7 属 320 种，动物 5 属 160 种，货物 25 种。康熙二十三年（1683）刊印的《西乡县志》在其《食货志》中记载本地（包含镇巴）物产 17 类 450 种，其中植物 12 类 322 种，动物 4 类 111 种，货物 17 种。鱼类中特别说明"孩儿鱼"曰："状类人，四足，夏月以木叶囗（表示原著字不能识，下同）身，含水上树，俟鸟来饮辄吞之，有百斤者。"这应该就是现在现在俗称娃娃鱼的大鲵吧，它是世界上现存最大的也是最珍贵的两栖动物。《定远厅志》记本县物产 15 属 375 种，其中植物 9 属 235 种，动物 5 属 123 种，货物 17 种。

镇巴是汉中面积最大的县，也是林地面积分布最广、林特资源蕴藏最为丰富的县。目前的森林覆盖率为 64%，活立木 808 万立方米；有两百多种树，五百多种草，近七十种农业栽培作物，八十余种花卉及观赏植物。全县林地面积 370 万亩，占土地面积的 72.37%，常见的用材林树种有杉木、马尾松、柏木、桦类、栎类、杨类、椴类、槭类、山毛榉、香椿、铁坚杉、巴山冷杉，经济林树种有漆、棕榈、核桃、油桐、茶、桑、花椒、栓皮栎等。

镇巴茶业历史悠久，其记载可上溯至晋，盛于唐、宋，曾为贡品。《宋史》卷三八八唐文若传云：高宗时唐文若"入官通判洋州，西乡县产茶，亘陵谷八百余里"。清《一统志》云：茶"出西乡县归仁山"。宋、明和清嘉庆七年（1802）前，镇巴地属西乡县，归仁山在今镇巴渔渡坝，以上所谓西乡产茶之地，多在今镇巴地境。

本地居民一直有在堂前屋后栽培果树的传统。厅志记载清代本地的果树品种有："梅、梨、桃、杏、枣、李、栗、柿、橘、柚、柑、枇杷、白果、葡萄、核桃、枳椇（即拐枣）、石榴、林檎、樱桃、花红、木瓜、花生、香园。"镇巴的野生果类也很多，如猕猴桃、野草莓、沙棘、刺梨、山葡萄、木通（俗名八月瓜）等。沙棘俗名红籽，被誉为"维生素 C 之王"。

境内盛产中药材，其中天麻、杜仲、党参、麝香、厚朴等久负盛名，杜仲、厚朴、麝香 3 种药材为国家统管。厅志"药之属"列药物 66 种；县志记载有药用价值的动植物 237 种，其中根茎类 62 种，子实类 52 种，草类 32 种，花叶类 24 种，树皮类 14 种，藤木脂树脂类 13 种，菌藻类 7 种，动物类 20 种，矿产类 9 种，其他 4 种。人工种养的有党参、天麻、大黄、鹿茸、人参、厚朴、吴茱萸、枳壳、山茱萸、茯苓、银耳、花椒、杜仲、黄柏等，重要的野生药材有八角香、土茯苓、半夏、百合、通草、五味子、瓜蒌、猪苓、金银花、麝香、金耳环等。

本县竹类资源丰富。厅志"竹之属"载班竹、金竹、水竹、慈竹、紫竹、木竹、龙头竹七种。明末清初，海拔 1300–2200 米的中山地带分布着 100 多万亩竹林。野生竹种以巴山木竹、箭竹为主，最大木竹直径 6.4 厘米，最高木竹达 13 米多。1985 年调查，镇巴境内木竹面积达 49.6 万亩，为亚洲最大野生木竹林。

广阔的山林之中动物种类众多。厅志记载本县动物五属 123 种，其中"兽之属"26 种，"禽之属"38 种，"虫之属"33 种，"介之属"6 种，"鳞之属"20 种。"禽之属"中有名"飞鼠"者，注曰："俗呼'催生毛'，色类狐，两胁之皮连前后足，若蝙蝠，即以之飞，飞而生子，子即飞随其后。人多取其皮以催生。虽巢于树，实仍四足而毛，他处罕见也。"据其描述，当为鼯鼠，其粪与尿皆有很高的药用价值。

厅志于"货之属"中提到铁、钢、石灰、煤炭四种矿产。截止 2000 年底，已发现各类矿产资源 25 种，探明或基本探明储量的 12 种，其中金属矿 3 种，化工原料矿 3 种，建材及其他非金属矿 4 种，燃料矿 2 种。已开采利用的有：煤炭、板石、铁矿、硫铁矿、锰矿、磷矿、钡矿、毒重石、重晶石、黄粘土、大理石、花岗石等 14 种。此外，铅锌矿、铝土矿、钡矿、方解石、膨润土、硅石、钾矿、石英石、金属镁、矾矿等地下资源储量大、品位高。2005 年以来，中石化集团在镇巴发现大型整装气田，油气伴生的可能性极大。

清代几种地方志虽然提供了一些本地物产资料，但由于相应学科知识不足，存在明显问题。一是物产分类不科学，如厅志九属植物中有"蓏（luǒ）之属"一类，"蓏"的意思是草本植物的果实，列有南瓜、茄子、葫芦等 15 种蔬菜，而九属之中又并列"蔬之属"一类，其"蓏之属"显然应该归于"蔬之属"；又如"谷之属"中列入薯、芋、洋芋、蕨等，也不恰当。二是列入的物种不实，如郡志于"鳞之属"首列"龙"，次列"蛟"，龙、蛟皆传说中神异动物，岂可列入本地"物产"？三是矿产资源列入极少。同时，由于山大沟深，过去交通极为不便，加之我们的文化传统轻视自然科学，几乎没有人进行专门的资源调查，前人对本地物产了解不足，史书记载极为有限。综观三种志书，所录本地植物各有二三百种，动物一百多种，货物一二十种。其实，我县的物产种类远不止这个数量。据《镇巴县志》记载，本县有动物 2200 多种，植物 870 种，矿物 18 种。随着科技的发展，调查勘测的进一步深入，一定会有更多的镇巴物产被人们发现。

"仰观宇宙之大，俯察品类之盛，所以游目骋怀，足以极视听之娱，信可乐也。"丰富的物产不但为我们的生存与发展提供了必要的资源，而且必将成为人们寤寐求之的精神家园！

（本章由杨盛峰执笔）

相关链接

# 洋水悠悠

镇巴地处大巴山西部、米仓山东段，境内"重峦叠嶂，地形险固，星子峙其东，巴山蟠其西"（嘉庆《汉南续修郡志》），大巴山主脊和星子山主脊构成地貌骨架，水或奔东南入汉江，或赴西南入嘉陵江，仅有一水，自星子山发源后，先南行至县城，再北流出县境，在巴山主脉的西南面劈出一个向北开口的巨大 U 形峡谷，至西乡县纳木马河入汉江。关于这条河，北魏郦道元《水经注》卷二十七《沔水上》有这样的介绍：

> 汉水又东，右会洋水，川流漫阔，广几里许。洋水导源巴山，东北流迳平阳城。……洋川者，汉戚夫人之所生处也。高祖得而宠之，夫人思慕本乡，追求洋川米，帝为驿致长安。蠲复其乡，更名曰县，故又目其地为祥川，用表夫人载诞之休祥也。城即定远矣。汉和帝永元七年，封班超以汉中郡南郑县之西乡，为定远侯，即此也。

"平阳城""平西城""定远"这些名字都与班超相关，班超平定西域，封定远侯，一般认为其食邑就是现在的镇巴。《水经注》中的这段文字告诉我们：流经镇巴县城的这条河流叫作"洋水"，而"洋"的意思是"祥"（"祥川"、"休祥"）。虽然戚夫人生于洋川的说法存在争议（《史记·吕太后本纪》："及高祖为汉王，得定陶戚姬。"），但可以肯定的是，郦道元对"洋水"得名的解释一定是源于他所了解到的人们对这条河流的称谓——洋水（xiángshuǐ）。

《镇巴县志》卷二《行政建置·建置沿革》载："（西魏）废帝二年（553）于境内设洋州。""洋州"之名显然源于"洋水"。《行政建置·建置沿革》又说："五代十国时，洋州于前蜀王衍乾德六年（924）降后唐；闵帝应顺元年（934）归后蜀，为避皇帝孟知祥讳，改洋（古音读 xiáng——县志原注）州为源州。"这一因避皇帝名讳而改州名的事清楚地说明，"洋州"读音应为"xiángzhōu"，由此也就可以知道"洋水"读为"xiángshuǐ"。

北宋末年邵博所著《闻见后录》中说："'洋州'乃'汪洋'之'洋'，音'扬'，今皆呼为'详略'之'详'，上至朝省，下至士大夫，皆无能正之者。"邵博不博，难道就没有查看过《水经注》？不知道他为什么没有想一想，人们普遍读"洋州"为"xiángzhōu"总是有缘由的。南宋末年胡三省所著《资治通鉴音注》中说："'洋州'之'洋'，音'祥'。"清代地理学家、曾任定远厅同知的严如熤在其《三省边防备览》卷二《道路考上》说："定远厅东十里小祥坝……"文中将"洋"直书为"祥"。民国《西乡县志·舆地志》"洋水"条注文中说："今邑人犹呼祥河，适符古称矣。"

《康熙字典》："洋，《广韵》似羊切，《集韵》徐羊切，音详……蜀水名，《水经》：汉水东会洋水。"明确将"洋水"的"洋"归到"详"这个读音下。然而，后来出版的《辞海》、《汉语大字典》、《汉语大词典》等大型辞书都把"洋水"置于"yáng"这一读音的词条下，不知这一讹误源于何时。

《镇巴县志》卷三《自然环境·水文·地表水》"泾洋河"词条："古称洋水，1958年定名泾洋河。其主流大洋河，发源于杨家河乡大祥坝村斑竹垭。"洋水发源地的村子名叫"大祥坝"，侧面佐证了"大洋河"中的"洋"应读如"祥"。

到了清代，洋水也同时被称作"洋河"。清初顾祖禹《读史方舆纪要》、民国初年赵尔巽主编的《清史稿》有关内容都沿用了"洋水"这个名称。而在定远厅同知余修凤于光绪五年（1879）编成的镇巴地方志《定远厅志》中，则"洋水""洋河"两个名称并存：卷三《地理志·水》中列有"洋水"条目，而《艺文志》收录的诗文里既有称"洋水"的（程敬民《凿修温水峡石路记》），也有称"洋河"的（陈庆怡《洋河夜涨》）。在这两个称谓中，"水"与"河"都是通称，"洋"（xiáng）才是这条河的专名。但不知为何，到了1958年，"洋"字前却突然加上了一个"泾"字。我们知道，"泾水"是黄土高原上的一条河流，与"洋水"风马牛不相及，这样胡拉乱扯、张冠李戴，也太荒唐了！造成这一谬误的原因大概有两个：一是在那个浮夸风盛行的年代，一些人习惯了胡说，更谈不上保有对一条母亲河应有的尊重，就那么随意唤了一个名字；其次是普遍的盲从，以讹传讹，谬种流传，终至弄假成真！可是，洋（祥）水啊，"泾洋河"不是你真名！

《水经注》说："洋水导源巴山，东北流迳平阳城。"其实，说洋水"流迳平阳城"并不准确，因为洋水早就在这里流淌，比平阳城久远得多，而且正是因她在这巴山深处辟出了一块几平方公里的河滩，平阳城才有了筑城之地。应该说，是洋水孕育了平阳城。清代本县一位诗人周卜年在《登垭子魁楼口占示同人》（《定远厅志·艺文志》）一诗中说"洋河屈曲抱城流"，意为小城正如洋河怀中的孩儿安睡在河湾里。

洋河的流量曾经很大，上文提到的清人陈庆怡《洋河夜涨》一诗中说："会当夜风吹，浊浪拍如山。"县城以下河道曾经长期通航。程敬民《凿修温水峡石路记》说："洋水下流，山行则叠历巉岩，俯瞰溪涧；水行则石乱江水，惊涛峡口。"《镇巴县志》卷十三《交通·道路·航道》中说："镇巴通公路前，唯一的大型运输工具是木船。通航河道一是洋河，自镇巴县城西门码头起顺流向北，经陈家滩码头，至黄石板码头出县境入西乡界……1957年西镇公路通车后，洋河航道业务减少，航道渐废。"此后，由于大炼钢铁和开荒种地严重破坏了洋水流域的植被，河水水量锐减，完全看不出这曾经是一条可以通航的河流了。

本世纪初，县城段河流被纳入城市建设总体规划，三道翻板闸截河为湖，湖长各一公里，宽数十米，水平如镜；三湖梯级相连，湖水越闸为瀑，涨水之时，浊浪奔泻，声如雷鸣，颇为壮观。湖岸多树，长堤堆绿，临水而更葳蕤；湖上多桥，桥上观景，游者也成风景。三湖叠韵，昼采天光云影，映山色树影；夜沉虹桥霓影，融灯光楼影：光影变幻美不胜收。城中有了三湖，于是刚柔相济，虚实相生，阴阳相谐，灵秀顿出！湖不但增添了风景的内容，加深了风景的层次，也润泽了人们的心灵。我们将它列为班城十景之一，名之曰"洋水三迭"。

巴山德厚，水有哺乳之情；洋水悠悠，先民休祥其名。愿您福泽斯邑，斯邑百象昌盛！

杨盛峰

# 楮水向东南

山为水之源，水为地之气脉。镇巴众山罗列，沟壑纵横，县境内大河小流逾百，故水资源相当丰富。万流归宗，最终大都入洋、楮、渔、巴四水。

四水之中，楮水居东，为县境内最长河流。县境东区北高而南低，楮水一路向南然后东折，延川纳河，绵延近百公里，出紫阳，汇仁河而入汉江。

《定远厅志》记载，楮水源二：一出王尔垭，一出十二岭，为上楮河；南流六十里至麻柳滩，右纳干沟河水，又四十里至兴隆场为中楮河；左纳庙溪沟、火焰溪二水，右纳五块石河水（即今火石梁，水源于柳庄。兴隆场集市原址应在此处，道光间，水淹兴隆场，后迁至水田坝，即今镇政府所在地），又二十里至魏家滩，为下楮河。

镇巴县清代及以前行政区划（仅截取与楮河相关的内容）

| 里名 | 地等 | 地名 | 乡别 | 主要辖境相当今镇域 |
|------|------|------|------|------|
| 从政里 | 上地 | 上楮河 | 东 | 觉皇、前进、平安一带 |
| | | 下楮河 | 东 | 青狮、观音、田坝一带 |
| | 中地 | 偏溪河 | 东 | 吊钟岩、巴庙、小河、庙溪一带 |
| | | 中楮河 | 东 | 兴隆场、麻柳滩一带 |
| | 下地 | 拴马岭 | 北 | 陈家滩、二郎滩以北，杨家河、岩寨子以南 |

楮水流至魏家滩，不过全长的二分之一左右，如何就要分作上、中、下三段呢？据猜测，楮水自魏家滩河水之后，水势渐大，并可行船，建有义渡，而其上游水量不丰，可汲灌溉。故魏家滩以后便没分划。现今更对楮河的划分已不同于昔日，观音、田坝段都属于中楮河，似乎要合理一些。

楮水概况于《镇巴县志》记述较详：

发源于觉皇乡王尔垭和十二岭山下，两支流在觉皇乡两河口相汇，由南向兴隆、观音折向东流，从庙溪乡马头岭葫芦头出境入紫阳县，贯穿觉皇、平安、麻柳滩、兴隆场、青狮、观音、田坝、小河、庙溪9个乡，入汇支流有火焰溪、庙溪沟、庙河、黄家河、青狮沟、干沟河、沟沟河、泗溪河、星子河、红岩河、羊儿河、偏溪河、沙石沟等溪流。境内河长95.8公里，流域面积705.4平方公里，平均宽度约60米，正常流量9.27立方米/秒，平均比降7.69‰，总落差735.2米。上游觉皇、平安、麻柳滩、兴隆场、青狮，地势开阔。中下游观音、田坝、小河、庙溪，沿河地势陡峭，河道狭窄，解放前观音至紫阳有小木筏通行。在火焰溪、龙洞河、偏溪河、西河、羊儿河支流上建有小型水电站，农田灌溉达3136亩。

楮水自起至出境，中纳支流十三，以《定远厅志》载，其从北向南依次是干沟河、庙溪沟、五块石、火焰溪、乱石泉、川角洞、砰潭溪、星子河、泗溪河、洋耳河、沙石沟、偏溪河、庙溪河。其流经示意图如下：

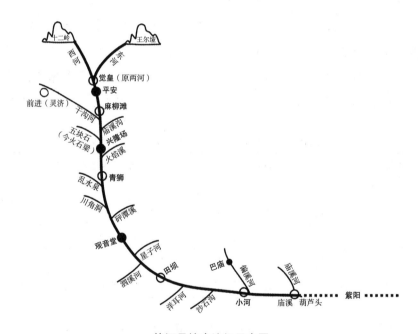

楮河县境内流经示意图

解放前和解放初期，东区未通公路，唯一的大型运输工具是木船。楮水是一条重要的通航河道，是东区运输的主干道。从观音堂到紫阳，均通木排竹筏，1958–1960年间，县政府还派专人疏浚过此河航道；20世纪70年代以后，随着东区公路建设发展，楮河航道渐废。此外，县境内另一条通航河道是洋河（即泾洋河），自镇巴县城西门码头起顺流向北，经陈家滩码头，至黄石板码头出县境入西乡界，再经罗镇坝码头至堰口码头，航程约 100 公里，自 1957 年西镇公路通车后，航道也渐废。历史上镇巴水资源的丰富及水流量之大，由此可见一斑。

水为生息之本，人多循水而居。故县城东区富庶之地多在楮水两边。举凡民生、市集、官仓、义学、寺庙、道观、寨堡都与水攸关。

上楮河毗邻西乡县境，以山为界，设有两县界碑，在今西镇公路十二岭段。重要的关隘寨堡有王尔垭，扼西乡自东北入厅境。其富庶之地集中于觉皇、东河、平安场等地。东河坡地平缓，日照充足，即使高山之上也有可耕之地。厅志记载上楮河大东山"绝顶有阜可耕"。寺观香火之盛有觉皇寺（即今之觉皇）。

楮河沿岸多堰渠。自源头至魏家滩一带，并无航运记载，然边多水田，是以上、中楮河掘渠引堰，灌溉田亩者多。上楮河有谭家坝堰（引东河水），中楮河有长兴堰、水田坝堰（皆引楮河水），但因年事久远，大多废弃，遗迹不存。此外在流域内还有倒流堰、黄龙堰、黑龙堰、偏溪河堰等。

有河必有桥，楮河及其流域古桥有五：东城桥，在上楮河两河口，上有亭，文生王焕章摹众建于光绪二年。桥长五丈、宽一丈五、高四尺。其余还有兴隆桥、石桥、定平桥、巴庙桥。

楮水至魏家滩开设漕运、建义渡。厅志记载有魏家滩义渡、观音堂义渡、小河义渡、中楮河有茶园坡义渡等。

楮水自然风光优美，有很多景观及传说，风物古迹略计有 13 处。中楮河有燕子沟、西泛滩、周朝山；下楮河有犀牛洞、星子石、鸡冠石、燕子石；蜡溪坝有仙人石床；大市川有撑船石、冰柱石、万全寨；偏溪河有挂钟石、望鼓岩。由此猜测，东南多喀斯特溶洞钟乳石，探险应有奇趣。

楮水河流漫长，清流映带，鱼产资源相当丰富。《定远厅志》记载，鳞之属有鲤鱼、祭鱼、白条鱼、漏鱼、泉鱼、沙蚌、鲤花、麻鱼、黄刺鱼、冈鳅、斑鱼（应是鳜鱼属）、鲫鱼、鳅、鳝、鲢、孩儿鱼（也名大鲵、娃娃鱼，现为国家二级保护动物）、洋鱼、巴鱼（身小而扁、倚石趴行）等，计有二十多种。今从生物学角度考证，种属科目当更多，然有些种属已成稀有甚至绝迹。

楮河一直水势浩大，水流清澈，自然环境优美，是难得的原生态河流。在古时，人们对它的开发利用仅限于航道运输、汲水灌溉及获取渔业资源；1972 年，开修大（河垭）洋（溪）公路，经青狮乡大河垭（大洋公路起点），修到兴隆区，再继续延伸，经麻柳滩、平安乡，于 1978 年到达觉皇乡两河口，1985 年由两河口再延伸 9.5 公里出县境至西乡县洋溪乡，境内共计 49 公里。1976 年至 1983 年又修通了观音堂经田坝、巴庙、吊钟岩、后河、新庙乡至碾子区中坝的公路，将镇巴县城与东区边陲碾子垭连成一线，楮河流域公路几乎全线贯通。公路绝大多数顺河而走，交通能力是航道不能比的，它极大地改善了东区人民的生活环境和出行方式，楮河航道运输自修建公路起便渐废去。

此后，人们对楮河的利用开始转向水力资源开发——水能发电。在楮河流域，利用楮河水及其支流建设的小型发电站20多个，较著名的有青狮乱水泉水电站、两河刘家坝水电站等。现在直接利用楮河水发电的有观音小南海电站，装机容量可达960千瓦。

然而，当楮河被越来越多地开发利用时，现代文明对环境的破坏跟发展一样快。最大的破坏莫过于采砂取石。我在散文《一条河流的记忆》中曾这样写道：

> 原始淳朴的河流开始被现代气息浸染。
>
> 河流开始接纳成山的垃圾，宽阔的河床似乎可以吃尽那些废弃的垃圾，奔腾的流水似乎可以冲刷那日用的污垢……
>
> 混凝土疯狂地在乡村扩张，道路在不断地拓宽延伸，伸向那些荒僻的地方，也伸向了河流。
>
> 车辙开始深深地勒进通往河流的道路。
>
> 疯狂地取砂，疯狂地碎石，疯狂地装载，疯狂地运输，河流再也无法安静了……
>
> 农用车肆无忌惮地践踏了河道，差不多没有它不可到达的地方。于是那些河滩，那些水道都留下了深深浅浅的痕迹，如同被抽打的鞭伤……
>
> 挖掘机、装载机、推土机，在马达的轰鸣声中，将河滩完好光滑的躯体掏得千疮百孔，如同在战火硝烟中受到重创的军士，遍体鳞伤却在坚强忍耐。
>
> ……

现在楮河可以说面临着水流量缩减，水污染日趋严重，以鱼类为主的水生资源逐渐减少等问题。读史志中的楮河，对比现在，我们应该有一种深刻的反思。

岁月悠悠，楮水流长，但愿记忆中清波浩荡，卵石雪白，林木葳蕤的景致得以重现。

张新林*

---

* 张新林，男，1974年生。中学一级教师，多篇散文、论文发表于《散文选刊》、《衮雪》等报刊或获奖。2013年出版个人文学作品集《油桐花谢》。现就职于镇巴县泾洋初中。

# 漫话星子山

　　镇巴乃山川之国，境内千峰竞出，万壑纵横。星子山在县城东三十里。按《定远厅志. 卷一. 地理志》载："东条之山，以星子山为宗；西条之山，以巴山为始……"星子山、巴山在镇巴境内，可谓领袖群山。星子山衔北曳南，乱峰攒积，南北横亘，绵延百余里，实为县城出入东区之屏障。

　　星子山在《定远厅志》、《汉中府志》、《西乡县志》中都有提及，在著名的地理志《水经注》中亦有记载。为什么一座县境内的山，能被多方地理志提及，其重要的缘由之一便是它的地标性特点。

　　星子山是将县境划分为东、西区的自然标志。《定远厅志》在介绍地域图时，东、北部都以星子山为参照，按方位依次展开。《镇巴县志》记载："星子山东接观音、田坝乡，西接渔渡镇、毛垭乡；南邻紫阳县，北依西乡县。地势西北高、东南低，为西北至东南走向，长60公里，宽6.2公里，总面积约200平方公里，山体平均海拔1000－1200米，主峰星子山，海拔1954米。"

　　《定远厅志》记载："……（星子山）在厅东三十里，高出云表，绵亘百余里，洋水出焉。"说星子山"高出云表"，所言非虚。但如此庞大巍峨的山体，必然带来交通的不便。

　　解放前，由县城进入东区的观音、碾子，都是绕道西乡，经西乡五里坝辗转到达。那时县城到达观音所走的路程相当于现在所走路程的五倍。因此，东区的运输从观音向东或往南，大多到了西乡或者汉阴、紫阳。造成这种交通隔阻的重要原因便是星子山的阻塞。

　　由县城进入兴隆场，则从东边的高桥翻越星子山，经火石垭到铜钱坪，然后到达兴隆，再分南北两线，南行经大河垭到观音，北行则到麻柳滩、平安等地。这条翻越星子山的崎岖道路，曾经常年不息地走着过往的力夫，一步一步地走着生活的艰辛，也走出了不少野俗俚趣的传说，这就是镇巴很有名的背佬儿，也叫背二哥。直到1972

年冬，全县集中七区一万多名劳力，历时三年，于1975年才修通了小洋到星子山东麓大河垭的公路，直接使县城与东区贯通。

星子山过境公路最高处海拔约1600米，公路蜿蜒盘旋，约长24千米。朔冬严寒，积雪早至，冰凌铺路，车行受阻。背阴处积雪有时春二月才化。一年之中，时有浓雾，十米之内，不能见人。偶有山顶雾散时，见各峰岭间堆云卷霭，称星子山云海，蔚为壮观。

虽然星子山公路现在硬化了，山顶公路也拓宽了不少，然而它的高峻依然让东区人民出入不便，人民亟盼一隧贯穿，无冬雪严寒之患，车行畅通，以保无虞。

星子山面积辽阔，山体庞大，然多为荒林，耕地甚少。物产可取者惟山中木竹。《定远厅志》记载："上产木竹深密，傍有纸厂，名红石槽，在厅东六十里。"红石槽纸厂是当时较大的手工业作坊，其造纸主要原料就是木竹。木竹约拇指粗细，高三米左右，盛产于境内星子山与巴山林。以当时条件，纸厂加工，利润微薄，估计现在已无遗址。另有龙头竹，根如龙头，连根挖出，多做老人拐杖，是星子山特产。

"星子山东北四十里有三十六峰，亦为荒林，中多野猪，酷禾稼，猎者驱以为利。"境内野猪甚多，自退耕还林后，山高林密，常有野猪啃食庄稼。稀有动物飞鼠，近两年常窜入县城内的街道树上，吸引行人驻足观看，并时闻其夜间有凄厉的叫声。《定远厅志》中记载，飞鼠俗称催生毛，颜色如狐狸一样，两肩的毛皮直连前后足，形似蝙蝠。神奇的是它能飞行，飞的时候产子，子即跟随其后。当地百姓大多拿它的毛皮作催生之用，别处很少见，星子山应多有这种神奇的动物。其他还有狼豺麋鹿山羊狐狸之类，为猎者之利。

以物产而论，星子山上无可耕之阜，下少通行之路。囿于交通阻塞，山民深居而贫。百姓避居，人烟甚稀。自镇巴划厅而治以来，历任同知望山蹙眉，取道艰难，抚膺叹息，治疆未便。1877年秋天，同知余修凤上任，是年定远旱灾，百姓凄苦。余修凤体恤民情，查知疆域，以修厅志。带仆童攀崖涉险，月夜度星子山，一时间百姓沧桑与个人情怀悉皆入胸，口占四绝，仕途的艰难与道途的艰险尽在在其中，个中情怀令人感慨。这是关于星子山仅有的一点艺文资料。录四绝如下：

> 夜色苍凉甚，当头月一轮。崄蠛经历惯，挥剑斩荆榛。
> 对影上层峦，衣单怯露寒。僮厮浑不语，窃笑苦穷官。
> 轮铁消磨尽，巉岩路几重。醉余残梦里，惊醒梵王钟。
> 犬吠泉声乱，山魈惮见人。卑官谁得似，明月证前身。

古有以山取脉，观其风水，建楼台道观禅刹佛寺之惯例，既增山水之灵气，又沐佛道之吉祥。镇巴境内寺庙道观有名者就达 36 处之多。估计星子山亦非灵秀之地，难安佛道金身。按《定远厅志》记述，星子山并无道观禅院，仅有龙台观载于《定远厅志》："相传嘉庆间建庙时，有钟自飞来，今卧地不敢悬，悬则一方不安，元旦士人多祀之。在山沙波星子山。"遗址遗迹难存，是仙人恶其恶乎？既然难安善类，必定招来恶患。

星子山十沟九壑，多有匪盗，啸居山林。据厅志记载，明隆庆二年（1568），四川通江河勉在星子山聚众起义，以乾沟河、母猪寨（应在渔渡境内）为据点，转战川、陕、楚三省边境，截官粮军饷，屡败官兵……万历二年（1574）起义失败。后来嘉庆年间的川楚白莲教起义，同治年间云南的蓝大顺起义，以及再后来的王三春巨匪，都曾窝居或者取道星子山。

偌大的一座山，禅刹佛寺楼台道观不仅少，即便是自然造化的佳妙景致也难得一见，古迹传说也流传甚少。曾闻山上有鸡冠石，在星子山远近皆见。据当年的脚夫回忆，从兴隆场铜钱坪翻星子山到高桥，就会看到路边有一块状如鸡冠的石头，被来往的路人摸得石体光滑。现在道路几无人走，不知"鸡冠"石还在否？

山为水之源。星子山南北横亘，境内四水之一的洋水（泾洋河）即发源于此。洋水源流有二——主流洋河：星子山西麓的捞旗河、彪水洞—高桥—鹿子坝—泾洋河；另支流小洋河：马龙洞—东沟河—三岔河—小洋河—潘家河—泾洋河。洋河、小洋河皆出于星子山。洋水收星子山西麓之水，绕城而过，出城北，入西乡境纳牧马河水注入汉江。星子山东麓之水，汇集于乱石泉（含乱水泉），注入楮河，亦流入汉江。一山之水，东西殊途，南北异道，然千里之后，却殊途而同归。不亦异哉？

史话星子山，遗憾的是手头的史料不够丰富，难以述其细致；更主要的是限于自己的地理知识水平，又未详细实地勘察，无法系统研究，罗列考证，因此难免有谬误，恳请大家见谅并指正。这里所写关于星子山的一点东西，都是结合自己读到的有限史料，加上个人的见闻和印象拼凑而成。有感于星子山的过去现在，模仿前人"七笔勾"的体例，亦为星子山作"七笔勾"，作为戏说来小结：

地处边陲，堆得荒山土石丘。日月晨昏走，夜静山风吼，散放几羊牛，终岁把家守，百里方圆地无金满斗。因此上把丰饶富裕一笔勾。

大道难求，自古通行人见愁。身单惊匪寇，夜黑怕狼守，冰雪见深秋，春残方化透，羊肠一道往来徒叹陡。因此上把车马通衢一笔勾。

　　鸟唱虫啾，野豕山鸡惯出游。百兽归林薮，猎食无苑囿，麂兔与猕猴，坐山把猎狩，无闻虎豹熊犀与貔貅。因此上把异兽珍禽一笔勾。

　　蛮夷之流，自是文章难唱酬。性爱苞谷酒，粗蛮喜腊肉，不识孔老丘，山歌一声吼，文人俊秀哪堪至此游。因此上把吟咏题留一笔勾。

　　荆棘如钩，毛竹连山覆陇丘。山上石长寿，细壤难深厚，野草榛莽稠，芜杂荒凉透，高大巨木不长嫌土瘦。因此上把古树名木一笔勾。

　　到得山头，试问神仙留不留？道曰慧根浅，佛说缘难够，别处去清修，香火实难有，山川地脉何曾钟灵秀。因此上把庙宇楼台一笔勾。

　　观景无楼，谁把亭台向此修。山荒野云陋，三春无锦绣，硫磺水枯流，哪有飞瀑走，天工开物偏将此处漏。因此上把佳妙景致一笔勾。

张新林

# 藏龙坪的千年白果树

藏龙坪是赤南乡最东边的一个村，东接响洞，南邻盐场，西为赤南，北靠210国道——好像是四通八达之地，其实到哪儿都不方便。村子四面环山，海拔一千多米，只在西边赤南水库那儿有一个缺口。村子就这样藏了起来，藏在深山人未识。

藏龙坪的坪其实很小，村子中央、溪的两岸有那么几十上百亩水田，就算是它的坪了。东面山腰有那么一块台地，长不过一里，宽不过几十米，南边是一个院子，北边有一个两亩多的大田，院子与水田之间间却长着一棵古树——这就是远近闻名的千年白果树。

这棵白果树实在是太大了！从对岸望去，它遮住了半座山，足有十多层楼那么高，郁郁苍翠。它的树干要八个成年人才能合抱得过来；树根部齐地平有一个窟窿，雨天的时候，容得下四个放牛娃在里面打牌。主干到离地三四米的地方分成两支，一支垂直向上，一支向东斜出。从根部到分叉处，又有一些不同年代生出的小白果树，有的直径已经超过一尺，有的才碗口那么粗。老干新枝浑然一体，树冠遮天蔽日，直径达四五十米，每年能结一千多斤白果。《镇巴县志》上说："赤南乡藏龙坪村白果坪组一株银杏，树龄2000余年，树高35米，胸径2.86米，树冠投影616平方米，长势良好，枝叶茂盛，年产银杏1000-2000公斤，产值达3万余元。此树已心腐，树干中心可容纳4人戏玩。"秋来叶黄之时，白果树像一座金色的山丘，聚集着千万只翩飞的黄蝶。

据树下石碑上文字记载，这是一棵唐代的树，有一千多年历史了。在这漫长的岁月里，它经历过多少天灾人祸，没有人能够知道；它的身上刻满了楔形文字，没有人能够读懂！2007年春天的一个晚上，一声巨响惊醒了熟睡中的人们，大家都不知道发生了什么奇异的事；天明以后才发现，大白果树被雷击了：主干上端已击断，树冠被掀掉了一大块，断枝残叶散落一地堆成了山！这一次事件纪录在大树中间那一截被撕裂的残桩上。而这样的事情究竟发生过多少次，没有人能够知道。"将军百战死，壮士千年归。"它活了下来，穿越千年风霜雷电走到了今天，这本身就是一个奇迹！

从历史深处长出的大树有很多，而留存下来抵达 21 世纪的却很少。据《定远厅志》记载，盐场也有一棵大白果树，"大数十围"，却在大炼钢铁运动中被毁掉了，柴集如山，延烧三月乃尽！藏龙坪的这棵大白果树能够存留下来，是因为它藏在深山；而村民又早已视之为神树，搭红放炮，虔敬礼拜，连枯枝也不许折去的。

站在这样一棵老树的面前，我们常常会不由自主地保持一种仰望的姿势。它的那些扎入历史深处的根，它的那些历经无数劫难的枝，甚至一片叶子，一个芽，都无不令人敬畏！或许，它就是那条隐藏的龙？

杨盛峰

# 民国时期有关镇巴的科学考察活动考略

　　镇巴一直被认为是荒僻之地。蜀汉时期虽有行政建制，但时间极为短促，并没延续下来。嘉庆七年（1802），清政府析西乡县南二十四地创设定远厅，民国时期的1914 年 1 月更名为镇巴县。伴随着"西学东渐"，现代科学技术与方法传入中国，我国的科技渐兴，人才渐盛，他们留学海外，学成归来，积极投身于我国的科学事业，其中地质考察就是当时较为重要的科学研究活动之一。笔者通过梳理民国时期的科技文献，发现从 20 世纪 20 年代末开始，一些科学家就将现代科技之光投向了镇巴。从县域历史发展的角度来看，这些都是重要的科学活动，应该引起我们的重视。

## 一、科学家赵亚曾在镇巴的地质调查活动

　　1928 年，国民政府地质调查所组织力量，再度筹划对西南地区进行地质调查，丁文江任总指挥。1929 年 3 月，古生物学家、地层学家、区域地质学家赵亚曾与黄汲清参加了农商部地质调查所组织的西南地质大调查课题。

　　赵亚曾与黄汲清为第三路调查组主要成员。1931 年，赵亚曾、黄汲清联署发表的《秦岭山及四川地质之研究》一文中对他们的考察线路和考察日程进行了准确的载录，其中有这样一段文字："吾人奉命于三月二日从北平出发，十一日抵西安。十五日自西安南行由大峪口入秦岭山，至镇安县附近，于二十八日返回西安。休息四日。于四月二日西行，经咸阳、兴平、武功、扶风、宝鸡、凤县、留坝、褒城等县而至汉中。在此休息四日。于四月二十一日东行至洋县。由赵亚曾南行入大巴山，抵镇巴县。因地方不靖即由原路折回。黄汲清则由洋县北行至华阳镇。本拟北至佛坪县，亦因土匪骚扰地面，只得又原路返回汉中。"

　　通过上述文字记载可知，科学家赵亚曾是在 1929 年 4 月底至 5 月初经西乡堰口徒步进行沿途地质科学考察活动的，主要目的在于调查大巴山地质状况，并最终抵达了

镇巴县城；同时还可以了解到，当年镇巴山匪横行，社会治安秩序很差，对赵亚曾的科学考察活动产生了非常大的不利影响，使他在镇巴的地质调查科学考察活动难以充分展开。但综合笔者的文献调研和当时社会历史条件分析，基本可以断定，赵亚曾科学考察活动在镇巴县境内应该是首次，从地域科学文化的角度，意义重大，应该作为重大科技事件载入镇巴史册。

赵亚曾，字卜仁，河北孟县人，1917 年考入北京大学，1919 年入地质系，1923年毕业；旋即进入农商部地质调查所任调查员，同时亦兼任北京大学地质系助教；1928 年升任地质调查所技师。1929 年与黄汲清到陕西秦岭及四川作地质调查，9 月，与黄汲清分头进行工作，他去了云南东北部。1929 年 11 月 15 日，赵亚曾在云南昭通县闸心场被持枪行劫的土匪杀害，英年早逝，是中国历史上第一位因公遇害的地质科学英才。作为较早抵达镇巴的现代科学家之一，赵亚曾更应该受到镇巴人民的敬仰和缅怀。

## 二、土壤学家陈恩凤和环境学家刘培桐<br>在镇巴境内的科学考察活动

1940 年，全民抗战处在最艰难的时期，中华民国政府中国地理研究所成立伊始，就对区域地质考察工作进行了规划和部署，汉中盆地地理考察活动就是其中重要的科学考察活动之一。"本所成立后，即有分区实地考察之计划，尤以富有地理意义之自然区域最为适合，期于区域地理有所阐发。陕西南部秦岭巴山之间，汉水上游之汉中盆地，四面环山，众流归汉，既为山区居民经营活动之中心，又为沟通四川与西北之枢纽，诚为研究区域地理之良好园地，乃于民国二十九年（1940）组织汉中盆地考察队，分地理、土壤两组，实地全面调查。"（《汉中盆地地理考察报告》）参加此次汉中盆地科学考察的科学家有王德基、薛贻源、陈恩凤和刘培桐，此次科学考察的重点放在了褒城、南郑、勉县、城固、洋县和西乡，镇巴并未列入考查范围。

但在《汉中盆地地理考察报告》的"序言"中还有如下记述："土壤组于三十年（1941）三月二十日重返城固，盆地土壤调查大致完毕，随由城固西南行至西乡，略事调查，当于四月初沿汉渝公路步行翻越大巴山，经镇巴万源宣汉而至达县，继转渠江干流流域，经渠县广安而至合川，斯月二十九日乘轮返抵碚所……地理组四月二十三日首途去西乡，留西乡工作三周……乃至五月十二日离别西乡县城，循土壤组所采线路步越巴山入川，回抵北碚时正六月十日矣。"即汉中盆地科学考察队土壤与地理组在结束盆地科学考察任务后，先后从西乡堰口进入大巴山，途径杨家河、镇巴、渔

渡过滚龙坡进入四川境内返回北碚，即中国地理研究所驻地。但过境过程叙述文字较为简略。

笔者经查阅发现，发表于1943年第一辑《地理集刊》，由陈恩凤、刘培桐依据实地考察完成的《汉渝公路中段暨渠江流域之土壤与土地利用》一文中，有如下文字载录："民国二十九年冬作者等奉派考察陕南汉中盆地土壤，三十年三月竣事，乃由西乡沿汉渝公路越大巴山入川，途中随作土壤概测，并成此简报及附图，实斯行之额外收获也。三月三十一日，由西乡东南堰口启程，此为入大巴山之谷口，午子山屹立口中，东为小堰，西为大堰，吾人沿大堰东南进，满山大树成林，银枝绿叶，皆白皮松。途径石灰岩区，壁立千尺，石面久经风化，生成各种孔洞，中挂石笋，因有就势塑佛号为南海者。公路原在修筑中，忽断忽续，现又停工，行七十里抵司上；四月一日行五十里至杨家河（时杨家河尚属西乡县）；二日南行六十里至镇巴县境陈家滩，初越栓马岭，南坡为汉桓侯张飞拴马处，有一碑焉；三日南行三十里至镇巴城，城小屋稀，独处深山，清因地接陕西、四川二省，辖境辽阔，设厅管治，因汉时为定远侯班超食邑，故名定远厅；四日五日皆因雨休息，山中气候变化无常，傍晚风雨骤至，入夜则降雪矣；六日南行九十里至渔渡坝，公路尚未兴工，路岔难行；七日南行九十里至万源县境官渡湾，途径滚龙坡，即入川境。"这是一段极为珍贵的文字记载，此记述较《汉中盆地地理考察报告》更为详尽，途径、日程、自然景观、气象变化以及道路难行之状况皆有详细记载。

陈恩凤、刘培桐对沿途的气候、地质、地形、植物、农业等方面进行了规范的科学考察，获取了大量科学数据，还提出并确立了作为土壤类型中的"镇巴系类"及"栓马岭系"。这一研究成果又被后来出版的《汉中盆地地理考察报告》所吸收。

陈恩凤先生（1910－2008年），是我国杰出的科学家、教育家和社会活动家，是我国土壤学学科主要奠基人之一，长期从事土壤科学研究，在土壤地理、盐碱土改良和土壤肥力等方面取得了丰硕的研究成果，为我国土壤学学科在国际上学术地位的提高作出了重要贡献。刘培桐教授（1916－1994），河南浚县人，1940年毕业于西北联合大学史地系，历任北平师范大学讲师、北京师范大学教授、环境科学研究所所长，兼任河南省科学院地理所名誉所长、国家教委高等学校理科教材编审委员、中国地理学会化学地理专业委员会主任委员、中国环境科学院学术委员、《中国大百科全书·环境科学卷》编委副主任、《环境地学》编委主任，他还是国际地理学会（IGU）地理与公共管理组成员、《环境科学家》顾问、《环境管理》编辑组成员。

对于这两位当代科学家而言，在镇巴的科学考察活动只是他们科学研究生涯的一个小片段，但也颇有"额外收获"；对镇巴而言，这些顶尖级科学家的到来是镇巴科考史上的大事，他们将镇巴境内土壤确立为土壤类型中的"镇巴系类"及"栓马岭系"，值得镇巴人民铭记。

张显锋*

* 张显锋，男，1967年生，陕西镇巴人，现为陕西理工学院图书馆馆员，从事图书馆管理、地方文献等研究。先后参编《现代汉语多功能字典》（北京知识出版社，1995年），《大学生导读》（陕西人民出版社，2001年），《现代文献信息检索基础》（副主编，三秦出版社，2003年）；《谈建立学习型图书馆》、《CI理论导入图书馆形象识别系统的初步探索》、《我国1998－2006年绿色图书馆研究论文统计分析》、《对绿色图书馆的思考》等多篇研究论文在《情报杂志》、《图书馆论坛》等国内专业核心期刊上发表；《区域文化发展背景下的陕南地方文献工作构想与实践——以汉中市地方文献工作为例》研究论文获2014年中国图书馆学会年会征文二等奖。

# 巴山流韵

在陕南大巴山腹地，有一处风光旖旎的旅游胜地，她就是当年班超封邑之地镇巴县境内的巴山林。

如果将枕襄卧蜀的大巴山比作位婀娜多姿的淑女，那么，镇巴便是她含羞的脸庞，巴山林便是她撩人心魂的眼睛——险奇而静谧，丰饶而多情。

——

海拔两千米以上的山巅，有一片极像城的石林，这就是有名的巴山林罗城。

粗看，乱峰横空，古松苍郁，凶险狰狞。

细瞧，峰石百态：似罗汉，似钟馗，像虎豹，像凤凰；或八仙过海，或将军出征。其中罗城石佛最为传神，它双手合揖，正讲经布道，整个巴山林的生灵似乎都成了它虔诚的徒众。

罗城有两奇——

一是天造地设的园林艺术。似走廊的石林沿途，花草盆景，仙阁亭台，假山怪石，像童话，像珍邮，错罗有致，玲珑奇巧。

二是如迷宫一样的城池街道。城内街道总是两条，左右生死，任凭君挑。一念之差，便可遇上传说中的"鬼打墙"而转回原处。当地人讲，一头牛犊进去，出来时便成了老牛。真可谓是入城容易出城难。

除罗城外，巴山林可圈可点之处甚多。

白沙岭上的圈子岩是一处罕见的桶状岩。桶底约 5 万平方米，竹木森森，溪流潺潺。当年人们曾在此躲避白莲教及匪灾。此圈仅一路出入，三百斤的野猪，一人一棍便可玩一次心跳，是一处天然的狩猎场。

千奇百怪的洞穴是巴山林的又一景观。

位于凉桥乡的太极洞有拂之复现的神秘脚印和太极图，还有可观星漏月的天星眼。

仁和的白龙洞，地势险要，飞瀑飘逸，风、水、火三洞冷暖各异，煞是奇特。

南天门下的燕子洞，不知有多少燕子，但见燕粪堆积如山，黄昏归燕压压如乌云；也不知有多深，只知探险者斗胆入内，三天三夜未走重路。

最富盛名的则是凌冰洞和倒龙洞。

凌冰洞六月结冰，是天然的冰箱。

洞口，庙台处处，紫烟袅袅。

沿途，钟乳纷呈，百态千姿。

深处，阴河哗然，神秘莫测。

倒龙洞须借雨观览。

届时，但见四山洪水奔泻而来，洞口如巨鳄之嘴，汩汩吞噬。雨停之后，于彩虹之下，又倒灌百米，一气而成汪洋之势。

白天河旧时乃西三区人民出入天汉之廊，其险奇也非同寻常——

会仙桥畔岩千仞，一桥当关谁能开？

而一线天却成了群猴过山转场的捷径。

古人感于其险而勒石铭文曰"阿弥托佛"。

白天河其名，是对光明与安全的渴求，更是其险要的反衬。

天旋坑最易让人浮想联翩。

走，说不上哪一脚会踩空。

看，那是幽雾沉沉达百米的深渊。

听，那位至今仍是处女的裸狐仙女的传说便徐徐展开——

多少年前的那个洞房花烛之夜，新郎因新娘腋臭而出走，姑娘裸身追赶不及而气绝。死后化为狐仙，发誓要洗净羞辱。今天，去天旋坑随时都听得到淅淅沥沥的洗浴之声。

但你最好别看滴水处，那是窥羞。否则，会飞出一袭白绫直勒你伸长的脖颈。

据说，谁将鞋垫放在坑沿，翌日便会绣好，手工自然是精巧绝伦。

但亦莫自作多情要去放鞋垫——嫁千人万人，哪如嫁给一人解恨！多年的风华雨露已使裸仙身洁如玉，但她等待的依然是她从前的新郎。

二

山高鸟飞绝，林深鹊不就。

有鹰，但鹰是寂寞的。

有溪，溪流淙淙山更幽。

游人咳嗽，枯叶也会应声落下。

——那是一番什么样的宁静呐！

牧马在草坪上悠闲地散步，白云在天上卷成朵，或匆匆飘向何方？

哪来的游人，追逐着骏马，飘进了西部的传奇，飘进了令人怀旧的田园梦乡。

三

山美情更浓。

情，是巴山林最激动人心的乐章。

会仙桥古朴道劲，巧夺天工，得益于仙人鲁班赐予的那块唯一可使此桥合龙的神石。

匠人们为此桥取名曰会仙桥，再建一桥曰梦仙桥，百姓又仿修一桥，曰仿仙桥。

白天河上三仙桥，自是情义之桥。

美女出于大诗人，山歌子出于巴山林。

这里人人会哼，个个能唱，是陕南的歌乡，情歌的作坊。

你听——

> 姐在屋里织绫罗，
> 哥在对面唱山歌。
> 山歌唱得好哇！
> 你个砍头死的挨刀死的摔岩死的招瘟死的，
> 唱得我脚炝手软手软脚炝，
> 踏不动云板织不了罗，
> 停下织罗听山歌……

岂止凡人，在这里，神仙也是至情的化身。

相传湘子是一只仙鹤，林英则是天河岸边一绿竹。一日仙鹤歇脚于竹，不意风吹竹闪而落水。"你闪我一时，我闪你一世！"仙鹤就此怀恨。王母随遣他们下凡以了此孽缘。但韩湘子于新婚之夜出走巴山林一去不返，撇下娇妻林英于长安独守空房。十年期满，林英升天，但凡间的岁月让她憔悴不堪，她不愿让湘子看到自己的苍老，便重投尘缘，化为常青的木竹。

湘子得知林英殉情，深感内疚，从此天上人间，云游四海，每至月圆之夜，便重返光头山，抚竹吹笛，如泣如诉，如怨如慕，直吹得月入云，鸟坠地，竹叶垂露如泪，莹光熠熠。

巴山之巅的光头山因湘子于此修行而又名小终南，它也为主人的愧疚而终年云雾蒙面。

那千亩野生的椒园、葱园、道观里的檀香木柱廊、修行的法坛、汉中城的万家灯火、都只能在雾中相见。

其实，雾永不散开也没关系，这神仙之山的神仙之恋，已足够我们回味一生。

## 四

感谢爱美而痴情的林英姑娘，是她成就了巴山林这片面积达二十多万亩的全国乃至亚洲最大的野生木竹林，成就了大巴山一道独绝的风景。

这是竹的海洋。

上空是竹叶，地下是枯枝，林中小鸟只能跳着前行。

老竹倒，新竹生，绵延恣肆至于今。

看不见尽头，嫩笋年年蔓延，怎有尽头！

木竹，以它特有的品质展示着自己的价值和魅力——

竹房竹楼竹栅栏，竹床竹椅竹背篓：住竹用竹。

饮竹酒，炖干笋，竹衣包糯米：吃竹。

清风鼓，西窗疏，吟诗赋画学板桥：赏竹。

夜幕降临，木竹篝火烧得通红，逗歌盘歌对歌，不时一声"噼啪"爆竹闹，游人雀跃，笑声四起，好一道木竹风情游。

## 五

苗民最爱学穿花，

　　　　　　　　常说黔遵是老家。

　　　　　　　　一日飘零来此地，

　　　　　　　　强儿生子子生娃。

　　这是清人张金鉴《竹枝词》对苗民的生动描绘。

　　乾隆五十年，从贵州遵义迁来熊、陶、李、吴、马、杨等六姓苗民于大楮河畔定居，经两个多世纪的生息繁衍，已成为西北地区最大的苗乡。他们的习俗多为当地人同化，但热情、耿直、勤劳的性格，独特的婚丧嫁娶等礼俗却一直保留了下来，为巴山林又增添了一道瑰丽而神秘的异族画卷：苗乡风情。

　　平日里，碰上来客，他们必盛情款待。酒是少不了的：老人敬，阿婆敬，姑娘再敬！任你百般推辞，姑娘只管唱着苗族的敬酒歌，手持杯盏，殷情百态。酒不喝而歌不止，君不醉兮席焉散？

　　逢上节日，所有苗民便会穿上平素里挂在竿上的民族服装，兴高采烈地参加篝火晚会。其间，男女老少，苗汉一体，把酒桑麻，对歌起舞。跳火绳最为精彩，酣畅淋漓，惊险刺激，那是年青人的"小灶"；而自由随意的圆圈舞则是大众的"家常菜"。

　　但见竹林里，庄园内，星月辉映，篝火烈烈。舞影乱，歌声醉，人们歌唱丰收，歌唱爱情，歌唱民族团结，歌唱吊脚楼，歌唱为他们带来生命之源的木竹，那歌声与巴山林海，与巴江波光一起摇荡，摇荡……

# 六

　　这是一块丰腴的土地。云池海拔高达二千米，宛若仙女明媚善睐的眼睛。

　　盘龙河如飘带婉蜒于紫菀花与菖蒲草之中。

　　夏季里，白天河两岸乱瀑对射，似一场戏水大战。

　　春末的清凉河，满河都流淌着梨花，鱼儿披着花鳞成了芬芳的梨花鱼。

　　巴山林的水最清，雨下在石上，树上，青苔上，花草上，鸟儿的翅膀上，半点泥浆也没有。

　　巴山林的空气是透明的。

　　除了风和神仙之外，没有谁碰触。

　　满山的野花自开自谢。

　　满谷的野果只有鸟鹊享用。

满天的飞鸟只有阳光抚摸。

弥猴桃，红毛瓜，相思豆；月亮七，灯台七，黄杨木，千年矮，马柳光……谁能叫得全那些花草树木的芳名？

良好的生态给珍稀动物营建了天然的乐园。林中云豹、黑熊徘徊，天上锦鸡、飞虎穿行。

最壮观的要数仁河乡的群猴，数量多达几千只。听村民讲昨天还来了一群，约六七十只。

更让人难以置信的是随便搬开白天河里的一块石头，都能看见珍稀的秦巴白鲵。

树上的苍苔，如破碎的化石在秋阳下悠悠地复活。多么古老的宁静，多么原始的清纯！遐思冥想中，我们似乎又回到了如水自然。

水中的白鲵，似遥远的精灵，在时空中徐徐地演化。多么顽强的梦幻，多么动人的执着！置身这圣洁的处女地，我们仿佛又返回了生命初始的摇篮。

是谁点燃那万点火，秋阳，红叶，如贵妃的醉靥。

是谁撒落这满山霞，秋雨，云雾，似飘缈的蜃楼。

这旖旎的风光，丰饶的物产，这至纯的山歌，美丽的传说……

哦，我魂牵梦绕的家园：巴山林！

梅冬盛

# 第三章　人口政权：分合流转多变换

在镇巴这个时空舞台上，何时出现了居民？其数量、流变、社会组织等情况如何？本章将从人口、政权两大方面，分八个点简单回答这些问题。

## 一、最早居民：只几个石头磨过

人类的足迹何时踏上镇巴这块土地的？我们向来的印象是：这应该是相当晚的事。但事实恰好相反，镇巴在史前时期就有人类活动。

镇巴县博物馆珍藏着三件古老的石器，它们是在青水一个山洞里发现的，被陕西省文物局专家鉴定为三级文物。这三件文物分别为石斧、单孔石斧和单孔石刀，虽然长不过几厘米、十几厘米，但它们已经不是人类历史上最简单的工具了。我们不难想象，当这些工具被磨制出来，用于快捷地宰杀、切割猎物的时候，人们一定是欣喜无比的。虽然只是几个磨过的石头，但足以证明镇巴早在新石器时代就已经有人类生活了。

不仅如此，与镇巴相邻的五县、市也都有新石器时代的文物出土：西乡在李家湾、何家湾、红岩坝等地发现了新石器时代的文化遗址，何家湾遗址绝大部分系仰韶文化遗存，距今约六千年；汉阴在汉阳镇冉家坝有大面积的新石器时代的考古发现，它早于"仰韶文化"和"龙山文化"，距今九千至一万年；紫阳县汉城乡双营村的马家营遗址中有大量新石器时代的文物；万源市井溪乡也发现了一些新石器时代的文物；通江县擂鼓镇文化遗址处于新石器时代中晚期，距今约五千年。这说明，与镇巴相邻的五县、市在距今五千到一万年均已有人类生活。这些地方与镇巴山水相连，距离不远——焦王河通汉阴，楮河、双白河通紫阳，渔水河通万源，尹家河、鱼洞河达通江，泾洋河通西乡——原始人群沿河谷出入镇巴相当方便。而西乡的三大古文化遗址中，何家湾、红岩坝遗址都在泾洋河岸边，"溯流从之"，即至镇巴。何况同属亚热带的镇巴，气候温暖湿润，山大林茂，狩猎、采集条件更好，应当是原始人类首选的宜居之地。

博物馆中的磨制石器和周边县市的考古发现相互印证，表明镇巴在五千年以前的新石器时代已有人类活动。

## 二、夏至秦汉：沉默千年遗迹现

从夏朝到秦代，近两千年的时间跨度，生活在镇巴这块土地上的居民差不多没有留下任何痕迹。镇巴县博物馆于 2002 年征集到一件石雕熏炉，炉盖为镂空透雕，炉座用圆雕和浮雕，工艺十分精美，按器形推测当为商代文物；该熏炉重达七十千克，不易搬动，如果为本地制作，则可以说明镇巴在商代已经有很高的石雕工艺水平，而且贵族的生活相当豪华。但除此之外，我们暂时还无从触摸到那一段时空的真实存在。镇巴历史在这里似乎出现了一个巨大的空洞，抑或是一种艺术的留白。当然，这个空洞并不是真空，只能说镇巴居民的活动在历史记载中属于"沉默的大多数"，而遗迹尚未被发现而已。

根据近年来的考古发现，可以确知的是，镇巴在汉代就有了一定规模的人口居住。1993 年 3 月，在泾洋河的源头之一——小洋河沿岸的小洋镇木桥村，村民在取土制砖和开挖地基时发现了两座古墓。根据出土的器物和墓砖分析，一座为汉墓，一座为晋墓。汉墓中出土的一件弦纹双耳铜鍪和五件釉陶仓，造型古朴别致，纹饰美观，均为国家三级文物，现藏于县博物馆，这让我们现在还可以一睹当年生活器物的真貌。在平安镇两河村庙垭子有两座被当地人称为"大将军墓"和"二将军墓"的古墓，据考证也属于汉墓。这些考古发现说明，至迟在两汉时期，镇巴境内已普遍有人居住。

东汉和帝永元七年（95 年），因军事家、外交家班超平定西域有功，朝廷"封超为定远侯，邑千户"（《后汉书》卷四十七）。康熙时期史左《西乡县志》卷二："汉定远城，南三百五十里，汉班超封侯于此。"一般认为班超封邑就在现在的镇巴一带。"邑千户"的意思是有向一千户以上的人家征税的权利。按每户五口计算，千户之邑就达五千多人，何况古代讲究几世同堂，家有佣仆，户均人口可能不止五人。镇巴能够成为班超的千户封邑，充分说明汉时的镇巴已经有了一定规模的人口。

## 三、蜀汉建县：南乡设治归仁山

东汉时期，豪强地主势力强大，土地兼并现象十分严重；及至汉末，军阀割据，战乱频仍：正是在这样的社会背景下，山大沟深、林木茂盛的镇巴反而有可能吸引更多的人口。虽然说"任是深山更深处，也应无计避征徭"（杜荀鹤《山中寡妇》），但山高皇帝远的深山更深处仍然是百姓逃避征徭和战乱的一种理想选择。境内人口增加成为本地建县的一个重要基础和必备前提。

三国时期，汉中成为蜀、魏交锋的前沿。《定远厅志》引《三省边防纪》曰："汉昭烈取汉中，大兵发葭萌关，由广元、宁羌正道入；张桓侯从定远、西乡间道而进。"（《定远厅志》卷七《武备志·兵事》）刘备控制汉中后，为了巩固边防，加强对边地的控制，把现在的镇巴、西乡一带设置为南乡县。据唐李吉甫《元和郡县图志》记载，刘备即帝位于蜀（蜀汉章武元年，221年），"分城固县立南乡县，为蜀重镇"。南宋王象之《舆地纪胜》引《洋州志》云："蜀先主以城固县东北控魏，南蔽蜀，实为重地，乃分置南乡县以壮藩篱。"

南乡县的治所设在归仁山。史左《西乡县志》曰："汉分城固为南乡县，建置于归仁山，今渔渡坝是也。"《定远厅志·地理志》曰："蜀汉析城固县半为南乡县，建归仁山，即今厅南渔渡坝古城堡是也。"《定远厅志·地理志·古迹》说："古南乡县城，在市西马家湾，距市三里。"据此可知，清时古南乡县城遗迹犹可指认。

南乡县既为蜀汉北方边防重镇，必派重兵把守。镇巴民间有南乡县令张飞审案的传说，说明这位蜀国将军或曾在此驻防。张飞于章武元年被封为车骑将军，领司隶校尉，进封西乡侯，一般认为其食采之地即为南乡县。民国《西乡县志》说："蜀汉先主封张飞为西乡侯，则以飞为涿人，封之故里，惟其时涿郡属魏，乃寄封于新设之南乡。后主以之封张瑛，盖沿桓侯故事。晋初易南乡为西乡，自是继为侯国。"（《秩官志·封爵》）由"继为侯国"推之，南乡县同时又是西乡侯侯国，县城归仁山古城堡即侯国国都。

张飞任南乡县令之说于史无证。据地方志记载，南乡县第一任长官叫余谦。康熙史左《西乡县志》卷六《官守》载："余谦，本县人，以人材举，开设南乡，遂任本县尹，政善民安。"《定远厅志·选举志·仕宦》说："汉，有由茂才出身者曰余谦，元封间任本县令。"（"元封"为汉武帝年号，"元封间"一说有误。）余谦不论是任"县尹"还是"县令"，都是本地历史上第一位县级行政长官。

那么，当时南乡县的人口有多少呢？我们可以根据史料作一个大致的推测。《晋书·地理志》："刘备章武元年（221）……其户二十万，男女九十万口。"《三国志·蜀书·后主传》注引王隐《蜀记》：炎兴元年（263）后主降魏时，"又遣尚书郎李虎送士民簿，领户二十八万，男女口九十四万……"由此可知，蜀汉政权从建立到灭亡，其统辖人口大致为九十余万。当然，这个数目是指政府登记在册者，大量的奴婢、部曲、私属和广大边地的少数民族尚未统计在内。蜀汉共置二十七郡、一百六十九县，平均每县大约有在册人口五千多，这可能也就是南乡县的人口规模了。

南乡县建制在公元 263 年魏灭蜀后继续存在，直到晋武帝太康二年（281）才改为西乡县，历经三个政权，跨越 60 年。北宋乐史《太平寰宇记》云："太康二年改南乡为西乡，即今县南十五里平阳故城也。"南乡改名西乡后，治所北移，而其辖境、县级建制延续一千三百多年。此后的四百年，镇巴地境大部分时间属于西乡县，事皆无传。

## 四、洋源兴废：荔枝道上红尘飞

南北朝时期，战乱频发，国家分裂，政权迭起。西乡县隶属屡变，时兴时废，或分置多县，或设郡设州。《太平寰宇记》云："西魏废帝二年（553），于今西乡县置洋州，以水为名，领洋川、怀昌、洋中、丰宁四郡。"所谓"以水为名"，水即指洋水（今泾洋河）。到了唐初，又以洋水为名，在今镇巴县境设置了洋源县。

对于洋源县设置的时间，史书存两说。《旧唐书》卷三十九："武德元年，割梁州三县置洋州。四年，又置洋源县。"下文又说："洋源，武德七年分西乡县置。"《新唐书》卷四十："武德四年析置洋源县。"那么，洋源县到底是武德四年（621）还是武德七年（624）设置的呢？中唐李吉甫《元和郡县图志》说："洋源县，本汉、晋西乡县，武德七年析置，因洋水以为名。"李吉甫著书的元和时期洋源县尚存，"武德七年析置"之说当相对准确。民国《西乡县志》编撰者薛祥绥分析说："洋源分置，疑四年下诏，七年始析，故各书两载之。"也就是说，洋源县实际设置的时间应该是唐高祖武德七年——公元 624 年。时唐朝建立仅六年，距蜀汉章武元年（221）置南乡县已过去四百年。

从唐帝国刚刚建立即置洋源县这个时间点来看，可能主要是出于军事上的考虑：国家新建，地方未靖，于南山深处置县，一控汉南川东，二卫巴蜀驿道——荔枝道。但也不排除人口增长、经济发展的因素。四川大学历史文化学院彭邦本教授在其《米仓道路线与性质初探》一文中说："自东汉巴中开始设为汉昌县以后，到南北朝至唐宋时期，今通南巴一带州、郡、县的建置日益增多，隋唐时期达到十多个县。这当然有多方面的原因，但其中一个不可忽视的因素，显然是由于这一带经过长期开发、移民，已渐趋繁荣。"（《四川文物》2013 年第 1 期）镇巴与通南巴地区相连，均属大巴山区，经济发展状况应该是相似的。

关于洋源县治所，史左《西乡县志》卷一说："广德中，更建洋源县，即古城堡。"《定远厅志》卷一："武德七年置洋源县，在今西乡县东，亦曰古城堡。"从"亦曰古城堡"来看，厅志的编撰者显然认为，洋源县治所古城堡非渔渡坝之古城堡。《元和郡县图志》载："洋源县，中，西北至州一百二十里……洋水，在县南三百步。"这里的州指洋源县所属的洋州。《元和郡县图志》还说："武德元年置洋州，州理在西乡，后移理兴道县。"兴道在今天的洋县，洋源县距兴道一百二十里。《图志》介绍同属洋州的西乡县说："西乡县，上，西北至州一百里。"以此推算，洋源县治距西乡县治仅二十里，在西乡县南的洋水北岸三百步。

关于洋源县辖境，《太平寰宇记》曰："废（指北宋时县已废）洋源县，武德七年析西乡县东南百八十里地以置，因县境洋水为名。""西乡县东南百八十里地"即今镇巴，因洋水发源于县境星子山，故名洋源县。

唐时洋州所辖兴道、黄金、洋源、西乡、贞符五县，大致相当于今镇巴、西乡、洋县、佛坪四县地。据《元和郡县图志》记载：洋州"开元户一万八千八百八十九，乡四十八；元和户二千八百九十六，乡五十二。"元和户数当有大量遗漏。以开元时乡、户数计，五县平均，洋源县大概应有八到十乡、近四千户，以户均五口计，约有一万五千人。宝历元年县废时"以五里地隶临近诸邑"，可见其地分为五里（古代一种居民组织），与清嘉庆析置定远厅时里数相同。

洋源县有一条重要的驿道过境，那就是荔枝道。白居易《荔枝图序》说："荔枝生巴峡间。"苏轼《荔枝叹》云："永元荔枝来交州，天宝岁贡取之涪。"涪指四川涪陵。《新唐书》说："妃（指玄宗妃杨玉环）嗜荔枝，必欲生致之，乃置驿传送，走数千里，味未变已至京师。"《太平寰宇记》记荔枝道路线："自万州取开州、通州宣汉县及洋州路至长安。"其中洋州路段南起盐场关，经响洞子、渔渡坝、大毛垭、碗厂沟、固县坝、拉溪塘、杨家寺，北到西乡古城，在洋源县境内长达 160 里。史左《西乡县志》卷一和嘉庆《汉南续修郡志》卷四都说捞旗河为唐明皇幸蜀、军士失旗于河处，此说虽不足信，但它从侧面反映了荔枝道确是唐代入蜀的要道。荔枝道在历史上又称巴蜀道，不可能是为运送荔枝而新开的专用通道，它"约形成于汉置益州部之后"（《镇巴县志》卷十三），是秦巴之间一条兼具军事战略、交通运输、商贸往来、文化交流等用途的交通要道。洋源县的设置应该就是这种国家战略考量下的重要举措。

安史之乱后，唐王朝国势转衰，藩镇割据，盗贼蜂起。大历元年（776），洋源县治"为狂贼烧劫，遂北移于西乡县南二十里白湍村权置行县"，时建县 152 年；"宝历元年（825），山南西道节度使裴度奏准：今年一月勅洋源县为乡，以五里地隶临近诸邑"（《太平寰宇记》卷一三八）。也就是说，洋源县在存在了 201 年之后终被废。

## 五、两宋元明：宝刹钟声寓繁荣

洋源县废，镇巴地境作为西乡半壁河山，因无独立名号，史迹多被湮没。从现存点滴史料可知，两宋元明时期，镇巴境内经济得到了空前的发展，人口进一步增长。

晋唐以来，镇巴茶业兴盛。《宋史》卷三八八唐文若传云："西乡县产茶，亘陵谷八百余里。"清《一统志》云：茶"出西乡县归仁山（今渔渡坝）"。史书所谓西乡产茶，多在今镇巴境内。《宋史》唐文若传还说，唐文若任洋州通判时，"使者韩球将增赋以市宠，园户避苛敛转徙，饥馑相藉。文若力争之，赋讫不增"。这说明，镇巴在宋代生产的商品茶数量很大，以至于引起了朝廷使者的觊觎，想要增赋邀宠。大量商品茶的背后是数量众多的"园户"——这是当时经济繁荣的表现之一。

这一时期，镇巴的铁和铁器是否也有大量的商品生产，史书无载。但《定远厅志·地理志·古迹》记载了很多佛寺铁钟："一在蜡溪（碾子）仁寿寺，明正德元年（1506）铸；一在偏溪（巴庙）弥陀寺，明宏（弘）治五年（1492）铸；一在仁村铁佛寺，明万历年（1573－1620）铸；一在黎坝观音寺，明嘉靖四十五年（1566）铸；一在白阳关（永乐）永乐寺，明宏（弘）治九年（1496）铸；二在石虎坝（简池）高（蒿）坪寺，一宋绍定二年（1229）铸，一明成化十六年（1480）铸。"这些古钟铸造时间前后跨越近四百年，涉及县境东区、西区的六个地方。其中铸于宋绍定二年（1229）的蒿坪寺铁钟高 2.25 米，重达 6 吨，反映出宋时镇巴的冶铁技术已达很高的水平。据严如熤《三省边防备览》卷九《山货》记南山冶铁："通计匠、佣工每十数人可给一炉。其用人最多，则黑山之运木装窑，红山开石、挖矿、运矿，炭路之远近不等，供给一炉所用人夫须百数十人。如有六七炉，则匠作佣工不下千人。铁既成板，或就近作锅厂，作农器，匠作搬运之人，又必千数百人。故……稍大厂分，常有二三千人，小厂分三四炉，亦必有千人数百人。"由此估算，宋、明时期，镇巴单是冶铁业的工人就已达几千上万的规模。

佛钟是佛寺的重要法器，厅志记录的众多古钟背后是众多的佛寺。除了上面提到寺庙之外，《定远厅志·建置志·宝塔》载："一在厅西一百四十里黎坝观音寺，明嘉靖四年（1525）寺僧建。""一在厅北四十里清净寺，明建。"县博物馆还存有铸于明代的坪溪山钟（原置泾洋镇安垭村）和杨家河镇杨家寺钟。这说明镇巴在宋、明时期各地多有佛寺，晨钟暮鼓、夜半钟声成为人们生活中最熟悉的节奏。蒿坪寺铁钟铭文记录了西乡、兴道、南郑三县为铸钟捐资赠物的信士达一百八十多人，可见该寺在汉南广有影响。大兴佛寺的前提条件是社会安定、经济繁荣。因为僧侣不事生产，完全依赖社会施舍；而出现众多信众局面的前提是人们在基本的物质需求得到满足后有了更高的精神需求。佛寺的兴盛折射出两宋元明时期镇巴经济发展、人口增长、文化繁荣的良好状况。

　　商品经济的发展和社会管理的需要促进了交通的进一步改善。陆路交通方面，有纵贯南北的"国道"——荔枝道。水路方面，据《镇巴县志·大事记》记载："至元十年（1273）三月以后，洋水沿途通船运。"这说明，镇巴当时有很多从事商品生产与买卖活动的人口，商品经济的发展对交通提出了更高的要求；同时，人口规模的进一步增长，才有能力疏通"石乱江水，惊涛峡口"（厅志《艺文志·凿修温水峡石路记》）的洋水河道。行政管理和治安、军事的需要也必然推动各地交通的大发展。

　　镇巴川境辽阔，虽隶属西乡，历代仍多于境内设置分署等管理机构。《定远厅志·建置志》载：明时西乡县在麻池堡（长岭、草坝、向家坪一带）设县丞署，在固县坝（今县城一带）设仓大使署，在盐场射弓台设巡检署。县丞署被民间称为分衙门，县丞为正八品，在县里地位仅次于县令（或县长），一县最多设两人，掌管文书及仓、狱，辅助县令管理地方事务；仓大使掌管仓储，一县仅设一人，《定远厅志·职官志》记载，嘉靖间（1522－1566）王进孝任此职；巡检署是在镇市、关隘要害处设置的官署，巡检秩正九品，掌管训练甲兵、巡逻边地关隘之职事，厅志记载嘉靖间王大经任此职。史左《西乡县志》卷二："渔渡坝公署……隆庆间（1436－1441）寇何勉乱，官兵剿平，移本府（指汉中府）通判驻此……守备设兵二百名，驻督捕公署中。"这些资料表明，明代汉中府、西乡县政府都在今镇巴境内设置分署等机构以加强管理。

# 六、嘉庆设厅：文治武卫守斯境

　　明中叶以来，县境兵祸连属。明正德四年（1509）鄢本恕、蓝廷瑞、廖惠起义，隆庆二年（1568）通江何勉起义，崇祯十三年（1640）张献忠起义，清康熙十三年（1674）吴三桂部将谭宏陷据，均在县境集结重兵或发生战事。自嘉庆三年（1798）起，白莲教军先后在毛垭塘、青岗坪等十余地与清军激战，县境的战略地位再次得以凸显。1802 年，率兵入境镇压白莲教的清经略大臣额勒登保"奏设厅治"。定远厅第二任同知严如熤在《蠲修石城碑记》中说："癸亥（1802）春，经略额侯勘定三省，会秦中大吏议，以西乡南山犬牙川境，地方辽阔，当有以绥靖之，奏割西南二十四地设定远厅。"（《定远厅志·艺文志》）"厅"是清代在府下面设置的地方基层行政机构，从其所属来说有直隶厅（直隶于省）和散厅之别，定远厅属散厅；从定远厅设置的背景来看，它在清代的三类功能厅中属于内地战略要地类（另有经济类和边疆类）。

定远厅厅治设于固县坝，即今镇巴县城。据严如熤《蠲修石城碑记》记载，定远厅城是嘉庆八年（1803）在原兵城基础上扩建而成的："六年（嘉庆六年，1801 年），渔渡营都司张君因营址筑土城三百丈，厅城之基则就兵城西北加扩一百六十丈。"扩建时又用山石对土城进行了加固，"北、西、南各建城楼一，北面当敌处砌炮台二"，"城根厚寻有四（约3.84米），高丈有五（约4.8米），垛墙增崇为咫者六（20多厘米）"。扩建工程从"癸亥（1803）仲冬至甲子（1804）夏"历时半年多，"费金五千有奇"，全为严如熤遵母命捐献。城内有南街、西街、北街、沈家街、兴隆街、上周家街、下周家街、景家街、张家街、马王庙街、金家街、九道拐街共十二条街道。

"厅公署在东门内，枕红岩寨，平溪山之麓。"（《定远厅志·建置志》）厅署于嘉庆七年（1802）先由通判易万里监修，首任同知班逢扬于工程未竣之时病故，继任同知严如熤于嘉庆八年（1803）督工完成。从厅志舆图《城池图》来看，厅署（衙门）在城的东北区，门前是东西走向的马王庙街，位置大概就在今县政府一带。厅署"内设八房（吏房、户房、礼房、兵房、刑房、工房、粮房、水房），分管官制、户籍、粮租、课税、地亩、财务、武试、科举、礼俗、祭祀、邮传、水利、诉讼等日常事宜；六班（快头班、快二班、皂头班、皂二班、壮头班、壮二班），专司缉拿、护卫、站堂、传唤、治安等。各房设经承，班设班头"（《镇巴县志》卷十九）。嘉庆八年（1803）于厅署仪门内设司狱署；嘉庆十年（1805）在渔渡设巡检署，在瓦石坪（大池）设守备署、分防千总署，在厅城设四处城防外委署，在瓦石坪、渔渡设分防外委署；嘉庆十二年（1807）在厅城设游击署、城守千总署，在司上（地属西乡县）设分防把总署；嘉庆十四年（1809）在厅北城外设养济院；嘉庆二十一年（1816）在观音堂设分防把总署，在司狱署右设男、女监狱；嘉庆二十二年（1817）在简池设黎坝巡检署（旧署在黎坝，后移建简池坝）；道光元年（1821）由西乡分设儒学训导署。从嘉庆七年（1802）到道光元年（1821），历20年，厅公署、公所基本完备；又多设军事防御机构，表现出战略要地厅的特点。

厅的长官为同知或通判。"同知"原为知府的副职，正五品，康熙后成为厅的行政长官，其官阶低于知府而高于知县。清定远厅历时110年（1802－1911），任命同知51人，其中冀兰泰、余炳焘、德亮、贺培芬各两任，共55任；第二十六任刘建韶未到任而改任他处。首任同知班逢扬因在南郑知县任上政绩卓著而获提升。继任严如熤由洵阳县令升任，任内建署、筑城、植桑、督民垦织，后升汉中知府、陕安兵备道、贵州按察使、陕西按察使；他是一位地理学家，又精于天文、兵法，著有《洋防辑要》、《苗防备览》、《三省边防备览》、《乐园文钞》等，编撰了嘉庆《汉南续修郡志》，辑有《山南诗选》，建树颇丰。担任厅同知时间最久的是马允刚，从嘉庆十六年（1811）到道光二年（1822）共12年，由沔县知县升任；任上建书院，设厅学，请置儒学训导署；暇与诸生讲学，捐刻唐诗明文授读，供给寒士津贴，儆惰赏勤，立教甚严，厅境文风振起；筹买城东平溪山，禁耕植木，固土保城；八十岁擢安徽池州知府，告老还乡。第三十五任沈际清与第四十九任沈祖颐为父子，祖颐之子沈士远、沈尹默、沈兼士长于镇巴，后皆任教北大，号"北大三沈"。第四十四任余修凤，光绪三年（1877）八月任，编立保甲、团练；捐建栖流所，督修龙泉堰，捐收橡种，令厅署人员在平溪山划段承包种树，禁樵固土；扩建书院，增设已冠义学，稽查、解决平落、盐场、九阵坝、清水河、蜡溪坝、椒园河等地义学经费；编修了镇巴民国以前唯一的一部地方志《定远厅志》。同知多为全国各地优秀士子，大多为镇巴的经济文化建设做出了积极的贡献。

同知之外，厅中的主要官员还有儒学训导，从七品，主管教育事务；司狱，正九品，提拿控管狱囚；巡检，渔渡、简池各一，掌管训练甲兵、巡逻地方之职。黎坝第九任巡检陈庆怡工吟咏，著有《晴日新馆诗草》、《定远厅志稿》（皆未刊印），对编辑厅志贡献颇多。

镇巴作为战略要地，历代多有驻军。明时设渔渡营，置守备一员；清初仍旧，康熙间改游击，乾隆间改都司。定远厅设，改渔渡营为定远营，复置游击，其属有千总一员、经制外委三员、额外外委一员，分防瓦石坪守备一员、千总一员、经制外委一员、额外外委一员，协防观音堂把总一员、司上把总一员、渔渡坝经制外委一员，共十三员，统领马兵、步兵、守兵共751名。"营"即绿营，就是汉兵，最高长官为提督，从一品；提督之下有总兵，正二品；副将，从二品；参将，正三品；游击，从三品；都司，正四品；守备，正五品；千总，正六品；把总，正七品；外委千总，正八品；外委把总，正九品，其任免升黜均由兵部武选司负责。

军政官员虽各有所属，但在地方事务上互相协作。第三十五任同知沈际清有一首长诗《偕闵游戎赏桂正教寺》，题写于厅城西北正教寺（东岳庙）墙上，内容即他与定远营游击闵长甲在匪患荡除后到正教寺赏花饮酒之事，说明地方军政长官之间交往很密切。

定远厅的地方管理延续了唐代洋源县的里编制。从西乡划拨出来的"二十四地"是指 24 个自然乡村。《定远厅志》卷二说："定远厅分四乡五里二十四地。""四乡"指"东乡、南乡、西乡、北乡";"五里"包括定远里、从政里、宣化里、归仁里、安定里,是一种应役纳赋组织;"二十四地"分属五里,从赋税徭役平衡着眼,采取高、矮山和上、中、下三等田地搭配的原则划编,故各里辖地呈跨乡插花状,甚至相距甚远。光绪三年(1877),定远厅同知余修凤整理保甲,将固县坝以外的 23 地按地理方位划归四乡,每地之内根据住户多少设若干保,保下设甲,甲下设牌,全厅 4 乡 24 地,共划编为 71 保 150 甲 1604 牌。保甲本来是一种治安防卫自治组织,后来逐渐演变成县以下的行政区划。

# 七、迁徙流转:湖广川黔移新民

明、清时期,县境人口遇战乱、匪患、灾荒则大量流亡,一旦太平安定又大量迁入,人口流动相当频繁。明朝建立后,鼓励发展生产,实行较开明的经济政策,社会迅速恢复稳定,县境出现了一次迁入移民潮。《小洋坝张氏迁祠略序》曰:"由湖广麻城至西乡县南小洋坝报亩承粮落籍,前明洪武九年(1376)事,为迁祖之始……"鹿子坝《安定程氏家谱序》云:"原籍湖广麻城县及绥定达县管村坪,皆有程氏宗派,前明嘉靖年(1522–1566)自湖(广)迁陕(西)西乡县,黄池、板桥湾尚有程氏墓庐。后兄弟三人自西(乡)迁定(远)沙坡子。"坪落严家坪严氏祖籍湖北麻城,后迁四川巴州马桑垭,洪荒(疑为"洪武")年间迁西乡严家湾,至前十三代祖(约在清乾隆初年)又两兄弟南迁至本县严家坪、严家山。

明清之际,镇巴境内兵匪交加,战乱频繁,人口流失严重。据史左《西乡县志》卷三记载:"按明季万历癸卯(1603)汉中府知府崔应科志云:'西乡县户二千一百四十,口九千四百五十九。'"该志记载当时(康熙二十二年,1683 年)西乡全县"三门九则并优免共丁六千一百六十丁",按丁口(16 至 60 岁纳税人口)占人口总数的 60%计算,当时西乡总人口为 10266 人,八十年间仅增长了 807 人。按现在镇巴人口约占镇巴、西乡两县总人口的 41%这个比例计算,整个十七世纪,镇巴地境恐止四千人左右而已。

清定天下,鼓励移民垦荒,未及百年而湖广、四川、山西等地已人满为患,人地矛盾日益突出,产生了大量无地流民。《定远厅志·艺文志》所载《大禹祠川湖会馆记》一文说:"国朝自高宗三十年(清乾隆三十年,1765 年)后,川湖两广生齿日繁，人稠地窄，来南山开种者日益众。"《定远厅志·地理志》附录《山内风土》一文中描述当时巴山一带流民状况说："流民之入山者，九、十月间，扶老携幼，千百为群，到处络绎不绝。不由大路，不入客寓，夜宿祠庙，或宿密林，取石支锅，拾柴做饭；寄住乡间，写地开垦；伐木为椽，覆草为屋，风雨仅蔽；杂粮借种，数年有收，典当山地，渐次筑屋，否则转徙而已。"面对这一状况，地方政府采取了招徕移民垦荒的政策。严如熤《三省山内风土杂识》曰："康熙年间，川陕总督鄂海招募客民于各边邑开荒种山，邑多设有招徕馆。"《镇巴县志·大事记》载："康熙五十一年（1712），西乡知县王穆设招徕馆，广招川楚两地移民入境定居，开垦农田。"嘉庆《汉南续修郡志·山内风土》说："招集外省流民，纳课数金，指地立约，准其垦种。"建于康熙晚期的渔渡坝"五姓祠堂"，是湖北、山西、四川等地迁来的蒲、马、王、李、喻五姓移民共同祭祀祖先的地方。观音镇红崖河李氏第一代先祖的碑文言："我父辛巳年间自蜀来秦。"结合立碑时间"嘉庆十二年"分析，这次迁徙的时间是乾隆二十六年，即公元 1761 年。鹿池坝《王氏宗谱宗支图序》云："我祖王温，山西太原绛州河津县柳木沟菜园坝发脉分支，自明末清初迭遭战乱，延至王金大人，迁移秦境定远府宣化里鹿池坝。"从"定远府"这个称谓来看，迁移时间应该在嘉庆七年（1802）定远厅设立之后。碾子垭《丙辰重修陇西堂李氏宗谱》记载：其祖籍山西洪洞县，明洪武年间流落洋县，同治元年（1862）因战乱迁至本县碾子垭。镇巴民间将清朝前期人口大迁徙的情况概括为两句话："湖广填四川，四川填陕西。"这其实是前后相承的两次大迁徙。

镇巴的苗民来自贵州遵义。《定远厅志·地理志·苗俗》："乾隆五十年（1785），有贵州遵义府迁来苗民熊、陶、李、吴、杨、马六姓于厅治之黄村，六年分居大楮河。"县志"大事记"则说先"进入县境尖山子（在盐场南沟），不久迁黄村（今凉桥），继迁大楮河椒树湾"。《镇巴县志》卷五《民族构成》一节说："苗族系清乾隆五十年（1785）由贵州遵义逃荒迁来，有熊、陶、李、杨、吴、马 6 姓。先在盐场坝南面的尖山子居住，后移住黄村（今凉桥乡），6 年后移居大楮河。后又分居青水河的塔坝河、皮窝铺、沙田坝。"

嘉庆《汉南续修郡志·山内风土》云："郡属土著无多……南北两山及西（乡）、凤（县）、宁（羌）、略（阳）、留（坝）、定（远）之属，则老民十之二三，余均新民矣。新民两湖最多，川民亦多……"镇巴"新民"比例可能还不止十之七八。据《陕西省志·人口志》载，道光三年（1823），定远厅共有人口 13.48 万。经过一个多世纪的移民，县境人口突破了十万，较 140 年前增长了三、四十倍（1683 年史左《西乡县志》记载县境人口约四千）。也就是说，整个十八世纪及十九世纪前期是镇巴人口的大爆发期，现在绝大多数镇巴人的先祖都是在这一时期移民而来的。然而，此后的半个世纪，战乱、天灾又起，民不聊生。光绪三年（1877），定远厅同知余修凤整理户口，全厅为87596丁口，以此推算，当时的总人口约为145726人，54年间增长了10926人，年平均增长202人，总的增长率仅为1.5%。

## 八、民国镇巴：三十八年乱纷纷

宣统三年（1911）10月10日辛亥革命爆发，25日陕西新军反正，宣布独立，但定远厅仍属清朝同知彭锡畴统治。11月，紫阳县哥老会首领李长裕、周福禄与本县巴庙、小河哥老会首领刘玉珍、刘自仁、任锡珍等人，拟在小河口发动拥护孙文起义，因泄密，被彭锡畴剿灭。同年，观音段义昭、简池李维植（字自立）、城内刘光浩分别在汉中、西安加入同盟会，回县传播资产阶级民主革命思想。

1912年元旦中华民国临时政府成立。6月，定远厅末任同知彭锡畴下台，民国首任知事王世镗上任。1913年1月，全国废府、州、厅制，汉中府废，定远厅改名定远县，直属陕西省辖。1914年1月，全国统一县名，定远县改称镇巴县。

民国二年（1913）改厅署为县知事公署，署内沿用清代"八房六班"制，不久改设一科（管民政、教育）、二科（管财政、建设）、稽查所、武营，改渔渡坝、简池坝巡检署为分县衙门，各设县佐一名。三年（1914），简池坝分县衙门迁长岭。七年（1918），县署内增设商捐征收处（后改商捐局、牲畜斗捐税务征收处）；裁武营，设县保卫总团。十年（1921），改保卫总团为团防局，分设财政科、烟膏罚款局。十一年（1922），设立烟酒税务局、牲畜屠宰税务局。十四年（1925），废渔渡坝、长岭两县佐，实行"地方自治"，设教育局，改财政科为财政局，翌年设地方自治讲习所、杂税局。

民国十六年（1927），县知事公署改称县政府，知事改称县长。十九年（1930），裁局并科，县政府主要科室有秘书室、一科（主管民政、教育）、二科（主管财政、建设）、警佐室、粮秣处。二十五年（1936）增设兵役科、禁烟科、地方财务委员会、赋税经征处。二十八年（1939），改兵役科为军事科。二十九年（1942），将原一科分设为民政科、教育科，原二科分设为财政科、建设科，增设粮食科。三十二年（1943），改粮食科为粮政科。三十三年（1944）增设合作指导室，改赋税经征处为地方稽征处，赋粮经征处与田赋征收处合并为"田赋粮食管理处"。三十四年（1945）

增设地方干部训练所、货物税局、盐务支局。三十五年（1946）改警佐室为警察局。三十七年（1948）裁撤合作指导室，改禁烟科为戒烟所、保甲科为户政科。三十八年（1949）增设地政科。

镇巴县知事公署历16年14任知事。首任知事王世镗两任镇巴县知事（1912年6月至1913年上半年，1916年下半年至1918年）。王世镗（1868－1933），字鲁生，号积铁子、积铁老人，祖籍天津，后定居汉中莲花池，潜心研究书法，工草书，尤精章草，为中国现代著名书法家。他任镇巴知事期间，制有手书章草《增改草诀歌》石刻，虽因石质不坚、脱字较多，只拓20余本便废弃，但其影响深远，已为镇巴文化史留下了浓墨重彩的一笔。

民国县政府历22年27任县长。首任县长吕国祯系第十三任县知事回任；民国二十一年（1932）上半年，陕西省政府委任的第十一任县长石崇安被盘踞镇巴的土匪王三春挟持，不久暴卒；接着，王三春在1932年一年内委任了三任县长；第十六任王云岫由陕西省政府委派，来县几天，未就任；第十七任杨永昶系由县政府第一科科长代任，不久潜逃；第二十一任马之昆于王三春进攻镇巴时弃城逃跑——民国乱象可见一斑。声誉颇佳的是第二十三任吴乾德，湖北人，民国二十六年（1937）1月22日至二十八年（1939）6月27日任县长，扶持教育，除暴安民，严惩贪官劣绅，被国民党县党部书记长史以鉴诬为以政压党，遂遭国民党陕西省党部削职。1949年12月12日，国民党末任县长王恒蔚率县政府各科室人员逃往九阵坝，被准备向人民解放军投诚起义的地方武装追击出境，民国县政府机构就此瓦解。

自1919年起，民国镇巴县先后设立过三个代议机构：县议会、临时参议会、县参议会。县议会于民国八年（1919）成立，张俊涵任议长；民国十年（1921）罗富春继任，陈德懋任副议长；十四年（1925）陈德懋因贪污赈济款被撤职，副议长由舒志鸿续任；十六年（1927）国民党宣布所谓"训政"，实行一党专政，县议会被取消。县临时参议会于民国三十三年（1944）成立，由县政府提名、陕西省政府圈定的11名官绅显贵为临时参议会参议员，派陈继清任议长，王槐堂任副议长，11月20日开始办公，12月12日举行成立大会，陈继清于成立大会前一日病故，王槐堂升任议长，段子明补任副议长；临时参议会从成立到民国三十四年（1945）5月8日共举行过两次大会。县参议会于民国三十四年（1945）成立，庞文彦为议长，方继信为副议长，11月28日至12月3日举行首届一次大会，听取审查了县政府施政报告和民政科、财政科、地方稽征处、教育科、军事科、田粮处、会计室、合作室、卫生所、警佐室、农业推广所等单位的工作报告，共收提案51案，作出决议49条；县参议会从成立到民国三十八年（1949）5月14日，开过11次大会，每次都按上述例行程序进行，所作议案均交县政府办理，而实际议而不行，徒具形式，段子明、郝习之等参议员在三十四年（1945）、三十五年（1946）一届参议会二次、四次大会议案中说："决议案除少数利于有权个人外，余则仍未见实现，似此言行不顾，本会竟若虚设，致大家舌敝唇焦，成舞台之镜花水月，提案虽多有何益耶？""本会大会已历三次，所有提案及建议、请愿等，均关本县利弊，迄今多未执行，致贻'会而不议、议而不决、决而不行'之讥，殊失民治精神！"

司法方面，民国前期，民事、刑事诉讼案由县知事主持，"八房"中的刑房具体办理；民国中期仍由县长主持审理，名为"镇巴县兼理司法县政府"或"兼理司法县长"，增设承审员协助办案。民国二十八年（1939）后，承审员又分为司法承审、军法承审两职。三十五年（1946）6月1日，按陕西省高等法院训令成立司法处，并由省高等法院委派专职审判官、检验员、书记官，明令由审判官处理司法处行政事务，独立行使审判职务，县长只兼理检察职务。

民国中期，川北枭匪王三春劫掠、盘踞镇巴，危害甚巨。该王于1921年8月初入镇巴，在南区绑票；1925年抢走渔渡区署仅有的三支步枪；1926年组建"镇槐军"，常在县境劫掠；1929年夏窜入镇巴县城，在庵垭梁、七里沟等地大肆抢劫；1930年2月18日攻破县城，纵火烧房20余间；1931年5月5日再次攻入镇巴县城，烧房10余间；8月，国民党三十八军招安王匪部约3000人，委王任"陕西汉中区边防游击司令"，王在镇巴自派县长，设造币厂、兵工厂；1933年11月2日，王三春部第三团一个营在降头山被红军击退，王部闻风逃向四川城口；1936年4月王三春第三次攻入镇巴县城，毙伤百余人，烧毁城内房屋过半，26日被国民党四十九师赶走。王三春在镇巴十多年，烧杀抢掠无恶不作，百姓深恶痛绝。

在深重的灾难中给百姓带来希望的是1933年到1935年期间在县境南部、西部川陕苏区建立的苏维埃政权。1932年底，红四方面军创建川陕革命根据地，先后派部队和地方工作队进入镇巴县境，宣传红军宗旨、政策，消灭国民党驻军和地方反动民团、土匪，在简池、长滩、坪落、盐场、渔渡坝、过街楼（仁村）、长岭、黎坝等地组织发动群众，建立党的地方组织和苏维埃政府，开展武装斗争，镇压土豪，实行土地革命，先后建立县委、县苏维埃政府各1个，区委、区苏维埃政府各4个，乡党支部2个，乡苏维埃政府25个，村苏维埃政府88个，交通站2个，发展根据地998.33平方公里，游击区903.1平方公里，组建20支游击队，18支赤卫军，参加数百次战斗，发展红军千余人。

民国县以下基层政权组织初沿清制。三年（1914）改 4 乡为东、南、西、北 4 区，各区设团头（后改称区长），每区辖 6 地，设承办绅（民国十三年 24 地改为 24 村，设村长）；每区辖 1—5 牌，全县共划 72 牌，各牌设乡约；牌下划甲，各甲设甲长，分层管理行政事务。二十五年（1936）实行联保制，10 户为甲，设甲长，10 甲为保，设保长，全县共编 106 保，按山形地势方便，每 2—10 保编为一联保，全县共编 19 联保，每个联保设主任、副主任、书记等职，组成联保办事处，简称联保处。二十九年（1940）实行"新县制"，将原来 18 个联保裁并为 10 个乡，每乡设乡长、副乡长、书记、干事、事务员、乡丁等职，组成乡公所；原 106 个保合并为 75 联保，设保长、副保长、书记、保丁等组成保办公处。三十二年（1943）乡增设乡队附，保增设保队附，专司征（拉）兵。三十三年（1944）乡增设户籍主任、干事，保增设户籍员，管理户口及统计。三十八年（1949）5 月，国民党政权崩溃在即，为延缓灭亡，加紧反共，各保增设村长，专司"设置盘查哨、递步哨等组训民众事项"和"掌握本村武力"。

民国初人口资料缺载。二十四年（1935），陕西省民政厅统计本县人口为 15738 户 148734 人（男 96433，女 52301），与光绪三年（1877）相比，58 年间仅增 3000 人。是年，本县遭受严重灾荒和兵燹匪患，造成民间流传的"丙子（1936）、丁丑（1937）年，人吃人、犬吃犬"的惨状，人口损减过半。民国二十六年（1937）省民政厅统计，全县人口仅为 13620 户 69971 人（男 37910 人，女 32061 人），两年间人口减少 78763 人！民国三十三年（1944）1 月，全县 17945 户 83940 人（男 42208 人，女 41732 人），三十五年（1945）底有 17987 户 84229 人，民国三十八年（1949）9 月为 19542 户 93069 人（男 46956 人，女 46113 人），12 月中旬全县又减为 19473 户 90989 人。

纵观县境人口，两汉三国时期约五千人，唐代开元时期约一万五，宋代可能曾达数万之众，而明末清初仅四千人左右，1823 年猛增至 13.48 万人，1877 年 14.57 万，1935 年 14.87 万，1937 年约 7 万，1944 年 8.39 万，1949 年 9.1 万。人口数量的大起大落直观而深刻地反映了社会治乱与个体生命的紧密关系。最令人惊心的是，1937 年人口较 1935 年减损近 8 万，接近汶川大地震死亡人数，应该是我县历史上最重大、最惨痛的事件，其原因值得深入探究。

（本章由杨盛峰执笔）

相关链接

# 最后的城墙

镇巴县城现在还存留着一段清代老城墙。

这段城墙在城关粮站南面的小水沟边上，也就是民政局北边、县政府后面。城墙呈东西走向，似乎只有东边的十多米是老城墙，西边的部分大概是后来整修的围墙吧。

这段老城墙有 3 米多高，土石筑成，下半部分可以看到一两尺长的卵圆的石头，顶部有女墙的轮廓，而垛口已被填平，一座瓦房的后檐就支在城墙上面。每一段城垛上都依稀可见 20 厘米见方的孔洞，可能是枪炮口，现在已被堵住了。

这大概就是镇巴县城最后的城墙了吧。它立在这儿多久了？墙内墙外曾经发生过怎样的故事？苍苔满壁，掩盖着岁月的风尘；残垣静立，凝聚着历史的记忆……

据《定远厅志·建置志》记载：镇巴于"嘉庆七年置厅城"，即 1802 年在行政建制上设定远厅，距今已有 207 年；"先是，督司张俊督兵民筑土堡三百丈，是为旧城"，说明 1802 年之前已经有了主要用于军事防御的城墙建筑；嘉庆八年（1803），同知严如熤在土堡西边筑新城，建门楼，并将两城合在一起，城内有南街、西街、北街、沈家街、兴隆街、上周家街、下周家街、景家街、张家街、马王庙街、金家街、九道拐街共十二条街道；全城周长四百七十二丈二尺，约合 1510 米（清代营造尺一丈合公制 3.2 米），也就是 3 华里；城墙底宽一丈二尺（3.84 米），顶宽八尺（2.56米），高一丈二尺，女墙四尺。两百年后，定远厅城的城墙只剩下了百分之一的零头，而且只不过是北城墙的一块外皮罢了。

现在五十岁以上的城里人大多还记得旧时城门的位置：东门在新城街东口，南门在海壕街中段往南关方向，大西门在武营街西口，小西门在新城街西口，北门在城关小学北边，通北校场，供部队练兵出入，是一道小门。老城的这个范围大概不到现在

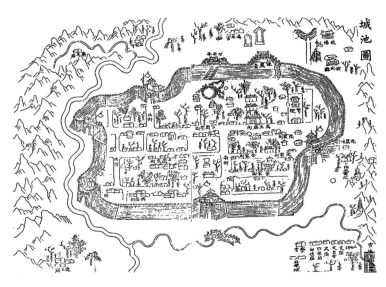

清代定远城池图

城区面积的六分之一。

　　"城"的本义是指古时在都邑四周修筑的用于守卫的墙垣，后来又引申为围在城墙以内的地方。显然，过去的城是防御的，封闭的；而现在的城则调"市"的功能，是开放的，流通的。于是，城墙丧失了最初的作用，甚至与这个时代格格不入，只好一段一段地被摧毁，渐次退出城市的舞台，最终淡出人们的视线，让位给楼、市，让位给街、园，让位给安宁与通达……这也是绝大多数老城墙必然的命运和结局吧。

杨盛峰

二〇〇九年三月记

# 丁木坝之胡氏庄园

胡氏一族的迁徙发源及兴衰历程就是一部典型的镇巴居民的发源生存史之缩影。

## 引　子

18 世纪末的一个阳光灿烂的早晨，一只大木船在纤歌声中沿大楮河逆流而上，船很轻；船后又陆续出现七八只货船，很沉。

大船上没什么过多行囊，只有十八盆花，牡丹、芍药、水仙、菊花、兰草、文竹……但谁也不会知道盆底全埋着金银细软。

货船上是清一色的石条。

这船队来自西乡，石条取自安康石泉，正伫立在大船上的船主便是丁木坝胡家庄园的开山前辈。他变卖了西乡水洞三坝良田，脱下了顶戴花翎官帽，一船清风，告老还乡。

船队经堰口、牧马河、洋河、黄石板，至大楮泊岸。然后卸船，沿大楮河上游到丁木坝——这就是传说中丁木坝胡家发迹中的一个神奇片段。

据说胡氏祖籍乃湖北麻城，来时三兄弟，一人中道返回，一人落户西乡，另一人则来了镇巴，可能是在明时插占为业而入主大楮河。大致说来，从十八世纪末的胡氏家族"先"字辈至十九世纪中后期的"高"字辈，是胡氏家族的黄金时期：他们拥有丁木坝的山山水水，拥有西乡水洞三坝土地，拥有在陕南各县开办的客栈，甚至丁木坝的"胡义发"钱票曾通行于整个陕南。这些传闻显然并非空穴来风，胡氏庄园的实体遗存及相关史料大可为证。

清《定远厅志·学校志》载："大楮河义学，在厅北乐新庵，同治年间里绅胡高学捐黄家沟八角岭田地二分，岁收稻谷租三石，苞谷租九石五斗，以苞谷供塾师修脯，稻谷变价生息为义学岁修，并立案有碑。"

《定远厅志·艺文志·大楮河丁木坝义学序》载，胡高学还在丁木坝兴办义学。同时，薛祥绥《西乡县志》第21卷《文章志上》中有一篇同治七年刘煦所著《西邑失守办理善后各事宜记》，其中有这样的记载："……余等遂延东关集资各首人订议，即于北郊胡君高学施明义地内作深圹数处……"这说明胡高学在西乡县城北边施有义地，证明他家产丰厚，乐善好施。

18世纪末至19世纪初，风云变幻，满清江山已呈风雨飘摇之势。胡氏前辈洞悉世局，不在为官之地西乡落脚，却暗卖土地回到这大山之中扩地建园兴业筑寨，从四川请来风水先生，反复测卜。创业守业，其用心可谓良苦矣。

# 庄园遗貌

史料之外，尚有胡家后人口述及庄园的遗存为证。

### 三角凤

沿大楮河逆流至尽头，三棵参天古树矗立道前。抬目，一椅子形谷坝稳坐蓝天之下：椅背是高耸云天的绝壁，巍峨险峻；右扶手是一道山脊，其下一泉奔涌；左扶手是一道山脉，山下有一条河，叫泉河。

椅背之中，生出一道山脊，如龙。龙身深潜椅座下，向东北缓缓伸延，在要出椅背处，龙头才猛然翘起，傲然而奇峻——这就是有名的"龙脉"。风水先生称之为"三角凤"。

据说，当年那位风水先生因看见这真龙脉而瞎了眼睛。本有约在先，看完风水后，不管怎样，要养他后半生。不料，胡氏后代见其是瞎子便不善待于他。瞎子便献计，教他们修筑寨子，结果引来匪灾而摧毁庄园。

### 三角枫下的"字窟"

当地人大概依据树叶的形状而把这几株古树叫三角枫，树干需三人以上合围，三树树冠相合，有如巨盖。树下散躺着长短不一的石条，像血战后纵横的尸体。这莫非就是当年从石泉运来的石材？树下另有一方石，旁边又散躺一石，还倒扣着一石冠，上面爬满青苔、细草。三石合垒，应是原先的"字窟"。

风过叶响，蝉鸣其间。那倒扣着的石冠，可是紧封着当年的蝉声？当年庄里有多少人在苦读诗书？一方"字窟"竟有如此之大！

胡氏庄园"字窟"

古人尊崇诗书，连写字的纸也不准随便往地下扔，更不用说拿来擦屁股，而要收起来拿到"字窟"去烧。由此可见，胡氏家族家学甚好，这或许正是庄园兴盛的深层原因吧。

寨门寨墙

整座庄园被院墙圈起来，形成了一个封闭的寨子。南墙、北墙基本完好，各有一道寨门。东寨墙无门，西边寨墙仅存一段，有两道门，一是居于正中的祠堂大门，一是靠北端的堂屋大门。

寨墙呈正方形，每一边长近百米，高约两米，墙体均厚两尺。南寨门宽约一米，高约三米，门柱、门梁均为整块石条砌成。石门柱上的门闩窝直径达半尺。正前面寨墙高达三米，有两圆洞，或许是花窗，更像是是炮口，外面便是水田和那几株大树。有铭文刻在长约三米、宽约一点五米的石碑上，石碑横镶在寨墙里，离地面近两米，需搭梯子方可就读。墙厚，可自然遮护碑石，故历经百年，铭文依旧如昔。

照壁

寨墙之内的主体由三部分构成：南边是祠堂，中间是生活区，北边是花庭，横向排开。

据讲正面阶梯上去，有照壁一处，高约三米，下薄上厚，呈倒梯形，全由石条砌成，已毁，仅余两旁的石狮门礅。细看，雕像并非狮子，也非虎，扭曲盘绕，倒像蜗牛。这也算是庄园一谜——历来门礅雕刻多以狮虎或麒麟等避邪或吉祥之物装饰，此

胡氏庄园刻字

雕刻却一反常态。另外，石礅上还刻有鱼，鳞片历历，栩栩如生，抚之沁凉。

### 祠堂

走过想象中的高大的照壁，迎面应该是几进几出的祠堂主体建筑了。祠堂里香烟袅袅的神龛上必定供奉着胡氏家族的列祖列宗。祠堂背后山坡上星散的大大小小的坟墓，大致有三十多座，大都有碑，且保存完好。

胡高学之墓是其中最大的，位置也在最前面。该墓高约四米，正面宽也约四米，文革期间被人掀掉了碑冠。散落在草丛中的石条多达二十来方，最长的一方约三米，其余部分完好。碑扇上雕刻的青松、仙鹤及仙室，构图精美庄严，线条清晰流畅，工艺非凡。

### 作坊

除居室建筑群——新堂屋、旧堂屋、天井、东厢房、西厢房等主建筑外，还有酿酒坊、银匠坊、木匠坊等作坊。可惜如今已荡然无存。居室仅存两间，但也是经过许多次的修换，难见旧时面目了。另有一大片面积达一百平方米的石条铺就的地面，可能是当年的天井，石条上打磨的线条依然可辨。有一条捡水石槽，长六十多米，皆用石条打成，当年取水时，从南面山门外泉水里横斜直至这片生活区，十分便捷。今废弃未用，但可用。

### 黑卡

园内的平坝下是一座半露的石条砌成的房子——地下室，也叫"黑卡"。此暗室较大，宽约四米，露出土外的一段长约六米，有石窗。当地人传闻是水牢，并未掘开查证。按说，胡家讲礼仪懂诗书，对人乐善好施，可想黑卡只是处罚家族内部之不孝者，而并非欺压百姓之用了。

### 花庭

庄园北面是北花庭，如今庄稼与野花野草俱生。那可是当年遗落的种子？想当年，定是牡丹艳，菊花灿，蜂飞蝶舞，小姐游园荡春心，丫头笑落桂花的古典风情吧。北寨门紧临小河，看河边灌木、蓼叶丛生，一片荒僻。

### 丁木树

西面寨墙下草丛中藏着一巨大的树桩。其空心树桩就可容四人支桌子吃饭。其实，树空了，但并未死，可惜又被人砍掉。

那树就是丁木树——丁木坝便是由此而得名。

# 乱世噩梦

胡氏家族以其强大的物力财力，筑起了这个庄园，以保全丁木坝的山山水水，保全他们的父老妻妾，保全他们的荣华富贵，保全这个家族的传统与光荣，并希望这一切与大楮河的水一起，源远流长……

这是一个多么美丽的梦啊！然而，美梦易醒，不幸的事终于发生了。

胡氏香火传至胡高学时，他却一生无子，好在过继了"八老子"的儿子而有了续梦的主人。此也是一谜。想那胡君高学，家藏万金，好书重义，乃一方名绅，结果却一生无果，天命耶？。

时，丁木坝多次遭到白莲教骚扰，因军功而授千总头衔、并亲自带团防在麻柳滩抗击过"教匪"的胡高学，深感时局之不定，临终前叮嘱后人要加固寨墙，多加防犯。果不其然，土匪袁冈纵火烧园，虽被附近赶来的老百姓齐力扑灭，但也上演了一场庄园惊梦。

固堤坚墙，稍事修葺，继续守梦。

但巨匪王三春又至，火光映梦。也是天公有眼，一场暴雨保住了庄园，了了不堪，但仍能安身。如此之后，胡家子孙便在北岩下重筑一寨以作退路——这就是鲜为人知的胡家后山寨。

　　沿泉河往北走二、三里，上西山，有一绝僻之地，背靠直上直下的悬崖，左边是岩，右边是岩，前面还是岩。只不过前面稍矮，以尺余宽的石豁作寨门——胡氏家族有的是钱，为了他们的梦，他们可以再修十座百座这样的寨子。

　　他们将金银细软趁夜搬入山寨，他们在寨墙上架起了盆口粗的土炮。夕阳与蝴蝶同时停在炮筒上，那梦经战火洗礼似乎变得更加美丽，更加顽强，也更多悲壮！这是一个秘密的山寨，因此，旧的庄园被修补好后，家眷族人依然住在前寨里面以作掩护。

　　1922 年，股匪孙杰带一营人马再次到大楮河丁木坝拉丁绑票，庄园里两个族人被绑票至四川，每人三千大洋。六千大洋给了，惊魂未定的兄弟回来了，血泪斑斑中，陡然间，这复兴之梦已变成了安生之梦，继而成为求生之梦，最终竟是一场噩梦。

　　据《镇巴文史资料》记载，大致在 1935 年，王三春部副团长李亚东带 600 多人，再次洗劫大楮等地，这次侵入彻底地焚毁了胡家庄园及西山密寨。胡家后人口述更为详尽。群匪率人用布搓成绳子，从胡家寨背后绝壁上吊下来。这时，正是淋天大雨的半夜，土炮是用火药的，雨中自然打不响而完全失去了作用。另一路则是由胡家寨的叛徒带领，包围了寨子，打开了寨门。胡家人马就此全部缴了枪，但保住了性命。

　　李部将搜出的铜钱全倒入西山岩下，只带走了武器和金银。窜至青水街上时，倒出两大竹盖子，让手下喽啰背着脸和身子在盖子里摸，摸到大银元就是大银元，摸到小钱就小钱，算是军饷。

　　这次焚烧胡家庄园时，他不再像以前一样点了火便走，而是让士兵守着烧，不准老百姓救火。于是，那祠堂、那作坊、那堂屋、那花庭……

　　胡氏子弟眼睁睁看着大火烧完寨子。然后，他们各自逃生，胡氏庄园从此成了一片废墟。

## 尾　声

　　辛亥革命成功后，又有一些胡氏后代陆续返回，散居在大楮河两岸。现况何如？
　　——此是庄园之梦的尾声。

梅冬盛

# 渔渡坝的"五姓祠堂"

祠堂是用来祭祀先贤或祖宗的庙堂，家祠则是一个宗族或一支派的人共同祭祀祖先的场所。因此，一般情况下，家祠是由同一宗族的人营建的。而在镇巴县渔渡镇，却有过"五姓共祠"的现象。

据五姓中的马姓后人马孝勇介绍，清初从湖北麻城、孝感，山西洪洞以及四川等地迁入渔渡坝的移民很多，其中"蒲、马、王、李、喻"五姓最早。五姓联谊置地，修"五姓祠堂"一座，塑神佛五尊，铸铁钟五口，以表同德同仁，永昭后代。五姓协力办私塾，供僧道，济民生，共同发展。解放后，祠堂并属地划拨给渔渡粮管所使用，祠内神佛、古钟于1958年被毁坏拆除；2004年以后，"五姓祠堂"渐次被拆毁。

渔渡"五姓祠堂"是清初移民潮的产物。明末以来，镇巴地境兵匪蜂起，战乱频仍，渔渡坝更是屡遭兵燹。据《定远厅志·武备志·兵事》记载，崇祯十三年（1640），明军左良玉部与张献忠率领的部队在渔渡坝、九拱坪、玛瑙山等地激战。战火天灾频发，导致境内人口锐减，田地荒芜。清定天下，采取措施鼓励移民垦种。"康熙五十一年（1712），西乡知县王穆设招徕馆，广招川楚两地移民入境定居，开垦农田。"（《镇巴县志·大事记》，是时镇巴【定远】尚未从西乡分出设厅）渔渡坝大部分居民的先祖应该就是在这一时期从外省迁来的。

马孝勇提供了一些照片，是从祠堂拆下的梁柱上拍得的，上有文字。其一曰"渔渡路守备田，西乡县儒学朱"，查民国《西乡县志·秩官志》训导表中有名朱国玺者，陕西洵阳岁贡，康熙四十八年任；其二曰"渔渡路塘务司李、刘、□，西乡县盐场司郭、督捕厅林"，查《定远厅志·职官志》盐场司巡检有名郭光润者，河南洛阳人，康熙三十三年任；其三曰"渔渡路游击钟，西乡县罗"，查《定远厅志·武备志》渔渡营游击有名钟守义者，汉军正红旗人，康熙四十年任；民国《西乡县志·秩官志》县令表中有名罗峰者，康熙四十六年任。综合以上信息可知，"五姓祠堂"建于康熙后期，距今约三百年——此时正是川楚移民大量进入镇巴的时期。

　　移民初到，地广人稀，插占为业，无需争斗；而各各势单力孤，彼此相惜，须协作以发展生产、御患防灾，遂以"共祠"方式结异姓之好。据马孝勇说，五姓祠堂有大堂三间，左右各有厢房，大门对联横批曰"之流黄河"，上联为"五姓同祠树德仁流芳千古"，下联已毁，他补作"数族共国铸华夏江山万代"以对，虽不合平仄而语意尚佳。对联显示，共祠以建立良好的道德风尚为基础，这是有利于社会和谐的。

　　祠堂大梁上留下了当时本地数位军政官员的名字，这说明地方政府和驻军鼓励这种异姓共祠的做法，因为这既有利于新迁移民的稳定，也有利于发展生产和御患自保。

　　从近年来见诸报端的报道来看，清代异姓共祠现象多在东南，如广州增城区下塘村的"两姓共祠"和仙桂村的"三姓共祠"，广东清新县龙颈镇的"十姓共祠"，福建饶平县海山镇的"八姓共祠"，而全国其他地区还鲜有报道。因此，渔渡坝的"五姓共祠"应该是西北地区十分独特的历史文化现象，值得研究。

杨盛峰

# 李家花园

民国年间，在风光旖旎的镇巴县城东北角，有一个李姓人氏聚居的小村庄，东与安垭梁相连，西与东岳庙隔泾洋河相望，是柏林环绕、绿水相依、宁静优雅的世外桃源。村庄有一个根据姓氏而起的美好名字——李家花园，而县城及周边居民又常常把这个村庄称为"四根树"；"花园"与"树"成了李家人的骄傲，成了此地声名远扬的名片。

## 一、地灵人杰传美名

说到这里，人们自然会问：为何此地会叫"四根树"？为什么这个地方又被称为"李家花园"呢？

要解开这个疑问，我们还得从山区村庄或街道的命名特点说起：有以姓氏为所居之地命名的，如"周家营"、"李家坪"；有以所居之地的地标性建筑命名的，如"庙梁"（亦称东岳庙）、"水井街"；有以所处地的方位命名的，如"南关街"、"西门上"（县城西门周围的街区）；有以山川地貌命名的，如"大河坝"、"黑虎梁"；有以地方特点命名的，如"半边街"、"刁字拐拐"。由此可知，"四根树"的得名与地方特点有关，而"李家花园"的得名与姓氏有关了。

"四根树"，顾名思义就知道这地方有四根大树。山区之中，有四根大树之地比比皆是，为何此处一定要用"四根树"来命名？到底这树有何特色？这个名字又为什么能在县内外无人不知，无人不晓？

帮我们解开这个疑问的是现年85岁的退休老干部李绪瑚。据他讲，当年这一带山脚下有一高一低两股姊妹泉，高处的泉水从山脚下喷涌而出，经两个小平台注入泾洋河，泉水因天气变化清浊不同，夏天遇连日大雨，泉水浑浊，水量极大，泉的脾气也比平时暴躁得多，靠近水边时耳边只有轰轰的声响；低处的那一股泉则是从平地上汩汩冒出，水量也极大，雨再大也不浑浊，在距河五十米的地方与高处流出的泉水汇合到一起，注入泾洋河。姊妹成了这一带的灵气之源，善男信女们在旁边修筑了一座小小的龙王庙，把泉水当神灵来供奉，每到立秋的这一天，很多人都赶到这里来取秋水，喝秋水，祈求健康幸福，百病不侵。姊妹泉可与余修凤笔下的位于县城东南面的龙泉相媲美，成为镇巴厅城附近两道靓丽的山水景观。

受这姊妹泉的滋养，这里生长着成片的柏林，株株柏树参天耸立，奇山、奇水、奇树使得这里成了一方难得的修身养性之地。柏林之中，通往西乡的道路旁，有一株柏树格外奇异。大家知道，柏树虽然成片生长，却是一株一株独立，然而这里有一株却与众不同，是一苑之上分出四根，并且每一根都有两人合抱粗。它雄踞于路旁，往来之人既可以在此赏景，亦可以在树下小憩，更让那些有闲情逸致又有文化修养的读书人乐于在此悠游，一边赏造化赐予的人间胜景，一边吟诗遣怀。久而久之，人们就把这个地方直称为"四根树"了。

四根树住着一位有着别样经历和修养的人——李培成。他是一名晚清秀才，参加乡试不中，曾在民国初年担任过区长一职，后赋闲在家，以吃"是非饭"为生（作捎客，为别人写地契、婚约，或给买卖人当中介获得一定的经济报酬）。最重要的是他酷爱养花，在房屋周围种下了一百多种花卉，姹紫嫣红，四季不断；院中还栽有四季桂，每年开放四次。这人间胜景吸引了士绅名流、平民百姓，赏花游乐之人络绎不绝，其盛况堪为镇巴奇观，村庄也就自然被誉为"李家花园"。李培成作为儒人雅士，闲暇之余，亦好抚琴吟唱，县内的文人雅士也乐与他交游，所居之地亦成为士绅百姓常挂于嘴边的热点词；又因为当时从县城出北门到李培成所居的村庄近两里路几乎没有人家，寻访之人在路途相见，互相致意之时，常答"到四根树去"或"到李家花园"，因此，这两个名字也就不胫而走，广为流传。遗憾的是，后来横行于川、陕、鄂的大土匪王三春将大柏树付之一炬，让人扼腕叹息。20世纪80年代后，这里建过鱼塘，办过镇巴著名企业宣纸厂，所造的宣纸飘洋过海，远销国外。到了21世纪，虽经历史变迁，树已不在，花园不存，此地也与城区连成了一片，但县城的原住居民依然记得"四根树"、"李家花园"的美称。

## 二、李氏宗族辛酸迁徙得安居

李家花园因李培成种养花卉而得名，其子李中兴也是风雅之人，与当时县城的名流张校长、夏高柏、梅立岚、胡自谦等常有交游，是县城著名的"三老"（夏高柏、张校长、石练白)、"四少"(庞文彦、梅凤琦、夏登科、李中兴)之一。然而后来家道败落，李家花园的房产也就作价变卖给了他人。值得庆幸的是，购买房产的依然是李姓人氏。至于这户李姓人氏来自何处，又为何到这里来买房置地，这又有一段辛酸的家族迁徙史和血泪史。

《李氏家族族谱》记载："稽之李姓始祖原籍西夷之人也，姓李名近楼。祖居西安府长安县斗门村，后至定远厅渔渡坝插占为业。后因吴三桂扰乱搬家于纸坊沟，买明贺姓田地，以此为居处。"结合历史，我们可以推演出这个家族的迁徙史。

明末清初，李自成起义，清兵入关，关中大地战乱频繁，民不聊生。长安县斗门村的李近楼不堪战乱之苦，携家人走上了躲避战乱的迁徙之路。他们翻过被李白誉为"蜀道之难难于上青天"的秦岭古道，辗转来到渔渡镇九家榜，插占为业（古时为了开辟人口稀少之地，允许迁徙的百姓与自己的邻里协商，以口头达成协议的方式确定彼此所占的山林、田产的面积和界线）。李氏家族从关中到陕南，与镇巴这块地方建立起了血脉相通的联系，他们期望自己能在这块偏远而贫瘠的土地上延续祖辈的农耕生活，安居乐业。

然而，历史并没有赐予这个迁徙之家以好运。接踵而至的是削三藩之战，吴三桂与清政权又开始了持续数年的战争，战祸同样波及到了陕南渔渡坝这个偏远的弹丸之地。为躲避兵患，李家不得不再次走上了迁徙之路。这一次，他们选择了镇巴高桥的纸坊（亦作"房"）沟作为落脚之地。落脚后，购买了贺家的田地，在此繁衍生息，过着耕读传家的古朴生活，一过就是十余代。李氏家族在此人丁兴旺，建立了祠堂，编订了家谱，成为当地的望族，其中第九代子孙李怀艳被清廷赐为"文林士郎"，李怀斗被清廷赐为"增登仕郎"。时至今日，纸坊沟依然是李氏人家的聚居之地。

而这一支李家人又为何会到李家花园购房置地呢？这又牵出了一段心酸的故事。

李氏宗族中，有一"长"字派子孙李长庚，娶了县城西北角庙梁（亦称东岳庙）张氏人家的姑娘为妻。张氏为人贤惠，恪守耕读传家、相夫教子的传统美德，李长庚为人敦厚老实、勤勤恳恳，二人共同撑起了一个和谐家庭。夫妻育有四子：长子李光裕，次子李光宗，三子李光云，四子李光举。而天有不测风云，人有旦夕祸福，李长庚在四十二岁时就因病不治身亡。俗话说："少而丧父，中年丧妻（夫）、老年丧子"是人生最为哀痛之事，这种不幸偏偏被张氏遇到了。面对子嗣幼弱的残酷现实，孀居的张氏迫不得已，以柔弱之躯担起抚养幼子、延续李氏血脉的重任。然虽凤兴夜寐、日夜操劳，仍难以维持家庭的吃穿用度，困顿之下，不得不携子女投奔娘家，以保全飘摇之中的家庭。

张氏的娘家人慷慨施以援手，帮助张氏携幼弱返回城郊，在陈家坝租赁城内周家的茅草房为立脚之地，风雨飘摇之中的李氏家庭终于在亲人的庇护下开始了新的生活。长子李光裕成人后为所居之地的乡约，次子李光宗主持家中内部事务，三子李光云、四子李光举操持农事。俗话说"树大分权，儿大分家"，成人后四兄弟各自分立门户：长子李光裕先后在窝家崖、庙梁居住，四子李光举先在黑虎梁山脚下的窝棚居住，后在陈家坝筑屋定居；次子李光宗、三子李光云在四根树买房置地。李氏与四根树有这样的渊源，似乎在冥冥中就有注定的缘分。1949 年，次子李光宗膝下长子李绪荣顶替兄弟当兵，随国民党败兵辗转到达台湾，尔后客死于台湾桃园县，算是李氏子孙中离故土最远的人。据后来从台湾返回镇巴清水居住的老兵吕永昌老人说，远离故土的李绪荣常以不能在有生之年返回故土四根树看一看亲人而唏嘘长叹。此言也，常让他留在镇巴的子孙长号不自禁。

一个家族，数百年之中，几经颠沛流离，历经辛酸和苦难，饱经历史沧桑的洗礼。从一个家族的变迁中，我们既可以看到历史风云变幻的影子，也可以看到中华民族勤劳为本、诚实生活、扶贫济弱的优良传统，真可谓"沧桑不改民族脉，变故难移世间情"。

李初发[*]

---

[*] 李初发，镇巴县人，1971 年出生，1995 年毕业于安康师专，本科学历，高级教师，"镇巴名师"，陕西省教育厅表彰其为作文的"优秀指导教师"。在《汉中教育》、《西藏体育》、《学习方法报》、《读写算》等刊物上发表文章多篇，参与编写《镇巴民歌总汇》。现任镇巴中学教务处副主任。

# 石头的突围

历史其实是相当虚幻的东西，因此我们常常把它形象地想象成一条河流。这种化虚为实的思维内容往往就成为行文中的比喻。但这个比喻照例是蹩脚的。当我们沿着一条河流上行时，总能找到它的源头，而历史的河流也能找到源头吗？

2012 年 7 月下旬一个雨后的早晨，我们从观音镇出发，沿下楮河边的公路南行，去寻找一段散落的历史。车在峡谷中行进，不久就从左边过桥到了右边，在更窄的公路上向更深的山中行进。爬到半山就成了土路，崎岖，曲折，荒芜。司机真是一把好手，可我已经找不着北。我凭感觉指着一个方向说："这边是东吧?"得到的答案是"东在那边"，跟我指的方向相差 180°。

这个地方叫红崖河，是一支李氏家族在镇巴的发祥地。红崖河在小里沟村，原来属于田坝乡，现在归并到观音镇了。崖下那一脉水，不论叫河还是叫沟，都没有一点人文历史感，从自然的角度倒是有些地老天荒的感觉。可是，如今看起来十分荒僻的红崖河却有着不一般的历史遗迹：它的红崖洞、万古寨都进入了《定远厅志》，而李氏老坟茔墓群石刻也已成为省级保护文物！

那么，历史像一条河吗？河流是顺流而下的，而历史有起有伏。红崖河现今的荒僻掩盖着两百年前的繁盛与喧嚣，正如那些葛藤荆棘掩盖着李氏墓群中精美的石刻。

## 一、迁徙

同中国许多李氏家族一样，红崖河李家也自称祖籍"陇西"。其中一座墓碑记载着这个家族的迁徙路线：陇西→西平→太原→江西→湖南宝庆府新化县→四川潼川府中江县中村庆贺里太平桥→陕西西乡县下楮河红崖河（李氏迁入时镇巴地境尚属西乡县）。这六次迁徙中，前四次的情况已被久远的时间湮没，第五次从湖南迁到四川应该与第六次从四川迁到陕西的时间相距不远，因为红崖河李氏还以"新化为本源之地"（红崖河李氏家族墓碑碑文，以下未注明出处的引文同），且有回新化置业的举动。红崖河李氏第一代先祖赵氏夫人的碑文中说，"我父辛巳年间自蜀来秦"，结合立碑时间"嘉庆十二年"分析，这次迁徙时间是乾隆二十六年，即 1761 年。其时清朝已经建立近 120 年。结合有关历史背景推测，红崖河李氏从湖南新化到四川中江的迁徙时间也应该在清朝初期。

明末清初，四川遭受了一场近半个世纪的大浩劫：张献忠起兵，南明内部争权的军事冲突，张献忠余部的反清斗争，清军对农民起义军和南明势力的屠杀，吴三桂叛乱。四五十年间，起义农民杀地主、地主武装杀农民，满人杀汉人、汉人杀满人，用当地人的话说叫作"杀得鸡犬不留"！兵灾兼以匪患，然后又继之以大瘟疫——于是，四川境内人口锐减，田地荒芜，真可谓"白骨露于野，千里无鸡鸣"（曹操《蒿里行》）。有关统计资料表明，明末时四川尚有四百万人，而到了清康熙七年（1668）只剩下了六十万人！在这样的情况下，清政府采取了移民垦荒的举措：愿入川者，将分给的田地给为永业，垦荒地亩五年后才征税，滋生人口永不加赋。于是，在政策的鼓励下和土地的诱惑中，出现了清初延续一百多年的移民入川大潮，民间称之为"湖广填四川"。李氏家族从湖南新化到四川中江的迁徙，应该就是这次移民大潮中的一朵浪花。

那么，李氏家族从湖南到四川以后，为什么又很快迁来陕西呢？其一，明末清初四川的兵灾匪患波及陕南。镇巴民间称张献忠在四川的滥杀为"八大王铰四川"，并且说"四川铰了一大坨，陕西铰了一只角"，而镇巴就在这"一只角"里，也是遭受张献忠荼毒的地方，和四川一样人口锐减。其二，镇巴地方荒僻，人口本来稀少。《定远厅志·地理志》附录《山内风土》说："定远老林未辟之先，地旷人稀，狐狸所居，豺狼之薮。"因此，在清初的移民潮中，地广人稀的镇巴也是移入地之一。《镇巴县志·大事记》载："康熙五十一年（1712），西乡知县王穆设招徕馆，广招川楚两地移民入境定居，开垦农田。"《汉南续修郡志·山内风土》也说：定远"招集外省流民，纳课数金，指地立约，准其垦种"。这说明，当时的陕南地方政府也制定了一些政策措施招徕流民，而流民的来源地是"川楚"。

这里有一个问题，四川本来是移民潮的迁入地，怎么又成了陕南招徕流民的来源地呢？《定远厅志·艺文志》中收录的《大禹祠川湖会馆记》一文中说："国朝自高宗三十年（1765）后，川湖两广生齿日繁，人稠地窄，来南山开种者日益众。"这说明，经过清初一百多年的移民，四川也已经像湖广一样成为"人稠地窄"之域，人地矛盾突出，以至于产生了大量的流民。红崖河李氏从四川中江到陕南的时间是 1761 年，与《大禹祠川湖会馆记》中所说的"高宗三十年"这个时间点基本吻合。而李氏墓碑上也说："祖以丁繁齿众，满于土，不可以图久远，遂来陕卜居。"这说明，李氏第六次迁移的原因是四川中江土地不足耕种，于是到地广人稀的陕南寻找新的生存空间。

那么，李氏是作为"川楚流民"移居红崖河的吗？《汉南续修郡志·山内风土》描述当时定远流民状况说："流民之入山者，九十月间扶老携幼，千百为群，到处络绎不绝。不由大路，不入客窝，夜宿祠庙，或宿密林，取石支锅，拾柴做饭；寄住乡间，写地开垦；伐木为椽，覆草为屋，风雨仅蔽；杂粮借种，数年有收，典当山地，渐次筑屋，否则转徙而已。"与一般流民的这种餐风露宿、披荆斩棘的艰难转徙相比，红崖河李氏的迁徙状况是完全不同的。李氏墓碑上说："中江县贸易颇有赢余。"可见他们原来是富商，不过是因为"丁繁齿众"，出来拓展生存空间的。因此，李氏的第六次迁徙是在人稠地窄的情况下的主动出击：当他们了解到陕南地广人稀的生存环境和"课以数金"即可"指地立约"的政策优势后，展开了投资性迁徙。

镇巴民间将清朝前期本地人口大迁徙的情况概括为两句话："湖广填四川，四川填陕西。"这其实是前后相承的两次大迁徙。现在听起来十分轻松的十个字，对于当时的流民来说却是一部血泪史：失去土地的农民背井离乡，"号呼而转徙，饥渴而顿踣"（柳宗元《捕蛇者说》），痛苦万状。红崖河李氏的最后两次迁徙被卷进了这两次人口大迁徙中，但他们自己的道路与命运却又有着特殊之处。在被历史大潮裹挟前行之中，李氏家族凭借经济上的实力赢得了主动，甚至获得了机遇——拓展土地的机遇。看来，历史潮流与个人命运，被动与主动，未必是一个定数——可被巨浪裹挟，也可借浪冲潮。

## 二、拓展

红崖河李氏墓碑上称到达该地的第一代先祖为贵山公，我们访问到的名字则是李机芳。李氏族谱中的辈分字谱无"贵"字辈而有"机"字辈，"机"后面的字派依次为：可、承、世、泽、惇、叙、传、谟、典……现在已传到第十代，尚有"叙"字辈的老人健在。

李机芳于乾隆二十六年（1761）来到了陕南西乡县（包括今镇巴境），距今已有251 年。据说他最初卜居之地在高川，但嫌那里的青蛙太吵了，于是来到了下楮河的红崖河。这个细节的真实性令人怀疑——一个闯荡江湖的人会忍受不了青蛙的叫声吗？也许是高川的田地均已有了户主——李机芳可不是跑来租种别人土地的流民，他要获得属于自己的土地，于是来到了更为荒僻的红崖河。红崖河的荒山太广阔了，传下来的说法是"手指为界"，印证了史书上"指地立约"的说法，根据规定"课以数金"之后，一大片土地就归李机芳先生了。这位四川富商最初到红崖河时到底买下了多少土地，现在已经无法确切地知道了，碑文中只说"得红崖河山地一股"，数目不详。

在这里，商人李机芳又把自己变成了地主李机芳。地主有了土地，还得有房子。现在的红崖河李家还有两套院子是那时传下来的祖屋：一套在白果树，一座四合院旁边带着一个小天井，共有二三十间屋子，都盖着板石，小天井中有两口老水缸，也是板石镶成的；另一套在棚子，是个三合院，坐北朝南，堂屋前壁全用木制雕花门窗组构，神龛也是木刻透雕，虽然蒙在暗淡的尘埃之中，其工艺之精美仍然令人惊异。白果树的房子是从唐家手上买过来的，有点强取的意味——据说李机芳当时除了带着自己几个年青力壮的孩子外，还有一个姓张的会武功的外甥。棚子的房子为李机芳所建，后来因为杀了土匪头子，被其余党焚毁，现在保存下来的是李机芳的五子李可廷重建的。

李机芳在红崖河扎下了根，又"复往西蜀经理账务"，不幸一病不起，仍然安葬在中江老家。李机芳共有八个儿子，四子早夭，其余七子于庚子年（1870）接母亲赵氏到了红崖河，他们的妻小大概也是这时才过来的。不久，赵氏及长子相继病故，其余六兄弟于甲辰年（1784）分家，至此红崖河李家初具规模——从迁来到形成规模共用了二十四年，也就是一代人的时间。

分家虽然使贵山公李机芳创下的产业一分为六，但由于土地辽阔、积金甚富，各户产业仍然不少。更重要的是，在与父亲一起打拼的过程中，"可"字辈的兄弟们都继承了贵山公勇于开拓的传统，甚至连夫人们也颇善经营家业。那么，在红崖河扎下根的李氏家族会如何发展呢？

第一仍然是买田置地。李可廷的碑文中说他在继承父亲产业的基础上，"续置干沟河、石梯沟、高川田地不下数千金"，他的夫人段氏当家后，"另置山林旱地一段，坐落□庙东坡，实价五百金"。同时，李可廷"又念新化为本源之地，不可或忘，遂捐数十金回籍，亦置田数亩，以示邱首之意"，段氏"亦捐回湖南百余金，置田数亩"。李可廷夫妇不但在红崖河附近拓展地产，还到湖南新化置田，除了表达敬宗追远之意，恐怕也有狡兔三窟的意思，真是深谋远虑。仅就碑文中所述，他们这一户的家产就达好几千两银子！

第二，积极捐助公益项目。《定远厅志·人物志·善行》中记载了李可廷次子李承良的事迹："李承良以好施闻，曾捐白金三百六十两，买地三分（份），以二分为学地，以一分为该地义渡岁资，乡里义之。"《定远厅志·建置志·桥渡》记载，魏家滩、观音堂、小河三处义渡的主要捐赠者都是李承良，其中观音堂义渡是李承良与堂兄弟李承贤二人合捐的。

第三，科举仕进。这是旧时代大户人家子弟的一条正途，不过当时本地的学校教育并不发达，走这个路子很难。红崖河李家祠堂里办有学校，李氏族人中李承良、李世敏都是太学生，但不知道是由地方学堂选送到国子监去的，还是通过捐纳获得的虚名。《定远厅志·建置志》中称李承良为"下楮河监生"，《选举志·封典》将他列名于"文阶封赠九品者"中："李承良，翰林院待诏衔，敕赠登仕郎。"碑文中李承嵩的名字前有"吏员"二字，具体任职情况不详。很多墓碑的中榜上都有"皇清待赠""皇清待诰"的字样，那个"待"字真是意味深长。不过这些情况仍然表明，一些李家子弟在往仕进这条路上奋斗。

受社会历史条件的限制，红崖河李氏子弟所能有的发展空间并不广阔，但他们凭着先辈积下的雄厚家底，仍然保持了积极进取的势头。第一代、第二代主要是买田置地，通过土地的收入滚雪球似的积累钱财。到了以李承良为代表的第三代，开始运用手中的财富去博取社会声誉和追求政治地位——乐善好施不但获得了乡里的赞誉，也必将得到官府的认可与褒奖。事实上，这些活动让他们终于走进了官修的志书，走进了历史。

东坡词曰："大江东去，浪淘尽，千古风流人物。"词中同样用江河借喻历史。但我们知道，历史巨浪所淘尽的首先并不是"风流人物"，而是大量如泥沙般卑微普通的黎民百姓，普通人要想不被历史的风浪所淹没是很难的。而历史是什么呢？历史与河流其实很不同：河水流走了，河床还在那里，水依然在流；而历史，时间过去之后，一切都被裹挟着消失了。说到底，历史只是一种记忆，比如传说，比如史书，比如铭刻在物体上的信息……普通人如何可能成为历史的记忆？一个家族所进行的众多纷繁复杂的活动，最终能将少数的几个人送入史册——哪怕是僻远之地的一部地方志中几行不起眼的文字，也已经是很了不起的事情了！这很容易让人想起鲁迅的一个比喻："人类血战前行的历史，正如煤的形成，当时用了大量的木材，结果却只是一小块……"（《纪念刘和珍君》）其实，很多木材消失了，却连一小块煤也没有形成。

历史的记忆是如此挑剔，若要步入其中，甚至可能需要几世几代的苦修。

# 三、铭刻

历史靠什么记忆呢？传说、壁画、建筑、史书等都可以充当记忆的载体。当然，载体也是十分重要的。比如说现在，记录信息的载体十分发达，历史的记忆就将丰富得多。过往历史留下的信息稀少而珍贵，人们苦于信息匮乏；现在则是信息泛滥成灾，将来的人们会苦于鉴别与挑选。

在清代中叶，19世纪初期，有些什么东西可以成为历史记忆的载体呢？李可廷的墓碑上说："恐后世子孙图目前便安，忘先人之艰苦，不能继志述事，故复鸠工刊石，略述颠末，俾后世永怀创垂之恩，不□先人之志云尔。"他们借用的记忆载体是石头。虽然当代大诗人臧克家认为，"把名字刻入石头的，名字比尸首烂得更早"，但他的话显然经不起实践的检验。站在红崖河李家祖茔的这些墓碑前，我们看到，正是这些精美的石头让李家的先人们从历史的深处突围出来，穿越两个多世纪，将贵山公以来的几代李家人的信息传达给了我们。也许李家的先辈们当时就已经意识到，这些碑刻对他们的生命突围具有重要的价值，所以打造得格外精美，让现代人叹为观止！

无数平凡的生命百年之后"托体同山阿"（陶渊明《挽歌》），很快消解在时间的溶剂里。而我们在两百多年后，还能够接收到李家的先辈们在这片土地上留下的生命信息，不全是因为这些精美的碑刻吗？

在这两山对峙的红崖河，在这"树木丛生，百草丰茂"（曹操《观沧海》）的北坡上，在荆棘交错、葛叶遮覆的石坎上，这些精美的石碑静静地站立着，任苔藓与昆虫慢慢爬过，听虫鸟乱鸣，听山风轻拂……当然，和时间比耐心，与永恒拔河，最终是要输的，但在这有限的尺度内，依然应当留下生命的精彩！

拔开芜杂，可以看到这片墓园有五级台阶，共19座墓。最上面一级台阶的正中，是红崖河李家第一代先祖李机芳之夫人赵氏的墓，建于嘉庆十二年（1807），规模宏大，造型独特，为群墓之首。其余墓葬主要集中在一、二、五级台阶。其中第二级台阶曾建有李氏祠堂，毁于文化大革命"破四旧"运动，现在隐约可见基址，尚有一些断碣残碑。上文提到过的白果树老屋在四、五级台阶上。这个墓群能够穿越一两百年的历史风雨，较为完整地留存到现在，有三个原因：一是石头载体相对"不朽"的属性；二是红崖河的偏僻让那些狂热的"破四旧"混球不易到达；三是不少李氏后人一直居住于此，对墓群进行了保护。

这些墓碑的精美主要表现在三个方面。

　　一是石刻艺术精湛。大多数墓都建有三层碑楼，通高两米以上，下两层有遮檐。与镇巴其他地方的墓碑不同，这些墓的主碑外面多有透雕石帘，有的檐下还有石雕垂幔，造型别致，雕刻精细，并有彩绘痕迹；主碑前面有方形或圆形的石柱，或刻对联，或浮雕花纹，庄重肃穆；主碑两侧均有辅碑，刻有诗文、对联或赞词。碑楼的中间层仿佛门楣，阳刻着"佳城常昭"、"明禋代绵"、"垂裕后昆"等大字横批，也有横批下面配诗的。碑帽最巧，为圆雕或透雕的瑞兽形象，如鸟首鱼身的鲲鹏之类。总的来说，其石刻艺术之精巧、形式之多样和保存之完好，至少在镇巴境内是罕见的，值得方家专门研究。

　　二是诗文、对联内容丰富。碑文语言流畅，骈散结合，古朴典雅；叙事清楚简洁，也时时夹着生命的感慨，如第二代先祖姜氏的墓碑中说："生死之道，富贵皆同：生之若石火难晋，死之若电光易灭。"这些慨叹生命脆弱的文字，给碑文增添了深长的韵味。由于墓碑结构复杂，对联也用得特别多，第二代的一座夫妇合葬墓用联达六副。这些对联有沿用前人的，也有不少是根据实际情况自创的："山环水绕滋地脉，龙蟠虎卧蔚人文。""一派水抱中和气，数重山如蕴藉人。""螽斯恒衍庆，瓜瓞永呈祥。""风引花香馨俎豆，日饰春色烂文章。"无不对仗工整，用典恰当，言简意丰。最特别的是墓碑上的诗句，这在别处很少见。这些诗作有的叙述了李氏家族由川入陕的情况："慈母生长中江地，□□秦境西乡邑。嘉庆新分定远府，白果老茔世代基。"有的表达了儿孙对逝去亲人的颂扬与哀思："三从四德迥非常，宝婺腾飞忽埋光。贵子荣孙空啼泣，逍遥蓬岛庆还乡。"还有的表达了对后世子孙的美好期待："奇峰鼎峙映仙宫，天地钟灵世代隆。自此文星应是照，地灵人杰耀华□。"这些诗文对联很有可能就是由李氏家族中的生员们创作的。众多墓碑上丰富的文字内容，反映了红崖河李氏家族浓厚的文化氛围和深厚的传统文化底蕴。

　　第三，墓碑上的书法十分优美。主碑碑文多用小楷，端庄秀丽；中榜多用隶书，典雅庄重；对联均为阳刻，气象雄浑；辅碑上的诗歌多用行草或行楷，若行云流水：真可谓诸体皆备，各具特色。

## 四、突围

　　从这些墓碑的碑文中，我们可以接收到那一个个逝去了近两百年的生命的信息，可以了解到红崖河李氏家族自1761年以来的基本轨迹——这是石头这一记忆载体在一定尺度内对时间溶剂消释的突围。当然，石头本身并不能够突围，它必须携带着大量的信息才会拥有突围的能量，否则就会因为普通而湮没。然而，碑刻又超越了家族史料的意义：一是碑刻所蕴含的重家族、讲血缘的伦理观以及刚健有为、自强不息的生命观，从具体琐碎的生活记录中突围出来，达于中华民族传统文化精神的高度；二是从修身齐家、立德立言的事功层面突围出来，以文学、书法、美术、雕刻等艺术形式，达于诗意与审美的高度。所以，它们的突围又是在精神层面和审美的高度上对于普通碑刻的突围。

这些两百年前遗留下来的墓碑，以宏大的规模震撼人心，以精湛的雕刻冲击感官，以优美的书法吸引眼球，以斐然的文采传达思想——红崖河李家的先祖们借这些石头实现了在时空中的突围与延伸，让他们昂扬的生命信息获得了更为久远的历史记忆。碑刻所凝结的不仅是人生路、家族史，更是一种文化精神，一种美，给我们以深刻的启示。

杨盛峰

# 蜡溪之门

蜡溪在碾子，是纳溪的旧名，听起来比"冰溪"二字还要了无生气；冰封之溪尚有幽咽泉流，生机潜藏的，而"蜡溪"则只有尘封之感，索然无味矣。但尘封的故事是难料的，泰坦尼克的残骸里，所罗门印封的小瓶中，不正是千古传奇？蜡溪之岸曾经有过怎样的故事，也许并不是我们所能想象得到的。

当然，有多少人愿意去忆想脚下这片土地的历史呢？人们对于历史的兴趣往往只在宫廷深宅的秘闻，幽涧古刹的传奇，几番兴叹评说之后再感慨其荒唐无稽。于是，可靠的历史只剩下几个干巴巴的名字和一串后来添加进去的阿拉伯数字，现实的场景大多无声地隐去了。我们自己和眼前这一片我们存于其中的天地也将如此吗？

其实，同一片土地中的故事总是有千丝万缕的联系，当我们对自己的一切当局者迷的时候，不妨怀想一下在这同一舞台上演出过的前幕故事，或许多少能给我们一些启示。

但走进前幕的时空隧道之门是难觅的，我们对于蜡溪的寻访顶多只是略宽小口之光而已，但也不妨夸张地名之曰"蜡溪之门"吧。

## 汤祠之门

在碾子，好几次听人提起汤祠，我开始以为是一眼温泉（汤池）。笑过之后，才知道是汤氏之祠。

慕名而往，车停下来，说是到了，见到的却是粮站紧闭的铁门。陪同我们去的碾子文办的魏老师说，汤五老爷及其长子的墓就在里面，断碣铺阶，残碑尚存，值得一看。但铁门久叩不开，寂无人应，我们只好往别处看看。

粮站下面是梯地，层层而下，直临蜡溪。东西两面的山沟并无水迹，西面的竹树丛生。靠近粮站有些大树，其一干粗而直，少有旁枝，倾斜独生，俯视着这一大片土地。它一定知道汤祠的整个历史，但它什么也不说。叩问一棵树是困难的，尤其是一棵古树，它那种抱朴守拙的形态一点也不简单。你知道它为谁而倾倒，它与谁是相看两不厌的人么？

我们慕名而来的汤祠就只有紧闭的铁门和无言的古树吗？在疯长的苞谷林里，我们终于见到了一道石门，孤零零地站在地坎边儿上，并不高大。门楣上"汤孙之将"几个字还很清楚，其余的文字都在"文革"中被凿掉了。石门内宽约1.5米，高2米多，门槛半没在土中，门框上凿迹苔印与风雨蚀痕描绘出的沧桑感，并未完全遮掩住石质固有的坚强。

石门差不多被庄稼淹没了，它也许还企图保持与古树的对峙。其实汤祠只占据了20世纪的一部分历史，古树的年龄比它久远得多，却未必会输给这汤祠最后的遗迹。毕竟战胜自然并不容易。

但石门曾经的荣耀却是古树从未有过的。曾有多少汤氏子孙带着崇敬的心情来到它的面前，曾有多少鼓乐香烛带给它无比的热闹，曾有多少美慕与嫉妒的目光落在它的身上！可惜的是，这种时光如同少女的青春一样易逝；高高在上的牌位，虔诚恭敬的祭者，连同这一大片房舍都已化为尘泥，烟消云散了！"纵有千年铁门槛，终须一个土馒头。"人逝物非，一并消亡倒也罢了，偏又留下这孤零零一道石门与草木共存，仿佛劫后圆明园的残迹，令人感慨万千。《红楼梦》中甄士隐对跛足道人《好了歌》的解注说："陋室空堂，当年笏满床；衰草枯杨，曾为歌舞场……"那说的也是记在石头上的一段故事呢。

石门虽仍名之曰"门"，却已界定不了里外，仿佛古戏里虚拟的存在。由此跨进去，将有怎样的一片天地？

20世纪初期的中国在半殖民地半封建的深渊中挣扎，革命烈火在地下涌动，而巴山深处的蜡溪坝却还在闭塞中较为平静地延续着它的封建秩序。蜡溪名人汤岳钟丢官回乡也许曾带给乡民们种种猜测，但族人们更多的应该是以荣耀的心态迎接这位五老爷的归来的——毕竟，他曾以"钦加同知衔"沾过皇恩。

汤岳钟曾远官山东，后官勉县，大约在辛亥革命前后回到了蜡溪。这自然算不得荣归，但在他自己可以说不失臣节——清末士子中走这一条路的恐怕也不少。从小读圣贤之书、沐皇朝教化，然后怀着光宗耀祖、封妻荫子的热望和"治国、平天下"的理想出乡入仕，谁料生不逢时，身处季世，荣宗无望，"报国"无门，更有不幸如岳钟者，官于山东这样的"匪患"盛行之地，惶惶何以终日？于是只好退避到偏远之地聊以存身。但革命终于推翻了帝制，谁也没有回天之力，皇朝的官是做不成了，变节求爵又有悖道义，于是只好打道回府，到故土去寻找养息之窟。

当汤岳钟以白丁之身徜徉于蜡溪之岸时，他在想些什么呢？故土是温暖而亲切的。蜡溪缓缓东流，北面群峰争高，南侧细流纷出，开阔的坝子上全是稻田，平冈缓坡退至远处，晴空自碧，蓝霭如梦……"鸢飞戾天者，望峰息心，经纶世务者，窥谷忘反。"岳钟先生在故乡的山水间曾生出过隐士情怀吗？

山水化人，亦当随缘。传统的读书人，儒道并纳是极普遍的，但岳钟先生明显地远老庄而尊孔孟，即便是在白丁之时也是功名难弃的。当然，也许他想过做隐士，但又写不出陶渊明那样的诗；隐于山水时人尚可，隐于历史却是万万不能的——"世人都晓神仙好，惟有功名忘不了"啊！

汤岳钟对自己的仕途荣誉念念不忘。民国二年（1913），他在汤刘氏贞节牌坊上督工再刻，把自己的名字写进石头，并加上了这样的定语："钦加同知衔汉中府学增廪生员"。对赐给自己官衔的满清皇朝充满眷恋。民国五年（1916），他在汤祠立了一块记事碑（现存碾子文办），落款记时耐人寻味："宣统虚五时正八年岁当丙辰立秋。"民国早已成立，而汤岳钟却用了那个因皇朝覆灭而已下台五年的皇帝的庙号来记年，在他的心里显然还满是皇朝遗绪。这时，离"丁巳复辟"不到一年，如果张勋在陕西组织辫子军勤王，他一定会参加的吧！

但历史并没有给岳钟先生提供效忠的机会，而故土却给他留出了尽节的空间。在僻远的镇巴，安静的蜡溪，轰轰烈烈的革命热力一点也没有波及，岳钟先生在民国建立许多年后仍然可以拖着长辫公开地表达他对满清皇朝的忠诚。他称民国第一任定远知事王世铠为"贼吏"，骂他的对手是"乱臣贼子"，而自比为列代晚季之忠良，完全是一副满清遗民的口吻。他顽固地表现自己的臣节，简直就是革命的敌人，所幸他没有面对过革命。当然，从另外的角度看，比起那些见风使舵、投机革命的清吏，岳钟先生又独有品格。

他在国亡官失的打击中并不颓丧，似乎对王道之世仍很执著，大有以天下为已任的壮志。他在汤祠记事碑上写道："（1915年）七月朔，著民厚修怨出省，以待北上，不特恢廓旧家，且以纲维世道。"这是多么大气魄！但我们又不得不说，这里面更多的是一种书生意气和自我鼓励，未免太乏于对时局的洞悉。在之后的几年中，他在蜡溪的"恢廓旧家"之举已让他头破血流了，更何论"纲维世道"！

他亲历了吏治腐败、"钱广通神"的惨痛，身遭盗贼抄掠、土匪打劫的灾祸，目睹了"非常之人反扬其名而遂其功"的异态，不禁感慨万端："呜呼！列代晚季，孽贼假手陷害忠良，予亦类是！"而自己的一腔碧血也只好寄望于"天鉴末忠愚孝"，并用"不大困者不大亨"来幻想自己的未来。但寿终正寝、渐被纷扰淹没而沉入历史的清皇朝不可能给它的孝子贤孙带来什么希望，气硬如石的岳钟先生又有什么办法呢？

他也许曾抚摸着这汤祠的石门检讨自己的人生：宦海搁浅，家业难兴，是哪一个环节出了差错？时也？命也？冷若冰霜的石头无言，列祖列宗无言——啊！倒是这汤祠曾一度带给他欣慰！

当他以无官之身回到故乡时，他还拥有些什么呢？行囊之中的金银细软？腹中的几卷诗书？混迹官场的谋略权术？金银细软恐怕无多，诗书权术暂时无用，靠得住的也只不过是血缘亲情、田产老屋。当年脱去家织蓝布时所丢掉的一切又在脱去官服时成了最受用的东西。

人们或许以为岳钟先生又从官场倒回来再次成了一介书生，但他实际上只是从远离土地的地主变成了接近土地的地主。文人不大可能是土地社会的一个独立的存在，它总是附着于地主或是地主的附着——官员差不多也是如此。

当然，汤岳钟拖着长辫，负手漫步于田间时，他所想到的也许并不是在这片地里种什么庄稼的问题，他的精神世界要比一般的乡间地主广阔得多。但"纲维世道"是无可措手的了，也只好着眼于目前，在"恢廓旧家"上来下一番功夫。他在小坝子新建了一处住宅，规模自然非同一般——汤五老爷的门庭怎能不特别些？不过，汤宅已不可能雄冠蜡溪了。几年前，泉溪沟富豪蒋文林父子历时七年、耗资万金所建成的蒋宅是难以超越的。这一点是不是令汤五老爷不快呢？一个大清同知在小小的蜡溪也不能争个第一吗？也许，就在此时，蒋文林蒋八老爷已成为他心中新的对手。

是的，对手，无穷无尽的对手！每个成功都隐藏在无数的对手后面。崇山峻岭般的对手，你找不到一条绕过去的路，你只有打败他们，跨过去，这就有了无穷无尽的争斗：争名，争利，争胜，争雄……生命的价值全在一个"争"字里吗？

老子在川上曰："夫惟不争，故莫能与之争。"但可以不争吗？让对手压住自己，隐于山水，让生命逃遁吗？可四周都是一座座"争高直指，千百成峰"的山，汤五老爷不能不争！

高楼须筑深基，壮志亦凭实力。比财竞富，汤五老爷不是蒋八老爷的对手。但在他看来，作为一个文人，当别有高明之处。他以为，齐家重在精神，称雄要在人心，他把目光转向了别的领域。

汤岳钟的五世祖（也许是叔祖）顺孝公，年未五十而殁，其妻刘氏守节持家，御患睦族，教子有成，声名远播。咸丰三年（1853），朝廷敕旌节孝；四年，立牌坊，为蜡溪汤氏之荣。民国二年（1913），乃立坊周甲之年，这给汤岳钟提供了一个绝好的机会。他借此大会宗族，追思祖德，显扬汤氏，并自捐钱财，请人在牌坊石柱上增刻了他撰文并书写的对联：

> 宏三代，植弱宗，幸持志绍庭，亲见武子文孙两科士；
> 晋八旬，开旌表，当垦荒分府，共知纳溪定远头坐坊。

当然，他自己的名字及一长串定语"钦加同知衔汉中府学增廪生员"也一并刻入了石头牌坊。

这次活动使宦海归来的汤岳钟不再是汤氏家族的局外人，并且，他的号召力、组织力、文才及沾过皇恩的光环使他一举成为家族的精神领袖。他积累的那些权谋之术开始发挥作用。

在封建时代，家族一直是很重要的社会结构，它不仅具有作为血缘群体的天然的亲和力，而且可以作为家族成员防凌御辱的堡垒。当然，它也难免被人用作攀升的工具或进攻的武器。汤岳钟的权势、地位在失去政权后，必须要有新的力量支撑才能重新拥有，他捡起了家族这个武器。

为了磨砺这个武器，在汤刘氏牌坊周甲纪念之后，汤岳钟推出了另一项规模更大的活动来整合与凝聚家族力量——兴建汤祠。

从遗址看来，汤祠规模宏大，依山而上，至少是五六进的房子，耗资定然不菲。汤五老爷虽不能拥有蜡溪第一宅房，却可以建造蜡溪最好的祠堂。他集族人之力赢得了这一胜利。

在勘察风水、建筑设计、撰书楹联、刊修族谱、组织祭祀等活动中，他的文才学识得到了充分的展示。在经营这样一项浩大工程的过程中，他也应该得到了实惠，并顺理成章地控制了祠堂及其产业。

建祠不仅进一步巩固了汤岳钟在家族中的地位，而且将一种力量扩张到整个蜡溪。他成了当地一个重量级人物。

于是，受到挑战是必然的。可能，反对和平共处并不是人的天性，但利益容易引起争斗，比如说田产，这个养育人也能埋葬人的东西就很容易成为任何级别和任何形式的战争的导火索。马克思对此早有解释："生产资料归谁所有是一个关键问题。"蜡溪乃弹丸之地，企图"纲维世道"的汤岳钟和号称资产"百万"的蒋文林在此摆开了阵势。双方都是能量巨大的，谁都不敢轻举妄动。

民国三年（1914）八月，也就是第一次世界大战在巴尔干爆发后不久，"蒋文林致檄袁家营族孙自浩"（汤祠记事碑），似乎是一起命案，汤岳钟自然就卷进官司里去了，而且和县里查案的官员发生了龃龉。这场官司经省、道、县三级政府的司法部门处理，直到民国五年秋才暂告一段落。期间汤宅遭受了土匪几次抄掠和围攻劫人，搞得汤岳钟焦头烂额。他在记事碑中又惧又恨地写道："彼乱臣贼子何为共深怨毒欤？恐钱广通神，当报复未可逆料也！"在各种因素的夹击下，强悍的汤五老爷也感到前途难卜了！

汤祠成就过汤岳钟，但并未带给他最后的成功。享受了那么多香火祭品的列祖列宗，竟没有给他们的子孙尤其是岳钟先生带来更多的福泽，恐怕是在砸自己的饭碗。那么，汤祠勃兴速亡也是活该。汤五老爷没有《诫子书》一类的东西传下来，不知道他如何总结自己的一生。决定成败的因素太多了，各异的情状赋予各异的人生，谁能将生命之道穷尽？

从时空隧道返回，出了石门，回望门楣上"汤孙之将"几个字，比"太虚幻景"还要难解。查来查去，原来是一句现成的话，语出《诗经·商颂》，《那》与《列祖》二篇末尾都是这一句。对"汤孙"的理解有分歧，一说指"所祀之祖"，一说为"主祭之时王"，都指商王；但不知蜡溪汤氏是否商汤后代？"将"有解释为"奉"的，有解释为"久长"的，也有解释为"盛大"的，或动词或形容词，都是祭祀时推崇祖德之言吧。那么，"汤孙之将"这个题额在汤祠中应该是极为重要的，也唯独是它经历了时间风雨和"文革"洗礼仍然留存了下来，莫非祖宗终究还是有灵的？

## 蒋宅之门

"汤家的祠堂，蒋家的老房"。这话充分说明了汤祠与蒋宅在蜡溪建筑史上的地位。准确地说，蒋宅并不在蜡溪。蜡溪的上游为焦王河，在碾子中坝接纳木王河后才称蜡溪。汤岳钟回乡后在木王河小坝子建新居时，蒋宅已在离焦王河不远的山沟里显赫好几年了。

蒋、汤之宅为什么都不建在中坝而要浅藏于山沟呢？可能一是防水、二是防匪。过去水大，近大河的平坝容易遭灾，而土匪洗掠大道和集市附近的可能性更大一些。风水先生也必然起过作用，豪门大宅不可能随便摆放。可惜我不懂风水，看不出什么门道。

现在，面包车可以直达蒋家老房子，但首先看见的却是一所新房子，占去了老房右前院一角，大有将老房子挤出历史舞台之势。老房的大门向东，右门框已没有了，左门框和门楣与那新房的山墙重新组成一道门，新旧交替感强极了。左前院的围墙还在，与左门框相连，运用对称原理很容易想象出大门两侧的完整样子。围墙是火砖砌的，砖的规格比现在的大一倍；墙体颜色斑驳黯淡，似乎没有一点跨世纪的喜悦。

入门去，一块下马石摆在院子里，上马石却没有了，可能是它觉得已无马可上，自动隐退了。据说戏楼也在这前院里，已没有了踪影，同曾经的热闹一起散场了罢。过了门厅是一个小天井，左边尚存两间老房子，陈旧斑驳，木刻门神和其他饰物都已侵蚀得模糊了，还约略可以窥见当年的精致。一幅鲤鱼挑精巧极了，尾剪上承，头部下撑，鱼身丰满，姿势生动，若飞若跃，若戏若止，式样别致而富有意味。天井里其他房都是重建的，可能已经更改了曾经的格局。这个小天井和左右两个纵向的天井并列，居整个大院之中，外面还有一圈房，构成一个横着的大四合院，共有好几十间房。现在各房分开，处处置墙，院内多不能通，只有院外几段老围墙努力维持着蒋宅的整体感，其实住着的已多不姓蒋了。

大院后倚小山，名乌龟堡，竹树繁生；前对一丘，曰狮子堡，如屏如郭；侧有泉溪，潜行无声。

蒋宅建于山中，可能也有藏富的意思，围墙、石门都很结实。据说蒋家还有几条枪，不知有没有家丁。但富没有藏住，汉阴土匪聚众来犯，蒋八老爷关门拒敌，以枪威胁，匪众积薪纵火，焚毁石门，所以我们现在只能见到半边残门。

尚存的左门框上刻有一联曰："处山林中即就山林养志。"很对景，很有文人气息；书法也不错，笔力浑厚，颇有胸襟的样子。这使我们深感意外，以文才留名的汤岳钟，书法、文章倒还有限，以财主名世的蒋文林却是门庭不俗，没有一点钱财富贵的铜味。那门楣只有一半了，残断欲坠，尚存"诗书"二字，"门弟"不在了。听说下联为："生圣贤后须作圣贤立生"，更有儒士气息了。

蒋文林在给他父亲荣涟先生写的碑文中说："（光绪）二十年（1894），不幸慈母熊氏已辞世矣。时儿尚未冠婚，仍命诵读无辍。"熊老太太辞世时，蒋文林21岁，在当时已算大龄青年了，此后，家庭内外全靠其父一人操持，十分辛苦。按理，蒋荣涟应该给儿子完婚，并让儿子承担一部分家事，但他却"仍命诵读无辍"，可见非常重视儿子的教育。

蒋文林对父亲的感情很深，他在父亲碑后行书一篇祭文曰：

南山苍苍，海水洋洋。我父之德，山高水长，如松柏之茂，如芝兰之香，惟愿我父上天堂，惟愿我父上天堂。触目难忘。

祭文化用范仲淹《严先生祠堂记》结尾几句，音韵和谐，语意深长，十分感人。

荣涟先生的墓碑就在蒋宅之侧，碑面正中一行大字："皇清例授武节将军故显考蒋公讳荣涟字漪亭府君墓志。"在《定远厅志·选举志·职衔》中有这样的记载："由军功保授武衔者：蒋荣涟，五品蓝翎。"其军功事迹，未得详情，碑文中也未述及。

蒋氏祖籍零陵，移居乐安，不知何时来到定远。曾居大市川，光绪十九年（1893）迁蜡溪白家场，二十五年（1899）始建泉溪沟宅，历经八载，约费万金，于三十二年（1906）告竣。蒋宅的建造者应该主要还是荣涟先生，他从大市川到蜡溪时可能已富甲一方，而他的继承者发展了家业，终以"百万"之号名世。

蒋氏发家之始是因军功受赏，还是靠田产、商业呢，或者是别的什么，已不得而知。据文林先生之孙说，一个长工发现了一种特别的草，老爷（也不知是哪一位）认得是名贵药材金耳环，于是大量采集，用船运到汉阳售出，换回大量盐、布等商品，金由此积。从船运汉阳的情况看，此事应发生在蒋家迁居蜡溪坝之后，因为蜡溪由汉阴入汉江，直通武汉，曾有船运；碾子垭老街还有武昌会馆遗址，那时也算个水码头。

金耳环对于蒋家致富到底起过多大的作用已很难估计，但蒋文林从事商业活动是肯定无疑的。他在自撰的碑文中把"发启商务"列为生平快事之一。既然能"发启商务"，他自己的商业规模、经营效益至少在蜡溪是首屈一指的。而四县（定远、紫阳、汉阴、西乡）交汇之地的蜡溪当时也算商贾云集，有不少外县乃至外省的人在此做生意。

开办手工作坊是蒋文林的另一条战线。在离蒋宅不远处，焦王河西岸，有蒋家当年的油坊、纸厂遗址，蒋祠就在上面。当时有一条大路经过附近，纸产品由此远销城固、洋县。市场这样大，效益一定不错。蒋家还开有客栈，地址应该在中坝或碾子垭，其情不详。

农业方面，据说蒋百万的土地远至县外，紫阳、汉阴皆有产业，纳租甚富，远者就地储仓变卖。

由于农、工、商、服务业四路并进，财富积聚很快。蒋文林在自撰碑文中说："置业约三万余金，收租共五百多石，继构住庐、客舍、造纸厂、油房……""三万余金"是什么概念呢？当时一两白银至少可买300斤大米，够一个成年人吃一年；而每年还要收一二十万斤租子，其他各项收入也不薄。蒋八老爷若生当代，一定会成为一代商业巨子。

　　这里要讨论一个问题：蒋文林与汤岳钟所处环境完全相同，汤搞得焦头烂额，蒋的发展何以能较为顺利呢？其一，个人目标的不同。汤企图"纲维世道"，但时代、现实离他所希望的世道越来越远，而"恢廓旧家"、蜡溪独尊的愿望也不可能实现。蒋却远离政治，只求"处山林中即就山林养志"，目标容易实现。其二，汤久在官场，获同知衔，以节义自许，回乡后在地方官面前仍不免孤高自恃，于是发生了龃龉，给自己惹下了不少麻烦。蒋氏虽也因军功获赐五品蓝翎，却并无功名之意，不矜名节；为求保全，对地方官多使银子打点（汤岳钟所谓"钱广通神"多是指这个情况），在政府方面赢得一个宽松的环境。其三，汤虽有聚结族人之谋，在待人行事上却口碑甚差。据说他要求众人尊称他为五祖祖，有烙烫百姓致死之事；蒋却多行善事，广得人缘。其碑文中说："修桥补路、开田凿池、赞成公益、发启商务，以及培植一切森林，尤为平生快事。"简直是一位慈善家了。这些举动为他在当地赢得了一个良好的发展空间。

　　然而有一点是他们都无法对付的，那就是匪盗之患。乱世之中，深山里土匪啸聚，盗贼横行，富家豪宅往往成为他们首选的打劫目标，蒋、汤最终都败在这上头。他们对太平世道的企盼都是十分强烈的吧？

　　蒋文林50岁时为自己监造了生墓，他在自撰的碑文末尾说："立祀立祠，上为祖宗报德犹浅；积金积福，下为子孙贻谋尚深，事功与性功并著。忆年恰五十矣，乘余力而监造生基，聊为本身之一助云云。"对祖宗、子孙、自己都已尽心了，何憾之有？

　　其墓三人合一，左右留与其妾清河氏孺人、洛阳氏孺人。碑之上部曾被毁，近年重修，题额"安乐窝"，隐含其祖上居于乐安之事；联曰"泰山岩石固可佳，沧海桑田亦必然"，达观而又伤感。下部三碑两联，左右两碑窄小，记其妾也，居中宽大者正中大书："蒋公讳开栋字文林号松生大人之生基。"额曰"松生于栋"，隐其名、号；内联其字藏头："文峰山高明月小，林泉水浇落日斜。"语意苍凉幽远，令人怆然。

　　汤岳钟与蒋文林都是从19世纪跨入20世纪的人，经历了清末到民国初年的动荡岁月。他们的人生际遇已逝百年，看似遥远，但其成败之迹，堪为前车。

　　碑、祠、古宅和那些苍老的声音都可能是时空隧道之门，我们却往往因其黯淡蒙尘而忽视了它们的存在。其实，门内的故事往往很精彩。

　　尘封的蜡溪掩藏着许多故事，谁能将其一一化解？

杨盛峰

# 第四章 经济生活：民生百业藏深山

在时空交错之中，在政权更迭之下，夙兴夜寐的劳作、柴米油盐酱醋茶的生活、熙来攘往的贸易等等，构成了山民们在和平年代最亲切最朴素的现实。与"干活"相比，"做活路"这个方言词语不但表明劳动是生存的前提，而且还饱含着在劳作中艰难跋涉于人生之路的含义。可如同呼吸之于人一样，民生百业虽然是历史的基石，却往往被忽略，没有留下多少痕迹，尤其是清代以前。

## 一、传统农业：种养采收难自给

镇巴这片土地上最早的人类以采集、狩猎、捕鱼为生，他们仅仅在青水的山洞里留下了三件磨制的石斧、石刀，给我们的想象提供了一点线索。小洋汉墓中出土的五件釉陶仓陪葬品是生活富足的象征，说明汉代镇巴的种植业已有了很大的发展。三国时蜀国很有可能在南乡县推行军屯。张泽咸、郭松义《中国屯垦史》"三国屯田"一节中说："诸葛亮北伐时为解决军粮供应，使蜀军就地生产供军。"南乡县为蜀国新置边防重镇，地广人稀，交通不便，军粮输运困难，势必在此推行军屯。晋唐以至元明，镇巴传统农业状况虽无记载，但一定在起起伏伏地发展着。

康熙二十二年（1683）刊印的《西乡县志》第二卷《建置志》记载："小洋河堰，灌田三十亩。""固县坝河堰，灌田三十亩。"由于清初县境人口稀少，生产尚未完全恢复，堰渠灌溉面积不大，但史料清楚地表明，当时在厅城附近一带就有一定面积的水稻种植。该志第三卷《食货志》记载，当时本地（时镇巴、西乡未分）种植的粮食作物有黍类5种、稷类两种、粟类和豆类各12种、麦类18种、稻类28种——粮食作物共五大类77种；蔬菜有园栽和野菜两大类共51种，这还不包括各种野生菌；果树名目繁多，达二十多种；家畜家禽中，现在常有的猪、牛、羊、猫、狗、兔及鸡、鸭、鹅等都有养殖。繁多的种植和养殖品种反映了镇巴传统农业历史的悠久，这既是动植物适应不同环境的结果，又可以使食物多样化成为现实，也让粮食安全更有保障一点，虽然粮食问题在历史上一直未能彻底解决。

光绪五年（1879）刊印的《定远厅志》记载，嘉庆七年（1802）设厅时从西乡分拨一等民地8872.8亩，十四年（1809）以菩提河、楼坊坪与西乡蜡溪、大市川交换，土地增至9463.5亩。县志记载，民国二十八年（1939）全县有耕地546912亩，三十二年（1943）12月陈报为962774亩，三十八年（1949）9月为413981亩，年终统计为58.38万亩。

《定远厅志·食货志》云："定远居万山中，统计水田十之一，山地十之九。"卷三《地理志》说："定远地形大概类蜀，每越一二大梁即有平坝，如平落、盐场、九阵、三元坝、渔渡坝、固县坝、黎坝、上楮河等处均产稻谷，水旺渠高，可资灌溉，旱不为忧。"当时全厅各地有堰渠28条，灌田1300余亩，这当然不是全部；种植的水稻品种有红粘、青粘、白粘、乌粘、角粘、红糯、白糯7种。民国时期有各种小堰渠300余条，灌田1.67万亩。1949年统计全县水田为5.94万亩。

厅志《食货志》说："包粟即包谷，最宜高山，厅粮恃此，较稻米耐饱，亦可酿酒。"《地理志》附录郡志《山内风土》说："山内以粟谷为重，粟利不及包谷，近年遍山满谷皆包谷矣。包谷高丈许，一株常二三包。山民言大米不及包谷耐饥，蒸饭、作馍、酿酒、饲猪均取于此。"《食货志》又说："稻谷能久贮而出产无多，包谷较多而不能耐久。至于高山，全赖洋芋为生活。""洋芋有红、白、黄、乌四种，宜高山，喜旱畏潦，作饭作菜均可。"由此可见，包谷、洋芋是当时镇巴种植的最主要的粮食作物。

包谷、洋芋、水稻之外，厅志记载的粮食作物还有红薯、白薯等薯类，大麦、小麦、燕麦、荞麦等麦类，黄豆、黑豆、菜豆、赤豆、饭豆、豌豆、扁豆、胡豆等豆类，总共将近三十种。

厅志列举的蔬菜作物有芥菜、白菜、菘菜、芹菜（水生）、蕨菜、苋菜、冬苋菜、马齿苋、油菜、黄花菜、豆角、茼蒿、萝葡、香菌、包谷菌、姜、蒜、葱、韭、辣椒、笋、百合、芰笋、南笋、地笋、树花菜、羊角菜等27种，另外"蓏之属"中所列金瓜、铁瓜、菜瓜、笋瓜、王瓜、冬瓜、丝瓜、南瓜、北瓜、甜瓜、苦瓜、瓠瓜、茄子、葫芦等14种也属于蔬菜，总数达四十余种。

香菌、木耳除自然生长外，本地多有人工培植者，产量甚大，行销境外。严如熤《三省边防备览》卷九《山货》曰："香菌厂于秋冬砍伐花梨、青枫、梓树、桫椤等木，山树必择大者，小不堪用。将木放倒，不去旁枝，即就山头坡上任其堆积，雨淋日晒，至次年树身上点花，三年后即结菌，可收七八年至十年，后树朽坏，不复出菌。""木耳厂择山内八九年、五六年花梨、青枫、梓树用之，不必过大，每年十月份将树伐倒，纵横山坡上，雨淋日晒，至次年二三月间将木立起，二三十根攒一架，再经淋晒，四五月间即结木耳。第一年结耳尚少，二年最旺，三年后木朽烂不出耳矣。采耳遇天晴则晒晾，阴雨用火焙干，然后打包。"严如熤为定远厅第二任同知，这里所说的应该就是在镇巴所见情形。

镇巴的果树栽培历史悠久，各地有许多古梨树、柿树、核桃树、银杏树（白果）。厅志记载的果树品种有梅、梨、桃、杏、枣、李、栗、柿、橘、柚、柑、枇杷、白果、葡萄、核桃、枳椇（俗称拐枣）、石榴、林檎、樱桃、花红、木瓜、落花生、香园（橼）等23种。

镇巴畜牧业素以养牛为主，猪、羊、鸡并重，少数地区养马、驴、骡及鸭、鹅、蜂、兔等。县志记载，镇巴牛原属古老的巴山黄牛，民国二十七年（1938）全县仅有800头，1939年有950头，1949年达12075头。解放前和解放初镇巴不通车路，有的地方蓄养骡、马、驴以负重运输。1932年至1935年间，镇巴苏区人民组织骡马驮运队，为支援红军反"围剿"斗争作出了贡献。解放前，农民食不果腹，饲料匮乏，养猪甚少，民国二十七年（1938）全县有猪6000头，次年增至6300头，1949年存栏26000头，其中母猪2600头。羊的传统品种是白山羊，属陕南白山羊的一个种群，分为有角和无角两类。

镇巴山大坡陡，农业生产自然条件较差。解放前，受封建土地所有制的束缚，农民常年辛苦耕耘，终是食不果腹。定远厅同知严如熤《谕农词》（见厅志《艺文志》）状百姓之苦曰："东邻绝朝粮，西家断暮炊。蕨根野蒿菜，青汁流泥匙。称贷向亲友，同病攒双眉。空腹不能耐，鬻卖及妻儿。"直到20世纪80年代，民众吃饭问题才完全解决。

## 二、舌尖镇巴：牵肠挂肚滋味永

与种植、养殖业密切相关的是食品加工业。千百年来，在无电、无大机器的情况下，食品加工全靠手工或传统工具。县志上记载，加工大米，以奢（镇巴方言读 luì）子、石碾（有槽碾、平碾两种）或碓窝去壳，风车去糠，篾筛筛出未去壳的稻粒；解放前，县城有五家私人粮坊，专事加工大米、面粉。磨面、磨豆浆等用石磨，以人或畜为动力，也有以水车为动力的，称水磨；挂面则加盐发酵，手工挂面，俗称"盐面"，民国三十年（1941）后县城和集镇陆续出现人力摇把压面机。榨油（包括漆油、桐油、火麻油），以碓、磨去壳破碎，锅甑蒸炒，用铁圈或篾圈、稻草包装成饼，用木榨（分绞榨、撞杆榨、千斤榨等）挤压；民国二十八年（1939）初全县有榨油坊45所，每年三四月份加工桐籽，七八月份加工油菜籽，冬季加工漆籽。旧时县城还有两家私人酱醋作坊，以传统工艺生产麸醋、米醋，质佳量少。

镇巴农家节庆饮食甚多。史左《西乡县志》记载本地康熙年间的节令食品：清明祭扫，"各献新韭、新笋、新茗"；四月初八，"碾麦为索（将尚青未干的小麦取穗拌盐水入锅焖熟，搓皮颠净，搓或磨为细条），各相馈送"；端阳，"亲友必馈以角黍（粽子）、雄黄酒、枇杷等物"；"中秋日，士民以瓜、桃、梨、李、月饼相馈"；九月九日，"亲友赠以菊花、菊糕"；十月初一，"祭青苗神，用荍麦为角黍"；腊月初八，"食腊八粥，亲友彼此相邀"。真可谓佳节美食共分享，亲朋邻里情意长。

据清道光年间陕西巡抚卢坤编撰的《秦疆治略》记载，定远厅"家家皆有酿具，包谷成熟竟麋于酒，谓酒糟复可饲猪，卖猪又可获利"。民国年间，除农家以小作酿造外，集镇、乡村还有专业酿酒作坊，俗称烧坊，均用传统工艺酿造，即以百余种中药、米粉为曲（俗称药曲、火酒曲），以木甑蒸煮包谷，木桶发酵，每作用包谷100公斤左右（小作50公斤），产酒40–50公斤，约40余度。粮食有余，除了酿酒还可熬糖，苕麻糖、包谷糖、高粱糖都是粮食的精华，以此作原料生产米花糖、芝麻糖、核桃糖，花生糖等，行销远近。

《诗》曰："我有旨蓄，亦以御冬。"时鲜蔬菜之外，镇巴家家户户都有几大缸泡菜、腌菜，春夏时节则晾晒豆豉、豆角、椿芽、盐菜、竹笋、洋芋片、洋芋果、木耳、香菇、野蘑菇等干菜，以备冬日年节之需。春天的各色野菜，夏天的臭老婆凉粉（又称神仙凉粉，用臭黄荆叶做成），秋冬的橡子凉粉（用小橡子磨制），四季皆宜的渣豆腐（油烧热，磨豆浆连渣共煮，再放入鲜菜叶），都是纯天然绿色美食。

制作食品最集中的时间还是春节前后。冬腊月杀年猪，切块置大木桶中，加盐、调料腌渍，挂火塘上方用木屑、柏枝、椿树皮等熏烤，晾通风处，随时取食，经年不坏；以腊肉为原料，或煮熟切成菜板肉，或拌红豆腐蒸，或用树花菜、干竹笋、干豆角炖，或和豆豉、蕨根粉、干盐菜、干洋芋片炒，均是绝佳美食。灌香肠、磨豆腐、做血粑在杀年猪后随即进行。瓤肘子是镇巴传统美食中的名品，俗名肉挨肉，肉皮做底，瘦肉作馅，馅皮结合，配姜、葱、蜜、淀粉多种调料，经煮、蒸、炸多道工序，成品色泽绛黄，肉厚汁浓，香气扑鼻。

民以食为天，美食美生活。镇巴的传统美食很多，即就普通如面皮、渣豆腐、碗儿糕、芝麻馍之类，也足以让外地的客人和远行的游子念念不忘、牵肠挂肚！

## 三、镇巴茶叶：饮品商品久盛名

定远厅同知德亮诗曰："何如适值陶情地，一盏清茶酒一杯。"（厅志《艺文志》，《题王次回〈疑雨集〉》）镇巴各地普遍有饮茶习惯，虽农家小户，客至必先奉茶。《陕西省镇巴县地名志》有"大茶园"之名者三，而以"茶"字开头的地名更是多达25 个，侧面反映了镇巴历史上广泛植茶的情况。

镇巴自古为产茶之地。《华阳国志·巴志》曰："周武王伐纣，实得巴蜀之师……茶、蜜……皆纳贡之。"这一记载表明，在西周初年巴国就已经以茶为贡品。陆羽《茶经》曰："茶者，南方之嘉木也，巴山峡川生焉。"镇巴正处其地。晋唐以来，镇巴茶业兴盛，一直延至清末。《镇巴县志》卷十一《植茶简史》说："镇巴茶业历史悠久，其记载可上溯至晋，盛于唐，曾为贡品。唐代的'茶马互市'和宋、明的'茶马法'，开辟了广阔的茶叶市场，促进了茶叶生产。"《宋史》卷三八八唐文若传云："（文若）通判洋州，洋西乡县产茶，亘陵谷八百余里。"时镇巴属西乡县，从清末的茶税数额（西乡县六十两六钱，定远厅二百一十九两一钱六分一厘）推断，宋代西乡县"亘陵谷八百余里"的茶园应该主要是在镇巴境内。植茶成为镇巴农户的一项重要产业。

《明史·食货四·茶法》载："洪武……四年，户部言陕西汉中金州、石泉、汉阴、平利、西乡诸县茶园四十五顷，茶八十六万余株。"清《一统志》云：茶"出西乡县归仁山（今渔渡坝）"。史左《西乡县志》卷三记西乡县康熙年间茶课云："原额茶银六百二十九两二钱三分七厘八毫，内除已充无主荒绝银三百三十六两一钱七厘八毫，实征银二百九十三两一钱三分。"宣统元年（1909）《陕西清理财政说明书·茶课税厘》记载："汉中府有一县一厅征茶税，共银二百七十九两七钱六分一厘，其中西乡县六十两六钱，定远厅二百一十九两一钱六分一厘。"从茶税税额推测，清初县境植茶规模较前代缩减过半，此后进一步压缩；不过，直到清末，镇巴还是汉中茶叶的主产区，产量差不多是西乡的四倍。

民国年间镇巴茶业衰退。三十一年（1942）《陕行汇刊》六卷二期刘建文《镇巴县经济调查》说："桐油、药材、茶、漆、麻等均产少数，价值不一。"三十二年（1943）6 月 28 日镇巴县政府报省的《漆茶木耳桐油生纸产销情形调查表》统计：本县产茶 2460 斤，主要产地为仁村、兴隆、纳溪（碾子）等乡。三十六年（1947），财政部陕西区货物税局南郑分局的一个文件中称：镇巴观音产茶六七万斤，惟品质低劣，兴隆、仁村亦属产茶区，但为数极少；全县三乡产茶约计十余万斤。到 1949 年底，全县共有茶园 1100 亩，年产茶 6.6 万斤。

镇巴茶业的悠久历史和曾经的兴盛表明，这是一块宜茶之地——天之所钟，当可大用！

## 四、交通运输：秦蜀要道连古今

严如熤《三省山内风土杂识》曰："陕省入川之路，由宁羌、广元栈道而前者，正道也；而奇兵往往由西乡而进。汉昭烈取汉中，大军发葭萌关，张桓侯由西乡一路，后西乡为桓侯封邑。定远之扯旗溪、拴马岭各处尚有桓侯遗迹。明时川贼鄢本恕犯汉中，流贼张献忠入川，并总兵左良玉等扼贼力战，亦多在渔肚坝路。"由此可知，镇巴自古以来为秦蜀之要冲。

唐代著名的荔枝道（又称"巴蜀道"）纵贯镇巴。县志卷十三说："（巴蜀道）是穿越县境南北的川陕古道，约形成于汉置益州部之后。由四川涪陵经今达县、万源到滚龙坡入陕境镇巴界，过渔渡坝、镇巴城、拴马岭、杨家寺到西乡后向东北接子午道南口，北行至长安（今西安）。唐天宝年间，玄宗命从涪州飞马长安为杨贵妃送鲜荔枝即取此道，故又称'荔枝道'。在历史上一直是沟通川陕政治、经济，促进商贸流通的重要通道之一。"

嘉庆《汉南续修郡志》卷三记定远厅以厅城为中心之路八条，里程、路况皆有说明。厅志《地理志》"道路"曰："正东百四十里至蜡溪坝、白杨坪交紫阳县界，东南百五十里至鹿池坝交太平、紫阳两县界，东北八十五里至节草坝、贯溪交西乡县界，正南百五十里至滚龙坡交四川太平县界，正西二百四十里至两河口交四川通江县界，西南百四十里至九元关交通江县界，西北二百里至黄杨岭交西乡县界，正北七十五里至九打杵交西乡县界。"

严如熤《三省边防备览》卷二《道路考上》说得更详细："定远厅东十里小祥坝，五十里星子山，四十里五块石，四十里中楮河，八十里田家坝，三十里小河口，三十里尚家坝，三十里红椿坝，二十里瓦房店，二十里紫阳县，计程三百六十里，山路陡险；由五块石东南经下楮河、偏溪河，交紫阳县茅坝关界，共程八十里。西二十里九真坝，三十里长岭，十五里索垭，十五里仁村，三十里九元关，六十里竹峪关，属川省通江县，共程一百七十里；九元关高三十里，极其幽险，往时汉兴道、川北道会哨之路；又长岭西北四十里梨坝，四十里三元坝，三十里冯家户，三十里油盘垭，二十里明洞子，二十里简池坝，定远厅巡检移驻在此，紧接川省通江县铁溪河，至厅城共程二百四十里；从长岭赴分水岭至三元坝则不过降头岭；又由长岭西北三十里分水岭，三十里三元坝，六十里油盘垭，四十里瓦石坪，四十里西大池，三十里倒水硐（属西乡县），四十里龙池场，一路巴山老林，最为幽险；瓦石坪为要隘，设守备一员，兵二百四十名弹压。南十里小祥坝，二十里毛垭塘，三十里高脚洞，三十里渔渡坝（定远厅巡检分防驻此）三十里响洞子，三十里滚龙坡，入太平县界，二十里梨树溪，二十里官渡湾，三十里太平县，共程二百二十里，此路由西乡、定远出太平县，为川陕要道；由渔渡坝东北经滚龙坡、鹿池坝、三十六盘至陕西紫阳之二州垭、毛坝关，约三百五十六里，极为幽险要隘。"严如煜曾任定远厅同知，对镇巴山川道路十分熟悉。《三省边防备览》是清道光二年（1822）成书的一部军事地理著作，"道路考"为行军作参考，记载十分详尽。

从以上资料可以看到，到了清代中后期，随着人口的增加和经济的发展，商贸往来变得频繁，同时也因为管理和军事的需要，镇巴的道路交通已经是四通八达了。民国二十七年（1938）至二十八年（1939）、三十七年（1948）至三十八年（1949）曾两次计划修筑汉（中）渝（重庆）公路，征夫派款，破土动工，旋因"战事吃紧"停建，仅在陈家滩至小毛垭沿途处留下了一些路基残痕。

在1956年通公路以前，镇巴民生所需物资的运输以肩挑背负为主。为适应崎岖山道，长途运输多用背架，短途运输用背篼，也有以箩筐、麻袋盛物，用扁担挑运的。通常每人背、挑50－70公斤，巨力可达150－200公斤，途中借搭杵歇息，日行二、三十公里。职业背运者俗称背老二，又称背力、背脚、背二哥，多依附厂家、商号，同行结伴，相互关照；他们用背架装货、搭杵支撑背架歇息，雨多路烂及冰冻路滑时，脚底平套一带钉铁环，名曰"脚力""脚码子"；早晨上路，天黑歇店，早晚两餐，途中渴饮泉水、饥食干粮，来去无空，寒暑不息，常年运行于崎岖山路。道路较好的地方有用骡、马、驴负重运输的。

镇巴历史上曾有两条通航河道。据《镇巴县志·大事记》载："至元十年（1273）三月以后，洋水沿途通船运。"自镇巴县城西门码头起顺流向北，经陈家滩码头至黄石板码头出县境入西乡界，航程近百公里。洋河通梭形小木船，顺水北行，大水期单船最大载重1－1.5吨，一二日可抵西乡，枯水期仅载数百公斤，五六日到达。下行货多为茶叶、铁、漆木油、纸张等；返航逆水全靠人力拉纤，需七八日，所运货物间有棉花、盐、布之类。惟水急滩险，每多放空，船民辛劳，收入微薄，且受封建把头及官府敲榨勒索，生活艰难。西镇公路通车后，洋河航运业务减少，航道渐废。东区的楮河从观音堂到紫阳通木排、竹筏，上世纪七十年代后，随着东区公路建设发展，航道也渐废。

镇巴河多桥多，但水毁频繁。据《定远厅志·建置志》记载，清末县境有石桥和木桥22座，其中城区2座，东乡5座，南乡6座，西乡2座，北乡7座。民国年间修建有荒田嘴、庞家坝、观音堂3座铁索桥。清时境内有渡口7处，位于茶园坡、魏家滩、观音堂、小河口、石虎坝、白阳关、猴子岩等地，夏秋涨水时用船筏渡人，冬春水枯时垒石墩或搭架简易木桥过河。每个渡口都有民间捐赠钱或地，以息、租作为船工工资及船、桥维修费用，过船、过桥人不再出钱，故曰"义渡"。民国年间增添长滩坝、洪渡潭、两河口等渡口。

镇巴古时即有驿站，驿路北经西乡达汉中、西安，南过四川万源、达县抵重庆。荔枝道即为驿道，在县境内长达160里。《唐六典·尚书兵部》："凡三十里一驿……若地势险阻及须依水草，不必三十里。"由此推之，唐时县境至少有5处驿站。沈括《梦溪笔谈》卷十一《官政》曰："驿传旧有三等，曰步递、马递、急脚递。急脚递最遽，日行四百里，唯军兴则用之。"《定远厅志·赋役志》载："班城驿号马二匹、马夫二名，岁支工料银四十七两……铺司兵十五名，岁支银九十四两。"厅内有毛垭塘、高脚洞、渔渡坝、源滩子、滚龙坡、捞旗河、七盘子、沙坡子、拴马岭、厅城10个递铺。清末，本县开办邮政业务，收投、捎转信函、包裹及汇票，邮路沿用旧时驿路，由铺司兵步行传递，遇有紧急公文则催马传送。到乡村的邮件采取捎转或雇人传送，按业务量发给酬金。

民国初年设镇巴邮政代办所、渔渡坝邮寄代办所，归西乡二等邮局管理，后增设观音堂邮站。民国三十年（1941），成立镇巴三等邮局，局内设信差、邮差、局役若干人，开办信函、包件、汇兑等业务。西乡—镇巴—万源为省级邮运干线，西乡发运镇巴行程120公里，全线邮差3人，每班1人，日行程40公里，限行6天返回，为间日步班，此邮路由西乡局负责投送。镇巴发运至万源，经渔渡、官渡，行程120公里，全线邮差2人，日行程40公里，限行6天返回，为3日步班。邮件运输全靠邮差肩挑背负，邮件传递慢，价格昂贵，捎带邮件丢失严重。民国三十八年（1949）办理函件7760件、包裹102件、汇票378张。民国时期县内发行《大公报》《工商日报》《西京日报》等报纸和《抗建》等杂志，多为军政和商界人员订阅，由私商报贩直接从报社邮寄销售，销量各约二三十份。

镇巴的长途电话始设于1924年，陕军旅长张耀枢入川驻绥定（今达县），架通绥定—镇巴—汉中铁质线路 1 条，为军队专用，后废。民国三十年（1941）县长室始装磁石单话机 1 部，当年县城至渔渡坝线路架通，为铁质单线，线条长 26 公里，渔渡坝乡公所安装单机 1 部。三十六年（1947），镇巴电信局成立，开始办理民间电报业务，所收电报经译电后，用电话传至汉中拍发。三十七年（1948），王恒蔚任县长，带手摇式三灯收报机 1 部和 5 瓦特发报机 1 部，成立县政府无线电台，专为军政服务；当年，城固—西乡—镇巴—县城—滚龙坡线路架通，总长 272.5 公里，为铜质线路，始开办民间电报、电话音讯传递业务，并于县电报所内安装磁石交换机 1 部；同年，镇巴—西乡专线电话线路架通；环境电话管理所成立后又安装磁石交换机 1 部 5 门，电话机 2 部，通话线路与电信所合用，共同管护。三十八年（1949），县政府、县党部、自卫团、警察局、司法处、稽征股、田粮科、参议会等装有单话机，有 10 门交换机 1 部；是年办理民间电报 186 份。

## 五、商品贸易：特产市利古有之

农业经济时代也必然伴有商品经济的因素，甚至在某些特定历史时期或特定条件下，一定范围内的商品经济还相当发达。

镇巴自古为产茶之地，唐代茶马互市兴起之后，镇巴生产了大量的商品茶。《新唐书·陆羽传》载："时回纥入朝，始驱马市茶。"此为最初的茶马互市，即用内地的茶去换边地少数民族地区的马。全国八大产茶区之一的汉中因距甘陇最近，自然成了汉茶、川茶、襄茶运销西北的集散、转运地。《宋史》有"汉中买茶，熙河易马"一说，熙河即今甘肃临洮，从汉中将茶运往熙河换马最为便捷。苏辙《栾城集》中说：洋州（今镇巴、西乡、洋县）、金州"人户以种茶为生"。洋州茶园主要在镇巴，茶户种茶的目的是用来出售，完全是一种商品生产。《宋史》唐文若传载："使者韩球将增赋以市宠，园户避苛敛转徙，饥馑相藉。文若力争之，赋迄不增。"这侧面反映了镇巴在宋代有很多以种茶为业的"园户"，他们生产的商品茶数量相当大。在"茶马互市"的推动下，镇巴自唐宋以来，商品茶的生产已经在全国产生了一定的影响。

至迟到宋代，镇巴已有较大规模的铁厂存在，有重达六吨的蒿坪寺铁钟为证。到了清代，纸厂、耳厂、炭厂、煤矿已普遍开设。厅志《食货志·物产》中有一类叫作"货之属"，就是指当时本地输出的商品，包括："纸（有火纸、皮纸、黄表、毛边）、茧、黄蜡、白蜡、蜂蜜、漆、铁（有铁税）、钢、木耳（厅产颇多）、麻、漆油、花椒、茶（有茶税）、石灰、棉布、煤炭、木炭"。这十七种商品中，大宗商品都来自手工工场，其余是土特产。

清朝中期以来，本县土特产生产有较大发展，产品远销湖北、甘肃一带。部分农民半农半商，靠山货土特产换回口粮、食盐、布匹等生活资料。民国时的一份调查报告称："镇之丰歉，不仅视田亩之荒熟，且视山货之丰衰。"县志记载，1930 年全县产白木耳 0.25 吨，黑木耳 2 吨；1943 年产黑木耳 17.5 吨；1949 年产木耳 10.75 吨，生漆 2.15 吨，茶叶 25.8 吨，核桃 260 吨，板栗 100 吨。《陕行汇刊》记载：1942 年镇巴土漆产量 1.75 吨，均为野生漆树生产。镇巴果类品种繁多，种植历史久远，凉桥梨等果品远近闻名；野生菌达 300 余种，蕴藏量数万吨，主要有红菇、小羊肚菌、鸡油菌、松菌、构菌、珊瑚状猴头菌等 70 余种；县境盛产中药材，有药用价值的动植物达 237种，其中天麻、杜仲、党参、麝香、厚朴等久负盛名。

解放前，本县有固定门面和字号的店铺多集中在厅（县）城，称为坐商。厅志《地理志·镇市》记载："厅城市以三六九日一举。"县志记载，清朝道光年间有"杏林堂"药铺；同治年间有"清心裕商店"，经营百货、土布、棉织品等；光绪年间，西乡夏泰兴来县开设"泰兴堂"国药店，本县周正泰开设"泰兴荣"国药店，李春开设"长和春"货栈，胡义华、万成恩合开"文发明"商店。民国七年（1918）成立"镇巴县商会"，辅导商民经营业务，城内相继开设了一批商店、货栈、茶行、药店。在这些私营商业中，"班城"字号经营门类较多，有百货、棉布、针织品，收购农副土特产品。民国十一年（1922），"班城"商店改为"镇巴县货币兑换处"，印制钱票，兑换硬币，成为私营官办企业。民国三十年（1941），县城商号 80 余户，行栈 4 户，布匹京货业 6 户，杂货业 26 户，旅店 28 户，饭馆 10 余户，船商 6 户。各商户、货栈经营品种主要有棉花、土布、食盐、糖、百货、卷烟等，货源多由西乡中转，水路输入，再将本地产黄表纸、火纸、楮皮纸、茶叶、漆木油、桐子、棕片、苎麻、木耳、银耳、土铁、皮毛等山货土产输出。民国三十三年（1944），本县有百货业 7 户、理发业 9 户、屠宰业 10 户、染织业 20 户、商栈业 19 户、食品糕点杂货业 28 户、中药业 5 户、船业 50 户。县商会按行业成立同业公会 8 个。

坐商之外还有一些流动经营的行商和小商贩。严如熤《三省山内风土杂识》说："山民贸易定期赴场。场有在市旁者，亦有开于无人烟之处，曰荒场。"厅志《地理志·镇市》记载："乡市或一四七、或二五八日一举，凡二十有五，曰：小洋坝市、平安场市、兴隆场市、观音堂市、碾子垭市、大市川市、小河口市、松树坝市、鹿池坝市、渔渡坝市、响硐场市、长滩坝市、过街楼市、火嵌子市、长岭市、三元坝市、黎坝市、简池坝市、瓦石坪市、马家坝市、凉桥市、大楮河市、皮窝铺市、塔坝河市、陈家滩市。"举市之日，商贩、乡民入市买卖，热闹繁忙，称"赶场"，其习延续至今。也有无市之乡，店铺寥落，人客稀少，随到随买，称"白日场"。

产品交易中除少量以物易物外，更多的还是以钱币为中介的买卖。县志记载，1985年5月，青水农民陈永培挖出家藏古铜钱342.5公斤，现存镇巴县博物馆，其中有西汉时的"半两"钱、王莽时的"货泉"、东汉时的"五铢"、唐高祖时的"开元通宝"、宋徽宗时的"崇宁重宝"、明太祖时的"洪武通宝"，数量较多的是清代铜钱，还有张献忠的"大顺通宝"、太平天国的"太平天国通宝"以及朝鲜、越南、日本等国的铜币；《镇巴文物》记载，1994年1月4日，长岭镇农民挖房屋基础时发现银锭21件，上面的地名有太古县、粤海关、建为县、太平县、阆中县、西邑、礼泉、泾阳、蒲城、南郑、万城等，涉及陕西、山西、广东、四川等多个省。这些不同历史时期、不同地域的钱币就是一部商品交易史，充分反映出镇巴历史上商品交易十分广泛活跃的情况。

清朝前期本县交易以银两计价，辅以圆形方孔铜币的制钱（俗称麻钱），后期增加银元、铜元（俗称铜板）。光绪年间，厅城开设官钱局，兑换金银钱币，兼营抵当；直到民国后期，借贷均在私人之间进行。民国三十五年（1946）3月成立镇巴县银行，代理县库，系官商合营的地方银行，股金官商各半，官股由县财政拨款，商股则由县商会及地方财务委员会下摊至商民分担，按股分红，重大问题由股东代表会和董事会决策监督，1949年夏末停业。

民国期间币制变化频繁。民国七、八年间（1918－1919），本县吴春祥开设的"福寿斋"商号印制油布票在县内流通，面额有100文、200文、500文和1串钱四种，当时1串钱可购大米3升。此后又流通过本县坐商程朝谟的纸币、万承恩的流通券（后改为桐油布票）。王三春把持本县时曾仿陕西省2分红铜币铸钱流通。二十四年（1935），南京国民政府发行法币，禁止银元和铜元流通。此后在本县流通过中央、中国、交通、农民四大官僚资本银行发行的纸币（称法币）和陕西省银行发行的纸币。三十一年（1942）除法币外，关金券开始流通，每元折法币20元，票面有1元、5元、10元、20元4种，与法币同时流通。抗日战争胜利后，中央银行陆续发行500、1000、2000、5000、10000元券，物价和纸币恶性循环。三十七年（1948），国民政府实行国币改制，发行金元券，以金元券每元折合法币300万元的比率收兑急剧贬值的法币。本县银行签发了元以下的角、分定额本票充作金元券的辅币在县境内流通使用。由于金元券的币值猛跌，信誉很低，又不能兑换，交易困难，造成市场紊乱。三十八年（1949），在汉中、西乡崛起银元集市，标价兑换，每枚银元兑换金元券由百万到

1000 万、2000 万，直至 8000 万元高峰，瞬息万变至 4 亿、5 亿元后停交，金元券就此废止，市场商品交易出现以物易物现象。随后国民政府发行银元券，允许银元与银元券同时流通，但不久就被银元、铜元和以物易物代替。

解放前，本县信贷活动多在私人之间进行，多为高利贷，有以此为生者。政府虽也发放低息贷款，但只有少数富户借得到，真正贫苦农民、手工业者、小商小贩，仍不得不忍受高利贷盘剥。民国时期国民政府在本县共发行过 3 次公债：二十六年（1937）发行救国公债，三十年（1941）发行战时公债，三十三年（1944）发行同盟胜利公债。

# 六、手工工业：闻名遐迩纸与铁

网络上流行一句话："高手在民间"。我们在镇巴各地作田野调查期间，有时也会对历史上的镇巴发出这样的感慨。那些古旧院落的窗花木刻、那些荒老坟园的碑刻石雕，常常让人赞叹不已。手工艺人有石匠、木匠、篾匠、骟匠、泥瓦匠、小炉匠、弹花匠……他们背着工具，走乡串户，靠手艺吃饭，干着与农业劳动者不一样的营生。如今，大多数传统手工艺人的作品都消失了，只有一些石刻石雕石建筑保留了下来，让我们还可以一窥当年民间手工艺人的才华。除了原始的磨制石器外，县博物馆收藏的商代熏炉是我县现存最早的石器作品，重达 70 千克，镂空雕刻，工艺精湛；其他如观音小里沟李氏墓群石刻、碾子莲花村贞节牌坊、巴山松树村兴隆桥、三溪镇池洋村观音岩石窟寺观音像、盐场镇奎星村将军庙石刻像等，无不反映出当时石匠艺人的高超技艺。

镇巴传统民居是土匠、木匠、石匠、泥瓦匠等多种手工艺人合作完成的。大户人家习尚"长三间，两头转，前明楼、后拖檐、外带猪牛圈"，接两头转房山墙再各修长三间即成三合院，两角再向内转、封口，便成四合院：上为正房，侧为横房，下房正中为宽敞通道，名槽门，院坝称天井，低阶处架楼为屋曰虚脚楼，楼外作木棚走廊名晒楼子。修架子房则由木匠主持完成，位置、走向、进程、日期都有很多讲究和仪式。

除了众多个体的手工艺人外，镇巴过去还有为数不少的手工工厂和手工作坊。这些手工工厂留下来的最为珍贵的作品就是现藏于县博物馆的蒿坪寺铁钟，它铸造于北宋绍定二年（1229），高 2.25 米，钟口周长 4.27 米，重达六吨，省内罕见，被省文物局专家鉴定为国家一级文物。它虽已很少被人撞响，却无声地告诉我们：镇巴宋代的采矿业、冶铁业和铸造业规模宏大，技艺精湛。《三省边防备览》卷九《山货》曰："南山……所产惟铁，……定远之明洞子……均往时产铁地。铁厂分红山、黑山。黑山为炭窑，须就老林砍伐，装窑烧成煽铁炭；红山，则山之出铁矿者，矿如石块，色微赤，故称曰红山。山中矿多红山，处处有之，而炭必近老林，故铁厂恒开老林之旁……铁炉高一丈七八尺，四面橡木作栅，方形，坚筑土泥，中空，上有洞放烟，下层放炭，中安矿石。矿石几百斤，用炭若干斤，皆有分两，不可增减。旁有风箱，十数人轮流曳之，日夜不断。火炉底有桥，矿渣分出；矿之化为铁者，流出成铁板。"采矿、烧炭、冶铁、炒铁（将生铁锻为熟铁）、炼钢、铸造等多个工种形成完备的流水线作业。李白《秋浦歌》中描写的"炉火照天地，红星乱紫烟"的冶铁场面，在宋元以至明清时期的镇巴处处有之。

县志记载，同治年间，简池芭蕉湾和盐场石匣子沟各建有弯吹炉一座，一昼夜为一个火，日产铁两吨左右；每年冬春生产，其余时间一边备料，一边炒铁、打钢。清末民初为炼铁盛期，全县三十余处。善于冶炼的镇巴人甚至搞起了技术输出，到外县投资办厂。民国《西乡县志·实业志》载："上高川裴家山铁矿，清咸丰时定远厅王贡生始开采之，并于附近设铁厂，历有年，所获利甚厚。本地士绅之有柴山者亦相继设厂十余处。"民国十二年（1923）后，社会动荡，镇巴铁厂陆续关闭。二十六年（1937）起稍振，二十九年（1940）、三十年（1941）鼎盛，娴熟炼铁技术的王槐堂、王佩义、李荣恩等人先后在简池、魏家河、王家坪、渔渡大河口、黑草河、马家沟、盐场、仁村苏家坟、沙梁上、三溪口、礤磴坪、米家湾、汤家河、黎坝、分水岭等地恢复和兴建铁厂19处，年产铁600吨。

铸造、锻造业随冶铁业的兴衰而起落。铸造业无专业厂家，皆由铁厂在停炉备料期间制模翻砂。明末清初，锻造业蓬勃兴起，不少集镇、乡村皆有铁匠设置红炉，打制刀、斧、锄、耙、铲、瓢、勺、钉等产品，供民间所需。清末民初锻造业极盛，响洞铁器最负盛名，街上多数人世代打铁经商，时有大小红炉300余盘：大炉3人，生产大件；小炉1人，打制钉、瓢、勺、铲等小件，产品逾百种。多数铁匠铺前门开店，后院筑炉，晚上打铁，白天卖货。每至天黑，炉前通明，锤声四起，半夜不息。外地客商采购来往不绝，有三家外省商号常驻于此，既销又购，组织货源运回本地，特别是各号船钉需求量极大，远销重庆、武汉等地。民国十八年（1929）后，灾荒、匪患迭起，铁业生产急剧衰败。

响洞铁器锻造业的兴盛缘于当地既有丰富的铁矿又盛产煤炭。县志记载，早在清初，响洞、盐场、仁村、简池等地就采挖露头煤（俗称跑皮炭、窝儿煤），用于打铁或烧石灰。清末民初，煤炭逐步为农家炊用，出现小窑开采。旧式煤井洞小巷窄，采挖工效极低，工人十分艰苦，安全更无保障。民国初年，田坝、巴庙、西河、小河等地农家普遍用石炭作燃料。石炭矿体覆盖较浅，揭去表层，便可露天开采，亦有洞采。炼焦始于民国前期，无专业厂家，皆为小煤窑副产：先将优质烟煤手选除渣，置于窑内煅烧，烟尽结块即成。此谓之土焦，又曰毛焦，主要用于铸造，民国后期停产。

较冶铁、锻造业更为兴盛的是造纸业。严如熤《三省边防备览》卷九《山货》曰："定远纸厂逾百……厂大者，匠作、佣工必得百数十人，小者亦得四五十人。山内居民当佃山内有竹林者，夏至前后，男妇摘笋砍竹作捆，赴厂售卖，处处有之，藉以图生者常数万计矣。"县境东区多楮树（俗名构树），可制皮纸。清末，东区皮纸厂逾百家。据民国二十七年（1938）《陕行汇刊》中《镇巴县各种纸业调查》载："黑白皮纸以产于镇巴东区之下楮河、偏溪河者为最多，中楮河、蜡溪坝、大市川亦有之。自前清即为农民副业，因所需原料随处皆是，资本甚微，又不妨害农事，故从事者多。"当时已有黑白皮纸坊144家，年产一万余捆（每捆100刀，每刀100张），产品销往川东及陕南各县。县境巴山林盛产木竹，可制竹帛（毛边纸）。乾隆年间初兴毛边纸厂，至道光时期发展到45家，清末尚有48家。民国前期，巴山纸业仍很兴旺，二十五年（1936）年产纸达304吨。外地客商纷纷前来采购，产品行销陕南各地，远销关中及甘肃。

镇巴清代的冶铁、造纸业是中国资本主义生产关系萌芽的典型代表。《中国古代史常识（明清部分）》（中国青年出版社1980年版）一书在《清代资本主义萌芽的发展情况怎样?》一文中设置了五个小标题，其中第四个小标题为"川楚陕边界地区的冶铁、木材和造纸业"，"冶铁业"和"造纸业"的内容如下："冶铁业。铁厂主要分布在凤县、略阳、宁强（羌）、定远（镇巴）一带。大厂有六七个冶铁炉，小厂一般也有三四个冶铁炉。铁炉最高的有一丈七八尺。厂内有从事各种专业的工人，包括挖矿砂、伐树木，烧制木炭、运矿砂和木炭到冶铁炉，运生铁到锅厂制造铁器等工种。大厂常有二三千人，小厂有一千或数百人。造纸业。在定远、西乡较多。工人数目，大厂约有匠作一百数十人，小厂有四五十人。道光初年，汉中纸厂数目很多，西乡有纸厂二十多个，定远纸厂超过一百个，洋县、华阳也有小厂二十多个。"这一节文字清楚地表明，镇巴清代的冶铁、造纸业在全国也是很有影响的。

明末清初，随着川、楚移民的陆续迁入，镇巴的农业和手工业生产逐步发展。清代二百余年间，造纸、冶炼、制陶、锻造、酿造、纺织等手工业生产蓬勃兴起。道光年间卢坤著《秦疆治略》载：定远"有纸厂45处，铁厂2处、耳厂12处，其工作人数众多"。清末，各种私营手工工场，作坊进一步增多，造纸、冶炼、锻造、铸造、陶瓷、砖瓦、石灰、纺织、印染、榨油及竹、木、石具制造等工厂、作坊遍布全县。民国初期，各项手工业生产发展缓慢。民国二十九年（1940），县政府为解决财政匮乏问题，极力倡导恢复歇业铁厂，规定进厂者免征兵役，并提倡农村副业，至三十一年（1942）共恢复和新办铁厂16家，毛边纸厂33家，火纸厂39家，皮纸厂80家，油坊41家，陶瓷厂10家。据陕西省建设厅矿产勘测队《镇巴县地质矿产调查报告》载：民国三十一年（1942）全县年产毛边纸1.3万余捆，收入50余万元；麻纸、草纸、棉纸每年收入亦在50万元以上；有铁矿23处，储量199553吨；有铁厂19家，开工16家，年产铁600吨以上，为本省各县之冠。1947年后，工厂、作坊大都因战乱关闭停业。

总的来说，镇巴在解放前的民生百业之中还是以农业为本，商业、工场手工业一度兴盛，经济生活丰富多彩。然而，囿于生产力发展水平和社会制度，多数人仍然常有温饱之忧。

（本章由杨盛峰执笔）

相关链接

# 镇巴茶叶史话

中国是茶的故乡，也是最早发现、栽培和利用茶的国家。茶圣陆羽所著《茶经》载："茶之为饮，发乎神龙氏，闻于周鲁公。"茶的发现和利用距今至少有4000年的历史了。

茶树从其原产地——云贵川一带向外传播最早的区域就包括镇巴。据现有史料可知，镇巴在历史上一直是陕西的主要产茶县之一，茶园面积、茶叶产量和外运量曾一度居汉中各县之首。

## 一、镇巴茶叶源于何时

《镇巴县志》卷十一"植茶简史"说："镇巴茶业历史悠久，其记载可上溯至晋，盛于唐，曾为贡品。唐代的'茶马互市'和宋、明的'茶马法'，开辟了广阔的茶叶市场，促进了茶叶生产。"有文字记载的时代可上溯至晋，但并不是说镇巴茶叶起源于晋。据《华阳国志·巴志》载："周武王伐纣，实得巴蜀之师……丹漆茶蜜……皆纳贡之。"文中的"茶"就是茶。这一记载表明，在西周初年巴国就已经以茶为贡品了。有研究认为巴国领有巴山地区和汉水流域的部分地方。这么说来，即使贡奉给周王朝的茶不一定产自镇巴，那么镇巴当地人利用并种植茶树也是极有可能的。

## 二、传说中的"雌鸡岭上茶"

镇巴一直有"雌鸡岭上茶，白河井中水"的传说。这个传说源于何时，现已无据可考，其梗概大致是这样的：东汉永平年间，今之镇巴被封为定远侯班超的食邑，那么定远将境内特产进献给主人是理所当然的事。但因班超远在西域，于是就转送给他在洛阳的哥哥班固或妹妹班昭也在情理之中；但这兄妹俩的才气、名气都不小，又将特产呈献给皇上或皇太后——于是这原产于雌鸡岭的茶便得到了皇上"金口玉牙"认可，名声大震、身价倍增，自此一直向朝廷贡献茶叶近30年；及至顺帝永建五年（130），班超之孙班始被腰斩，爵废，雌鸡岭茶也不再与朝廷有直接联系，于是失去了昔日光彩，逐渐湮没于历史长河中。

雌鸡岭在今赤南镇境内，与四川省万源市相邻；而白河井当在渔渡坝附近，今已不存。此事虽不值得正史记载，但在民间广为流传，甚至还另有一说：唐明皇避安史之乱南逃，途经今镇巴，当地官绅进献了雌鸡岭上的茶，并用白河井的水冲泡，他饮用后大加赞赏。这显然与史实不符，唐玄宗是经汉中以西的金牛道入蜀的，并未途经镇巴。因此，笔者倾向于前一说，即镇巴历史上最早的贡茶——雌鸡岭茶源于东汉时期。

## 三、山南茶区包含镇巴吗

在陆羽《茶经》"八之出"中，将唐时的主要产茶地按行政区划分为八区，其中金州、梁州（今之安康、汉中）隶属于山南茶区。梁州境内茶生褒城、金牛二县山谷。据此，似无洋州或西乡（镇巴先后属之）产茶的记载。但《茶经》开篇就有："茶者，南方之嘉木也。……其巴山峡川有两人合抱者，伐而掇之。"巴山即指川陕、川鄂接壤的大巴山地区，今之镇巴正处其地，当时的野生茶树粗壮高大，人们需砍伐枝条后才可摘叶再制成茶。

唐德宗建中元年（780）始征茶税，至贞观年间，每年的茶税收入达到40万缗。征税的前提是商品贸易量大，涉及面广。因此可以推断，建中元年之前，镇巴茶叶的交易就很频繁。当时距离都城长安最近的茶区就是山南茶区了，其产地就主要分布在巴山北坡，自然包括镇巴在内。《茶经》只载褒城、金牛二县，是因其产量较大或质量较优，列为山南茶的代表。

依前述，东汉时雌鸡岭所产茶叶就已贡献到洛阳，唐朝时镇巴茶叶生产交易已相当频繁，这一点盛毋庸置疑；山南之茶，当有镇巴，亦是无疑。

## 四、八百里茶山始镇巴

《宋史·唐文若传》载："西乡县产茶，亘陵谷八百余里。山穷险，赋不尽括。"

唐文若任洋州通判时，"使者韩球将增赋以市宠，园户避苛敛转徙，饥馑相藉。文若力争之，赋迄不增"。

韩球之所以要增茶赋，确因当时的西乡县茶叶产地广、产量大，致使"赋不尽括"。但"（茶山）亘陵谷八百余里"，并非东西向而言，而是自南至北绵延约八百余里。宋代，镇巴地属洋州西乡县，自县南的川陕交界处入小巴间道北进，直达秦岭南坡的午子道，沿途崇山峻岭，山路崎岖，但茶树随处可见；全程八百里虽有些夸张，却足可见种茶采茶道路之艰险。从"亘陵谷八百余里"句中还可推断，当时平坝地区茶树较少，主要分成是在山坡、山梁之上。因此，大部分茶树应该分布于县南的大山之中，即今镇巴县境内。

宋代是中国茶叶发展史上的一个高峰时期。当时的西乡县生产一种名为"西乡月团"的茶叶，是将原料捣碎后制成一定的形状再烘干而成。与当时流行的饼状和块状不同，"西乡月团"是半圆形的——这种形状既不失美观又方便运输，得到广泛认同，一直畅销不衰。至明初，朱元璋下诏废团茶改为散茶，"西乡月团"方完成使命，退出了历史舞台。

## 五、"茶马互市"中的镇巴茶

茶马互市起源于唐朝，发展繁荣于宋明，衰落于清代。因独特的地理环境和特殊的区位优势，陕南成为千百年来茶马贸易的重要基地和枢纽。

北宋后期，"汉中买茶，熙河博马"。陕南的"四色纲茶"在买马中的比重加大，《宋会要》记载："自建中靖国元年，后来为买马数多，名山茶数少，又以兴元府万春、瑞金、大竹、洋州四色纲茶相兼应副博马，仅能足办。"由于交通运输的便捷，陕南茶便捷足先登输往蕃、汉广大地域，进而沿丝绸之路销往境外。又据《续资治通鉴长编》卷三百八十一载："三曰茶色不等。盖汉茶色嫩，蕃茶色老，雅州之名山自兰州入邈川，至于于阗。兴元之大竹自阶州入欧家，自河州入水波。洋州之西乡茶自河州入水波，至于赛音隆和。今区别家品，以入赵路，则可遵汉、蕃所宜。"这段极为珍贵的史料，清晰地记录了汉中茶在宋哲宗元祐年间向外传播的路径；文中的"于阗"在今新疆境内，而"水波""欧家""赛音隆和"当是西亚、欧洲的地名及地域。据"洋州之西乡茶自河州入水波，至于赛音隆和"句，可以肯定在宋代产于西乡县（主要产地在县南部山区即今镇巴境内）的茶叶已远销西亚地区甚至欧洲境内。

《明史·食货四·茶法》载："洪武……四年，户部言陕西汉中金州、石泉、汉阴、平利、西乡诸县茶园四十五顷，茶八十六万余株。""当是时，帝绸缪边防，用茶易马，固番人心，且以强中国。尝谓户部尚书郁新：'用陕西汉中茶三百万斤，可得马三万匹，四川松茂茶如之。贩鬻之禁，不可不严。'以故遣金都御史邓文鉴等察川、陕私茶；驸马都尉欧阳伦以私茶坐死。"

"（万历）二十九年，陕西巡按御史毕三才言：'课茶征输，岁有定额。先因茶多余积，园户解纳艰难，以此改折。今商人绝迹，五司茶空。请令汉中五州县仍输本色，每岁招商中五百引，可得马万一千九百余匹。'"

据此说明，明朝初年，朱元璋仍然采取"以茶治边"的策略。是时，汉中茶的产量可达三百万斤，易马达三万匹，在茶马互市中占有举足轻重的地位。到万历年间，产茶量有所下降，但仍有五州县产茶，易马在万匹以上。

明朝时，汉中产茶的五州县分别是宁羌州、南郑、西乡、略阳和沔县（今之勉县）。镇巴地属西乡县，而西乡县的茶叶产地大多在这一山地区域。因此，也可以说镇巴茶叶在明朝的边防大计中发挥了重要的作用。

## 六、镇巴主产"陕青茶"

史左《西乡县志》卷三，记西乡县康熙年间茶课云："原额茶银六百二十九两二钱三分七厘八毫，内除已充无主荒绝银三百三十六两一钱七厘八毫，实征银二百九十三两一钱三分。"据民国三十七年的《西乡县志·物产》载："茶，清一统志云：'出西乡县归仁山，西乡东区之青溪、三高川、五里坝、老渔坝，南区之面子山，西区之大巴关、楼房坪等地均有茶山。'"清嘉庆七年（1802）之前，今镇巴隶属于西乡县。归仁山就是渔渡坝后山，今称茅坪山。所载为"茶山"而不是"茶园"，盖因此时期茶树满山遍野皆是，或与粮食、蔬菜间作，或散种于路旁、坎边，茶树以"窝"（即丛）计之，并无茶园面积。产品是用"脚蹬手揉太阳晒"的方法制作出来的晒青茶，主销西北地区，被统称为"陕青茶"。

《定远厅志·赋役志·茶课》："定远额征茶课银二百一十九两一钱六分一厘，因厅境产茶。系茶户张仲荣等按年输纳解数。"设定远厅后，茶税是"财政收入"的重要来源，并占去总收入的六分之一，远高于盐税（仅六十二两银）。据查考，清时的茶税率在10%左右，则当时茶叶的总产值在二千二百两银以上。按一担（100市斤）茶叶平均价值一两二钱换算，总产量高达20多万斤。具体产地大致在现在的盐场、赤南、渔渡、兴隆、观音、碾子、仁村、简池、永乐等地。

宣统元年（1909）《陕西清理财政说明书·茶课税厘》记载："汉中府有一县一厅征茶税，共银二百七十九两七钱六分一厘，其中西乡县六十两六钱，定远厅二百一十九两一钱六分一厘。"从茶税税额推测，清初县境植茶规模较前代已缩减过半，此后进一步压缩；不过，直到清末，镇巴还是汉中茶叶的主产区，产量差不多是西乡的四倍。

民国年间镇巴茶业日益衰退。三十二年（1943）统计：本县产茶2460斤，主要产地为仁村、兴隆、纳溪（碾子）等乡。到1949年底，全县共有茶园1100亩，年产茶才6.6万斤。

# 七、百年兴盛"青狮茶"

青狮沟今属兴隆镇青狮村，历史上以产茶并出好茶而名声远扬。青狮沟的西面是绵延高耸的星子山，东面突兀而起的钟梁将其与楮河隔离，只在端头留一小沟相通。独特的地理位置造就了这里温暖、湿润的微域气候，再配以砂性壤土，正是茶树理想的生长环境。青狮出好茶的原因就在于此。

在没有公路的年代，自镇巴县城到达下楮河，在翻越星子山后歇脚的第一站就在青狮沟的中心地带——河坝子，返回时也都会在这个可食宿的地方养精蓄锐，方可"朝辞青狮沟，夜宿镇巴城"。可以想象，青狮沟在相当长的时期，以食宿为主的"第三产业"是相当繁盛的，这也促进了包括茶叶在内的土特产品的生产与销售。青狮茶源于何时呢？最早可溯至北宋，也有说是明朝之初，晚则清代中后期，但均无可考；只有流传至今的一句顺口溜："青狮的茶，庙溪的麻；西河的姑娘，巴庙的娃。"足可证明青狮茶早负盛名。

即使在社会动乱不堪、百业凋零的清末民国时期，青狮茶也依然凭借优越的地理位置和良好的市场声誉，经久不衰。

新中国建立后，镇巴茶业又得到一次大的发展。但在那个计划经济时代，县城里的人能喝上一碗青狮茶那还真是不简单的。

如果自清代中后期算起，至20世纪中后期，青狮茶算得上持续兴盛了整整一个世纪。

吴平昌

# 镇巴历史上的冶铁业

炉火照天地，红星乱紫烟。

赧郎明月夜，歌曲动寒川。

——唐·李白《秋浦歌》

诗的前两句生动而夸张地呈现出一幅色调明亮、气氛热烈的冶炼场景：炉火熊熊燃烧，火星飞溅，紫烟蒸腾，广袤的天地被红彤彤的炉火照得通明。这首诗以唐代冶铁业为题材，在我国浩如烟海的古诗中较为罕见。此诗系李白于天宝十二年（753）漫游到秋浦（在今安徽贵池县西南）时所作。其实，诗中的冶炼场景在历史上大巴山中的镇巴也是处处可见的。

## 一、铁钟为证

镇巴的冶铁业在宋代之前就已相当发达，这有现存于镇巴县文博馆的国家一级文物"蒿坪寺古钟"为"铁"的证据。该钟铸造于南宋绍定二年（1229），位于当时的西乡县仙游乡马宗保福安院（今镇巴县简池镇蒿坪寺）。铁钟通高2.25米，重约6吨。这口钟自诞生至今的780多年里，随寺庙的兴衰而历尽风雨，因政局的动荡而几遭不测。就在20世纪30年代，当地的国军、民团和土匪等多种武装势力都想毁钟用于制造炸弹，五十年代"大炼钢铁"时也有人想熔钟充数，之后"破四旧"时它也在被破之列；但铁钟最终凭借万斤之重的"钢铁之躯"而自保！可以肯定，这口钟当年就是在镇巴诞生的。凭它的体积和重量，它只能就地浇铸，不可能是在外地制作成型后再运入镇巴的。据此断定，蒿坪寺附近一定有大量高品位的铁矿存在，并且冶炼技术很先进——可以一次性浇铸6吨重的大钟，铁厂的规模和场景我们不难想象：熊熊炉火映红了蒿坪寺的天空，阵阵烟雾升腾夹杂着火星四溅；有熔炼的，有浇铸的，还有打杂的，人来人往，忙碌非凡。

时至今日，这口大铁钟依然锃亮无锈，图文清晰。这足以证明其铁质优良，同时也说明当时的铸造业已经具有相当高的技术水平了。值得注意的是，如此大规模的炼铁和高质量的浇铸技术，也并非一时所形成，它必然有一个由小到大、由弱到强的渐进过程。这个过程少则几十年，多则上百的时间。因此，我们可以推断，在宋代之前，镇巴的冶铁业就已相当发达。

## 二、冶铁简史

在镇巴，迄今还没有发现宋代以前的有关实物可证实冶铁业的状况，有关文献记载的也多是一个较宽泛的地理区域。在此，我们不妨先探究一下铁的发明和我国有关铁的文字记载及冶铁技术的发展历史，或许会让我们的眼界更开阔一点，思路会清晰一些。

最早进入人类视野的铁矿物是铁陨石，简称陨铁。这个"天外来客"为人类提供了有关铁的最初记忆。我国最早记录陨铁堕落的现象见于《史记》："秦献公十八年（前367），雨金栎阳。"所谓"雨金"就是许多铁陨石同时堕落，即现在所称"陨石雨"。栎阳在今陕西阎良境内。《尚书·禹贡》载："华阳、黑水惟梁州。……厥贡璆、铁、银、镂、砮、磬……"东汉郑玄注："镂，刚铁，可以刻镂也。"南宋蔡沈注："铁，柔铁也；镂，刚铁，可以刻镂者也。"古时华山南部到怒江之间是梁州。据此可得：古梁州产"铁"和"镂"并以此作为贡品。既产铁又离周朝雍都最近的地方就是汉水上游。由此可知，秦岭以南地区当是最早有冶铁活动的地区之一。

大多认为，我国"块炼铁"方法始于春秋时代，很快又炼出了含碳2%以上的液态生铁，并用以铸造工具。战国初期，已掌握了脱碳、热处理技术。西汉时期，出现"坩埚炼铁法"，同时，炼铁竖炉规模进一步扩大。此期还发明了"炒钢法"，即利用生铁"炒"成熟铁或钢的新工艺。东汉时，发明了水力鼓风炉，即"水排"。汉代冶铁技术的突出成就是出现了铸铁柔化技术，就是在高温下将白口铁坯件进行脱碳处理或韧化处理，使铁变软。陕西出土的汉代铁铧和鐴土都属于经过这种柔化处理的铸铁。汉代是中国古代冶铁技术发展最完备的时期，冶炼场所大，炼炉体积大，还出现了规模巨大、分成多个作业区、占地面积达数万平方米的冶铁作坊。可以说，中国是最早用煤炼铁的国家，汉代已经试用，宋、元时期已普及。宋代铁业已有较大的发展，宋太祖开宝五年冶铁达77处。到明代已能用焦炭冶炼生铁，在

14 - 15 世纪期间，铁的产量约为 1.2 万吨。清代的铁业以广东、陕南为主，多系冶户承包税银之制。

## 三、铁的记忆

如果在诞生原始冶铁技术的古梁州就包含镇巴这一产地的话，则镇巴的冶铁历史真可谓源远流长；如果冶铁是源于技术发展最完备时期的汉代，那也有两千多年的悠久历史。当然，可以肯定的是，镇巴冶铁业至少在千年以上，而有准确文字记载的则多在明清时期。清·严如熤《三省边防备览》中载："南山旧称产金银铜铅……实则四项皆无，所产惟铁，黑河之铁炉川，略阳之锅厂，定远之明洞子……均往时产铁地。"南山是指秦岭以南的地区，定远即定远厅，清嘉庆七年（1802）设立，就是现今的镇巴县。当时有个叫"明洞子"的地方在"往时"就是有名的产铁地，那么这个"明洞子"究竟在哪里呢？今天的镇巴境内没有叫这个名字的地方，在 20 世纪九十年代所纂的《镇巴县地名志》中亦无载。因此，它是否与现今盐场镇的产铁之地"响洞子"有关？亦或就是将"响洞子"误记为"明洞子"？

据《镇巴文史资料》第三辑记载：明末，渔渡火钳子（今在赤南镇内，又名火嵌子）开始炼铁。此种炼铁炉为"两节瓜"（由似瓜状的两部分组成），八至十人可以抬走，属于小型的、流动的炼铁设备，哪里有矿石、有燃料，就可以在哪里炼铁。

《中国古代史常识（明清部分）》（中国青年出版社 1980 年版）中"川楚陕边界地区的冶铁、木材和造纸业"载："川楚陕边界地区就是陕西汉中一带，这里有冶铁、伐木和造纸等行业，鸦片战争前已有很大发展。"其中有关冶铁业的内容为："铁厂主要分布在凤县、略阳、宁强（羌）、定远（镇巴）一带。大厂有六七个冶铁炉，小厂有三四个冶铁炉。冶铁炉最高的有一丈七八尺。厂内有从事各种专业的工人，包括挖矿砂、伐树木、烧制木炭、运矿砂和木炭到冶铁炉，运生铁到锅厂制造铁器等工种。大厂常有二三千人，小厂有一千或数百人。"

《三省边防备览》认为，开办铁厂必须具备两个基本条件：一要有"黑山"，即大片的森林，须砍伐树木再进炭窑烧成"煽铁炭"，俗称"黑棒棰"，就是炼铁所用的燃料；二要有"红山"，即有铁矿可开采，"因矿如石块，色微赤，故称红山"。往往是铁矿较多，处处有之，而烧炭必须靠近老林，所以铁厂也要建在老林旁边，如果树林逐渐砍空，矿石再多，也无法炼铁了！事实是，镇巴在明末清初时，多拣拾露天散矿就可以炼铁，到清代中期出现了规模较大的掘井开采。采矿方式变化的原由很多，一是露天矿毕竟有限，经多年耗用已无矿可拣，二是较实用的设备和新技术为开矿提供了支撑。总之，二百年前的定远厅，山大林茂，铁矿易采，为冶铁业的繁盛提供了不可或缺的前提条件。

据《镇巴县志》载，明末清初为小炉炼铁，日产量仅一二百斤。清代中叶，出现小土高炉。道光初年，时任陕西巡抚卢坤所著《秦疆治略》载："定远（厅）有纸厂45处，铁厂2处……其工作人数众多。"同治年间（1861－1875），四川通江人王文元在简池芭蕉湾建弯吹炉一座，本县盐场人王武阳在石匣子沟建弯吹炉一座。这种在设备和技术上的改进，大大提高了生产效率，日产铁2吨左右。弯吹炉的构造和冶炼方法大致为："铁炉高一丈七八尺，四面橡木作栅，方形，竖筑土泥，中空，上有洞放烟，下层放炭，中安矿石。矿石几百斤用炭若干斤，皆有分两不可增减。旁用风箱，十数人轮流曳之，日夜不断。火炉底有桥，矿碴分出，矿之化为铁者流出成铁板。"

有一首流传至今的民歌，对炼铁的场景有形象生动的描述：

> 新打堆子丈八高，三道铁箍来箍到。
> 头道箍在马门口，二道箍在半中腰，
> 三道箍在扬桥下，远看扬桥好比灵官庙。
> 上下堂炉虎牙门，三班九房闹沉沉。

"新打堆子"就是新筑的炼铁的高炉；"马门"即炉门，俗称"金丝马门"；"扬桥"是上炉顶加料的桥；"牙门"与"衙门"谐音，清朝时县衙门里有"八房六班"，"三班九房"则是对铁工们上工班次的诙谐称呼。

据推算，每炼一吨铁，需木炭7850公斤、铁矿石1985公斤、石灰石130公斤。炼铁时有一位关键人物叫"匠人"，相当于现在的专业技术人员。可以肯定，他掌握着建造铁炉、炭矿比例、辨火候、别铁色成分等关键的秘密技术，不会轻易泄露或传授他人。

清末民初，定远（镇巴）的冶铁业达到鼎盛时期，大小30余家，多为绅商私营，也有股份合办。政府发给执照，按产课税。民国十二年（1923）后，社会动荡，不少铁厂关闭。二十九年（1940），县政府因财政匮乏，极力倡导、扶持关停歇业的铁厂复工，规定进厂人员可免兵役；掌握娴熟炼铁技术的王槐堂、王佩义、李荣恩等人，先后在简池、魏家河、王家坪、渔渡大河口、黑草河、马家沟、盐场、仁村苏家坡、沙梁上、三溪口、磜磴坪、米家湾、汤家河、黎坝、分水岭等地开设铁矿23处，恢复和兴建铁厂19处，年产铁600吨以上，成为陕西省各县之冠。

据民国三十七年（1948）出版的《西乡县志》记载，咸丰年间，定远厅有位名叫王贡生的人，始开采位于西乡县上高川的裴家山铁矿，"并于附近设铁厂，历有年，所获利甚厚"。在他的带动下，本地拥有大片柴山的士绅也相继设厂十余处，熔矿铸生铁板，然后炼成毛铁，出售给安康各大铁商，或铸成铁锅行销邻县。及至民国初年，"每厂年约售银万元，业此者多致富。"但自湖南熟板铁畅销陕南以后，毛铁销路锐减，价亦低落，铁厂大都停办，辉煌几百年的陕南冶铁业遂走向衰败。

民国后期，有一家于1942年建在仁村并有一定影响的私营新华铁厂，它就是建国后改建为公私合营的镇巴县工农铁厂的前身。

冶铁业为一直从事农业生产的农民提供了"二次就业"的机会。用工最多的是砍树、运木、烧炭和运炭。在"红山"上开路、挖矿、运矿的人数因道路远近不等。一般情况，"供给一炉所用人工，须百数十人，如有六七炉，则匠作佣工不下千人"（《三省边防备览》）事实上，炼铁只在冬春两季，其余时间，一边备料，一边炒铁、打钢。从弯吹炉里炼出来的铁是生铁，将生铁锻为熟铁俗称为炒铁。熟铁才能用作打制铁具。打钢又称炼钢、炒钢，工艺与炒铁相近，但与炒铁的"以生还熟"不同，炒钢是"以生还生"。由矿石到生铁、到毛铁，再到熟铁、"软条子"钢，既有铸造，又有锻造，可见冶铁业的"产业链"很长。稍大一些的炼铁厂，常有二三千人，小厂也有上千人或数百人。

铁厂里虽然有"三班九房"，人来人往，十分热闹，但在里边干活挣钱并不是件轻松的事。听，有位铁工边拉风箱边在唱：

> 千买卖，万买卖，好男莫进铁厂来。
> 铁厂好比铁门槛，进厂容易出厂难。
> 进厂不用三句话，出厂就要大半年。
> 挣钱犹如针挑土，用钱好比水推沙。

另有一位在铁厂干了三年半的汉子，回到家时简直就是一个"惨"字：

> 郎在界牌去冲铁，去了三年六个月。
> 去的时候象个客，转来之时黢球黑。

大人看见认不倒，细娃看见喊客客。

你跑的是什么厂，你冲的是啥子铁？

一屋大小认不得！

"冲（chòng）铁"是对炼铁的贬称。民歌中的这位男子挣了多少钱且不说，单就形象的变化就让人难过，出门时可是穿戴整齐，就像去"走人户"的客人一样光鲜，回来时却满脸黢黑，浑身邋遢，一副全家老小都认不出来的乞丐相；日思夜想的媳妇好不容易弄明白后，没有笑容和笑声，只有又气又恼地埋怨……

## 四、响洞铁业

前边已提及的响洞子是镇巴境内川陕边境的古老集镇，是巴蜀道（荔枝道）的必经之地。当地有丰富的优质煤炭，为冶铁业的蓬勃发展提供了前提条件。在旧时兴盛的商贸中，铁器是重要产品之一，特别是清末民初所产铁器颇负盛名。

响洞铁业的详情在第四章概述中已述。其兴衰可以看作镇巴冶铁业在近代史上的一个缩影。

## 五、民国"铁"案

民国三十三年（1944），在镇巴还发生了一起与铁有关的以权谋私案。

当时的县长陈锡周伙同民国兵团副团长刘景怡合伙贩铁，强令解往汉中的 500 名壮丁每人无偿背负 30－50 斤的生铁到汉中，以从中牟取高额利润；但不料东窗事发，不仅生铁被汉中师管区全部没收，而且陈、刘还被记大过一次。通过这起案件我们可以得出，当时从镇巴向汉中贩铁是有大利可图的。假如按人均背负 40 斤计算，则总量为 2 万斤，仅仅赚取差价的利润就相当可观；如果所运生铁是陈县长从县内各铁厂敲诈勒索来的，而运送又都是无偿的，可见他们俩谋划的简直就是稳赚大钱的无本生意！

但这两人打好的如意算盘又是如何失算了的呢？史料所记是被师管区发现，但通过分析不难得出事情的真相：那 500 名壮丁应该都是强行抓去的，他们心里本就充满了怨恨，前往汉中的途中又被榨取了劳动所得，在路途上可能就有部分人商量如何惩治贪官，到达汉中后，胆大的几个人就冒着生命危险向上检举揭发，使得这桩"铁案"丑行大白于天下了。

## 六、铁的痕迹

时代早已变迁，但曾经的繁盛在如今的大山中依然可以寻觅到一些痕迹。今镇巴境内，地名叫铁厂沟、铁厂坝、铁厂坪的各一处，叫铁厂湾的有三处，称铁炉坝、铁炉沟、铁炉湾的各一处，铁炉垭有两处，叫铁矿梁、铁矿坪的各一地；还有铁匠湾、铁匠山、铁匠沟、铁匠垭等地名。有两地叫铧厂：都因建过铸铁铧的厂而得名。另有锅厂、锅厂坪、锅匠坪、锅涧沟、锅厂河坝等地名，显然都与铸铁相关。

星移斗转，山川依然。细听，铁厂坪上的风箱号子仍在风中飘荡——

箱要拉来歌要唱，十八姐儿抬头望。
郎望姐来姐望郎，两对眼睛泪汪汪。

吴平昌

# 陡街煤铁话响洞

几百步或高或低或陡或缓的青石阶沿山谷向上伸延成一条路，路两边搁着两摞子房子，这便是响洞的街。

青石铺路砌成的坡坡街，且还随山势拐着弯，真是别有景致。石梯有些破裂，青草从缝里钻出来，甚至开出小花，很是自在。街两边的房，颇有大户人家的遗风，青灰的瓦，雕花的檐子，高大的柱子，光溜溜的碌门墩，还有要使劲才能跨进正堂大门的高门槛。

一切都只是陈旧得很，午阳下堂屋里也显得昏暗而深邃。街沿上几个偎在石墩上的老人与脚下蜷着身的花狗一起打着瞌睡。

上街头也即坡路高处旁边有一处戏楼，规模不小，柱梁画栋，长廊戏台，可惜已坍废荒弃，；于杂草中时而露出的这古迹倾倒后的残垣断壁，甚是精雅。特别是那段仍存的木雕长廊，一直伸入荒草中，午阳的阴影下，蝉鸣的空寂中，依稀飘来扭着细腰舞着水袖的女戏子——不敢久视。

大凡坡坡街，在雨中都有一种别样的韵味。突然暴雨骤至，站在响洞的屋檐下，回望——整条街都淹没在雨雾中，随即，夹杂着少许渣滓与热浪的屋檐水汇集起来，形成几百道齐整低矮的小瀑布，一阶一阶地跳下来，煞是好看。

其所在地的煤矿开采，古已有之。明末，渔渡火钳子始有炼铁。这种炼铁炉为两节瓜，属于小型的可移动式的，哪里有煤有矿就由七八个人抬到哪里。据本县简池人、时任国民政府陕西省第一届参议会议员的王槐堂讲，镇巴最早的炼铁厂在渔渡的燕儿坪，大约建于清初。大多炼铁厂都在渔渡这个方向，这与本地产煤是密不可分的。想当时，响洞其地，采煤炼铁，炉铺林立，加上逢场，铁货交易，煞是热闹。这里的煤发热率高，本地及周边四川万源等边镇的锄犁铲镰等农具全出自这里。

这种状况一直持续到建国后相当长一段时间，《镇巴县志》中有关的记载如：

> 1954 年，4 月至 7 月 28 日，县委派出试点组，将响洞子街上 28 名铁匠组织
> 起来，建立全县第一个手工业生产合作社——镇巴县响洞子铁业生产合作社；

1958 年 10 月 7 日，县委确定 10 月份为"全民大炼钢铁运动月"，中共汉中地委将洋县、西乡、褒城、镇巴 4 县划为第二钢铁战区，指令 11 月底以前炼铁 5.9 万吨。10 月底至 12 月中旬，洋县、褒城两县 28747 名民工到镇巴渔渡、简池等区开山砍树，筑炉炼铁；

1960 年 7 月 5 日，按照省委工业书记会议精神，由秦岭电工厂、陇西铸造厂、陕西柴油机厂和兴平、镇巴两县在本县响洞刘家岭共同筹建"联合钢铁厂"，9 月 30 日基本就绪。

本土曲作者创作的小戏《打铁哥哥你歇口气》就是这段历史的写照：

> 妹儿也，可别来喽，铁哥这歇脸儿黑哟；
> 妹儿也，可别来喽，铁哥这歇脚片脏哟；
> 哥哥那个二十妹十八，藤子缠树紧巴巴，
> ……

其实，响洞还是当年红四军活动的地方，这里至今仍保留有一幅石刻标语：推翻国民党统治，建立苏维埃政权。

标语刻在寺庙大门两侧的石柱上，庙已荡然无存——变成了学校。有趣的是两方无知的石头却因此保留了下来——我是石头我怕谁？即便不在庙上顶多挪个地方砌进乡政府的阶沿或学校的墙基，我的坚硬足够与任何以时间为度量单位的事物熬下去。

> 午阳垂街云不动，鼾翁眠犬蝉声浓。
> 遥想煤市人马熙，犹忆铁铺炉火红。
> 雨打芭蕉旧戏台，风吹山墙老斗篷。
> 坡坡街上不积水，百年风尘在洞中。

响洞其名的由来，按常理应放在前面介绍的；又按常理，每一处所在其名大都有来历的。按古代传说是因为响洞老街以北有一石洞，洞里常有锣鼓声，打铁声，如果哪一天听不到打铁的声音，便会大火烧街，故而名之响洞。其实，这传说也道出了一个事实，就是此地多煤。真正的原因不难推知，历代挖掘不息，山多空腹，遇水遇风而鸣响，是为响洞。

梅冬盛

# 定远厅时期的水利

　　水利一词最早见于《吕氏春秋》中的《孝行览·慎人》篇，原文为"其未遇时也，以其徒属掘地财，取水利，编蒲苇，结罘网，手足胼胝不居，然后免于冻馁之患。"但其中的"取水利"系指捕鱼之利。司马迁《史记》中八书之一的《河渠书》是中国第一部水利通史，该书记述了从禹治水到汉武帝这一历史时期内一系列治河防洪、开渠通航和引水灌溉的史实。太史公在篇后感叹道："甚哉，水之为利害也！"从此，"水利"一词就具有了防洪、灌溉、航运等除害兴利的含义。

　　中国历代有为的统治者，都把兴修水利作为治国安邦的大计。传说在公元前21世纪，禹主持治水，平治水土，疏导江河，三过家门而不入，一直为后人所崇敬。秦国统一中国后，生产力得到较大发展；四川的都江堰、关中的郑国渠和沟通长江与珠江水系的灵渠，被誉为秦王朝三大杰出水利工程。之后，隋唐北宋五百余年间，是中国水利发展的鼎盛时期；从元明到清中期，中国水利事业经历了六百年的缓慢发展；清末民国时期，内忧外患频繁，水利事业总体上处于衰落之势。

　　地处大巴山中的定远厅，无大江大河，那么当时的水利状况是怎样的呢？严如熤《汉南续修郡志》有："定远地形，大概类川中，每翻越一二大梁，辄有平坝，如平落、盐场、九阵三坝、渔渡坝、固乡营、黎坝、上中楮河各处，均产稻谷。水高渠旺，资灌溉之利，故不忧旱。但夏秋山涨，田渠亦易冲淤。近日垦田，资渠灌溉者，虽数倍往时，而其利终不可恃，故各渠溉田数目仍循旧制。"

　　据此可见，二百多年前的定远厅，产水稻的平坝很多，用于灌溉的水源也很丰富，"水高渠旺"，不必担心旱灾。但夏秋的山洪暴涨，时常冲毁堰渠，淤塞田地，是农业生产的一大害。于是在新开垦田地时，也兴修了不少配套的水利灌溉工程。在嘉庆十九年（1813）前，大致就有堰渠15处，灌溉总面积1170亩；其中灌溉面积最大的200亩有2处，100亩的有4处，30－50亩的有9处。现分区列于下：

　　城廓及周边四处：固县坝堰，厅廓外，引捞旗河水灌田三十亩；葫芦坝堰，厅治北，引山水灌田二百亩；楼子坝堰，厅东十里，引山水灌田五十亩；捞旗河堰，厅北十五里，引捞旗河水灌田五十亩；固县坝堰所灌田当位于现在的庞家坝。

东区四处：楮河堰，厅东北一百四十里，引龙洞水灌田一百亩；偏溪河堰，厅东，引溪水灌田五十亩；大市川堰，厅东北，引山沟水灌田三十亩；蜡溪堰，厅东六十里，引山沟水灌田二百亩；此蜡溪堰当在上楮河蜡溪沟（今平安镇内），非碾子之蜡溪坝。

南区三处：渔渡坝堰，厅南九十里，引山水灌田一百亩；盐场堰，厅南一百六十里，引山溪水灌田一百亩；平落堰，厅南一百四十里，引山沟水灌田五十亩；

西区四处：九阵堰，厅西三十里，引山溪水灌田一百亩；仁村堰，厅西南一百二十里，引山沟水灌田五十亩；石虎坝堰，厅西一百八十里，引山沟水灌田三十亩；黎坝堰，厅西一百二十里，水自通江而来，灌田三十亩；黎坝堰的水自四川省通江县而来，弥足珍贵，难能可贵，只可惜灌田太少！

据余修凤1877年编撰的《定远厅志》载，全厅共有堰渠28条，灌田1300亩。堰渠数、灌田面积都比六十年前增加不多。新增堰渠有：

龙泉堰，光绪四年同知余修凤倡建，其水源于厅城南庵垭梁山脚下的"龙洞"，经过东城墙外，自南向北流，长二里，所灌田在堰渠所经之地和北城墙以北区域，共计四十亩。此堰还方便了城东居民生活用水。

小洋坝堰，长二十里，引东沟洋水溉田八十余亩。

长兴堰，在中楮河，长二里许。引楮河水溉田五十余亩。

上堰，在三元坝，长一里，引龙泉水溉田五十亩。道光年间开修。

倒流堰，在下楮河，长五里，从下引上溉田五十亩。嘉庆年间里民李承良开修。"从下引上"不可能是将低位的水引到高处去，而是相对于楮河，将位于下游地势较高的水引向上游而位置较低的地方，相对楮河而言为倒流。

除引水灌溉外，其实古代还广泛使用提水工具，主要有竹木筒水车、木制水车（又称龙骨车）、竹制抽水筒。水车，是利用水的流动带动设备转动，进而巧妙地将低位上的水提升后再灌溉高处田地，在境内有条件的地方也广泛应用，直到二十世纪中期有了电力抽水泵才逐渐淘汰。

定远厅第二任同知严如熤的《喜雨词》开篇为：

> 高田泥磊确，低田龟坼脆。
> 良苗正含胎，叶卷茎低曳；
> 桔槔力难施，农人对啜泣。

诗句中的桔槔（音 gāo，同槔。）也是一种利用杠杆原理的原始取水机械，始见于《墨子·备城门》，作"颉皋"，俗称吊杆、称杆。这种提水工具的结构就是在其横长杆的中间由竖木支撑或悬吊起来，横杆的一端用一根直杆与汲器相连，另一端绑上或悬上一块重石头。当不汲水时，石头位置较低（位能亦小）；当要汲水时，人则用力将直杆与汲器往下压，与此同时，另一端石头的位置则上升（位能增加）。当汲器汲满后，就让另一端石头下降，石头原来所储存的位能因而转化，通过杠杆作用就可以将汲器提升。汲水过程的主要用力方向是向下，向下用力是借助人的体重，也就大大减少了人的劳动量。通过《喜雨词》，我们可以推断这种提水工具在嘉庆年间的定远厅或汉中境内还有使用，其主要用途就是浇灌田地。

民国时期，水利建设总体上没有大的成就。只在民国四年（1915），知事王世镗主持的城南河堤加高加固工程竣工，竖碑于龙王庙。民国五年（1916），继任知事移碑于城南河边月台陈彭氏门口，并在碑的背面增刻王世镗亲笔题写的李冰之《治河要决》十四字："深掏滩，低凿堰；迂弯削角，逢正抽心"。惜此碑于20世纪50年代被毁。

吴平昌

# 巴山林火纸

马家坝在红渔乡，是一个高山谷坝，四面是山，且众山都往后仰，故该坝显得极为开阔，而山也不因此就矮，反倒显得深远而不可测。坝里散着几户人家，掩映在茂密的树丛里。

此地海拔接近两千米，明显感到比山下冷。三五间彼此错落勾连的竹房，其中两间一字展开，灶洞火焰烈烈；右边一房斜躺着，要倒似的依着正面房身；左边一房很严实，似乎正锁着神秘的往事。房顶上厚厚的竹叶覆着，都长满了草，像坡地。

> 灶洞烧火要架空，
> 出了汗水莫对风。
> 柴不架空要冒烟，
> 哥儿受冻我心痛。

灶洞架柴的老头哼哼着歌。烧的都是盆口粗壮的硬木，一头喂进灶里，另一头却藏在包谷地中。屋里又传出歌声：

> 清早起来舀火纸，
> 妹在床上压席子。
> 火纸舀了一撂子，
> 席子烂了两个大洞子。

这就是很多年前的巴山林火纸作坊。

细看看，里面满是竹碴、竹筐、竹箩、水池、绳子吊着的木桶。空间很高，天花板上黑糊糊一片，绳索，竹竿，断木方从里面漏出，是一处地地道道的作坊，更像摆满道具的电影拍摄室。说是坊，实则千疮百孔，还有两面完全无墙，似乎是专空出来的——凉风习习，月光如洒——才明白原来是为了采光，焙纸时又可通风。

　　如此简陋的作坊，出产的就是周围各乡乃至西乡人不买四川纸而一定要买的马家坝火纸。这就是巴山林兴盛时近50家纸厂的典型缩影。

　　火纸，也叫毛边纸，是旧时普通百姓生活读书祭祀用的主要纸种。因是纯天然全手工制作，无污染，比卫生纸还卫生。浸透性能极好，可供初学书法和国画者使用，价廉物美，故又叫"土宣"。由于巴山林有几十万亩木竹——火纸的主要原料，所以火纸手工业在巴山林有过一段辉煌的历史。它诞生于清乾隆年间，发展于嘉庆，兴盛于道光至清末，产品可年产三百多吨，远销甘肃、关中、陕南各地。民国后期，兵灾苛税致其衰落。20世纪60年代中期，各种机制纸进入本县，纸厂自此彻底倒闭。

　　造纸的程序简单而不乏精细。

　　先采料。每年"夏至"前后砍取解箨嫩竹剁短砸破成捆，倒入水池浸泡，用木棰砸成丝，再用石灰水泡，洗净石灰，推沤渗半干，装甑蒸四五日，然后捞出入清水池洗净，复入甑以碱火蒸三昼夜，捞出淘净碱水后以黄豆、大米浆拌匀，后入甑蒸七八日，放入踏槽，踏成纸浆。再后倒入纸槽搅拌均匀后以竹帘舀纸，最后贴于焙墙焙干扎捆。

　　如此多的流程，要说重要，道道都重要。如这踩浆，若用石臼或木棰都难免会将木碴石沫带进去。这是舀纸前的最后一道关口，不可能再清洁，浆不纯则纸不纯，看似简单，实则细切，所以要用赤脚踩。再说舀纸，手要平，力要均，心要稳，水要跑满，眼要准。要说看家秘技，有，又没有。说有是真，只要用心舍得花时间，自然领会，谁都能行。

　　当年数十家火纸厂，彭氏火纸最为紧俏。据当年看过买过彭家火纸的人讲，当你手指拎着纸的两角，"漱"然一声，轻轻从焙干墙上拉下，真是又平滑又轻柔，还蕴着淡淡的余温，美妙无比。如果将纸对着月光，可谓轻薄如羽，亮丽而又含雾，是纱是云，难以分辨。

　　轻拂纸面，平滑而又有所感，这与用料有很大关系。用料要细但又不能像面粉，否则浆丝互不牵连则无韧性；纸面匀，薄而如纱，但又不能像纱一样有针孔。这便是火纸中的极品，是火纸中的最高境界。

　　如此精细繁琐的过程要付出多少劳动啊！区区一张毛边纸，哪是纸，简直就是一件珍奇的工艺品。

　　彭氏可以说是巴山林舀纸第一人。嘉庆四年（1799），四川大竹县福寿乡老鹰嘴彭国祥一家，迁来本县红渔马家坝定居，后就地取竹，在干龙洞开办了第一家火纸场。从清代前期到民国初期，巴山林的火纸场在高峰时期多达48家，除本省之外，还远销甘、鄂、川一带。主要用途，不外乎学习写字，印刷公文，求神进香烧纸。至今在火地坝的一座坟茔上，还清清楚楚地写着"皇清待赠故高祖考彭公（讳）国祥老大人正性之墓"。

据《镇巴文史资料》第 2 辑有关记载，1933 年 6 月中旬，苏区范家窝塘区游击队，配合红三十四团一个连和团政治处共一百多人，到屈家坪、梨溪坪一带抓获了从苏区逃跑去的土豪劣绅、反动头目、纸厂老板五十多人，关押到范家窝塘区苏。经过审讯，迫使他们交出了大量的粮食、机器和毛边纸。这也从侧面证实了当时火纸生产的规模。1940 年 7 月，凉桥殷家河永和祥所制的一种火纸，曾在展览会上因成绩优良，由陕西省政府主席蒋鼎文签发，第六督察专员公署发了纪念状。足以说明当时火纸生产的范围之广及质量之高。

自解放后多年，彭氏的火纸作业还在一直持续，前后将近三百年的舀纸历史——这也是巴山林火纸业发展兴衰的缩影。星移斗转，纸坊坍塌，手艺无传；但在火地坝的万顷竹林中，依旧隐隐传来川味十足的舀纸歌的余音。纸虽散，歌不绝——

> 马家坝舀纸整十年，
> 火纸多得贴满天。
> 满天飘的是火纸，
> 挂回大竹老屋檐……

梅冬盛

# 渐行渐远的行当：挖木瓢

　　小时候，我家水缸上常放着一把木水瓢。父亲用它从水井里舀满两桶水挑回家，木水瓢总是漂在水面上，慢悠悠地晃荡着，飘出一串串歌谣；母亲一日三餐用它舀水做饭，调剂生活。夏日里，大人小孩回家，第一件事就是拿起木水瓢从水缸里舀上一满瓢水解渴。木水瓢是那样的乖巧方便，水是那样的沁人肺腑——那真是一种享受！

　　听祖父说，我们的祖籍在紫阳，世代以挖木瓢为业。虽然后世早已不做这个行当，但也许是遗传因子或兴趣的作用吧，挖瓢的手艺却一代一代地传了下来。到了爷爷这一辈，祖传的手艺在他手上放出异彩，应了那句"青出于蓝而胜于蓝"的古话。

　　1948 年，一位手艺人在紫阳走街串巷中发现了爷爷的手艺，一来二去两人就混熟了，成了形影不离的朋友。他一再劝说爷爷跟他到镇巴县过街楼（仁村）落户，爷爷经不住他的劝说，就随身带了几样挖瓢家当离开了紫阳。到镇巴后，爷爷的朋友帮爷爷成家立业，在当地扎下了根，继续干起了老本行。而今，爷爷已经去了另一个世界，而他坐在屋檐下聚精会神地挖水瓢的情景清晰地铭刻在我的心里。

　　祖上的挖瓢手艺不知传了多少代人，爷爷使用的锛、斧、凿的木柄被手磨出了"丫腰"；几把锯的锯条不知换了几茬，现有的也被锉成窄窄的一绺；大小刨子的木框都已磨得矮矮的；裂缝的墨斗用铁丝箍着……爷爷继承了老祖宗的绝活，在故乡的十里八乡颇有名气。爷爷名叫教高财，在我的印象中，他勤劳朴实、小心谨慎、做事认真，对人实实在在，从来没有与人红过脸，没有一点傲气，在乡里特别有威望、备受尊重。爷爷常对我说："荒年饿不死手艺人。你要好好读书，等你长大了，一定要学个手艺，学一门技术。""荒年饿不死手艺人"，爷爷不经意的一句话让我一辈子受益。

　　旧时，农村用的瓢大致有三种：葫芦瓢、木瓢和金属瓢。木瓢尽管都是木头制作的，但用途又有很多种：舀水的叫水瓢，舀汤的叫汤瓢，撮装粮食的叫撮瓢，喂猪舀食的叫猪食瓢，浇粪用的叫粪瓢……最有趣的是，家养的小鸡死了也用大木水瓢罩住小鸡的头，轻轻地磕，小鸡大多还能神奇般地活过来。

木瓢看着简单，用起来方便，但不是每个手艺好的木匠都会做的。耳濡目染中，我把做木水瓢的工艺记得一清二楚：找来鲜活的白杨木或松木，把它锯成一尺来长的段，逢中线劈成两半，用刀斧砍成粗坯，固定在木马上，经过挖瓢、削口、削把、削背等十几道工序，一把小巧美观的木水瓢就制作成了。简单地说，木水瓢是"挖"出来的，因此人们把从事此项手艺的人称之为"挖瓢匠"。

以前，很多人家都需要挖制撮瓢、水瓢、汤瓢等生活用具，挖瓢匠走村串户为乡邻挖制木瓢，也兼制作木碗。挖瓢的技艺是繁琐的，需要使用圆凿、刨子、刮刀、削刀等数十种专用工具。新"挖"出来的木瓢要放置在阴凉处，等晾干后才能使用。

除了直径不同、手把长短不一的木水瓢外，还有撮瓢。撮瓢形如鸭子的嘴巴，短把，口沿可贴于物体的表面。撮米下锅、到鸡窝里捡鸡蛋、撮谷物喂鸡、撮谷糠喂猪等，用的都是这撮瓢。20世纪50、60年代以前没有打米机，人们吃的米都是靠石碾碾、碓窝舂出来的。谷物倒进碾槽碾过以后，要盛起来除去秕糠，撮瓢就派上用场了。撮瓢正好一碾槽宽，使用起来灵活轻便。

历史变迁，时代发展，挖瓢匠们也开始了简单的"机械化生产"。他们在家里生产出各式各样的木瓢，然后再批发到供销社粗货铺或挑着走村串户销售。尽管那些搞纯手工工艺的匠人渐渐地淡出了人们的视线，但是敖家祖传的挖瓢手艺还是在继续传承。我的三爹敖大林、幺爹敖大全、大哥敖德贵还在传承爷爷的衣钵。20世纪70年代，他们把各类大小的木水瓢带到县城参加工艺美术作品展，备受观众青睐，订货者络绎不绝；20世纪90年代，西安美术学院工艺系的师生慕名而来买了一百多个，听说他们用来制作脸谱或其他装饰品，摆在西安各大旅游景点销售。

往事是一瓢醇香的米酒，滋生出无尽的惆怅和感伤。想起母亲向别人借一平撮瓢米，而后她总要撮上远超原来数量的一大瓢还回去，这其中的滋味和人情恐怕也只有这撮瓢清楚了。如今，家家户户用上了自来水，城乡再也难觅"挖瓢匠"的踪影，木水瓢成了四十岁以上的人的儿时记忆。那些带着树木芳香的木瓢，对于经历过农耕生活的人们来说，有着永不磨灭的记忆，更有一份荡漾在心间的甘甜。

敖  顺[*]

* 敖顺，男，1975年生，陕西镇巴县人。2000年于陕西理工学院政法系本科毕业。中学一级教师，汉中市中小学政治理事会常务理事，市德育先进个人、优秀教师。在《教师报》、《中学政治教学参考》、《汉中教育》等报刊发表教研论文及文学作品多篇，著有《高中政治跟我学》。

# 清末民国时期的镇巴农业

　　农业作为民生的基础，可以较准确较真实地反映一定时期的社会状况。探索和研究镇巴农业在近代百多年间的发展状况，既是对历史的了解，也可为当今的农业生产提供参考。

　　镇巴县位于陕西南部的大巴山腹地，层峦叠嶂，地域辽阔。历史上，曾是东汉时定远侯班超（字仲升）的食邑之地，蜀汉设南乡县，唐置洋源县，后与西乡县合治；清嘉庆七年（1802）析西乡县南二十四地设定远厅，民国初年改为定远县，之后为统一全国县名，更名为镇巴县。清嘉庆十四年（1809）对所辖区域与西乡县进行小范围乡镇调换后，一直延续至今。因此，今之镇巴的"家底"源于定远厅，而其可证可查的记录大都在清末和民国时期。

## 一、概况

　　中国是农业大国，历朝历代的统治者大都是重视农业生产的。这一点，即使清末、民国时期也能从地方官吏的观念和行为方面得以体现。定远厅首任同知班逢扬是因在南郑县令任上有善政才擢升到此的，他在南郑修建的一项惠民甚广的引水灌溉工程被后人命名为"班公堰"。其继任者严如熤所作的五首"农事词"（谕农词、夏耘词、喜雨词、祈晴词和秋获词）都表达了一个为官者对农业的高度重视和对农民真切的关心与同情。他对当时农业生产真实状况的记录和细节的描述，若非亲身经历无以致详。1836年定远厅境内发生蝗灾，同知谢长年亲历四乡督捕，幸免成灾。1929年国民党县政府把设在北教场的演武厅改为建设局，大力发展栽桑养蚕，并引进西瓜试种。1943在北教场建立农场，后迁到南庙，引进西红柿试种，扩大蔬菜生产的种类和面积，并栽植果树。建国后，位于北教场的苗圃和县城周边农户仍然以种菜为主，就源于此。

　　这一时期的农业生产有以下几个特点。一是农民以"佃种""开荒"为主。好田好地大多被地主、富豪所占有，真正的种田人受到税、租双重的剥削；在清末时官府继续鼓励垦荒，虽无赋税，但开垦需大量的劳力，刀耕火种，只几年便弃耕轮换，生产水平相当低下；二是对自然现象认识落后，迷信盛行，祈求天神保佑获得丰年。有设在城东的先农坛、城南的风云雨雷城隍庙、境内的多处龙王庙和详尽的"仪注"（祭祀的仪式）、"祝文"（祭辞）为证，从严如熤的《祈晴词》和《喜雨词》中也能得到佐证。三是为济饥荒和救灾，官府设有"常平仓"，各地农民自筹并管理有有"社仓"。四是教化民众节俭度日，不可奢靡浪费。

严重影响当时农业生产的有两大因素：政局动荡和自然灾害。

嘉庆年间是大清帝国由盛转衰的开始，之后的百年间国家处于内忧外患、风雨飘摇之中，再之后进入军阀割据混战时期；三十八年的民国统治，更加腐败无能。总体上说，战乱频繁，政局不稳，民心不安，百业凋零，民众处于水深火热之中。与此同时，镇巴境内匪患尤重，所造成的危害重于天灾，农民根本无法进行正常的生产活动。清嘉庆三年（1798）白莲教起义军入境（尚属西乡辖地），清军在额勒登保的率领下进剿，先后在黎坝、渔渡坝、盐场坝、大市川、巴庙、碾子等地激战，至嘉庆七年十二月，战火方熄。境内民众深受其害，农业生产受到严重影响。同治元年（1862）五月五日，蓝大顺率众由太平（今四川省万源市）经秋坡梁入境，十日，攻占厅城，火烧官署，"常平仓"被抢一空。同年九月，同伙曹培世率众复入境，流窜于渔渡坝、坪落、长滩河、缩垭河、长岭、中楮河、分水岭、大市川等地，在各地团勇打击后窜入石泉。这期间人心惶惶，农民也无法进行正常的生产。

民国二十四年（1935），盘踞在秦巴地区的王三春匪众经常窜扰边境，时来时往，农民大都利用夜间种庄稼，白天则躲藏于深山老林，因耕种不得其时，兼因久旱不雨，旱魃为虐，致使稻谷、包谷、杂粮均不及正常年份的一半。卖儿卖女的甚多，多地发生人吃人的惨景。至今，在镇巴只要一提及"遭年岁"，年长的人自然就会想起民国二十四年的饥荒。

清后期，据《定远厅志》和《镇巴县志》记载的重大自然灾害有：

嘉庆十九年（1814），大旱。二十一年（1816），大雨雹（虫、鸟多毙）。

道光二年（1822），大水（简池坝尤甚）。四年（1824），大水（五块石山崩，坏市里民居）。今注：五块石原为一集市，后迁兴隆场。六年（1826）四月二十一日，大水（坏山沙坡、蜡溪沟等处田庐，居民亦多淹毙）。十年（1830），飞蝗入境。十二年（1832）六月，霪雨月余（夏寒秋无获，民多饿莩，狼噬人）。十三年（1833）夏，复霪雨，大饥。十五年（1835），霪雨。十六年（1836），蝗生。十八年（1838）秋，蝛食稻（今注：蝛，即魃，鬼虫。当时不知为何物，故有此名。现已无考）。二十一年（1841）正月三十日，大雨，冰雹，雷鸣；秋，蝗伤稼。二十三年（1843），蝗复生。

咸丰三年（1853），大水。八年（1858），大水，坏民田庐。

同治六年（1867）八月十六日，大水（石虎坝尤甚）。

光绪三年（1877）夏，旱，大饥，道殣相望，斗米十千无籴。二十三年（1897）六月初，大雨连绵，河田被淹。

民国期间，严重的旱灾有 8 年、水灾 6 年。还有暴风、冰雹、"倒春寒"、霜冻、病虫等灾害，都对农业生产造成严重影响，轻则减产，重则无收。

史载，从道光三年到民国二十六年的 114 年中，有严重兵燹（xiǎn）、匪患达 15 年，自然灾害更达 29 年。

## 二、机构

清定远厅署设吏房、户房、礼房、兵房、刑房、工房、粮房和水房共八房，其中工房统管包括农业在内的生产建设。民国初期依旧，后设建设助理员、建设科管理农业，科内配技佐（技术员），负责引进和推广良种。

民国二年（1913）王世镗任定远县知事，成立了乙种农业学校，刘金印任校长。这也是镇巴近代史上的一项创举。

民国三十一年（1942）设农业推广所，三十二年设立农场，拨地 12 亩，配有主任、技术员及农工，推广试验良种。三十四年引进试种马齿包谷、凤尾粘水稻及西瓜、甘蓝等。

## 三、人口与土地

人口数量的增减、土地面积的多少及优劣与农业的生产量密切相关，知丁口、量田亩亦是当时官府征收赋税的主要依据。探知二者情况也能间接了解当时的农业状况。

### （一）人口

道光三年（1823），同知冀兰泰整顿厅境户口，统计在册人口共 134800 人。此为镇巴历史上目前可查的最早的人口数据。

光绪三年（1877），同知余修凤对厅以下的基层机构进行了整顿，共七十一保一百五十甲一千六百零四牌，总丁口87596人。当时规定十户为一牌，特殊情况也可增减，故总户数约16040户。"丁口"系当时16岁至60岁的纳税人口。按16-60岁人口占60.11%的比例（系现今人口普查所得）计，则当时人口约145726人。此期对户籍和人口的管理相当严格。"其有迁移生死户口，均于册内注明。更立循环二册，署保分存，年终核对，替换清查，以昭慎密。"（《定远厅志·地理志》）可见对人口的增减掌握得相当准确。

民国时有记载的人口数如下表：

**民国时期镇巴人口状况统计表**

| 年度（民国） | 户　数 | 总人口 | 男 | 女 |
|---|---|---|---|---|
| 二十四年（1935） | 15738 | 148734 | 96433 | 52301 |
| 二十六年（1937） | 13620 | 69971 | 37910 | 32061 |
| 三十三年（1944）1月 | 17945 | 83940 | 42208 | 41732 |
| 三十八年（1949）9月 | 19542 | 93069 | 46956 | 46113 |

自民国二十四年（1935）始，两年间人口骤减了一半。从道光三年（1823）到民国二十六年（1937），114年中人口也减少了近一半，有流亡的也有死亡的，主因是天灾与人祸。

（二）土地

嘉庆七年（1802）设立定远厅时，自西乡县移交的一等实熟地为八十八顷七十二亩八分三厘六丝二忽四微，换算成亩是8872.830624亩，如此精确的测量数据，土地的珍贵程度可见一斑。但清时的1亩只相当于现在0.9216亩，故折算为现在的面积就只有8177.2亩。嘉庆十四年（1809）将菩提河、楼房坪与西乡县腊溪坝、大市川互换后，变更为九十四顷六十三亩五分一厘四毫七丝九忽四微，即9463.514794亩，折算为现在的面积就是8721.6亩。这并不是全厅的土地总面积，而是当时最好的田地面积，是要按年缴纳粮食的一个田地基数，总科粮二百五十三石二斗一升五合四勺五抄二撮，以京斗（当时计量粮食的器具）稻谷为标准，今按每升四市斤折算即50643.0904公斤。

农民耕种的大面积土地是荒垦地，位于山坡山梁之上，开垦需大量的劳力，收成没有一等地高且不稳定，在一定的年限内不征收赋税；因与官府没直接关系，面积没有记载，现已无可查。可以推断，这类地的面积相当大，就是在正常年份也需要二三十万亩或更多才能确保粮食自给。当然，这类地的面积多少与人口的增减相一致，具有显著的不确定性。

民国初土地面积没有记载。二十八年（1939）全县耕地为 46912 亩，三十二年（1943）十二月土地陈报为 962774 亩。三十八年（1949）九月统计为 413981 亩，但建国后统计的 1949 年的耕地面积为 58.38 万亩，其中水田 5.94 万亩。此期数据极不符合逻辑，其可靠性需再查考。

镇巴在建国前，10.3% 的地主、富农占有 58.8% 的土地，52.1% 的贫农、雇农仅占有 5.6% 的土地（《镇巴县志》）。"厅治田地多佃种，贫民以佃为产，议佃之初有押租钱，其钱数租课为多寡……田主不取押租钱者，则与佃户平分租谷，亦有主四客六、主六客四者。"（《定远厅志》）可见，旧中国的土地政策是形成剥削与被剥削的根源之一。

## 四、粮油生产

### （一）种类

清时将五谷杂粮归为"谷之属"。

稻：红粘、青粘、白粘、乌粘、角粘，红糯、白糯。粘有迟早二种，美者有香稻（米长、白而香）。

粟：粘粟、糯粟、包粟（即包谷，最宜高山，厅粮恃此。较稻米耐饱，亦可酿酒）。

粱：高粱。

麦：大麦、小麦、燕麦（产者甚稀）、荞麦（有甜苦二种，春初播种，五月熟，或燕麦登场播种，九月熟）。

豆：黄豆、黑豆、绿豆、赤豆、饭豆、豌豆（有菜饭二种）、扁豆、胡豆（一名蚕豆）。

麻：芝麻（有黄、白、黑三种）、苏麻。

杂粮：薯（有红白二种）、芋（有水旱二种）、洋芋（有红白黄乌四种，宜高山，喜旱畏涝，作饭作菜皆可）、蕨（野生，苕可食，根可捣粉。岁歉采取，济饥，民利赖之）。

将野生于山中的蕨也归为杂粮类，并且民利赖之，足见当时粮食生产水平的落后和民众生活的艰辛程度。食用油是以野生的漆树籽压榨的"漆油"和养殖所获的"猪油"为主。漆油还是当时重要的"出货"，外卖量当亦不少，但无确切记载。

另，严如熤《三省边防备览》载："定远山大林深，然过一高山即有一田坪。星子山之东为楮河，厅西为九军（误，当为九阵。下同）。三坝，南为渔肚坝、坪落、盐场，西南为仁村、黎坝，均有水田，宜稻；九军坝产稻最美，其粒重于他处。渔肚坝、楮河、坪落、盐场周围各数十里，俗称'万石坪落，五千盐场'。但各乡虽产谷，而距厅治远，阻隔大山，转运为难，厅治之故乡营水田仅数百亩，故仍有艰食之虞！"

### （二）种植面积和产量

清初，川楚移民来此，楚民善种水稻，川民善种包谷。水稻只适宜于矮山谷坝，而包谷高矮山皆宜，平坡地均种，故逐渐成为定远厅内的主要粮食作物。

洋芋（即马铃薯）在高山春种秋收，于矮山冬种夏收。半高山以上的农民多赖此为生，素有"高山洋芋半年粮"之说。

此期当以包谷、洋芋、水稻种植为主，杂以豆类、麦类等。相应的种植面积和产量奇缺，仅有民国末（1949）的数据略作参照。

**民国三十八年镇巴县作物面积和产量统计表**

| 种类 | 包谷 | 洋芋 | 水稻 | 小麦 | 黄豆 | 红薯 | 油菜籽 | 秋杂粮 |
|---|---|---|---|---|---|---|---|---|
| 面积（万亩） | 34 | 7.5 | 5.94 | 3.21 | 5.5 | 0.13 | 0.4 | 8.39 |
| 总产（吨） | 34 | 487.5 | 891 | 137.5 | 23.32 | 7.8 | 6 | 151.02 |

注：洋芋、红薯产量系折算为主粮后的数据。来源于《镇巴县志·农业》。

民国二十九年（1940），水稻种植面积10077亩，总产量980吨。

总体上，"定远居万山中，统计水田十之一，山地十之九……比岁丰登，食或足而用不足，一遇歉收，食用两匮。"（《定远厅志·食货志》）民生受自然条件所限，是典型的"靠天吃饭"。

## 五、蔬菜和花卉

清时期的"蔬之属"有芥菜、白菜、菘菜、芹菜（水生）、蕹菜、苋菜、冬苋菜、马齿苋、油菜、黄花菜、豆角、茼蒿、萝卜、香菌、包谷菌、薑（今之姜）、蒜、葱、韭、辣椒、笋、百合、菱笋、南笋、地笋、树花菜（最嫩者为珍珠菜）、羊角菜（形似姜花，味亦如此）。

当时的香菌（即香菇）、包谷菌均为野生，非人工生产，还没有"食用菌"这一概念，故将其按用途归为蔬之属。最嫩的树花菜被称为"珍珠菜"，现今却很少有人知晓。

"蓏（luǒ）之属"：金瓜、铁瓜（皮坚）、菜瓜、笋瓜（味似笋）、王瓜、冬瓜、丝瓜、南瓜、西瓜、北瓜、甜瓜、苦瓜、瓠瓜、茄子、葫芦（不食老则用以贮物）。

"花之属"：蕙、兰、桂（有红黄白三种）、萱花、蔷薇、荷（有红白二种）、腊梅、荷包、牡丹、小桃、栀子、玫瑰、绣球、紫荆、刺梅（有红白二种）、海棠（有春秋二种）、桃梅、石榴（有二种，一不结实）、七里香（一名水香）、鸡冠、玉簪、凤仙、牡丹、芍药（有红白二种）、菊（名、色甚多）、木槿（有红白二种）、凌霄、芙蓉、罂粟、映山红、木笔（一名迎春）、金丝莲、红茶、四季桂、水仙、蝴蝶、雁来红、年锦、石竹梅、夹竹桃。

大巴山植物种类丰富，在清朝时本地花卉就远不止上述所陈，当时没有进行植物"详查"。木笔，中文学名紫玉兰，别名木兰、辛夷，木兰科植物，色泽鲜艳，花蕾紧凑，鳞毛整齐，芳香浓郁；花蕾形似毛笔尖，故名。因与今之迎春花绝异，故"一名迎春"实误，应为"应春"。

罂粟在当时并不是当作花来欣赏的，而是大面积种植并用以生产鸦片，官府虽有禁止，但在利益驱使下，也是明禁暗倡。此物竟祸害至大山深处的定远，甚恶！其害到新中国建立后，方绝。

# 六、茶叶

茶课：定远额征茶课银二百一十九两一钱六分一厘，因厅境产茶。系茶户张仲荣等按年输纳解数。

《定远厅志·赋役志》

据此可以肯定，19世纪后期，镇巴境内茶叶产量很大。茶税是"财政收入"的重要来源，占去总收入的六分之一，远高于盐税（仅六十二两银）。据查考，清时的茶税率在10%左右，则当时茶叶的总产值在二千二百两银以上。按一担（100市斤）茶叶平均价值一两二钱换算成总产量达20多万斤。主要产地为现在的盐场、赤南、渔渡、兴隆、观音、碾子、仁村、简池等地。

但，此期并没有现在这样规整的茶园，而是与粮食、蔬菜间作的茶山，或散种于地边、坎边，茶树是以"窝"（即丛）计之，无茶园面积的说法。产品是用"脚蹬手揉太阳晒"的方法制做出来的"晒青茶"。

> 木之属：茶树，下楮河、双白河两地间有乡民摘食，无出卖者。
>
> 《定远厅志·食货志》

此两地，地处偏远，交通不便，即使做出好茶来，又卖与谁？自食即可。也有可能是制作技术太差，质量不高，无法"商品化"。

民国年间，镇巴茶业衰退。三十二年（1943）六月二十八日，镇巴县政府上报省的《漆茶木耳桐油生纸产销情形调查表》列：本县产茶2460斤，主要产地为仁村、兴隆、纳溪等乡（《镇巴县志·林业》）。这个数据可能与茶税有关，并不是全县的总产量，因与下段所载内容极不相符合。

民国三十六年（1947）的一份文件称：镇巴观音产茶六七万斤，惟品质低劣，兴隆、仁村亦属产茶区，但为数极少，全县三乡产茶计十余万斤。

至1949年底，全县共有茶园1100亩，年产茶6.6万斤。

# 七、畜牧

清时的"禽之属"之家畜有鸡、鹅、鸭、鸽；"兽之属"之家畜有牛（有黄牛、水牛）、马、骡、驴、猪、羊、犬、猫。种类与现今无异，饲养水平大不相同。虽无具体记述，但在定远厅第二任同知严如熤的《谕农词》中有这样的诗句："甚至饲猪豕，蒸穀望速肥，天物恣暴殄，召殃夫何疑！"将用谷物喂猪斥为暴殄天物、必然召殃的愚蠢行为。可以推断，此期养猪是以猪草、糠皮为主的"粗饲"方式，肥肉很少，肉质是绝对的"绿色"。其他种类，无疑是自然放养。禽、猪、羊当以食用为主，而牛、马、骡、驴主要用于役力或运输，是重要的生产、交通工具。大家畜在当时农民的生产、生活中所发挥的作用远超过现今。

民国二十七年（1938），全县有牛800头，有猪6000头，翌年分别为950头、6300头。到1949年有牛12075头，猪存栏26000头，其中母猪2600头。三十一年（1942）七月，镇巴县政府建设科选送兽医防治员李知邦赴省农业改进所受训。三十三年（1944），设立农业推广所，县政府委任其为该所兽医技佐（《镇巴县志·农业》）。

民国三十二年（1943）、三十四年（1945）的《镇巴县政府快邮代电》，三十五年
（1946）《镇巴简报》第 44 期均称：本县牛瘟曾经百度发生，流行甚烈，死亡耕牛很
多，对农业经济造成巨大损失。

清朝时有"畜税"，无定额，总量不多，但需"尽收尽解"。民国十一年（1922）
下半年，镇巴县设立牲畜屠宰税务局。大致以猪、牛、羊的头数实征，总额较高，但
不好收缴；也有分类按年一次性缴纳的，额低易收，似无定例。

## 八、其他物产

清时定远厅主要的特产还有蚕茧、木耳、苎麻、蜂蜜、黄蜡、花椒、土漆、漆蜡
油、核桃、板栗等。其中，木耳的产量颇多，但均无具体数据。

民国二十九年（1940）产白木耳 0.25 吨，黑木耳 2 吨。三十二年（1943）产黑
木耳 17.5 吨。三十八（1949）年产黑木耳 10.75 吨。

## 九、农事和农谚

《定远厅志　地理志》载：

定远早稻清明后播种，四月中旬插秧；然地寒冷，要以谷雨播种为当，
早则四月下旬插秧，迟则五月初旬插秧，大约以芒种为限，过夏至则难收。
若包谷于清明时种最早，迟则三月中旬、下旬或四月上旬，亦以芒种为限。
谚云："芒种忙忙种，太迟必不熟。"荞麦夏种秋收，小麦、燕麦、豌豆、蚕
豆皆种于八月，迟则九月初旬，过迟则歉收。至高山之民，尤赖洋芋为生活，
道光前惟种高山，近则高下俱种，春种则五六月可食，山民有因之致富者。

"元旦宜黑四边天，大雪纷纷是旱年；最喜立春晴一日，农夫不用力耕
田。"——元旦、立春宜晴。

"惊蛰不冻虫，冻到五月中。"——惊蛰宜冷。

"二月二日晴，树叶发两层。"——二月二宜阴。

"清明宜明，谷雨宜淋。"

"立夏不下，犁耙高挂。"——立夏宜雨。

"五月十三雨一浇，晒得南山竹叶焦。"——这天最好不下雨。

　　"小满不满，芒种不管。"——小满宜雨。

　　"要知旱不旱，端看五月二十三，大雨大旱，小雨小旱，不雨不旱。"——这天一定要晴才好。

　　"处暑若逢天下雨，纵然结实也难留。"——处暑宜晴。

　　"春社无雨莫耕田，秋社无雨莫种园。"——社宜雨。

　　"重阳不打伞，豌豆麦粮光杆杆。"——重阳宜雨。

　　"立冬无雨一冬晴。"

　　"十月无霜，碓头无粮"——立冬宜冷。

　　"春贵油麻夏贵谷，秋贵丝棉冬贵肉。"

　　所涉月、日均为农历。农谚虽不一定科学准确，但它是千年农耕文明的结晶，对农业生产中具有宝贵的参考价值，所以至今仍在镇巴农村广泛应用。

吴平昌　李安平*

---

　　* 李安平，1960 年生，现任镇巴县政协文史学习法制委员会主任。多年从事文史工作，先后收集整理文史资料 80 余万字，主编《镇巴政协》第八辑——《巴山枭匪王三春专辑》和《镇巴政协》第九辑、《镇巴政协》第 1 至 7 辑合订本。

超链接

# 楮河看茶

## 一

周末，朋友喊我去看茶，我欣然答应。

茶是干净之物，安静之物。久居人群，是应时时去看看茶的，让日益浑噩躁动的灵魂清醒安宁。

我要去看茶的另一个理由，是因为曾看到一句大老实的聪明话：茶者，人在草木中也。

看"茶"字：人在草木中，以草为荫，以木为根——明明昭示着：人早已进入茶中，早和茶融为一体。在茶中，人是不安分的：高扬双手直探苍天的神秘；又以树为根，饥渴地钻进大地的深处……茶让人宁静，人只有在宁静后方能到达更远之地。

可人怎么就到了茶中呢？是不是茶本身就是一个自然，浑然包容了天地人？

我们祖先造"茶"字，是否还在隐隐告知我们：茶才是我们通达天地秘境的路径，人类的生命秘密只有通过茶才有破解的可能。是不是还在说：是草木生就了人，又只有草木才自始至终生养着人，关怀着人。

人倒是怎么进入茶中，想来想去，终是想不明白，没有路径。这好像正是我们祖先高深的智慧，不能用想，只能靠悟。

## 二

我们去兴隆看楮河银针，可是有路的，这是一条三级公路。坐汽车，一个半小时的路程，一路都在秃山陡崖峡谷石缝中穿行，走到一半，远远看到一条河，水大河深很有气势，很有韵味。同行提议下车走路。

这就是楮河了，水清、绿、透、净、静。

这不是一般的水，这不是流淌在人间的河。

有浓浓的茶香扑鼻而来，这流淌着的是一河茶水。

何其有幸，两岸的草木、土地、人家、牛羊，喝着这样的水。

何其有幸，河里的鱼虾、石头，水草生养在这样的水里。

两岸的山，那样净、静，牛羊在山坡上只如雕塑一般，更似入定老僧。好茶能使人净、静，好茶水竟使得牛羊都悟了大道，成了正果。

走了那么远，山、水、农家，都是净净的，静静的。

我们默默的走，身心都净净的，静静的。

## 三

远处路边有一户人家，远远就飘来只有人类才有的异味。

所幸河边只这一户人家。所幸楮水依然清绿如茶。

地理的偏僻贫瘠阻止了人类的群居，人类自救的同时无意救了自然，当我们再回到荒僻的地方，我们才知道人类所救的最终还是自己——现存的自然资源莫不如此。

路一直撵着水走。这路的设计师是一个喜欢水的智者呢还是一个利用了水而使自己便利的投机者，我可以不管。毕竟这一路我们都以好水为伴，使得我们这一路并不虚行。

## 四

要到小镇了，远远看见一大堆多半在水中的垃圾。

我的心突地一紧一痛：可怜的楮河水呀，可怜的一河流淌着的茶水。

喜欢好茶好水的人太多，可是把你楮河水当作好茶水的人有几个？连同世代受你恩泽的楮河人也不一例外地污你脏你。楮河人哪，你们夸茶的同时却在污你们的水。你们小镇里不应只有懂茶的商人，而无懂水的茶人。人不懂水，何以懂茶。只摘好茶不培好水的人，即使是茶商也不是好茶商，与茶人茶道更谓远之又远了。

楮河人呀，开发茶叶的同时，好好保护你们的水吧。有了楮河水，你们已经拥有了最好的广告招牌——毕竟楮河水依然那么清，绿，透，净，静。

## 五

再过一道山梁就是兴隆镇。

一道好好的山梁，硬是被人炸开，公路直直地地插进了小镇。而水却是从小镇的边上顺着山梁转了好大一个弯才绕过来的。人与水的高下立现：水是自然物，绕开了山梁，选择了远路，走进了自然。人是社会物，撕裂了山梁，抄近道进入了社会，背离了自然。

到小镇，有人招呼我们。我以为此行目的地已到，其实没有，主人只是到镇上来接我们。主人带我们从一条小通道离开小镇的大街，穿过几户人家，路越来越小，最后干脆就是田埂。

这样的路真好，到茶树的居处就应是这样的小路，土路。

路边、山坡上开始有了稀稀落落的茶树。

"你们有成片成片的茶山吗？"我问主人。

"没有。"主人说。

茶树真是树中的精灵，并不多的茶树就泡出了一河楮河茶水。

茶是高士，假使满山遍野都是茶树，岂不如人类的群居，那还是精灵的茶，大隐的茶么。

茶厂地址选在山野间，而不是小镇的大街，我以为这茶厂的主人是一个懂茶的人，他知道茶是大隐，他的茶一定属于真正的饮者。

沿路可以看到采茶的人，但并不如一般传说或广告：茶由十二三岁少女口含舌摘。

采茶的有老有少，有男有女。无论男女老少，一律都背着一个小小的新竹篓。主人说，我们没有古人那么多的讲究，但我们要求采茶者衣服一定要净洁，长长的指甲是必须要剪掉的，采摘之前，要反复洗净手脸。装茶叶只能用新竹篓。茶叶是一点儿都不设防的处子，一点点脏物异味都会玷污她，一被玷污再好看的茶也制不出真正的好茶了。

## 六

晚上看茶人制茶。

茶叶与火隔着一个铁锅，锅下是木炭火，火热但不暴烈。

茶树，在一丝月色、一轮朝阳、一片霞彩或一泓星光中受孕，茶叶还是心叶合一的处子，便被火热热地爱着了。火的爱情，透过大铁锅热热地给了茶，直到茶把一生的青春丽质连同贞洁蕴含深藏。

火对茶的爱情，直到自己化为灰烬，都只有爱，没有被爱。

这应是最难之爱，也应是最爱之爱。

然而，茶的真正爱情是属于水的。

当茶把自己完全交给水的时候，茶仍然缅怀着自己第一次爱情的给予者——火。她怎么忘得了火，即使陌生了未曾晤面的火热的相思，滚烫的爱情的温度却早已刻骨铭心。因此，她的爱情拒绝冷水温水，她把所有的爱只交给滚烫的沸水。只有沸水中才有火让水传递的滚烫的相思、火热的爱情。

大度的水，伟大的水，无一丝嫉妒，无一丝醋意，在完成了自己与茶之爱情的同时也圆满了火与茶之爱情。到如今我还没看见或悟到比茶水火三者更伟大的爱情。

火是明智的，他知道，他和茶只能有苦苦的相思，不能有相拥相抱的爱情的占有，假如他与茶的爱情拥抱占有成真，茶与火还有他们的至爱也只能灰飞烟灭，而不可能成为至爱的涅槃。

——是火的爱情，让茶将最贞洁最美丽的青春蕴含深藏。

——是水与火的爱情，让茶的最贞洁最美丽的青春重新复活到初生。

茶的昂昂窜立的生机在滚烫的水的爱情中复活，水在茶的爱情中受孕，孕育出别样的爱情的滋味。这爱情的滋味由火、茶、水酿造，却被人品尝。可人大多只尝到了茶水的酸涩苦甜，少有人能体味这火、茶、水死去活来的爱情的真味。

## 七

在制茶室里，我与主人交谈。我有一个疑问：干吗叫楮河银针，生硬的银针与自然的茶该有多远？

主人有答，但我仍以为与茶与人远矣。

我有我自己的答案：楮河茶的色香味，楮河茶的昂昂窜立的生机，于水的滚烫中复活的真实的水茶火的爱情，这些对于现代人是否都如银针利刺，叫现代人于昏昏噩噩中清醒并反省：作为人类的自己，无论是环境、心境，还是人情、爱情，已离开自然到底有多远……

# 八

夜已深，我躺在制茶室的一个躺椅上与茶沉沉入睡。

朱广录[*]

---

[*] 朱广录，男，生于 1971 年。其《杂谈作文素材积累中的语言素材积累》、《建有心的班集体》等文章在《陕西教育》、《中学生导报》、《汉中教育》等刊物上发表。现就职于镇巴县教师进修学校。

# 凉桥品梨

《定远厅志》食货志说"定远土产五珍奇，多他邑恒有者"，果之属有"梅梨桃子杏枣"。可见，梨是最多也最普遍的水果。凉桥产梨，古今使然。以邑人趋之若鹜的其延续至今的盛况为证，凉桥当无愧于县之"梨乡"。

凉桥品梨自是一道特别的风景。

看梨花。

四五月是凉桥的"梨花月"。一场春雨，两日阳光，出屋一看，满山遍野梨花绽放，如腾腾白浪，似茫茫瑞雪；月光下更美，皎皎如梦幻。

那花，有的盛满整整一窝塘一谷坝，有的三五几簇点缀坡头田间，更喜一嫩枝偶落草棚，三两瓣也竟自开放。

那几日呀，连鸡笼牛圈也阵阵芳香。蝶儿缠绵流连忘返，蜂儿醉得晕头转向。风来了，雨来了，花该谢了。你无法想象梨乡有多少梨树——每早起来，整条清水河里全流着白白的花。鱼儿披着鳞片，成了芬芳的梨花鱼。

逛梨市。

清早，冒着露水摘梨，是为一个"鲜"字。梨树很高，有刺，不好上。但也不能用竿打，否则掉在地上，摔成疤梨，既伤了梨形又漏了香味，卖不起价；或是损了枝臂，减了来年收成。再说梨主人也不忍心，于是还得搭梯子上树，拣熟的蜂子叮过的摘。摘了以后用篮子往下吊。

这时，太阳出来了，背着梨子的山哥哥来了，拎着篮子的水妹妹来了。哥脚穿草鞋，妹妹头缠一丝白帕，沟里穿，河里趟，树下歇，一路山歌去赶集。

> 清早起来把梨摘，
> 姐的梨儿硬如铁。
> 摸一摸，捏一捏，

回去想了半个月。

男声方毕，女声随起——

> 梨树桠儿丈把长，
> 摘个梨子打过墙。
> 要想吃梨你过来，
> 莫在旮旯耍花腔。

两人戏时未罢，一小媳妇的歌声又插进来——

> 托人带话你不答，
> 三天五天不回家。
> 回家直往怀里跑，
> 全结梨子不开花。

晌午时分，桥头，树下，阶檐，路边，满镇都是卖梨声。哥哥蹲着，亮开膛子扇风，抽烟。妹妹捡块方便面袋坐下，篮子放在面前，梨子鲜绿透黄，脸儿嫩白泛红，口口声声道：鲜的，这是凉桥梨！

不过此间，那些冒充凉桥梨也会乘虚而入。不用讲，大家都知道如何辨认凉桥梨——凡凉桥梨梨柄下的蒂窝都有灰蒙蒙的蛛网。买几斤带回去，让亲友分享——这便是凉桥梨！

品梨味。

净梨。以清水冲洗，不可用力，否则损皮。但见皮翠透黄，抚之细腻光滑，有淡淡清香。

削梨。轻则断落，重则伤肉，轻重适度。不可中辍，停而继之，则味失色黑。皮薄而均，韧而成形，拎之如纫。此时，芳香扑鼻，垂涎欲滴。

品梨。不可大口，鼻轻触，唇稍抿，以啜其香，薄咬一口，慢切，以体其质细；细咂，以感其味正。如此徐徐品至梨完。梨完而意未尽，梨亦不再是梨，而是清纯的山歌，是梨妹的酒窝，是满目的青山绿水。

梅冬盛

# 巴山食笋

新笋连泥剥满筐，巴山风味我初尝。

从今不说胸无竹，心肺都含巉谷香。

清·陈庆怡

# 第五章　治安军事：干戈兵戎境难安

镇巴初名"定远"，从历史上看，"远"实难"定"。因地处秦疆蜀界，境内山高林密，沟壑纵横，易于藏奸结兵，故多干戈兵戎。蜀汉为安边首置南乡，满清因"平乱"而设定远：皆与军事有关。

## 一、戍边镇守：南乡北迁继洋源

镇巴本秦蜀要冲，汉时即遣将戍守。嘉庆《汉南续修郡志》卷三记定远厅之关隘曰："父子关，厅西北百里，父子山，汉将徐氏父子守此，故名。"又《镇巴文物》载，平安镇两河村庙垭子有两座汉墓，当地人称大将军墓、二将军墓，或汉代守将战殁于此耶？

建安二十年（215）冬月，蜀汉大将张飞取间道战胜魏将张郃，或出镇巴。《三国志·蜀书·关张马黄赵传》曰："曹公破张鲁，留夏侯渊、张郃守汉川。郃别督诸军下巴西，欲徙其民于汉中，进军宕渠、蒙头、荡石，与飞相拒五十余日。飞率精卒万余人，从他道邀郃军交战，山道迮狭，前后不得相救，飞遂破郃。郃弃马缘山，独与麾下十余人从间道退，引军还南郑，巴土获安。"清代地理学家严如熤《三省山内风土杂识》曰："汉昭烈取汉中，大军发葭萌关，张桓侯由西乡一路，后西乡为桓侯封邑。定远之扯旗溪、拴马岭各处尚有桓侯遗迹。"其诗《巴山吟》亦曰："晒旗与拴马，间道父老传。"（《三省边防备览·艺文志下》）张飞"从他道邀郃军交战"，走的大概就是镇巴、西乡这条"间道"。后"先主为汉中王，拜飞为右将军、假节。章武元年（221），迁车骑将军，领司隶校尉，进封西乡侯"（《三国志·蜀书·关张马黄赵传》）。

就在张飞进封西乡侯的这一年，刚刚建立的蜀国将汉中郡城固县的南部分出来，在今天镇巴的渔渡坝这个地方建立了南乡县。史左《西乡县志》曰："汉分城固为南乡县，建置于归仁山，今渔渡坝是也。"《定远厅志·地理志》载："蜀汉析城固县半为南乡县，建归仁山，即今厅南渔渡坝古城堡是也。"蜀国为什么要建这个南乡县呢？南宋王象之《舆地纪胜》引《洋州志》云："蜀先主以城固县东北控魏，南蔽蜀，实为重地，乃分置南乡县以壮藩篱。"唐李吉甫《元和郡县图志》也说，刘备即帝位于蜀，"分城固县立南乡县，为蜀重镇"。就这样，公元221年，镇巴作为一个边防军事重地而首次建置为县。大概因为张飞曾征战于此，他被封为西乡侯之后，因家乡涿郡西乡属魏，故寄食采于南乡。

南乡县既为蜀国藩篱重镇，必驻重兵防守，且筑城御敌。《定远厅志·地理志·古迹》说："古南乡县城，在（渔渡）市西马家湾，距市三里。"据此可知，清时南乡县城遗迹犹可指认。2014年6月，梅冬盛、吴平昌、朱广录、杨盛峰等人到渔渡考察，在家住马家湾的马孝勇先生带领下，于荒草之中找到了一段城墙夯土遗迹；马先生说，城墙遗址东南几十米处叫校场坝，或为当年南乡驻军练兵之处。

南乡县历整个蜀汉、魏末及西晋初共六十年，西晋武帝太康二年（281）改名西乡县，治所北移。其间蜀拒魏，魏攻蜀，当多有战事，而史无详载。西晋末，十六国纷起，于干戈纷乱之中，县地相继属成汉、东晋、前秦、后秦、东晋；南北朝时期相继属宋、齐、梁、北魏、梁、西魏、北周，其间兵事情形亦无记载。

镇巴地境首次与西乡分开单独置县是在唐高祖武德七年（624）。唐李吉甫《元和郡县图志》说："洋源县，本汉、晋西乡县，武德七年析置，因洋水以为名。"唐帝国为什么会在建国初分置洋源县呢？从时间点上来看，很可能是出于军事考虑：国家新建，地方未靖，于南山深处置县，既控汉南川东，又卫巴蜀驿道荔枝道。安史之乱（755–763）后，唐王朝国势转衰，藩镇割据，盗贼蜂起，洋源县治竟然在大历元年（776）"为狂贼烧劫，遂北移于西乡县南二十里白湍村权置行县"（《太平寰宇记》卷一三八）。镇守一方的县政权中心反而"为狂贼烧劫"，被迫"权置行县"，可见唐王朝当时在军事上已是何等衰弱！

"烧劫"洋源县的具体情形史无详载。此后60年，洋源县废，镇巴复与西乡县并。宋元时期，地境之事多不传。

## 二、明代驻防：义军官兵屡激战

元末战乱之后出现大量荒地，明初朝廷鼓励垦荒，特别规定包括陕西在内的荒地较多的地区，"洪武二十七年以后新垦田地，不论多寡，俱不起科"（《明太祖洪武实录》卷二四三），全国耕地面积大幅增加。然自成祖起，皇帝藩王、权贵勋戚疯狂掠夺土地，而赋役仍由农民承担，迫使大批农民破产逃亡。流民入山开荒，政府担心他们于深山穷谷团聚为非，常派兵镇压，于是起义相继发生。自英宗始，流民成为明代社会突出问题。天顺八年（1464），刘通（绰号六千斤）、石龙（绰号石和尚）率领四万多流民于湖北房县起义，两年后战斗失利，石龙率领一千余人突围入大巴山地区。明代中后期，巴蜀义军屡入县境。

为弹压地方，应对流民和义军，府、县政府加强了在镇巴境内的行政、治安和军事防控。史左《西乡县志》卷二："渔渡坝公署……隆庆间（1436－1441）寇何勉乱，官兵剿平，移本府（指汉中府）通判驻此……崇祯间置渔渡坝守备，设兵二百名，驻督捕公署中。"明时通判为知府副职，正六品，辅助知府政务，分掌粮盐都捕，设于边陲，以补知府管辖之不足。守备为军官名，镇守一城一堡；渔渡营守备设置之初，驻地方政府之督捕公署中。《定远厅志·武备志》载："渔渡营守备，明崇祯间置。"录守备四人：李茂、范于殷、秦鸿奇、杨廉。"范于殷，山东人，进士，崇祯间任，多力善射，饮食兼人，喜谈忠孝节烈事。崇祯时逐流寇至红瓦铺，射杀数十骑，矢尽力战被执，骂贼不屈死"；"杨廉，临潼人，负胆气，沉默寡言。崇祯时与流寇战于渔渡坝累日，以众寡不敌被困，创甚，犹手刃数贼而亡"。四任守备，两人战死，驻军伤亡情况可想而知，也可见明末县境战事之频繁与惨烈。《定远厅志·建置志》载：明时西乡县在麻池堡（长岭、草坝、向家坪一带）设县丞署，在盐场射弓台设巡检署。县丞署被民间称为分衙门，县丞为正八品，在县里地位仅次于县令（或县长），一县最多设两人，掌管文书及仓、狱，辅助县令管理地方事务；巡检署是地方政府的治安机构，设在镇市、关隘的要害处，巡检秩正九品，掌管训练甲兵、巡逻边地关隘之职事。

然而，府、县政府的这些防控措施完全无法抵御风起云涌的农民起义队伍进入县境。县志《大事记》载明代之事六，四条为起义：

成化年间（1465－1487）王刚率众起义，入县境盐场关（清《定远厅志》；民国《西乡县志》谓此为弘治三年事）。

正德四年（1509）四川仓溪鄢本恕，营山蓝廷瑞、廖惠等聚众十万起义，经盐场关入境，次年转战大巴山，后在川陕鄂三省官兵夹击下，蓝、鄢遇难，廖率余部活动于陕川鄂等地，八年后复转大巴山，在明军追击下离境。

隆庆二年（1568）通江何勉在星子山聚众起义，以乾沟、母猪寨为据点，转战陕、川、楚三省边境，截官粮军饷，屡败官兵。明廷会调郧、襄、川、陕、汉、羌各屯兵3000余人围剿，逾年不胜。三年（1569）与明军激战于星子山，明军大败，其将领鲁欢山毙命。嗣后明军改攻为守，长期围困，使义军粮尽水竭，何勉中火炮身亡，万历二年（1574）起义失败。

崇祯十三年（1640）二月，张献忠起义军入大巴山境，在渔渡九拱坪玛瑙山等地与明军左良玉激战。

《三省边防备览》卷十二记鄢本恕、蓝廷瑞、廖惠起义曰："四川保宁贼蓝五常拾古弃印于山中，怪之；未几又得一剑，以为瑞，因名廷瑞，潜煽愚民。正德五年，蓝廷瑞与党作乱，廷瑞自称顺天王，其党鄢本恕称刮地王，廖惠称扫地王，拥众十余万，置四十八总管，蔓延陕西湖广之境，陕西汉中府之西乡、勉县、略阳等县皆被贼……廷瑞、本恕奔越汉中，至西乡大巴山后复追败之……"这段记载说明，鄢、蓝、廖起义军曾多次进入县境，且在大巴山一带与明军激战。

《定远厅志》记张献忠、左良玉之战曰："崇祯十二年（1639）八月，流贼张献忠寇蜀，掠厅境大巴山分水岭；十三年二月，左良玉自汉阳、西乡追入蜀，会诸将击之玛瑙山（《纲鉴》：玛瑙山系太平、定远交界），今厅境渔渡坝、九拱坪皆良玉击贼处。"《三省边防备览·策略》录《杨嗣昌传》曰："明年（指崇祯十三年，1640 年）二月七日，（左良玉）与陕西副将贺人龙、李国奇夹击献忠于玛瑙山，大破之，斩馘三千六百二十，坠岩谷死者无算，其党扫地王曹威等授首，十反王杨友贤率众降。"又录《左良玉传》曰："时献忠营太平县大竹河，良玉驻渔溪渡。未几，总督崇俭引其兵来会。贼移军九滚坪（即"九拱坪"——引者注），见玛瑙山峻险，将据之。良玉始抵山下，贼已踞山颠，乘高鼓噪。良玉下马周览者久之，曰：'吾知所以破贼矣。'分所进道为三，己当其二，秦兵当其一。令曰：'闻鼓声而上。'两军夹击，贼阵坚不可动。鏖战久之，贼大溃，坠崖涧者无算。追奔四十里，良玉兵斩扫地王曹威、白马邓天王等渠魁十六人。献忠妻妾亦被擒，遁入兴山、归州之山中，寻自盐井窜兴、归界上。是役也，良玉功第一。事闻，加太子少保。"这些官方记载表明，1640 年二月初七的玛瑙山之战，由左良玉率领的明朝国家军队和陕西总督郑崇俭率领的陕西地方军队与张献忠的起义军展开了激烈角逐，义军伤亡惨重，是为明末战局中之重大事件。

## 三、清代战事：白莲二蓝两兵燹

清定天下，强化地方防御，各省驻扎绿营。绿营兵编为标、协、营、汛，统领依次为提督、总兵、副将、参将、游击、都司、守备、千总、把总，后增设外委千总、外委把总，职位与千总、把总同，而薪俸较低。嘉庆《汉南续修郡志》卷十九载：清初，汉中府设总兵，"后改汉中城副将营一，阳平、汉凤参将营二，宁羌、略阳、渔渡游击营三"。《定远厅志·武备志》引《汉中志》曰："顺治四年（1647）……守备驻防渔渡坝，康熙三十二年（1693）改设游击，移驻渔渡营，将渔渡坝守备拨作本营中军；乾隆四十二年（1777），……以螯屋都司改设渔渡营；嘉庆十二年（1807）仍设游击，将西乡营瓦石坪分防守备隶之。寻，定远厅设，将渔渡营改为定远营，旧隶陕安镇，改隶汉中镇。"游击秩从三品，都司正四品，守备正五品。

嘉庆《汉南续修郡志》卷十九载："渔渡营：游击一员，守备一员，千总一员，把总一员，马战兵九十名，步战兵一十名，守兵四百三十名。内驻扎固县坝游击一员，守备一员，马兵七十四名，步兵一十名，守兵二百八十六名；分防石泉县千总一员，马兵八名，守兵七十二名；分防西乡县把总一员，马兵八名，守兵七十二名。""定远营：游击一员，守备一员，千总二员，把总二员，经制外委五员、额外外委二员，马战兵一百二十四名，步战兵三百五十三名，守兵二百八十八名。内分派吐鲁番屯防马兵六名，（步）兵十七名，守兵三十四名。分防司上汛把总一员，马兵六名，步守兵四十四名；渔渡坝外委一员，马兵二名，步守兵四十八名；分驻瓦石坪守备一员，千总一员，外委二员，马兵三十六名，步守兵二百四名。内分派塔尔巴哈台屯防马兵二名，步兵十四名，共存营马步守兵三百八十四名。"厅志所记定远营编制，另有协防观音堂把总一员，马兵三名，步兵十二名，守兵三十三名。

盖清代镇巴之驻军，自1647年至1812年设渔渡营，初置守备，46年后置游击，又84年后改都司，后期营址固县坝（今县城所在地），分防石泉、西乡，总兵力五百三十名；1807年改定远营，复置游击，驻厅城，分防司上、渔渡、瓦石坪、观音堂，总兵力七百多名。

驻军之外，清嘉庆十年（1805）将明代设于盐场射弓台之巡检署改移渔渡坝；嘉庆二十二年（1817）同知马允刚建黎坝巡检署，后移驻简池坝。巡检署隶属地方政府，负责训练甲兵、巡逻边地。

清初，吴三桂之部将谭宏陷据县境五年（1674－1678），烧杀抢劫，人民流离，田园荒芜。嘉庆初，蔓延鄂、川、陕三省之白莲教大起义部从频繁出入县境，清政府派经略大臣额勒登保、提督杨遇春等追剿，境内常有驻军。《定远厅志·武备志·兵事》载："嘉庆三年（1798）八月，经略大臣额勒登保帅诸将追剿川楚教匪，入厅境白阳关、西坝梁、王家垭、青冈坪、沙坡子等处，七年（1802）十二月追至四川太平聚歼之。""其在厅境战绩可纪者：四年（1799）七月二十八日，有毛垭塘、青冈坪之捷；六年（1801）三月初一至八月十九日，有巴山老林、长岭、九阵坝、红羊河、简池坝、渔渡坝、盐场等处之捷；逆目王士虎于八月初三日窜至松树坝，经杨提督遇春擒斩之，贼遂败窜出山，蔓延川楚秦陇，大兵蹑追，次第将匪首擒斩，余党仍遁入山；七年（1802）正月，我师扼截于厅境之姚家坝、渔渡坝、平落、九阵坝等处，以防奔窜；四月，杨提督等大败逆首苟文明、仁怀志等于小洋坝，获苟逆家属；十二月追至四川太平灭之，贼中巨憝悉就歼擒，党与亦皆殄尽。"额勒登保既平白莲教，奏设定远厅，同知严如熤遂将渔渡营都司张俊于固县坝所筑之三百丈兵城扩建为厅城；不久，渔渡营改定远营，置游击，增兵力，分立瓦石坪、观音堂、渔渡坝各要隘汛守，控制边地。清廷又推行坚壁清野之法对付白莲教军，于各地修筑寨堡，厅志曰："厅境有九十五寨。"县境各处至今犹可见残垣断壁、凿刻遗迹。

定远厅立周甲，境内战事再起。同治元年（1862），云南昭通农民蓝大顺（蓝朝柱）、蓝二顺（蓝朝鼎）率军由四川太平（今万源）入境，攻陷厅城。《定远厅志·武备志·兵事》记其事曰："同治元年五月初五日，四川贼蓝大顺同弟二顺拥众数万陷太平，寻由秋坡梁犯境，厅城不守。时承平日久，民不知兵，贼猝至无备。贡生王汝翼居近秋坡梁，得贼谍，一面飞报厅官，一面集团堵御。初，贼犯界，汝翼督练轰击，贼稍却；寻侦知虚实，蓝逆挥众直扑，团勇以众寡不敌各散。贼大队驱入，连陷祖师、石人各寨，幸邻寨遥施枪炮，民得逃生。初六日，掠渔渡坝；初七日攻羊圈岩寨，团勇马文江、蒲伸林、李长春等率众截击，生擒一贼，剖杀之；初八日，窜至山沙坡，攻白岩寨，厅诸生景星照、程敬民督团勇击走，随围攻硝硐，熊作贵、唐益春以炮击退；初十日，掠李家寨，遂陷厅城，戕伤团勇、守城兵数十名，毁先农坛、厅署，游击、司狱等署皆延烧过半。驻防虽有官营，分隶各汛皆远在百数十里或二百里外，征调不及。各印官先期分赴各乡督办团练，十一、二等日始调集各乡团员进取，贼闻宵遁，遂收复厅城。贼由蜡溪间道窜西乡，出掠螯屋。二年（1863），官兵剿平之。"二蓝数万之军过境，团练、乡勇、驻军皆不敌，七八日间破寨堡，毁厅城，地方武装严重受损。遭义军打击之后，定远厅同知汪兆侗强化地方防御，大力举办团练，各处修复寨堡，重要关隘设卡结垒。厅志记县境关隘19处，东有王儿垭、灵官垭、木竹垭、关垭、卡子梁，南有土地岭、九拱坪、滚龙坡、秋坡梁（西乡坪）、九元关，西有铁佛关、西乡街、亮垭关、井泉关、二土地，北有麻柳滩、会仙桥、油坊口、营盘梁。

端午之役甫过，重阳战火又起。厅志载："（同治元年）九月初九日，蓝逆伙党曹培世复胁数千众犯秋坡梁，厅南戒严。初，渔渡坝巡检毕联辅同经制马文举、贡生王汝翼率练丁赴秋坡梁截击，贼败退。越日，天甫明，贼率众猛扑，团勇度力不支，奔溃，避木垭沟。贼乘间过，由小路趋人和寨，练以枪炮连环轰击，毙贼数十名，贼败退至响硐子，经周兆熊、柯进忠、罗仁学等领团拦截，遂窜渔渡坝、平落、长滩坝、索垭河、长岭、分水岭等处，皆被团练据险力扼。贼势穷蹙，乃悄由青冈坪出七里沟、荒田嘴，进鹿子坝口，贡生程敬民伏团腰击，贼败遁，连夜奔越星子山，由中楮河、大市川狂窜出石泉。"曹培世义军人数不多，又遭团练、寨堡抵御，多败绩。

同治元年兵燹之后，厅境守军溃散，营制无存；四年（1865），按原额二成募兵建营，计马兵三十，步兵七十，守兵四十八。厅志慨叹："究之兵力太单，边防辽阔，诚难供捕缉协解之用也！"光绪四年（1878），同知余修凤编立保甲，以团练寓之，以保正为总哨长，甲长为哨长，牌头为什长，各户有丁者出一名练丁，悉受本管甲牌约束，全厅共编团 68 个，选当地绅耆任乡正、团总，督查牌甲，平时各安耕种，遇警互相救援。

## 四、民国纷乱：兵匪交加曙光现

民国时期，国家内忧外患，县境更是兵连祸结，扰攘不安。

### （一）地方武装

民国初年，沿用清末行政区划（即"二十四地"），仍实行团练，厅设武营，乡 15 华里设一塘防，负责维护治安。1913 年废除武营，成立镇巴县保卫联团。1920 年实行区团制，全县分为 4 个区，设区长，每区为 1 团，设团首（团总），区下划分为牌，设牌头；后又改为区村制，团首改为村长，牌头改为甲长，撤销保卫联团。1922 年，镇巴县署成立团防局。1932 年 10 月，县政府制定维持镇巴治安临时方案，招收各地武装力量，重建区团武装，全县东南西北 4 个区都配备正副区团长和训练长、训练员；同时成立保卫总团，由各地民团改编，县长兼团长，下辖 6 个常备中队，大部分武器为土枪、刀矛，只有少数是快枪；1935 年更名为保安大队，1939 年保安大队奉调城固原公集训编为陕西省保安司令部第六支队第二大队；县成立社会军事训练团，次年撤销，成立县国民兵团，辖两个常备队，200 余人，枪百余支，县长兼任团长，1941 年撤销。1943 年成立镇巴县警察局保警队，辖 4 个分队 150 余人。1944 年恢复国民兵团，次年撤销。1947 年成立镇巴县民众自卫总队，次年更名为民众自卫团，团长由县长兼任，辖两个大队：第一大队由原民众自卫总队 160 余人和保警队 150 余人及各乡抓派队丁百余人组成，第二大队由各乡自卫常备班及猎户队编成，约百余人。镇巴解放前夕，陕西省保安司令部在巴山地区成立"西巴指挥所"，省保安三旅旅长季凌云任主任，企图凭借巴山复杂地形垂死挣扎；西巴指挥所将镇巴县政府各科室、民众自卫团、警察局约500余人编为陕西省反共救国军第十二游击纵队第四支队，委任县长王恒蔚为司令；又将各乡保甲人员、地方青壮年组成第五支队，委任县党部书记长庞文彦为司令，后庞文彦被秘密策反，派兵于九阵坝击溃向四川通江逃遁的第四支队，宣布第五支队起义。

### （二）县境驻军

1928年4月，土匪陈德三率四五百人入城，次年被陕西省政府收编，委陈为"陕西省镇巴县边防司令"，1931年3月被土匪王三春赶走。1929年10月，国民革命军第十三军十六师独立三旅司玉贵团进驻城内，陈德三部移驻坪落、渔渡，次年初司团调离。1930年7月独立第三旅王光宗团进驻县内，次年初调离。1931年3月，匪首王三春率匪徒破城踞镇，夏，被国民革命军三十八军驻汉中五十一旅招安，辖3个团（后为4个团），布兵本县及西乡县东区各要隘，1933年10月被红军驱至万源、城口一带。1933年11月，三十八军五十一旅一〇一团（团长张俊京）和三十八军独立一旅九十九团（团长王尧宸）入境，驻城内、黎坝、毛垭等地，与红军作战，翌年九十九团调驻城固，1935年，一〇一团调驻汉中。1937年12月，国民革命军整编七十九师五八二团三连驻滚龙坡。1938年国民革命军四十九师一部追剿王三春匪部在境内驻扎。

### （三）军阀混战

1918年，滇、黔、川靖国军援陕第二路总司令颜德基部司令李子实，在本县滚龙坡一带被陕军击败。嗣后，颜德基率部过镇巴，包围县城21天。镇巴百余人参加靖国军，编为一个连，周正基任连长。1919年9月上旬，滇、黔、川靖国军王安澜部200余人抵西乡，四川军阀刘存厚部团长陈廷杰率三营追赶王部至镇巴，驻扎不到10日，滇、黔、川靖国军颜德基率大部反攻，陈部败退拴马岭。12月，刘存厚部团长潘文华兜剿镇巴，三面炮攻严部，追至渔渡坝。

1921年底，依附皖系军阀而被罢职的陕西督军陈树藩，在直系军阀第七师师长吴新田追击下，逃往四川万源投靠川军林宓，其后勤辎重在镇巴城遭川军某团长王刚截击，又逢另一部队张飞生的两个连（号称一团）赶到镇巴，三支部队混战三日，陈部先放弃辎重逃走，随后川军溃退，张部追至七里沟、青岗坪，毙、伤王部数十人，并焚烧其枪械，携全部辎重财物撤走。混战中，无辜百姓陈继生等10余人死于战火，镇巴南区沿途农民口粮被陈军抢光，饿死者不少。1922年春，直奉战起，冯玉祥部开往河南，陈树藩乘机从镇巴、紫阳、岚皋三路攻陕，被吴新田军挫败，复逃川北。1926

年，直系军阀吴新田摊派"烟亩变价款"，强迫农民种鸦片，致使镇巴县城烟馆多达16处，次年增至28处。

（四）土匪掠踞

民国年间，县境盗匪蜂生，其中危害大、影响广的股匪有孙杰、何知聪、陈定安、张小康、白雄、韩世昌、罗玉成、王三春、饶世民、韩兆莪、雍子刚、蔡业汉、温熬、袁刚、刘立培、高文俊等，活动时间长短不一，部从数十、数百、数千不等，零星土匪亦有不少。

1921年7月，孙杰股匪300人由川入境，在南区响洞、盐场、渔渡等地拉肥绑票（以人质相挟，迫其家人拿钱赎人）；次年又窜入县东楮河流域活动，在县北大楮河丁木坝一次烧毁民房50多间。

1926年初，石泉股匪陈定安率部攻打镇巴县城，县团防局抵抗一夜不敌败走。土匪进城后，杀团防局兵丁6名，拉肥白锦章，经绅商舒翼之等出面交涉，筹交大洋300块，将白赎回。4月，四川通江张小康率匪攻城，团防局抵抗一天后弃城而逃，土匪在城内抢劫烧杀，百姓韩友德、周德金、周从兴等惨遭杀害，绑票劫走万明月等20余人，后被四川青江渡同善社搭救赎回。

1928年8月，四川万源关坝区三溪口白雄（号子英）自称营长，由凤县率部来境，时团防局兵丁外出，6箱步枪子弹被白匪劫去。数日后，巴山林神团（一种靠迷信活动组织的地方武装）200余人在李隆高的带领下，出东岳长坡梁袭击县城，欲提白匪枪支；此事被白匪探知，事先布匪于城外包谷林中，待神团剧烈的枪炮声掠过，率部冲击，神团招架不住，溃散遍坡，死伤数十人，就地枪杀、被捉十余人。翌日，众匪退往小洋，拉走绅士舒翼之、吴春祥，经罗富春等人出面说情，拉借大洋400块将舒、吴二人赎回。

1929年10月，蒲城土匪韩世昌（因包围庙会强令赶会群众脱棉衣为匪徒作冬装，人皆呼"韩剥皮"）率千余人由四川窜入镇巴，驻军陈德三部溃退西乡，韩匪住城内两日后，由国民党十三军十六师独立三旅司玉贵团援助陈德三部返回镇巴击溃韩匪。

1930年2月18日，四川省巴中巨匪王三春率部攻城，守军陈德三两个连弃城败退西乡，匪徒入城后纵火烧房20余间，22日被国民革命军第十三军十六师王志远旅某团联合返回的陈德三部击溃。1931年3月，王三春率匪部复攻县城，驻军陈德三部和县团防局又败退西乡，王先头部队进城放火烧房十余间，王匪进城布兵各集镇要隘，为长久之计。夏，王被国民党三十八军五十一旅委任为"陕西汉中区边防游击司令"，辖3个团，号称三千人枪，在镇巴开造币厂、兵工厂，设税局，委派县长，拉票贿赂，收容地痞、流氓充实兵员，发展势力，派人到白杨坪、青水、渔渡、三元、四川什字坝、钢溪河等地拉肥、拉夫，同时，又用摆赌局等手段聚敛财物。1933 年红军入城，王部逃往四川万源、城口一带，与红军作战，后脱离国民党部队。1936 年 3 月，王三春率三千匪徒分 3 路再次攻打县城。匪军于黄泥溪劫获保安第四中队长黄一甲之母、妹及县长马之昆之妻等多人乘坐的木船，当即杀死黄母。县保安大队守城 3 昼夜后弃城逃跑，王匪一涌而进，一日一夜烧城过半，杀害群众 150 余人。月底，国民党四十九师师长李及兰率部围城，匪南逃，劫走舒翼之、黄丁寅、刘来林 3 人，分别杀害于松树坝、大竹河、九拱坪。1939 年王三春在秦岭山中被国民党部队擒获，年底枪决。

本县过街楼人饶世民（外号"饶蛮子"），原在镇巴县保卫总团第五常备队任副队长。1935 年 4 月，6 个常备队整编为 4 个保安队，将第五常备队撤并，饶不服气，把第五常备队人、枪拖上山为匪，在仁村、三元、渔渡等地裹胁千余人，烧杀抢掠，与县保安大队对抗。时逢镇巴灾年，危害甚大，后被黄一甲率保安大队围歼于兴隆场牛背梁。

## （五）革命斗争

1911 年 11 月，紫阳哥老会首领李长裕、周福禄和本县巴庙、小河哥老会首领刘玉珍、刘自仁、任锡珍等人拟在小河口发动拥护孙文、推翻清朝起义，因泄密，被定远厅末任同知彭锡畴剿灭。

1928 年 10 月，万源花萼山农民起义首领项宗诗在本县南部打富济贫，镇压坪落钟家岭土豪钟世泰和在长滩催款要粮的差人贾清、熊炳林。1929 年春，项宗诗攻镇巴县城，团防局队长王文荣毙命，团丁逃往西乡。后，项宗诗在镇巴与万源交界的尖山子被万源"清乡司令"廖雨辰串通驻镇巴陈德三部围困，项苦战四天，被俘杀害。

1932 年 12 月至 1935 年 2 月，中国工农红军第四方面军数支部队在本县领导人民组建 20 支游击队、18 支赤卫军，镇压土豪恶霸，实行土地革命，参加县境内外数百次战斗。先后建立了陕南县委、县苏维埃政府各 1 个，区委、区苏维埃政府各 4 个，发展根据地 998.33 平方公里，游击区 903.1 平方公里，千余人参加红军。1933 年 10 月，四川军阀从南线对红军"六路围攻"，镇巴苏区人民与红军并肩作战，范家窝塘区、乡游击队和赤卫军配合红军三十四团，于青岗坪、长岭、降头山等地痛击敌人并一举解放县城。1935 年初，红军入川参加长征，镇巴的革命斗争转入地下。1949 年 12 月，当年随红军长征的符先辉率领解放军 55 师重新解放了镇巴。

（本章由杨盛峰执笔）

**相关链接**

# 镇巴历史上的关隘

镇巴县地处大巴山区，境内群峰耸立，山大沟深，寨堡、关隘、自然洞穴星罗棋布，地形极为复杂。南可越巴蜀抵黔滇，北可翻秦岭进陇豫，东则顺汉江西下达鄂湘。既是川北入陕通道上的一个重要门户，也是旧时重要的军事要道。明代的蓝廷瑞、清代的白莲教及蓝大顺、蓝二顺农民起义军都曾在此通道上与官军展开激战。

境内19处关隘，分布于各交通要冲。这些关隘，犹以九元关、铁佛关、亮垭关、白杨关、盐场关、井泉关和木竹关七关最为险要。

九元关：九元位于境西南部，今仁村镇田坝村与四川省万源市板桥乡交界的一个山垭。古时，属秦蜀要隘。因秦蜀派九名官员到此定界设关而得名。九元关上下三十华里，山路盘曲陡险，林密竹深，历有奸匪坐青山、把坳口，掌红吃黑，坐地拉肥，劫人掠货。古有关帝庙一座，四川的川北道和陕西兴道的长官常会哨于此。清嘉庆年间，农民起义军白莲教入境，四壁萧然。

铁佛关：位于县境西部二百里地，今简池镇与四川省通江县铁溪乡交界处。古有佛庙一座，庙内供铁佛一尊。同治六年（1867），通江县令娄诗澄在此修筑关卡，并于石门题联"铁铸屏藩雄当蜀道，佛降龙虎威镇秦疆。"故名铁佛关。

亮垭关：位于县境西南部，今黎坝镇魏子坪村与四川省万源市康乐乡交界处。清雍正五年（1727），各省、州、县勘定地界时，曾设川陕交界关卡，立有界牌。由于此地垭口宽敞，故名亮垭关。

白杨关：位于县境西部，今永乐镇政府驻地以南，古代曾为陕西到四川省通江县两河口的要道，路由西乡钟家沟、龙池场、镇巴林口子、天池寺、白杨关到达四川两河口。清嘉庆七年（1802），定远建厅之后，设卡于此，题联石门云："奉抚宪章程建卡声闻蜀地，遵厅主示渝练丁威镇秦疆"。因关卡周围有数株大白杨树，得名白杨关。

盐场关：位于县境南部，今盐场镇南沟村与四川省万源市长石乡交界处秋坡梁山下的上南沟，明初建置乡场，为川、陕、鄂盐商交易重地。弘治三年（1490），湖北王刚率众起义，经秋坡梁沿上南沟进入盐场，明军官兵守卡防堵。

井泉关：位于县境西南部三十里地，今黎坝镇与四川省通江县什字乡交界处。

木竹关：木竹关即后来人们所称谓的火炉关，位于县境东部，今观音镇大市村与西乡县交界处。《定远厅志》记载曰："木竹关在大市川，厅东百四十里，界西乡，有险可扼。"明弘治三年（1490），明军为防堵湖北王刚起义军扰境，在此建关设卡。

李安平

# 定远风云白莲教

## ——镇巴单设厅治溯源

镇巴原名定远。汉永元七年（95）封平定西域之功臣班超为定远侯，镇巴县地即为其食邑，始建定远城，又名平西城、班城。在后来的历史沿革中，定远隶属屡变。自唐宝历元年（825）洋源县（即今镇巴县，取洋水源头之意）废置后，镇巴一直属西乡邑。直到嘉庆七年（1802）才又单设定远厅，隶属汉中府。这里要提出的是，为何在嘉庆七年将定远单独设厅呢？这与清朝中叶爆发的一场以宗教为名的农民起义——白莲教起义有很大关系。

## 一、白莲教起义的背景及概述

白莲教是唐、宋以来流传民间的一种秘密宗教结社，渊源于佛教的净土宗。乾隆后期，白莲教秘密活动于川、陕、楚三省，与清廷矛盾日深。清廷下令逮捕教中骨干，并要求"全教拿获，毋使一名漏网"。乾隆五十九年（1794）十月，各地教首除刘之协等少数人逃脱外，大多被捕。地方官吏乘机勒索百姓，不遂所欲，即以邪教治罪；加之为镇压湘、黔苗民起义，徭赋极重，致使大批农民破产，无法生活。刘之协等遂以"官逼民反"为号召，与各地教首约定嘉庆元年（1796）三月十日同时起义。因事泄，宜都、枝江张正谟等提前于正月初七日发动起义。二月初二日，襄阳张汉朝起义于黄龙；姚之富、王聪儿起义于夹河州；高均德起义于河南邓州高家湾。此三支义军于三月间集中于襄阳以北吕堰、双沟地区，迅速发展至数万人。所有起义队伍，不论男女，"都以白布缠头作记认"。清廷为之震惊，急由陕西、广西、山东调兵7000人，会同湖北及四川清军共万余人围剿起义军。正当清军集中兵力会攻襄阳白巾军时，四川达县徐天德率众数千人于九月十五日起义于亭子铺；东乡（今宣汉）王三槐、冷天禄起义于莲池沟；巴州（今巴中）罗其清、通江舟文俦等先后响应。义军十余支各有众数千，"概以白巾裹首"，分别占据山区险要，筑垒防守。一时间，白莲教军呈风起云涌之势，波及川、陕、楚、豫、陇五省，震动朝野。此后，历时九年，直至嘉庆九年（1804）九月，最后一位白巾军首领苟文润被叛徒杀害，白莲教大起义方告结束。

这场起义中，起义军占据或攻破州县达二百零四个，抗击了清政府从十六个省征调来的大批军队，歼灭了大量清军，击毙副将以下将弁（biàn）四百余名，提镇等一、二品大员二十余名。清政府耗费军费白银二亿两，相当于清廷四年的财政收入。镇压起义使清王朝元气大伤，渐由康乾盛世走向衰落。

在这场对清政府统治带来巨大冲击、几乎动摇其根基的农民大起义中，一个小小的定远到底处在什么样的位置呢？这就要说说镇巴特殊的地理位置和地理环境了。

## 二、定远成为白莲教起义的风云之地

### （一）特殊的地理位置

镇巴地处偏僻，却是连接川陕的要道。虽然此地不是通驿大道，也非兵家必争之地，但联系白莲教起义的实际情况来看，此地成为白莲教的重要活动区域实在情理之中。

自嘉庆二年（1797）正月，襄阳白巾军在清军围攻下失利，遂改据守寨垒及硬拼战法为流动游击战法，分三路经河南、陕西向四川作战略性转移。沿途"不迎战，不走平原，唯数百为群，忽分忽合，忽南忽北"，伺机以伏击、突袭等战术痛击清军。为了避免与清军大规模作战，义军往返迁徙于湖北、四川之间。镇巴往北是通秦地的大道，进入西乡后，向东南是广阔的汉江流域，沿江而下，直入湖北，是起义军的主要战略活动区。向南经渔渡官道直入四川太平县（今万源市），向西经简池即可入四川通江、巴中等地，而这些地方都是义军的重要活动区。县境东北沿楮河上游可入西乡，东南循楮河下游至紫阳、汉阴、石泉等地，进入安康，直抵湖北。这个特殊的地理位置几乎成为义军流动迁移作战的必经之地，因此，县境内渔渡、盐场、简池、仁村、力坝、小洋、鹿子坝、碾子、巴庙、观音、松树等地都有白莲教的活动。如此一来，清军必然在此设关置防，以堵截和追剿义军。白莲教起义延续长达九年，此地至少七年烽烟未息。

### （二）特殊的地形条件

县境以山为主，山高谷深，地势险要，人烟稀少，地方辽阔。地方统治者在管理上难免捉襟见肘，鞭长莫及。而义军的作战方略是"不走平原""伺机以伏击、突袭"，此地形正与其战术吻合，可以在此伏击作战，招募兵源，屯兵集粮等。

因此清政府不得不在此重点驻防。川、楚、陕三省边界地区不仅地域辽阔，而且处处崇山峻岭、沟壑纵横。就三省边境而言，"犬牙交错二千七百余里，出川即入楚，出楚即入陕，层峦叠嶂，四路可通。若如无处不防，兵少则寇视之蔑如，兵多则以有用之师坐困于无用之地"（清《圣武记》）。白莲教军在镇巴的活动尤以嘉庆三年至七年之间最为频繁。据《定远厅志·武备志》转引《三省边防记》记载："嘉庆三年八月，经略大臣额勒登保率诸将追剿川楚教匪，入厅境白阳关、西坝梁、王家垭、青岗坪、沙坡子等处，至嘉庆七年十二月追至四川太平（今万源市）聚歼之……"

清军名将额勒登保、清兵大员德楞泰、勒保及提督杨遇春等都曾于此督战，义军重要首领徐天德、冷天禄、王三槐、冉天元等都曾于此与清兵激战。

这块偏僻而贫瘠的土地，一时间被战火烧得风云动荡。民生的艰难自不必说，即便是"贼军"与"义军"的称呼选择也考量着胆怯的小民。这块土地上200年前到底发生了哪些事情，通过查阅资料，走访采集考证，只能把这场起义在本地的活动大略整理出来。

## 三、白莲教起义在镇巴及周边的活动

嘉庆元年（1796）九月十五日，义军重要首领徐天德与其弟徐天寿率众起义后，十几天时间，就组织起近万人的军队。徐天德称大都督。其后，王三槐、冷天禄、张子聪等也聚众响应，四川的白莲教起义遂呈波澜壮阔之势。徐天德领导白莲教军乘清军不备，夜袭娘娘庙，使驻此清军全军覆没。然后，又率领白莲教军扫荡了达州、东乡、太平（今万源市）、新宁、渠县、大竹等地的团练乡勇武装。之后率起义军经万源进入定远境内，分兵攻打兴安府（即今安康）的安康、平利、紫阳等县。十二月二十九日，徐天德领导的白莲教军攻陷东乡城，杀死清朝总兵袁国璜、知县张宁阳等，声势大振。

嘉庆元年九月，冷天禄和王三槐等人一起领导四川东乡白莲教起义，势力日益发展壮大。嘉庆三年八月，王三槐被俘死后，冷天禄为大元帅，率众转战于川东南充、广安及定远等地。此地成为义军的重要据点之一。

嘉庆四年十二月间，川北各部白巾军北进陕南，一部由略阳强渡嘉陵江进入甘肃秦州、巩昌地区，清军主力尾随白巾军进入甘陕。冉天元乘虚进入定远。由此入川，抢渡嘉陵江进入川西，进攻蓬溪县城。四川总督魁伦命总兵朱射斗率兵 3000 人驰援，冉天元围城打援，在老虎岩以伏击战全歼清军，杀朱射斗。

定远不仅是起义军战略转移、伏击偷袭作战的阵地，很多重要的战斗如"王三槐万源大捷""高天升、马学礼西乡堰口法宝山围歼清军总督王文雄"等即发生在毗邻之地。

到了起义后期，清军"坚壁清野""寨堡团练"政策日益显出其威力，义军日趋衰落，定远成为清军追剿义军的重要区域。

嘉庆六年三月初一至八月十九日，清军曾在巴山老林、长岭、九阵坝、红洋河、简池坝、渔渡坝、盐场等地战胜义军。八月初三日，义军头领王世虎在松树坝遭遇清兵提督杨遇春的围困，不幸被俘，后被杀。

嘉庆七年正月，清军扎兵于姚家坝、渔渡坝、平落、九阵坝等处，防义军败逃。四月，清军提督杨遇春在小洋坝大败义军苟文明、任怀志部。十二月，两部义军被追至四川万源，遭围失败，两头领牺牲。白莲教在镇巴的活动基本宣告结束。

白莲教起义军与清军具体的作战经过及细节不得而知，也难于考证。2012 年夏天，我们在观音小里沟去考证一些墓碑资料时，得到了一些关于白莲教起义军的资料和传说。

观音小里沟曾经有一个显赫的李氏家族。据老人李绪杰（现年 76 岁）回忆，这个显赫的家族最初定居在白岩山下（即今天的观音镇小里沟村白果树组）。白岩山地势险要，尤其是上白岩山只有一条险要的路，用来筑寨作防御工事，真有"一夫当关、万夫莫开"之势。白岩山上有一个"万古寨"（《定远厅志》有记载），那么这座名为"万古"的寨应始建于哪一年呢？据今年已经 80 岁的李传湘老人所说的细节和时间推算，建寨时间大约是嘉庆初年，而这段时间，白莲教在镇巴的活动已经开始。李传湘老人生于民国二十一年（1932），他说他的父亲李绪德十几岁时还抬石修过寨子，可见寨堡后来还曾被利用。

据史料记载：嘉庆三年之后，清廷采用合州知府龚景瀚的"坚壁清野"之议与"寨堡团练"之策（这是清军打击义军最有效的策略），逐渐推广并发挥作用。通过筑寨堡、并村落，令百姓移居其中，将民间粮秣给养充实其内，又训练丁壮，进行防守，从而切断了起义军同人民的联系，使义军无法得到粮草与兵源的补充，力量日渐枯竭。《定远厅志》对此也有较为详备的记述。

我们在李家先祖的墓地上也发现了一块立于嘉庆十九年的墓碑，这是李承文等人为其母姜氏所立的碑。碑文说："母殁嘉庆六年夏季，上浣辞阳而已矣。时值贼匪扰乱，男等心纷惶恐……"（碑文大意是说母亲死于嘉庆六年的夏季，当时草草安葬，主要原因是"贼匪扰乱"。）由此来看，万古寨的防御工事应是嘉庆元年至嘉庆九年之间修筑而成的。很有可能就是嘉庆六年（1801）左右，筑寨的主要目的无疑是防御抵抗白莲教的侵扰。

传说万古寨被分为上、中、下三寨。下寨临于山门，相当于防御的第一屏障，只有一条道路可入寨，易守难攻。而当时的豪绅们大多居于上寨和中寨，上寨和下寨均已损坏，目前只有残留的中寨遗迹。

万古寨与白莲教之间应该发生过一次激烈的战斗，从李绪杰老人的述说中能看出一些端倪。

在白岩山的对门红岩山上，白莲教的人马扎下营盘，并有大规模的寨栅工事。然后白莲教的人马率军围攻万古寨，但因为下寨子道路险峻，关隘难破，数次无功而返。在大寨和中寨的李氏乡绅及百姓只能据下寨固险而守，却无退敌之策。但这样长期被敌围困也不是办法。白岩山的万古寨比对门红岩山上白莲教所扎的营盘位置要高，居高临下，两山之间的直线距离不足百米。

于是李氏乡绅用晒席、遮阳（都是竹篾编织的农用器具）裹成炮筒，涂以桐油生漆，筑成土炮，俗谓"九节绿"。这门土炮的造型应相当有规模，土炮落成之后，百多号汉子抬着土炮架上炮台，并且向着对门白莲教众高声呐喊——"抬大将军上寨，保我大寨和中寨！"从这口号中看出，这土炮不仅是武器，也赋予了乡民对它的神秘膜拜。阵阵呐喊，企图对白莲教众造成一种威慑之势。

就是这门巨型土炮，在某天夜里突然震响，火海流光，铁弹石块终于攻进了白莲教的营盘。这让白莲教的人大吃一惊，知道再耗下去也将无功而返，于是在午夜时分率军悄悄撤退。白莲教众撤退时，不防李氏乡兵从后抄袭了其尾队，搏杀了白莲教众好几百人，而搏杀的地点就在今天小里沟出口处。这里有棵巨大的毛叶红树，人称将军树（据说此树1958大炼钢铁被砍伐，砍后流红水三年）。这让白莲教的人恼羞成怒，率队返回，将当时李氏的房屋祠堂付之一炬，化为灰烬方才离去。

而后白莲教活动逐渐平息，山寨的防御工事慢慢损坏，加上后期李氏花大量资金重建住宅，山寨的作用也越来越小，没有修缮的必要。这座名为"万古"的寨也许并不需要它存在万古之久，只有那些堆砌垛牒的石头或许能存千年万年。万古，只是当时希望坚固、牢不可破的美好企盼而已。而后历史在短短的200年内就将其掩埋于荒草断崖间，令人难以涉足。

这场起义带给当时民众更多的是不幸。在《定远厅志·人物志·忠节》（卷二十三）里记载，有40人死难，他们的忠勇上了史志：有"大骂贼，贼获之，拔其舌"而死的，有"躲洞中，被烟熏，用石砸贼，后碰岩自杀"的，有"用火烤死""用鐕刺死""用滚汤淋死"的……在动乱中，无论你是"胁从"于"贼"，还是"顺从"于官，这种小民的选择都是很无奈、很无力的，结局也是令人感叹唏嘘的。站在今天的角度，它只能实实在在说明，200多年前这块土地发生了一场动荡，并出现了很多"可歌可泣"的事迹，有的流于史志，有的消于无形。

## 四、白莲教起义对镇巴的影响

### （一）改变了镇巴的建制

嘉庆七年十二月，清军将领额勒登保等上奏嘉庆皇帝："大功底成，川、陕、楚著名首逆全数肃清。"实际上，尚有多部小支白巾军活动于南山老林，进行游击作战。嘉庆八年二月，清骁将、提督穆克登布深入老林追击，为少数埋伏于此的白莲教士兵所杀。八月，被清廷解散之部分乡勇参加了白巾军，不时向老林以外出击。九月，在西乡附近击败堵击的清军，杀副将朱槐。为肃清白莲教，巩固边防，管理寨堡，防乡勇哗变滋事，额勒登保议筹善后，奏设厅治，置游击营，分立瓦石坪、观音堂、渔都坝等要隘防守。

定远厅第二任同知严如熤的《蠲修石城碑记》一文对镇巴设厅有较为简略的记述："癸亥春，经略额侯勘定三省，会秦中大吏议，以西乡南山犬牙，川境地方辽阔，当有以绥靖之，奏割西南二十四地，设定远厅抚民同知，擢熤绾厅符。"这段文字中"癸亥春"即1803年春天，应是定远设厅的第二年。额侯即额勒登保，清军著名将领。"擢熤绾厅符"即提拔严如熤任同知，掌管本地政事。镇巴设为厅治，比普通县的级别略高，大多数同知在定远就任后都被升迁，而就任定远同知的也多为有一定能力和业绩的县令。

定远设厅后，隶属汉中府，民国三年始改名为镇巴县。

### （二）影响了镇巴的防务、城垣

此地原属西乡，境内扼守蜀道，设有渔渡营。嘉庆三年至七年，县境内常有清军驻守。为扼制义军，减少其粮源、兵源，并控制其大范围的流动作战，使其在战略上陷入被动，清政府在嘉庆五年积极推行"寨堡团练"之策，坚壁清野，于是在厅境内大量增设关隘。至清末，镇巴境内的寨堡、关隘总计 114 个之多。

嘉庆六年，定远境内增设城防。渔渡营都司张俊督民兵于固县坝（今县城）筑土堡 300 丈，是为旧城，作为城防。嘉庆八年，同知严如熤捐钱扩修，后又捐资修葺旧堡，使两城相连，以御兵祸匪患，此城实为镇巴县城之前身。

（三）影响了镇巴的政治、人文、经济

镇巴单独设厅后，居民管理更加集中，百姓教化日益加强，边境管理更加巩固，一度减少了匪患的滋扰。定远居民终于有了相对集中的活动中心，官衙、诉讼、政令、学堂、武备等行政机构逐步确立，县署有了相对独立的发展及完善。建班城书院、演武厅，修城隍庙、桓侯庙、正教寺等，对镇巴后来的政治、经济、人文、宗教都有深远影响。

这段 200 多年前的烽烟历史，依然会给我们带来思考。中国的历史上，历朝历代都不乏农民起义和农民战争，是非议论颇多。但站在历史的高度看，这些战争或起义一时之间或许滞后了经济文化，可最终都加速了历史或地域的发展——因为统治阶级与被统治阶级之间的矛盾上升到一定程度并爆发后，不可避免地都如"涅槃"一般"死而后生"，加快了历史的进程。那么，今天的镇巴是不是在那场起义中而"涅槃""重生"的呢？历史留给我们的思考是国善待民，民忠爱国，国泰民安才是福！

张新林

# 土匪王三春事略

20 世纪 20、30 年代，川北土匪王三春前后十余年出入镇巴，烧杀抢掠，无恶不作，盘踞乱政，祸害一方。作为一个特殊的历史人物，匪也罢，贼也罢，他都是当时乃至相当长的一段历史时期内，镇巴政治、经济、文化生活无法绕过去的结。故此，将其事要列存。

**光绪十年**（1884）

生于四川省平昌县江口镇长垭村，乳名仁娃子，派名王汝仁，字炳林，号三春。

**光绪十五至十七年**（1889 - 1892）

上私塾学校，第三年丧父，辍学在家。

**光绪二十二至二十七年**（1896 - 1901）

性格倔强、性情习蛮。母亲杨氏是个跛子，行走不便，加之没文化，对儿子自然是无力管教。少年时期的王三春，每年都会干出一些习蛮之事。

**光绪二十九年**（1903）

与杨姓农家女子结婚。

**光绪三十一年**（1905）

因争田产和山林树木，与族长王宗林多次斗殴打架，一气之下，纵火烧掉族长一间草房后离家出走。

**民国元至十二年**（1912 - 1923）

与苟伯当、辜伦章一起在秦岭以北的风雨河给一家伐木厂老板背运木材、方板，挣钱糊口。一次夜宿通江水口一家店子，王三春以没钱为由与登记查号的递步哨发生口角，一怒之下从火垅里拖出还在燃烧的火柴头，擒住递步哨就打，一连打断三根，直到对方停止呼吸方才住手。从此，社会上传出"王三春是背老二出身，三根火柴头起家"的话。

**民国十三年（1924）**

在大、小通江河一带，手持森木棒坐青山、把坳口、掌红吃黑、坐地拉肥，主张"打富济贫，有饭大家吃，有钱大家用，抢富不抢贫，抢远不抢近"，"兔子不吃窝边草，岩鹰不打窝下食"等。同年，王三春在通、南、巴三县交界地方，打出"劫富济贫"旗号，破仓分粮给农民。秋，王与几个同伙背运黄裱到汉中，途径镇巴渔渡坝，随身携带的"小八音"（小手枪）被南区区长王应钦缴获，王应钦以贩卖军火罪将王三春送县关押，七天后被释放。出狱后，王三春带领同伙七人夜袭九家塝、温家塝，第二天又到三元坝抢走了八、九十个赶场人的全部财物。秋末，王三春率领众多匪徒从三元坝出发到达南江县城，抢走南江县保安大队步枪五十多支。

**民国十四年（1925）**

秋，土匪孙杰由四川窜到镇巴，王三春随即投奔。

冬，由四川万源窜镇巴渔渡坝，抓南区区长王应钦未获，趁区署团丁熟睡之机，抢走了区署仅有的三支步枪。

率领匪徒先后在镇巴观音堂、田坝、大市和西乡罐子山等地拉人绑票，抢劫财物，打开了红岩河的李家下洞，烧毁房屋三十多间。

**民国十五年（1926）**

春，各路招兵买马，到陕西镇巴、宁陕，湖北郧阳，四川大宁（今巫溪县）、甘肃伏羌（今甘谷县）等县裹胁百姓扩大势力，手下达1000余人。

在镇巴城东鞍垭梁的柳树坪（王将柳树坪改为槐家营）组建镇槐军。

率领匪徒在镇巴长岭作恶多端，杀死收税人员熊廷建。

**民国十六至十七年（1927－1928）**

纠集多名匪徒，先后在镇巴青水、黎坝、渔渡，西乡高川，南郑年家坝、油坊街、大河坎，汉中过街楼等地拉肥绑票，勒索，抢劫财物，奸杀妇女，烧毁房屋100多间。直系军阀第七师师长吴新田统治陕南八年，未能剿办土匪，和王三春订了"互不侵犯"的协定。

1928年冬，西北军冯玉祥部十三军八师张维玺令营长张宣武率领军部手枪营两个连，进剿王三春驻汉中城南年家坝、油坊街部。

**民国十八年（1929）**

1月15日，王三春部赵连成率领匪徒二百人对城固掠抢，并从黉学巷口"天顺堂"药铺到"大顺园"黄酒坊放起冲天大火，烧毁房屋四五十间，绅商、居民损失惨重，苦不堪言。

率领匪徒先后在城固县二里，商县，西乡县高川、五里坝、葛家河、司上，镇巴县碾子、观音、田坝、小河、巴庙、兴隆、平安、觉皇、黎坝、梨溪坪等地拉肥绑票，抢劫财物，奸杀妇女，烧毁房屋600多间。在西乡城郊和高川、五里坝一带，杀死妇孺四五百人。

### 民国十九年（1930）

2月18日，率领匪徒第一次攻下镇巴县城，放火烧毁民房三十多间，将镇巴县副议长陈德懋拖死于南山，将其长子陈厚均的耳朵割掉。此次王三春住城五日。

3月8日，率领匪徒第二次攻下镇巴县城，烧毁海壕街民房屋二十多间。

10月，率领匪徒在宁强县城奸房烧杀通宵达旦，杀害无辜百姓三百余人，烧房八百多间，成为宁强有史以来遭受最悲惨的一次匪患。

率领匪徒先后在石泉、汉阴，西乡县高川、五里坝，镇巴高桥、捞旗河、粟谷坪、纸坊沟、简池白家梁、陈家滩大钱坝等地拉肥绑票，抢劫财物，烧毁民房数百间，奸杀妇女多人。

### 民国二十年（1931）

5月，在镇巴县城的城隍庙内建立兵工厂，生产四川新式枪（又名夹子枪）、"汉阳枪"二百多支，巴山机枪一挺，建起造币厂，印制伍元、拾元的油布币，仿造陕西省版二分铜币，强制在市面上流通使用。

6月下旬，被陕军51旅旅长赵寿山收编，被委任为"陕西汉中区边防游击司令"，发有"委任状"和"印鉴"、"军旗"、"服装"等，并决定每月拨给现洋一万五千元，每年冬夏各发三千套单棉军装，司令部设在今镇巴县政府右侧。

7月，到镇巴高桥剿灭神团，烧毁五十多户人家的民房二百六十多间，其中最惨的是天堂梁上的窝坑喻光洪一家，全家七人，除其妻及其小女因在坡上扯猪草、放牛得以幸免外，其余五人及当时在他家的四名神团团丁共九人烧死于房内。

率领匪徒先后在四川通江空山坝，西乡县高川、五里坝、峡口、大河坝，镇巴简池、大池、长岭、青水、碾子、平安、渔渡、高桥、泾洋等地拉肥绑票，抢劫财物，杀人越货，轮奸妇女多人，烧毁民房近千间。

第三次进攻镇巴县城，放火烧毁天主教堂10多间房屋，会长万老先生躲灾去西乡。

### 民国二十一年（1932）

年初，陕西省政府主席劭力子委派石崇安到镇巴任县长。到任后，石一直受王三春的威胁和挟持，没有任何权利，出入政府大门，岗哨还要强搜其身，生活十分艰难，常向街民索讨红豆腐、浆水菜，任了两个月的空架子县长，不久自缢。石死后，由镇巴县慈善会施舍给一副棺材，停柩于鞍垭梁山麓。五年后，吴乾德任镇巴县长才进行了安葬。

3月18日，县城一只家猫吃了王三春的一只会说话的八哥。王三春一气之下，派警卫连在全城四处捕杀家猫，直至城内士绅联名上呈，要求赦免猫罪，方才收回捕猫命令。

3月至9月，先后委派部下营长肖志汉、张润生和副官处主任黄彦甫（字觉先）任镇巴县长，分别在职四个月、两个月和两个月。

11月，汉中绥靖公署派李琴舫任镇巴县长，因受种种威胁，仅任一个半月时间即卸职回到汉中。

率领匪徒先后在紫阳县渔溪河、竹贯溪、瓦口滩、回水湾、双河、红椿、高滩、汉城、麻柳、毛坝，西乡县五里坝，镇巴县简池、渔渡、高桥、永乐、观音、田坝等地拉肥绑票，抢劫财物，轮奸妇女多人，烧毁民房近七百间。

### 民国二十二年（1933）

1月，陕西省政府派王云岫任镇巴县长，因畏惧王三春的权势不敢上任。下旬陕西省政府加委本县政府一科科长杨永昶代理镇巴县长，不满一月，逃出镇巴。

2月3日，即"立春"的前一天，王三春的三老婆余树卿无意中说："明天要'打春'（即立春的意思）啦！"几分钟过后王问："你是否想回娘家？明天我派小轿送你回娘家。"第二天，余树卿坐轿过贺家山狮子包时被王指使的匪徒杀害，并移尸于拉溪塘王家坝掩埋。

3月，陕西省政府派四川籍的徐碧崇任镇巴县长。

参与田颂尧三路围攻红军，先后率匪袭击四川通江两河口、钢溪河红军驻地和南郑碑坝区、简池区苏维埃政府及核桃树红军驻地，被红军击毙300多人、伤200多人。10月28日晚，驻镇巴苏家坡的红三十四团和特务二连夜袭降头山，攻占了王三春部杜暴勋团驻地。王三春闻风逃往四川城口、万源县一带，县府官员逃往西乡县。

11月29日，占领城口，建立"大巴山第二家庭"。

出资对镇巴城内马王庙、周家营吕祖庙、城郊西北角距城三华里的谭家沟观音阁进行了补修。镇巴县长徐碧崇为王三春补修观音阁赠送硬匾一道，题"洞天佛地"四个大字。

镇巴城郊庞家坝下侧西边的铁索桥链松板朽，过往行人很不安全，王三春和慈善会共同出资进行了补修。

率领匪徒先后在镇巴碾子、观音、小河、白河、觉皇、泾洋、简池、仁村等地拉肥绑票，抢劫财物，杀人越货，轮奸妇女多人，烧毁民房近二百间。在大池中坝大坟园，掘了曾任镇巴县保卫总团副团长、打过王三春的杨均之父杨一柱的坟墓。

### 民国二十三年（1934）

1月22日，城万游击司令部在城口成立，刘存厚改委王三春为"城万游击司令"。

2月至7月，参与刘湘"六路围攻"红军，损兵大半，为保存实力，逃之夭夭。

10月，国民党陕川两军合剿王三春部，王窜至湖北与陕西交界的界岭梁上，又招兵买马，向陕南和秦岭方向移动。

率领匪徒先后在镇巴的观音、巴庙、平安、觉皇、高桥、陈家滩、九阵、长岭、三元、简池，四川城口的木瓜坝、太和渡、明通、鸡鸣、咸宜等地杀人越货，抢劫财物，轮奸妇女多人，烧毁民房近六百间。在镇巴青冈坪的景家沟掘了职业学校校长、带团防局士兵打过王三春的张杰三之父张睿涵的坟墓。

### 民国二十四年（1935）

2月，率领匪徒到镇巴碾子垭捉拿叛将边棚营长辜伦章未获，抄了辜的家，并将其妻唐氏杀害。

3月，在南郑县牟家坝奸掳烧杀，汉中专员张笃伦率领专区保安司令部收编王三春无果，王三春杀死南郑县保安大队副纪雨邨和国民党新闻记者谢晋之等二人。

3月18日，红军离开镇巴后，时逢久旱无雨，粮食欠收，群众生活危难。王三春兵分四路围攻镇巴县城，军民奋起还击，县长马之昆闻风而逃。王三春疯狂奸掳烧杀，到三天后撤离时，全城除三户地主和王三春任陕南游击司令时所捐修的马王庙、戏楼、望月楼及旧有的县政府房屋外，所有房屋全部被烧，保安队员家里的财物全部被抢，家人全部被杀。县保卫总团第四常备队队长黄一甲之母何氏、妻周氏、儿子黄忠林、妹黄丁银（幼名冰兰）也先后被杀。城内城外尸横遍野，血流成河，哭声震天。没有房住，有的露宿街头，有的搭张破席遮身。无粮充饥，有人竟悄悄将人尸体上的肉割下来在马王庙上街口和南关"炳兴园"商号门前卖人肉汤锅。由于死尸太多，县慈善会在县城西门外黑虎梁下先后挖了两个大坑掩埋尸体，人称"万人坑"。

率领匪徒先后在镇巴县城以及碾子、渔渡、赤南、仁村、长岭、黎坝、三元、简池、陈家滩，西乡下高川等地拉肥绑票，杀人越货，抢劫财物，轮奸妇女数人，烧毁民房近五百间。

### 民国二十五年（1936）

率领匪徒先后在镇巴渔渡、松树、陈家滩、简池、巴庙，四川万源县城等地拉肥绑票，杀人越货，抢劫财物，烧毁民房近五十余间。

**民国二十六年**（1937）

10 月，命令匪徒在镇巴平安虎溪沟掘了黄一甲之父黄学彩的坟。

镇巴县保安大队率队到东区攻打王三春部无果，保安大队第一中队队长喻振鹏被撤职。

率领匪徒先后在镇巴小河、巴庙、平安、赤南，四川通江县空山坝等地拉肥绑票，抢劫财物，烧毁民房近四十余间。

**民国二十七年**（1938）

春节，率领四百余名匪徒滋扰四川边境什字坝。川陕军调镇巴、通江、万源和南郑四路人马分路合剿，王三春部退逃通江县空山坝。

率领匪徒先后在西乡五里坝、通江、石泉等地拉肥绑票，杀人越货，抢劫财物。

**民国二十八年**（1939）

3 月，部先后窜入商洛镇安、山阳、柞水、宁陕秦岭山区一带，西安行营主任兼陕西省主席蒋鼎文命令驻商县的国民党预备第一师师长谢辅三率部进山围剿。

冬，王三春、邓芝芳夫妇及义子王保安在太白山被擒。

12 月 31 日，王三春夫妇被枪毙于西安西华门外。

李安平

# 红岩双洞

兵荒马乱的岁月中，关隘、寨堡、洞穴等都是依赖自然天险而成就的逃生避难之所。解放前，镇巴土匪流寇一直猖獗，因此境内的关隘寨堡洞穴也被广泛探知，加以利用。其中观音镇小里沟白岩山上的万古寨和红岩双洞可做代表。

向观音的小里沟方向走去，不过百余步便能看见简易祠庙，内有搭红、香火、菩萨供奉等。或许当年的小里沟更得神仙惠沐——这个现今看起来稍显落后的村庄在百年之前应该没有现在这么沉寂；相反，这里的富庶，勾起了长达百年的匪患风云。如今，行走在只有3.5米宽的通村公路上，那些满脸皱纹的古稀老人，那些沉睡了近二百年的墓碑，还有残损的城墙垛堞，终于让我们有机会去撩开百年匪患往事的面纱一角，遐想当年的风云际会。

小里沟只是一条沟，但当地人称其为红岩河。红岩河的确是被两边的山夹出来的一条沟，因为两山之间很逼仄。两山分别叫红岩山和白岩山，这些山与河的名字都有着优美动人的传说，但我们不可一一去查考，因为传说都是因美好的精神享受而流传，我们没有真实计较的必要。

要说这里的匪患风云，就不能不说起这里一个曾经显赫的家族——李氏家族。我们从墓碑上了解到的时间大都是嘉庆年间的志述，因此，可以推断当年这个显赫的李氏家族迁居于此应是乾隆中叶或末期的事，距今应有250年左右的历史。

李氏家族的显赫可以听一些老人的述说，当然，可作铁证的还是那些高大的墓碑，那些现在看来已经有点沧桑沦落的墓碑。当我们用手拨开坟上的长春藤，高大的碑体，长达丈二的整块石条底座拜台，麒麟、狮子吼的墓碑雕塑以及残存的可以辨识的碑文，都在暗示着这个家族曾经的辉煌。

当然，哪里有豪富的乡绅，哪里便有劫财的匪患。自清嘉庆以后，这里便陆续受到匪患的滋扰。

观音的隶属在清朝中后期发生了改变，嘉庆七年后归属定远厅，而在此之前则属西乡县。李氏先祖的墓碑上有一首诗抄录为证：

嘉庆新分定远府，白果老莹世代基；

慈母生长中江地，撒手秦境西乡邑。

显赫的李氏家族在观音小里沟发祥之后，隶属上应该已归定远厅管了。在白莲教起义爆发后，筑于白岩山上的万古寨就成为李氏家族躲避抗拒白莲教军的重要堡垒。白莲教平息后，万古寨也逐渐废弃。与万古寨隔河相对的是红岩双洞。

从流传的故事来看，因为李氏乡绅的为人还恪守着一定的道义，并非为富不仁的土豪劣绅，所以李氏家族虽遭白莲教军打击，但后来依然显赫一方。此地李氏曾与西乡县高川、堰口、五里坝都有些往来。据说，李氏祖上曾在西乡堰口捐过义渡，赢得了极为不错的口碑。李氏宗族也曾捐地修建祠庙和学校，包括教室与宿舍。这些利民之举协调了民众关系，使李氏的富庶发达延续了百年之久，直到民国二十年以后，此处再度成为盗贼蜂起、匪患成群的地方，李氏族人不得不再一次择地躲匪，以保全性命与财产。而他们探得的躲避之地就是红岩双洞：在红岩河下游的谓之下洞，上游的谓之上洞，两洞之间距离约百米。

# 下　洞

民国时期，镇巴境内的匪患之剧可以说是空前的。在本县活动的土匪以外来为最。危害大、影响广的股匪有孙杰、陈定安、张小康、白雄、韩世昌、王三春、饶世民等。这些股匪活动时间长短不一，人数规模不等，致使县内政令混乱，生灵涂炭，陷民于水深火热之中。

当时身为团练、保长的一些李氏族人依然是家道盈裕，资财不乏。他们不知花了什么功夫去探出了下洞，竟然让下洞成为一个固若金汤的避难之所。土匪率队在山脚下包围了一天一夜，毫无办法，最后只好悻悻而去。据说此洞从建成地主们的避难所之后，直到解放，也没有被任何土匪攻破过！

那么，这个下洞究竟是怎样一个据险可守的地方呢？

该洞的防御工事坚固，依赖于三险：第一险，水城门。

　　外人若要进洞，必先破水城门。水城门的工事极为坚固，水城门后是洞内地主们取水的地方，常年有脚夫背水。遇到匪患紧急时，水城门内也是贫苦百姓的躲避之地。而在洞内的财主们可以说还高枕无忧，因为他们还有第二险：神仙洞。

　　神仙洞是距下洞约30米远的另一个洞穴，位置比下洞口略高，生在绝壁之上，下面便是水城门通往下洞口的一条绝道。那么这个生在绝壁上的石洞是如何作了第二险的呢？

　　住在洞内的财主们许诺这样一个条件：如果能从绝壁攀上神仙洞吊下绳索，许给他一石二斗苞谷；如果攀崖时不幸摔死，依然给死者家属一石二半苞谷，外加一副棺木，三尺裹尸布，三匹火纸。也许那的确是一个需要用生命去交换温饱的时代，他们为了那一石二斗苞谷，心一横，便把生命拿来作了一次赌注。侥幸的是他们终于上了神仙洞，然后从上面垂下绳索、吊篮，运送人、物，还吊了大量的滚石放于神仙洞，若遇土匪攻洞，他们便在绝壁上滚石，如此险要的防御，令人望而生畏，自然坚不可破。

　　万一有土匪攻上绝道，他们还有第三险——天桥。

　　从外观看，洞口距红岩河约有上百米的距离，洞口宽敞，除开前面的陡坡可上至洞口外，洞口右侧是陡峭的岩壁，根本无法驻足，更不可能说通行。再加上洞门口用巨石垒成城门，严严封住洞口，即使攻入洞门，依然无法进洞。惟在洞的左侧留有一条通道，而这条通道是人工用凿子在岩壁上凿孔打桩，建起的一条长约两米的木桥栈道通至洞口。假若不幸被土匪攻至洞口，只要抽掉木桥，入侵者也是干瞪眼，根本无法进入洞内。

　　事实上也是如此。土匪反复察看地形之后，望洞兴叹，无可奈何，率众而去。

　　那么这个洞究竟有多大，能容纳多少人生活呢？解放后因为进洞的道路毁坏，关键是木桥被毁，所以很少有进洞的幸存者。幸运的是我们访到一位胡姓老人，今年已90岁高龄。老人说，他20多岁的时候进过洞，作为雇工，给生活在洞里的地主们送过粮食。问他洞有多大，他说他没往洞里走过，不知道里面有多宽。反正里面生活了一百多人，洞里都是用木头架起的小楼房，生活的都是姓李的保长及家眷。据他回忆，常年躲避匪患，李老爷和家眷们呆在洞里有长达三年的。

　　能容纳一百多号人生活两三年，而且能在里面盖楼，洞里的空间之大可想而知。据说解放后破四旧，这些士绅的洞内旧巢被完全毁坏，劫掠一空，木桥也被拆毁，似乎再也无法可进。而有些见财起意的胆大者，竟然腰系绳索，想方设法进入洞内。他们进洞之后，看到里面到处都是烧的灰堆，他们扒遍灰堆，找寻地灰里是否留有银元和大烟（鸦片）。当然，他们有没有收获就不得而知了。

还有好事者想探究竟，看看洞内到底有多大。有人浇了儿臂粗细的白腊三支，三支蜡点完了，仍没走到洞的尽头，便有些毛骨悚然，只好心惊胆颤的返回。

照这样来看，洞内生活百十号人实在是稀松平常。现在有没有探险者愿再涉险，那就留给那些"驴友"们吧。

固若金汤的下洞，外匪无计可施，然而内患难防。据说在一次内讧中，终于有人见财起意，将一个新任的老爷趁其出外上厕所时推至悬崖下摔死，然后里应外合，未抽木桥，导致了一场轩然大变。这可能是下洞惟一的一次破洞机会，不是灭于外患，而是陷于内贼。

牢不可破的下洞还有很多神奇的传说。据说民国三十六年，一位守洞的老人在半夜被惊醒，看到洞内有怪兽眼如灯笼，放着红光，吓得魂飞魄散，大呼救命。后来，对面的百姓也见到了，便在深夜狂敲锣鼓，大声呐喊，才将这个未见其形的怪物吓退。而守洞老人在这一惊吓之后，不久死去。

下洞再怎么坚固，它也会随着土匪时代的结束而结束。解放后，曾经猖獗一时的流匪终于退出历史舞台，小里沟赢来一个全新的时代，那些寄居洞穴的生活也终于谢幕。如今，洞口残留的石头城墙的遗迹还可以供人猜想那段80多年前的乱世生活。

# 上　洞

李氏家族盘踞下洞后，高筑工事，强设障碍，使盗匪无可奈何，那么毗邻而居的上洞又怎么样呢？

上洞的主人是当时另一个家族——武家。

该洞修建完工大约是民国初年的事情（即1911年左右）。

上洞子里有石犀牛。传说洞内的石犀牛曾出来偷吃青苗，月光下被人看见，人们前去追赶，发现到洞口大犀牛便不见了。第二天，人们发现河里的青石板上有硕大的一个牛脚印，那不是洞里的石犀牛还有什么呢？

这些带有神话色彩的传说我们不必去计较真假，但为了躲避匪患，武子瑶的父亲武德政躲进了这个上洞。据说洞外修筑有七层天楼，武氏父子便凭此险御匪患。

然而，上洞的防御工事无法跟李氏族人盘踞的下洞相比，上洞终于在民国二十五或民国二十六年被攻破。我们假想的情节是这样的。

民国二十六年的某个夜晚，土匪将上洞口团团围住，在焰火和嘈杂声中，洞外的七层天楼终于被土匪攻破。这群穷凶极恶的土匪长驱直入，见人就杀，见物就抢。武子瑶的女人吴氏是高川区白河乡七星村人，人称三奶奶。她躲在寝室里，战战兢兢发抖，看到蜂拥而进的土匪向洞的深处走去，知道自己断无生还的可能，于是手抱一床棉絮，撑开一把油纸伞，从洞外七层高的天楼上纵身一跳，结果掉在三楼的楼台上，身后的土匪发现，嘈杂呐喊。于是牙一咬，心一横，便再从三楼向洞外的悬崖跳了下去。这个姓吴的女人或许是这次匪难中唯一幸存的家眷。她跳下去之后，落在一片老树林里，侥幸逃脱，直到1956年才死去。有人问及这个女人为什么要跳崖，她说：被土匪抓住横竖是死，我为了逃命跳崖死了也不是丢人的事情。

一个兵荒马乱的年代，一个匪患横行的地方，总会演绎这些生命的传奇故事。当我们今天用一种探询和考察的眼光，用想象去还原当初那段历史的时候，不能不对生命的多舛发出慨叹，也不能不庆幸我们生活在一个和平安定的年代。

# 尾　声

当我们一行从小里沟返程时，这些山寨，这些崖洞，还有墓碑、石墙、防御、垛堞，大多都已掩埋在荒草之中，消失无踪，我们只能借助现代的光影技术留下很少的遗迹，然后在这些垛堞与石墙上遥想那百年往事。一段石墙便是一段历史的折射，一块残碑就是一段惊心动魄的岁月。

在这略显荒僻的山沟里，没有现代建设的纷繁与喧嚣，流露出的只有村庄的祥和与静谧。当你穿越百年风云，走近历史的村庄时，你不能不惊叹社会变革对人们生活的影响。那些已逾古稀、满脸沧桑的老人虽然在无限神往或者充满忧惧地回想当年的战乱风云，可他们的内心确实已变得非常安定。因为这已不再是一个为生活定居需要担惊受怕的时代。历史的陈迹随着时间的流逝终将淡出人们的视线。直到有一天，人们在祥和的村庄里，听说此地曾是盗匪云集的地方，他们会瞪大眼睛说：这不可能吧？

张新林

# 安垭梁记

安垭梁,旧称平溪山,与城西黑虎梁相峙,高出甚许。山顶非挺,有平田缓地;山腹厚实,褶缬多变;耸然千米,蛮横南北,阻东风,迟朝日,乃眺远之阻也。

然草木之山,不足以论;人文之梁,足可道也。

昔山巅有吉星祠,铭文于钟鼓之上;山腰有魁星阁,明伦文教之所。祠已毁,钟独存;楼尽废,址上建烈士塔,钢筋水泥,铮铮其坚,精神旗帜,猎猎风范。山腹山膛缓凹处,荒冢散落。芸芸众魂,不乏非凡,淞沪四行保卫战英雄宴君安兴栖焉。

垭口窝塘,为巨匪三春老营址,素屯顶而非城以备攻防,常奔上而突下以磨脚力,匪亦谙为兵之道,民惧官患,可知矣。

山之北麓,城之缘也。陡然高起,危危可岌。为护邑保土,同知允刚买山禁耕樵于前,修凤倡议植栎木以继,林渐蔓覆,今犹可见。

山之南麓,有泉穴出,甚大,民多以饮浣。修凤曾携父游,并撰《龙泉记》,以清泉抒清政之怀也,郡志厅志皆有录。复引泉至署衙侧,凿池蓄之,垂影正身,曰鉴池;建澄清阁,常临以观。文人之气,风雅之至也。

邑之小,盖二梁夹持所致,素为民诟。然其传说得民心尔。初虎哥垭妹为情侣,逢大旱而得神暗谕,倚宝剑而联袂屠龙。戾兽除,甘霖降,洋水骤涨而分其于两岸,自此望而不得聚矣。

遐思漫笔,难以尽述。一山之上,人与神、士与匪,爱与恨、生与死,杂然相生者,盖藉城也。城榻之山,必为城之风水,人事文事当斐然勃然也。

梅冬盛

# 第六章　红色往事：镇巴苏区跨两县

1932年10月，中国工农红军第四方面军从鄂豫皖苏区战略转移到川陕边界，创建了被毛泽东称为"中华苏维埃共和国的第二疆域"的川陕革命根据地。镇巴西部和南部位于川陕苏区的东北前沿——于是，一段轰轰烈烈的红色革命史永远铭刻进了镇巴人的记忆。

## 一、建立苏区：根据地和苏维埃

1932年10月，中国工农红军第四方面军总指挥徐向前、政委陈昌浩及中共中央派往四方面军的代表张国焘等，率红军十、十一、十二、七十三师及少共国际团，离开鄂豫皖苏区，实行战略转移。经过两个多月的转战跋涉，行程1500公里，歼敌近万人，终于摆脱了国民党军队的围追堵截，于12月9日到达汉中盆地，作短暂休整。此间，获悉四川各路军阀于川西酣战，川北国民党军防务空虚，四方面军先遣部队和主力部队共14000余人分别于12月18日、21日挥师南下，胜利抵达川陕边界的镇巴县西乡街和通江县两河口，遂兵分3路，一举攻克通江、南江、巴中3县，创建了川陕革命根据地。12月29日，在通江建立川陕苏维埃政权——川陕省临时革命委员会，1933年2月正式选举成立川陕省工农民主政府。

从1932年12月起，红军先后派部队和地方工作队进入镇巴县境，宣传红军宗旨、政策，消灭国民党驻军和地方反动民团、土匪，在简池、长滩、坪落、盐场、渔渡坝、过街楼（仁村）、长岭、黎坝等地发动群众，建立党的地方组织和苏维埃政府，开展武装斗争，实行土地革命。先后建立县委、县苏维埃政府各1个，区委、区苏维埃政府各4个，乡党支部2个，乡苏维埃政府25个，村苏维埃政府88个，交通站2个，发展根据地998.33平方公里，游击区903.1平方公里，组建20支游击队，18支赤卫军，参加数百次战斗，吸纳千余人参加红军。

（一）赤北县

1932年12月21日，红四方面军73师解放四川通江县泥溪场，建立了川陕苏区第一个苏维埃政权——赤北县苏维埃政府，镇巴三溪乡余杨村人王万鹏曾任主席。赤北县苏维埃政府在今镇巴境内辖简池区苏维埃政府和核桃树、闻家坪两个乡苏维埃政府。

1. 简池区苏维埃政府

1933年1月，红四方面军十师二十九团团长方景炎、民运股长宋明修到李塘坝、河坎子等地宣传红军政策，发动群众相继建立窑罐厂、蒿坪寺、雷公田、田坪乡苏维埃政府。3月在简池坝街上高店子成立赤北县简池区苏维埃政府，李应全、王再元、符先植、杨生德、陈开杨先后担任主席，内设劳工、裁判、土地、粮食、经济、内务、交通委员和革命肃反处、招待处、税务所等，下辖4个乡、11个村苏维埃。①窑罐厂乡苏维埃政府建立于1933年1月，李应全、赵洪举、符先植、邓兴才先后担任主席，内设劳工、土地、粮食、经济委员，辖刘家坝、曾山梁、马家营、大包寨、河坎子5个村苏维埃。②雷公田乡苏维埃政府建立于1933年2月，主席王金元，内设劳工、土地、经济、粮食、交通委员，辖朱家沟、范家营、白家梁3个村苏维埃。③1933年2月，红军二十九团民运股在蒿坪寺主持召开群众大会宣布成立蒿坪寺乡苏维埃政府，选举冯庭仕为主席；3月7日，游击队队长冯庭潘等人叛变，与反动大本团（当地有权势者组织的民间武装，一般为官府所控制）里应外合将乡苏维埃捣垮；随后红军在简池坝重建乡苏维埃政府，选举陈开杨为主席，内设劳工、裁判、土地、粮食、文化、经济委员。由于蒿坪寺地处苏区与白区交界处，保卫力量薄弱，未建立村级苏维埃政府。④1933年3月红军在田坪驻扎一个连，发动群众建立田坪乡苏维埃政府，选举李星春为主席，内设劳工、土地、粮食、经济、交通、文化、宣传委员，辖田坪、观音庵、大包山3个村苏维埃；1934年2月，乡苏维埃同镇巴县常备队作战失利，部分干部被介绍到四川通江钢溪河红军开办的铁厂工作。1935年2月大部分区、乡、村苏维埃政府工作人员随红军入川长征。

2. 赤北县辖乡

①1932年12月18日，红四方面军先遣部队在核桃树设立接待站，月底在接待站基础上建立核桃树乡苏维埃，属赤北县长坪区辖，王在南、王在渊、罗荣发、李元亨、李俊禄先后担任乡苏维埃主席，内设裁判、劳工、土地、粮食、经济、内务委员及妇女代表，辖李家梁、庙坝、罗家沟、新房子、大竹园5个村苏维埃。②闻家坪乡苏维埃政府建立于1933年4月22日，主席高孝荣，属赤北县钢溪河区苏领导，乡苏维埃

内设劳工、土地、粮食、经济、文化、内务、交通委员和妇女委员长，辖花河子、苏家坡、天观堂、张家营4个村苏维埃。1933年9月，乡苏维埃同反动神团战斗失利后解散。

（二）陕南县

1933年5月22日，红军十二师某部派王学龙等人到坪落坝宣传红军政策，组织发动群众，9月上旬在坪落庞家院子召开陕南县第一次工农兵代表大会，会议由红军十二师民运科主持，宣布成立川陕省陕南县苏维埃政府，选举产生陕南县苏维埃政府执行委员会，康洪礼、张国选分别当选为县苏维埃政府主席、副主席，内设县军区指挥部（指挥长刘义雄）、政治保卫局（局长李××）、保卫队（队长何兴才）、革命法庭（负责人由政治保卫局局长兼任）、经济委员会（委员长喻永科）、粮食委员会（委员长杨春发）、土地委员会（委员长徐××）、文化委员会（副主席孙传学）、内务委员会（委员长罗金芝）、凿字队（队长李××）、招待处（负责人钟文学）。1934年2月中旬，陕南县第二次工农兵代表大会在青鹤观召开，会期5天，出席会议代表500余人，大会决定改选区、乡苏维埃政府领导成员，动员群众参加红军，加强地方武装，并印发了《陕南县苏维埃政府布告》。1935年2月，陕南县各级苏维埃政府干部组成陕南县工作大队，同红军一道入川参加长征。陕南县辖两区两乡，长滩区在陕南县成立之前已消亡，在此一并叙述。

1. 长滩区苏维埃政府

1933年1月，红军四方面军十师派王明理、夏习之等10余人在长滩坝街上组织建立长滩区苏维埃政府，选举刘尚成为主席（后由王全奎接任），内设土地、粮食、经济、文化、内务、交通委员，并组建赤卫军营，辖桃园子、长滩、南沟3个乡苏维埃政府14个村苏维埃政府。①桃园子乡苏维埃政府建立于1933年1月上旬，选举冯占久为主席，内设劳工、土地、粮食、经济、文化委员和妇女委员长，并建有少先队、童子团、赤卫军连组织，辖松树溪、两河口、新房子、洋鱼塘4个村苏维埃；同月中旬被大本团打垮，主席冯占久及其妻、子同时被杀害；5月初，桃园子乡苏维埃政府恢复，严绍荣任主席（后由周应琦接任），所辖村苏维埃除原来4个外，新建徐家河村。②长滩乡苏维埃政府于1933年1月上旬在长滩坝街上成立，主席姚怀德，内设裁判、土地、粮食、经济、文化、内务、交通委员及赤卫军、童子团，辖姚家坝、闻家包、薛家岭、庞家院子、柏家岭、梨树坡（钟明锋为该村土地委员）6个村苏维埃；19日，乡苏维埃政府遭反动大本团偷袭而被破坏。③南沟乡苏维埃政府建立于1933年1

月初，选举刘德成为主席，内设劳工、土地、经济、文化、内务、交通委员，辖南沟、麻子沟、李家营3个村苏维埃；2月1日，乡苏维埃游击队队长王荣忠、副队长宋大成叛变投敌，杀害派去工作的红军干部杨孝德，将游击队、赤卫军、少先队及乡苏维埃政府捣垮。由于地方反动民团的多次骚扰，长滩区苏维埃政府先后迁茶园、后槽、窝棚梁、周家坪、盐场坝、响洞陶家院子等处活动。

2. 赤化区苏维埃政府

1933年5月，红军经四川万源竹峪关入境，在后槽子、枫橡垭等地赶走当地神团大刀会，派王学龙、罗金芝等人在坪落一带宣传红军政策，发动群众。6月，在钟家岭成立赤化区苏维埃政府，派雷义和任主席，钟德绪为文化委员。同年9月，赤化区召开第一次工农兵代表会，选举产生区执行委员会，张良成、张洪德为正副主席，内设裁判、土地、粮食、经济、文化、交通、内务委员。区苏维埃始由红军直接领导，后来属陕南县苏维埃，先后辖宝山子、毛垭、张家塘、崔家碥、盐场、梅坡6乡22个村苏维埃。1933年11月，赤化区苏维埃政府召开第二次工农兵代表会议，动员青壮年参加红军，组织地方武装，实现苏区军事化。①梅坡乡苏维埃政府成立于1933年5月，龚学义、康洪礼先后任主席，内设土地、粮食、文化委员，辖石窑子、蚴子坪、庙子坝、刘家院子、洪家坪、沙坝子6个村苏维埃。②崔家碥乡苏维埃政府于1933年6月6日在崔家碥成立，选举喻兴明为主席，内设劳工、裁判、土地、粮食、文化、内务委员和妇女委员会，辖长坝子、崔家碥、李家坪3个村苏维埃。③宝山子乡苏维埃政府于1933年6月11日在坪落庞家院子成立，选举杨玉明为主席，内设裁判、土地、粮食、经济、文化、内务委员，辖坪上、宝山子、王家岭、钟家岭、陈家岭、后河6个村苏维埃。④盐场乡苏维埃政府成立于1933年6月初，王卿成、周连富、向子富先后任主席，内设劳工、土地、粮食、经济、文化、交通委员，辖李家营、南沟、柳家河3个村苏维埃，1935年2月乡苏维埃遭大本团袭击，随县苏维埃迁至应钟山。⑤毛垭乡苏维埃政府于1933年9月在响洞子街上成立，后迁毛垭方家院子，先后选举陶世润、王万福、潘正芳为主席，内设劳工、土地、粮食、文化、内务和妇女委员长，辖化吉沟、陶家院子、刘家岭、黑水池（今万源县境内）4个村苏维埃。⑥张家塘乡苏维埃政府于1933年9月成立于张家塘水井湾，选举冉××为主席，1934年2月24日马郁金带地方大本团将乡苏维埃包围，烧死冉主席夫妇和2名红军战士，杀害土地委员覃克弟和游击队哨兵及游击队员久娃子，将乡苏维埃破坏。

3. 红花坪-范家窝塘区苏维埃政府

1933年10月，红军十二师三十四团进驻关门垭、木竹寺等地，团政治处发动群众在红花坪建立陕南县红花坪区苏维埃政府，派陈义禄为主席，12 月区苏维埃政府迁寨坪等地。1934 年 2 月小沟河大本团偷袭区苏维埃政府，部分工作人员随红军转移到黎坝范家窝塘，组建了范家窝塘区苏维埃政府，选举刘祥荣为主席，内设土地、经济、粮食、文化委员，辖红花坪、侯家岩、牡丹园、黎坝、关门垭、过街楼、环山子、长岭 8 个乡 27 个村苏维埃政府。①侯家岩乡苏维埃政府建立于 1933 年 5 月，选举王正阳为主席，内设劳工、土地、文化、交通委员，9 月，乡苏维埃政府迁大白杨坪；先后辖大白杨、李家梁、守家坪、毛家坪、白土坪 5 个村苏维埃；1934 年底乡苏维埃政府遭镇巴县第四常备队围攻，工作人员转移到木竹寺。②1933 年 4 月，红军三十四团三营在赵家坪建立村苏维埃，属赤北县钢溪区管辖；6 月将村苏维埃政府改建为乡苏维埃政府，主席张文钦，内设土地、文化、经济委员及妇女委员长；后迁至牡丹园，牡丹园乡苏维埃政府划归陕南县红花坪区苏领导；12 月，乡苏维埃政府主席张文钦叛变，乡苏维埃政府解散。③红花坪乡苏维埃政府于 1933 年 9 月建立，严万益为主席，内设劳工、土地、粮食、经济、文化、交通委员，辖天池坎、马家岭、邓长沟 3 个村苏维埃；12 月迁赵家坪，与区苏维埃政府一起办公。④黎坝乡苏维埃政府于 1933 年 8 月 24 日在宝山寺建立，主席彭太荣，内设裁判、土地、粮食、经济、文化、内务委员和妇女委员长，辖干河子、西湾、烂坝子 3 个村苏维埃政府。⑤过街楼乡苏维埃政府于 1933 年 10 月建立，主席刘升芳，内设粮食、经济、文化、交通委员和妇女委员长，辖过街楼、马家岭、雪口坝 3 个村苏维埃；同年 12 月被小头寨大本团偷袭后，部分干部加入红花坪、关门垭乡苏维埃工作。⑥环山子乡苏维埃政府于 1933 年 11 月在邬家院子建立，鲁明礼为主席，内设劳工、土地、粮食、经济、文化、交通、内务委员和妇女委员长，辖碾子河、大树坪、陆家河、崔家坪 4 个村苏；不久乡苏被小头寨大本团偷袭后解散。⑦1933 年 12 月，国民党军队围攻苏区，地方反动民团活动猖獗，红军三十四团将黎坝、过街楼、环山子乡苏维埃人员集中在关门垭，重建关门垭乡苏维埃政府，刘祥荣、陈占富、田培基先后任乡苏主席，内设劳工、土地、粮食、经济、文化委员，辖姜家院子、塘口上、关门垭 3 个村苏维埃。⑧长岭乡苏维埃政府于 1933 年 11 在八庙岭组织建立，不久迁长岭街上，邱显发任主席，内设劳工、裁判、土地、粮食、文化委员，辖八庙岭、降东河、甘家坪、下坝、青岗坪 5 个村苏维埃；同月下旬国民党陕军进占长岭，乡苏维埃工作人员随红军转移到木竹寺。1935 年 1 月 30 日，小沟河大本团与镇巴县第四常备队再次偷袭范家窝塘区苏维埃政府，工作人员突围至木竹寺红军三十四团团部驻地，几天后随红军入川。

4. 陕南县直属乡——渔渡、杨家沟乡苏维埃政府

除长滩、赤化、范家窝塘区苏维埃外，陕南县还先后直辖渔渡、杨家沟两个乡苏维埃政府。渔渡乡苏维埃建立于 1933 年 10 月，许茂林任主席，设土地、经济委员，辖湾滩、王家坪两个村苏维埃；1934 年 1 月，国民党军队进占渔渡，将乡苏维埃 3 名工作人员全部杀害。1934 年 4 月，红军再次进驻渔渡坝，派人在杨家沟、龙王沟、中木竹河组织建立 3 个村苏维埃，后将这 3 个村苏维埃合并为杨家沟乡苏维埃，1935 年初红军撤离，部分工作人员随红军入川。

# 二、早期活动：中共在民国镇巴

在红军到达镇巴前，中共已在镇巴开展活动。1928 年，镇巴南区（长滩、盐场、渔渡等地）群众参加了中共领导的川东游击队打击土豪劣绅的武装斗争，为几年后党和红军在这一带的活动打下了群众基础。1931 年 8 月，中共党员陈仁三以国民党三十八军五十一旅少校联络参谋的身份到镇巴招安大土匪王三春部，借机秘密发展舒翼之、黄彦甫等 30 多人为中共党员。

1932 年 12 月，中国工农红军第四方面军进入镇巴，开辟了川陕革命根据地镇巴苏区。1933 年 1 月，红军十师某部后勤部队派王明理、夏习之等 10 余人在长滩坝（今赤南）街上"同善社"建立中共长滩区委员会，王明理任区委书记；1 月中旬，区委、区苏维埃迁茶园办公，18 日晚遭地方大本团偷袭，王明理在战斗中牺牲；2 日中旬，区委机关在响洞陶家院子被大本团破坏。

1933 年 6 月 24 日，中共川陕省委第二次党员代表大会决定成立"镇西县委"（即陕南县委）。7 月，红军十二师某部在钟家岭建立中共赤化区委员会，陈忠瑞任书记，由红军直接领导。10 月，红军三十四团政治部派人在红花坪成立中共陕南县红花坪区委员会，张志洪任书记。12 月，川陕省委派马金芳、蒋克诚等十余人到本县南部筹建陕南县委，发展党员。1934 年 1 月，中共陕南县委在坪落庞家院子正式成立，马金芳任县委书记，刘义雄任组织部长，陈文先任宣传部长，王学龙（女）任妇女部长；接着在坪落青鹤观召开为时 3 天的陕南县第一次党员代表大会，30 多名党员代表出席，大会讨论了党的组织建设、肃反、土地革命、建立地方武装等问题，通过并发布《告陕南县群众同胞书》；选举产生中共陕南县委员会，常委马金芳、康洪礼、刘义雄、陈文先、蒋克成，书记马金芳（同年 4 月调回川陕省委，潘天成接任）。此后，赤化区委隶属陕南县委。2 月，正在召开党员会的红花坪区委被地方大本团冲散，区委书

记张志洪擅自离走，部分干部随红军迁到黎坝范家窝塘，重新组织建立了中共陕南县范家窝塘区委，红军干部王大普任区委书记，区委内未设各部。8月，赤化区委、区苏维埃迁至青鹤观钱家碥。11月8日，镇巴县保卫总团第四、第五常备队勾结小头寨大本团头目饶世民围攻驻青鹤观的陕南县委、县苏维埃和赤化区委、区苏维埃，双方激战数小时，县委宣传部长陈文先、赤化区委书记陈忠瑞在战斗中牺牲，陕南县委、县苏维埃和赤化区委、区苏维埃撤退至尖山子继续坚持斗争；部分工作人员随县委、县苏维埃转移到尖山子等地展开工作。1935年1月30日，黎坝乡苏维埃赤卫军连长杨永芳叛变投敌，暗通镇巴县第四常备队，范家窝塘区委、区苏维埃深夜遭到偷袭，工作人员突围撤退至木竹寺。1935年2月，陕南县委奉命将各级党组织和苏维埃政府工作人员编成陕南县工作大队，随红三十三军入川参加长征。

　　1933年4月，中共赤北县委（机关设通江县境）书记王建刚到核桃树乡、村苏维埃中发展党员，建立起中共赤北县长坪区核桃树乡支部，选举李俊连为支部书记，计有党员30多名。1933年7月，赤北县委妇女部长到简池苏区吸收任兴才、符先植、王应重等人为中共党员，接着在简池坝街上高店子成立中共赤北县简池区委员会，王再元任区委书记。同月，红军三十四团民运股长汪建柱在闻家坪马家寨介绍高孝荣等8人加入共产党，接着成立中共赤北县钢溪河区闻家坪乡支部，选举高孝荣为支部书记。同年10月，乡支部党员和乡苏维埃政府干部到范家窝塘区参加革命工作，继续坚持革命斗争。1935年2月，简池区委各级工作人员随赤北县委一起参加长征。

　　除中共陕南、赤北县委各级组织外，镇巴苏区还建有各类群众组织。共青团组织（又称少共）有少共简池区委、少共赤化区委和少共陕南县委（1934年1月成立，蒋克诚任书记）；少先队组织有桃园子乡、南沟乡、赤化区、范家窝塘区、侯家岩乡、简池区少先队；儿童团组织在长滩、桃园子、梅坡、黎坝、环山子、牡丹园、过街楼、核桃树等乡及赤化、范家窝塘、简池区先后建立；赤化区、红花坪区、陕南县、简池区先后建立了妇女委员会，各乡村均配备妇女委员长或妇女代表；简池区建立了工人委员会，陕南县成立了贫农团。

　　红军离开陕南后，中共在镇巴的的活动大多转入地下。1940年2月4日至20日，中共西乡简师支部书记刘继述带领救亡宣传队12人，到镇巴县城为抗日将士募寒衣，演唱抗日歌曲、话剧和活报剧等；1942年夏，中共重庆地下党组织派党员杨化周（化名杨适）到镇巴工作，以兴隆田赋征收处主任的合法身份关押了从来不交粮的恶霸地主黄绍伯，迫使其弟、兴隆乡乡长黄一勤担保交纳才予释放；1943年夏，中共重庆地下党组织派党员傅淑华（女）、进步人士徐篆（女）到镇巴开展革命活动，1944年春，县自卫队中队长王善良将县立中学一学生抓去审讯，强令其承认是共产党，学生们在教导主任傅淑华、级任教师徐篆指导下，向县政府请愿未获解决，学生们痛打了王善良，汉中绥靖司令部密令国民党镇巴县党部逮捕傅、徐，二人撤回重庆。

1949 年 7 月，中共西北局城工部工作人员杨实受中共陕南区党委领导人委派赴镇巴，策动巴山诸县国民党地方武装起义，同时牵制、阻击国民党胡宗南部军队经陕南逃往四川。10 月 4 日，中共镇巴县委、镇巴县人民政府在宝鸡县黄家岩乡寅子头村组建，雒云任县委书记，薛步华任县长。11 月，镇巴小学教师康建鼎收到同学杨实的信，对国民党陕西省"反共救国军"十二游击纵队第五支队司令庞文彦开展策反工作，庞决定起义。12 月中旬，庞文彦派兵追击向南溃逃的"反共救国军"第四支队，并在九阵坝将其击溃，缴获步枪数十支、轻机枪 2 挺、电台 2 部、电话机数部。15 日，中国人民解放军十九军五十五师一六三团副团长姜玉安、副政委徐兆基接师部电令，率该部三营和团直机关从西乡出发，前来镇巴接受庞文彦起义，17 日到达镇巴县城，受到县城民众和起义部队的热烈欢迎。同日到达镇巴县城的还有中共镇巴县委和县人民政府组成人员。18 日，一六三团接收庞文彦移交给解放军的武器弹药和通讯器材。19 日，镇巴县隆重举行各界群众大会，陕南工作大队三中队政委、中共镇巴县委书记雒云在会上讲话，并宣布镇巴县人民政府成立，薛步华任县长。

## 三、革命斗争：砸碎万恶旧社会

20 世纪 20、30 年代，占镇巴全县人口总数 12% 的地主富农占有 75% 的土地，占总人口 60－70% 的贫雇农只有 20% 左右的土地。苏区各级党组织和苏维埃政府建立后，在充分发动群众的基础上，打击地主豪绅，没收其田地和财产，除留一定公田外，按人口进行分配。由于乡、村的田地、人口多少不一，分配的标准、方法也不相同。田地多的地方人均可分得 10 背谷子的水田（每背约 65－70 公斤），田地少的地方只能分得 1 背谷子的水田，自有田地不足的农户按分配标准补齐。分配时由区、乡苏维埃政府土地委员和分配干部到田坎地边指界抽签，签上写明分得田地主人姓名、地点、亩数或产量、四邻界畔等，造册登记，让农民自己耕种。劳动力不足的军属田地，由苏维埃政府组织代耕队，由赤卫军帮助耕种。据对红花坪、黎坝、过街楼、侯家岩、宝山子、毛垭、梅坡、盐场 8 个乡土地革命情况的不完全统计，打击土豪劣绅 100 多户，没收水田 5000 多亩、旱地 1000 多亩、粮食 34 万多斤，还没收了部分房屋，分给了 960 多户农民。简池区委、区苏维埃政府领导群众开展土地革命，全区打击地主土豪 80 多户，仅雷公田、田坪、窑罐厂乡苏维埃政府就没收田地 4100 多亩、房屋 200 多间，还有粮食和其他财物，分给 180 多户贫苦农民。核桃树乡苏维埃政府没收 12 户豪绅地主的田地 5310 多亩，房屋 400 多间，分给 142 户贫苦农民，还没收粮食 44 万多斤支援红军。1932 年底到 1934 年，各级党组织和苏维埃政府共没收地主、富农、匪首、团首田地 18600 多亩，粮食 79 万多斤，木耳山场 200 多亩，房屋 1000 多间，除大部分粮食支援红军和苏维埃政府留用外，其余均分给了贫苦农民。

在开展土地革命的同时，陕南县革命法庭、简池区革命肃反处、范家窝塘区苏裁判委员会，对抓来的地主、豪绅、土匪、团总等，经过审讯，视其情节、阶级成分，区分首要和胁从，并根据群众意见，处以罚粮罚款、劳役、监禁或死刑。1933 年夏天，闻家坪乡苏维埃政府根据群众意见，惩处了景仁元等 16 名罪大恶极的地主恶霸、团首；6 月，红军三十四团政治部带 1 个连，在红花坪区游击队配合下，抓获从苏区逃往屈家坪、梨溪坪等地的劣绅、乡保头人等 50 多人，审讯后押往四川竹峪关镇压。11 月，红军入城抓获土豪劣绅 18 人，镇压 6 人。1934 年 2 月，中共陕南县党员代表会议和县苏维埃政府第二次工农兵代表大会，分别作出肃反工作决议，随之领导区、乡、村各级地方党组织和苏维埃政府开展了内部肃反。在区、乡苏维埃政府内查出为敌人通风报信或伪造历史混进革命队伍中的一批人，分别送交苏维埃政府或红军处理。然而，由于张国焘在红四方面军内部执行"左"倾路线，加之红军领导地方工作缺乏经验，在肃反中错杀、错处了一些人，给革命造成了不应有的损失。

国民党反动派和地方反动势力对红军、各级党委和新生的苏维埃政权恨之入骨，不断纠集力量对苏区发动进攻。为了捍卫革命成果，建立、发展和保卫根据地，镇巴苏区人民在地方党组织和各级苏维埃政府领导下，拥护红军，支援红军，参军参战，进行了一系列艰苦卓绝的斗争。

镇巴苏区作为川陕苏区的东北前沿，从 1933 年 7 月起，红军与陕军基本上形成了一条从西北到东南曲线长 96 公里的拉锯状前沿阵地。红军战线大体是：西接西乡楼房坪，沿天池寺、田庄、伍家垭、烂坝子、木竹寺、中木竹河、杨家沟、湾滩、天官堂，东到万源花萼山。红四方面军先后在境内驻扎和活动过的部队有：十师二十九团，十二师三十三、三十四、三十五团和师政治部，三十三军二九六团，七十三师二一九团。先后在核桃树、简池坝、庙坪、蒿坪寺、闻家坪、红花坪、侯家岩、牡丹园、范家窝塘、长岭、宝山子、湾滩、化吉沟、张家塘、崔家碥、毛垭、南沟等地建起 20 支游击队，18 支赤卫军。其中陕南县为游击大队，130 多人；简池区游击队与四川钢溪河、空山坝游击队合编为赤北县独立营，200 多人。国民党陕军战线大体是：西接西乡龙池，沿大池坝、松树坝（今池洋）、三元坝、降头山、花园、甘家坪、毛垭塘、九拱坪、关公梁、洪家湾，东接万源大竹河。镇巴当时属国民党第十七路军三十八军五十一旅的防区，驻扎有收编的王三春股匪3个团和后调来的陕军一〇一团、九十九团、镇巴县政府的保卫总团和汉中调来的两个常备队。除此之外，还有多种名目的地方反动团练数十支及境外通江、万源经常入境破坏的反动神团、大本团3支。

1933年初，蒋介石委任四川军阀田颂尧为"川陕边区剿匪督办"，田纠合刘存厚、杨森两个军阀，集中50个团进攻川陕革命根据地。红军则集中兵力，两次收缩阵地，在空山坝与敌会战，取得反击田、刘、杨三路进攻的胜利。其间，赤北县独立营奉调配合红军在通江余家湾等地作战，毙伤敌两千多人，缴获大批枪支弹药。简池区各乡苏游击队、赤卫军奉调配合红军参加空山坝战役，为红军背送弹药、伤员、粮食和战利品。

1933年2月，驻通江什字坝的红军一个营进入黎坝白杨坪，驱逐守敌王三春部李国太营；驻通江两河口红军一部入境，反击趁夜偷袭苏区的王三春部，敌败逃。4月，驻境内苏家坡红军特务团二营和当地赤卫军将三元坝驻军王三春部彭亚云营击溃至降东河。5月，驻苏家坡红军十二师三十四团一部，由吴副团长带队，分兵两路再次击溃回窜三元坝的敌彭亚云营。是年6月6日《西京日报》第五版登载消息《赤匪组织伪镇巴县府 驻军力弱不敢进剿》："（镇巴通讯）本县位川陕边界，地方偏远，各方消息殊不易达，故外间颇难知本县近况。县城内现住王三春部约六、七千人，纪律欠佳。旧县府在城内，政府不能普及，简池坝为该县重镇，有公安局维持川陕交通，现已推倒。目前窜来徐向前共军约千余，又降头山一带由通江县窜来二千余，枪弹实力均甚充足，又另组织一伪县府于平落，凭藉长岭要隘，肆意损害王部众多……"这则消息侧面反映了红军对王三春股匪和地方反动武装的震慑力。

在与敌守军王三春部作战的同时，红军、游击队、赤卫军还对地方反动团练（大本团、神团）予以打击，在天官堂、癞子沟、老君山、简池坝、苟习垭、大池坝等地多次作战。1933年2月，简池区游击队配合红军部队活捉雍成元大本团"神兵"28人；3月，大池坝杨德宣大本团、冯良谟神团和通江袁有章神团约2500人，三路围攻简池区苏维埃政府和白家梁红军阵地，红军二十九团六连两个排据守阵地，打死打伤敌人20多名，获土炮、土枪、马尾手榴弹一批，迫使王三春将彭、李两个营在庙坪、西巴梁、余家坪、白杨坪、三元坝的前哨边棚后撤；5月以后，红军进驻天官堂、回龙寺、山坪、秋坡梁，十二师政治部移驻坪落青鹤观，三十三军一部驻长毛岭等地，三十三团团部驻宝瓶山，三十四团团部由苏家坡移驻木竹寺，三十五团团部驻仁村铁佛寺。

1933 年 10 月以后，驻县境内红军入川作战频繁。当月，四川军阀再次从南线对红军"六路围攻"，镇巴苏区人民与红军并肩作战，对进犯之敌予以坚决反击。陕南县抽调游击大队两个分队奔赴万源参战，动员全县劳苦大众筹粮筹款，组织运输队、担架队支前。陕南县共筹粮数百万斤，由赤卫军、游击队源源不断地运往前线；黎坝乡妇女王三珍多次协助红四方面军总部设在黎坝的交通站购买食盐、布匹等物资，并协助将物资运至四川。10 月，红四方面军发动宣（汉）达（县）战役，简池区苏维埃政府动员 110 多名青壮年参加红军，所辖田坪乡游击队 50 余人和钢溪区闻家坪乡游击队数人编入红九十一师投入战斗。陕南县苏维埃政府不仅动员了一批青壮年参加红军，还组织赤卫军和运输队南下参战。陕南县游击大队一部配合十师进攻五龙台，与川军刘存厚部激战 3 昼夜，歼敌旅长以下官兵 300 余人。陕南县游击大队另一部配合红十二师攻克水洋坪廖雨宸防线，一举解放万源县城。

为配合南面作战，境内红军主动出击，与敌激战于降头山、毛垭塘，使敌首尾难顾。陕南县军区指挥部指挥游击队、赤卫军在渔渡坝、温家塝等地歼敌有生力量后，在大河口与敌决战，迫敌后退，巩固了川陕根据地北部防线。陕军在本县最重要的前沿阵地降头山先由王三春 1 个连驻守，与红军主要阵地木竹寺山梁遥遥相对，红军数次奔袭后，王增派 1 个营加强防守。1933 年 11 月 2 日，红军三十四团调集三营、团通讯排、侦察排、重机枪排和红花坪区游击队、赤卫军共 500 多人，在团长张子仪指挥下兵分 3 路夜袭降头山守敌，将其击溃，缴枪 6 支、棉衣百余套；次日进逼镇巴县城，王三春闻风逃往四川城口、万源一带，县府官员逃往西乡；红军一举解放了镇巴县城，将王三春部的兵工厂、造币厂捣毁，获步枪 200 余支及棉花、布匹等物资。国民党三十八军军长孙蔚如闻讯，急从汉中调五十一旅一〇一团、独立第一旅九十九团反攻；11 月 13 日，红军主动撤离县城，留三营七连于青岗坪狙击，重创敌两个营后撤回降头山；12 月 4 日，一〇一团进攻降头山，双方相持 4 昼夜，红军毙伤敌营长以下官兵 40 余名后，退守木竹寺阵地。

1934 年 1 月 4 日，国民党陕军一〇一团营长郭自洁指挥一、二两营和步炮连向渔渡坝苏区进犯，在天官堂与红军交战，双方相持多日，红军主动撤离（同年 4 月收复）。1 月 19 日，红军三十四团三营两个连，夺取敌人降头山阵地，俘敌百余名，缴获机枪 2 挺、步枪百余支，次日敌军反扑，红军主动放弃阵地。7 月 15 日，三十四团三营再次攻克降头山，打死打伤敌营长以下官兵 120 人，俘敌 40 余人，缴获重机枪 2 挺、步枪 50 余支、子弹 2 万余发、手榴弹千余枚。

红军三十三军二九六团在军长王维舟、政治部主任李伯潜的率领下，在盐场、长滩、渔渡一带进剿地方民团和土匪。陕南县及简池区苏维埃政府地方武装配合红军，对地方反动武装予以打击。源滩乡游击队配合红军三十五团攻打淇水大寨沟张君成、韩兆戕神团，毙匪数名，缴获一批武器。赤北县独立营副营长景有林率部分游击队员将盘踞在瓦石坪的大本团驱逐。红军二九六团在茅坪游击队配合下，打退前来偷袭红军驻地的马八元大本团、郗大恩神团和万源张文学神团的联合进攻，毙敌 400 多名，俘虏 30 多名，缴获步枪刀矛武器 300 多件。崔家碥乡游击队配合红军一个排将松树坝大本团打垮，打死敌人 8 名，并配合红军二九六团一个排攻打驻戴家坪的镇巴县第四常备中队，战斗两昼夜打死敌人 10 余名，红军某营政委中弹牺牲。1935 年 1 月，驻山坪红军与毛垭乡游击队击败百多人的大本团进攻，击毙 34 人，活捉 10 余人，缴枪 16 支，刀矛 40 余把。

红四方面军建立川陕革命根据地后，随着频繁的战斗消耗，苏区的后勤保障遇到极大困难。为打破这一困境，1933 年 10 月，在国民党第十七路军三十八军司令部任参谋的中共地下党员武志平受中共中央特科指示，利用公开职务和社会关系，代表国民党第十七路军与红四方面军于 6 月 24 日在汉中达成以"互不侵犯，联合反蒋"为中心内容的秘密协议，开辟了经城固、西乡到镇巴进入川北苏区的秘密交通线，约定第一个接头地点为渔渡坝，此路线被后人称为"红色交通线"。武志平于 1934 年 2 月 1 日携带从汉中采购的物资启程赴镇巴，7 日到达高脚洞（山神庙），与有关方面取得联系后，于 16 日到达渔渡坝街上王家客栈，将携带的无线电器材、药品、医疗器械、电池等物资交给红四方面军供给部的柯大祥。武志平与柯大祥商议决定在黎坝另设一处交通站，武志平到达黎坝后，在交通站——关门垭乡苏维埃政府文化委员黎正刚家里——将一部分物资交给在此等候的红四方面军总供给部干部陈友盛，同时委托随行的高华锋副官利用一切有利时机采购物资，并托咐黎正刚的妻子王三珍担负从黎坝交通站到木竹寺红军驻地的物资运送任务。此后，武志平一共三次去黎坝执行物资采购和运送任务。在镇巴红色交通线运行的过程中，红军和苏维埃政权也付出了血的代价：在渔渡秘密交通站，负责联络的张交通员被枪杀于渔渡塔子河坝，同时遇害的有与交通站保持密切联系的渔渡乡苏维埃政府主席许茂林；在黎坝秘密交通站，负责物资接收的红军干部陈友盛和战士杨兴华在一次执行任务中遭当地反动民团伏击，壮烈牺牲。

1935 年 1 月，境内红军分批入川，2 月全部撤离。各级苏维埃地方武装除一部分随红军长征外，其余自行解散。

（本章由杨峰执笔）

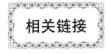

# 烽火硝烟降头山

　　降头山是镇巴境内长岭与黎坝两镇交界的一座山。山是一座，却有许多的山头连起，从山顶渐次而下，一头比一头低，是为"降头山"。反之，当为"上头山"。以前者而非后者名之，显然，是因为下山的时候要多一些，因为旧时要从黎坝方向到定远厅城，得先爬上西坡、再下东坡，过降东河到长岭、九阵，降头山为必经之路。

　　第二次国内革命战争时期，川陕革命根据地是全国最大也是最重要的苏区之一，镇巴是其中一部分，而且是该根据地的最北缘，也即处在红区白区的边境上。而降头山则是整个川陕革命根据地红白分界线的最前沿战线，前沿到什么程度呢，国民党部队守在降头山上，西坡为黎坝三元就是红区，东坡如长岭九阵则为白区。今天你攻占了山头，明天我攻占了山头，红白区就随之而进一步或退一步。其中，红军多次攻占降头山，直下长岭，最远一次竟然势如破竹攻入镇巴城。根据镇巴县政协文史委编录的相关《镇巴文史资料》记载，不完全统计，从1933年4月至1934年7月，短短一年零三个月中，在"降头山"双方发生的有记载的大小战斗10次，反复易手七、八次，可谓是发生战斗最多的山。更有趣的是，几乎所有的战斗，攻击方式都为深夜奇袭。

> 红军住在降头山，
> 山高坡陡路又远。
> 生怕红军受饥寒，
> 半夜把粮背上山。

　　这首当时流传的民歌就是当时黎坝苏区老百姓支援驻扎在降头山红军的写照，

"半夜把粮背上山"的细节极其真实。下面把发生在其中的战斗罗列出来，以再现其烽火硝烟。

1933年4月，红四军特务团从四川通江县什字坝出发，到达镇巴苏家坡，后改为三十四团，其中三营由团长张子仪带领，常驻黎坝关门垭和木竹寺，与国民党赵寿山部驻守的降头山遥相对峙。

4月，文家坝乡苏赤卫军等配合三十四团某连，攻打三元坝王三春部，直至将其追击到降头山下的降东河。

7月13日，红三十四团"夜老虎"营，采用吊绳子、架人梯的办法，攀上国民党赵寿山部盘踞在降头山的一个营，击毙营长以下120多人，缴获重机枪、步枪、子弹及手榴弹等多种武器。

8月下旬，降头山国民党赵寿山部和红三十四团三营签订协议，红军和苏区干群不到长岭赶场，国民党军政人员不到黎坝赶场，但不久国民党部队骚扰黎坝乡苏维埃，红三营应群众强烈要求，从各连抽一个排，临时组成两个连，号称一个师，夜袭降头山。营长赵正奎、营政委江世应亲自指挥，将敌人一个营彻底打垮，缴获各种武器及军服甚多，而敌军击毙和摔死40余人，其中包括一名连长，营长翟济民逃跑，红军无一伤亡，堪称镇巴苏区较经典的战斗。

10月下旬，三十四团二、三营和特务连，由团长张子仪率领，大雪夜突袭降头山，赶走王三春第三团，占领了降头山。

10月30日，红三十四团三营从长岭一直追杀王三春部三团至镇巴城郊，王部守城部及县长等闻风而逃，红军终于打入镇巴县城，并驻扎半月。后因刘湘"六路围攻"，红军撤离。

11月6日，红三十四团一部，又攻下降头山并占领。

11月下旬，国民党三十八军五十一旅一〇一团攻陷降头山，长岭再次沦为国民党区。

1934年初，红军再次夺回，留下一个连防守。

1934年5月中旬，敌人夜袭，夺走步枪十余支，伤亡二十多人，阵地失守。此役导致营长赵正奎被撤职。

1934年7月，红三十四团三营再次夜袭降头山，战至天亮，全歼守敌一个加强连。第二天，敌人组织力量疯狂反扑，战斗了四个多小时，红军主动撤回关门垭。

诸战之中，又以这最后一次最为精彩。据亲历者张先扬述、钟明锋记录并发表在1934年7月31日《民众晚报》上的文章，可见一斑。

……一九三四年七月十五日晚，红军三十四团夜老虎三营奉命向降头山守敌伪五十一旅一百零一团一个加强营进攻。营长赵正奎同志最后决定由连长刘家林带领张先扬、李有才、杨树应等十六人，组成夜摸尖刀组，每人身挂六颗麻辫手榴弹，一枝枪、一把尖刀、一条绳子、一个小小的贵州斗笠，腰系一双脚码充当先锋。

漆黑的夜晚，崎岖的山路走起来本来就难受，谁知出营房不远，暴雨又突然袭来，衣衫湿透，山路崎岖，山洪骤发，但号称夜老虎营的战士，对此早已习以为常，他们脚踏实地稳步前进。

三更时分，勇士们摸到敌人背后的一个横山梁上。匍匐前进一段开阔地，来到一个敌人认为"神仙难登"的悬岩，勇士们用架人梯的办法攀了上去。当时敌人正在酣睡之中，只有两个哨兵缩着头像两只狗似的蹲在一堆火边。李有才趁机上前，只听"嗯"地一声，一个哨兵倒下了，另一个哨兵听到动静，忙喊"是谁？""他娘的，黑天半夜乱喊什么？长官的口音都听不来！"李有才同志装着敌人军官的口气骂着哨兵。大个子杨树应趁机一个箭步上前抓住了敌哨兵。哨兵还不知是怎么回事，连说："别开玩笑……"这时一件冰冷的东西已放在他的脖子上，这个哨兵在莫名其妙中当了俘虏。

敌人的岗哨——被摧毁，勇士们便以猛虎扑羊之势直扑敌人营房，甩出了一排子手榴弹，随着轰轰隆隆的爆炸声，我军发起了冲锋。"缴枪不杀"的喊声四起，战火划破了黎明前的黑暗，一个钟头后战斗结束了。

这一仗，打死敌人营长以下官兵一百二十余人，俘敌四十余人，缴获重机枪二挺，步枪五十多支，子弹二万二千多发，手榴弹一千余颗，其他战利品无数。

梅冬盛

# 刺城绕防尖垛子，四村拱卫苏维埃

## ——陕南县委青鹤观激战后退守"尖垛子"

《镇巴县志》记载："1934年11月8日，镇巴保卫总团第四、第五常备队勾结小头寨大本团头目饶世民，围攻驻青鹤观的陕南县委、县苏维埃和赤北区委、区苏维埃，双方激战数小时，陕南县委、县苏维退至尖山子继续坚持战斗。直到1935年2月，陕南县委奉命将各级党组织和苏维埃政府工作人员编成陕南县工作大队随红军三十三军入川参加长征。"

经考证，上文中所提"尖山子"其实就是我老家那个"尖垛子"，而不是盐场跟万源接界的"尖山子"。很多人把"尖山子"和"尖垛子"分不清，经常混用，所以有此谬误。

我老家的尖垛子，高高耸立于镇巴县盐场镇和赤南镇交界处，海拔1610.9米，是镇巴南区海拔最高的山峰。我的老家刘家岭村就在它的山脚下，我们小时候放牛割草就在它的主峰下。

真正爬上尖垛子的峰顶，是在我十一岁的时候。那是农历七月，我们正放暑假。不知道是汉中市的哪个单位要到尖垛子峰顶安装通讯装置。器材卸到我家地坝里，因为到尖垛子峰顶不通公路，必须用人力把器材运到山顶。我踊跃报名，他们同意我扛一块钢板，给我五块钱。于是我就跟着大人们一起上了山顶。距离峰顶约七八百米的高度，就没有路了，除了高大的松树，就是刺棘藤蔓。大人们刀砍斧劈才勉强弄出一条毛路。上了山，山顶是块几百平米的平地，站在山顶可以俯瞰盐场坝、响洞、赤南的藏龙坪和我们刘家岭，甚至可以看到我家的房子。大人们忙着安装设备，我则好奇地四处转悠，竟然发现围绕着山顶有一圈石头矮墙和一道深深的土沟，问大人，他们说可能是土匪的工事吧。天气说变就变，刚才还是大太阳，突然就下起了雨夹冰雹。大人怕我生病，就让一个人带着我返回了。那疑问就恍恍惚惚地一直存在我脑袋里。

直到看见《镇巴县志》上记载的有关陕南县委激战青鹤观的事迹，我那疑问才突然一下子得到答案。"尖垛子"上的那些石头矮墙和深深的土沟原来是陕南县委、县苏维埃在青鹤观激战后退至"尖垛子"时修筑的，是他们继续坚持战斗的实证。我这样确信，有以下几个理由：

理由一：陕南县委从青鹤观撤退到藏龙坪，从藏龙坪再退就是易守难攻的尖垛子，尖垛子再往东南不远就是著名的秦蜀通衢滚龙坡。《定远厅志·山川志》载，"自黑包山西行五里曰滚龙坡，交四川太平县界，山势险峻，路径崎岖，为秦蜀通衢，咸丰十一年同知沈际清筑卡于此……自滚龙坡西北行二十里曰毛垭，又西北为尖垛子，曰应钟山，峰峦高耸。"由此可知，滚龙坡自古就是军事要地，而离滚龙坡不远的"尖垛子"更是附瞰盐场坝、坪落坝、刘家岭、响洞子的制高点，视野开阔，易守难攻。那么非常熟悉这一带地形的陕南县委从青鹤观撤退之后就理应首选"尖垛子"为据，进可攻，退可守。另外，"尖垛子"处于盐场、赤南、刘家岭之中心，这三地皆粮产丰足，后勤补给不成问题。

理由二：据家住滚龙坡的退休干部李文海说，他父亲亲历了红军跟国民党在滚龙坡的交战，并且他还力图向我证明，红四军进入镇巴的第一仗就是在滚龙坡打的。李文海的话虽不一定能证明红四军进入镇巴第一仗是在滚龙坡打的，但可以证明，从滚龙坡到尖垛子，再到坪落青鹤观，再出两河口至通江，这是红军常来常往的一条战略交通线。

理由三：《镇巴县志》记载："毛垭乡苏维埃政府，1933 年 9 月在响洞子街上成立，后迁毛垭方家院子，先后选举陶世润、王万福、潘正芳为主席。辖 4 个村苏维埃：化吉沟村、陶家院子村、刘家岭村、黑水池村（今万源县境内）。"尖垛子正好在响洞、毛垭、化吉沟、刘家岭、黑水池之间，是毛垭乡苏维埃政府的绝对控制范围，群众基础好，且"毛垭乡苏维埃政府"成立于 1933 年 9 月，而陕南县委从青鹤观撤退是在 1934 年 11 月 8 日，可见，"毛垭乡苏维埃政府"本就是陕南县委提前安排的退守大本营。

理由四：我听我爷爷说过，那几年经常有一队队的军人从门前经过，却没有骚扰过他们，这些队伍应当就是红四军的人。

理由五：据出生在刘家岭刘家院子的镇巴中学教师刘邦兴说，他爷爷曾多次给他讲过，他爷爷的一位好伙计曾给尖垛子的红军送过水和粮食。他爷爷的那位伙计说，红军驻在"尖垛子"上，用刺把"尖垛子"绕了一圈又一圈，做成密宫一样的刺城，用于防卫，很是有效。他送粮食上去，要红军战士带领才能到达山顶。

以上五个理由足以证明陕南县委、县苏维在青鹤观激战后是退到了"尖垛子"，而不是"尖山子"，并在"尖垛子"继续坚持战斗，保卫着"毛垭乡苏维埃"，直到随红军三十三军入川参加长征。

历史久远，世事淡灭。老家上一辈少有人读书，所以对本地历史除了口口相传的黑草河的传说，其他历史知之不多，流传更少。不知还有这些轰轰烈烈的革命事件就曾发生在近旁的土地上，不知某一垄青草下，一堆乱石处，就曾流过烈士的鲜血，燃烧过革命的火种。我在此记下这些来，权作为对老家"尖垛子"的献礼，对革命志士们虔诚的敬意。

朱广录

# 忆红军团长粟登廉

我认识粟登廉是 1980 年，距今已有三十多个年头了。当年，县政府决定在高桥乡修建水河沟水力发电站，指令我筹建此工程。全县八个区各抽调一个民兵连（100 多人），水电局配备 12 名工程技术人员，合并组成镇巴县民兵团，共 1000 人，任命我为团长。

## "在延安，我为林彪结婚布置过礼堂……"

一个寒冬飘雪的傍晚，我从工地回团部，距我约三十米远的一处工地煨有一堆被寒风即将刮熄的火堆，一个人连声喊道："赵团长、赵团长，我有话对你说，麻烦你听我说几句……"我循声望去，只有一个人，站在划给改造四类分子的劳动工地上。莫非他是个四类分子？因为那个年代抓阶级斗争、批判资本主义的风气并未消除。不去见吧，他喊我，去见吧，又有所顾忌。我还是决定去见他，问："你叫什么名字，家住哪里，是什么分子？"答："我叫粟登廉，住高桥乡节草坝村，贫雇农成份，是四类分子。"问："是哪一类分子？"答："分子可多了，就算反革命分子吧！"我听出他话中有怨气，心里就生气了：你是什么分子就老实说是什么分子，为啥说就算反革命分子呢？我说："反革命分子帽子大！"他马上低头不语，似乎顶撞了我，显出不好意思的神态。我看他衣衫破烂，头顶的头发稀疏，1.75 米的个头，亮亮的额头，苍白的胡须，背也驼了，满脸皱纹清晰地刻在蜡黄的脸上，一下子又让我产生了同情。我说天已经黑了，又落着雪，把火堆弄大一点，有话快说。他说："赵团长呀，不哄骗你，我是个好人，是老红军，是共产党人，我是红军队伍的团长，不是国民党的团长，在延安我为林彪结婚布置的礼堂……"我一听惊呆了，给我的第一印象认为他胡吹冒料，加之天寒地冻，让他先回连队吃饭休息，并告诉他，明天同时同地等我。

返回的路上，我思索着他的惊人之语：难道他说的是真话？要不他心里有什么事？

我回到工程指挥部讲给同事们听，他们哈哈大笑，说高桥乡无人不晓，粟是个四类分子，说我晚间碰见鬼了，那个人是个疯子，是国民党的伪军官，你别信他胡说八道。

## 共产党的团长？国民党的团长？

粟登廉的帽子有什么问题？他自认是共产党的团长，乡政府和当地民间流传的是国民党的团长，两顶帽子的政治色彩不同，两者必择其一。按他自讲的那么大的红色政治光环，已经把他包装得够光荣了，是否还没全部露出真容？第二天又在原定的地方见面了，我准备细细听听他的经历叙述，观察其谈话思维逻辑是否混乱，是否有神经症。我不作笔记，免得他紧张。

他说他是1933年在西乡县新鱼坝参加红军的，走过长征，后会师陕北，转到延安，任过八路军班、排、连、营、团长，抗日军政大学财经科长、后勤处长等。1942年林彪结婚，他带人布置的礼堂，并说那天中央首长到场祝贺。后来他们三名红军外出执行任务，在陕北被俘，被押送到集中营后伺机逃跑出来了。他谈话给人的印象：一脸谦和，说话坦诚，为人友善，思维不乱，有豪放豁达的性格，特别是长得很有领导的样子，是个有"官相"的人。谈话结束临散时，他冒出一句："中国人民解放军总参谋长张才千可为我作证。"又一次语出惊人！

这位粟登廉真的不简单吗？我与乡政府人员交流时，乡政府人员让我别管闲事，说粟的帽子多，什么国民党的营长、团长、历史反革命分子、坏分子、公安部门都知道，全乡的成年人都晓得。我想，这么多的帽子，扣在任何一个人的头上都要压得他一辈子也翻不了身。我问这些帽子有无证据，他们说有历届移交的四类分子花名册，就这样乡政府一届接着一届的移交了下来，你对花名册还有什么怀疑吗？人言可畏，谎言说百遍就成真的了，假话重复多了比真话还真，真话说过了头比假话还假。至于花名册中对一个人的定性真假，谁也不去调查考证。机遇可遇而不可求，尽管是一次迟到的机遇，既然在工地认识了粟，并且认为粟"供"出的情节很重要，何况一个人被陷进深坑几十年，那么能拉一把也好。粟说错了，该他罪加一等；如果求实显真，那就为党旗增添了光彩。

## 红军团长的暮年悲伤

扣在粟登廉头上的帽子印记了时代的烙印，记录了社会的风云变幻。他说他1945

年从集中营逃出时，摔断了一条腿，当年从镇安回到镇巴，到1980年已经有三十五年了，家贫如洗，全部家产值不到五十块钱，家乡的老婆和两个儿子都有智力障碍，失去劳力，靠他一个人耕种山坡地养活全家。国家发放的救济供应粮没他的份，出门不敢说自己是好人，不愿见人，也怕说错话。"文革"期间搞他的车轮战，带高帽游乡，义务苦劳回回有他，还动不动挨批斗。一次，大会主持人勒令他跪下向毛主席请罪，粟认为上跪天下跪地，中间跪父母，毛主席是劳动人民的领袖，不是封建皇帝，不需要下跪，所以他梗着脖子，执意不跪。"啪！"突然一只穿着皮鞋的大脚狠劲踢在他的腿肚子上，他一个趔趄，双腿不由自主地跪了下去。他强扭过头来，眼里喷射出愤怒的火焰，随后两行屈辱的泪水涌出了眼眶……他伤透了心，受尽了苦，却落得个凄惨的下场！

"牛是一根绳，人是一个名"，红军团长暮年的伤感，谁又能替他分担？两派武斗时，他怕被人整死，去寻找从未见面的另一个儿子。拐腿挂棒，沿途乞讨，由镇巴到西安，步行月余。抵西安后，听说刘少奇是党内最大的反革命分子，已经被关了，他痛哭一场，他不相信国家主席和他一样是反革命分子。当年在延安抗大，他聆听过刘少奇多次讲话，怎么成了最大的反革命？住在西安市的这个儿子他不认识，听说儿子已是西安药材总公司的经理，如今也被打成走资派，批斗游街关牛棚。原来，1945年粟登廉逃出集中营，落脚在镇安县，与一农户寡妇成家，后来该妇女怀孕在身，而粟于当年年底返回了镇巴县，出生的是儿是女他一概不知。儿子长大成人，听其母说其父是镇巴人，住高桥乡，但父子从未相见与来往过。粟在西安突然登门求见，让儿子一头雾水，但还是半真半假地接待了他，喊了声爸，为其冲澡，换上新衣，儿媳也还顺从。他问儿子："刘少奇成了反革命？×××是不是也成了……"儿子警惕地堵住他的嘴，让他别乱说，让造反派知道了是要杀头的。他铿锵地说："我愿替刘少奇去死！"没多久，他又回到了镇巴。

## 红军团长笑了

我将自己得到的一面之词及时转告县民政局，县民政局以充满激情的工作姿态，一致认为很有调查的价值，列好外调提纲，局长随同办事人员上路了。他们历经数月，终于在1981年12月全部查清落实了粟的问题，尤为关键的材料是总参谋长张才千亲笔签名的一张证明："粟登廉，1933年2月参加红军，1938年入党，在红二十五军七十四师任战士，走过长征，转战在山西、陕西、甘肃等地，参加过平型关战役，在一一五师任工兵营长，红七十四师二团任副团长、团长，延安抗日军政大学、抗大三分校、女子大学任过宣传科长、财经处处长、后勤处处长等。"这是一份完整的红色档案证件，给了人们真相大白的感觉，令人心悦诚服：粟登廉是一位红军战将！

1942年7月1日，林彪与叶群结婚时，他以抗大后勤处长的身份为其布置礼堂。1944年延安经济很困难，他奉命与另两名红军（二人系四川籍）牵一头毛驴，身带证件及鸦片烟，去外地为陕北兑换棉花、枪支、药品等，行至富县张村驿不幸被俘，押往洛川县监狱，后转押西安集中营逃跑，从此，与部队失去了联系。

当他知道组织为他平反昭雪时，坚强的他哭了。哭就哭吧，这哭包含着太过厚重和复杂的情感。然后，他笑了，他大笑了，把标志一生奋斗的满脸皱纹也笑展了！政府为他恢复名誉，落实待遇，并敬赠一支张良庙的雕花手杖，为他的身体增加一个支点，减轻两腿的压力，走起路来轻快稳当。此后，他住进了政府安排的房子，还当选为县政协委员，享年84岁。

赵千秋*

* 赵千秋，男，陕西蒲城人，离休老干部。1932年出生，1949年初参加革命，1950年加入中国共产党。1949年底随西北支前南下工作队到镇巴，先后在粮食、民政、文教等部门工作，曾任政协党组副书记、副主席、县委统战部部长等职。晚年撰写发表了大量有关镇巴文史方面的文章。2014年10月病逝。

# 忆川陕苏区秘密交通员武志平

## 第一次见到武志平

武志平是中共地下交通员、联络员。我没认识他前，浏览过小说《红色交通线》，写的是武志平担任川陕秘密交通员的革命事迹。1964 年冬至 1965 年夏，镇巴县 300 名干部进驻西乡县大河坝区搞社会主义教育运动（简称"社教"或"四清"运动）。该区地处巴山腹地，群山连绵，沟壑纵横，最高海拔两千多米。1932 年 12 月，徐向前率领的红四方面军途经此地，建立了川陕省赤北县楼房坪区苏维埃政府。1965 年夏，送武志平老人来到大河坝区，我们社教分团部热情地接待了他。

看来他的身体和精力不错，浓浓的眉毛，目光炯炯有神，体格健壮，性格大气，思维清晰，谈笑风生。他说他身高 1.78 米，体重 160 斤。征得老人的同意后，我们安排了一次有 40 名干部参加的茶话会，一是迎接这位革命老前辈的到来，二是请他讲述担任秘密交通员和联络员时奔走在红色交通线上的故事。会场气氛浓烈，他开场就请与会者向他提问，问什么他都乐意回答。有人问："您老不在北京休养，怎又来到大巴山？"答："我太想念汉中、南郑、西乡、镇巴、通江这块地方了啊，我重踏旧路，又回到（20 世纪）30 年代苏区根据地，感觉十分新鲜和兴奋。"问："那本《红色交通线》小说中的武志平是真实的你吗？是你为新中国诞生而奋斗的革命故事吧？"答："是我的真姓名，写红军活动的几部分是历史事实。"接着他反问："你们看过这本小说吗？"答："我们这些后辈人最喜欢红色小说。"他饮了一口茶，高兴地笑了。我边听边认真作记录。

# 神秘来客要见红军大人物

1932 年冬，西北革命军事委员会、红四方面军总部进驻川陕边城通江县，在这里成立了中共川陕省委员会、川陕省苏维埃政府及县区乡党政机关，开展了以通江为中心的轰轰烈烈的打土豪分田地运动。对于长期处于贫穷之中、饱受地主军阀剥削与欺凌的川北人民来说，做梦也没想到世界竟然变得这样快。

当然，这些活动也震动了蒋介石国民党政府。1933 年春，蒋介石委派四川军阀田颂尧为"川陕边区剿匪督办"，集结 38 个团，分左中右三路纵队向根据地大举进攻。红四方面军在总指挥徐向前等领导的指挥下，采取"战略退却，诱敌深入，各个击破，适时反攻"的战略，经过四个月的激烈战斗，于空山坝歼敌 7 个团，击溃 6 个团，毙伤和俘获官兵 5000 余人，缴获大量武器装备。这一决定性的胜利，震动和威胁着大巴山之北的陕南国民党三十八军。该军担心被其他军阀吞并，也怕蒋介石嫡系部队渗入，更怕红四方面军抄他们的后路，占领他们的地盘。于是军长孙蔚如决定派三十八军十七路军少校参谋武志平（秘密身份是中共党派进国民党军中的地下党员），化装前往川陕苏区与红四方面军联络，商谈签订互不侵犯协议。

武志平走到两河口，被民兵、红军哨兵当成敌人"探子"抓住去见政治部副主任傅钟。那时武、傅二人并不相识。武说："我是从陕南那边来的，要见你们的红军首长，要见张主席（即张国焘）、徐总指挥（即徐向前）。"傅说："我是政治部副主任傅钟。"武立马行了个军礼说："我有重要情况向首长汇报，我叫武志平，是国民党 38军少校参谋，军长孙蔚如派我来与贵军商谈两军的重要军务，请引见红军首长。"傅认为武是自己人，让他休息两天后，在苦草坝会晤了张国焘、曾中生、张琴秋、郑义斋、苏井观等领导，武志平将自己带的川陕军用地图、无线电器材、西药、纸烟、纸张等苏区紧缺的东西一并交给了傅钟，转达十七路军方面提出的五点内容，其中两条很重要：一条是两军互不侵犯，共同反蒋；一条是十七路军派武志平与红军保持联系，随时传达双方的意见。后经商谈达成一致，红四方面军随即秘派参谋部主任徐以新同志与武志平一道前往汉中与三十八军军长孙蔚如面商。

# 三条交通线，三个交通联络站

国民党十七路军与红四方面军密签互不侵犯条约后，在武志平和徐以新筹划下，从通江至汉中建立了三条交通线和三个交通联络站：第一条交通线是沿通江西北走向的碑坝等 9 个点到汉中的油房街、幺二拐，第二条线是沿通江北部的苦草坝、两河口等 6 个点到南郑、汉中，第三条线沿通江东部的两河口至镇巴、西乡到汉中；三个交通联络站：一是汉中境内的马桑坝，二是南郑境内的凉水井，三是通江境内的碑坝（现属南郑县）。凉水井地处万山丛中，周边数百里人烟稀少，为了便于工作和隐蔽，武志平在此地同六位猎户交朋友，与红军战士陈文胜、张田等一起参与运输工作。凉水井成了红色交通线上的中心联络点，很多物资、情报以及各种报刊都是从这里送进苏区的，还有大批干部包括何柳华（原名廖承志）、潘自力（解放后首任陕西省委书记，驻苏联、印度大使）等同志都是从这条线进入苏区的。

## 多次送物资、情报到镇巴

"1933 年春，我由汉中到达镇巴县辖的渔渡坝，与红军接头联系。1934 年，我又由汉中到达渔渡坝，红四方面军总后勤部陈明义、柯大祥奉总部主任郑义斋之命，在渔渡与我接头，我移交了在白区搞来的物资、情报等。担任护送联络任务的红军 73 师政治部主任张才千主要是防止川陕边境的土匪抢劫，破坏交通线的物资、情报等。

"1955 年夏，我专程去了镇巴力坝乡一趟。我的一名姓田的红军战友，1933 年被敌人枪杀，埋在甘河子山坡上，我去为他祭奠扫墓的。

"1934 年，我从西乡县的苏区楼房坪出发，到达镇巴县永乐乡核桃树，红四方面军先遣队在核桃树设立了接待站，并建立了乡苏维埃政权，属赤北县长坪区辖。"

他讲到核桃树这个地方时，社教干部陈万发（大学本科、长安县人）笑出了声。有人问："武老，《红的交通线》中写到核桃树有一户大地主，青红帮头子，他有一个女儿叫香姑娘，'你'在那家久住数日，俩人抒怀，似水柔情，是真的吗？"武老不语，无奈一笑，喃喃地说："国难当头，没那回事，那是北京的一名军事记者采访后的润笔手法。"惹得满堂朗笑。

他又说大河坝这个地方有个大土匪叫袁刚，占山为王，网罗土匪一千余人，盘踞在高洞子、黑风洞，控制方圆数百里地盘，残害百姓长达九年，也威胁到交通线的安全。武志平利用自己三十八军少校参谋的身份，收服了袁刚，并委任袁为三十八军二营营长，又挑唆袁亲手枪杀了另一个土匪头子徐耀明，从而保证了交通线基本安全畅通无阻。

# 第三次进入苏区

当年，驻陕南的国民党十七路军不断对苏区进行骚扰，单方面与红军断绝往来，双方的互不侵犯协议已名存实亡。1935年2月，红四方面军为了实现"川陕甘"计划，迎接中央红军北上，攻下陕西宁羌县城，全歼陕军一个团，乘胜击溃孙蔚如一部。此时，杨虎城、孙蔚如向蒋介石告急，孙又派武志平出面与红军调停。武对孙军长说，我们订有互不侵犯条约，是我们毁约，人家打来了又去求和，让我怎么去开口？孙说，事到如今，只有你武志平去走一趟了。武志平心想，与红军联系的机会又来了，他第三次进入苏区。这次他带给苏区四十多节电池和若干电台零件，都是红军急需物品。他讲到第一次去苏区是1933年5月，是为了沟通两军关系，当和平使者；第二次是促成十七路军与红军签订互不侵犯协议，建立交通线。

不久，孙蔚如的三十八军被蒋介石从陕南调往关中渭北，红四方面军1935年4月强渡嘉陵江北上。川陕革命根据地又沦为国民党统治区。这时武志平在川陕边区已无法再开展工作，1935年6月，组织决定调他离开汉中赴西安。

武老说："在大巴山川陕革命根据地中，有我为革命艰难跋涉的足迹，有为巩固苏区立下汗马功劳的红色交通线，有牺牲在红色交通线上的战友和兄弟。这是一块多么让人眷恋的红色土地啊！"茶话会将结束时他说："我在一条看不见的战场中，做的是秘密隐蔽的工作。在我个人的革命生涯中，经历了一段终生难忘的惊险、艰苦、曲折的历程。"全场与会同志为他热情鼓掌，表达我们最深的敬意！

如今，我与武老晤面已过去四十五年了，他已于1991年故去。今天，我在清明节的这个日子里，只能去默默怀念他，愿他在天堂像在人间一样都有安乐的家！

赵千秋

# 秘密交通员冯多仁

冯多仁，黎坝南山水池子人，川陕苏区的秘密交通员。

1933 年，在武志平和徐以新的筹划下，从川陕革命根据地首府通江至汉中秘密建立了三条交通线和三个交通联络站，其中第三条线路从通江东部的两河口经镇巴、西乡到汉中。

"1933 年底，因为南郑通往两河口的交通线（包括复线）已无从保密，大量的物资运输受到了限制，只能秘密送情报。为了不使物资运输中断，不得不选择偏远的镇巴县另辟一条秘密交通线。1934 年 2 月，从镇巴南端的渔渡高脚洞运输了两次。但因该地路途远，土匪多，红军武装鞭长莫及，又改由镇巴西南之长岭通过降头山，在黎坝场建立了物资交接点。"（武志平，《回忆在川陕革命根据地工作时期的简要情况》，原文载于《陕西党史通讯资料》第十五期）当时"红三十四团团部设在黎坝以南两公里的木竹寺，该团三营驻防在木竹寺至关门垭一带，武志平到达黎坝后……把接送物资的任务交给了黎家院子的黎正刚……武志平先后三次将采购到的物资经长岭等地送到黎坝黎家院子"（《汉中党史》）。

冯多仁妻子叫王国富，邻居黎家院子黎正刚的妻子叫王三珍，两家是亲戚，关系很好，走得也亲。冯多仁性格刚烈耿直，酷爱打猎，自然而然就被黎正刚发展成了川陕红色交通线上运送物资的秘密交通员。在通江经镇巴、西乡到汉中的红色交通线上，他利用猎人的身份，走密林，过匪区，传信息，送物资。有一次，跟其他两位同志从西乡送完情报回转的途中遇到土匪，经过激烈的战斗，其他两位同志不幸牺牲，他独自返回了力坝。

大多数时间，冯多仁穿梭在黎家院子到木竹寺的深山密林里，把无线电器材、电池、药品、医疗器械、粮食、子弹、盐等物资送交红 34 团指挥部以及驻四川万源竹峪关的红军部队。他多次讲起过，曾三次见到过武志平；血战万源期间，他在给驻扎在木竹寺红三十四团团部送去 60 发子弹时，见到了红四方面军最高领导人张国焘。

解放后，冯多仁的身份公开了，被组织上任命为黎坝乡乡长（当时的三元区委书记为薛雨贤）。他退休后回到老家水池子，当时已担任副县长的薛雨贤曾带着自己的孙子，步行十余里山路专门他家里去看望他，并与他合了影（照片中抱小孩者即冯多仁，所抱小孩就是薛雨贤的孙子）。

1982 年，冯多仁去世，享年七十四岁，安葬在老家水池子。

朱广录

冯多仁与薛雨贤

# 边厅日短看霞飞

## ——记革命烈士石梦霞

　　革命，是艰难险阻，是刀光剑影，是流血牺牲；革命者定然铁担压肩，敛身紧言，酷若坚冰——地下或白区的工作者尤为如此。大凡提到他们，都让人肃然起敬。但如果置身于枪林弹雨、白色恐怖却又不乏风骨俊才、潇洒倜傥，那就更让人崇敬乃至仰慕了；而其牺牲，也就更具有了揪人魂魄的悲剧力量。

　　生于镇巴仁村乡的革命烈士石梦霞便是其中的一位。

　　石梦霞，原名世玺，又名梦霞，精通俄、英、日文。1929 年经杨虎城和部下政治教官江伯玉帮助，由南阳进入上海美术学校学习。1930 年在上海参加了纪念"五卅"运动的游行示威。他先后在北京、天津、南京等地教书。1933 年在陕西省立第五师范学校教书，自编带有鲜明革命倾向的木刻作品做为美术教材。1935 年被解聘，先后往上海研习音乐理论，去张家口报社办报，到云阳教音乐，至抗战暴发重返西安。为巩固由共产党领导的"民族先锋队"，他组织了歌咏队，昼夜作曲填词，宣传抗战。1939 年回家乡镇巴，组织县城师生歌唱《囚徒颂》等进步歌曲，编排街头剧，宣传抗日救国。1940 年初春，回镇巴省亲返回西安时联络周刚玉、施静渊和石槐定等进步青年去延安，经过汉中时，被反动派史以鉴勾结反动头子祝绍周以绳勒死，时年 29 岁。

　　据相关人士忆说，梦霞身材修颀，常着一身素装，清俊洒脱；他能歌擅画，才华横溢；他学贯中西，投笔从戎——这样一个优秀的人才，竟然出自旧时代大巴山一个偏狭的小山村，实为难得。

　　多年来，每每登上山城纪念塔浏览着大理石上那些依稀清晰而又遥远的名字，总会想起他来。我想，他之所以让我难以释怀，不仅仅因为他太年轻，也不仅仅因为他当年就经常从我家门前的老街上走过，还因为除了一般革命者所具有忠敢、视死如归的精神之外，在他身上，我们还看到了作为和平时期才能更好展现出来的那种坦然、从容、自由和优雅的禀赋。想来，特殊环境中尚能自然流淌着优雅的美丽，自有一番超越时空的人性的魅力和光辉。记后赋诗一首，算是一种特别的缅怀和祭奠吧：

> 黄浦江怒催惊雷，大河上下君歌悲。
> 回乡引路向宝塔，绳勒不足而立岁。
> 音仰高山泪空流，才济乱世梦不归。
> 秦汉路遥哭世玺，边厅日短看霞飞。

梅冬盛

# 第七章　文教风俗：川味秦韵自绵延

镇巴历史上文化教育的兴衰、宗教风俗的移易，既受大时代的影响，又受地方政权兴废、本地社会治乱的制约，更深深地打上了大巴山区、川陕之际特殊地理位置的烙印。

## 一、文物古迹：汉墓宋钟留史据

镇巴历史悠久，文物古迹众多。县博物馆馆藏文物，从新石器时代的石器到民国时期的碑刻，总数达一千余件，其中国家一级文物 3 件，二级文物 2 件，三级文物 39 件，分别展现了镇巴各个历史阶段的文明进程，体现了镇巴的地域特色。下面分类择要略述：

- 青水山洞里发现的石斧、单孔石刀和单孔石斧，是镇巴新石器时代人类活动的重要物证；镂空的商代石熏炉，重达 70 千克，造型古朴，工艺繁复，雕刻精细，是精美的石器艺术品。

- 汉代的五件釉陶仓，元代的五彩瓷罐，明代的五彩瓷枕、青花瓷盘、影青锯齿纹带盖瓷钵和清代的青花鼓腹罐、青花喜字罐、青花四系带流罐为陶艺文明的代表。

- 小洋汉墓出土的弦纹双耳铜鏊和宋代双凤纹铜镜是铜器文明的代表，宋代蒿坪寺铁钟、明代坪溪山铁钟则是铁器文明的代表。蒿坪寺铁钟铸造于南宋绍定二年（1229），龙形钮，上段铸"皇帝万岁"、"法轮常转"、"重臣千秋"、"佛日严明"四组篆文，间隔文臣武将图案；中间铭文记载铸钟宗旨、经过及倡捐人姓名，间套乳钉；下段为山川、飞天、麒麟图案；口沿呈波浪形，通高 2.25 米，重约 6 吨，为陕西省境内罕见大铁钟，被省文物局馆藏鉴定组鉴定为国家一级文物。

- 1985 年 5 月，青水仁和郑家村农民陈永培挖出的 342.5 公斤家藏古铜钱，按年号分为 72 类，字体达百余种，有西汉"半两"、王莽"货泉"、东汉"五铢"、唐高祖

"开元通宝"、宋徽宗"崇宁重宝"、明太祖"洪武通宝",数量较多的是清代铜钱,稀有的是张献忠的"大顺通宝"和太平天国的"太平天国通宝",还有朝鲜、越南、日本等国的铜币;1994年1月4日,长岭镇农民挖房屋基础时发现银锭21件,上面的地名涉及陕西、山西、广东、四川等省的11个地方。这些钱币是镇巴古代商业活动活跃繁盛的见证。

－县博物馆还收藏有不少碑刻,如明代刘公莹墓碑,清代班超食邑碑、特授碑、护林条约碑、界规碑、买地碑、张老夫子神道碑、张氏祠堂碑等,其碑文传递着丰富的历史信息。

除馆藏文物之外,镇巴大地上还有着众多的不可移动文物。2009年镇巴县第三次文物普查中登记文物点379处,其中古遗址33处、古墓葬278处、古建筑52处、石窟寺及石刻5处、近现代重要史迹及代表性建筑11处,从不同角度反映了古代镇巴历史文化风貌。

－重要古遗址:三国南乡县城遗址(渔渡镇)、唐代荔枝道遗址、宋代蒿坪寺遗址(简池)、明代盐场关(盐场镇南沟村与万源市长石乡交界处)、木竹关(观音镇大市川村与西乡县交界处)、胡氏庄园(青水镇丁木坝村)遗址、清代灵官垭(观音镇大市川村与西乡五里坝交界处)、铁佛关(简池镇与四川通江县铁溪乡交界处)、亮垭关(黎坝镇魏子坪村与四川省万源市康乐乡交界处)、白杨关遗址(永乐镇镇府驻地以南)、清定远城遗址(县城)、冶炼遗址(简池、渔渡、三元、仁村等处)、雷家河瓷窑遗址(长岭镇清凉沟)、清净寺遗址(泾洋镇周子垭)、万古寨遗址(观音镇小里沟)、何家坝栈道遗址(长岭镇联青村)等。

－古墓葬的代表:汉代木桥村墓葬群(小洋镇木桥村至潘家河一带)、汉代庙垭子墓葬群(平安镇两河村庙垭子)、明代学堂坪石室墓(盐场镇柳家河村学堂坪组)、清代简池村陈氏家族墓群(简池镇简池村)、小里沟村李氏墓群(观音镇小里沟村)、大河口赵氏家族墓群(渔渡镇花果村碾子坪组)、袁家坝钟氏家族墓群(赤南镇袁家坝村钟家岭组)、杨家营村符氏家族墓群(简池镇杨家营村)、杜寺湾苗民墓群(三元镇太平村杜寺湾组)、张在云合葬墓(永乐镇新时村)、向家河赵氏墓(赤南镇月日坪村)。新近还在赤南镇青树村湄水洞组白崖和三元镇茶和村堤草坝滴水崖发现了悬棺遗存。

－古建筑遗存:清代莲花村贞节牌坊(碾子镇莲花村)、汤贻福祠遗址(碾子镇元仁村)、碾子老街关帝庙(碾子镇碾子村)、响洞村老君庙(盐场镇响洞街)、至宝塔(泾洋镇二郎滩村周子垭组);另外还有一些古石桥,如巴山镇松树村的兴隆桥、泾洋镇杨务山村的安定桥、观音镇恒丰村的万年桥、观音镇司溪河村思妻桥、兴隆镇水田坝村兴隆石桥、青水镇仁和村会仙桥等。

－石窟寺及石刻：池洋村观音岩石窟寺（三溪镇池洋村王二沟组）、柏坪村八步崖摩崖石刻群（三元镇柏坪村坪上组八步崖）、红字崖摩崖（永乐镇卡门红字崖）、万僧寺养生潭摩崖（三元镇红星村万僧寺组）、将军庙石刻造像（盐场镇奎星村将军石山梁上）、摩崖石佛像（陈家滩谭家岩）等。

镇巴南部和西部曾是川陕革命根据地的重要组成部分，1932 年至 1935 年间，红军在这一带开展武装斗争、进行土地革命、建立红色政权，留下了许多珍贵的革命文物和革命历史遗迹。镇巴革命历史陈列馆收藏有革命文物 400 余件，由革命烈士纪念塔管理所负责管理。镇巴县博物馆馆藏红军石刻标语 7 通，并陈列有川陕苏维埃政府铜币等实物二十多件。在当时的川陕省陕南县、赤北县境内还留存着一些重要的红色史迹及代表建筑，如赤南镇坪落村青鹤观陕南县委县苏维埃旧址、简池镇杨家营村符先辉将军故居、三元镇红星村苏家坡组赵家院子旧址、红色交通站旧址及红色交通线遗址等。

## 二、学校教育：官学私塾两相济

汉、唐时期镇巴教育状况无考，当以私塾为幼童求学之所。唐末以来，久与今西乡共为西乡县，其官办教育始于北宋，1991 年版《西乡县志·大事记》载："仁宗庆历年间（1041－1048），立学于县治之东，为本县有官办教育之始。"至定远厅立，镇巴入官学者多往西乡。

"国朝嘉庆七年（1802）设厅，厅学未分，文武生童仍与西乡合考。"（《定远厅志·学校志·学额》）此时，在镇巴官办教育史上出现了一个重要人物——马允刚。厅志卷十八《职官志》载："马允刚，直隶开州举人，嘉庆十六年（1811）由沔县令升任。性刚毅明决，不可干以私。前后治厅十二载，凡应祀庙祠及书院皆所创建。暇与诸生讲学，甚至供给寒士膏火（求学费用）；立教素严，微惰赏勤，丝毫不贷；并捐刻唐诗明文及国初时艺授读，文风由是丕振。"镇巴有幸，得刚毅正直、诗文兼善、雅好书法的马允刚先生治厅十二载，大兴教育，亲临训导，致厅境"文风丕振"。

马允刚上任第二年即创建班城书院（私人或官府所设聚徒讲授、研究学问的场所）。厅志卷十一《学校志·书院》载："定远厅班城书院，旧在城东门内，嘉庆十七年（1812）同知马允刚创建。"班城书院在厅境各处有乡绅捐献田地 58 处，"岁收稻谷京斗租二十五石八斗，租课钱二百五十九千六百文"（《定远厅志·学校志·书院》）；官府又多次筹钱或拨款借给铺商，收取利息。田地租课及借贷利息用以支付院长（管教学）、斋长（管事务）等人的工资及其他书院公务费用，并资助生童膏火、奖励优秀学员。

后，马允刚又上书请求设立厅学（儒学）。《定远厅志·学校志·学额》："嘉庆二十四年（1819），同知马允刚详请（上报请示）立学，道光元年（1821）奉旨允行。"厅学为国家所设，厅署中有儒学训导署负责管理。厅学的位置大概在今县运输公司处。厅志卷九《学校志·学宫》："定远厅学在厅治南鳌头石，左黑虎梁，右枕红岩寨，前对土垭奎楼。"未建城内而选址鳌头石，显然是想借地名之祥瑞；坐北朝南以对奎楼，取文星聚会、文运亨通之意。奎楼建于齐家沟上面的垭口上，今尚可见基址及断碣残碑。厅学在县城南关有地基五十一间，全厅有学地19处，"同知马允刚拨各地无益僧道常输及各地绝产、因案归入学署者凡十九"（《定远厅志·学校志·学地》）。厅学学员分膳廪生员、增广生员和附学生员三种，若今之正录、调录和旁听生。膳廪生员简称廪生，由童生经过层层考试选拔进县学，不服兵役徭役，不受笞刑逼供，吃国家皇粮。厅志《赋役志·解支》："廪生四名，膳银一十五两四钱六分七厘，遇润加银一两二钱八分八厘八毫。"增广生员简称增生，自备膳食；附学生员简称附生，附学肄业。厅志卷十一《学校志·学额》："（道光元年建学时）分拨膳廪生员四名，增广生员四名，岁科试附学生员额八名，尚无府学。道光十八年（1838）岁试，学使孙瑞珍拨府学一名；道光二十七年（1847）科试，学使王祖培亦拨府学一名；光绪三年（1877）科、岁并试，学使陈翼拨府学一名。自是，厅学每考共十一名，其武生考额取四名，拨府学二名。"也就是说，到1877年时，定远厅学每次招录廪生四名、增生四名、汉中府学学员三名；武生四名，其中两名入府学。

除了半官方的书院和官办的儒学外，马允刚还在长岭创建了麻池堡义学。义学是私塾的一种，用祠堂庙宇的地租收入、街市的税收或私人捐款兴办。义学学生既有儿童，也有成人。厅志卷十一《学校志·义学》记载，光绪初年，厅城设已冠（年满二十岁者）义学和未冠义学，由官员筹款；各地有22所义学，是本地基础教育的重要场所。

定远厅建立以后的半个世纪，镇巴社会稳定，人口增长；在马允刚先生的大力推动下，镇巴教育有了很大的发展。1879年出版的《定远厅志》在《地理志·风俗·文风》中说："厅治文学渐新，礼仪复古，城乡多俊秀，子弟读书皆可成名，惜多为贫累中止。历年应试，衡文者尝谓'定远文艺几侔大县'，特于正额外拨府学数名以示奖励。"从上文有关内容可知，县学学额尚且如此稀缺，"于正额外拨府学数名以示奖励"应该是很高规格、货真价实的嘉奖，可见定远学子虽然多贫困，而学习极为用功，文章水平很高，深深打动了"衡文者"。

清末，教育管理机构儒学训导署改为劝学所，民国元年（1912）改称学务局，四年（1915）复称劝学所；十六年（1927）更名教育局，二十一年（1932）因灾荒不断裁撤；二十七年（1938）设教育科，下设督学；二十九年（1940）各乡设文化服务主任干事，各保设文化干事，管理教师薪俸；三十七年（1948）教育科改为第三科。

光绪三十一年（1905）废科举，定远厅学停办，班城书院改为定远厅学堂。民国元年（1912），前清优贡张联辉改定远厅学堂为定远厅高等学校，实施国民小学高级教育，为厅署唯一"官学"；三年（1914）更名为镇巴县高等学校；十一年（1922），西北大学毕业生张杰三将其 1919 年创办的镇巴县实业学校（设县城武营街）改为镇巴县第二高等学校，原高等学校改称镇巴县第一高等学校，全县公立高级小学发展到两所；次年，第二高等学校停办，第一高等学校恢复原名，在校学生 60 余名；十七年（1928），高等学校因土匪滋扰停办，二十二年（1933）于马王庙街辟新校址复课，更名为镇巴县立马王庙街小学。二十五年（1936），陕西省政府颁布《陕西省各县保立小学设立办法》，各保陆续兴建国民学校，中心国民学校校长由县长委任，保立小学校长初由保长兼任，二十九年（1940）改由县长委任，校长均为国民党员。三十一年（1942），县政府两次明令扩充国民学校，改良私塾，停止旧课，设置国语、算术、公民、常识、音乐、体育、美术，高年级加设地理、历史、自然、劳作、童训，初中加设户政、物理、化学、军训，至三十五年（1946）底全县有中心国民学校 15 所，保国民学校 165 所，在校学生 4932 名，占全县学龄儿童总数的 30%。至 1949 年全县有高小 14 所，初小 86 所，在校学生 2132 人，小学均为"四二"制，初小四年，高小两年，招生由学校命题、阅卷，择优录取，以答卷考试测验学生对各科学习、理解程度，以百分制记录优劣。

我县中学教育始于 1943 年。民国二十八年（1939）秋，县长游适吾筹建镇巴县立初级中学，三十二年（1943）在正教寺（原东岳庙，今县委党校所在地）正式开学，校长傅汝弼；当年招收初中学生 1 班，学制 3 年；附设小学师资训练班 1 班，学制 1 年，有学生 110 名，教职工 9 名。建校初，中共重庆地下党员傅淑华、进步人士徐篆即来校任教，向师生宣传抗日救国。1944 年 6 月，一名学生进城取衣服，晚 7 时城门关闭，县自卫队中队长王善良将其抓去审讯拷打一夜，强迫承认是共产党员，傅、徐二人即组织学生向县政府请愿，未获解决，学生怒不可遏，拥向自卫队，痛打王善良。三十八年（1949）秋，国民党溃军骚扰，学校停课。

私塾在民国时期继续发展，至民国十七年（1928），全县有私塾 60 余所；民国末期，县政府多次明令取缔，强迫儿童入公学，但边远山村仍自立私塾，至 1949 年全县尚有私塾 45 所。

除国立中、小学及私塾外，民国时期还先后出现过其他一些办学活动。民国元年（1912），定远厅乙种农业学校成立（首任校长刘金印），三年后停办；五年（1916），镇巴县女子学校在县城周家街创建（首任校长周化善），九年（1920）因靖国军入境停办，十年（1921）迁城西城隍庙（今城关小学）复课，十五年（1926）再次停课，二十五年（1936）复课，三十年（1941）改名镇巴县慈善会女子学校，三十五年（1946）改名镇巴县中正女子学校，1949 年底改为镇巴县新民街完全小学；民国八年（1919），张杰三从西北大学毕业返县，在武营街创办镇巴县实业学校，自任校长，进行职业教育，十一年（1922）改为镇巴县第二高等学校，次年停办；民国十三年（1924）秋，陈洁垣兴办镇巴县简易师范学校，每期招收 30 人，学制 1 年，毕业后回原地任教，十五年（1926）停办；二十八年（1939），县长吴乾德创建保立小学师资训练所，招收中、青年知识人员及马王庙街高等小学毕业生，学习 1 年，分配到乡村小学任教，至三十二年（1943）秋，同新创立的镇巴县立初级中学合并，附设小学教师短训班，学制 1 年，每期招收学生 50 名，三十四年（1945）秋更名为简易师范培训班，学制 3 年，三十八年（1949）停办。抗日战争时期，县政府成立民众教育委员会，创办民众学校，中心国民学校附设民教部，招收成人入校扫盲，1942 年统计，入学 4695 人，毕业 4423 人。

## 三、歌舞曲艺：说唱表演巧抒情

艰辛的劳作、丰富的生活所产生的复杂情感是文艺的源泉。《毛诗·大序》说："情动于中而形于言，言之不足，故嗟叹之，嗟叹之不足，故歌咏之，歌咏之不足，故手之舞之，足之蹈之也。"镇巴古代的优秀艺术多在民间。

### （一）镇巴民歌

镇巴民歌数量多，歌者众，歌种全，大致可分为山歌、小调、劳动号子、民俗歌曲几类。

山歌歌词多为七言四句，也有二、三、五句和多句（即"联八句"），根据曲调可分为：①通山歌，也叫"茅山歌"、"放牛歌"、"姐儿歌"、"四六句"，多产生在山林茅坡，用高腔唱，曲调高亢悠扬，自由舒展，内容以情爱居多；②山歌号子，有标题而无词，在野外用"哟依哟嗬"等衬词、借用唢呐曲牌或山歌旋律吼唱；③山歌调子，有固定词曲和标题，一般用高腔在野外唱，偶有用平腔在农家院落唱，广泛流传的有《挑水调》、《放羊调》、《打仙桃》、《黄瓜调》、《掐荆芥》等；④锣鼓草，一般在薅草时由两人持锣鼓站于薅草队伍前即兴编唱，锣鼓伴奏，主要为活跃劳动气氛；还有类似于锣鼓草的"薅草歌"，不配锣鼓。

小调是有固定词曲的民歌曲目，一般用平腔演唱，曲调平稳细腻，内容以叙事居多，涉及社会生活面广，如《绣荷包》、《倒采茶》、《梁山伯与祝英台》等。

本县流传的劳动号子有抬石头号子、撬石头号子、打夯号子、拉风箱号子、船工号子、背二哥号子等，演唱形式多为"一领众合"。拉风箱号子主要流传于响洞、盐场一带，船工号子在20世纪60年代停止水运后失传。

民俗歌曲是反映劳动人民生活习俗的音乐，主要在婚丧嫁娶等民俗活动中演唱，有孝歌（丧歌）、嫁歌、送春歌等。

（二）曲艺音乐

镇巴传统曲艺音乐主要有渔鼓、花鼓、曲子、莲花落几种。

渔鼓又称竹琴、渔鼓筒、尺乓乓，演唱者自用渔鼓筒、筒板作伴奏。一类由四川传入盐场、响洞、渔渡、县城一带，具有四川风格，其代表唱本有《游庵》、《金山问道》、《安安送米》等；另一类由湖北经安康传入碾子、大市川、观音一带，具有湖北风格，其代表唱本有《朱氏割肝》等。

花鼓流传于本县各地，一般随彩船舞演唱，也有平时以民间小戏形式演唱的，大都有固定唱词，也有即兴演唱的，主要曲目有《新媳妇》、《石匠歌》、《刘黑子》等。

曲子用三弦边弹边唱，主要流传于响洞、盐场一带，代表曲目有《水淹金山寺》、《金莲调叔》等。

莲花落是一种说唱兼有的曲艺艺术，表演者多为一人，右手执两片大竹板，左手执五片小竹板，大竹板打板，小竹板打眼，有板有眼，自说自唱。

本县器乐主要是唢呐曲，曲目多、流传广、影响大，多用于红白喜事或各类喜庆活动。唢呐吹奏者恭称"鼓乐师"，多以两只唢呐加小鼓、马锣、小钗等乐器组成一堂，2人吹奏，2至4人分别持小盆鼓、铛铛、钹、勾锣、马锣等打击乐器配奏，白河一带还配有丝弦乐器和长号、牛角号等，曲牌丰富，演法活泼，尤持小锣（马锣）、小钗者表演特殊，在乐曲演奏的节拍中，小锣可随时抛向空中，发出"嗡嗡"细声，乐手巧妙稳接，再奏再抛；小钗既可握系带挥舞击奏，又可用一钗在另一钗盖内快速旋转发出"丝丝"妙乐，这些表演动作连同发出的特殊声响，为乐曲增添了强烈的喜庆效果。

### （三）民间歌舞

镇巴民间歌舞有龙舞、狮舞、彩船舞、鹤蚌舞、车车灯、高跷、金钱棍等多种样式。

龙舞俗称"耍龙灯"，用竹片、麻布编成龙状，9至12节，糊以彩纸，装饰成龙头、龙鳞；夜间玩耍时各节点亮蜡烛灯，舞"龙"人用长杆举起龙身，以锣鼓伴奏，随"龙"头前持红绣球人的引逗，模仿蛟龙游水戏浪，上下翻滚奔驰，蔚为壮观。也有二龙齐舞的，即"二龙戏珠"，更为精彩。

狮舞由两人分别托举由竹片、布片、彩纸编绘的狮头和狮身，模仿狮子站立、作揖、翻滚等动作上蹿下跳，"狮"前配有"大头和尚"引逗，表演时锣鼓伴奏，烟花四溅，惊险激烈。也有双狮对舞抢绣球的，竞相做出高难度动作，以博得观众热烈喝彩以及主家的更高赏金。属狮舞的还有麒麟舞、板凳龙舞。

彩船舞俗称"采莲船"、"彩龙船"，春节民间传统节目之一，以锣鼓伴奏，多唱花鼓调。用竹竿、彩绸、纸花制作、装饰成花轿船，表演者隐于花轿中担船起舞，或原地摇摆，花枝招展，或且行且退，前俯后仰，旁有白须艄公持竿配合拟赶船、撬船状，也有红脸黑痣扮相的媒婆丑角，一唱一和，笑骂逗趣。

鹤蚌舞由二人分别背着白鹤、蚌壳道具表演，扮蚌者于圆壳中伸展双臂张合自如，扮鹤者频点尖长鹤嘴伺机啄蚌，蚌则一面躲闪一面伺机反攻夹住鹤嘴，另扮渔翁一旁挑拨等待得利，妙趣横生。

车车灯又称"逗幺妹"、"跑旱船"，其表演形式、音乐与彩船舞相似，用竹竿、彩绸、纸花制作、装饰成一辆独轮车，也有做成毛驴形状的，表演时乘车人走十字步，推车人走行进步，帮车人走大十字步，丑角跑来窜去、扭前扭后与乘车人嬉逗调笑，几个人互相配合，表现出上山下坡、拐弯抹角、陷入泥沼、抬车出坑等情节。

踩高跷俗称"踩高脚"，表演者脚蹬一米多高的木腿行走，表演人数为8人、10人、12人或14人，多化装成历史人物形象。

金钱棍又称"霸王鞭"、"打钱棍"，钱棍用长约一米的竹棍两头挖空穿上铜钱制成，表演时在掌、肩、臂、腿等处敲击，铜钱作响，配有伴唱、伴奏，节奏明快，表演时多人列成方队，辅以队形变换，动作整齐划一，极有气势。

### （四）戏剧电影

本县戏剧演出始于清道光年间，四川成都汉剧艺人查来松带班来镇巴，在城隍庙乐楼演出汉调二黄。民国年间，先后有杨九龄戏班、唐安泰戏班、川戏班、德燕社、镇安戏班、汉阴戏班、徐九杨戏班（又名同心社）、洋县桃桃剧班等来镇巴演出，其中同心社在镇巴境内演出时间最长，影响最大。自民国十四年（1925）开始，县内先后自发创办张杰三戏班、城关自乐班、黄一甲箱子、王尧辰秦腔剧班。这些剧班演出的剧种有汉调二黄、水戏和八岔等几种。

汉调二黄于清道光年间传入本县，西皮、二黄为主调，唱词谐趣，生活气息浓厚；生、旦、净、丑角色分明，脸谱精致，造型生动，颜色搭配均匀鲜明。汉调二黄分文戏和武戏，镇巴主要流传文戏，音调优雅，唱腔委婉，表演纯朴细腻，传统剧目有《二度梅》、《三击掌》、《张松献图》、《长坂坡》、《铡美案》等历史戏，亦有移植编演反映现代生活的现代汉剧。水戏又称地蹦子，清代后期由湖北传入，流传在镇巴东区，玩彩船的艺人大多擅长水戏，演唱时不用舞台，不用化装，只用锣鼓伴奏，多择新春佳节、红白喜事时即兴演唱，台词可随意取舍添加，道白可用不同地方的声调，唱腔以"端公调"为主，也可随时演唱其他曲调，如"花鼓"、"七岔"、"八岔"或民歌调，表演无固定程式，剧目有《吴三宝游春》、《贾金莲赶船》等。八岔也是清代由湖北传入镇巴的剧种，主要曲调为八岔调子。八岔又分阴八岔和阳八岔，阴八岔又叫小八岔或七岔，曲调较为灵活多样；阳八岔又叫大八岔，仅一种曲调，演唱时用锣鼓伴奏。

镇巴放映电影始于民国二十六年（1937），陕西省教育厅派员来镇巴放映无声电影，所放影片有《孙文总理的遗像》、《中国历史疆域》、《抗日战争的景象》、《中国的陶器制品》、《苏联机械化种类》、《苏武牧羊》、《木兰从军》等。

### （五）工艺美术

本县民间美术的形式主要有刺绣、剪纸、纸扎和雕刻。

刺绣分架花、游花、扎花、绣花几种。架花即挑花，又称"十字绣"，以小"十"字为基本针法单元，在白色坯布上挑绣蓝花，色彩鲜明沉着，饱和谐调，淡雅朴素，注重蓝白对比效果；一般刺绣字画、单线构图均采用游花技法，它讲究线条美，行针用线取决于图案，色彩根据自己的喜好而定；扎花古称扎缬、绞缬、夹缬或染缬，其技法是染色时用纱、线、绳等工具对织物进行扎、缝、缚、缀、夹等，使被扎结部分保持原色，而未被扎结部分均匀受染，从而形成深浅不均、层次丰富的色晕和皱印；绣花也称刺绣，又名"针绣"，古称"黹"、"针黹"，按设计的花样以绣针引彩线在织物（丝绸、布帛）上刺缀运针，以绣迹构成纹样或文字。刺绣工艺，尤其是绣花，是旧时本地女性普遍传习的手艺。

剪纸是一种镂空艺术，即用剪刀将彩纸剪成各种各样的图案，如窗花、门笺、墙花、顶棚花、灯花、喜字等。这种民俗艺术的产生和流传与农村的节日风俗有着密切关系，逢年过节或新婚喜庆，人们把大红的剪纸贴在雪白的墙上或明亮的玻璃窗上、门上、灯笼上，喜庆的气氛便被渲染得非常浓郁热闹。

纸扎则多是丧事用品，俗称"掐灵房子"，用竹片和各色彩纸做成仿古建筑模型，画上花草、人物等图案；最简单的是清明节上坟挂的"清"，白纸扎成一束，剪成锯齿状细条，挑在竹稍上，用来寄托无尽哀思。

雕刻有木雕和石雕，多用于建筑，一般出自木匠、石匠之手。木雕多见于古庙、古戏楼、古房屋上，石雕多见于墓碑、牌坊、石狮等。观音镇小里沟村李氏墓群碑刻造型独特、工艺精湛、书法优美，是镇巴古代石刻艺术的代表作之一。

## 四、古代文学：民歌诗文传雅韵

若要谈镇巴古代的文学，恐怕有人会说：荒山野岭，农夫村妇，有什么文学可言？可鲁迅先生曾说过："假如那时大家抬木头，都觉得吃力了，却想不到发表，其中有一个叫道'杭育杭育'，那么，这就是创作；大家也要佩服，应用的，这就等于出版；倘若用什么记号留存了下来，这就是文学；他当然就是作家，也是文学家，是'杭育杭育派'。"（《且介亭杂文·门外文谈》）照这样说来，镇巴旧时不知产生过多少"文学家"，也许是"哟嗹哟嗹派"，也许是"嗨作嗨作派"，他们的作品口耳相传，或为民歌，或为传说，浸润着一代又一代的镇巴人。

镇巴民歌歌者众，受众广，数量大，内容极为丰富。迄今为止，收录镇巴民歌最丰富的集子莫过于陕西人民出版社 2007 年出版的《镇巴民歌总汇》（一、二卷），它被我省著名音乐家赵季平先生称为"煌煌巨著"，说它"是我省目前所展示的一部最集中、最完整地搜集一个区域内原生态民歌的大书奇书"（赵季平《镇巴民歌总汇》序：《让民歌唱响镇巴　用音符感染时代》）。该书搜集镇巴民歌近千首，根据内容分歌头、对歌、劳动、情爱、生活、红色歌谣、风俗礼仪、谐趣、历史传说、新民歌十大类。这些民歌，有的反映了历史生活风貌，如《背二哥号子》，写的是过去背老二的生活，其中第九节说："打杵子儿铁包头，上坡下坎不离手。歇气用它撑背子，行路用它撵野狗。"有的写男女之间的情感："我跟贤妹一路走，从来没有摸过手。青天老爷在头上，阿弥陀佛我没有。"有的写出了生活的哲理，如《插秧歌》："四月插秧下了田，低头看见水中天。手插秧苗排成行，退步原来是向前。"有的写对红军的爱护，如《就在穷人心窝窝》："不说不说就不说，哪怕钢刀割脑壳。要问红军他在哪，就在穷人心窝窝。"面对屠刀，威武不能屈，誓死保护红军。有的民歌善用修辞，生动形象："善是石头恶是波，好人被那恶人磨。有朝一日红日现，只见石头不见波。"赵季平先生在序言中说："通读这些民歌，我们会发现，这里的原生态民歌既有粗犷豪放、雄浑大气的阳刚之美，又有纤巧细腻、温婉动听的阴柔之美。从艺术手法看，《诗经》有赋、比、兴，这里也有；从内容上看，《诗经》有风、雅、颂，这里不缺。《镇巴民歌总汇》可以说是一部历代劳动人民智慧的结晶。孔子曾说过：'诗，可以兴，可以观，可以群，可以怨。'镇巴民歌全部具备这些特质。所不同的是，镇巴民歌在语言使用上，更生动，更直率，更大胆，很少羞怯的掩饰和无病呻吟。那是含着青草和绿叶气息扑面而来的山风，在接受这些没有任何粉饰的文化形态熏陶的同时，让我们更直接、更真实地感受到先民们生活的乐趣和悲苦。"这是大方之家从更高层面、在更广阔的视域内对镇巴民歌的观照，更能说明镇巴民歌的宝贵价值。

镇巴民间故事中的传说以山水风物传说居多，如黑虎梁、安垭梁、降头山、拴马岭、捞旗河、晒旗坝、渔渡坝、坪落坝、万僧寺、思妻河、二郎滩、会仙桥、青狮、仙女洞、响洞等都有传说；其次是历史人物传说，如《真假张飞》、《张飞的蛇矛》、《张献忠为民除害》、《任洪道打土匪》等。民间故事中的生活故事以嘻、笑、怒、骂等题材较多，如《蠢女婿走人户》、《背老二骂秀才》、《穷书生待妻》、《聪明的三女婿》、《三个女婿行酒令》、《和尚对对子》、《巧媳妇》、《孝媳妇》、《巧斗财东》等。1987 年，师国华等人编辑了《镇巴县民间故事集成》一书，整理收录人物、动植物、土特产、地方风物传说 37 个，故事和笑话 31 个。

镇巴古代文人作品多散佚。《定远厅志·艺文志》录定远厅建立至该志编写七十余年间诗文近百篇，作者均为这一时期（1802 – 1879）在本地任职的官员和地方文人。《艺文志·文》录 22 位作者散文 40 篇，其中同知马允刚 10 篇，厅志主编、同知余修凤 5 篇，本地 10 位作者共 12 篇，多为修建祠庙道路等的"记"体文章，叙议结合，文辞简约畅达，可补史料之不足。余修凤《龙泉记》写公余侍奉老父游龙泉，父以水诫之："毋为尘染，毋为俗侵，严防在山出山之别。"修凤谨记，于泉上筑坛建祠，又引水入衙署，凿鉴池注之，池旁建澄清阁，且为之跋曰："署园承渠水，余既凿池注之矣。池北旧有甘雨亭，南岸缺如，乃构屋一楹，颜曰'澄清阁'，通之以桥。秋澄月朗，心迹双清，颇足适公余散步。若谓'澄清海宇'，此古人慨然之志，予小子何敢望焉！"跋虽短小，颇传志趣雅意。

《艺文志·诗》录18位作者55首诗，巡检陈庆怡10首，同知德亮7首，余修凤6首，严如熤的5首，本地作者6人9首；五绝、七绝、五律、七律、五古、七古诸体皆备。德亮有同音体五律《见富而吝者》，多用同音字："善产满万贯，闲田延千阡。济急悉呕呕，天年咸绵绵。格塞啬德泽，牵缠偏颠连。此是智士志，前言传先贤。"又司狱李芳有回文体七律《秋夜》，顺着倒着皆可读："烟深卧阁草凝愁，冷梦惊回几树秋。悬壁四山云续断，隔帘一水月沉浮。翩翩影落飞鸿雁，皎皎光寒静女牛。前路客归萤点点，边城夜火似星流。"此文字游戏耳。而严如熤之古风《夏耘词》、《谕农词》、《喜雨词》、《祈晴词》、《秋获词》皆言农事，悯农爱民，言真意切，其情可嘉。巡检陈庆怡之《悯为盗者》曰："有田不收获，连年遭水涝。有子尚呱呱，有母已昏耄。朔风刺骨天，无烟穿冷灶。甑尘凝不飞，催租符又到。卖妻儿无乳，我逃母无靠。人生怕转念，遑计良与暴。饥寒死目前，延喘偶为盗。只为顾饥寒，那知里长报。"诗中人为饥寒所迫，万般无奈之下"延喘偶为盗"，其情可悯；诗人身为巡检而能体恤"盗者"，其仁善可敬；百姓为天灾剥削所苦，饥寒无救，逼良为盗，见社会之恶！陈庆怡的《过腊溪沟、鹰嘴岩、羊鼻梁、燕翅碥诸处》，描写于高山深谷、羊肠小道上行走之艰难，形象生动，富于想象，写出了地方特色："四壁立峭石，中流水潺潈。霜凝老树丹，泉飞空谷响。怪鸟时一鸣，恐怖发遐想。鹰嘴与羊鼻，路径大如掌。燕子故飞飞，如受风斜状。鬼斧凿何年？行迹迈孤往。如虮缘衣缝，如蛇蜿蜒上。窥天刚半线，拔地数十丈。廻出人境外，心胆相摇荡。时序况深秋，独喜天晴朗。为我延清辉，明月山林莽。"厅志《职官志·巡检》介绍陈庆怡曰："浙江会稽人，附生，道光十二年（1832）任，工吟咏，著有《晴日新馆诗草》。编辑厅志稿，道光以前事，实多赖之，诚有志士也！"镇巴自南乡建县以来近一千八百年，今只得清后期七十余年诗文，惜哉！严如熤所编《山南诗选》，定远仅录段秀生《拴马岭谒张桓侯庙》一首："树荫高岗一径幽，昔年拴马属桓侯。停骖小憩空山里，解辔聊登翠岭头。志在长驱扶汉鼎，人宁伏枥老巴州。祠堂百尺松杉翠，慷慨书生笔共投。"

定远厅第三十五任同知沈际清先生诗书兼善，曾题诗于城北正教寺壁上，厅志《艺文志》录其诗三首；其子沈祖颐于光绪十八年（1892）任定远厅同知，祖颐之子士远、尹默、兼士均长于镇巴，后皆任教北大，为民国时期文化大师，他们对定远小城生活终生难忘。1944 年春，年近六十的兼士先生为躲避日伪搜捕，自北平南下，途经陕南入蜀，触景忆旧，想起五十年前在汉中定远小城的生活，感概万千，赋诗抒怀，其诗序曰："童年随宦汉中，山城花事极盛，与诸兄姊家塾放学，颇饶嬉春之乐。夏浅春深，徜徉绿荫庭院，尤爱听鸠妇呼雨之声。丧乱之余，旧游重记，偶闻鸣鸠，不胜逝水之感。"诗曰："漠漠轻阴欲雨天，海棠开罢柳吹绵。鸣鸠有意惊春梦，唤起童心五十年。"山城的花事、雌鸠的鸣叫萦绕在兼士先生心中，半个世纪之后依然不能忘怀！

民国时期的文人作品极少留传。民国末期出版过两种报纸：三十四年（1945）5月5日，县政府教育科主编的《镇巴简报》创刊，石印，八开两版，毛边纸质，主要栏目有时事、时评、县闻和文艺副刊等；三十五年（1946）元旦，县参议会民报社主编的《镇巴民报》创刊，石印，毛边纸质，先为四开一版，后为八开两版，主要栏目有名人名言、专论、本县新闻、时事、交通近讯等。1946 年 4 月，县参议会决议将两种报纸合并，更名为《新镇巴》。这些报纸上刊载过少量文学作品。

## 五、宗教迷信：多教并存祀鬼神

镇巴之宗教当以道教为先。汉末，张鲁据汉中，"以鬼道教民，自号师君"（《三国志·魏书·张鲁传》），创道教，建政教合一政权。时县地为汉宁郡成固县辖，必传道教。道教在本县有一个较长的兴盛期。《定远厅志·地理志》载："光头山据巴山之巅……旧有古刹久废，唯阶登尚存，相传唐韩湘子修道于此，故又曰小终南。"韩湘子为八仙之一，"古刹"应是道观，旧时山上曾有道士，每年初夏，本县及西乡、城固、洋县等地到此朝山进香者络绎不绝。清时境内道观、庙、祠有青鹤观、真龙观、龙台观、关帝庙、三圣庙、东岳庙、祖师庙、吉星祠、四贤祠、禹王宫、文昌宫等 78座。民国时期，不少庙观破废，临解放时仅剩 15 座，属全真派的出家道士 23 人，属正一派的俗家道士则各地皆有。念经、做道场、为死人超度亡魂、设坛讲谕、驱灾祈福、看风水、择吉日、占卜吉凶等活动一度盛行。

蒿坪寺古钟为我县佛教兴盛最早的证物，其铭文记载为南宋绍定二年（1229）所铸，捐资、献铁者有西乡、兴道、南郑 3 县 180 余人，这说明北宋时我县佛教已颇具规模。伍家乡井泉关明代古刹以僧多香火旺而得名"万僧寺"。《定远厅志·祀典志》载境内较大佛寺有佛教寺、清净寺、回龙寺、铁佛寺、宝山寺、弥陀寺、清凉寺、仁寿寺、福庵院、觉皇庙、宝珠庵等 46 处，陈家滩周子垭清净寺还有和尚圆寂归葬的塔林，所有集镇和许多乡村皆有寺庙，响洞小街就有观音阁、禹王宫、关庙、老君庙四座寺庙。多数寺庙有和尚、有地产，常年香火不断，定期举会，念经拜忏。民国时期佛教活动逐渐衰败，至解放时仅有寺、庵11所，僧、尼52人。

伊斯兰教分别于清光绪二十年（1894）、民国十八年（1929）随回民移居而传入本县，至民国三十八年（1949），有回民8户32人（男17人、女15人），未建清真寺，也无神职人员，教民平时在家自做礼拜，每年回历十月一日开斋节和十二月十日古尔邦节去西乡参加礼会。

基督教在清末从西乡传入本县。光绪三十年（1904）在县城小西门内建福音堂一座，门外挂耶稣被钉在十字架上的画像，有教徒30余人；民国十三年（1924），教务主持人李泰病故，遂停止活动。"镇巴上楮河基督教会"系觉皇陈家岭人陈三品于民国十四年（1925）去西乡加入基督教后回村所建，曾有美国人菲牧师、穆牧师、韩大姑、白尔克，山西人杨牧师等先后到该地传教，至20世纪40年代，共发展教徒32人，有5人被送往西乡、凤翔等教会学校读书学习，教务由执事主持，先后任执事者有陈三品、伍怀德、康联云、韩爱义、赵文新、蒋永存，发展教徒由西乡福音堂长老领洗。1944年，康联云在平安修房一间，办女子学校，平时上课，星期日供教会作礼拜堂。

天主教在民国初年传入我县。民国四年（1915），汉中教区西乡天主教会意大利籍传教士诺神甫来镇巴宣传劝善救世、脱灾升天堂、入教蒙惠、不入遭祸等教义，在鞋匠、理发匠、算命先生、中医生、小商小贩中发展首批天主教徒7名。民国六年（1917），西乡天主教会意大利籍罗神甫来镇巴，在景家街购地雇工建造天主教堂一座，西乡人万望仁担任会长，住教堂主持教务。按天主教规，户主入教，全家即为教民，男女结婚要在教堂举行仪式，婴儿满三个月要抱入教堂进洗，亦即入教注册。至民国二十年（1931），镇巴共有天主教徒20人（男11人，女9人）。此后万望仁因年迈回西乡，杨秉臣继任会长，王正才任副会长，至民国三十八年（1949）累计发展教徒10户37人（男18人、女19人），先后有西乡天主教会8人来镇巴传教、讲道、督导教务。

正规的宗教之外，民间供奉神灵极多。首先是家神，各户堂屋正壁设神龛，供奉"天地君亲师"神位及祖宗牌位，各个节日乃至每月初一、十五皆焚香烧纸，叩头祭拜；神龛下为土地神位，灶旁供奉灶君（俗称"管家神"），门上贴门神（俗称"看门神"）。社会上普遍供奉三教圣人（即儒、道、佛三教创始人孔子、老君、释迦牟尼）、玉皇大帝、武圣帝君（关羽）、观音菩萨、禹王、龙王，还有刘备、张飞、吕祖、东岳、南岳、王母娘娘、送子娘娘等。清时厅城建有城隍庙等20多座庙宇，各地皆有较大的关庙、老君庙、观音庙、东岳庙、夫子庙等。山水自然均有神庙，土地庙随处可见，不少泉水旁建龙王庙，一些山垭处有山神庙，几水汇流的峡谷处有锁口庙，还有火神、风神、雷神等祭祀之庙。另外，各行各业还奉祀专神，有的塑像奉祀，有的只立一牌位上书某先师之神位，皆以某神的生日或忌日为纪念日，届时同行业人聚集一堂，虔诚祭祀，筵宴庆典。

神灵既多，祭神仪式也很繁多，主要有做会、还愿、祈雨和打青醮。做会就是办庙会，即在某庙集中三五天举行祭祀仪式，由会首主办，提前向各户化缘（俗称"化功果"），然后约请道士念经拜忏，附近百姓亦前去进香，较大的有二、八月的"春祈"、"秋报"会，二、六、九月的"观音会"，还有各行业庙会；还愿系个人祭神活动，为给家人消灾避祸，或祈求生儿育女，或祈求化险为夷，便向神灵祈祷许愿，事成后为神搭红、献祭或烧拜香（在距庙数百米远处即开始烧香，三步一拜，五步一叩，直至庙内）；祈雨是在天旱时念经、办会、做法事以祈求上天赐雨的迷信活动；打青醮多在农历六月举行，田禾病虫害露头时不用人力、药物扑灭，而去神庙念经、拜忏、写呈文焚烧，祈求神灵消除病虫灾害，保佑粮食丰收。

与祭神相反的是驱鬼避邪。迷信认为，人死魂存，魂即为鬼，仍能干预生者生活，故人死必请道士开路做法事，超度亡魂。人得急病或患疑难病久治不愈，就视为遇鬼闯邪或妖魔附身，轻则起水碗、立筷子、浇水泼水饭、叫魂，重则给某神许愿，或请巫师走阴，或以蓝线缠鸡蛋烧熟找祸根，再让病人将鸡蛋吃下，将线系于手腕以除邪魔；或画神水，取神药，再重者则请端公送花盘、降神、过关。

旧时日常生活迷信颇多，如择吉日、看风水、卜祸福、求神佑子、求神判处等。择吉日就是选择吉祥时日，婚、丧、嫁、娶、入学、提亲、乔迁、开业、播种、立碑、杀猪、上梁、破土动工、进山伐木、出门远行，凡此种种，均要查期择时。看风水分阴宅、阳宅，修房和安葬必请地理（阴阳）先生采龙脉，下罗盘，定山向；有些庄户对面山势陡峻险恶，则凿制一米余高的张口兽头方形石柱，上刻"泰山石敢当"竖于院坝，俗称吞口，意为吞魔镇邪；少数家中连出恶性事故，或连续患病死人，或人丁不旺，便另择风水、拆房迁坟，弄得财乏人困。卜祸福有占乩、算命、看相、抽签、问卦等多种形式：占乩俗称"抬沙盘"，家人久出不归，或久病不愈，即请圣教徒设坛请神，手扶木拐在沙盘上写所谓神谕，报告吉凶；算命俗称"算八字"，以人的出生年月日时干支和阴阳五行相生相克之说推算人生祸福；相面俗称"看相"，分面相、手相、麻衣相，以人的长相、肤痣、掌纹、指纹、毛发等推断人的命运、事业、祸福等；抽签问卦则是去庙里向神像焚香祷告，然后或抽签，或卜卦，凭签语、卦爻断定祸福吉凶。求神佑子之法颇多，或向观音菩萨或送子娘娘许愿祈子、祈男，或往"打儿洞"、"打儿岩"掷银元、铜钱或石头，或给连续出生的女孩取名"左（换）娃子"、"改娃子"、"转儿"、"得儿"、"带弟"等，或给病弱的幼儿找干老子、拜寄给某菩萨、取以"狗娃子"、"牛娃子"、"猪娃子"等贱名，或将头两胎夭亡的死婴埋于十字路口、为众人踩踏以镇妖邪，或抱养"压长女"以镇邪祟，或以红纸书写"小儿夜哭，请君念读，小儿不哭，谢君万福"贴于大路旁以止小儿夜哭。求神判处是指钱财被盗、被诈、被抢，或受人欺侮，无处伸冤，或儿子、媳妇、恶徒忤逆不尊，便焚香许愿，祷求老天神灵惩处坏人，俗称"咒"。

除此之外，还有种种琐碎迷信行为，诸如幼儿走夜路，须在帽子上别针以避邪，在额上抹锅烟灰以示头顶大锅，不会受惊掉魂；病人发烧说胡话，便将剪刀挂于床头，或以木匠的五尺敲打以驱鬼；门贴太极图或磨齿图以驱瘟疫；公鸡于午夜前啼叫，视为火星旺，为失火先兆，一次两次以凉水浇泼，三次就将其杀掉；母鸡学公鸡啼，视为不祥，即刻杀掉；母鸡生小蛋，视为"鬼蛋"，即打蛋杀鸡；做恶梦，便于第二天早上写"夜梦不祥，写在东墙，太阳一照，化为吉祥"纸条贴于向东之墙，或在梦花树上绾一枝结，以示将凶险寄出；眼皮跳被视为吉凶之兆，俗云"左眼跳财，右眼跳崖（ái）"；生病日期被视为病的轻重乃至生死的先兆，俗语有"男怕三六九，女怕一四七"；麂子叫、乌鸦叫、狗叫似哭或夜晚久吠、起烟桥（沟河上桥状雾带）等都被视为"凶神过路"、死人先兆；野生动物闯进家门被视为不祥，便给搭一绺红布放走，轻易打死野兽、雀鸟被视为将有祸事来临；吹狂风、下暴雨、降冰雹皆被视为妖魔作怪，须向院坝抛撒盐茶五谷，如此等等，十分繁多。

马允刚《兴建文武二庙并文昌祠记》曰："定远界连巴蜀，唐宋时为东川之地，其俗尚鬼；又近年来巴蜀之民开山者日多，因之淫祠日盛。"又《创建吉星祠记》曰："从来淫祠之兴最坏人心风俗，后世邪教之多，皆由于此。"（《定远厅志·艺文志》）所以他在任之时，大毁淫祠以正教化。然迷信难禁，即便对自身命运的掌控能力增强了，而趋吉避害的心理依然导致人们对迷信采取一种"与其慢毋宁敬"的态度。

## 六、地方风俗：融汇杂陈古风存

"一方一俗"、"入乡随俗"、"乡风民俗"——风俗是人们到达一个地方感受到的最直接的东西之一，是当地最大众化的名片，也是联系一地人群的纽带。镇巴古代民俗以农耕生活为基础，受川楚秦陇之影响，得流民文化之浸染，故融汇杂陈，丰富多彩。

## （一）生产习俗

农事方面，矮山种植水稻的地方视插秧为一年最重要的活动，邻里相帮，轮流栽插，各家割肉打酒作醪糟款待帮工，称栽秧酒；栽秧时少则几人，多则几十人，一名能手居前，一名强手断后，你追我赶，后者超前戏称"现虹"，又称"关圈"、"割匣匣"或"要烟吃"，干劲十足，嬉笑满田；有能手仅凭眼力、手势从田中栽四行出头，竖看笔直一线，横看排排成行，俗称"打压"，还有连越数田皆笔直不曲，俗称"翻压"。山上广种包谷的地方，薅包谷草时兴打锣鼓草，两名能敲善唱者各执一鼓一锣居于薅草人两端，边敲边唱，或唱山歌，或即兴编唱，表扬先进，激励后进，如："哎——叫一（的）声罗，掌赛人，你把阵势要看清，强中更有强中手，你不攒劲要丢人"；"哎——薅草（的）莫薅吊颈草，露水一扯就活了。你哄庄稼草里坐，庄稼叫你肚皮饿"。新粮瓜菜收获，吃第一顿谓"尝新"，除向神龛供奉，还在院坝设案，焚香供饭，祭拜天地，以感天恩，并祈来年丰收；民间传说上古时洪水滔天，毁全部庄稼，幸亏狗善泅，尾巴高翘，带上岸一谷穗，才得保留其种，故又将敬过天地的饭菜喂狗。

过去高山野兽多，每当种子下地和庄稼结实至收获前，野猪、刺猪、拱猪、田鼠、狗熊等动物夜间乃至白昼下地偷食，农民于地边搭草棚（俗称耗棚）看守称守耗。每至天黑，各个耗棚烧起柴火，敲击梆梆，"唆嚎声"（守耗人发出的吆喝声）此起彼伏，彻夜不断。青壮男人则带着火枪、长矛隐藏于野兽出没处射击、戳杀。仁和乡一带有猕猴，常于白天成群下地糟踏庄稼，必由年轻力壮者看守，如由小孩或老妪看守，猴群不但不怕，反而一边以各种怪相嘲弄，一边大肆抢食。不少人以安索套、狼夹（特制齿形铁夹）、垫洋炮（一种粗而短的火枪，隐置兽道，开启扳机，扳机上拴一数尺长索，野兽触索动机，炮响兽毙）、放炸药、投毒等方法行猎。冬春围猎俗称"撵山"、"打枪"，由一名善跑者背枪带着猎犬吼惊野兽撵向"交口"，数名善射者持枪分别隐候于野兽可能经过的要隘，俗称"坐交"，兽至"交口"，大多击毙。巴山林有狗熊，皮厚难以一枪击毙，故熊上交口，射手必先以响声惊动，熊闻声，直立看视，射手便迅速瞄准其胸部射击。猎获小兽，围猎人共同聚餐；猎获大兽，平均分肉，俗谓"沿山打猎，见者有份"，但兽头和子眼肉（枪子眼）必归倒山者（击毙野兽者），兽腿属撵山者。

为防盗贼、野兽，过去的镇巴几乎家家养狗，少则一条，多则两三条；往别人家去必执棍防狗，但不得轻易出击，违者即视为不懂礼仪，欺了主人，俗称"打狗需看主人面"；主人应着实看管，不得任其咬伤来客，否则寻药医治，赔礼道歉，重者赔偿损失，嬉语云："狗咬一口，白米三斗"。为防鼠害，大部分家庭都养猫。而农民视牛为宝，极为爱护，至牛老死也不宰食，亦反对别人宰食。猪是家家必养之畜，俗称"富莫丢书，穷莫丢猪"，每户养一两头，农历腊月宰杀肥猪，俗称杀过年猪，以鲜肉盛宴招待杀猪匠及邻里亲友，俗称"吃庖汤"，庖汤愈丰愈好，以示来年猪大肉肥。猪圈盖成，木匠将墨斗、尺子置圈内，焚香烧纸并执帚作扫地状，意为扫除瘟疫，谓之"扫圈"；主人送上一盘菜肴，一壶酒，紧闭圈门，与木匠蹴地同饮共食，吃时不得言语，不得挑拣，盘必尽，壶必干，如边说边吃，或挑拣菜食，或剩于盘中，则预示养的猪会边吃边叫、拱食、择食、剩食；如正吃喝时外人闯入，则视为不吉利，预示着养的第一条猪或羊有可能被狼、豹拖走，主人极不高兴，木匠则立即夹给一片肉令其吃后马上离去，故"扫圈"皆于深夜进行。

农忙务农，农闲行艺，或纺织印染，或竹、木、铁、石器制作修理，或房舍建造，砖瓦烧制。有人精于一业，有的兼通数行。一般十几岁便开始学艺，精明者不拜师傅边看边做，在实践中精通，俗称"偷师学艺"。多数则拜名匠为师，跟师学艺。拜师必先请保荐人，写投师字契，再持厚礼去师家敬神磕头，尊呼师傅，同师学艺者呼师兄、师弟。旧时，师徒如父子，徒弟对师傅必须绝对服从，唯命是听，师傅对徒弟可以体罚训骂，学艺间只包口食，不给工钱，还要给师傅家做杂活；有的对关键技艺、绝技保留不传，只传给儿子或个别宠徒，即所谓"传一手留一手，谨防徒弟压师傅"。无论学得如何，三年期满必须给师傅、师娘缝一套衣服，称"谢师"，出师后才可独立行艺。亦有出师后因手艺不佳，再另投师学习，称"参师"。旧时各类手工工匠遍布乡间，农闲时，铁匠在家中筑炉生产，木匠、篾匠、石匠则应用户相请登门服务，一些身背小工具、在乡间串户行艺者谓之小手艺：打制银首饰、头饰者名曰银匠；打制小铜器者名曰铜匠；修补锅罐者名曰小炉匠；弹制棉絮者名曰弹花匠；缝制衣服者名曰裁缝。骟匠手执一小羊角号边走边吹，用户闻声邀请至家劁猪骟牛；杀猪匠则村村皆有，不收工钱，只得猪脊毛及两斤肉。匠人出门行艺或回家团聚，多要择吉日，甚至择方位，多数人奉行"七不出门八不归，九天出门揽堆堆"，"要得发不离八"，"要得有不离九"，因"七"与"凄"同韵，逢七出门在外必受凄凉，"八"字两笔不挨，意为分离，故逢八不宜回家团聚，"九"为最大之数，与"有"同韵，故逢九出门行艺，必获大利；"八"与"发"同韵，意为始发、发财、发达，故宜于兴造诸事。

生产中的禁忌也很多。农村普遍"忌戊"，即按农历干支记日法，"立春"第一个戊日为头戊，不能动土、用针、推磨，否则天降大灾、毁灭庄稼，直至第五个戊日（俗称五大赦）后方破忌；二月初二"土蚕会"亦如此。三月三日"雀鸟会"不进山，以免雀鸟遭踏庄稼。春耕出种选黄道吉日、杨公忌日或牛、马、虎日，认为这些日子下种野耗少，苗齐苗旺。进山伐木、修房造屋忌说不吉利的话，修房造屋忌妇女上墙，忌在墙头和房上吸烟。修圈特忌信口乱说，或边干边哼唱，不能越墙，否则养畜不驯。如做坏梦或得不祥之兆则不上山打猎，连续三天猎中亦不吉利，认为运好必"反猎"（即发生枪管爆炸或野兽伤人等灾祸），故暂不行猎。井下工忌讳最多，不准抬死人从井口前过，不准妇女下井，忌说红、崩、垮、塌、断、死等字，工具名称及日常生活术语多有代用词，撮箕名"义口"，啄子名"尖嘴"。木匠、石匠、铁匠、篾匠、搬运等各行业皆有许多禁忌。

### （二）生活习俗

清代到民国时期的镇巴人的穿着是什么样子呢？其时，成年男女多以七至九尺白布包头，名曰帕子：老年人先以白布一头盖顶，再缠三圈，俗谓包顶顶帕；青年人则多不遮顶，俗称包圈圈帕；新婚少妇露出别着银簪的发髻、刘海，简池一带妇女还将帕子叠成三寸余宽、于额前以人字形交叉缠绕，别具风韵；有的老年妇女以黑色丝帕包头。除少数仕宦绅商戴礼帽外，庶民成人不得戴，但童帽普遍，缝制精细，款式多样，流行最广的有：胎帽，缝制简单，多用四方手帕攒就，为初生婴儿所戴；猫儿帽，形若猫头，顶部前缀有耳朵、眼睛，扎以羽绒，坠以银铃，两侧绣花，角缀银制帽环，前沿缀5－9枚银制小罗汉（俗称银娃娃）或"长命富贵"字花，为两三岁幼儿所戴；风帽，形似撮瓢，帽尾拖至后颈下，中瓤棉花，顶缀布结，前为寸余宽绣花帽额，帽额两端各缀一飘带，绕后连结垂于帽尾，下缀麻钱四枚，为儿童冬季所戴；帽衬，由6片三角布块缝成，顶缀布结，沿镶宽边，形同清代官员衬帽，为十岁左右儿童所戴。

老百姓的衣服一般是用自织土布缝制，男人冬春着大襟长衫，夏秋着对襟短褂。中上层人士以"洋布"作长衫，外罩马褂或背心，亦有长皮袄，俗称皮袍。妇女四季皆着大襟便衣，前罩架花长围裙。清末，新婚妇女多穿镶边上衣。民国后期，少数中上层妇女穿旗袍。男女下装多为白布接腰的粗筒半长裤。公教人员、学生着西裤。男人多穿浅圆口布鞋、短筒布袜或长筒棉线袜，妇女多穿尖头绣花鞋、线袜，缠裹脚布。穷困农民及背力运脚夏秋穿单鞋，冬春则穿棕袜子、麻窝子（布底、麻耳鞋），缠裹腿。青年人夏天喜穿制工精细的布底、线耳、后跟绣花、鞋尖扎绒线球的布凉鞋，俗称凉草鞋。

　　清代男人皆蓄发梳辫，直至解放初期仍有不少老人蓄发或盘辫于顶，或散垂于后；男孩小时剃光头，长大后多于头前部留一锅铲型短发，名曰帽盖儿。幼女亦剃光头，两三岁后方蓄发扎辫，十岁后梳成独辫垂于脑后，十二、三岁后扎耳朵孔，戴耳环；新婚少妇则于脑后绾一发髻，以丝织小网笼罩，以银制簪钗成十字架状插别，俗称巴巴纂，半鬓角短发垂于耳后，额前蓄刘海，手戴银镯、戒指（俗称圈子、戒箍子），随年龄增长，逐步除去镯子、戒指、耳环，老妇则连发网、簪子亦不用，仅用头绳束发绾髻。

　　生活习俗除了服饰外，体现最多的就是节令习俗了。

　　春节系民间最隆重的节日，从腊八节直到正月十五，要热闹一个多月（详见杨盛峰《镇巴旧时年俗》）。"二月二龙抬头"，此日之后春雨渐多，百草萌生，农事始忙，俗谓土蚕会，又称地母会、龙会，农民休息，禁忌挖地动土、扫地、做针线活等，迷信认为违忌则会吹恶风、下冰雹、虫害庄稼，不能丰收；有的人家给小孩炒包谷花吃，谓之嚼虫虫，认为这样便可不生虫牙，庄稼害虫亦少。清明节的活动一是垒坟挂纸，节前半月内给祖先扫墓垒坟，并以白纸凿制成三四尺许的宫灯形纸彩，名长钱，以短棍挑起，挂于坟头，或以若干小纸片随便贴于坟头，俗称"挂清"，又称"飘坟挂纸"；二是接出嫁女儿回娘家过节，向塾师及未婚妻家送节礼；三是点种四季豆，名"清明豆"。五月初五端阳又称"端午"，传说此日百草为药，不少人扯百草熬水洗澡以去疮毒；门上悬蒲挂艾，饮雄黄酒，吃大蒜，煮艾蛋，并以酒擦面，借以驱邪避病，据传蛇及癞蛤蟆躲端午，深藏不出，若得，是好药，故有人于当天专门找寻；又传此日所收大蒜味美质佳，去毒力极强，故各家皆收贮端午蒜；是日，接出嫁之女回家过节，给塾师及未婚妻家送节礼，城镇人家包粽子，做佳肴，合家欢宴。"六月六，家家晒红绿"，此时已届仲夏，骄阳高照，传说这一天晒衣衣不蛀，曝书书不蠹；如果为老人准备寿衣，也要在这一天将衣物拿出来晒；也有接出嫁之女回家过节的习俗。七月初七，县城富闲人家少妇少女聚会，展比各自的刺绣、针线和所生长的混合豆芽，看谁的好，谁手巧，并拈香结拜姊妹，俗称办乞巧娘娘会。中元节俗称"七月半"，实际过节为十四日，节前两三天，家家备办香、蜡，封"袱头纸"供奉先祖，是日中午焚香明烛，以丰盛酒菜祭祀，然后合家欢宴，黄昏时将袱头纸于神龛下焚烧，同时在大路旁焚香烧纸，泼水饭（剩饭加水），俗称祭野鬼；还有人于次日搭坛念经，放河灯（作船形小灯笼若干，天黑点燃蜡烛放入河中，顺流而下，沿途皆烧纸祭奠），俗称超度祭奠孤魂野鬼。中秋俗称"过八月十五"，为家人团圆之节，节前数日购买月饼及新上市的干、鲜果，是日中午合家欢宴，夜间如遇天高月明，家人街邻围坐院内，一面赏月（俗称"看月华"），一面分享果品点心，漫话年时古今，情思悠闲，深夜方息。九月初九重阳节，有儒老闲翁结伴登山及喝茱萸酒之习俗。

各行业还有自己的行业节日。二月十五老君会，为冶炼及金属制品行业节日，相传李老君掌八卦炉，为冶炼业之始祖，凡从事烧炉、炼钢、炼铁、打铁及打制其他金属品者皆供奉老君，是日停业祭祀，响洞等地还在老君庙举行庙会唱戏。四月十六蔡仙会，为造纸行业节日，蔡伦发明纸，尊称蔡仙，各纸坊皆供蔡伦牌位，巴山林马家坝等纸厂所在地曾建有蔡伦庙；是日，造纸工人聚会，焚香烧纸，供献整猪，隆重祭祀，祭毕聚餐欢宴；此间正逢竹笋解箨，厂方部署当年生产，雇请工人发放少量收购嫩竹定金，之后便陆续上山砍料，拉开全年造纸生产序幕。四月二十八药王会，为医生及药业节日，医生及药铺皆供奉药王孙思邈，是日，病家及邻里去医生家送礼，给药王神烧香搭红放炮，医生则设宴款待，城中医药界还举办庙会。五月初七鲁班会，为木工、石工等行业节日，相传鲁班为建筑、制造之始祖，木匠、石匠尊为祖师爷，是日停业休息，焚香祭祀，亦有庙会。六月初六王爷会，为船工节日，旧时驾船者顶敬镇江王爷，是日泊船停航，会聚王爷庙祭祀，办会唱戏，祈保平安。六月二十四燧祖会，饮食行业节日，是日停业念经，祭祀燧人氏。八月二十七孔子生日，夫子会，城中于文庙举行祭孔典礼，民间学堂多举办夫子会，学生向老师送节礼，家长亦到校贺节，老师设宴答谢。此外，还有印染业三月三的楼葛会，编织、缝纫业九月十六的轩辕会等，活动规模较小。

旧时生活禁忌繁多，如小孩忌玩鸟，若玩将来写字手颤；忌玩火，玩则尿床；忌吃猪爪，吃则婚事脚脚叉叉（不顺利，易生麻烦）；忌骑狗玩，骑则结婚时会下雨；忌吃阴生鸡蛋（杀鸡取出的没有发育成熟的蛋），吃则记性不好。旧称文字系圣人所创，必须十分爱惜字纸，忌用脚踏，忌往肮脏地方丢，否则会瞎眼睛。早晨忌说不吉利话，正月上旬和腊月下旬忌吵嘴，忌说死、亡、烂、坏等不吉利之词，俗称"正月忌头、腊月忌尾"，违忌则全年不顺。正月初一不能往外泼水，泼则将财泼掉。俗有"年不请拜"之说，故正月不邀人到家。丧偶者不能迎亲、作伴娘，不能进新婚洞房。孕妇被称为"四眼人"，不能进洞房、产房，去则会带走婴儿的奶，甚至连母猪产仔后亦有同样忌讳。产妇不进别人房门，进则会玷污门槛，死后得以筛子端水冲洗。俗有"宁借房给人停丧，不借房让人成双"之说，即夫妻不能在别人家同居。堂屋不让外姓及同姓远房人结婚拜天地。城区有"姐送妹穷一辈"之说，妹妹出嫁姐不送亲。公公与儿媳、哥哥与弟媳为"背客"，不能同坐一凳。"烧火"意为公公占儿媳，故改称"生火"、"爨火"。"女人"专指已婚妇女，只能呼未婚女青年为"女子"。"在不在"指人死没死，问人在没在家不能省去"家"字。劝客吃饱称"吃好"，"吃饱"指牲畜。"吃够"一语中"够"与"构"同音，因构树叶为猪饲料，故亦不能说"吃够"。对妇女讲话，特别对未婚女讲话，要将"搞"读为"裹"，如裹生意，"日"读如"而"。"老公"俗指奸夫，故不能称龚姓人为"老龚"，而称"老弯"。

镇巴过去还有赌博、讨口、抽大烟、歧视妇女等陋习。赌博俗称"赌宝"，其形式多样，赌具有麻钱、麻将、骰子、纸叶牌等；城镇有专业赌场，乡间凡遇红白喜事和年节，聚赌者甚多；少数好逸恶劳者常年出入赌场，蔑称"痞搭混"、"骷髅子"，因输赢赊欠常酿成重大纠纷，乃至人命事故，有的人赌得产尽家空；清政府及民国政府均曾禁赌，但明禁暗纵，公务人员亦行此图利。讨口本来是指一些人因伤残无法劳动，或因天灾人祸无以为生，或因无产无家，因而走家串户，乞讨度日：有的登门以好言哀求施舍；有的打"莲花落"、唱顺口溜，先恭维后感谢，若不给，则唱一些不吉利之词愤愤而去；还有以送财神、送春贴等形式求取赠施。然而，有一些人以乞讨为业，还形成了一定的组织：俗传"唐王叫化为天子"，职业讨口子皆尊唐睿宗李旦为祖师爷，拈香拜把、称兄道弟，"大哥"主一方乞事，自称"正堂讨口子"，外来乞丐须先拜"大哥"，否则便不许在此行乞；若遇红白喜事，乞丐们便成群前往，有的还放一点鞭炮或送一点烧纸，主家则以酒席招待，只是比正常客少一道菜（呈偶数）并将餐桌方位略斜，即为讨口子专席；若死人正在落气或出殡有乞丐到则视为大吉大利，主家除以酒肉款待外，还要给予馈赠。吸食鸦片的恶习始于清后期，盛于民国，地方头人、绅商、地痞以此为快为荣，少数农民亦染此恶习，有的以种烟、贩烟为业，有的因吸鸦片倾家荡产，耗尽身力，中毒而死；民国政府虽提倡禁烟，并于县城设禁烟所，将吸食者集中训戒，但因禁民不禁官，禁下不禁上，时禁时纵，终未绝迹。歧视妇女乃封建文化之糟粕，妇女在社会上和家庭中皆无地位，除少数名家女子读书外，其余皆不识字，只学针线、农活，亦无名号，出嫁后，则将夫姓冠前、本姓列后，呼以"××氏"；夫可休妻，还可卖嫁，俗称嫁活人妻；妻不得弃夫，夫死须守，不得改嫁，或由公婆、户族作主，配与亡夫的兄或弟，名为"转房"，又称"圆房"；清及以前兴缠脚，愈小愈好，雅称"三寸金莲"，脚大则被人耻笑，故女孩自三四岁就开始以长布条紧缠双脚，限制发育，致脚萎缩，脚掌变形，终身痛苦；民国时期虽提倡放脚，但民间仍未尽除，解放后始彻底革尽。

（三）交往习俗

旧时家庭奉行孝悌，家长由男性尊长充任，集权一身，统管家政。子女对父母恭敬孝顺，有珍馐美味必先奉亲；"出必告，返必面"，父母年迈有病不得出外远行，居父母丧不得婚配，不得与人玩笑、嬉戏作乐，不得坐上席、行令猜拳，即使在外公干也必须如是。父母对子女直呼乳名，即使儿女成行亦如此。兄弟之间讲究大带小，父母殁哥必将弟抚养成人，为其成家；弟对哥嫂必须尊敬，俗云"长哥当父，长嫂当母"，父母过世听命于哥，哥未娶弟不得婚，兄殁弟为其戴孝。夫妻之间讲究尊卑，妻必听命于夫，如妻胜于夫、当家作主则被人耻笑。旧时以四世、五世同堂为荣为乐。

镇巴人习谓同姓即同宗，不论居住多远、是否同支皆为家门，并视其年龄以叔伯弟兄相呼，不能互通婚姻，互相笑骂。同姓同字派为同族，亦有不同字派者，为壮大族势，或弱族依附望族，通过一定仪式，互换家谱，联成一族，俗谓联宗。同族多聚居，建有宗祠、祖茔，置有祠产，每年清明合族举行祭祖活动，并商议处理族务。有的家族还于祠堂举办某氏义学或某氏家学，供族中子孙求学。同族人皆以统一的字派（一般为二十字）按辈份取名，不得紊乱、更改；族中多由年长辈份高或有权势者任族长，主持族务。族内公共事宜、祭祀，以及婚姻、继嗣、财产等纠纷，由族人商议、族长决定，遇外姓欺辱则合族相抗。一些恶霸地主凭族大势众称霸一方，外族不敢相惹。有些家庭藏有族谱，订有族规、家法、家训等，诸如孝敬父母、和睦邻里、严诫子弟、信守仁义、耕读传家、不得作奸犯科等等，如有违犯，轻则至宗祠下跪，认罪忏悔，重则施以家法，尤视偷盗为子辈疗疮、奸淫为氏族大辱，犯必连其父母重处，或治死，或令其易姓。民间十分重视自己的姓氏，一般不随意变更自己的祖姓，如过继外姓为嗣，多以祖姓为名，且第三代后必还其本姓，谓之三代还宗。

宗族亲戚之外，人们还以各种方式结交为亲友。一是拜干亲，俗称打干亲家，小孩不利索（经常生病），遂请善卜者按五行生克测定拜寄给某属相的人，以保福保寿，称保关煞；在亲友邻里中选定相属、辈份皆宜的人，先言明，如应允，就约定时间接干儿；届时由父母领着孩子、带重礼至其家焚香敬神，放鞭炮，孩子叩头跪拜，尊呼干爹、干妈（亦有直呼爹、妈的），干爹即取一象征吉祥的名字，如"长女"、"寿福"、"健生"等等，赠一腰带，名"长命带"，有的还授以银项圈、"寄命锁"，并赠以衣服、布鞋等，自此孩子的生父母与其干爹妈之间互称亲家、亲家母，两家结为干亲，长期往来，乃至延续两三代人。二是打老庚，生辰同年称老庚，同年同月称为真老庚，如两人辈份相同则互称庚兄庚弟，情同手足。三是认娘家，有的妇女远嫁，或娘家已无亲人，为解除没有亲人的孤独感，遇事有人为其说话、帮忙，亦有依附权势者，将附近同姓中关系素好者认作娘家，其辈份依年龄而定，长者呼以叔、伯，余者从之，年头岁节皆相互往来，如同至亲，晚辈亦然。四是认陪娘屋，原妻死，续妻认前妻家为娘家，称认陪娘屋，相互称呼如前，来往如故。五是结拜弟兄，辈份年龄相当、情义相投者，为相互帮助，或共谋事业，或共御欺辱，焚香叩拜，结为弟兄，甚至歃血为盟，互换庚帖（出生日期），按长幼相呼，称"结拜弟兄"，又称"换帖弟兄"。与结拜兄弟相似的陋习是"捆把儿柴"，一些结伙为非作歹者，歃血为盟，对天起誓："有福同享，有难同当，不揭内情，不报同伙，如若违盟，天诛地灭、枪杀刀劈。"六是拈香姊妹，少数富家女子于农历七月七日相聚乞巧，焚香拈阄定排行，互称大姐、二姐，俗称拈香姊妹。

民间交往崇尚仁义，讲究忠信，注重礼仪。熟人见面相互以辈份称呼，互致问候，多问"你吃了没有？"对外姓熟人、生人，不论是否表亲，均可视年龄尊称表爷、表叔、表婶、老表；但在简池，"表叔"为岳父专称，不得滥用。问人姓氏称"贵姓"，问名称"大号"，问人居址称"贵府何地"。问老人年龄称"高寿多少"或说"贵庚"。民多好客，以客多为荣，谓"客走旺家门"、"天天待客不穷，夜夜做贼不富"。客至，必热情相迎，如属久违的熟人，则连呼"稀客"，先奉烟递茶，再以酒肉款待，家庭主要成员弃活相陪，若逢至亲好友持礼登门，必按"来三去四五不留"之俗，挽留多住，若带有小孩还馈赠钱物，名为"打发"。有人从门前过，不论相识与否，主人都要招呼"到屋坐"，从不相识的人到家，亦烟茶相待，甚至留饭留宿，越是高山僻壤此俗越浓，因别于平川，故被赞誉"山里人厚道"。俗云"山不转路转"，意为今天你来我家做客，说不定什么时候我也会到你家打扰。凡遇婚丧喜庆，即使举债也得宴席丰盛，俗谓"宁穷一世，不穷一时"。食人茶饭、受人馈赠必喊"多谢"，请人帮忙、用人器具必道"劳为"。亲戚邻里间崇尚你敬我爱，谚云"亲望亲好，邻望邻安"，"你敬我一尺，我敬你一丈"，平时相互换工做活，不计较报酬，互相借贷，不计利息；遇婚丧喜庆，修房造屋，不仅主动前去帮忙，且助以粮、菜、钱、物；有人生疮害病，则以糖食为礼登门看望；春节间还相互送礼拜年，俗云"人不走不亲"。民间十分讲究礼尚往来，有来必有往，还礼必重于送礼，一般不能拒收礼品，拒收则表示断绝往来。邻里间送情较轻，谓之"见面礼"；亲友间礼亦不兴太重，俗话说"轻是情，重是债"。

（四）婚嫁习俗

旧时婚姻全凭父母之命、媒妁之言，须经说亲、插香、落拜、开庚、报期、迎亲等"六礼"仪程方告完婚，婚后新郎陪新娘回门。

1. 说亲

男过十岁其父母便察访门当户对、年龄相当的女子（习尚男大女小，"宁叫男大十，不叫女大一"），延请与男女两家关系均好的人为媒（俗称媒人，恭称红叶），选定吉日去女家提亲。俗语："女儿媒，跑三回。"第一回不带礼物，仅言明男方请他来提亲及男家情况，本人体魄、性格、智力、知识、文化、才能等情况，女家无论有无联婚之意，皆以宾客相待，故有"养儿请媒说，养女望媒说"之语。如无意联婚，则告诉下次不要再来；若有意联婚，则推说要与族间人商量（民间有"养女由一家，开亲由一族"之俗），随后便通过各方关系了解男方人品才智，甚至亲自到男家察看地势条件、家庭情况等，并请同族人商议是否开亲；第二回，媒人带着礼品到女家，女家若同意开亲，则收下礼品，并约定"插香"日期，俗称"给话"；若不同意开亲就不收礼品，并言明无亲。

2. 插香

即定婚，旧称插毛香，简称插香，又称"取同意"。男方备办衣料四件和手饰、帕子、猪肉（俗称"方菜"）、面条、酒、糖以及香、蜡、火炮等，由媒人带到女家，敬神摆礼，女家请户族叔伯弟兄到场，设宴款待，并以女子亲手所做布鞋回赠男方。自此两家依辈份称呼，双方家长及男子互通往来，但女子不仅不去男家，见了男方及其家人还要回避。

3. 落拜、开庚

完婚之前由媒人传话，或双方家长直接商定落拜、开庚事宜，原为两项仪式，后合并为一。届时，男方备办比插香多一倍的衣物、鞋袜、头帕以及送与女方亲族各家的礼品（城区还给女方舅家送同样礼品），以红纸书写简短致词及"乾造"（男子姓名、生辰），并两支毛笔、两锭墨、两元喜钱，装入折叠为开门式的红纸袋内，"门沿"书半副喜联，袋后面书大喜字，名为"柬"，又称"庚书"。再备香、蜡、鞭炮，由媒人、家长带领男子送至女家，敬神摆礼，女家宴请家族，俗称"吃面"，并以男方送去的笔墨于原柬上书"坤造"（女子姓名、生辰），补书下半副喜联，交还男方，凭此，请人择卜婚期。

4. 报期

男方将定下的迎亲日期以红纸书写，名称"期单"，由媒人送去，女家向男方报告陪嫁台数。

5. 娶亲、迎亲

通称"过酒席"，女家称"交待女"，男家称"接媳妇"、"成缘结配"，皆杀猪办席，盛宴宾客；亲戚邻里备礼物现金前往祝贺，俗称"吃酒"，前后持续三天。第一天为"歇客"，远近亲友及邻里帮忙者陆续到达，女子于前两天忌食，是夜焚香敬神，由婶、嫂搀扶拜别祖宗、父母及至亲长辈，然后入闺房哭别父母及姑嫂姐妹；家长泡茶请族人商选送亲人，并将陪奁嫁妆收拾妥当，置于堂屋，亲友馈赠衣物、果品或现金，俗称"添箱"。男家亦于当夜焚香敬神，由礼生领新郎行礼，祭拜祖宗、敬拜父母及至亲长辈。第二天为"正酒"，新郎着新装、披红绸迎接宾客、至亲，搭红放炮。清晨，由新郎的叔伯或兄长充当押礼先生，婶娘或嫂嫂充任娶亲娘子，并一名执礼人、一名投柬人和媒人带着新娘新婚的全套服装以及礼品，率乐师（唢呐一堂，大铜锣两面）、轿夫、抬力，一路吹吹打打前往女家，俗称"娶亲"，又称"过礼"。到达女家后，由投柬人向女方支客司递上头门柬，被招呼入院后，以红包酬谢女家各执事人员，名为"支宾礼"、"执盘礼"、"烧茶礼"、"祝神礼"、"更衣礼"等；再由执礼人敬神摆礼，随后女方招待就餐，新娘明烛更衣（不能身带娘家一线走，必须全穿男方送来的衣服），外罩红装，名为"露水衣"，头盖"红巾"，名为"盖头"；启嫁时，由女家将陪奁捧至大门口，男家来人接出，再将花轿迎至大门外，奠酒清轿，娘家兄长背新娘登轿，娶亲娘子放帘掩轿，是时鼓乐鞭炮齐鸣，陪奁以柜子为前导，接着娶亲娘子乘小轿居前，新娘乘四人抬彩扎大轿居中，送亲娘子乘小轿在后，男送亲人（新娘的叔伯弟兄，城区有舅舅送亲之俗）再随后，皆步行，一路吹吹打打浩荡返回。花轿至男家大门前止步，轿夫说吉利，讨喜钱，男家以红包谢后方落轿；伴娘"迎亲"（俗称牵新娘）扶出新娘，步入堂屋，面对神龛，男左女右，并肩伫立，此时香烛高明，鼓乐鞭炮齐鸣，两名礼生立于神龛两侧，边奠酒边拖着长声联句高喊："一酒天长地久，二酒地久天长，三酒荣华富贵，四酒子孙满堂。"接着喊："一拜天地，二拜祖宗，三拜高堂……"新郎新娘随着喊声和鼓乐声叩头跪拜，俗称"拜堂"，又称"行周堂礼"；礼毕，鼓乐礼炮再度齐鸣，新郎居前，新娘随后，进入新房，俗称"入洞房"；新娘入房后按择定的方位落座，新郎摘去新娘盖头，再由按五行相克相生择定的人上梳、铺床；新娘嫁妆至后先置于院内让宾客参观，待新娘入房梳好头后，由门男女婿（姑爷、姑夫、姐夫等）将陪奁嫁妆抬入，抬时皆讨价还价，要挟新郎发烟发糖，并随口编一些"早生贵子"之类的顺口溜，嬉笑热闹；晚餐前以新娘所带糖食果品招待宾客，饭后设桌泡茶，送亲人及房族至亲到场，新郎父母多谦称办事不周，表示好好待媳，送亲人则谦称女子年幼，不谙世故，要求公婆贤惠待挈（担待、提挈），俗称"办交接"；嗣后，客人安息，新郎的姑夫、姐夫及好友结伙拉住新郎前往洞房，逗趣嬉笑，直到深夜方散，俗称"闹房"，新郎新娘要尽量满足大家的要求，若有抵触情绪，就得罪了客人；亦有新郎的祖、叔参与逗趣，要新娘当场喊叫，有"三天不分大小"一俗。第三天为发客，又称拜客。清早，焚香敬神，新婚夫妇跪拜至亲长辈，并奉赠新娘亲手所做布鞋、鞋垫等，受拜者还赠现钞，俗称"收拜客礼"；早饭后，宾客陆续散去。

6. 回门

新婚三天后，新郎陪伴新娘回娘家，给族中亲房各户送礼，称"回门"；受礼为"吃回门面"，皆以钱回赠。随后再去给媒人送礼，又称"谢媒"。部分地方有"住十"之俗，即新婚十天后，新妇回娘家住十天。其后至生育之前，新妇回娘家必须有接有送，不得独自往来。

旧时婚姻有诸多陋俗，如包办婚姻、奶奶亲（男女双方还属婴儿双方父母就为其订婚），甚至指腹为婚，由此造成的悲剧时有所闻。童养媳是指结"娃娃亲"的女方家贫或亡父失母，男方即将小女领去，俗称"小引"，长至十四五岁即择日结婚，俗称顺头，多数"小引"女子倍受虐待折磨，故称之为"寒膀膀"。一些绅商豪强为享受玩乐或因原配不育，娶二房、三房……，俗称"小婆子"。妇女再嫁为不守贞节、伤风败俗，年轻妇女丧偶只能寡居，甚至未婚夫亡也得抱着灵牌拜天地，寡居终生。民国时期此俗渐松，但生者必须为死者守节三年，始得再行嫁娶，否则便遭谴责。青年妇女亡夫则被认为是"克星"，再嫁时不能明媒正娶，只能以"抢"的形式将人接走，称为"抢亲"；"抢亲"前，男方托人暗中说通女方，并约定"抢亲"时间，亦有暗地说通其公婆，给一些钱财；届时男方选派十余名精壮男子和两名妇女，于天黑出动，两名妇女在途中等候，男子手持棍棒绳索突然闯入女方家，抓住女方便跑，女方半推半就，其公婆小叔等假意大声呼唤，并邀集族人、邻居追赶，众人皆知其意，赶至院外数十米即止步；"抢亲"者行至半路，会同等候的妇女点灯照路而归，当夜成婚，并小宴亲邻。镇巴礼俗同姓不婚，但姑表亲（舅之女可嫁姑之子，反之，则为回头亲，甚少）、姨表亲则十分普遍，俗谓亲上加亲。还有一种陋习叫招夫养夫，丈夫病残无法养活妻小，妻子又不能离异，则由公婆或族人作主，另招一男子同家共居，一妻二夫，后夫须请保人当众立约具结，承认前夫的地位并负责生养死葬，不得虐待，此俗于民国后期废绝。

（五）其他喜庆

婚嫁之外，寿诞、乔迁、升学、开业等也是重要的喜庆事项。

寿诞分贺生和祝寿。孕妇产后第一位登门人为"逢生人"，主家必以鸡蛋挂面招待；生育第一胎三天后，丈夫即捉鸡（生男捉红公鸡，生女捉母鸡）去岳父家报喜，岳母旋即带鸡蛋、醪糟等前往看望。主家于月内办满月酒，俗称"汤酒"，娘家亲房婶娘伯母、姑嫂姐妹皆持大米、猪蹄、活鸡、挂面、鸡蛋、小孩衣帽被褥等前往，俗称"打三朝（zhāo）"，亲友邻里亦持礼前往，俗称"送汤"，又称"吃汤酒"。一般客人当日离去，娘家人必住三日方归，主家回赠毛巾、袜子等物打发。其后生育亦办汤酒，但没有第一胎隆重。民间称生日为"生朝（zhāo）"，小孩过生不管，成人过生不办，虽年老而父母健在亦不得宴客祝寿，只有年过六旬、父母及岳父母皆亡者方可办宴祝寿。生日前一天晚上，至亲晚辈、邻里乡亲持礼前往祝寿，俗称"吃生朝"，对有名望者送寿匾；晚宴前，焚香敬神，鸣放鞭炮，过生者先叩头祭拜祖宗，后由子孙晚辈依次向其叩头祝寿，然后带宾客入席欢宴；第二天早晨，过生者再次敬神祭祖，然后与亲友欢谈闲聊。有的老人将自己的生日视为母难之期，不办席宴客，亦不准儿孙叩头祝寿，日前去父母坟前烧纸祭拜，是日不吃不喝，揭去褥席，卧于草上，以示追念父母养育之恩。

新建房舍堂屋的上梁架椽日称"断水"，亲友邻里前往帮忙，并赠钱送物，悬挂贺幛，鸣放鞭炮，热烈祝贺，主家则请厨师办席设宴款待。凡迁居新房、新址，亲友邻里皆帮忙搬迁，并赠送钱物，挂贺幛，放鞭炮，祝福乔迁吉祥如意，主人热情款待。商店、货栈、饭馆、酒家开业日皆欢宴亲友邻里，优惠供货；亲友赠送贺联、镜屏、字画、燃放鞭炮表示祝贺。清时科举中榜及民国时期于某校毕业，皆向亲友送喜报，并备办学酒，众亲友前往道喜，并以钱物相赠。

凡婚丧大事及宾客众多的喜庆，必选一位熟悉礼仪、能组织、擅辞令者代主行令，指挥各执事人员，招呼客人，主持有关仪式，俗称"支客司"。支客司届时提前到达，听取主人安排意见，选派各项执事人员，安排各项进程。客至，先喊一声"拜望支客司"，支客司立即上前相迎，代主敬烟，并传令奉茶；如系丧事，每当鞭炮响起，便大声呼喊孝家接客，孝子遂持香俯跪于地，接待宾客。开宴时先招呼客人就坐，然后再代表主人表示歉意和谢意。能说会道者还就喜事、忧事即兴编说韵句，俗称"表席"、"酒辞"，红事则词语风趣、幽默、欣喜于形；白事则悲伤凄楚，催人泪下，宾主感情交融。此职多属帮忙，不取报酬，但均系专门操习者，各村皆有，事前主人必持礼奉请，事后则送礼感谢。

（六）丧葬习俗

民间视丧葬为行孝之大事，加之迷信人死魂存，丧葬失礼会使亡魂不安、生者不宁、家道不顺，故十分重视。一般老人年过半百即备棺材（俗称木头、又称枋子、寿木、寿材），以杉、柏木整盖、整墙为上等，涂以生漆，少用杂木，忌用板栗木和臭椿树。亦有贫苦孤寡无力置备棺材者，死后以杂木板所做简易棺材入殓，谓装火匣子；或在地内挖长方坑以小补杂原木镶嵌成"地龙棺"入殓。年逾花甲即备寿衣（俗称"老衣"）、寿鞋、衾褥，寿衣一般为5件、7件、9件或11件，皆为长衫，忌着短褂，如亡于父母前则外着白衣，亦有生前便卜好墓地、做好灵房、立好墓碑者。老人病危，子女日夜守候，端汤侍药，询问遗嘱。病人咽气，葬礼仪式便正式开始。

1. 送终

病人咽气俗称"落气"，恭称"告终"，子女守候其旁举行各种仪式，俗称"送终"。一般在病人弥留之际便给穿上寿衣（亦有死后更衣的），扶其正坐于床，或抬至堂屋坐于椅上，气绝即于面前焚香鸣放鞭炮，子孙齐跪，焚化三斤六两纸，俗称"烧倒头纸"，又称"化落气钱"，将纸灰装入小布袋系于死者衣扣入棺。化纸毕即予净身，以新白布擦洗脸部，前后心及手脚，男尸剃头，后脑勺留一撮发，意为留后。净身毕，遂以木板为床于堂屋停尸，以纸盖脸（第一张盖脸纸须及时换下装入死者衣袋入棺），并用白纸遮覆神龛，意为死者为大，家神暂隐。

2. 入殓，俗称装棺

尸僵，即将棺木移至堂屋正中，头里脚外，正向大门，先筛少许柏丫火灰垫于棺底，用酒杯按死者年龄数扣盖圈印，再铺灯草芯或柏树叶，上铺褥，按死者年龄数以酒杯量盐茶五谷装入布袋枕（亦有加枕瓷盘，意为后人脸圆俊秀），然后入尸盖衾，并以柏叶及新瓦将尸侧空隙填实，以免移动，亦有将死者生前喜爱之物入棺几件，最后盖棺，棺头暂留一角缝，以备假死后还阳，待出殡时方合拢盖严。灵前设香案，置灵房（纸、竹糊制，中书亡名神位），献寿终面，灵柩下点一昼夜不熄之清油灯，俗称长明灯，又称地灯。停灵毕，焚香化纸，燃放鞭炮，女孝举哀，子女皆于灵前三跪九叩，戴孝帕，孝帕与棺木同长，包着头顶，拖于腿弯，尾端系一束麻，俗称披麻戴孝，至灵柩下圹后方收后拖，葬礼结束方卸孝帕。子女穿虚边白布孝服、麻鞋，腰系稻草绳，手执一尺五寸长孝杖，又名哭丧棒。在外非正常死亡者不能于堂屋停灵，只能在阶檐下停放；在外正病而亡者须以两人架着尸体打着伞走进堂屋。

3. 守灵

自停灵至出殡，子女媳婿昼夜轮流守候于灵旁，不时上香化纸，亲友前来祭奠，跪迎陪祭，女亲哭灵，女孝陪哀。

#### 4. 报孝

又称报丧，由孝子（亦可由亲房晚辈代替）到姑、舅、姨、表等至亲家中报告死讯及出殡时间，见面后不论辈份高低先磕头后言事，旋即离去，请人帮忙亦如此，俗谓孝子见人低三分。

#### 5. 夜场

出殡前一天晚上的隆重祭奠为"夜场"。亲友邻里皆持奠礼（多为火纸）前往悼念，俗称"坐夜"。是夜孝棚高搭（房屋宽绰者无棚），张贴白纸挽联，灵前摆设酒、茶、食、果等供品，燃特制的红色寿烛，鼓乐（唢呐）通宵不断，女孝于灵侧时时举哀，哭诉死者功德；男孝伫立灵前，跪接亲友。亲友至，先鸣放鞭炮，悬挂挽联、花圈，再至灵前叩头祭奠。孝家向房族及至亲（死者弟辈以下）乃至所有吊唁人授以3尺或5尺、7尺白布帕（按亲、疏辈份论长短）包头，俗称"开孝"。晚宴时孝子手执燃香至席前叩头酬劳。午夜设桌泡茶，请族中及至亲长辈入席，诸孝子手持燃香立于席旁，汇报老人疾病治疗经过及丧葬安排，恭听长辈指教；如系女丧，舅家则要查棺睹容查看衣衾，如生前儿女不孝或安葬草率，舅家则要严励责教，并要求给死者做道场，磨石錾碑，孝子跪下认错答复，直至诸长辈满意，方起立散席，如系虐待或非正常死亡，娘家则合族而至寻根究底，提出种种苛刻要求，稍不顺意就打人闹事，乃至在堂屋挖坑埋人，俗称"打人命"。是夜，请道士（俗称阴阳先生）作开路、荐灵、燃黄昏纸、掩盖或大开五方等法事活动，对非正常死亡者（俗称凶中去）还要"过火坑"，有学位者多请礼生按儒教章典行三献礼。少数时兴唱孝歌，以锣鼓伴奏，或坐唱，或绕灵柩边敲边唱，或歌古代名孝事迹，或唱死者功德，或劝世人行孝，曲调凄婉，词语感人，场面悲切，催人泪下。

#### 6. 道场

富裕人家于丧葬时或葬后数年，延请一班道士设坛，作请水、挂幡、念经、撰文申表、破狱迎亡等超度亡魂之法事，一般3昼夜，多者5-9昼夜，亦称"做道场"、"做功果"。佛教徒以锣鼓伴助，名称锣鼓道场；圣教徒仅念经拜忏，发相迎亡，名为提亡道场；儒教则实兴行三献礼，不做法事。

#### 7. 出殡，俗称出丧

由阴阳先生按死者生卒年月日时择定葬期，如无适宜日期则停灵于空房或坟园，以泥土暂封待葬（长达数月、年余不等）。是日凌晨，重献供品化纸祭奠，俗称烧黄昏纸。拂晓出丧，先将院内所有睡着的小孩叫醒（迷信说，以免将小孩魂魄盖到棺里），所有孝子伫立棺旁最后瞻睹遗容，俗称"验棺"，然后将棺盖严，抬出堂屋，以竹篾（或麻绳）捆缚系杠（忌用铁钉钉棺及铁丝捆扎），八人肩抬。起灵时，鼓乐鞭炮齐鸣，一人先行，丢撒纸钱，名曰"买路钱"；长子摔盆（灵前纸灰盆）驾丧，次子于灵枢侧扶丧，其余子女媳孙端着灵房、拿着引魂幡或燃香行于灵枢前，凡遇险路俱回头下跪。送葬亲友行于灵枢后。丧过人户门前必须放鞭炮。灵枢抬至墓地暂置凳停放，此时墓穴（俗称"井"）已挖好，先端上酒菜置于坑内，掘井者饮食少许，所有子女媳婿皆食一箸，俗称父母留食后人，再将纸铺于坑底焚烧，称之烧井，然后鸣炮，移灵枢于"井"，称"下圹"；道士主葬，撒五谷泥土，子女背向墓穴跪地，以后襟接收，俗称接后土；孝子倒钩三锄土掩盖，随后由帮忙者运石铲土，前以石头砌成一米半高的三角形石墙，后面垒土，堆成鼻形坟墓，最后焚化灵房祭奠。之后三天每天傍晚便于墓前生火，俗称给亡人送火。城关还兴葬后第三天上坟祭奠，并设宴款待亲友，称为"复三"。

8. 烧七

丧后按逐日计算每至 7 天上坟烧纸祭奠，直至七七（俗称毕七、尽七），名为烧七；满百日亦上坟祭奠，俗称"烧百期"。

9. 周年

老人卒后三年内为服丧之期，子女不得打牌、猜拳作乐，不得与人玩笑，不得坐上席，新春不接灯，不贴红纸对联，当年贴白纸对联，次年贴黄对联，第三年贴绿对联，以示对亡亲的忧思。每至周年期即上坟祭奠，俗称"烧周年"。头周年称小祥，二周年称大祥，三周年为出服，是时亲友邻里皆持礼前往，主人设宴款待，三周年毕，葬礼性祭奠即告结束。

10. 立碑

稍有名望者皆给先人立墓碑，墓碑形式多样，制作精巧，图文并茂，镌刻死者生前功德、子孙功名，祖籍、支派、族人世系等，语言精炼，文字简洁。立碑者虽多浮记祖德，自我标榜，但也给后世考察姓氏、宗族和人口流源以及人文历史留下了重要资料。

除以上通行葬仪外，还有两种特殊丧葬形式：一是吊棺，旧时称麻风病为"癞子"，谓癞子死后土葬会遗传给后代，连坟上的草露也会使人畜生癞，故将其枢用铁链捆扎，倒悬于人迹罕至的崖穴，任其风吹日晒，有些小地名"癞子洞"、"癞子崖"即源于此；二是塞岩洞，旧时小孩夭折被认为欺哄了父母，将其尸体装入"火匣子"放置在岩洞内，认为不入土就不能转世投胎再去欺哄父母，以后生育的小孩就健康无虞，故民间咒骂顽劣儿童为"塞岩洞"的。以上两种丧葬均属陋俗，与悬棺不是一码事，特别是第二种（童尸塞岩洞），不避人迹，见岩洞就塞，一些路边岩洞往往重三叠四被塞满，污染环境，有碍观瞻。

### （七）苗风回俗

镇巴苗民于清乾隆五十年（1785）自贵州遵义迁来县境，苗俗极浓。据《定远厅志·地理志·苗俗》载："男无冠带，女无钗钿，以裙代裳，织麻为衣，镶以蓝色，妇人饰用五彩，自称花苗。语言啁啾，怪异难辨：谓食曰捞，早曰差，午曰夫，夜曰毛，酒称久，肉称挨，男称东，女称钗，妻称喵，语辞称咪。亦能学土语。不祀奥，不敬神，惟于大门前供鸡爪、布绺、曲担、箓叶诸物，祭用犬，会葬丧，椎牛就穴聚食。六姓互为婚姻，如朱陈者然。嫁娶不用舆马，新妇执伞徒行，多织麻屦为衾具。技善药弩，得武侯遗法，发必中，中必伤人，较山民鸟枪尤为便捷。嘉同间教匪、发逆扰境，侦寨中有苗民不敢犯。然性极质直古朴，男女躬耕，自食其力，从无诟谇争竞之事，诚不减羲皇上人。而何以滇黔苗蛮历多反侧、嚣悍悬殊？岂地气使然，如江南之橘不宜江北耶？但愿伊族长守此遗风，永为吾厅之善民，以愧原籍之顽梗者。"厅志又录川人张金鉴《竹枝词》曰："苗民最爱学穿花，常说黔遵是老家。一自飘零来此地，强儿生子子生娃。不读诗书不务华，牧羊射猎作庄稼。女苗更比男苗苦，脚踏行时手绩麻。男无冠带女无钗，打伞新娘着草鞋。听说咪钗将出嫁，草鞋新伞早安排。男衣大领胸膛露，女系长裙不着裤。借问如何无里衣，生子恐怕眼睛雾。捞差捞夫与捞毛，咪东咪钗合咪喵。一家大小团团坐，捞久捞挨只是捞。黔中顽恶此邦驯，风化移人信有因。习俗不同存古朴，苗民还是好良民。"苗民来境，多次迁徙，久与汉人杂居，习尚变异，而仍存一些民族特点：性格直质，勤劳朴实，吃苦精神极强；喜食狗肉，穿麻衣草鞋；婚嫁仪式仍依旧制，十分简单，原仅本族内通婚，后与汉族联姻；好客，客至必饮，客醉方休。

镇巴最早的回民系清光绪二十一年（1894）由西乡迁来定远城内做小生意的一户马姓人家；民国18年，安康、紫阳马、沙、翁姓6户因逃荒迁来小河、巴庙等地。到本县解放时，全县共有回民8户32人。回民生性耿直，崇尚忠信，禁食猪肉，其他畜禽非本族人宰杀亦不食。族内讲究团结，一人有难，大家相助，反对欺贫媚富、恃强凌弱。信奉伊斯兰教，不供偶像，如违犯族规、教规则要自我反省，背诵《古兰经》祈求真主饶恕。旧时不与汉族通婚，后渐易，婚仪简单，不操办酒席，旧时由阿訇主婚。人死土葬，不设灵堂祭奠，不奏乐鸣炮，不举哀恸哭，不披麻戴孝，仅戴白布帽示哀，亦不接受外族人祭奠，人死后立即净身，以12米白布裹尸，由族人送至墓地，原木拱穴，尸着泥土，以土石垒成长方形坟墓，不立墓碑。

　　文教风俗琐碎繁复，它是实实在在的生活中相对形而上的部分，无形中规定着每一个人生活的方方面面；但它在被遵守与服从的同时，又总是在被改造、利用、冲击、融合。随着传统农业社会形态的消退，镇巴的文教风俗正在经历着急剧的变化。也许我们可以顺势而为，留其精华，去其糟粕，更使风俗淳。

　　　　　　　　　　　　　　　　　　　　　　　　　　（本章由杨盛峰执笔）

相关链接·古代文学

# 镇巴古代文学简史

展开论述前，首先要特别说明一个问题。由于诸多原因，我们要求本书所涉历史均止于解放时的 1949 年。那么，按历史分期，其中就包含古代和近代两个部分。但 1911 年至 1949 年间的镇巴近代，可谓匪患天灾不断，文化教育落后，国民政府几欲修史而无果，加之撤退时焚档毁证，可查史料实在凤毛麟角，而作为被边缘化的文学艺术更是无从谈起。这个时期，真正有一定价值的是出于苏区的秉承了镇巴古代民歌传统的红色歌谣，但也因红色政权仅历两年而致其数量、形式有限。由此，在本稿中，不将近代文学艺术单列，而在古代各相关章节后顺便加叙。其中，又因为以民歌为主要内容的民间文学是古代文学艺术的主体内容，红色歌谣除了内容上的变化外，其余要素与古代民歌一脉相承，所以，直接将其同镇巴古代民歌一起论述。这样，从实际出发，不囿于惯常的体例，既照顾了专题的全面性，又不至于看起来矛盾。

镇巴有 1800 多年的建县历史，但有明确且较为完整记载的历史内容主要集中于大清王朝某一段。按马克思的理论，人类的劳动产生了艺术，可见作为意识形态的艺术不可能早于有人类活动的历史，甚至会滞后乃至严重滞后。于此考察镇巴的历史及现状，它的艺术也无一例外地止于这些范畴：文学、歌舞戏曲、建筑等，但重要的还是文学。文学作品主要包括文人作品和民间文学，前者主要集中在清代中晚期，而后者是基于口头流传，所以后者产生的时间更早、跨度更长、内容更盛、数量更多。

之所以得出这样的结论，是基于以下缘由。镇巴古代仅有一部成于光绪五年的《定远厅志》，而且其纪事也主要限于本朝且较简约，可查资料无多。文学作品有《艺文志》辑录，其余艺术部类只言片语且不单立，所以能给我们提供实证的主要就是文人作品。具体讲，就是清朝各任官吏及少数文人创作的诗文。相对而言，从一诞生起就不藉"官方""正统正传"而登大雅之堂的以民歌、传说等为主体的民间文学凭借说唱传承而更丰富多彩，无论从数量、品类都当之无愧的成为了镇巴历史文化中最主要也最有价值的部分，这是历史的造化。因为镇巴偏僻荒远，文化教育极度滞后，外边的文人墨客不来，自身又出产不了，作为常理下应居主体的文人作品反倒贫乏。严如熠主编的山南（今汉中、安康、不包括今商洛地区）唯一一部古代诗集《山南诗集》中涉及到定远的仅有段秀生一人；而作为当时最权威的地方史志《汉南续修郡志》"艺文志"中入选的有关源于镇巴的文学作品也仅限于严如熠的《蠲修石城碑记》和湖南贺长松的《甘雨楼爱日亭记》。然两人均非镇巴籍人，前者是在定远任职升任汉中知府同时也是该郡志的主编，后者是湖南籍而在定远生活且写定远之事的。若非如此巧合，恐一文难入，由此可见一斑。历史也是公平的，当此方贫弱，彼岸定然强势——镇巴的民歌以其洋洋大观充分展现了她强大的生命力。更有趣的是，作为定远厅最高长官同时又是厅志主编的余修凤不可能超越封建正统思想的窠臼，所以，厅志的艺文志就成了他及各届同僚和少量下属官僚的专辑，因而显得异常孤陋，尽管其中也不乏少数普通"厅人"的作品。而不屑于入史的民间文学——镇巴民歌却于他主编《定远厅志》129 年后的 2008 年成为国家非物质文化遗产。

所以，可以这样说，镇巴古代的文学艺术其主体，就是发源生长于草根的民间文学民歌及民间故事等。当然，具体介绍时，我们也不回避作为"正统"的文人作品，它也是我们镇巴古代文学艺术中的不可或缺的一部分。

## 镇巴古代的文人作品

镇巴古代的文人作品主要见于官方"正史"《定远厅志》的"艺文志"，一是嘉庆七年（1802）至光绪五年（1879）近八十年间的定远厅各任同知、其他官僚和普通厅人的诗文，这是主体。这里要特别说明的是，嘉庆七年也即清王朝设置厅制前，由于隶属多变，即便有少量作品亦不易明辨其归属，一无辑录，二则是即便有，也少，无从而谈。《定远厅志》中记载的余谦、符昌祚、周凤岐、周逵等人很有可能著有诗文作品，但均无从查起。

### （一）嘉庆七年至光绪五年近八十年间的定远厅各任同知、其他官僚和普通厅人的诗文

需指出的是，一些研究编选有关镇巴古代文学作品的资料著作，将诸如唐代李益

的《塞下曲》也选入，并将作者误作清代的，估计是考虑到诗中有"定远何须生入关"之句而选入，自然从另一个角度也说明了镇巴古代文学作品之鲜寡奇缺的窘况。之所以讲这些，其实就是要明确选录作品的标准问题。首先当是本土作者的，二是非本土作者而在镇巴创作的。《定远厅志》"艺文志"中的作品无疑都合乎这一原则。而如果把只要涉及到镇巴的作品都选上，显然就不恰当；抑或是把在镇巴生活工作之前以及之后又生成的且是与镇巴无关的选入，更不恰当。

《艺文志》中共收录作品81篇。其中散文37篇，诗44首（同题异韵多首不单计）。另外严如熤编选的《山南诗集》有1首诗。

### 《艺文志》散文目录：

| | |
|---|---|
| 《蠲修石城碑记》 | （严如熤） |
| 《渔渡坝当阳寺碑记》 | （载豫） |
| 《甘雨楼爱日亭记》 | （贺长松） |
| 《修班侯庙记》 | （李枢焕） |
| 《建修养济院记》 | （李枢焕） |
| 《兴建文发挥二庙并文昌祠记》 | （马允刚） |
| 《勒勒建文昌庙记》 | （马允刚） |
| 《勒建关帝庙记》 | （马允刚） |
| 《翔建学宫明伦堂记》 | （马允刚） |
| 《汉张桓侯祠记》 | （马允刚） |
| 《桓侯真像记》 | （杨灏） |
| 《勒建定远城隍庙记》 | （马允刚） |
| 《大禹祠川湖会馆记》 | （马允刚） |
| 《翔建吉星祠记》 | （马允刚） |
| 《建修正教寺记》 | （马允刚） |
| 《正教寺记善碑》 | （马允刚） |
| 《重修厅署大学及补修书院记》 | （林寿熙） |
| 《建修赞化宫记》 | （汪兆侗） |
| 《建修书院记》 | （鲁学浩） |
| 《龙泉记》 | （余修凤） |
| 《澄清阁跋》 | （余修凤） |

《吉星寺钟鼓铭》　　　　　　　　（余修凤）

《重修先农坛移设班城书院记》　　（余修凤）

《姚允执墓志》　　　　　　　　　（雷遇复）

《节妇汤刘氏行状》　　　　　　　（吴敦品）

《节妇汤刘氏八十寿序》　　　　　（吴敦品）

《养地记》　　　　　　　　　　　（程敬贤）

《补修城隍庙记》　　　　　　　　（程敬贤）

《大楮河丁木坝义学序》　　　　　（周卜年）

《倡修羊鼻梁路记》　　　　　　　（王汝翼）

《鹿子坝程氏宗祠序》　　　　　　（马秉乾）

《改修龙王庙记》　　　　　　　　（景星照）

《新开厅北驿路记》　　　　　　　（何天亨）

《凿修高脚洞石路记》　　　　　　（刘夢蘭）

《重修正教寺记》　　　　　　　　（程敬民）

《凿修温水峡石路记》　　　　　　（程敬民）

《平落义学序》　　　　　　　　　（姚裕宗）

《平落创修关庙记》　　　　　　　（姚裕宗）

《邓贞女节略》　　　　　　　　　（董又新）


**《艺文志》诗目录：**

《夏耕词》　　　　　　　　　　　（严如熤）

《谕农词》　　　　　　　　　　　（严如熤）

《喜雨词》　　　　　　　　　　　（严如熤）

《祈晴词》　　　　　　　　　　　（严如熤）

《秋获词》　　　　　　　　　　　（严如熤）

《吊班司马逢杨》　　　　　　　　（康佚名）

《定远留别》　　　　　　　　　　（李枢焕）

《示李进士》　　　　　　　　　　（石珩）

《重建班侯祠落成》　　　　　　　（马允刚）

《赴都留别定远父老生徒》　　　　（马允刚）

《叠茂才张正已原韵》　　　　　　（马允刚）

| | |
|---|---|
| 《留别定远诸父老》 | （罗定约） |
| 《寄怀顾司理继棠》 | （罗定约） |
| 《听颂》 | （德亮） |
| 《见富而吝者》 | （德亮） |
| 《青岗坪》 | （德亮） |
| 《题王次回疑雨集》 | （德亮） |
| 《偶成用定远同知清苦异常八字冠首》 | （德亮） |
| 《谕文示生童》 | （德亮） |
| 《茸澹詹宵书屋怀马雨峰先生》 | （沈际清） |
| 《偕闵游戎赏桂正教寺》 | （沈际清） |
| 《纪事用润之前辈韵》 | （沈际清） |
| 《集同人西园赏牡丹》 | （鲁学浩） |
| 《赴定远仕途中谒留侯祠用明相赵文肃公韵》 | （余修凤） |
| 《丁丑旱荒戊寅有年书以纪事》 | （余修凤） |
| 《将之简池留别书眉关僧自禅》 | （陈庆怡） |
| 《洋河夜涨》 | （陈庆怡） |
| 《九月八日由郡发简池宿大路坪》 | （陈庆怡） |
| 《过腊溪沟鹰嘴岩羊鼻梁燕翅砭诸处》 | （陈庆怡） |
| 《悯为盗者》 | （陈庆怡） |
| 《草亭醉中作》 | （陈庆怡） |
| 《夜坐》 | （陈庆怡） |
| 《初见白发》 | （陈庆怡） |
| 《食笋》 | （陈庆怡） |
| 《咏雨》 | （陈庆怡） |
| 《秋夜——仿回文体》 | （李芳） |
| 《赋呈马司马雨峰先生》 | （张正巳） |
| 《次雷来七广文韵》 | （周卜年） |
| 《登垭子魃口占示同人》 | （周卜年） |
| 《送杨崀峰太守调任西安》 | （周德润） |
| 《前题》 | （景茂章） |
| 《前题》 | （韩文潮） |

《前题》 （周卜世）

**非《艺文志》诗目录：**

《拴马岭谒张桓侯庙》 （段秀生）

1. 作者情况

纵观以上所有作品，包括一位佚名者在内共涉及 33 位作者，其中同知 11 人，下属官员 5 人，普通厅人 17 人。

看似官员与普通人各半，但从作品数量分布和内容看，以前者为主体的格局依然没有改变。16 位官员，诗文计 59 件，占总数的 70% 以上。普通作者 17 人 22 篇，人均 1 篇多一点，并且所记内容为发生在当地的路桥宗祠寺庙修茸事，有些甚至就是发生在当地族人间的事，皆被辑入似是别无选择。

再进一步看，作品最多的是同知马允刚，诗文共计 13 件，其次为同知严如熤、余修凤、德亮各 6 件，其余 1 至 3 件不等。下属官员中最多的是巡检陈庆怡，共计 10 件，且皆为诗词。其余均 1 至 2 件；普通作者中，最多的是周卜年，3 件，诗两首，文 1 篇；姚裕宗、程敬贤、程敬民各文两篇，余者人各一件。从籍贯民族等角度看，比较特殊的作者有载豫，是个旗人，少数民族；何天亨，算是厅人中学历较高的，系同治 8 年己巳补行甲子进士；马秉乾，咸丰九年乙未年举人；周卜年，系道光年间岁贡；程敬贤，系道光年间恩贡；刘梦兰，系咸丰年间恩贡；程敬民，廪生出生，由军功保举的本厅训导。清《定远厅志·学校志》载有他的事迹：同治五年，里绅程敬民倡族公于厅东鹿子坝程氏宗祠内建"程氏义学"，具体方位为宗祠左右，修书室各三间，讲堂三间，楼门一间，置田地九分，岁收租二十二石半，归祀师半作脩金；张正巳，附生出生，由军功保举到四川夹江县任典史；王汝翼，勒授儒林郎；另一个《吊班司马逢杨》的作者只有姓而佚名，姓康，是个学政。

还有一个要特别说明的是汉阴举人吴敦品，两篇作品都是写有关碾子汤刘氏的，《定远厅志》"职官志""举人"中不见录，算是异籍，特例。这有两个原因，一是碾子这个地方是离厅城最远的地方，却紧挨汉阴，两地的生产生活息息相关，吴敦品撰写有关汤刘氏的文章，再自然不过。作为大清王朝的举人撰写朝廷旌表的节妇，于朝廷、于作者，于汤刘氏，均不失体统。更重要的是《节妇汤刘氏八十寿序》开篇所言："汤氏，品所自出也，为先大母之母家。先大母有弟二人，次曰顺孝公，即敕旌节孝刘孺人之夫也。""先大母"指作者吴敦品过世的祖母，汤刘氏是他祖母之二弟的夫人，也就是他父亲的二舅母，按镇巴称谓，作者应该称汤刘氏为二舅婆。原来他们还是亲亲的亲戚，吴举人不写谁写？

另外有一个特别的，在严如熤编辑的《山南诗集》中选录了唯一一首定远厅的诗《拴马岭调张桓侯庙》，其作者是段秀生，系定远厅诸生，字宝中，号红豁，其他情况不见记载。严如熤在定远任同知，后到汉中任知府，该诗集就编于此，于道光五年刻本。大致六十余年后余修凤修定远厅志中并未选录这首诗。那么，段秀生大致与严如熤同时代。

2. 作品内容

从作品内容上看，可以一言以蔽之：文论事，诗言情。

37 篇散文，几乎是清一色的记事，这从文体上看就一目了然，皆为"xx 记"，偶有一篇"序""跋""铭""行状"，但都属"记"类。主要涉及的内容为"修葺"事，建修寺庙 15 篇，书院义学 5 篇，路桥 4 篇，基余涉及墓志、养济院、会馆等。并且，结构模式大致雷同，均以"事由目的，来去经过，绩效意义"为准。

形成这种格局是有其内在原因的。

内容集中单一，是因为诸事乃当朝当地社会民生的真实情况写照，与其说是文学，不如说是"史志"；定远自古偏狭，在极度落后的农耕时代，宗教信仰，兹事大也，故庙宇祠堂最为要害，亦最多；城池路桥，事关民生，不可不为；教化育人，事关发展，不可偏废。诸事入文入史，当属必然。文化教育的落后，文人骚客失去了生长的土壤，更无闲情逸致去弄文舞墨，记事纪实，无多选择。

当然，也并非在文中皆不言情，其实在"记"这种文体中，本就有此功能，如遇文人气息十足的作者，记事之余，当不惜笔墨，慨而叹之，抒而发文，皆属自然。余修凤的《龙泉记》就很好地体现了这一点，此文借与家父游龙泉于对答中表达清政的仕途理想，泉不因"在山出山"而有清浊之变，为政亦当如此，以泉喻之，启之，自然无痕，浑然天成，堪为这单一乏味的纪实类作品中的一篇佳作。

以上是说"文记事"，再说"诗言情"。

总计四十五篇诗，其内容较前文丰富，较充分的体现了诗歌的灵活多变、抒情言志的本色。一类是送别，如《定远留别》等，辞父老，送同仁，勉兄徒，寄友人，不一而足；一类是写景咏物，如《洋河夜涨》等，赞竣工，游寺院，赏花草，履山水，诸如此类；一类是抒怀人生，如《初见白发》等，苦边厅，叹孤寂，惜时光，悯生灵，大抵类同；一类是纪实记事，此尤以严如熤的"农事五词"为代表。系列词以谕农、夏耕、喜雨、祈晴、秋获为线索，生动地展示了大巴山农耕生态，以及作为普通百姓和父母官围绕农业生产的思、忧、盼、喜等丰富复杂的情感，堪称"史诗"。同知李枢焕的《定远留别》通过点染景物，直白胸臆，把闲居边陲看似无为而内心微波幽澜的情状表现得深刻透彻，情景交融，深得唐诗风范。其"地接巴东万叠山，边城斗大镇秦关"的描写可谓旧时描写镇巴的独一无二的佳句，堪称绝笔。定远古迹无多，怀古之诗亦鲜寡，段秀生的《拴马岭谒张桓侯庙》当可入列。

3. 艺术特色

镇巴古代文学艺术特色，就是现实主义风格鲜明，内容集中，形式体例单一。偶有一点兴趣的探索，如李芳的《秋夜》仿回文体，或个别作者的某些篇目有较高的艺术造诣，但都未能脱离传统诗文的一般规律，也未能自成一家一体。这自有其特殊的原因：区区不足百年的创作历程，不管是作品整体的数量，或是个人作品数量，其积累都不足以成长成熟而成一家一体；狭窄薄弱的文化教育致其缺乏广泛的背景氛围和基础，作为主体作者的官员来去匆匆，蜻蜓点水，更不足以持续和深入。

当然，对于少数有成就有特色的作品，我们不能一而统之，将以选录或鉴析赏读的方式予以关照，以期从不同角度互补比照，从而使读者对镇巴古代文学艺术既有一个大体的了解，又有一个深入的认识。

（二）1911 年至 1949 年可查实的诗文

按开篇的说明，在此顺便把 1911 年至 1949 年间的镇巴近代的相关文学艺术说一说。

短短的 38 年，是镇巴历史上最动乱的时期。时有时无的国民党政府、横行川陕的巨匪王三春、川北军阀、地方武装，你争我夺，灾患频起；中期红色苏维埃政权的创立，各种力量更是犬牙交错，此消彼长。动荡的结果便是生产凋敝、教化不兴、民不聊生，卖儿食人亦不鲜见。在这种大背景下，作为生存的"皮"已难存，艺术之"毛"焉可附生？《镇巴县志》讲，民国时期，除人民群众口头创作的无可定数的民谣外，也有少量的文学作品在民国镇巴县政府教育科主办的《镇巴简报》（后更名为《镇巴民报》《新镇巴》）上发表。下面屈指可数几件大多便是从这里面"抠取"出来的，也恰好反映了当时人民的心声。辑录于此，算是照顾了一个"镇巴古代（近代）文学艺术"这个专题的完整性。

即便算上（实际不可能）没看见的作品，其数量也不会多多少，所以，数量上的考虑已没有什么意义。没有了量的支撑，谈其分类、内容、特色、价值已不现实，所以我们就把仅有的几篇放在这，并稍作点评，以期窥斑见豹。篇名系编者所加。

## "黄一贯事件"对联

无名氏

三贯二贯一贯而死
不然尽然豁然长逝

这副对联源于一个事件。大致在1944年春，城内某人大摆酒宴，在县府任督学的黄一贯（本县北大毕业生，字豁然）应邀赴宴。席间酒醉无以返府，主家派人将其伏背县府，不料翌日竟发现其窒息于室，此事轰动全城，于是不知哪位文人墨士便作了这副对联。

对联这种形式最普遍普及，短小及时，雅俗共赏，深得老百姓喜欢。这副对联充分展示了这些特点。上联巧用当事人姓名和"贯"的谐音"灌"字，三灌两灌一灌（暗含镇巴地方口头语"三灌两灌的"）反复灌，并与事件动作有机结合，把酒桌上的情状表现得淋漓尽致；下联再次巧妙嵌入当事人的字号"豁然"，"不然尽然豁然""三然"相连，一气呵成。上下两联，前因后果。流水成对，贴切到位，讽味十足，快然人心。

由此也足见当时民间中文人的水平。

## "哥老会血案"诗赞

无名氏

辛亥风云浩气临，保皇余孽犹横行；
义兵殉国失援日，血溅楮河遗恨声！

镇巴荒僻，但辛亥革命的火光依然映照，并被点燃。

1911年，紫阳哥老会首领李长裕、周福禄等到定远厅境的巴庙、小河串联当地哥老会首领刘玉珍等人，拟在小河口发动起义，攻占定远厅城，口号是"拥护孙文革命，推翻满清王朝，打倒土豪劣绅，平均地权"。但因泄密，起义刚开始旋即被定远厅同知彭锡畴派兵弹压。刘玉珍等七八人惨遭杀戮，余者外逃。彭却捞到银子六百多两。不知名的作者（或是只能隐匿姓名）留下了这首诗。

首句赞扬辛亥革命，次句谴责大清余孽，三四句痛惜起义没有援助，深憾之声如楮河之水日夜不息，同时也暗示革命者的战斗意志永不停息。

全诗浅易明了，联对工稳，揭示了辛亥革命没有群众基础而失败的普遍根源，是一首战歌，更是一则革命的宣言。

## 镇巴士绅恳请王三春免绝猫种的呈文

无名氏

　　呈为呈请保留猫种以防鼠疫，恳祈大施仁慈，而恤物命事。窃以恩及禽兽，商汤开三面之网，慎厥典型，周礼有三宥之词。故投鼠尚且忌器，爱屋亦可及乌，所以隋侯续蛇，投珠以报，杨宝救雀，唧环以酬者也。昨因某姓所豢之家猫，误伤司令之八哥。夫以最灵之鸟能效人言，殊为可爱，竟被极蠢顽之猫误饱口腹，实属堪憎，论其情应将该族歼灭，败其类，难减灵鸟仇冤。唯念物故不能复生，所幸害猫已经抵死，稍慰鸟灵，聊息人怨。倘以一猫之怨而伤阖家之命，既劳军事之奔走，更起人民惊惶。唯猫尽除吾不足惜，而鼠疫野染殊为可忧，关系至钜，缄默难安。为此具呈，伏祈收回捕猫成命，不胜迫切待命之至。

　　这篇奇文源于王三春在镇巴家喻户晓的一件事：1932年，盘踞镇巴、被国民党委以"陕西汉中区边防游击司令"的王三春豢养的一只八哥被猫吃掉，王怒令部属荷枪实弹，搜捕城内外所有家猫，逐一剖腹查验，以取证严惩闯祸猫主。并鸣枪晓谕：凡家藏一猫，全家抵罪，整日全城枪声不断。城内家猫几被杀绝。次日地方士绅联名上书，恳求王手下留情保留少数猫种。

　　在镇巴闻听其事者不少，但读过此文的并不多。可以说此文当属镇巴的一篇奇文。

　　一奇在于此事件本身的荒唐。

　　二奇在于土匪白色恐怖之下为无能为力的百姓代言的文人的卑微无助，几近乞求的要匪司令看在避免绝猫种避免染鼠疫的份儿上的哀号。其殚精竭虑所想出的各种角度和理由，其行文引经据典，"百端媚态赞匪鸟，万般自责咒民猫"的穷形尽相的媚滑令色，可谓毕尽毕致，无以复加。

　　三奇在于前"两奇"透露出的民众被逼绝路时的空前绝后的语言创造天赋，同时也赤裸裸地昭示了巨匪王三春匪夷所思的丧失普通人性的匪性和当时的民生百态。

## 镇巴古代的民间文学

　　按本章开篇说明，有两点需再次明确：一是民间文学（主要是民歌）是镇巴古代文学的主体；二是，鉴于民歌自身的规律及相对的稳定性等特点，我们无需再将其分割成古代、近代，而是把它当成一个整体加以论述。

民间文学一般包含故事传说和歌谣。

## （一）民间故事

### 1. 诞生与传承

民间文学中的传说故事相较民歌在镇巴不是特别丰富，它产生的原因、流传的方式大抵与民歌相同，但它也有其独自的特色。相比民歌这种对文辞文法及音律的特定要求，纯属口头摆"龙门阵"式的传说故事，几乎没什么"门槛"，饭后茶余、雨天黑夜、农闲日暇或屋头坡上，张口就来，有兴就编，集体创作使之丰富，加之天长日久地累积，民间文学便发展起来。

相对民歌有手抄的歌本唱本，民间传说故事没有脚本，靠纯粹的口头流传。这也导致了同一个题材在不同的地方被不同的人来讲，就有了不同的版本。有些大相径庭，有些甚至相差十万八千里，添盐加醋地个性十足地更改随处可见。即便是标题，都没有定准不变的说法，似乎永远处在动态的发展过程之中而缺少稳定性。比如，同一个题材的捞旗河的传说，一种版本是说张飞率军渡河掉旗再捞起来而曰此河为捞旗河，另一种版本则说的是唐玄宗出逃经过此地捞旗而名捞旗河，再过几十几百年，不知又会是谁。

### 2. 简单分类

见于数量的局限，民间故事中过度分类不是特别地有意义，所以，我们简单地以内容涉及的对象为标准做简单地分类。

以山水为对象的，如《凌冰洞的传说》《大石船的来历》；

以植物为对象的，如《马桑树的传说》；

以鸟兽为对象的，如《阳雀鸟的传说》《青狮的传说》；

以神仙为对象的，如《韩湘子修行终南山》《会仙桥》；

以狐仙为对象的，如《天旋坑狐仙》；

以鬼怪为对象的，如《产候鬼》《饿死鬼》；

以历史为对象的，如《拴马岭、捞旗河、晒旗坝的名由》《张献忠为民除害》；

……

### 3. 价值意义

朴素的认识。如对自然界的花草树木、鸟兽虫鱼、峰穴泉石的产生、特性、缘由的解释；如对历史人物、能工巧匠的来龙去脉及活动的交代说明。

爱憎分明的情感取向。如对弱者的同情，对强权、不公的批判鞭打；如对美好爱情、幸福家庭、丰衣足食的向往追求。

间接反映生产生活或地理山川情态风貌的真实现状。如对坡陡洞深、竹密冰寒的现状展现，如对妯娌矛盾、生产困难、灾害病痛的揭示等。

纯粹的消遣娱乐。

## （二）民歌

### 1. 诞生与传承

从产生的大文化背景看，当以汉家发源及三国征战为背景的浓厚的汉中人文风云随着历史的脚步北移至汉台、勉县一带，整个陕南（今汉中、安康）文艺日渐式微，失去了创作、传播、交流展示的肥沃土壤，以文人作品为主的文学艺术也终究难成气候。作为汉中最南端的定远，表现尤甚，这从前面的论述中已看得非常透彻。但这却成就了以口头流传为载体的民间文学，特别是民歌的空前繁荣。偏僻造就了它的相对独立，原生态的民歌从而得到蓬勃发展并完整保存。

从具体的产生缘由看，落后的环境，艰难的生存条件，驱使劳动者以喊号子的方式来减轻劳动压力。山高坡陡、沟壑纵横，其劳动方式异常艰苦，肩挑背磨，手扒脚蹬，或驱马驮，或赶船运。"背老二""船驾子"应运而生。在汗流浃背中，在脚炮手软时，身体的重压和心里的挤压喷涌而出，成就了以镇巴大山中第一声以号子为形式的民歌，"背二歌号子""船工号子""拉风箱号子""抬石头号子""薅草歌""插秧歌""放牛歌""砍柴歌"……由此而一发不可收。

随之，以戏谑的小唱在闲散消遣中诞生，以对唱沟通交流，以"生、老、病、苦、死""婚、丧、嫁、娶"等日常生活为内容的民歌遍地开花，"哭嫁歌""孝歌""神歌""拜香还愿""端公调"等如雨后春笋；再至后期，甚至不乏更高层次的为歌而歌的加工创作。

由此可见，最早的民歌就诞生于大山中有人类活动的开始，它应远远早于1800年前置县的时间。它的成长发展贯穿于当地人民的生产生活过程，也正因如此大多数情况下我们无法从民歌中看出哪些属于某个朝代，哪些不属于某个朝代。到了近代，红色歌谣才明显地打上了时代的烙印，但它只是镇巴浩如烟海的民歌中极小极小的部分，漫漫历史长河中极少极少的段落，且除了歌词内容及诉求对象的明显变化外，依然保留了作为词曲的最稳定的形式特点，这与原生的民歌保持了高度的一致。这也是我们从整体上不将其分而论述的原因。

民歌具体的传承方式是以口（唱）相传。关于这一点，我们可以从其特点反观，比如曲目曲调要尽量简单规律，歌词句式结构、字数句数最好稳定并押韵等等。口头流传的特定要求，迫使其必须如此否则便会"失传"。从民歌生存的土壤看，它诞生于民间，成长于民间，完全融合于人们的日常生活生产之中，"出门一路山歌子，进门一抱丫丫柴"就形象直观地展示了这种水乳交融的关系。当然，亦不乏以歌书抄本传承的方式。

2. 数量

建国后的五十年代，陕西师大中文系的教师开始关注并搜集镇巴民歌；之后，市、县文艺工作者及个人爱好者，数十年反复深入乡间地头采风，截止 2000 年，仅在册记载的就有近五千首。其数量之浩，实属罕见。

3. 分类

对于这些来自民间的浩如烟海的民歌进行分类，显然是困难的。标准不同，由此可以分出很多种。在本文中，我们力图表明这样一个观点：太多的分类，必繁杂，甚至交叉；过细的分类特别是从音乐角度考虑的分类，可以留待专业研究者去做。所以，基于"文学艺术"的核心范畴，我们选择从最主要、最普遍也最通俗的内容的角度进行分类，这样做的好处在于同时兼顾了民歌最内质的元素——题材。

基于完整性、整体性和系统性的考虑，把其他角度的分类也予以概述。

从民歌作为歌的角度看，也即从演唱习惯和曲调形式，可分为劳动号子、山歌号子、山歌调子、通山歌（又称茅山歌，姐儿歌）、小调、民俗歌（哭丧、哭嫁、骂媒、孝歌、端公调、祭祀曲等）、曲艺（渔鼓、唱书、快书）、社火（花鼓、歌舞）等类。

从地域可分东区的、西区的、南区的；

从时间可分远古的、古代的、近代的；

从风格可分严肃的、戏谑的；

从对象可分成人的、儿童的；

从色彩可分褒颂的、贬讽的、劝勉的；

从功能可分歌头、工作的、消遣的；

从素材可分历史的、现实的；

从来源可分本土的、外来的；

从民族可分汉族的、苗族的；

……

如此下来，可能没有止境，也就没有多少实际意义，所以为分类中避免累赘，也不例证。

现在，言归正传，我们从内容上进行分类。民歌的内容异常丰富，历史典故、历史人物、生产知识、生活常识、婚丧嫁娶、男女爱情，以及宇宙天地、内心世界无所不至。其内容庞杂纷繁，分类也依然避免不了重叠交叉。所以，每分出一个类，均是从其涉及内容的主要方面考虑，同时，也尽量按各内容涉及的数量多寡为序。

### 情爱类

根据已搜集的数量分析，情爱类民歌占三分之一强，是最大的一类——这也是历史规律，不管从民歌还是文人作品，这都是首选的话题。同时也是民歌中最精华最光辉的部分。

思念，如《郎挂心肝姐挂肠》：

> 毛狗叫唤四山黄，
> 我送情郎走远方。
> 十字街头搭架子，
> 郎挂心肝姐挂肠。

失恋，如《月亮弯儿弯点头》：

> 月亮弯儿弯点头，
> 堂屋灯盏干了油。
> 你也无心来看我，
> 我也无心来添油。

求爱，如《教你缠来你就缠》：

> 教你缠来你就缠，
> 莫等别人缠了你再缠。
> 奴是后院山溪水，
> 何人能行几只船。

逼嫁，如《毛狗叫唤几作怪》：

> 毛狗叫唤几作怪，
> 女娃抱着娘撒赖。

再隔两年不嫁我，

抱上娘家扯背带。

外遇、抗婚、反目、初恋、约会、失恋、发誓……千端百态，应有尽有。

### 劳动生产类

这类歌主要反映劳动生活或协调劳动节奏，也是内容最丰富的类别之一。

不管是天晴下雨还是酷暑寒冬，不管是春耕秋收还是夏长冬藏，不管是田间地头还是坡上林间，春夏秋冬，年复一年，这种周而复始的劳作贯穿了几千年的农耕时代。《放羊歌》《石匠歌》等都是这类代表。如《四月插秧下了田》：

四月插秧下了田，

低头看见水中天。

手指秧苗排成行，

退步原来是向前。

或如《十七八岁二十五》：

十七八岁二十五，

从来没得今辛苦。

白天上坡做活路，

晚上还要推豆腐。

### 生活类

这个分类是相对田间地头的农业劳动而提取出来的家庭生活琐事，《放牛歌》《卖柴歌》《结婚歌》等就是这类代表。例如《红渔有个腰刀岩》：

红渔有个腰刀岩，

男人给女人打草鞋。

出门一路山歌子，

进门一抱丫丫柴。

或如《本是裁缝手艺高》：

月蓝布衫岔子高，

一风吹来见裤腰。

不是奴家耍牌子，

本是裁缝手艺高。

### 时政类

主要指以正面抒发赞美之情或以反面揭示讥讽当世政治人物和事件为内容的民歌。如《点兵歌》、《参军调》、《哪个怕它国民党》。

### 仪式类

仪式歌谣是礼俗和祀典活动中的歌谣。主要指以修房造物、婚丧嫁娶、酒席宴请、开工竣工、节假庙会、宗教祭祀等各种习俗上的固定流程为内容的民歌。如"拜寿"、"哭嫁"、"祝满月"、"闹元宵"、"安神位"、"修房造屋说吉利"等等。如最常见的是送葬的前一天晚上的"坐夜场"：孝歌师傅从"歌头"一路唱起，到"迎亡灵安位"、"孝子奠酒"、"进朝纲"、"唱记本"、"题诗谢酒"、"千百转"、"进花园"、"送亡"，可谓千曲百回，通宵达旦。

### 儿歌类

以儿童为对象的无曲调或曲调很简单的歌谣。简短，整首歌不长，句子也不长，短至三字。明白，非常的口语化。有寓教于唱的，也有纯粹逗哄小孩的顺口溜。如《推磨谣》、《扯拐歌》、《虫虫飞》、《大月亮、小月亮》、《隔壁王大哥》等。

### 历史类

以历史人物或事件为内容的民歌。这类民歌往往有"史诗"般功能，对于传播历史知识有一定的普及意义。但不单纯于此，其着眼点往往在于教谕，故而对历史的真实并不刻意以求。如《孟姜女》、《倒采茶·腊月采茶下大凌》、《十二月唱古人一》、《十二月花》等。

### 歌本类

这是新创的一个概念，在其他分类中也叫"歌头"，意即歌前的"预热"部分。尽管只是预热，但对出在自己心头口头的拿手活，歌师们也是以歌的方式完成的，也是歌，所以单列出来。一是功能上的独立性，在于交代歌由，表明态度，说明目的，如礼待同仁、培训歌徒等等；二在于有一定的数量，有较稳定的同时又可根据歌场因地制宜、随机应变的内容。或者说，就是歌师们论说歌唱本身事情的民歌，如此，也就不仅限于"歌前（头）"，歌中、歌后都有。如《山歌好听难排头》：

> 山歌好听难排头。
> 木匠难修转角楼，
> 石匠难打狮子口，
> 女娃难绣花枕头。

再如《叫我唱歌我不推》：

> 叫我唱来我不推，
> 高山石头滚成堆。
> 捡个石头来翁火，
> 千年石头化成灰。

### 谐趣类

谐趣本应是从风格上来分的，从内容上分出的各类都可以拥有它。要单独说一下，一是不想再生枝节分类，二是这个类别民歌中有相当的数量，而且风格独特。一则它透示出了极端艰苦环境下激发出的镇巴人性格中幽默风趣的乐观精神，二者充分展示了人民群众丰富的想象力。如《风把石头吹上坡》：

> 太阳落土又落坡。
> 叫我唱个扯谎歌。
> 大河中间起了火，
> 风把石头吹上坡。

再如《唱歌要有老师傅》：

> 唱歌要有老师傅，
> 下蛋要有老鸡母。
> 老师傅唱歌唱得全，
> 老鸡母下蛋下得圆。

### 红色歌谣

第二次国内革命战争时期，镇巴成为川陕红色苏区的一部分。革命作为崭新且炽热的元素，迅速地融入了民歌中。或者说，镇巴儿女很快地拿起民歌这个已有的武器，投入到了硝烟烽火之中，为革命鼓舞呐喊，为斗争助阵宣传。以原民歌曲调，以原歌词模式，演唱新生的革命内容。

红军在这里活动的时间仅两年左右，因此歌曲不是太多，以赤南、赤北建立红色政权的两地流传最多。这里要指出的是，在短短的时间内，刚注入的新鲜血液在沸腾中还未及升华和凝结，民歌又回到了它原有的步履中。但从中央苏区等外地带来的歌曲还是或多或少地影响了本土的民歌。红军最重要的武器就是宣传，来自鄂豫皖等苏区的具有丰富战斗经验的红军队伍早已有了高效成熟的宣传策略，他们会很快发现这块土地上的民众有如此丰厚的民歌土壤，并会大加利用。这从一些文献中就可得到证实，当年有四方面军从通南巴根据地来的宣传队到这边苏区，也有这边过去取经学习的。境外苏区带来的歌一哼一唱一教，咱们即刻就会。革命在歌声中传播，民歌在革命中创新，这从《十送红军》中就可见端倪。

有关红色民歌，还是举两个例子看看吧。

### 红军来到苏家坡

红军来到苏家坡，
喜得一夜睡不着。
窗子戳个小窟窿，
月出望到月亮落。

### 生怕红军受饥寒

红军住在降头山，
山高坡陡路又远。
生怕红军受饥寒，
半夜把粮背上山。

4. 特点

分布特点。以最偏僻的西三区边缘巴山林，东三区楮河沿线为最，除了城区，其余各区山村均有。

长短特点。篇幅可长可短，少则四句，多则如叙事性质的长歌达数百行。如流传于西三区简池一带的《月亮往西下》，流传于东三区碾子一带的《十写》等。

句式特点。以五字、七字为主，像中国传统诗词一样，这种奇数节奏最适合人的生理特点，是最基本的稳定形式。其中又以七言为多。有时字不够，可以加衬字补齐音节，如"月亮弯儿弯点头"中的"儿"，"巴山林来子山林"中的"来子"；也有多出几个字的"叫你缠来你就缠，莫等别人缠了你再缠"，前七后九，但这种情况不是太多。这充分体现了民歌自由灵活的特点。

修辞特点。清新朴素，但也不乏浑然天成的修辞手法运用。最常见的如起兴，而且这种起兴的第一句往往会形成一系列的歌曲。如"早上起来去放牛""早上起来雾沉沉"等后面都是一拖二拖三拖七拖八不等。另外比喻、排比、夸张也比比皆是。当然也有白开水似的清淡直白。

5. 价值意义

首先，在很好的承载了交流沟通、传情达意、娱乐赏玩等功能的同时，促进了社会的和谐发展。

其次，反映了当时当地社会生产生活真实面貌，为了解、研究民众生存状态提供了具体生动的材料。

再次，从内容到形式都丰富了陕南乃至整个中华民间文学的宝库，为今后的挖掘利用提供了极富价值的资源。

最后，深藏于民歌中的追求真善美的价值取向，在完成对当时人们的道德教谕的历史使命的同时，也为此后本土乃至整个中华民族的道德高地铸入了最美丽、最坚硬、最活性的钙质。

梅冬盛

# 镇巴古代文学作品辑赏

## 一、民歌选赏

### 其一

#### 山歌子来啥好听

山歌子来啥好听。
一无苗苗二无根，
一无苗苗朝天长，
二无根根土内生。

〔鉴赏〕我们从哪来，到哪去，对万物源起的叩问并非只是哲学的专利。在最通俗最朴素的民歌中依然响彻着这种声音。

面对人类的诘问，佛说：从土里来，到土里去。面对山歌的源起，百姓说：从土里生，往天上长。佛言禅语，回答了也回避了——机智、了然而悲悯；百姓则言之凿凿：它始源于生命的泥土，穿越于心灵的空间——真实、浪漫而乐观。从土里来，到天上去，源于土而高于土，多么了不起的哲学！

当我们开始对某种事物作源起及归宿问题的思考时，该事物往往已臻成熟并具相当的质量规模。何况，这种思考并非止于萌芽而是相当的成熟与老练，镇巴民歌历史之悠久、数量之浩大、品类之繁多、内容之广博、积淀之深厚……由此可见一斑。

## 山歌好听难排头

山歌好听难排头。
木匠难修转角楼，
石匠难打狮子口，
女娃难绣花枕头。

〔鉴赏〕当一位胸存千百首歌的歌师静寂中独对自己的积存，当一位歌手直面一场盛大的擂台对歌，当我们每一个人面对浩如烟波的民歌海洋——这时，千言万语定会化为一声长叹：山歌好唱难排头。

即兴的跟唱，随意的应和，途中的插科，尾末的高歌，咿呀学舌的帮腔，依势而上的咏叠……均易矣，唯开篇者难——一声既出：高则震山，低则软水；悠则绕梁三日，促则转瞬即逝；亮如初日，幽似暮云；悲则泣鹃，痛则碎心；擂台霸气寒对手，柳河清音暖离人；半句引出三千首，一声开启无限情……

当然，对于歌师，只是变相的矜持和作势；对于听者，只是不测深浅的感慨；但对于民歌本身，则是最真实的写照。

此歌首句立论言"难"，三句博喻皆证"难"，简单明了，形象鲜明。

## 我跟贤妹一路行

我跟贤妹一路行，
捡个棒棒夺罗裙。
夺她罗裙试她心，
看她骂人不骂人。

〔鉴赏〕想起了一首名曲《蝴蝶泉边》："蝴蝶泉水清又清，丢个石头试水深。"

从它们所表达的内容即试探之意上看，简直是如出一辙，但风格却迥然不同。《蝴蝶泉边》含蓄、清雅而优美，后者则鲁莽、粗俗而平白。前者在清清河边以石试水，后者于崎岖山道上拿棒挑裙。不同民族、不同地域所形成的鲜明的风格特征特别值得关注：前者在水乡，有清水顽石，不乏水软化了的柔情；后者居大山，有木棒山道，不乏山铸硬了的刚性——那种直率、粗犷和字面后的泼辣，以至于试探后连对方的反应也是以"骂"达意，而非初恋时那水莲花恰似不胜凉风之娇羞的"一低头的温柔（志摩诗）"。

蝴蝶、清泉，借石试水，定是滇省大理的；棒棒、山道，拿棒挑裙，定是大巴山区的。这两首歌完全可以成为它们各自民歌王国中的地标性建筑。

### 十七八岁不唱歌

十七八岁不唱歌，

二十七八娃儿多。

拉的拉来拖的拖，

哪有闲心唱山歌。

〔鉴赏〕趁年青，该唱的就放声高唱吧；趁当时，能歌的就尽情高歌吧！等到成家立户，拖儿带母，为生计奔波之时，你已无力张口；或无衣食之劳顿，也会因机缘错失、爱枯情冷而无意启齿；又或因阅尽千山万水，历尽江湖沧桑，无痛无欲，人生了然而大音无声。歌者，性灵使然也；唱者，情趣使然也。

整首歌都是建立在假设基础之上的，目的在于为初出茅庐的歌手打气，倚老卖老，现身说法；或面对逝去的年华，独坐黄昏，有感而发；抑或为自己肆意的歌唱找些根由。看似简朴的认识却对人生有着普遍的启示意义。

### 山歌子来八个头

山歌子来八个头，

阎王见我犯忧愁。

孔夫子见我就下马，

皇帝见我也低头。

〔鉴赏〕歌者必有歌者的声威和尊严。其中，以自己实力为后盾的适度的自吹也是建立歌坛地位的必要手段。此歌大胆的例证，夸张的手法并不见得是要表现他们蔑视权贵神权的精神，而是极言自己山歌唱得好。

这三个例证极具典型性，下至阴曹地府的阎王爷，再至文化化身的孔夫子，上至最高统治者的皇帝佬，阴间阳界，今生来世，人鬼皇权，纵有诗文万千，纵有三头六臂，在我无与伦比的山歌面前又算得了什么呢！仅其头就有八个！

——万般皆下品，唯有山歌高！

## 白云调

姐是天上白云头，
郎变蜜蜂往上游。
姐骂小郎好大胆，
云中鲜花你敢偷！

〔鉴赏〕夸张的笔法，丰富新鲜的想象，生动的拟人，巧妙的比喻，顺理成章的借代，在一首民歌中融入了这么多艺术手法真是一个奇迹。

还不限于此，一句"姐骂小郎好大胆"又为整首歌增添了轻快、谐趣的味道。

意境清新，格调鲜亮，雅俗兼具，情趣盎然，此乃歌中上品。

## 紫柏树儿紫柏尖

紫柏树儿紫柏尖，
哪怕你紫柏长得端。
奴是一根嫩藤藤，
慢缠慢缠缠上尖。

〔鉴赏〕仅仅解释成一个藤缠树、女追男的通俗故事未免可惜了。

民歌诞生时，可能其中某字仅仅是为音韵之需要的随意安置，可之后泛之品之却成了无意插柳的妙笔。这也许就是民歌的魅力。

歌中"端"字，让人想起这个男子可能俊武，行端影正，否则，不足以让该女子"慢缠"又"慢缠"；可能心高气傲，令女人不得不"慢缠"、"慢缠"。唯愿这男子不是正襟危坐的伪君子。

歌中的"尖"字：一棵再端直的树，其尖必定是嫩弱的，可塑的，如果初缠其身不是以扭曲，那么一旦缠上树尖，树之弯折必不可逃。

聪明的嫩藤藤，坚韧的小女子。有情有趣有理，好歌。

## 牛也愁　马也愁

牛也愁，马也愁，
二人愁得无根由；

牛愁难得拖犁头，

马愁难得下洋州。

〔鉴赏〕牛耕地乃牛一生要务，马赶路乃马一生主业，皆造化安排，天经地义。今个儿竟然发起愁来。唉、当然，牛有牛的想法，马有马的隐私，它们也并非不知道自己的命运，只是"难"于拖犁头，下洋州而已呀。

在这个它们不愿出发的偶尔的间隙，不知会不会反思：为什么我们生来要耕地，要赶路？天啦，牛马越想越沉重：牛从哪来？马要到哪里去？我们生来都要做马牛吗？

其实，牛也不愁，马也不愁。

真的，是人愁。

### 生要缠来死要缠

生要缠来死要缠，

生死不离姐面前。

死后也要变个片篮篮，

转来转去姐面前。

〔鉴赏〕生死相恋的主题并不是新鲜，新鲜的是这个喻体"片篮篮"，生动，形象，贴切。

只不过一个大男人要变成一个片篮篮真够难为他了，好在那是来生的事。

### 眼泪汪汪望情哥

太阳落土往下梭，

瓢里白米没下锅。

十指尖尖淘白米，

眼泪汪汪望情哥。

〔鉴赏〕歌中感人的情景不是女主人会"眼泪汪汪"，而是一个经典的细节：眼睁睁地看着太阳都下山了，还没把饭煮上。想哥哥已让她痴迷到如此地步——指尖一直搓捏着淘米瓢中的米。红红的修长的细滑的十指，晶亮如雪的米粒儿，景象清新、鲜活，格外惹人怜爱。

估计，米粒儿已被她搓磨成米粉了吧！

## 隔河看见姐穿红

隔河看见姐穿红，
你是一个晃眼虫。
白天晃得难做活，
晚上晃得睡不着。

〔鉴赏〕男人的嗔怪应该不多，但恋爱中的男人例外。明明想人家都想疯了，想得白天无法做活，晚上无法睡觉，但却反怪姐儿穿着红衣服，在眼前在心上晃来晃去，简直就是一个"晃眼虫"。

偶尔撒点"娇"的男人也还可爱。

只不过此时，姐儿穿什么衣服都会是个"晃眼虫"。

## 汗菜开花遍地红

汗菜开花遍地红，
茄子开花像灯笼。
心想跟你打私交，
你们富来我们穷。

〔鉴赏〕我们曾是同桌，后来，中间筑起一道藩篱；我们曾住一座山上，后来，中间生出了一条涧溪。这藩篱便是金钱，这涧溪渐成大河，两边分别住着贫和富。

贫富之别古今有之，将来还会有。许多艺术作品讴歌那些冲破门第财富界限的爱情，其实这正从侧面暗示了想被冲破的这个东西有多么坚固。

本诗主人公的心态正是这种普遍社会心态的缩影，他能跨出这一步——即便如此，也不能因此而欢欣鼓舞，社会就前进了一大步！让他永远驻足在这道门槛上也许更合乎社会的真实。

## 吃了饭来把肚摸

吃了饭来把肚摸，
一摸娃儿有一个。
是儿是女早下地，

免得老娘受搓磨。

〔鉴赏〕美女蜕变规律讲的是一个美女如何由于繁琐的婚姻生活而变得世俗乃至龌龊。

怀孕是幸福的高尚的事业，但也是痛苦万分的折磨，当这种折磨超越了一个人生理上的极限时，她就不会选择形象乃至尊严。

设想这样一个情形：一个平素文雅淑静的美女于此时脱口而出"妈的，疼死我了，快给老娘下来吧！"

你什么感觉？

本歌中的姑娘是幸运的，这个平素就光着脚丫扯猪草砍柴煮饭留着两个长辫子的如今是孕妇的女子是幸运的。当她脱口而出："是儿是女早下地，免得老娘受搓磨"时，那简直就是水到渠成的事。

## 我和贤妹一路行

我和贤妹一路行，
行住行住进了林。
有人问我们干啥子，
背系断了扯葛藤。

〔鉴赏〕多么顺理成章的借口！多么令人想往的朴素的爱情！

信手拈来，合情入理。但太天衣无缝的借口反让人生疑，"你怎么会觉得有人会问你啥子？"可见，扯葛藤不是扯葛藤。这美妙的疑窦，正是此歌的寻味之处。

我们每个人可能都希望自己的背系断了，但我们生活的地方没有森林，我们也不背背篓。唉……

## 花帕子儿四角方

花帕子儿四角方，
上绣一对好鸳鸯。
帕儿送给红军哥，
十年八年我等着。

〔鉴赏〕与其说是对爱情的忠贞还不如说是对红军对革命的渴望。当年迫于革命形势，红军北上，羽翼未丰的当地民众是如何面对反动势力的疯狂反扑，又演绎了多少悲欢离合的故事。

这是一首红色歌谣中的情歌。

这是一个镇巴的"柳堡的故事"。

### 穷人手里掌砣砣

山上唱歌山下合，

红军一到喜心窝，

土豪劣绅脚下踩，

穷人手里掌砣砣。

〔鉴赏〕镇巴是陕西省的"民歌之乡"，民歌已渗透到当地人民生息的每一个角落，红军入陕入镇不但丰富了镇巴民歌的内容，同时民歌又成为歌咏叙说这一历史事实的载体。有歌道："核桃树下搭歌台，眼泪汪汪盼起来"正是当时情状。

穷人翻身当家作主在歌中以一句形象的借代手法"穷人手里掌砣砣"表现得形象十足。千百年来老百姓对政权的认识便是可决定生杀命运的"砣砣"（印章），可谓是一"砣"千钧。

### 窗子不糊看月儿

想妹多来想妹多，

想妹想得睡不着。

窗子不糊看月儿，

看它起来看它落。

〔鉴赏〕初看两句，平水无奇；再读两句，波澜陡起。前者直言想妹，后者却说看月，月起月落之际，无处不晃动着妹的影子。由平入曲，由实转空，意境悠远，意味厚醇。

### 郎在山上唱山歌

郎在山上唱山歌，

姐在屋里织绫罗。

背时鬼儿子山歌唱得好，

唱得奴家脚炝手软，

手软脚炝，

踩不得云板丢不得梭，

眼泪汪汪望哥。

〔鉴赏〕意在爱哥，只字不提；笔力爱歌，痛快淋漓。含蓄而不失泼辣，热情而不乏羞涩，耐品耐读。

山歌唱得好哇，慢言快语嫌不够，一气"臭骂"复咏叠唱，如珠滚落，似瀑泻谷，其铺陈出排山倒海之势，并将情势推至高潮。

唱歌——听歌——爱歌——爱哥，一路唱来听来，巧妙暗示神投意合之时，倾慕之情已臻纯青之境。

### 屋团屋转莫唱歌

屋团屋转莫唱歌，

人人家里女子多。

老的听了不喜欢，

少的听见睡不着。

〔鉴赏〕不是所有时代都像诗经中描写的一样，统治者为察民情而派专人于田间地头手摇木铎采录民歌。民歌是艺术中的珍品，但绝不是一本正经的经典和正统。即便诗经也将其分为"风""雅""颂"三类，"雅"者，正也。而真正的精品大多在"风"中。

官府可以禁《金瓶梅》，那么民间至少也该对伤风雅败教化的风流歌有所忌惮。特别是"家有小女初长成"的人家，以及家有春心胀泄的小媳妇的人家。

情歌很美，尽管唱好啦，但要分时间和地点。不管是旁人的劝诫或是歌师的行规，适度的自律正是"歌业"得以健康持续发展的根由。

（以上内容由梅冬盛整理）

## 其二

### 月蓝布儿翠蓝衫

月蓝布儿翠蓝衫，

情妹维人维得宽。

上头维齐汉中府，

下头维齐竹儿关。

〔鉴赏〕月蓝布儿做成的翠蓝衫，是典型的农家女子的衣着打扮：蓝底白花或者白底蓝花，清丽素净；加上圆角立领盘结纽扣和斜抄肩、细腰身的设计，古朴典雅，最能衬托出山妹子的窈窕俊俏、干净利落。歌中的这位情妹不但具有这样惹眼的外在美，更具有一般山妹子难有的内在美：开朗大方、处世周全，因而人缘极好，美名远扬。歌者在对情妹由衷的赞美中，会不会还有点儿心里不平衡呢？一不小心，听出点酸溜溜的味道来。

真爱，你就做天空，让她自由飞翔；真爱，你就做草原，让她尽情奔跑……爱如手心里的砂子，攥得越紧，漏得越快。

## 做双鞋儿送情人

奴家赶场买颗针，

做双鞋儿送情人。

千层底子万层线，

万层底子千层心。

〔鉴赏〕一颗银针，一根长线，一盏清灯。多少痴情女子把心底初绽的芬芳纳进这厚厚的千层底，把羞涩的相思扎成这密密的万层线！她们用针线一笔一画地书写着世间最结实的情诗，把那怎么也说不出口、想想也脸红的"爱情"做成了这样一件无价的礼物——数不清的针脚，拉不完的线头——而一旦送给了你，可就是这一生的托付呵！世上那有福气的男子啊，你可得细些穿，别，千万别踩疼了那一颗玲珑的心！

歌中回环往复的"千层""万层"，是千回万绕，是千头万绪，是千种柔情、万般嘱托，是前世千万次的回眸凝成在今生的一个梦……手法简洁，耐人寻味。

## 闷闷沉沉眼不睁

闷闷沉沉眼不睁，

相思病儿上了身。

灵丹妙药吃不好，

见了贤妹退三分。

〔鉴赏〕好一个痴情二郎，为心爱的人儿"病"成这般摸样！先用"闷闷沉沉"叠词连用浮现一幅"痴"相，再用灵丹妙药做铺垫，反衬出妹妹无以替代的重要地位。你能不承认么，心上人是太阳！没有她，天昏地暗心闷眼沉如山倒；只一眼，便云破天开眉舒眼笑百病消！有句名言说："不被任何人爱是种巨大的痛苦，不爱任何人则意味着生存中的死亡。"看来，歌中的这一对儿真是很幸运、很幸福的了。

## 哪怕你一天唱到黑

天上下雨地下稀，
见了奴家就唱起。
不是奴家心上客，
哪怕你一天唱到黑。

〔鉴赏〕当"见了奴家就唱起"如同"天上下雨地下稀"一样自然和必然时，爱之深、情之切、心之痴就不言而喻了。但后文突然一转，"不是"二字如一扇冰冷的门板"嘭"的一声关上，把你这一生所有的激情都拒绝在她的生命之外了。一个绵延亘古的单相思悲剧就由此诞生了。但是，谁也没有错：爱你，我的执着不是错；拒绝你的爱，我的专一也不是错。可是，人世间，还是有着许许多多的阴差阳错——这山歌唱尽了它的酸酸甜甜，不忍回味。

## 情妹当门一树桑

情妹当门一树桑，
桑树脚下开染缸。
过路君子染衣裳，
新缸不染旧衣裳。

〔鉴赏〕好俊俏的情妹妹！"桑之未落，其叶沃若。"茂盛的青春，挺拔的身姿，清秀的容颜，谁能不为你动心？

好能干的情妹妹！纺纱、织布、开染缸，农家的活儿哪样你做不了？

好聪明的情妹妹！一句"新缸不染旧衣裳"巧妙含蓄又明确坚决地回绝了那些想要沾染你的已婚男子，犹如一记并不响亮但很痛快的耳光扇在那些"旧衣裳"的脸上，你的理智和机智真让人佩服！

## 新打镰刀四两钢

> 新打镰刀四两钢，
> 缠不到贤妹心里慌。
> 哪年哪月缠到手，
> 横切萝卜竖切姜。

〔鉴赏〕有了新镰刀创造物质生活，就想娶媳妇填充精神生活。一个"缠"字，浓缩了求爱路上的艰辛与执着、微妙细腻的爱与被爱、难以言表的酸甜与苦辣。所以，"缠不到"与"缠到手"才有了如此鲜明的对比。"慌"体现的是苦闷与甜蜜的交错难耐，"横切""竖切"表现的则是欣喜与痛快的扬眉吐气。不过，正因为得之不易，才会倍加珍惜啊。

罗曼·罗兰说过："没有一场深刻的恋爱，人生等于虚度一场。"看来，歌中的男主人公真没白活，甚至会让许多人为之汗颜。

## 隔河看见姐爬坡

> 隔河看见姐爬坡，
> 打声哨子唱声歌。
> 叫声贤妹你等我，
> 一来等到同路耍，
> 二来等我背娃娃。

〔鉴赏〕开头"隔河"二字便已暗示两人之间已经有了一条不可消除的界限——婚姻。昔日的贤妹如今已是为人妻、为人母了，只可惜，都是别人的！是什么原因造成的悲剧，我们不得而知。在不经意遇见时，"打声哨子唱声歌"是多么自然的真情传递，又是多么酸涩的旧情重提！一连三个"等"字，声声割心摧肝，步步追魂索命，直听得心里股股作痛，泪眼婆娑，却不忍回头、不能回头……哎，"此情可待成追忆，只是当时已惘然。"

这世间，唯一个"等"字，教人说不出的疼痛。

## 晒花鞋

日头出来照石崖，

贤妹出来晒花鞋。

要问花鞋买不买？

只买人才不买鞋。

买了人才千年在，

买了花鞋划不来。

〔鉴赏〕歌中的花鞋成为联接男女主人公的纽带和表情达意的特殊道具，颇具本地民俗特色。贤妹试问"花鞋买不买"，其实是对男子感情真假深浅的试探，可理解为你"爱不爱"，"要不要"。而男子则借题发挥，表达了对贤妹"人才"的看重和渴慕。"人才"在这里既指才能，又指相貌。他明确地表白出：我要拥有的是你全部的身心和你一生的岁月，而不仅仅是那双只穿一时、新鲜一时的花鞋……巧妙而含蓄的谈恋爱，负责任的态度和表白，清新，纯真，短短几句，意味深长。

## 月亮弯弯一盏灯

月亮弯弯一盏灯，

郎在外面姐担心。

郎在外面贪玩耍，

姐在屋里受苦情。

〔鉴赏〕山村的月亮，被沉沉的相思压弯了腰。郎啊，你可曾抬头望一眼，这枚似曾相识的月亮？你可曾低头细想，它像谁日益消瘦的脸庞？沉寂的黑暗，流逝的青春，只有心上人才是心头那盏永不熄灭的灯呵，夜夜相伴，照亮一生！

歌中，月成为相思的载体，既营造了安谧的氛围，又点亮了整个画面。明与暗，实与虚，里与外，荡子与怨妇，这千古悲情，怎一个"苦"字了得！

"那等在季节里的容颜如莲花的开落……"

"过尽千帆皆不是，肠断白频洲"……

## 包谷叶儿像把刀

包谷叶儿像把刀，

三月点来四月薅。

花花开在尖尖上，

娃娃背在半山腰。

〔鉴赏〕想象力真是丰富，把那一株株挺拔茁壮又充满生机的包谷苗比喻成一个个秀颀健美的少妇，发髻那朵出嫁时戴的红头花还未褪色，转眼间腰中又背上了嗷嗷待哺的娃娃。其实，人同植物之间有很多共同之处，青春、繁衍、收获以至生老病死。言简意深，譬喻巧妙，形象生动，清新明快。

（以上内容由蔡忠琼整理）

## 二、严如熤"农事词"辑注

严如熤系定远厅同知中乃至整个山南地区清朝最有影响的历史人物，在定远期间，其政治、社会及文化方面的开创性的工作皆可名垂青史。而其以《谕农词》、《夏耘词》、《喜雨词》、《祈晴词》、《秋获词》为代表的五首"农事词"，堪称镇巴古代文学史上农耕生活的"史诗"。为便于更多人了解，特做注解。

### 谕农词

民生在勤俭，山农愚①不知，

凶荒实可畏，听我谕农词。

南山②古陆海，地腴五种宜。

上农不须粪收获多逢时。

丰年荷天锡③菽麦④长离离，

种一收屡百，堆集如梁茨⑤。

则轻国赋少，荒垦佃租微，

---

① 谕，知晓，明白（用于上对下）。谕农词就是让农人知道并能理解、明白的话语。

② 南山，即秦岭，此处泛指秦岭以南的区域。

③ 锡，通"赐"，赏赐、赐给。

④ 菽，音 shū。豆的总称。

⑤ 梁茨，梁，房梁；茨，茅草屋顶。

以此轻嘉穀①，往往生淫思。

烧锅②满村落，成群酣酒卮③，

社火与影戏，彻④夜事游嬉；

或者呼卢枭⑤，一掷拼家赀⑥。

又或争牙角⑦，百金构讼辞。

甚至饲猪豕，蒸穀望速肥，

天物恣暴殄⑧，召殃夫何疑！

况乃山土薄，石骨本崄巇⑨，

三年为沃壤，五载已地皮。

雨旸⑩偶失节，颗粒难预期。

平川人饱食，山民伤阻饥，

东邻绝朝糗⑪，西家断暮炊，

蕨根野蒿菜，青汁流泥匙⑫。

称贷向亲友，同病攒⑬双眉；

空腹不能耐，鬻卖及妻儿。

回思岁方富，肥甘共朵颐⑭，

---

① 嘉穀，穀，音 gǔ，通 "谷"。古以粟（小米）为嘉谷，后为五谷的总称。《书·吕刑》有："稷降播种，农殖嘉穀。"

② 烧锅，旧时镇巴农村将煮酒的作坊叫 "烧锅房"。此处借代之。

③ 卮，音 zhī。古代盛酒的器皿，圆形，容量四升。

④ 彻，通 "彻"。

⑤ 呼卢枭，枭，音 xiāo。旧时镇巴将掷色（shǎi）子赌博（又称为 "园【kàng】宝"）的场面形象地称为 "呼卢枭"；六点为大，六与 "卢" 同音，一点为小，小与 "枭" 音同，赌大者呼如 "卢"，博小者叫如 "枭"。

⑥ 赀，音 zī。通 "资"。

⑦ 争牙角，就是吵架、打架或斗殴。

⑧ 暴殄，音 bàotiǎn。任意浪费、糟蹋。

⑨ 崄巇，音 xiǎnxī。险峻陡峭。

⑩ 旸，音 yáng。晴天，天晴。

⑪ 朝糗，音 zhāoqiǔ。糗，炒熟的米麦等谷物，此处引申为饭食。朝糗即早饭。

⑫ 匙，音 chí。本义是舀汤用的小勺子（亦称 "调羹"）。此处当解为 "饭勺"。

⑬ 攒，音 cuán。聚，聚拢。

⑭ 朵颐，即朵颐，"颐" 是脸颊，"朵" 是动的意思，朵颐一词出于《易经》，指动腮帮大口进食。

何知遘①此闵②，柴立骨难支。
先民崇淳朴，俭者福之基，
文王西方伯，田功服还卑，
举耜③四之日，穑事孰敢迟？
男耕妇女馌④，胼胝⑤不言疲；
仓箱虽盈积，服食并无糜；
馀三至馀九，旱潦⑥能撑持。
有丰必有啬⑦，当安常念危。
尔不勤与俭，酸辛更怨谁？
我轸⑧尔民苦，我怜尔民痴，
编此鄙俚语，警诫比农师；
从此侈⑨惰俗，共跻⑩唐魏诗。

## 夏耘词

火云烧红日，溪涧翻沸汤。
徙倚柳阴下，招风解衣裆⑪。
却顾杖藜⑫老，伛偻⑬田中央，

---

① 遘，音 gòu。遇，遇到。

② 闵，音 mǐn。同“悯”，可怜，哀怜。

③ 耜，音 sì。原始翻土农具，形状似今的铁锹和铧，最早是木制、骨制，后用金属制做，如青铜耜。

④ 馌，音 yè。即饷馌，就是给田地里耕作的人送饭。

⑤ 胼胝，音 piánzhī。就是“脚垫子”，俗称“茧疤”，是手足皮肤长期受压迫和摩擦而引起的局部扁平角质增生。

⑥ 潦，音 lào。同“涝”。雨水过多，水淹。

⑦ 啬，音 sè。歉收，收成不好。

⑧ 轸，音 zhěn。伤痛、轸念之意。

⑨ 侈，疑为“拸”字，音 chǐ。去掉的意思。

⑩ 跻，音 jī。达到。

⑪ 裆，古语中前裆为胸，后裆为背。解衣裆就是脱了衣服，袒胸露背（再招风凉快）。

⑫ 藜，音 lí。苋科藜属植物，野生于路旁、荒地及田间。主杆可做手杖，出于《晋书·山涛传》：“文帝以涛母老，赠藜杖一枝。”此处的杖藜当不是实指，可能拄的是类似于藜茎的其他植物茎杆。

⑬ 伛偻，音 yǔlǚ。即腰背弯曲。出自《淮南子·精神训》：“子求行年五十有四，而病伛偻。”此处意为弯着腰（在田里劳作）。

脊背晒漆黑，手足交蹶张①。

我与老翁语，惫矣待阴凉。

老翁前致辞，穑事②官未详，

乱苗恶生莠③，不去田芜荒，

拨根期害绝，暴之趁朝阳。

芃芃④非易致，宁辞汗流滂。

官但苦炎热，暑节本其常，

禾长及腰腹，稗⑤肥杂青苍。

泥深脚难拨，芒锐皮肉伤，

上有蠓蚋噈⑥，下咀巨蚂蝗，

模糊血满腿，疼痛肢体僵。

但能秋有获，炎热固相忘。

我悯老翁苦，闻言重滂徨⑦，

作苦田家事，拮据望登场⑧。

新穀⑨五月卖，几人隔岁粮？

豪家饫⑩珍错，墨吏餍⑪膏粱。

讵⑫知樽中酒，炙脂⑬盈其旁；

---

①　蹶，音 juě。向下踩。张，向上伸。此句意为用手拨掉稻田里的杂草，又用脚将其踩入泥里（让其腐烂），如此交替、重复进行。是对"杖黎老"在田里劳作的生动描述。

②　穑事，农事或种庄稼的事。

③　莠，音 yǒu。狗尾巴草。此处泛指田地里的杂草。

④　芃芃，音 péngpéng。草木茂盛的样子。《诗经·载驰》有："我行其野，芃芃其麦。"

⑤　稗，音 bài。一年生草本植物，长在稻田里或低湿的地方，形状像稻，是稻的害草，俗称"稗子"。

⑥　蠓蚋，音 měngruì。蚊子之类的泛称。噈，音 chuài。本义为吮吸。此处为叮、咬之意。

⑦　滂徨，即傍徨或彷徨。

⑧　登场，丰收的场景。

⑨　穀，音 gǔ。通"谷"。

⑩　饫，音 yù。饱食，食过多。

⑪　餍，音 yàn。原为繁体字"饜"，通"厌"。《玉篇》：饜，饱也，足也。《孟子》："饜酒肉而后反。"

⑫　讵，音 jù。怎、岂。

⑬　炙脂，腊肉，薰肉。

讵知甑①中饭，汗血粒粒藏。

炎威尔不知，冰水调华堂。

胡不当烈日，赤脚行农庄！

## 喜雨词

高田泥磊确②，低田龟坼③脆。

良苗正含胎，叶卷茎低曳④；

桔槔⑤力难施，农人对啜涕⑥。

时和雨旸若⑦，休嘉降上帝⑧。

神龙现原田，麟⑨而作形势，

须臾云油油⑩，散作雨潖潖⑪。

廉纤⑫声彻⑬夜，滋润不嫌细，

晓复降滂沱，浪驱沟壑挤。

连畦新绿抽，青阴忽掩蔽。

早稻粒坚壮，迟谷亦扬穗。

村人齐相庆，今年亦有岁。

我生无他求，亦思饱粗粝⑭，

---

① 甑，音 zèng。将食物蒸熟的用具。

② 确，坚实、坚硬。

③ 坼，音 chè。裂也。龟坼即龟裂。

④ 曳，音 yè。伸展。茎低曳即（农作物）的茎杆不高、长势不良。

⑤ 桔槔，音 jígāo。槔同"槹"。始见于《墨子·备城门》：作"颉皋"。俗称"吊杆"，是一种利用杠杆原理的原始取水机械。

⑥ 啜涕，音 chuòtì。哭泣。

⑦ 语本《书·洪范》："曰肃，时雨若；曰乂，时旸若。"旸，音 yáng，晴天，天晴。"雨旸时若"谓晴雨适时，气候调和。此句意为：季节与时令相和，晴天就不会象现在这样失调。

⑧ 此句意为：停止一切欢娱之事，共同祈求上天降恩，降雨止旱。

⑨ 麟，就是麒麟，古时视之为仁兽。

⑩ 油，形容云层厚密。

⑪ 雨潖潖，潖，音 pài。雨的原形，下雨的前兆。

⑫ 廉纤，音 liánxiān。细小、细微。多用于形容微雨。此处作细雨解释。

⑬ 彻，通"彻"。

⑭ 粝，音 lì。米不精。

仰事兼俯畜①，畴无果腹计②。

甫旱齐戚戚③，既雨乐泄泄④；

天灾降亦偶，感召缘罪戾⑤。

勿肆贪而强⑥，勿矜诈之慧⑦，

风俗返朴厚，屡丰自相继。

我同尔民喜，且明还交励⑧，

不然水与旱，宁绝尧汤世⑨。

## 祈晴词

去年苦霪雨，连堡颓嵯峨⑩；

艰食悯赤子，匹马阻岩阿⑪。

青青原上麦，沿涧盈坡陀⑫，

含苞吐芳穗，蒸晒藉⑬阳和，

---

① 仰事俯畜，就是上要侍奉父母，下要养活妻儿。出于《孟子·梁惠王上》："是故明君制民之产，必使仰足以事父母，俯足以畜妻子。"另有"仰事俯育"同义。

② 畴，田地。此句意为：田地里没了收成，一家人吃饭就没有着落。

③ 戚戚，忧惧、忧伤的样子。语出《论语·述而》："君子坦荡荡，小人长戚戚。"

④ 乐泄泄，泄，音 yì。和乐的样子。语出《左传·郑伯克段于鄢》："姜出而赋：大隧之外，其乐也泄泄。"

⑤ 感召，感应。罪戾，（对上天所犯下的）罪行、罪过。

⑥ 此句可译为：不要将肆意所为的贪婪之事做得过多。

⑦ 矜，音 jīn。自恃，自以为。此句意为：不要自以为所做的那此欺诈之事是聪明之举（因为上天是很清楚的）。

⑧ 交励，相互勉励。

⑨ 尧，中国古代五帝之一，姓伊祁，名放勋，史称"唐尧"。公元前 2357 年尧 20 岁时，其兄让位于他，在帝位 70 年。汤，即商汤（？－前 1588），子姓，名履。公元前 1617－前 1588 年在位，共 30 年。据传，尧汤时期，妖魔做祟，水旱无常，灾难深重。"宁绝尧汤世"意为：但愿尧汤时期的水旱灾难不再出现。

⑩ 连堡，形容云层的厚密。颓，下坠。嵯峨，本是形容山势高峻，此指高耸的群峰。全句可解为：厚厚的云层始终低垂笼罩在群峰之上。

⑪ 阿，音 ē。《说文》：大陵也。山岩垮塌后堆积即为"岩阿"，在地势陡险处往往使道路阻断，人畜无法通过。

⑫ 陀，山岗。

⑬ 藉，通"借"。

层阴气惨洌①，根茎生病疴。

山农对于邑②，村落罢秧歌。

长吏实不德，召灾生坎坷。

一身敢自惜，奈兹民命何③；

九关④号上帝，赫斯殛⑤群魔，

杲杲⑥出红日，煦煦长嘉禾，

何以承⑦天德？永矢政不苛⑧！

## 秋获词

云粘桂粘⑨一齐黄，田家十人九人忙；

东村砰砰西村应，腰佩镰刀肩箩筐。

湖田⑩到秋熟，山田寒露后，

原陇之间七八月，抢实那⑪能略停手。

乌云蓬蓬起山丫，雨来多恐禾生芽，

肘酸掌肿不辞苦，辛苦赶收谷到家。

粒粒都比珍珠颗，一穗抛遗怕罪过。

晴晒干谷搬上仓，中秋才过又重阳，

白鹅黄鸡村村有，一日之欢罗酒浆。

就中最苦有贫户，却愁债谷田中量，

---

① 惨，程度严重。洌，寒冷。全句意为：厚密的低云长时期笼罩，气候相对正常年份寒凉得多。

② 邑，同"悒"，愁闷不安。

③ 奈，怎奈、无奈。兹，指代，有此。

④ 九天，九重天门或九天之关。《楚辞·招魂》："魂兮归来，君无上天兮。虎豹九关，啄害下人兮。"王逸注："言天门凡有九重，使神虎豹执其关闭。"

⑤ 号，音 háo。《说文》：痛声也。哭而有言即是号。赫斯，《诗·大雅·皇矣》有句："王赫斯怒。"形容盛怒之貌。殛，音 jí。《说文》、《尔雅·释言》皆为：诛也。

⑥ 杲杲，音 gǎogǎo。明亮的样子。刘勰《文心雕龙·物色》有："杲杲为日出之容，洒洒拟雨雪之状。"

⑦ 承，在下面接受（上天的恩德）。

⑧ 矢，通"誓"。《诗·卫风·考盘》有："永矢弗谖。"苛，苛刻、苛虐。

⑨ 云粘桂粘，粘，读作 zhān。清时的水稻品种有红粘、青粘、白粘、乌粘等，米粒颜色即如其名。故云粘就是白粘，桂粘就是红粘。

⑩ 湖田，矮山平坝里的田。下句的山田，是指海拔较高，位于山坡上或山顶上的田。

⑪ 那，通"哪"。

债主踏田收籽粒，量去有泪暗汪汪；

不量明岁谁当借，板桶声停已断粮。

几日妻儿细相商：谷登场，买盐豉①，缝衣裳。

到时依然是淡食，冲寒却又熬雪霜。

连年丰收尚如此，水涝旱蝗将何恃？

奇赢十倍羡豪贾，择肥而噬有疍虎②；

不耕自获厌粱肉，世间谁如尔农苦？

呜呼，我亦腆颜绾符③为民牧，忍心不念尔农苦！

（以上内容由吴平昌整理）

# 三、传说辑录

## 鱼罐的传说

　　沿镇巴三元镇尹家河南行数百米便到了八步岩。此处河谷乱石纵横，险滩遍布，两岸绝壁悬崖，直落水底，其中一处长余八步的路段宽仅尺余，惊险万分，故得名八步岩。今天虽已通了公路，但其险绝之势依然可见。沿八步岩继续南行，便到了一处奇妙的所在——鱼罐。这一段河床是一整块青砂岩，河水从上面切过，千百年的掏蚀，形成了大大小小的石坑，像勺子，像脚印，像锅，像碗，大小计有二十四个，当地老百姓形象地称之为"鱼罐"。

　　这二十四个石滩，自然有一番传奇。

　　相传，这鱼罐上长着一株草，附近一个穷苦的放牛娃每天都来割草，可第一天割了，第二天又会长出来。出于好奇，他将草拔了回去，结果草放在什么东西上面，就会生出什么东西来。放在米缸上，米缸里就会生出满缸的米来，放在铜钱上就会出生许多的铜钱来。当地财主听说后，便逼迫放牛娃交出这株神草。一急之下，放牛娃便将草几口吃下，不想这草一下肚，他便奇渴无比，喝干了家里的水，井里的水，然后便到这河里来喝，且每喝一口他便长大一分，如此他便不得不到更远的地方去找水喝。此时，他已成巨人，头顶天，脚齐地，硕大如山。离别时，他每走一步都要艰难地回过头来望

---

①　盐豉，豉，音 chǐ。本为豆豉。此处当解为食盐或盐巴。

②　疍虎，疍，音 dàn。疍虎是传说中出没于水边、与虎类似、吃食很挑剔的一种动物。

③　绾，音 wǎn。系头发。绾符就是象系头发那样很慎重地拿上受命文书或官符（去上任）。

他的亲娘，每望一眼这河床上便形成一口石滩，最后便留下这二十四个"望娘滩"。

## 天旋坑的传说

在巴山林的倒龙洞与蚂蟥山之间，有一个树木掩映的天然旋坑——天旋坑。

坑口呈椭圆形，直径大约三四十米，深大约二三十米。从东面可以近身俯瞰。西北渐渐高起与两边的蚂蟥山合为一体。旋坑的东南向有一条溪流，从密林中钻出直没入坑底。但只有在西面才能看见，故只闻其声而难见其形，从而也增添了神秘的色彩。西岸的岩石上也有水流，细如股线，千丝万缕，垂而为帘。站在东南方看洞底，只能看见一片沙丘，高大的乔木环绕蓬围，蚂蟥山森严鬼峻的魅影拖垂，坑底不见全貌，坑口不得近身，夕阳偶尔从树隙漏下来，坑中雾气沉沉发紫，隐身溪水簌簌作响，鸟儿不时倏尔略动，不禁悚然。

天旋坑美，但传说更美。这坑本是裸仙的闺房。很多年以前，巴山林有一位天姿国色的姑娘在新婚之夜，新郎发现她有狐臭，便一去不返。姑娘来不及着衣出门追赶，终气绝身亡。死后，化为狐仙，择此坑而居。从此，她发誓要洗净自己的异味，一年四季，在东南坑壁的凹陷处，借溪水沐浴。如遇清凉的夜晚，月色下那裸仙似乎正从泉帘后滑出，月亮色的胴体，披拂的秀发，身体冉冉上浮，煞是惊艳。或遇久旱无泉，裸仙便会夜晚出闺，找水洗澡。

经过多年的洗浴，裸仙狐臭早无，希望能重遇有情人。如果哪位未婚男子晚上将粘好的鞋垫放在坑沿，第二天早晨去取，如果看中，她便绣得巧夺天工，如若不中意，则原封不动。但不管看得中看不中，晚上最好不要去偷看她出来取鞋垫，因为，她狐臭是去了，但身子却一直裸着的。

## 白天河的传说

位于原仁和乡境内，发源于原青水乡堰塘湾。横穿仁和西部，与西乡麻石河交汇而入汉江。它植被丰茂，险峻曲折，风光奇秀。

过会仙桥就进入白天河。西岸当河伸出一石岩，像一本巨大的石书，又像道石屏，藤萝披垂，又似私家花园的照壁。

东岸岩上有一石洞，叫"打儿洞"。如妻子怀孕，便可去洞下打石头，一投击中者，就可预测妻子怀的就是放牛娃。不过估计传说有误，怀孕后再去"打洞"且要灵验，那非得男女转胎不可。当然，有了难度才会叫传说。

再往前走是一线天。此处河谷陡然收敛，不是它想收，而是两岸挤压而不得不将河谷拧成一线。头上山势更是针锋相对，似乎就要合为一体而将河封死。如遇黄昏便感是在洞穴的阴河里穿行，胆战心惊。固有民谣，"一刀白天河，山往拢里缩。手抓羊胡草，虚脚就下河。"就是其真实的写照。

出一线天，会陆续遇上几道瀑布。一道似白缎，贴壁而下；一道似利剑，锋戳滩心，玉花翻涌；有的出露素身，于水草上摔得淅淅沥沥；有的半隐岩隙，偶露峥嵘。

其间，有"三狮峰"。巍峨的山体自谷中堆上天，最高处一体三分，像三头巨狮，同时朝向对岸作瞭望之势。最前一头略低，似乎怕遮住了后边狮兄。中间一头昂首挺立，最后一头则将厚重的手臂伸出，抚住中间狮弟。三狮背依瓦蓝的天空，似瞩望着一个永恒而古老的故事。

再递流南行，路离开河畔，攀上岩壁。登阶前望，白天河突然开朗。叹一口气，总算走出了这鬼地方。回头，壁上正刻着四个大字：阿弥陀佛！

白天河的险峻，让人胆寒，非人间水，乃天上河！古时候，这是当地老百姓进入西乡、汉中的咽喉要道，至今沿途岩上还可见石栈道的凿痕。即便是眼下，至黄昏或阴沉天气，一人也不敢行走。正因为此，传说中的一位神仙便起恻隐之心，在山腰安了一盏宝莲灯，夜间或阴雨则光亮如昼，天河里挂灯，便成了白天河。

## 会仙桥的传说

进白天河先过会仙桥。

走在仁和已经很挤压的谷底，突然再下一层，跌入深渊。沿一段石阶下去，顿觉天昏地暗。四周巨岩封顶，并直往下压。垂直下二三十步，好像是去偷袭绝密军火库，又像是走向地狱。未至底，陡现一浑圆巨石，石下冷泉泠泠，阴森无测，石上陡伸一石桥，将你渡向彼岸——这就是有名的会仙桥。

桥的对岸依然是绝壁，修桥者便强行在岩上打出石道，道旁岩上再镌铭文，今字迹已模糊，但犹可辨认是清道光十八年所建。

会仙桥长约 10 米，跨 6 米上下，高有 15 米左右，全由石条砌成，它依岩架石，古朴工巧，历经数百年而稳如泰山。

据传，修桥时来了一破落石匠想入伙而遭奚落，他便住在孤老汉家，走时打了一猪食槽留给老汉。桥快修好时，中间怎么也合不拢，匠人们找遍了白天河也无合适的石头，最后发现此猪食槽，老汉按破落石匠之话硬要了一百两银子方给。匠人们抬去一放，简直是天设地造。惊讶之余问老汉由来，方明白那是神仙鲁班下凡帮助修桥，石匠们后悔自己有眼不识泰山，便给该桥取名曰"会仙桥"。

（以上内容由梅冬盛整理）

# 四、定远厅同知诗词辑赏

中国的历史文化传统使得历代官员多有文墨功力，有点雅兴便有诗文遗世。镇巴从清王朝时期的定远厅多任同知到民国年间的定远厅首任知事、大书法家王世镗，大多留有诗文。文魂墨香得以蔓延而氤氲于巴山洋水，民生沧桑得以载录而资鉴于后世未来，实乃佳事。故此遴选辑录，并适度解读。

## 祈晴词

原词见前文。

作者，严如熤，清嘉庆八年任定远厅第二任同知。

〔点评〕作者乃湖南溆浦县优贡生，上《平贼十二策》被朝廷重用，因军功升任定远厅同知，捐金建署筑城，植桑垦荒。嘉庆十三年升任汉中知府。

作为山大沟深凭农业靠天吃饭的镇巴的父母官，面对天旱地雨、农民疾苦、稼穑艰辛之情状，纵便有诗圣之工、诗仙之才，也只剩下了最质朴最实在的同情。麦苗正吐穗却逢连天淫雨，由"祈晴"转而上升为"永矢政不苛"的政治理想，点出了这首诗的主旨。作者同类的诗尚有《夏耘词》、《谕农词》、《喜雨词》、《秋获词》等，既"祈晴"，又"喜雨"，看似矛盾，其实正是这种现状的反应，私人化的个体情绪只能让位于民生大事。

不言诗艺若何，仅凭其视野胸怀选材所及，其患灾忧民之心可鉴矣。

## 定远留别

### 李枢焕

（清嘉庆十年任定远厅第五任同知）

地接巴东万叠山，孤城斗大镇秦关。
三年无补边陲事，幸际清平得养闲。

黾勉从公岁月深，敝裘粗粝总甘心。
一官长物吾何有，吹落黄花满地金。

清风扬袖快登程，柳拂旗亭带醉行。

回首从容增气象，从教人物启昌明。

〔点评〕作者似乎得了某种暗示，对将来的路了然于心。故而心平气和，尽管也觉此"孤城"仅"斗大"，甚至"无补政事"且"为官无长物"也不怨不怪，乐得个"清平养闲"，这全得于一种"清风扬袖快登程"的愿景。但作者任上也并非是无为而治，嘉庆十年由西乡令升任，生性慈惠，慷爽，先后捐建养济院、班侯祠，最后升任四川建昌道。诗中洋溢着一种内在的自得与踌躇，皆由此也。

## 示李进士

### 石珩

（清嘉庆十五年任定远厅第七任同知）

岂教五斗易鱼竿，世事如棋局外观。

种橘何尝无济世，读书原不为求官。

郑乡学富三公贱，汉水风清一枕安。

哪用荣情商出处，葛藤雅称竹皮冠。

〔点评〕"岂教五斗易渔竿""世事如棋局外观"，开篇直胸，文人墨客的清高溢于言表。不为官事而改变自己风清月白的垂钓之趣，意为读书并不为求官，人生只在追求精神的安适。有了此种心态，即便身着葛藤编制的衣衫，也可自嘲雅称"竹皮冠"。

看似对李进士的劝勉之词，实则流露的是自己处事的智慧与志趣。据厅志载，石珩工书法，民多宝藏之，其书家诗家之精神内质均赫然于兹。

## 赴都留别定远父老生徒

### 马允刚

（清嘉庆十六年任定远厅第八任同知）

卅载游踪寄汉南，宦情落落似瞿昙。

心经一卷灯前印，化雨千村望里酣。

高下风光秔与稻，输囷乔木杞同柟。

回头不尽流连意，杨柳春城水蔚蓝。

〔点评〕历数定远厅数十任同知，在余修凤主编的《定远厅志》中对马允刚记载最多，而其任期亦长，达12年。期间，建庙祀祠堂及书院，最早的官办学校由斯矣。为诸生讲学，资助寒士，捐刻唐诗明文，分设厅学，兴教化之风，可谓劳苦功高；而后年80升任安徽池州府知府，以年高乞请归于直隶，可谓功德圆满。

留别定远，允刚最有资格，最有感触。三十年背井离乡，为官汉南，似清修佛徒；"化雨千村望里酣"，年事已长，思乡之情日盛，读之不觉恻然。据作者注解称，城本狭小破旧，稍葺扩展于城外，多植杨柳，待作者离别时，看到已"参参"如斯的杨柳，折别之意油然而生。

## 留别定远诸父老

### 罗定约

（清道光二十一年任第二十一任定远厅同知）

校猎秦中二十年，秋高日落倦弓弦。
太平无事吟归去，柳折长陧好着鞭。

杏花红药手亲栽，薜荔墙高长绿苔，
偏地芝兰芳草秀，满园春色为谁开。

故乡风景竟何如，水满池塘竹满庐。
醉里青山多少梦，岳云深处是家居。

〔点评〕作者系河南南城县进士，明敏多才，在定远厅的记载中，仅有捐修神庙事。此留别诗一共三首。第一首交代了在秦地工作了二十年，倦慵之意难免；第二首写作者闲散之余遍植花草，但闲散后面却潜藏着对自身价值和意义的思考和质疑；第三首由眼前定远的花草树木陡然想起自己的家乡，并设想了具体的场景情形，当是"水满池塘竹满庐"吧。但人在江湖，家乡山水只可醉梦相见——哎，青山白云，漂泊四海，处处非家处处家啊。整首诗，意象透明而意远，意境明了而情深。

## 青冈坪

### 德亮

（清咸丰三年任定远厅第三十任同知）

四载班城借一枝，每因雀鼠事奔驰。

问途前日经长岭，返辔今朝过大池。

残雪满山泥滑滑，密箐偏地行猗猗。

主人相待殷勤甚，系马留宾进酒司。

〔点评〕德亮，江南满洲驻防正白旗人，两任厅事，厅志称其"喜吟咏"。诗中为"雀鼠事"今日长岭明日大池不停地奔忙，不管残雪泥滑，还是荆棘覆路。好在大巴山地的百姓"相待殷勤甚"，不妨系马且进酒。作者遇"民有牒者，力为开导，务使两造心平"，可见身为同知，素亲民，率真直爽。

### 偕闵游戎赏桂正教寺

#### 沈际清

（清咸丰十年任定远厅第三十三任同知）

秋高气爽老桂香，衙斋挈侣访禅堂。羽扇风流真儒将，提壶携榼山之阳。

尘谭斐亹霏玉屑，花气馥郁透云房。竟日流连略形迹，中酒浑亡嵇阮狂。

我劳簿领增烦郁，清远空怀云水乡。趁兹雅叙得良友，会须一饮三百觞。

川媚山辉互掩映，双干长伴古甘棠。时和尤幸逢中稔，遍陬无事戢戎装。

相对庭柯共欣赏，金粟世界兆金穰。还冀来秋多撷取，蟾宫满香应文昌。

〔点评〕作者沈际清乃浙江归安县人，厅志称其"真诚朴实，有长者风"。品酒，赏花，友如羽扇儒将，自比放狂阮康，望空而怀乡，雅叙而得友，进而邀访劝勉，全诗一气呵成，酒气花香伴其间，令人沉醉。写花形花态花色花气及友人神韵尤为传神。

### 集同人西园赏牡丹

#### 鲁学浩

（清同治十年任定远厅第三十八任同知）

朱栏十二护天香，雅集西园快饮觞。

寄语诸君须努力，莫教富贵让花王。

〔点评〕这是定远厅同知诗文中最异类的一首。说它异类，是因为作者不同于同僚们在诗文中对自身职业身份的在意，而是大胆以一个普通人的身份邀集诸君"赏花饮酒"，是典型的文人诗。他有专门的"西园"，"赏花饮酒"似乎也是平常的事。看来作者是一个极富情趣的雅人，而"寄语诸君须努力，莫教富贵让花王"，又不乏上进劝勉之意，可敬可叹。但这也并非说他过多闲情逸致，厅志言其"督修考院书院，复建南山塔，不辞劳瘁"，可见古代文人"从心所欲不逾矩"读书明理修齐治理的精神美德。

## 月夜度星子山口占

余修凤

（清光绪三年八月任定远厅第四十二任同知）

夜色苍凉甚，当头月一轮。

崎岖经历惯，挥剑斩荆榛。

对影上层峦，衣单怯露寒。

僮厮浑不语，窃笑苦穷官。

轮铁消磨尽，巉岩路几重。

醉余残梦里，惊醒梵王钟。

犬吠泉声乱，山魈惮似人。

卑官谁得识，明月证前身。

〔点评〕余修凤，湖南平江县监生，同知。在有记载的定远厅同知中，他善于治灾，光绪四年倡议捐收橡种，在安垭梁种树，保土固城，今仍可见橡树成林；且多文采，修编成了我县历史上唯一一部志书《定远厅志》，另有《龙泉记》，语辞利落，意蕴饱满。

多文采，其诗便不乏含蓄的小我情怀。月色苍茫，为官事在荒寂的星子山上狼狈赶路，难免牢骚"卑官谁得识"，定远之地的偏僻，怀才边陲的不遇，尽显无余。但修凤依然可爱，"窃笑苦穷官"，这一"笑"的释然亲切而珍贵，如星子山上空皎洁的月光，既为官，何言苦，这月光必当照亮平西的百姓。修凤"自怜"而不"自贱"，以"明月证前身"作结，是一种自强和自勉，是一种自白的希望和信念——不管他醉酒与否。

（以上内容由梅冬盛整理）

# 五、镇巴旧时文学史上的一篇奇文

## ——丁木坝胡高学墓表

历史上镇巴一些大家族有宗祠的不少，如碾子的汤氏、蒋氏，观音小李沟的李氏、鹿子坝的程氏等，但有规模的遗存较少。在仅有的一些存留中，专立墓表且字数近6000并保存至今的祠堂非丁木坝胡家庄园莫属。

胡氏庄园遗址位于青水乡丁木坝群山谷中的一片台地上。始建于清初，占地约20余亩，坐东向西。原庄园为建筑群，由住房、祠堂、马厩、城墙、水牢、山寨门、后山寨门、城墙、作坊等组成。经土匪多次袭击，1945年被火烧毁。目前仅存城墙数段，高约3米，上宽1.5米，下宽2.5米；城墙上有方形射击孔三个，山寨门三处，柱基础石数个，抱鼓石两个；石条铺砌天井，东西长11.4米，南北宽12.1米；后寨为墓群。

嵌于城墙上的大理石墓表长约2米，宽约1.5米，雕刻文字主要叙述十世祖生平事迹，字迹清晰，保存完好。

遍查全县，该庄园独存，规模独具，表文独长，堪称一绝。

尤其是该墓表丰富的信息，如人口迁移的路径，族谱信息的清晰记载，经济生活的珍贵实录，治家训学的典范，忠孝善义的道德，叙事文学的笔法，主人公胡高学的传奇人生等，特别是在我县的独有性，更使其具有深远的研究价值。该墓表刻记于1920年，上溯追叙十世200余年的历史，不啻一部家族及当时社会的浓缩简史。遗憾的是这么多年来墓表独嵌于山墙之上，没有全文传世。为弥此憾，我们跋山涉水两次考察，攀梯爬墙，逐句抄录，补缺增漏，反复斟酌，以赶在它被完全剥蚀前而存之于后世，供爱好者研究，也让这篇长达6000余字的墓表奇篇公诸于世。

## （一）人口迁移的路径

历史上山南多有外来人口，有些地方几乎全为迁徙所成。如湖北麻城人迁居城固，关中人迁居洋县，而镇巴多为湖北（麻城居多）、四川等迁移而来。

镇巴的迁徙有一个非常有名的说法叫"插占为业"，即讲这里居民尚少，外迁来的人可以自己选定地方，插上标记指定界线先占为己。

这些所有说法，在该墓表中都有完整记载。

胡氏迁徙的路线：湖北黄州府麻城县→汉南西乡县堰口杨家花园→插占大楮河丁木坝。

时间：明后期→明末→清初。

"插占"的地盘：定远厅大楮河丁木坝。

## （二）族谱信息的记载

镇巴完备确切的传世家谱不多，当代一些家族整理搜集了一些，但最多上溯不足200年，且多谬误和缺失。而该墓表作于20世纪初叶，于此再往上追叙近200年，时间从今跨越达300年，其完备性、真实性及长跨度都具有非常的意义。

胡氏族谱脉络图示，特别要说明的是，这是根据该墓表整理而成。

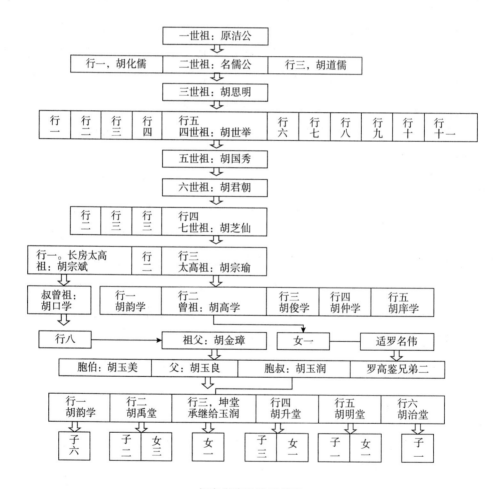

胡高学家族世系简表

### （三）经济生活的实录

镇巴在历史上的重要经济活动，如造纸手工业较为兴盛，但具体到某家某厂开办，时间记载的不多，而该墓表却有明确记载。

胡家家业的奠基即始于此，可见其生产规模和效益。

更重要的是，镇巴史料中对工商贸易情况的确切记录少之又少，而该墓表也有记载。胡氏在青水河火石沟、方家沟开设义发新、兴纸厂的基础上，先后在西乡邑小东街及东关设立义发杉、祥、生钱行、栈房、作坊，杨家河设立义发德及汉中南郑设立义发隆各字号，定远邑南关设立义发成、源集货、钱行，本地羊马店、后坪开设义发魁、合及皮窝铺、塔坝河、尹家河开设义发恒、荣药铺、锅厂。

可谓是建立了一个以"义发"为统一字号的遍布周边的商贸网络。

### （四）治家训学的典范

一个家族的兴盛与发展，与自家的家族教育及家风传统有很大的关系，否则就会陷入"富不过三代"的魔咒。胡氏家族的治家，特别注重教育，这可以从如下几点印证。

一是开办义学。1871 年，胡氏宗祠竣，在祠内"设立义塾一堂，延师课读，族内外姓子弟均入塾；肄业不名，另给脩脯，且帮出县、府、道及乡会各试卷费。"

二是言传身教。"无论何时，昧爽（拂晓，黎明）即亲身督理家务与办理公事，千端万绪因有遗漏。远近亲戚，佃户问难与各号往来书信，均当下指引，手复笔翰如流，未尝雍滞。每日治事，如尚未竟食，具虽陈，不暇饮食，终身如一，并不云劳。"后辈子孙舜等的作为也完全佐证了这种教育的效力。"嗣子舜祖父胡金璋，例授太学监生，驰赠秦政大夫；长孙胡玉美，颖悟非常，幼读能文；季孙胡玉润，太学生；次孙胡玉良，翰林院孔目衔、钦加五品顶戴、例授奉政大夫。长曾孙胡舜堂为附贡生，候选州判。"胡高学去汉中，"□足疾复发，孙胡玉良等闻恙即先信禀明，亲至接归，侍奉汤药，医治痊愈，以期寿享遐龄，同叙天乐。"逝后，"其子孙等哀毁骨立，措办丧事，敬慎周至。"（一是自身持家的能力，二是在继父病危之秋，舜如何地恭敬孝顺）

三是从一个硬件"字窟"可见一斑。古人崇尚诗书，连用过的稿纸都不能乱扔，更不能当手纸，而必须放在专门焚纸的"字窟"中。胡氏庄园犹存的石雕字窟其规制和精美程度可见一斑。

### （五）忠孝善义的道德

秉承良好的家教传统，在为人处世方面，胡氏严守忠孝善义的道德规范，为我们展示了一幅在这种规范下的庄严、有序而又不乏生机活力的旧时代家族生存发展的历史画卷。

忠者。忠于自己的国家，具体到忠于国家哪怕是签的屈辱条约，倾其力以尽匹夫之责。"（光绪）二十年，甲午岁中，倭定约赔款，甚钜。大部议以库帑（音 tǎng。古代指收藏钱财的府库）空虚，始筹商借，继立昭信股票，两次借给数百金。"

于匪患蜂起、动荡不定之时，在救济流民的同时，冒着生命危险，挺身而出，受同知之命组团练抗击，取得成功。同治元年，蓝大顺、曹培世二匪由四川先后迭窜县境，居民流离，胡高学设法赈济；定远厅同知汪兆侗知其贤，谕办团练，堵防麻柳滩（在大楮河，界西乡，地势险要），贼未敢犯。

孝者。尊崇祖先，立祠堂，编族谱，是为孝；病危重而侍之不离步，是为孝；祖坟地被卖而不惜以官司赎回，亦为孝也。胡氏上下时刻以自己的实际行为践行着这种教条。

善者。胡氏的善，主要表现在帮扶弱者，怜惜乡邻佃户。"置祭田，助婚丧，设义庄，赡族苦，施棺木衣衬。凡遇荒年帮助佃户资种。称贷无偿者，数至钜万，悉取借券焚之，不索其偿。"

义者。危急时刻挺身而出，水阻山障，则竭力而为路桥；后生倦慵，则兴力义学而教之。

### （六）旧时文学的翘楚

镇巴古代文学仅见于唯一的一部《定远厅志·艺文志》，区区不足百余篇诗文，最长者亦不足千余字；在民间文学集大成者的民歌中，最长的叙事歌《月亮往西下》或《十写》均受制固定的格式句式，长度更为有限；而民国计38年间的近代文学，更少见完整的作品。更不用说宏篇巨制。从这个意义上讲，长达6000余字的《胡高学墓表》可谓是镇巴历史上纪事文学的扛鼎之作。

该篇文章，布局合理，叙事清楚，详略得当。叙事中不乏抒情之笔，铺陈中亦见析理之墨。特别是讲到曾祖病危、子孙侍奉的内容，如泣如诉，极其感人。"至八月中旬，病势渐增，二十日亲笔书示，谆谆谕舜父等，犹以家务各事为怀，且勖之曰：'若等勉力，承家治家，以勤成家，以俭居心，宜正存心，宜公复。以舜等弟兄读书为重。'至二十四日，捧到，舜父跪读，不禁泣下。二十五日，即令舜奔府视侍。无奈于二十七日巳时竟弃舜等而长逝矣！呜呼，痛哉！及舜二十九日到汉，竟得睹其容，未闻其音，殁犹如生，舜泣血羯及，至舜含饭后，始方瞑目。"

同时，也留下了一篇"墓表"这种文体的范例。

### （七）奇文奇篇有奇人

仅凭文笔畅达，功力深厚，但不定能写出这篇长文。关键在于被叙写的主人公有得写，值得写。而胡公高学者，当之无愧也，完全可以列入镇巴历史上的传奇人物。

军事上，兴团练，抗匪患，屡立战功；经济上，开纸厂货栈钱庄，创建"义发"王国；建筑上，选要地，高筑楼，建成胡氏庄园；文教上，家教有方，树典立范，开办义学育后生；为人上，赈灾修桥，济贫扶弱留美闻……

> 墓表数千言，
> 胡君功难计。
> 今兹录文事，
> 更待后人叙。

### 《定远厅丁木坝胡高学墓表》

前清诰授武德骑尉晋赠昭武都尉四品封典即补守府，仰之，曾祖暨德配诰、晋封安、恭人刘曾祖妣，行表实录：

曾祖姓胡氏讳高学，字仰之，号岑堂；行二。陕西汉中府镇巴县人（即前清定远厅），生于嘉庆甲戌年九月初四日戌时，卒于光绪乙未年八月二十七日巳时。为宋御史胡公成、妣耿之苗裔也。曾祖德配曾祖母刘恭人生于嘉庆乙亥年二月十九日未时，卒于同治庚午年正月二十三日巳时，原籍湖北黄州府麻城县。

自迁陕，一世祖讳原洁公，二世祖讳名儒公，于明（原文不清，依前后文推断）。季由鄂入秦，寄籍汉南西乡县堰口杨家花园落业。卒，葬于斯。厥后，分支蕃衍，代远年湮，亲疏难判。咸丰初，有远族胡宗□将坟前地一分卖于异姓，经曾祖查知，五年，控西邑，华主断归，曾祖出钱买回，以作坟会祭祀。卜收碓臼坝胡在典条银一分，归会完纳。

传至三世祖讳思明，耆德硕年，例授员外郎衔，妣氏邝、符育子十一，清初插占大楮河丁木坝，遂居家焉。世业耕读，勤俭处家，及今传十余世矣！

四世祖讳世举，行五，妣氏李。五世祖讳国秀，行一，妣氏李。六世祖，讳君朝，行一，妣氏李、汪。七世祖讳芝仙，行四，金公妣氏王、王，子三。太高祖讳宗瑜，其季也，居家有法，望洽乡里，勅授武略骑尉，貤赠四品封典，高祖妣氏王，继妣氏易貤、晋赠安、恭人，生曾祖弟兄五，长讳韵学，早卒，子一；三讳俊学，子一；四讳仲学，义字；五讳庠学，太学生，早卒，无嗣；曾祖居次，四品封典，曾祖妣氏刘诰、晋封安、恭人，出女一，适罗公讳名伟。曾祖父、妣嗣舜祖父讳金璋，系老长房太高祖宗斌公之孙，承继于曾祖之子也。继曾祖妣氏廖、杨均无出。

曾祖生有至性，迥异寻常，赋性刚毅，言行忠直；及长，束发受书，聪颖过人，无他嗜好，且性及孝友，家庭恃奉，愉色婉容，兢兢以礼仪自持。时方成童，因先太高祖年届迟暮，以食指日繁，照料难周，为分爨计，嗣于道光十九年析产后，弃儒芸馆，经理家务，未年业诗书，改习弓马，屡试前茅。未售，始援例入太学授弟子员。

自先曾祖妣刘恭人来归，素娴母仪，佐曾祖勤理家政，尤长理财，戚族称贤，可谓内助得人。于是，曾祖贸易河口，及开五通坡、九龙寨二处纸厂，事业渐增。于咸丰初始，仍旧址重建屋宇，沐所主德、官，游击闵及衙署均旌之以额。十一年辛酉岁，独立出资并修宗祠于丁木坝老宅右，辰山戌向，越十年，始经落成，设立义塾一堂，延师课读，族内外姓子弟均入塾；肄业不名，另给脩脯，且帮出县、府、道及乡会各试卷费。更为宗祠买置祭田，助婚丧，设义庄，赡族苦，施棺木衣衬。凡遇荒年帮助佃户资种，种种条款，另载碑志。称贷无偿者，数至钜万，悉取借券焚之，不索其偿。

迨同治十二年三月，题主入祠，而川、汉、西、定各处文武署官、契友、戚族赠文赐额，以扬先德。共费金一万有奇。每至春秋祭祀，以时必躬，竭尽诚敬，未尝疏懈。曾祖常语族众曰："宗祠既成，先灵有所凭依，吾不复以为忧；但忧谱系未叙，则昭穆莫分，苟非追本源，溯支流，安知后世子孙不以同宗同支而秦越相亲也？"爰令舜、堂叔祖讳金瑞总理缵修之，揔系排列，虽竣，然简而不详。曾祖欲重改修，奈本支蕃昌，谱系难考，芜因公私事繁，延搁中止。其敬宗收族之心如此。

至是，增设各处字号，办理县属公务，本地国防，以军功保举卫总后，筹办奥西军饷，议叙云骑尉衔。讵同治纪元，蓝、曹二逆由川先后迭窜县境，居民流离，心殷赈济，厅侯汪闻其贤，谕办国练，堵防麻柳滩，沐保六品顶戴。

三年，厅主林修复大堂八。

五年，在西邑北门外置义地两亩。

十年，厅主汤创修考、书院，谕令募捐，先后共输资数百。及是年，复办理西邑城工、捐修衙署，蒙西乡县正堂郑详请陕甘总督左，奏请营卫守备，在籍即补。

光绪二年，厅主秦筹办县城常平仓。

四年，厅侯余办理本地社仓，奉谕采买，共捐资数百金。

蒙各县、厅主先后胪陈其事，例请四品封典，赠两代。

三年丁丑，旱荒。次岁大饥，待哺甚众，先施本地赈济，凡至□粮□减价外，均管以食。及各处佃户悉数措予之，按口发给资种，使不废耕。

四年，指办本里保甲公产，首认捐资，更为经理，置买地方，逐条载立碑志，免除连年徭役摊派之苦。沐厅侯余奖以"好善乐施"匾额一方。

五年，纂修厅志，先捐资一百缗，以为之倡，俾成其书，于本县风土人情有所考究。

六年，自营生圹于老宅右，甲山庚向，七年辛巳岁告成。曾祖因曾祖母刘恭人于同治九年，以劳碌疾终，仓猝殡窆于老茔，辰山戌向。遂启刘曾祖母与曾祖合墓。

八年，厅城设立宾兴膏火，共捐资六百金，厅主高仝班城山长程及书院肄业生童等，题之曰："好义兴文"。

十年，完固城池河堤，独立监修，竣事。沐高宪，详请钦命陕抚边批奖"好义急公"匾额一方。

十三年，重修本里乐新庵庙宇。

十四年，捐刻《宝善录》，印送，以劝世人。

十八年，厅城东角墟塌，复捐资三百金，厅主贺，详请巡抚鹿奖给"急公好义"匾额。

二十年，甲午岁中，倭定约赔款，甚钜。大部议，以库帑空□，始筹商借，继立昭信股票，两次借给数百金。是年，督修本地兴隆场关庙，以妥神圣而崇祀典，凡此，皆公尔忘私，急急于邦国者也！

二十一年，复立三世祖思明公墓碑，载列世系，俾知后嗣远近亲疏。并嘱舜父等清理西邑花园坟会余资，经立化、名、道儒三公碑志，以实记载。

同治光绪间，堂曾祖等先后终于捡地，曾祖疼念悲凉，均为之发葬老茔，竖立碑志，以全手足之情。

向来家内设立药室，请医经理，有贫苦取药无钱者，欣皆发给，不计取与。兴西邑木马河古渡、二里桥石路，及本厅邻县各地兴义举者，皆量为输助，无少吝惜，是皆乐善不倦，本于天性者也。至若处乡党，戒争讼，排难解念，见义勇为，乡曲是非争论，得一言无不悦服；遇朋友告急，量力饮助。待亲族子孙爱若亲生，晤面则劝导备至，聪颖者义使从学，愚钝者务令各执已业，毋任游惰，以坠家声。若本宗之子孙，格外严加教养，均望成立。舜从堂祖讳金瑞，庠名锡荣，则心殷督读，直至学成，设非早丧，乡举实未可量；又如堂叔讳玉龙，幼失怙恃，为之送读，虽名未成就而书法尤工，世人加赏，与之入太学，及堂叔玉彩、珠等，从堂叔玉成、珂弟兄，玉典、异、奇皆为之因材成就。性质近工艺者，则使之习艺，近商业者，则殷勤督责，不至逸居无为。亲外姻尤为周至，若外孙罗讳高鉴弟兄，为之娶室，置买田地、房宅，课耕送读，视若亲生；待亲眷周恤兼全。途遇饥寒即恻然不安，处佃户号伙，待之以礼。凡有伶俐子弟，招入家塾，使之读书，除不给修金外，且为之奖给食物，以资勉厉，此皆邑人之颂祷不忘而见诸记载者也。虽赋性使然，抑非素具仁爱之真心，慈善之美德，易克有此？

自舜等弟兄出，实为曾祖所乐怡，常语曰："有若后生等，可谓无忧矣！"无如家事纷繁，需人照料，乃于光绪庚寅岁，命舜父废学居家，仝理内外事务，决意送舜等弟兄读书，不使旷弃学业。是曾祖先后教子训孙，及令舜等就学，不惜厚聘，必择名师教授，致敬尽礼数十年，始终如一，从无稍懈，以期有成。

至处身涉世，一切势利荣辱皆听自然，不妄强求。而西、定各处增置田地、房屋数百所，先后在西邑小东街及东关设立义发杉、祥、生钱行、栈房、坊，杨家河设立义发德及汉中南郑设立义发隆各字号，定邑南关设立义发成、源集货、钱行，本地羊马店、后坪开设义发魁、合及青水河火石沟、方家沟开设义发新、兴纸厂，皮窝铺、塔坝河、尹家河开设义发恒、荣药铺、锅厂，与频年修造各处房宇，凡百建设，无不大费苦心，在曾祖竟行所无事也！

回念曾祖一生，自奉俭约，待人忠厚，交友则和平厚重，远小人，亲君子，与缙绅学士游，咸雅相敬重，为人所推许。其居家，黎明即起，分派家人等事，虽顾畜有仆隶，事无巨细，皆躬亲检点，务求条理。悉俱饮食服御，悉如寒素，毫无些须娇饰气。于岁时伏蜡际遇宾客、戚友过访者，惟觉和气迎人，坐谈尽欢，其谦恭之度，至老弥殷。恒居以礼法是持，于子若孙，待之甚严，从不宽假，虽严寒盛暑，必令衣冠整齐，侍立终日，不命之坐不敢坐，小有拂意，即怒骂，随之唯负罪引慝，不敢疾怨，常语舜等父子曰："作人须端方正直，居家宜勤俭仆实，质虽至愚而诗书不可不诵读，名即不成而言行不可不谨慎。尔曾席丰履厚，切戒骄骜、贪婪之习，必生其恭敬之心，礼让之气。父教其子，兄勉其弟，当谨守先业，毋贻前人羞。"此治家训谟，极昭严肃者也。

舜等更忆，光绪乙未春二月，县试，夏五月，府试，曾祖时已臻耄耆之年，犹与舜等筹试费、理行装，亲送至县、至府，经理应试，往返千里，终不言倦，望舜等成名之心甚切！如此生平循谨，自持料应事机，虽极繁难，皆从容决之，无不至周至当。自以身体夙强，无论何时，昧爽即亲身督理家务与办理公事，千端万绪□有遗漏。远近亲戚，佃户问难与各号往来书信，均当下指引，手复笔翰如流，未偿雍滞。每日治事，如尚未竟食，具虽陈，不暇饮食，终身如一，并不云劳。

舜祖父兴、舜父母朝夕定省，乘间恳劝，节劳静养，以保天和。曾祖即厉声叱之曰："如尔等所云，宜苟且偷安，优柔怠惰，坐享现成者流耳，吾不忍为也！况受祖宗遗留，曷敢偷闲，以身养优，唯有勤慎谨守，□不负祖宗之恩育。"以至乙未岁，年近八旬晋二，犹以前后事决料而老当益壮，非人所能及。所最重者，因余心一掣，亏资本万金有余，视曾祖年迈，竟为昧吞。始控县，求追。讵若辈黑胆包天，公然贿赂署吏，悬案不讯。不得已，曾祖亲身赴汉道、府控究，虽沐传追，奈事款钜重，一时难以完案，以致缠延未结。是年，□足疾复发，舜父等闻恙即先信禀明，亲至接归，侍奉汤药，医治痊愈，以期寿享遐龄，同叙天乐。曾祖即示责不准，至八月中旬，病势渐增，二十日亲笔书示，谆谆谕舜父等，犹以家务各事为怀，且勖之曰："若等勉力承家，治家以勤，成家以俭，居心宜正，存心宜公。"复以舜等弟兄读书为□□□□再至。二十四日，捧到，舜父跪读，不禁泣下。二十五日，即令舜奔府视侍。无何，于二十七日巳时竟弃舜等而长逝矣！呜呼，痛哉！及舜二十九日到汉，竟得睹其容，未闻其音，殁犹如生，舜泣血曷及，至舜含饭后，始方瞑目。舜即备衣棺掩殓，扶视殓里。曾祖父与舜父等哀毁骨立，措办丧事，敬慎周至，每以未能亲视含殓为憾。暂殡中堂，诵经礼奠，择于次年丙申岁十月十八日安厝，题主归窀。

曾祖在日，于宅右修就甲山庚生圹，是时，戚友、号伙、佃户吊奠致祭者，一念曾祖之前事业不禁而泣下称佩者。是曾祖之德著乡邦，声施远迩。舜等侍养无状，未能使曾祖享一日安闲之福，劳瘁以终，呼天抢地，百身莫赎；唯思曾祖在日，于居家料事无不至周，且备修蔂笆、坐宅四周院墙，一在防备小人，止奸盗之源，一在围固老茔，免至牲畜践履，少有缺坏，随时筑补；奈山土不坚，每遇夏雨，即多倒塌，修补为难。于舜父在日，曾议及以灰合泥用石筑砌而期一劳永逸。自宣统辛亥夏经始，预计三年完工，费计在千金，今工将竣，特于曾祖墓前修砌照墙，刊揭墓表，以述先曾祖一生之事实，俾后世子孙有所知，曾祖燕翼贻谋之苦衷，遵守勿替，于祭田之所在，不致阙闻；且舜等幼为曾祖所钟爱，时懔庭言，谨默识之，至今言尤在耳，未敢时忘，竟思音德而不闻见也，故特谨述其事，泐诸贞珉，以示将来之子孙耳！

曾祖享寿八旬晋二，筋力犹强，今已卆有二十年矣！精血未寒，虽殁犹存，每遇家中内外事务，犹暗中扶持。然曾祖在日，兴、舜等生聚四世，今见同堂五代，无非曾祖父与曾祖母刘恭人之积厚流光矣！曾祖嗣子舜祖父讳金璋，例授太学监生，貤赠奉政大夫，原配舜祖妣氏饶，貤赠宜人，生舜父弟兄三。曾祖长孙、舜胞伯讳玉美，颖悟非常，幼读能文，惜先曾祖中殇。季孙、舜三胞叔讳玉润，太学生，娶叔母氏严，无出，奉曾祖命以舜三胞弟坤堂承继。舜父讳玉良，即曾祖之次孙也，翰林院孔目衔、钦加五品顶戴、例授奉政大夫，发配舜母万氏，例赠宜人，生舜弟兄六。曾祖之长曾孙舜堂庠名铭新，清光绪乙巳岁，傡幸游泮附贡生，候选州判，娶王氏，现出子六，俱幼读。次曾孙禹堂楠名维新，宣统戊戌高等小学优等毕业，增生候选县丞，娶刘氏，出子三，幼读，女亦三，待字。三曾孙坤堂，武童生，出嗣舜胞叔讳玉润，娶万氏，俱弱冠，早殇，出女一，待字。四曾孙、升堂太学生自治研究毕业，娶吴氏，现出子三，幼读，女一，待字。五曾孙明堂，九品衔警察教练肄业，娶李氏，现出子一，幼读，女一，待字。六曾孙治堂，现肄业高小学校，娶张氏。曾孙女二，长适武生蔡月斋仲子经史，育子蔡国典，女一；次曾生女，适明经张□楼之胞侄立绩，现育女、子一。玄孙继宋、寅现肄业高小学校，继宪、安继定、宗肄业国民学校，皆长曾孙媳王氏出；继虞现肄业高小学校；继杞、梓肄业国民学校，皆次曾孙媳刘氏出；继林、立、懋继彬肆业国民学校，皆四曾孙媳吴氏出。继恭，五曾孙媳李氏出。继清，六曾孙媳张氏出。

曾祖之后嗣自子孙至曾玄，绳绳继起，同聚一堂，曾祖有知，阴灵训诲，伏乞默佑拥护后孙，俾我弟兄子侄，相亲敬爱，和睦昌盛，济济一堂。谨禀彝训，兢守先业，各讲求伦常之理，忠义之节，孝弟之风，文学之事；或为士、为农、为工、为商，各守正业，培元气，厚人心，异日光大门阁，后孙之福，于祖有光，正不知为何如也！

舜等不肖，谨据夙所记忆，见诸志乘，并闻人所颂祷者，总拾其事，诚意直书，以叙先曾祖在生之功德，即以为后世子孙勉。

谨述。

大楮河胡氏私立国民学校教员姻□晚生颖川子缉氏鞠躬填讳

镇巴县立第二国民学校教员姻晚生清河星五氏鞠躬校正

主胡氏私立国民学校副教习前国子监堂侄孙胡玉龙沐手敬书

中华民国五年岁次丙辰阳历十月二十三日即阴历九月二十七日曾孙胡舜堂、禹堂、升堂、明堂、治堂谨述，率玄孙继虞、宋、懋、恭、清等敬立

（以上内容由梅冬盛、吴平昌整理）

**相关链接·文物遗迹**

# 魁星楼和永平桥

在镇巴历史上，县城南约三里路的土垭子山梁垭口上，曾经有一座清朝嘉庆年间修建的"魁星楼"；县城南门外曾经有一座清朝道光年间修建的"永平桥"。它们都是由皇清例授修职郎周士修倡导捐赠修建。

周士修，名中魁，字永寿，号五星，男，汉族，生于清朝乾隆五十三年（1788）三月初九日①，卒于清咸丰十一年（1861）八月六日。湖北省麻城县高坎堰人氏。

明朝末年，朝廷大举移民，始祖周兰与其弟从"原籍湖北麻城于明朝万历四十八年（1619）来陕之西乡县寄居男儿坝"②，清朝"顺治二、三年间（1645－1646）"③，因"洋寇施三所、杨二前后率众犯侵境，公避人意"④，又迁固县坝下牌"黄泥溪托足。彼时黄泥溪荒臻无主，西邑侯示谕：'某某垦荒地若干，即为某某恒产'。垦荒地钱以每年纳条银缴官，遂即安土焉。"⑤ "置产安家"⑥。始祖周兰及其子周旭、周昶、

---

① 镇巴县泾洋镇陈家坝《周中魁墓碑志》。

② 镇巴县泾洋镇李家坪《周兰墓碑志》。该墓重建于清咸丰十年闰二月二十六日，碑文由蒲城举人、定远厅孺学正堂高冲霄撰稿，由定远厅已未科举人马秉乾书丹。

③ 镇巴县泾洋镇李家坪《周兰墓碑志》。该墓重建于清咸丰十年闰二月二十六日，碑文由蒲城举人、定远厅孺学正堂高冲霄撰稿，由定远厅已未科举人马秉乾书丹。

④ 镇巴县泾洋镇李家坪《周兰墓碑志》。该墓重建于清咸丰十年闰二月二十六日，碑文由蒲城举人、定远厅孺学正堂高冲霄撰稿，由定远厅已未科举人马秉乾书丹。

⑤ 镇巴县泾洋镇李家坪《周兰墓碑志》。该墓重建于清咸丰十年闰二月二十六日，碑文由蒲城举人、定远厅孺学正堂高冲霄撰稿，由定远厅已未科举人马秉乾书丹。

⑥ 镇巴县泾洋镇陈家坝《周中魁墓碑志》。

周魁及后辈儿孙"俱以服贾起家"①。经苦心经营，艰苦创业，渐是人丁兴旺，家族昌盛，周氏族门遂成为固县坝一带之名门望族。

为便于家族发展，清朝乾隆年间全族举迁定远厅固县坝李家坪定居。

士修为周昶之曾孙，周起华之孙，周庠之长子。其祖父周起华"赋性质朴，持身庄重，维未诗书，而出孝入悌，俨若天生。幼年家寒，苦力经营，凡遇贫难无不给。"② 其父周庠坚守父业，以农为本，继续经商。历经数年，在李家坪、陈家坝、周家营一带购置田地数百亩，于陈家坝又扩建有数十间房屋的庄园一处。到周士修时，家境殷富一方。

周士修兄弟三人，其为长，大弟周士岱，二弟周士偦。士修身材高大，体魂健壮，聪睿好学。幼时入族办私塾启蒙，后进定远厅班城书院深造，为孺学生员。受其先辈周魁等习文好武之影响，他不仅喜文，且更好武。青年时投师学艺，练就一身武功。族人相传，他一顿能吃半升米、三斤肉，能举起二百斤重的大石碓窝。二十来岁时，参加厅城武生选试，以精彩的武术表演选为武生。二十五、六岁时又被推举参加会试，以跑马射箭为主课，凭百步穿杨的优异成绩再中武举，族人尊称"武状元"。后"皇清例授修职郎"，为正八品官阶。③

士修文为孺学生员，武中武举，官阶八品，家境富裕，实为显耀一方。但他为人却十分忠厚善良，遵循祖训，效法先辈，诚厚待人，不欺不诈。他乐善好施，不时对穷苦百姓施以饭食与银两，每遇灾荒大难之际，在门前搭棚设锅造饭，救济外来逃荒难民，被人尊称"周善人"。他更喜修桥补路，置景观，为民办实事，造福一方。

清朝嘉庆十八年（1813），他率先发起倡议并捐重金，联络地方绅士胡高学、景星照、景星高、唐祖友等数百人集资，在定远厅城南三里处的土垭子山梁垭口，将其原土卡拆毁重建一过道式的楼阁，名曰"魁星楼"。当年春破土动工，招募三十余名石匠打造条石，十余名窑工烧制砖瓦，二十余名土、木工挖基建阁。历时半年有余，至八月楼阁竣工。

此过道楼阁全高三丈六尺，共三层，底层正四边形，长宽约一丈五尺，四壁全用黄色石条建成，中有通南北方向的八尺过道，左旁有可上楼阁的板梯。二、三层为砖木结构，层层收缩，每层四面设有木格门窗，门窗外四周有可供观景的通行走廊。顶为伞状尖角屋顶，均盖青色筒瓦，顶端到四柱的屋梁造型为龙，四角上翘，下挂大铜

---

① 周中魁墓碑志及《定远厅志》卷六《建置志》。
② 李家坪周《起华墓碑志》。
③ 周中魁墓碑志及《定远厅志》卷六《建置志》。

风铃。飞檐斗拱，雕梁画柱，彩漆染罩，四壁内外粉白。一楼正门通道口上方挂"魁星楼"楷书木匾一道。楼基四周附建石条护拦，并有供人游览休息的石凳石桌。完工后楼前树碑一通以记筑事。此楼阁建成，为厅城增添了一道靓丽的风景。远远望去，楼阁雄伟壮观，气势恢宏，赏心悦目。登楼俯视，山城壮美山河尽收眼底，实是一个登高远望的好去处。楼阁内外壁上留下了不少文人墨客的赞美诗词墨迹。定远厅班城书院督导周卜年游览观赏后，诗兴大发，在楼阁三楼上歌咏了《登土垭子魁楼口占示同人》美诗二首：其一是："同登杰阁豁双目，万叠云山一望收，还有好情供画本，洋河曲曲抱城流。"其二是："苍茫夜色碧浮天，彳亍欲斜似醉颠，归路何妨行缓缓，山啣好月正初圆。"①

清道光二十七年（1847）秋，定远厅城南门外"城壕旧塔板桥，频年风雨飘摇半就，朽台难行，经更难持久。施当人烟辐辏，朽木难支。"②每遇天雨涨水，护城河河水湍急，常有人过桥失足落水，危及性命。为解行人之苦，士修自捐二百余金，请石匠数十名打造长六尺、宽三尺、厚半尺的黄碣色巨形石条六块，在护城壕两岸筑高一丈二尺的基础护堤，中建长条石礅，将六块石条每三块铺一行，共铺两行，于次年三月二十六日建起了一座宽九尺，长一丈二尺的石板平桥，命名为"永平桥"。桥头立"周士修建修石桥碑记"石碑一通。石桥建成，极大的方便了过往行人，深受百姓赞扬。③士修上述两件为民善举均载入由余修风主修的《定远厅志》中。

解放后，因扩城建市，原厅城城墙、城门俱拆，永平桥被毁，而"永平桥"纪事石碑尚存。文革后期，土垭子"魁星楼"也无端惨遭拆毁，幸遗址与部分石条、砖瓦及记事碑犹在。每当百姓登垭观景，遥望那三四里长被三道翻板闸拦成的平湖和沿河而建的苗乡广场、张飞园、红军园、班超园、锦源广场等数十个人文景观，再面对这土垭子古楼阁遗址的一片废墟，顿觉惋惜。可曾想，镇巴在大力推进城镇化建设，打造民歌之乡、山水镇巴的同时，如再修复古楼阁景观，将使山城更增风彩。

李安平

---

① 见于土垭子魁星楼建造纪事碑及《定远厅志》卷十三《祀典志二·民祀》及卷二十六《艺文志二》。啣，音 xián，同"衔"，用嘴含，用嘴叼。

② 周士修建修石桥碑记及《定远厅志》卷六《建置志八·桥渡》。

③ 周士修建修石桥碑记及《定远厅志》卷六《建置志八·桥渡》。

# 周子垭的塔

几年前就听说陈家滩有古塔，可惜无缘一见。今年正月，我们一大家人挤在一辆吉普车里到陈家滩走亲戚。出城往北，至陈家滩道班，拐到右边通村水泥路上，过新安定桥，沿一条土路进沟，上桐家坡，至山顶，问其名，周子垭也。塔在熟地与灌木林相接处，看起来并不高耸。

我们从一条小路走过去，看到一座完整的石塔立在一小块平地上，塔基被泥土掩住了。塔高约七米，总共可以算作十层，每一层有六个面：最下边的一层直径约两米，高一米五，石条砌成的塔檐自然成为两层之间的分界；上一层均比下一层矮一些、细一些；一层一层缩减上去，最后三层已具体而微，似乎已算不上塔层，只是一种装饰罢了。最下层的南面有碑刻，额题"至宝塔"，左右对联曰："仙露明珠照福地；松风水月绕名山。"中间碑文正中一行大字："圆寂恩师上印下善老和尚觉灵之塔"（其中"上""下"两字只及其他字之一半大小）。由于塔基被泥土掩埋，碑文每行最下面有一两个字看不见，我从照片上将碑文整理出来，加了标点，内容大致是这样的：

书云："德无常师，主善为师。"诚以！师道立而后有善人也，善人□□①后见师道也。儒教有然，即佛教亦无不宜然。城隍庙住持□若周师印善者，循其名而核之，洵克副其实矣。周师生自西乡□白河峡，年十六，不饮酒，不茹荤，已有淡泊自甘之志。道光二十□年，南游班城，慕佛氏之清静，心向往之，于二十六年拜在城隍庙戒僧张师月昇门下，剃发为僧。住持禹王宫，虽无常输□，日以灌园为香火资，亦其素所甘心者也。时徐师方募修下河□路，周师左右劬勤，不辞劳瘁，当时已与有功焉。自徐师圆△，周

---

① 加□处表示有未看到的文字，加△处表示无法识别的文字。

师于咸丰七年接膺城隍庙住持，兼管周子垭禹王宫、正□寺、吕祖、龙王等庙，目睹各处庙貌倾圮，神像△毁，不忍坐视，于是连年募化，几番补修，迄今数十余年，虽在在巍焕依然，建□师未竟之功，创隍庙未有之业，非所谓释教中之善人乎？□曰周师而曰印善，循其名而核之，洵克副其实矣。生于嘉庆二□二年丁丑相五月二十一日寅时，殁于光绪七年又七月十六日未□，享年六十有五。择于光绪八年二月初四日午时葬于周子垭宝塔□，甲山寅向。班城景星照表，候铨训导文生俗弟子景△△敬书。

正文后面是立碑人的名字，徒、徒孙各四人，徒曾孙二人，俗弟子三人。末尾一行：光绪五年岁次己卯仲冬吉日敬立。从碑文可以知道，立碑时间是1879年冬，而印善老和尚圆寂于1881年夏，安葬时间为1882年春。

从这塔往西十余步，有一块崭新的黑色大理石碑倒在路边荒草中，金黄色的碑文共六行，字体大小不一，内容为："陕西省文物保护单位/周子垭至宝塔/陕西省人民政府/二〇〇八年九月十六日公布/汉中市人民政府/二〇一一年六月十一日立"

由文物标志碑西行十余米，满地荒草之间尚可清楚地看出四合院建筑的基址，大概就是至宝塔碑文中提到的禹王宫的遗迹吧？解放后这里还曾经用作校舍，如今只有西边残存着几堵泥墙，勉强为一位八十多岁的孤老太太遮风挡雨。

至宝塔东北十余米，两巨石之间还有一座残塔，一棵橡树盘踞其上，俗称"塔包树"。这塔只余下三层，也是六个面，三层一样大小，每层亦无出檐分隔，只是各有一块小小的碑刻，第二层在南面，一、三层在东南面，文字已经相当模糊。其中一块碑文中间大字尚可识"和尚之坟墓"字样，落款时间是"道光七年十二月二十日"，即1827年冬，较至宝塔要早半个多世纪。据说此塔东面林间还有过一座塔，毁于"文革"期间。

周子垭曾经有过多少座塔，最早的塔究竟建于何时，这些都不得而知。和尚圆寂了，庙被"文化革命"了，只留下一座至宝塔，在一百多年后成了省级保护文物，这是高僧在天之力，还是为善积德之功？

至宝塔是一座僧塔，即和尚坟。在这片土地上，已故者极多，而像印善老和尚这样遗墓而闻名者却极少。是因为他是镇巴古今第一大善人么？这似乎并没有依据。是因为他有杰出的贡献么？恐怕也很难让人信服。思来想去，似乎还是因为这塔：物以稀为贵，这样的塔如今已不多见；而它毕竟是清代的东西，算得上古迹；历经乱世和时间的风雨而还能这么完好，实属不易，所以让人稀罕，觉得应该将它继续保存下去。而那碑上的文字，又将一个逝去多时的生命的信息传递了下来，用一个"善"字褒奖他的一生，可以化民而移风俗。

　　周子垭的塔，当得起"至宝"这个名字。

杨盛峰

# 懒蛇入洞与神道碑

　　六月初往盐场，适逢周末，中学校长李明福先生邀我们到镇子附近一游。出镇往东，沿通村公路行 20 分钟，车停在路边，公路仍在田野上往前奔跑，转过一道弯就藏到庄稼地里去了。这地方有一个很特别的名字，叫懒蛇入洞，属南沟村。一般地名都是两三个字，四个字的名字就让人觉得新鲜；何况它还是一个主谓短语，听起来有些怪怪的。跟我一样，凡第一次听到这个名字的人都会问：为啥叫这么个名字？

　　公路的一边种的是马铃薯，正是长势最旺的时候，密密地堆积着一尺多高的茎叶，一直铺向山边；绿叶上摇曳着淡紫色和白色的小花，朴素而可爱，把这片土地妆扮成一个硕大的花圃；花圃与山相接，那儿有一道不太高的山崖，杂树丛中隐约有些岩洞。公路的另一边是一块油菜田，油菜已经成熟，一米多高的"油菜树"全身淡黄，挂满了果荚。油菜田外是南沟河，有些小孩在河里玩水。

　　听说这一段河道原本是从山崖下的洋芋地里经过，而现在流经的地方曾有一道从北边山上延伸下来的山梁，其状如蛇，蛇头隔河正对着那些岩洞。懂风水的人说，如果这"蛇"钻进那些岩洞，会给这地方带来灾难，所以人们准备将"蛇脖子"凿断。可是第一天凿开一点，第二天又合拢了，始终无法凿通。后来，乡亲们请到一位有法术的先生，在"蛇头"上立了一块碑，将它镇住了，"蛇脖子"山梁才被凿开，南沟河从此改道于此。据说河边的岩石上至今还留着錾凿的痕迹呢。

　　可这传说并不能完全解释"懒蛇入洞"这个地名的由来，我怀疑是否应该写作"拦蛇入洞"更确切些。我又从盐场初中袁兴健老师那里听到另一种说法：那山崖上的洞甚为深远，直达赤南，有人在洞中见到一些异物，状如大木，伏而不动，实为巨蟒，故名之曰"懒蛇入洞"。我们曾到洞口看了一下，未敢冒然入内，不知洞中情形到底如何。

　　至于镇"蛇"之碑，在油菜田边上，临河的地方，确有一座石碑；碑后有一小圆丘，也种着洋芋，即是传说中的"蛇头"罢。石碑立在一个长方体的石头基座上，基座高约0.6米，长约1.2米，厚约0.5米，全掩在荒草之中。石碑高近3米，宽约0.8米，顶部为弧形，刻有一个太极图（阴阳鱼），而一位路过的当地人说那上面刻的是蛇——这就是传说中碑与蛇的关联之处吧？

碑文已甚为模糊。我们以草拭其尘，又灌水来清洗，终于弄清了碑文的大部分内容。中间一行大字是：皇清初授登仕郎恕亭张老夫子之神道。查《古今汉语词典》"神道"诸义项，这里应指墓道外的石碑，即神道碑。《后汉书·中山简王焉传》："大为修冢茔，开神道，平夷吏人冢墓以千数。"李贤注："墓前开道，建石柱以为标，谓之神道。"那么，碑后的圆丘也许是一座古墓？不过，据袁兴健老师说，这位张恕亭先生是南沟本地人，在西南平定苗民叛乱中殉职，恐怕这里并没有什么墓吧？"登仕郎"是文散官名，清代正九品概授登仕郎，官阶并不高。

碑文中对于张恕亭的其他情况一点也没有介绍。碑的左下方（以面对着碑来说）列有立碑"门生"姓名，其中进士六人，生员七人。张老夫子有这么多门生，难道他是一名教书先生？那为什么又会去西南平叛呢？这一切都是不清楚的。碑的右边有三行字：第一行为"生员孙婿王志周顿首拜书"，第二行"受业门生乙未举人……"，最右边一行有"道光廿五年岁次乙巳……刊刻"字样。从这里可以明确地知道，立此神道碑的时间是1845年，距今166年。

时间将碑文渐渐风化，连那阴阳鱼的图案也模糊得像盘着的蛇，于是张恕亭先生的神道碑进入了完全不相干的传说，成为"懒蛇入洞"这个民间故事的一部分。张老夫子一定没有料到百年之后的这个结局吧？

王安石在《游褒禅山记》中说："予于仆碑，又以悲夫古书之不存，后世之谬其传莫能名者，何可胜道也哉！"张恕亭先生的神道碑对其生平只字未提，这给后世"谬其传"提供了机会；而神道碑异于一般墓碑的样式，又引发了人们的想象与猜疑——根据地势特点，最终赋予了这通碑"镇蛇妖"的作用。

想当然是移花接木最好的粘合剂，而怪异之事仿佛天生具有神力或特异功能，在世间与时间里越跑越神奇，以至于读过"深思慎取"的我在写这篇文章的题目时，依然把"懒蛇入洞"与"神道碑"扯到了一起。

杨盛峰

# 镇巴传统民居

相传《黄帝宅经》开篇即曰："宅者，人之本也，人因宅而立，宅因人得存，人宅相扶，感通天地。"可见住宅对于人的重要性。镇巴地处秦巴山水间，在人类活动与自然环境的融合协调中，在历史文明进程的选择与改进中，镇巴人民积累了丰富的经验，创造出了多种富有山地特色的民居，充分体现了"天人合一"的自然法则。镇巴传统民居按其聚落形态分主要有农舍、院子、街市等。

## 农舍

单家独户的农舍很常见，散落在镇巴的大山里，多得数不清；一家与另一家近则坎上坎下，远则隔山隔河。

修房造屋是大事，落位选址特别讲究坐北朝南、背山面水、负阴抱阳的风水观；建造过程中则有诸多讲究和礼仪以趋吉避凶；构造设计往往因地制宜，随形就势，采取多样的建筑手段和组合方式：总之，要达到与自然环境相生共荣的目的。

农舍的基本模式是"长三间，两头转，前明楼、后拖檐，外带猪牛圈"。长三间的白墙黑顶大瓦房一字儿排开，即一字式；一头带转角的，呈"L"形，两头转的则为三合院，为"凹"字形。

正房主体多采用穿斗式和抬梁式相混合的屋架形式——将穿斗式的柱子落在抬梁式的梁上，以此将屋顶荷载顺利地传到柱础上，进一步增强房屋的整体稳定性。转角处很有特色，屋架结构在这里发生转变，屋面也在这里组织排水，工匠们就巧妙利用中柱（也称转柱）进行榫接，将四根侧梁从四个方向直接伸到夯土山墙上，然后在侧梁上立短柱来支撑转角处的脊檩，再用落地柱进行加强。由此，整个建筑就自然成直角转过去了，结构严谨而牢固，几乎没有多余的构建。

屋顶铺瓦居多。先在墙、梁上架檩，再于檩上布椽子，后在椽子上铺叠小青瓦，其中又间用明瓦采光。转角处通常利用正房屋脊与两侧屋脊的高差来组织采光和通风，俗称"燕子口"。正屋多是"两坡水"，即房顶是"人"字形分水；偏房则多为"一坡水"，即一"撇"或一"捺"形状的分水。

为防雨涝，一般屋基都很高。屋前有高大粗壮的廊柱撑起屋檐，借助挑檐梁使檐口尽力向前伸，以使檐下的阶沿坎足够遮阳避雨；柱子与地面之间有圆鼓式或莲花式的防潮柱础。在大门两侧的两柱之间，常悬空搭建一人多高的廊架（也称明楼）用来堆放粮食杂物。

正房中间是堂屋，神秘、庄重，只在逢年过节祭拜先人或者婚丧嫁娶举行仪式时才会用到。正面墙上供奉祖先牌位或菩萨画像，其正下方安放八仙桌凳。因其宽敞，平日里也会存放寿木、长木梯以及斗形拌桶等大物件。作为精神生活的中心，建造时一般都采用"彻上明造"的做法，不设天花板，也不铺地板，以期达到"上通天、下通地、贯通天宇之灵气"的效果。

堂屋左右是卧室，俗称歇房，兼做仓库。木架床上铺厚稻草为褥，床下可堆放杂物或薯类。家具仅为简陋的木桌、木箱、木柜。卧室后面也有拖长后檐形成的低矮小房间，即"拖檐"，窗户窄小，光线昏暗，可做客房或杂物间。

转房十分宽大，这里既是厨房、餐厅，又是客厅、会议室，还是储存室、活动室。其中心是四尺见方的一个浅坑，即火拢坑，四面置长而矮的木条凳，可供围坐取暖；正中垂一杆乌黑发亮的罐搭钩，可升降，用来挂锅罐；火拢坑上方悬着炕笆，用来熏腊肉、豆腐干等。灶台边靠墙安放大水缸，用篷盖遮灰。

农舍掩映于庄稼竹木中。房前有宽阔的地坝，便于堆放锄铧刀铲竹筐背篼等劳动工具，也利于铺晒席摊竹盖晾晒各色豆类谷物；屋檐下可存放干草柴禾，安置鸡圈狗舍，或悬架蜂桶；屋后有菜园山林，可提供最基本的生活资料。

此外，还有其他几种颇具地方特色的民居。河边或山地等多石头的地方正好建石头房：通常是后墙靠山崖，三边以石头砌墙，造价低廉，经风耐雨。深居山林的地方运输不便，常造竹木房：四壁用圆木垒成，留出门窗，屋顶用毛竹和蓼叶覆盖而成。在地势较陡的山腰崖畔或河边则多建虚脚楼：自地势低的一边以木桩或石墩为支撑，架起木楼板，使其与地坝相平，再于其上建屋，上层既干燥又凉爽，住人储物都适宜，下层也能充分利用，围成猪圈牛棚或者堆放杂物都很方便。观音、田坝一带出产板石的地方多用石板盖房，颇具特色。

# 院子

随着孩子们分枝散叶、各立门户，房屋就必须不断扩建。以长三间的正房为中心，"两头为中竖大柱、上下左右皆连成整体的转房；接两头转房再各修长三间，即成三合院；两角再向内转、封口，便成四合院，喻称一颗印。上为正房，侧为横房，下房正中为宽敞通道，名槽门，院坝称天井……"（《镇巴县志》卷三十《住居》）。这种三合院、四合院是指单独的一套庭院，还只是镇巴所谓"院子"的基本单位。

当一套庭院不能满足居住需求时，院落扩建便如同细胞分裂般不断复制，向四周蔓延。一些历史悠久的大院子往往前院后院院院相套，槽门过道四通八达，小家小户相对独立，共享堂屋过道和天井。在没有计划生育的年代，只消三四代人便可形成相当规模的大院子。因是聚族而居，这些大院子就约定俗成地按其姓氏被称为王家院子、庞家院子、赵家院子等。院子代代相传，就连所在地也打上了家族的记号，如王家山、冯家梁、赵家坪、钟家岭、鲁家坝、谢家碥、马家湾……

在农村，这种大院子很是常见，大多处于土地相对集中、水源充沛的开阔地上。随着历史的发展，也会有各种原因的外来人口迁入，规模也会随之进一步扩展，逐渐形成自然村落。无论如何发展，其房屋仍是以农舍、三合院、四合院为基本单位存在。它们随坡就坎，沿河顺沟，或散点聚集式，或线性排列式，没有刻意的规划布局，保持着最基本的自然形态；只不过建筑形式会越来越丰富，各种元素的组合方式越来越灵活，建筑功能越来越齐备——除了私有民居，还会有家族祠堂、戏楼、学堂、晒坝等公共设施。

旧时乡村有大户人家的庄园，多为几进几出的大院落，如碾子的蒋家老屋、青水的胡氏庄园等，颇为讲究。

然而，近些年来这样的农舍院落却越来越少了。散落于偏远山间的多已废弃，主人们搬迁到移民新区了；聚集在大路边的也几乎全被拆掉重建成鳞次栉比的现代小洋楼了。传统农家院落的消失或许是不可逆转的历史趋势，但它毕竟是真实存在过的文化符号，朴实、温暖、令人追怀。

# 街市

随着商业活动日益频繁，交通便利的地方就形成了逢集赶场的集市和商业街。县城现存的老街主要有半边街、南关街、武营街、向阳街、马王庙街等，多为川陕巨匪王三春打砸烧抢之后留存下来的旧式建筑，保留着一些清末的味道。在各乡镇也有一些曾经繁荣一时的老街，如渔渡、兴隆等地的老街，以及颇具特色的碾子垭老街、响洞老街等。

先说说县城里的几条老街。窄窄的老街不过丈把宽，青石板铺就的路面依稀可见，两侧的排水沟已改造为暗道。街巷两旁全是土墙木楼青瓦顶的低矮老屋，有的只一层，歪歪斜斜；有的还可见二楼花窗，也已糊满灰尘甚至脱落洞开，废弃多年。因为当街，所以大多是一二开间的前店后宅式典型结构。横向看，临街的门面挨挨挤挤，毗连相接，大致整齐，顺势延伸，构成一条街的脉络走向；纵向看，店面既是店铺也是通道，与天井院落串连一体，延续着"肥水不流外人田"的四合院格局。站在高处，清晰可见老街的屋脊排列成整齐的"鱼骨架"。据说这些都是当年最为繁华的街市，而如今店面大都铺板紧闭，只有几家卖香蜡纸烛的杂货铺和卖传统小吃的店面还在老艺人的支撑下默默坚守。到处都是改造的痕迹：有的用红漆、红对联、红灯笼装饰一新，有的装上了机械化的卷闸门，有的改成了一门一窗的砖木样式只供居住，有的直接拆掉重建了——走在老街，感受到了它的沧桑变迁和苟延残喘，旧与新的交替，保护与改造的冲突——不能不让人沉重叹惋。

碾子垭老街独具特色。它建于两座山峰交错的坳间小溪上，石板覆溪成街，一百六十七级青石台阶连接着上下十四个平台。建于平台左右的两排瓦房沿街依山而上，颇为壮观。瓦房都是典型的前店后宅式结构：沿街的商铺及会馆多为木柱檩梁、穿斗结构、青瓦屋面的两层建筑，铺后都为两到三进的四合院，其檐角门窗多有雕饰，具有典型的川东北风格。屋檐下是走廊，供行人避雨遮阳，墙身多用竹篾土夹墙，门多为可拆卸的木板，外伸出成为柜台，便于摆放货物——不难想象，这个三县交界的百年古镇当年商贾云集、店铺林立，该有多繁华！最为称奇的是，老街还有一套相当完备的排水体系——覆盖于溪水之上的这道高约两米、宽约一米五的圆拱形石砌排水沟渠，自最高的山脊处沿老街一直通向山下河道，并在每一级大平台处设有开敞性监测口，街两侧院落及天井均设有地下排水通道与之相连，这样就确保了数百年来的行洪安全。这条"云梯街"蜿蜒斗折，随坡就坎，层叠错落，高低相映，是人文集市与自然山体的完美结合，也是当地居民生存智慧与生活美学的集中体现。由于新街异地选址，老街得以保全，成为镇巴民居不可复制的标本和瑰宝。

重新审视镇巴传统民居建筑，无论是单家独户的农舍，还是聚居的院落、赶场交易的街市，都渗透出一股浓郁的乡土生活的味道。它既没有北方四合院民居表现出的那种气势和深沉，也没有南方徽派民居显露的那种柔情与隽永，而是以一种平民化的语言方式向人们诠释着一种独特的生活态度：朴素、内敛，简洁实用又不失美观大方。或许，这也正是镇巴传统民居的独特魅力之所在吧。

蔡忠琼[*]

---

[*] 蔡忠琼，女，1978 年生，陕西镇巴人。参编《镇巴民歌总汇》（陕西人民出版社 2007 年）并撰稿，现就职于镇巴中学。

相关链接·宗教风俗

# 镇巴历史上的宗教和泛宗教建筑概说

有关镇巴宗教的史料甚少，余修凤编修的《定远厅志》中也没有宗教一目，只将寺、庵、观、台附于"民祀"之后，说明某建筑在何地，由何人建于何时，对于宗教在镇巴的沿革、事件、重要人物，均无记述。因此，现在要谈镇巴历史上的宗教问题，也只能从镇巴曾有的宗教建筑或泛宗教建筑谈起。镇巴历史上，寺、庙、祠、观、宫繁多，现虽大多有名无实，但我们还是可以从这些曾经存在过的建筑中了解镇巴宗教的历史状况。

## 一、镇巴历史上的佛教建筑

佛教建筑有寺、庵、塔。

人们常把寺庙连在一起说，其实寺与庙是不同的。寺的基本义有三：一是古代官署名，如太常寺（古代掌管宗庙礼仪的官署）、鸿胪寺（略同于现代的礼宾司）；二是佛教出家人居住的地方，如佛寺、寺观；三是伊斯兰教徒礼拜、讲经的地方，如清真寺。隋唐以后，寺作为官署越来越少，而逐步成为中国佛教建筑的专用名词。庵的基本义有二：一是圆形草屋，文人的书斋也多称"庵"，如老学庵，影梅庵；二是指尼姑居住的小庙，如庵堂、庵子。

在余修凤编修《定远厅志》时，定远厅共有寺庵 40 余处和古塔 7 处，另外记载了七口佛寺古钟。

厅城附近有城北正教寺，同知马允刚"欲为山民破凶残祈丰稔而倡修"；城西有普渡寺，始建于清道光二十三年，清同治年间同知汪兆侗重修；黄龙溪盘龙寺（里民汪怀倡众建，同治九年里民唐国桢重修）。

东区有上楮河双龙寺、弥陀庵、觉皇庵（乾隆四十八年建），这些寺庵都有常业；蜡溪河仁寿寺（同治十年重修）；偏溪河弥陀寺（明宏治五年建）。

南区有双白河松树坝龙凤寺（康熙间里民唐正国建，道光元年武生唐国英重修）、双白河长安寨凌云寺（道光十六年里民唐升平重修）、渔渡坝当阳寺（现渔渡小学处，《定远厅志》载："香火取之斗口"）、木竹元坝兴福寺、盐场黑包山的龙门寺和硐口报恩寺（建于清朝初年，有常业）、坪落有宝山寺（《定远厅志》载：久废，同治六年监生庞寅重修）。

西区有仁村宝瓶山寺、铁佛寺、佛降山寺、云雾山寺（乾隆五十年建，因半山时有烟雾得名），九阵坝清凉寺（乾隆年间建，嘉庆十六年重修）、麻池堡积粮寺、回龙寺、麻池寺（明代建）、盘龙寺，黎坝宝山寺（在黎坝场后，位于现在的黎坝小学，明朝建）、观音寺（在黎坝西），万僧寺（在黎坝井泉关），花石堡草庵寺（明时建，道光初重修），石虎坝回龙庵（康熙六年建），白阳关永乐寺（道光二年里民张在云建），大池坝大鹏庵（在大池坝卧虎山顶，康熙时建）、福庵院（在大池坝蒿坪，宋绍定二年马宗宝建。曾有铁佛尊，明成化十五年西乡知县赵宣倡铸）。

北区有黄村宝珠庵（在黄村凉桥场后，明时建）、清泉寺（在黄村尹家河，土人王寿新建），山沙坡平溪寺（在山沙坡平溪山）、清净寺（在山沙坡周子垭，明时建，同治年间僧人印善重修），大楮河乐新庵，清水河金竹庵、东庵（明朝建）、西庵（明朝建）。

七座古塔：净宝塔，位于黎坝观音寺，明嘉靖四年寺僧建，清嘉庆十年王孔文同僧补修，光绪三年王蔚中、王和中募众重修；凌云塔（嘉庆二十年同知马允刚建），位于厅北三里正教寺；一座在清水河金竹庵，碑载明洪化年间建，不知何名；一座在塔坝河，旧建无考，无名；一座在厅北四十里清净寺，明朝建，无名；文峰塔（同治十二年同知鲁学浩贺培芬建），位于厅东八里平溪山；延福塔（光绪三年处士王永春倡众建），位于渔渡坝市东二里。

另外，镇巴还曾有七口佛寺古钟：仁村铁佛寺古钟（明万历年铸）、蜡溪仁寿寺古钟（明正德元年铸）、偏溪弥陀寺古钟（明宏治五年铸）、黎坝观音寺古钟（明嘉靖四十五年铸）、白阳关永乐寺古钟（明宏治九年铸）、石虎坝高坪寺古钟（有两口：一口为宋绍定二年铸，一口为明成化十六年铸）。

在镇巴历史上曾有过的众多佛教建筑中，有代表性的是正教寺（原址在现党校处）。正教寺原是东岳神祠，同知马允刚在其基址上整其废败，后又扩建佛殿五间，左右建菩萨殿各三间，中庭建护法韦陀殿一间，其前殿仍供奉东岳神。马允刚为什么要建正教寺呢？马允刚在《建修正教寺记》中说："良以佛之为道，以慈悲为心，以清净为守。斯地民情之凶暴，政令所不能禁，或佛之慈悲可以化之；民情之贪婪，法制所不能止，或佛之清净可以感之。使吾民果知向佛之慈悲，慕佛之清净，借其求福之心，悔其劫夺之习；假其免祸之情，兴其礼让之念，未可知也。"（《定远厅志·艺文志》）马允刚希望在神佛的感召下，定远民心日渐淳朴，世风逐渐好转。据《定远厅志.民祀》记载，"德政祠，在尊经阁后，同知严如熤、马允刚善政，士民感戴，建祠祀之。""马允刚善政，士民感戴"，正说明马允刚教化得法，施政有方，官民和谐。

## 二、镇巴历史上的道教建筑

道教建筑通常称作观、宫和台，全真教创立后，道士修行的地方也开始被称为寺。

镇巴历史上的道教建筑有：真龙观，在大池坝（康熙时建）；龙观台，今谓之"龙台观"，在山沙坡，《定远厅志·寺庵》载："相传龙观台初建时，有钟自飞来。今卧地不敢悬，悬则方不安。元旦土人多祀之"；青鹤观，在坪落，古庙宇，始建不详，清同治六年重修，庙四周有大柏树数株，传说曾经有对青鹤飞来此处栖身于树，以吉祥之意，故名；当阳寺，在渔渡市集东南；八步崖道观，位于三元坝场西南，始建时代不详；另外，镇巴历史上曾有的赞化宫和文昌庙，虽无道士主持，但里面也供奉着道教神，故列为道教建筑。

在这些道教建筑里，当阳寺尤为特别。当阳寺始建于明朝，后修于清代，清道光二年熊道士又重修。如今当阳寺已不在，与当阳寺有关的两座道士墓犹存。在渔渡小学背后约二十米高处的山腰有一天然石洞，洞口直径约二米，用糯米加石灰封口成为墓穴，有碑嵌于其中，墓碑中间一行大字为："龙门正宗武当山太子坡发脉熊公派永清号大定讳随时老真人之墓"。另有碑文小字密布两边。碑两侧有联："寂灭海中戏，昆庐顶上行"。碑额有横联："逍遥帝乡"。此墓下方不远处，荒草丛中另有一简朴的道士墓，墓主是熊永清真人的师爷，碑中间大字："龙门正宗王师爷派合清真人墓"。碑额"永远随日"即"永远向道，时刻不离道"之意，也是"羽化成仙，与道合"之意，与前面熊道士墓上"逍遥帝乡"的本意相同。

熊永清真人墓碑碑文多处脱落，从残存文字中可知其不朽功绩：苦心经营，于满目凄凉中重现殿宇雄丽庄严之观，专心致志，在供养余功间清修济世度人之志；茂林修竹养道，怪石奇花敬佛，素琴清歌礼圣。

"当阳寺"称为"寺"，为什么又是道教建筑呢？原来，王重阳创立的全真教主张儒、佛、道三教合一，即以"三教圆融、识心见性、独全其真"为宗旨，以道家的《道德经》、佛家的《波罗波若蜜多心经》、儒家的《孝经》为全真教必修经典。王重阳有七位大弟子，分别开创一派，道教称"北七真派"，尤其是丘处机所开创的全真龙门派的兴起，使得这一时期的道教呈现鼎盛之势。当阳寺当年的主持即为全真教龙门派道士，因主张"三教合一"，所以全真教的道士们修行居住的地方除了称作观、宫外，自然也可以称作"庵"（王重阳创教之始修行居住的地方就叫"全真庵"）或"寺"了。这就是这个道家建筑称作"当阳寺"的原因。

马允刚在《勒建吉星祠记》中说："定远之平溪山有三教堂一处，庙中塑妖神无数，而列孔子之像于侧。"可见，当时镇巴"三教合一"的庙宇并不止渔渡当阳寺一处。

## 三、镇巴历史上的泛宗教建筑

宗教建筑之外，官祀和民祀建筑不能算作宗教建筑，我们不妨把它称作泛宗教建筑。镇巴历史上的泛宗教建筑分官祀的坛、庙、祠、宫和民祀的庙、祠、宫、阁、楼等。

### （一）官祀的坛、庙、祠、宫

官祀，就是官方主持的祭祀活动，根据不同目的，在官方规定的不同场所进行。《易经·观卦》说："观天之神道，而四时不忒，圣人以神道设教，而天下服矣。"所谓神道设教，就是利用鬼神之道对民众进行教化，是古代统治者采用的一种思想统治方式。孔子在《论语·八佾》中说："祭如在，祭神如神在。"明太祖在《到任须知》中把祭祀鬼神放在第一位，他要州县长官通过祭祀活动使百姓们对鬼神心存畏惧，相信"举头三尺有神明"，减少犯上作乱的念头。定远厅官方所建的神祠很多，由官方主持的祭祀活动也很频繁。社稷坛、风云雷雨山川坛、先农坛、邑厉坛、文昌庙、关帝庙、城隍庙等神祠均为历代官方出资兴建。官府所建神祠一般由官方举行祭祀，且有固定的日期和特定的仪式，同知亲自担任主祭官，所有官员皆要参加。

社稷坛，位于厅西。这完全符合《考工记》所记载的"左祖（太庙）右社（社稷坛）"的布局要求。社稷坛是明清地方官员祭祀土地神和五谷神的地方。社稷坛呈正方形，宽二丈，高二尺，象征着"天圆地方"之说，坛上按五个方位各铺不同颜色的土：东方青土，南方红土，西方白土，北方黑土，中间铺有黄土，以表示"普天之下，莫非王土"，也象征着金、木、水、火、土五行为万物之本。社稷是"太社"和"太稷"的合称，社是土地神，稷是五谷神，两者是农业社会最重要的根基。京城有国家的祭坛，地方各级城市也都有祭祀社稷的场所。

风云雷雨山川城隍坛位于厅南学署前，嘉庆十九年同知马允刚建，祭风云雷雨山川城隍神。

先农坛，位于厅城东门外。嘉庆十九年同知马允刚建，祭先农神，每年季春亥日致祭。同治间毁于寇，光绪五年同知余修凤筹建改为班城书院。先农即炎帝神农氏。传说神农氏本为姜水流域姜姓部落首领，后发明农具以木制耒，教民稼穑饲养、制陶纺织及使用火，以功绩显赫，以火得王，故为炎帝，世号神农，被后世尊为农业之神。后世为表纪念，兴建坛庙祭奠，渐由民间上升为国家祀典，制定了一套祭奠礼仪，以示隆重肃穆，借以劝告天下百姓遵循"民以食为天，国以农为本"的国策，致力于务农耕作，借以达到民有所养、天下太平的统治目的。

邑厉坛，位于厅北校场前，嘉庆二十年同知马允刚建。所谓的"厉"就是那些无祀的鬼神。每年要进行三次祭祀，清明、七月望日（十五）和十月朔日（初一），同知率地方官员亲自"祭厉"，希望群鬼不致侵扰人间。

关帝庙，位于厅南文昌庙右，祭关帝，嘉庆十九年同知马允刚建，每年春秋仲月及五月十三日致祭。

文庙，位于厅南，祭孔子，每年孔子诞辰纪念日（农历8月27日，阳历9月28日）致祭。

文昌庙，位于文庙右，祭文昌帝君，嘉庆十九年同知马允刚建。每年春秋二祭外，另增二月初为三祭。文昌帝君是文昌星与梓潼帝君合而为一的文教之神。文昌本为古星官名，是斗魁（魁星）之上六星的总称。周、汉、晋以来，将文昌配于郊祀。梓潼帝君本为雷神，宋、元道士声称玉皇大帝命梓潼帝君掌管文昌府和人间禄籍，文昌星和梓潼帝君都被道教尊为主宰功名禄位之神，元仁宗延祐三年（1316）将两者合为"辅元开化文昌司禄宏仁帝君"，故称文昌帝君。

龙神祠，位于厅南周家营，每年春秋仲月辰日致祭。

火神庙，位于文昌庙后，道光二十三年同知罗定约建，春秋仲月致祭。

刘猛将军庙，位于禹王宫右，祀元指挥史刘承忠，道光十六年同知谢长年建。承忠于元亡后自沉于河，其神能驱蝗，世称刘猛将军。

赞化宫，位于龙王庙前，同治六年同知汪兆侗建，每年春秋仲月祭。赞化宫命名取自《中庸》"赞天地之化育"句，宫内供奉八仙之一的吕洞宾及城隍和道教教祖等诸神。

城隍庙，位于厅城西街，严如熤建，嘉庆十六年同知马充刚重修，合祀风云雷雨山川，每年春秋仲月致祭。另遇旱灾、洪灾，地方官择吉日良辰致祭。城隍作为神，是由《礼记》中所谓"天子大蜡八"而来。天子要祭八种神，其中有"坊"与"水庸"，大略是对城堑、护城沟渠之祭。明代人陆容《菽园杂记》卷五说："城隍之在祀典，古无之。后世以高城深池，捍外卫内，必有神主之，始有祠事。惑于理者，衣冠而肖之，加以爵号，前代因袭，其来久矣。"正是城隍被赋予了城市守护神的面目与功能，可御灾难、安生聚、垂丰穰、庇百姓，因此成为一个城市不可或缺的祭典场所。

班侯庙，在关帝庙右，嘉庆十三年同知李枢焕建，祭班超；桓侯庙，在班侯庙右，嘉庆二十年同知马允刚建，祭张飞；昭忠祠，在桓侯庙左，道光十六年同知谢长年建，同治六年同知汪兆侗重修；节孝祠，在昭忠祠左，光绪五年同知余修凤建。以上二庙二祠每年春秋仲月由守土官择吉致祭。

（二）民祀的庙、祠、宫、阁、楼等

民祀，即民间进行的祭祀活动，根据不同的祭祀目的，在民间修建的祠、庙、宫或其他相关的场所进行。清时县境主要的民祀建筑有：

药王庙，在厅西二里许，道光二十年同知汪兆侗重修。禹王宫，一在厅北门外演武厅前，嘉庆十九年同知马允刚建；一在响洞，道光年间湖广籍商人汪守蟥、余国凤、柯道询、方兆发等积资修建；一在中楮河五块石，嘉庆间湖广客民集资建；一在下楮河，道光初年建。杨泗将军庙，在刘猛将军庙右，道光十六年同知谢长年建。吉星祠，在城东平溪山，嘉庆二十二年同知马允刚建，光绪四年同知余修凤补修。萧曹祠，在东辕门外，嘉庆十八年同知马允刚建，同治十二年同知鲁学浩重修。德政祠，在尊经阁后，同知严如熤、马允刚善政，士民感戴，建祠祀之。三圣祠，在马王庙街。土地祠，在南关，道光二十四年商民募修。奎壁阁，在城东鳌头石上，咸丰九年同知德亮建。龙神祠，在城南里许龙泉堰之源头，光绪四年同知余修凤建。魁星楼，分别在城南土垭子（武生周仲魁倡众建）、上楮河、中楮河、蜡溪坝（光绪四年建）、大市川、盐场南沟（张绍斗倡修）、盐场下坝（王学智捐修）、麻池堡向家河（咸丰二年文生董日章捐修，后圮，光绪元年其子廪生董又新重修）、黎坝上坝（道光十三年里人王赋倡众建）、黎坝下坝（同治九年监生王三鼎承修）、白杨关云梯山。关帝庙，分别在固县坝小洋坝、固县坝潘家河（里氏汪怀倡建）、中楮河兴隆场（同治十年众建，地基蒋毓捐）、下楮河观音堂（明嘉靖间建）、蜡溪坝碾子垭（道光二十七年建）、大市川场（乾隆间建）、偏溪河小河口街（嘉庆八年毁于寇，经略杨总镇刘督绅民复建）、偏溪河庙溪河（嘉庆初补修）、双北河鹿池坝（康熙四十八年募建）、渔渡坝市（在盐场元滩子）、盐场南、响洞子、平落长滩坝街（道光二十八年建）、九阵坝市（嘉庆六年总兵张凤建）、麻池堡长岭街（乾隆五十年建）、三元坝场（明嘉靖十七年建）、石虎坝场、白阳关天池寺、大池坝瓦石坪、黄村凉桥场、黄村马家坝场、清水河皮窝铺场、清水河塔坝河、沙坡截曹坝。文昌宫，分别在下楮河八庙河（同知马允刚建）、大市川火龙观（同知马允刚建）、盐场南、白阳关（道光元年张文香建）、清水河庙岭（廪生董又新捐资重修）。东岳庙，分别在厅城北（嘉庆十七年同知马允刚建）、中楮河（嘉庆二十四年众里人捐修建）、大市川五凤包之麓、平落姚家坝、仁村下牌、拴马岭蜡溪沟、拴马岭视槽垭。泰山庙，分别在中楮河场（道光七年杨时新倡募重修）、中楮河龙溪洞（嘉庆间建）、下楮河干沟河、下楮河田家坝、蜡溪坝焦王河。玉皇庙，分别在下楮河魏家滩、麻池堡中华山、黄村凉桥、拴马岭贺家山。三圣庙，分别在下楮河干沟河口、拴马岭。观音庙，分别在下楮河观音寨、蜡溪沟（咸丰三年建）、渔渡坝市东、盐场应钟山、石虎坝小南山（宋时古刹，久圮，光绪三年重修）。观音硐，分别在上楮河干沟河、上楮河赵家牌、山沙坡岩腰（险而深，里民避寇于此修观音庙塑望祀之）。观音岩，分别在麻池堡长岭、清水河茅草梁。四贤祠，在渔渡坝当阳寺侧，祀额公、杨侯、唐、王两总兵，嘉庆间巢平教匪功德及民里人募建。将军庙，在盐场将军石，原建无考，咸丰间重修，光绪四年里人张心田复倡募补修。火神庙，分别在大池堡瓦石坪、石虎坝场。川主庙，在上楮河。五郎庙，在上楮河。班侯庙，在下楮河，道光初建。兴隆庙，在下楮河石梯沟。巴庙，在偏溪河，明时古刹，毁于寇；嘉庆十年，康贤儒、康登域捐资重修。柴家庙，在双北河松树坝，明朝间建，咸丰元年里人刘仲祥重修。中山庙，在三元坝，明万历时建。祖师庙，在渔渡坝真武山，咸丰四年，邑人谢开泰倡众建。五圣宫，在大池坝青岗坪场南。文峰山庙，在黄庵，原名蚊蜂山，因山顶时有蚊聚如碗，晴散，遇旱祷雨辄应，因建庙供文昌风雨诸神，改名文峰山。

在镇巴的泛宗教建筑中，比较有代表性的是"吉星祠"和"桓侯祠"。

据《定远厅志·艺文志》载，马允刚任定远厅同知后，见平溪山上有座三教合一的庙堂，"庙中塑妖神无数，而列孔子之像于侧"，又见"万寿宫"中塑有着道士装的神像叫做许真人，于是发问："夫孔子与诸妖神并祀可乎？""许真人道士耳，而称为万寿宫可乎？"类似平溪山上的"庙堂"及供着"许真人"的"万寿宫"，这些为民间滥建的不用于祀典的祠庙，古代官方通称之为"淫祠"。马允刚对"淫祠"最为痛恨，甚至认为，"淫祠之兴，最坏人心风俗，后世邪教之多，皆由于此。"于是，马允刚每任一处，"必以正祀典，毁淫祠，查销假造之经文，严禁火居巫教跳神之恶习"（《定远厅志·艺文志》）。他到任定远厅后，见多处庙中塑妖神，崇道士，"知民心之惑非日也"，于是"饬乡民毁之"，并用从"庙堂"和"万寿宫"拆下的材料在县城东南方的垭口上修建了吉星祠以崇孔子、兴文教。吉星祠的布局，马允刚在《定远厅志·艺文志》之《勒建吉星祠记》里这样记述："其上为正殿三间，中塑文昌朱衣魁星等像；前殿三间塑东岳帝像，左右两厢为道房。庙门前修施茶棚两间。"吉星祠修好后，马允刚请了位老道士主持日常事务。"吉星祠"为什么叫"吉星祠"？马允刚这样说："远而望之，如翚如飞，似有黎光远照，众皆以为吉，其后必有吉兆也，因题之曰吉星祠云。"（《定远厅志·艺文志》）

马允刚修桓侯祠，是因为桓侯"忠不可没，功不可忘，而德泽之及于民者深"和"拴马岭、捞旗河、九阵坝等处皆侯战功所在之处"（《定远厅志·艺文志》）。桓侯祠在"关夫子庙之西偏。马允刚率乡民刘可成等规广其地，为正殿三间，抱厦三间，对厅三间，缭垣门径皆备。"桓侯祠建成后，马允刚第一次率众拜祭桓侯时，对跟随的人说："此祠之建，所以报功也，即所以振人心而厚风俗也，盖侯之功在史册，名在天壤，虽妇人孺子，莫不知之。诚神之正直忠义而不朽者也。人知敬侯之神，因思侯之所以上事其君，下抚其民，中交其僚属者，皆不可及焉。则知正直忠义，人人可师。凡所为不正不直不忠不义，而上惇其君，下害其民，中害其朋党者，皆神之所深恶也。无论为士为农为工为商，而皆凛然于正直之中，肫然于忠义之内，即所谓奋乎百世之上，百世之下，闻者莫不兴直也，岂不盛哉！"（《定远厅志·艺文志》）从马允刚的话里，我们知道他修建桓侯祠的目的是借用桓侯的正直来教化世人"凛然于正直之中，肫然于忠义之内"。

朱广录

# 镇巴旧时年俗

年是什么呢？甲骨文的"年"字是上面一个"禾"，下面一个"人"，意思是一人背负着成熟的庄稼，表示收成。《谷梁传》："五谷皆熟为有年。"《尔雅·释天》："夏曰岁，商曰祀，周曰年，唐虞曰载。"注文说："岁取星行一次，祀取四时一终，年取禾一熟，载取物终更始。"后来，"年"不但涵盖了"岁"、"祀"、"载"的含义，而且似乎还有更丰富的意义。比如在传说中，年甚至变成了一种头长尖角、凶猛异常的怪兽，长年深居海底，每到除夕就爬上岸来吞食牲畜、伤害人命，于是村村寨寨的人们扶老携幼逃往深山，以躲避"年"的伤害。这个传说可能反映的是过去那些负债累累、难以度过年关的穷人对"年"的印象。现在，年在人们心目中的形象应该是大大改善了。

年带给每个人的感受是不同的。年是一个老坛，盛满了各种滋味；年是一只箩筐，装载着春夏秋冬；年是一把尺子，量去了三百六十五天；年是一段河流，流走了一段年华……在一个共同的节点上，每个人从舌尖到心底品味到的都是不同的滋味。这些深长而丰富的滋味，表达出来，物化出来，就逐渐演化成了丰富多彩的年俗。

在镇巴这块土地上，那些已经逝去的无数的年是怎么过的呢？我们现在能够了解到的、最早见于文字记载的，大概是据今近四百年前的一点情况。那时，镇巴和西乡还没有分开，一位叫作史左的县令于康熙二十二年（1623）编成了一部简略的《西乡县志》，其中第四卷《风俗志》中说："十二月八日，食腊八粥，亲友彼此相邀。除夕，子弟拜父兄，行辞岁礼；张乐置酒，欢饮达旦，名曰守岁。""元日，阖族会贺，长幼毕集，虽贫家亦以蔬酒相邀。元宵三日，闾巷张灯结彩，各陈果杯，俟官府游玩称觞，上下同乐。次日，北郊弥陀寺大会，男妇游春，竟日方旋。"清光绪十八年（1892）刊印的定远厅（即今镇巴县）同知余修凤撰修的《定远厅志》对年节的记载也较为简略，其《地理志·风俗》中说："十二月初八日煮粥为食，曰腊八粥。二十四日为小年，扫除室尘，各祀灶。除夕设宴聚饮，曰团年；爆竹金鼓喧闹达旦，谓之守岁；子女罗拜父母尊长，以次给钱，曰押岁钱。岁朝望南焚香，谓之出行。""元日，设祖先神主于堂上，焚香行礼；子弟于父兄尊长亦然，谓之拜年。上元前三日，城市乡村演龙灯杂剧。十六夜烧门钱纸，士民由是各勤其业。"1996年出版的《镇巴县志》对镇巴旧时年节的介绍较为详细。

从时间上说，旧历年节从腊月上旬到正月中旬，历时一月有余，主要包括腊八、祭灶、除夕、春节、元宵节几个节点。从习俗类型上来说，主要包括四个方面。

一是祭祀习俗。腊月里要择时给祖先垒坟。据说本月二十三日是天廷派驻各户的监察之神——灶神上天奏报之日，当晚户户烧香叩头，敬献麻糖（用包谷熬制的粘性很强的糖），意在粘住灶神之口，使其"上天言好事，下界降吉祥"。除夕午后，纷纷上坟烧纸，向先人辞年；名望人家还在堂屋挂出列祖画像，摆上供果，天天进香祭拜，直至正月十五。临近黄昏，各家鞭炮响起，团圆饭前先于神龛焚香明烛，祀奉天地祖宗。正月初一凌晨，各家于院坝焚香明烛，燃放鞭炮，向南叩头迎福，俗称"出天行"。早饭前上坟，或复焚香明烛，向祖宗叩头拜年。正月里走亲戚，有新近辞世的至亲，也要上坟。旧时官方有迎春礼：立春之前在城东郊造芒神、土牛，立春时间在腊月十五后，芒神的鞭子放在牛肩上，在春节后放在牛腹上，在正月十五后放在牛膝上，让老百姓知道农事的早晚；立春之日，官吏到芒神、土牛前设案祭拜，将芒神、土牛迎回城中公所。

二是生活习俗。农历腊月初八日为筹备过年的开端，部分人家用米、肉、豆、果、豆腐丁等熬粥（"腊八饭"）食。"腊八节"后，各家各户便开始置办年货，缝制新衣，备办柴、米、油、盐，杀年猪、做豆腐、煮甜酒（醪糟）、熬麻糖、磨汤圆面，购买人情礼品，给祖先垒坟，清还各种债务，在外人员亦于年底前陆续赶回。二十三日祭灶后，便拆洗被褥、衣服，打扫室内外卫生，称除陈（尘）。所扫垃圾堆于院边，除夕日早晨点燃，俗称"煨烟堆"，青烟袅袅，以示人烟兴旺；另一种说法是，清时满人欺侮汉人，每家入住一个满人，欺男霸女，汉人于是约定除夕日点烟为号，同时除之，后来相沿成习。这一天，家家贴对联，挂红灯。"团年饭"是整个年节的高潮，年饭必须丰盛，以示年年有余，讲究者鸡、鱼必备，意取"吉庆有余"。饭后，以大树疙苑燃起大火（人们认为树疙苑大则第二年喂的猪大），合家围坐，或漫话家计，或打牌、谈闲，欢声笑语，彻夜不眠，俗称"守岁"。子夜零时，各家鞭炮、焰花竞放，密集一两小时后渐次稀疏。正月初一凌晨寅时（三点至五点），携香带纸去水井担水，称"取银水"。是日人人身着新衣，尽兴欢乐，老年人打牌下棋，年轻人踢毽子。正月初五各家复备盛宴，再次团聚，称"过小年"。文艺爱好者募资金，玩彩船、龙灯、狮子等，乡间多于初五后启灯，到临近村户耍灯贺年，户主酬赠喜钱，设宴款待。正月十五元宵节（俗称过大年）夜，各户烹菜煨酒，合家欢度，明灯高照，经夜不熄，俗谚曰："腊月三十的火，正月十五的灯"；各路彩船、狮子、龙灯等汇于集镇或当地政府机关驻地，尽情欢唱，竞相献艺，好兴者则燃放鞭炮、花筒（以黑药自制焰火）助兴，附近男女老幼云集，观灯赏花，直至深夜方散，年节文艺活动于此夜终止，谓之"倒灯"；县城则为十一日出灯，十四、十五日会灯，十六日送灯。

三是礼仪习俗。除夕夜，长辈向小孩赠"压岁钱"；是夜一般不串门，但县城有向至亲长辈辞年习俗。正月初一不出门，亦不请外姓客人，早饭前，晚辈依次向家中长辈拜年。初二开始走亲戚，先向至亲长辈拜年，随后亲友邻里你来我往，相互送礼，相互招待，俗称"请拜年客"。正月初一至十五，人们首次见面总要问："年过得热闹！"答曰："年在你那里！"元宵节后，往来拜年者逐渐稀少，而过年兴味未尽，故有"拜年拜到春草发，酒也香来肉也腊"的民谣。

四是占候、禁忌习俗。占候是旧时一种观测天象以附会人事或自然灾异的迷信活动，《定远厅志》中记载的镇巴旧时占候实为农谚："元旦、立春日宜晴。谚云：'元旦宜黑四边天，大雪纷纷是旱年。最喜立春晴一日，农夫不用力耕田。'正月不宜雪，雪则人多疾，年不登。人日宜晴，晴则无疫。"镇巴过去过年的禁忌也不少，如初一不能扫地、推磨，不可以看到秤，若看到了日后会经常遇到蛇；吃饭时，不能用筷子敲碗，因乞食者如此；碗也不能失手摔破，如摔破，忙说"打破碗，时运转"；洗碗必须碗口朝上，不能反扣着，因病人服药后常将碗反扣在桌上；扫地要从外面朝里扫，意即"财宝滚进来"；初一到初三，大人不得打小孩，原因是怕小孩哭，哭就不吉利。

镇巴旧时的这些年俗，就其精神内涵来说，大致有四个方面：一是表达对祖先、鬼神的敬仰，二是传递亲情、融洽人际关系，三是庆祝、娱乐，四是表达美好期待。这些年俗大多带有传统农业社会生活方式的印记。近一百多年来，中国社会出现了千年未有之大变局；近几十年间，镇巴也迅速地从传统农业社会向现代商业社会转变。社会生活方式的变化必然导致年节风俗的变化，一些旧有的节庆形式逐渐消亡，而一些新的形式正在兴起。在这种兴替之中，我们如何主动地移风易俗，既能传承历史风俗中那些美好的、有价值的东西，又能顺应历史变革的潮流，创造新的、适应当下思想观念和生活方式的年节形式，是值得思考的问题。

杨盛峰

# 忌戊

过去，镇巴农村普遍有忌戊的习俗。

立春过后，逢着戊日，就有种种忌讳。如果有人犯忌，他的庄稼就会遭遇自然灾害。戊日这一天最忌动土，动了土庄稼收成不好；也不能出粪，因为这也要动家伙挖的；而小孩子最高兴的是这一天不用放牛——牛蹄会把土皮踏烂的。因为不能动土，据说这一天连燕子也不衔泥——可见忌戊乃是天地间一件神圣的事情。但人们筑墙、挖煤却不受此限，似乎又有网开一面的地方。此外，这一天不能扫地，扫了地会有风灾；不能推磨，推了磨雨下团团转，可就是下不到犯忌的人家的地里来；不能梳头，梳了头大水会把庄稼地冲出一道道沟；不能用针，用了针虫子会钻包谷；不能挑水，挑了水会造成雨水不调……凡此种种，忌讳颇多。

我以为忌戊就是中国农民的星期天，叫农人们在春耕大忙季节不要太辛苦，要有作有息，免得累坏了身子。在解放后的大集体劳动时代，忌戊曾经被当作迷信被强行废止，实行所谓的"九一制"，即劳动九天休息一天，但人们把休息的这一天仍推到戊日，忌戊的习俗得以变相地保留。不过，从实际情况来看，人们在忌戊这一天也并没有闲着，因为忌讳中并非"诸事不宜"，比如砍柴烧畬；而且，在隆重地忌完五个戊之后，农事更忙，此后的戊日称为常戊，一般就不忌了，因此有"五戊大赦"的说法。这也可以看出我们是一个实用主义至上的民族。

"五戊大赦"在另一些场合又变成了"五戊大社"，简称"五大社"，就是古人所说的春社。陆游的诗："箫鼓追随春社近，衣冠简朴古风存。"（《游山西村》）看来那是一个需要提前进行准备并隆重度过的日子。古代的人们在这一天祭祀土地神祈求丰年，是一个重大的节日。"社"的本义就是土地神，而"戊"在十天干中处在中间，五行属中央土。在农耕社会，土地当然是极为重要的，于是有土地神，有祭祀，有忌讳，有对土地的尊崇。

随着农业社会被工商社会所取代，忌戊的习俗不但为城市人所忘却，就是在农村也渐渐淡化了。然而，不管是城里人还是农村人，但愿我们仍然能保有一份对土地的尊崇。

杨盛峰

# 星子河的木观音

镇巴人都知道星子山，却不一定知道星子河。七月的一个中午，我们在观音堂通往大市川的公路上溜达的时候，突然就来了一阵急雨，把我们逼到了一户人家的屋檐下。女主人搬了一条长凳出来，让我们坐在阶沿坎上避雨。雨没有马上停下来的意思，我们只好坐着看雨，看屋前的果树，看公路下的小河，看小河岸的竹林，看竹林掩映着的石板房，看房子后面雨中的青山……看着看着，觉得很奇怪：我怎么会在这么个地方呆着？这是哪儿呢？

女主人告诉我们说，这个地方叫星子河，屋旁那座长满橡树的小丘叫星子堡堡；她听祖母说，祖母的前辈曾见到堡堡中的星子在夜间发光，"光一直霞到那底下去了"。顺着她手指的方向看去，却只有迷蒙的烟雨。我记起王勃的赋："物华天宝，龙光射牛斗之墟。"也许这里有不凡的宝物吧。回来后在《定远厅志·地理志·古迹》中看到这样一句话："下楮河……星子石，夜见光芒。"看来，那阵急雨给了我们接近星子的缘分呢。

我们从观音堂上星子河来是为了访问一棵树，树在星子河村三根树小组。镇巴城里有个地方叫四根树，和这个地方好像是一对兄弟。地名之间也许有一种呼应，星子山与星子河也是这样的吧。大地一体，地脉相通，相距很远的地方也许一脉相连。

三根树小组之所以得名的那三根树现在只剩下一根了，就在公路边的大石头上。大石头上长出一根十多米高的大树来，是不是很不可思议？它的生长太艰难了，整个根部已经变成了黄铜色的块状，贴着石头伸展开来，像是熔化的铜水流溢出来凝固在了石头上；站到溪对岸看，那巨大的块状根又活生生地像一只虎爪抓在石头上，劲健有力。树干也是黄铜色，杂有青灰色的斑块，好像穿着迷彩服。黄铜色的树干在满头绿叶的映衬下特别显眼，好像在展示肌肉的运动健将。黄铜色正是我们的肤色，莫非这棵奇树是与我们更有缘分的远亲？当地人称这种树为"马柳光"，县政府挂的"古树名木标志牌"则称之为"南紫薇"，上面记载的树龄是300年。

一棵树艰难地生长了300年而依然郁郁葱葱、生机盎然，于是逐渐让周围的人们产生了敬畏感。树上缠着红布，树下积着厚厚的纸灰鞭炮屑，树的上面有一个很小的庙，供着三尊菩萨，而树的东边正在兴建一座稍大一些的庙——看来，这棵树早已成为神树了。在我们仔细观察了这棵远近闻名的树并拍完照片的时候，一位老人从溪那边下来了。他一手挂着竹竿，一手拿着镰刀，没有脱鞋就蹚着溪水过来了。我们知道，能给我们讲述奇树故事的人来了。老人姓吴，生于民国三十年，今年71岁，十岁时曾在这棵树下的小学发蒙读书。在他看来，一轮甲子过去了，他自己已从一位少年变成了古稀老人，而这棵树似乎一点都没变。老人说，他上学时已有人给树放炮搭红；"文革"期间"破四旧"，对树枪打粪泼，也没能毁掉它。听老人讲到"枪打粪泼"，觉得很有意思："枪打"是给上面的人看的，对一棵树可能没有太大的损害；"粪泼"能弄脏一棵树吗？分明是在浇灌。哪怕是一棵树，只要深入人心，也会得到老百姓千方百计的保护。

我们问老人：为什么要给这棵树放炮搭红？老人说："这树能治病嘛，有求必应，包治百病。我们喊的是'木观音'。"木观音，真是一个新鲜而有意思的称呼。老人给我们讲了一个故事：他岳母七八十岁的时候，有一次牙痛，痛得生不如死，准备上吊了；万般无奈之下，让儿子找了三根香，点着拿到屋前，向着木观音的方向祈求，回屋后牙痛居然减轻了，到吃饭的时候竟然完全好了！老人讲完，虔敬地望着木观音："我们说啥它都是知道的，它的魂魄会四处游动。"此时，他已经完全沉浸到他与木观音的世界里去了。在老人看来，这棵树就是救苦救难的观世音菩萨的化身。原来，观世音可以有多种显形，甚至可以是一棵树。那星子堡堡中闪耀的光，也许正是她游走世间的光辉足迹吧。

杨盛峰

# 虎楼赋

城西有山，曰黑虎梁；梁上有楼，黑虎楼也。

城东纪念塔久矣，城西当有楼和之；虎梁曲径茂林而游人众矣，独缺点睛之笔。然踞梁俯仰，巴域尽揽，三十余万顷山水荡荡；流光飞度，一千八百载青史凿凿。班超投笔从戎而封侯定远，沈氏浸濡斯邑而名动北大，兴寄必有登高赋；山歌席卷竹海而得民歌之殊，箭杆擎天鹤立而标米仓之危，佳景岂无朱楼出？事宜时宜，终于癸巳岁末，应势而作，楼遂起也。

观斯楼也，藉山拔地，九重相叠欲问天；借林匝台，四方衔扣落实地。飞檐翘角，琉璃溢彩，画梁雕栋，板石鉴影。苍松掩而峥嵘半露，玉栏护而兴步尽开。春来杜鹃竞芳颜，夏至绿海托红莲；秋意画群峰，冬雪炼疏影。晨至，霞光东泻，云裁羽鳞列背景；群鸽侧飞，雾纺玉带绕凤腰。日中，远山迢递有似无，万里长天空漠漠，磊然赫然者也。入夜，月色未朗而梁脊如黛；既深，界廓不分而华灯渐炽。仰望则金炬悬空，晶莹剔透。又或雨雾半笼，隐隐绰绰，神灯仙盏，恍如梦幻。

登斯楼也，西眺草坝烟霞聚散，东瞰街市万民生息。迤逦千阶云梯，可攀也；蜿蜒百丈幽径，可行也；林木近，云朵低，阶台敞，凳椅散，熙熙游人，攘攘市民，坐而浴木香清露，目而饱神形丽色，登临而启高远志，静思而发幽古情。呼呼生风者，习武也；噫噫发聩者，练歌也；悄无声息者，对弈也；叽叽喳喳者，童逐也。日西辉斜，人去楼空，鸟鹊时起，风月漫度。楼或匿于漆漆，或隐于滂沱，或潜于茫茫而天地分浑然，其乃有思矣：夫游人各态，自娱而非为楼也；物景多异，随性而非因楼也；兴土木者以楼顺民意也，弄文墨者借楼寄情志也。

噫，咸起于楼而非终于楼，意在楼外也。斯楼如是，诸楼何异？诸楼如是，万物何异？

梅冬盛

# 第八章　地方人物：钟灵毓秀多俊贤

"钟灵毓秀多俊贤"——也许有人会问：这说的是镇巴吗？答曰：然也！上溯两千多个春秋，纵横三千平方公里，镇巴历史上岂无几多豪杰俊秀？封于斯之班超、张飞，官于斯之严如熤、王世镗，战于斯之李先念、许世友，生于斯之李自立、符先辉，长于斯之"北大三沈"……此皆英雄豪杰、硕儒名士，其功业树立堪为楷模，精神造诣当启来者。郁达夫在《怀鲁迅》中说："没有伟大的人物出现的民族，是世界上最可怜的生物之群；有了伟大的人物，而不知拥护、爱戴、崇仰的国家，是没有希望的奴隶之邦。"邦国如是，地方亦如是。镇巴历史文化名人涵养本土文化，塑造父老精神，当拂去其尘霾，厘清其事迹，追慕其神思，尊崇显扬而为斯土之荣，发扬光大而为文化之魂。

## 一、古代官长：时过千年人未远

镇巴历史文化名人自然首推班超。东汉和帝永元七年（95），"封超为定远侯，邑千户"（《后汉书》卷四十七）。康熙年间史左《西乡县志》卷二："汉定远城，南三百五十里，汉班超封侯于此。"一般认为班超封邑即今之镇巴一带。自此，这块土地才有了属于自己的名字——定远，才有了自己独立的存在史，并且在文化精神上永远与班超联系在了一起——班超实为"班城之父"！《后汉书》卷四十七《班梁列传》详载班超生平事迹：四十二岁以身许国、志在封侯，"投笔从戎"、"不入虎穴，焉得虎子"等故事广为流传；平定西域五十余国，治理化外三十余年，才兼军事、政治、外交，功耀当世、历史、将来！其塑像威立洋水之畔，其丰碑当在邑民心中！

张飞间道败张郃，清代地理学家严如熤认定"间道"即在镇巴。其《三省山内风土杂识》曰："汉昭烈取汉中，大军发葭萌关，张桓侯由西乡一路，后西乡为桓侯封邑。定远之扯旗溪、拴马岭各处尚有桓侯遗迹。"其诗《巴山吟》亦曰："晒旗与拴马，间道父老传。"（《三省边防备览·艺文志下》）"先主为汉中王，拜飞为右将军、假节。章武元年（221），迁车骑将军，领司隶校尉，进封西乡侯"（《三国志·蜀书·关张马黄赵传》）。民国《西乡县志》说："蜀汉先主封张飞为西乡侯，则以飞为涿人，封之故里，惟其时涿郡属魏，乃寄封于新设之南乡。"（《秩官志·封爵》）南乡建治于今渔渡坝马家湾，辖今镇巴、西乡两县地，是蜀汉时镇巴又为张飞及其子张瑛封邑。定远厅同知马允刚建张桓侯祠而为之记曰："定远分西乡之南鄙，所谓拴马岭、捞旗河、九阵坝等处，凡侯战功所在之处皆隶其中，居民至今切切记之……此祠之建所以报功也，即所以振人心而厚风俗也。盖侯之功在史册，名在天壤，虽妇人孺子莫不知之，诚神之正直忠义而不朽者也！"（《定远厅志·艺文志·汉张桓侯祠记》）桓侯非神，而其正直忠义、刚健勇猛之精神正为当世所稀，堪为补世之钙！

　　南乡县首任长官余谦是汉末荐辟的茂才，有治理才能。《定远厅志·选举志·荐辟》："汉，余谦，元封（误，元封为汉武帝年号）间举茂才异等。"又《定远厅志·选举志·仕宦》曰："汉，有由茂才出生者曰余谦，元封间任本县令。"我们断不可以明清时期的秀才名号小瞧了汉末荐辟的茂才。《定远厅志·选举志·荐辟》说："荐辟为三代乡举里选之法。汉武帝元光元年（前134）初令郡国举孝廉各一人，建武（光武帝年号）十一年（35）诏三公举茂才各一人，光禄岁举茂才、四行各一人，监察御史、司隶州牧岁举茂才各一人。"由此可见，当时全国每年荐辟名额极少，被荐举者必为州郡封国之翘楚。余谦能够在这种制度下"举茂才异等"，至少为汉中郡之俊杰也。康熙年间史左《西乡县志·官守》曰："汉，余谦，本县人，以人材举，开设南乡县，遂任本县尹。政善民安。""政善民安"是对余谦治理才华及成就的高度评价。

　　越晋、唐千年而至于宋，有唐文若、文同者相继掌洋州。《宋史》卷三八八《唐文若传》载："唐文若，字立夫，眉山人……书奏，翌日召对便殿，高宗大悦，特旨改合入官，通判洋州。洋西乡县产茶，亘陵谷八百余里，山穷险，赋不尽括。使者韩球将增赋以市宠，园户避苛敛转徙，饥馑相藉，文若力争之，赋迄不增。"时洋州辖今洋县、佛坪、西乡、镇巴四县，而所谓西乡产茶，实在今镇巴。文若不畏朝廷使者，不计个人利害，挺身而出，为植茶园户力争，"赋迄不增"，真良吏也！文同任洋州知州时，朝廷实行榷茶法（专卖），每年洋州须上解茶叶40万斤，由茶农肩挑背驮至州郡上缴，其余茶叶限运四川销售，而四川也盛产茶，遂致价贱难卖，积压霉变，茶农怨声载道。文同上奏朝廷，废"榷茶法"，洋州民大悦；他还向朝廷上《论官场榷盐宜预为计度状》，解决州民缺盐之难（清徐松《宋会要辑稿》）。史左《西乡县志·官守》载："文同，字与可，盐亭人，少以文名，举进士。熙宁间知洋州，政简刑清，诗酒唱和，往来县之南山，探幽寻胜焉。"文知州或至镇巴境（"县之南山"），惜未传有关诗文也。

## 二、科举才俊：学有所成传令名

我国古代的科举取士始于隋唐，止于清末，分文、武两科。明清时期，要参加科举考试先要经过童试录取"入学"（府、州、县学，统称儒学），称生员，俗称秀才，这是"功名"的起点；秀才通过本省学政巡回举行的科考才能参加在省城举行的乡试，每三年秋季举行一次，称大比、秋闱；乡试考中后称举人（第一名称"解元"，第二至十名称"亚元"），可以到吏部注册，为候补县官，每考大约录取 40 至 130 名；会试于乡试次春在礼部举行，故称礼闱、春闱，取中后称贡士（第一名为"会元"），每考约 300 名；会试次月殿试，皇帝在太和殿亲自主持，考中后为进士，可直接做官。

镇巴科举考试情况，洋源县时期无考，道光元年（1821）定远厅学建立之前文武生童与西乡合考。明代有万历己酉（1609，《定远厅志》误为"万历庚午"，查万历年间无"庚午"）科举人符昌祚（《大慈恩寺志》卷十五《雁塔题名（二）》"万历己酉科"下有"符昌祚，西乡县学生"记录），任湖北监利县知县；由岁贡出身者曰周逵，任山东盐运司同知。清代有文进士三人：齐士琬（寄籍洋县），康熙三十九年（1700）庚辰科进士，第三甲第 26 名（同榜三甲 118 名为年羹尧），任知县；张钧，乾隆二十八年（1763）癸未科进士，第三甲 56 名，任贵州兵备道（军事要冲整饬兵备之道员，掌监督军事，可直接参与作战行动），升湖南按察使；王炳（寄籍南郑），字蔚卿，号竹庵，同治二年（1863，《定远厅志》误为咸丰十一年）癸亥恩科进士，第二甲第 17 名（同榜第一甲第 3 名为张之洞），改翰林院庶吉士，同治十年（1871）任翰林院编修，光绪元年（1875）任江南乡试副考官，后任山西道监察御史。有武进士两人：冯丕义，雍正癸丑（1733）科武进士；张又贤，乾隆己未（1739）科武进士。清代镇巴有文举人 6 人，其中三人后中文进士（即齐士琬、张钧、王炳），其余三人是：杨宗武，乾隆二十四年（1759）己卯举人，任江西吉安府永宁县知县；马秉乾，咸丰九年（1859）己未举人，历任凤翔县训导、绥德州教谕；何天亨，同治八年（1869）举人。武举人 7 人：乾隆辛酉（1741）科沈谟，乾隆辛卯（1771）科杨鹗，乾隆甲午（1774）科严登魁，乾隆丁酉（1777）科王举，乾隆甲寅（1794）科翟正常，光绪己卯（1879）科冯兆熊。其生平事迹皆无可考。厅志《武备志·武职》载，瓦石坪汛千总有名王大才者，"厅人，武生，嘉庆二十四年署任，历升广东副将。"副将，秩从二品，位次总兵，统理一协军务，又称协镇、协台。又，国子监挑选府、州、县生员（秀才）中成绩或资格优异者入京师读书称贡生，清代镇巴有恩贡 5 人、拔贡 3 人、岁贡 26 人、例贡 18 人。

## 三、定远官师：教化濡染振文风

清定远厅历时 110 年（1802－1911），有同知 51 人，儒学训导 20 人左右，巡检 40 余人，司狱 15 人，多为全国各地优秀儒生士子，其中不乏硕儒良吏，他们对镇巴做出了多方面的贡献，提升了本地的文化水准。

首任同知班逢扬，山西崞县贡生，举孝廉方正。嘉庆五年署南郑令，启动修建班公堰；时陕西巡抚督办汉南军务，逢扬筹办粮饷有功；定远厅设，以政绩卓异升任同知。厅志《建置志·公署》曰："厅署在东门内，枕红岩寨，平溪山之麓。嘉庆七年设厅，同知班逢扬详建（报告请示修建），未任前委通判易万甲监修，工未葳，逢扬病故。"又曰："司狱署在厅署仪门右，嘉庆八年同知班逢扬详建。"这说明，班逢扬未到任之前已在筹划并向上级报告修建厅署、司狱署等事，是定远厅署的创建人。惜到任未满一月而逝，陕西学政悼之以诗曰："篆缩班城未卅天，顿教赍志泣黄泉。封人有母情难割，伯道无儿嗣莫延。栗里挽歌良友恸，桐乡遗爱部民传。雁门凤岭遥相望，华表归来亦黯然。"（《定远厅志·艺文志·吊班司马逢扬》）据传厅城曾有班公祠奉祀。

继任同知严如熤（1760－1826），字炳文，自号乐园，湖南溆浦人。自幼留心兵事及经世之学，精研舆图、天文、地理、兵法；就读岳麓书院，为优贡生，学使张姚成称其"为经世才，足当大任"。嘉庆八年（1803）由洵阳令升定远厅同知。"时厅治初设，诸事缺如，熤度基建署，筑城树桑，督民垦荒，教以耕织。"（《定远厅志·职官志·官师》）严如熤到任后的第一件事，是把刚刚开工的厅署衙门建设完工，安置新任官吏开展工作。"八年，同知严如熤续成，制粗定。"（《定远厅志·建置志·公署》）时白莲教初平，地方未靖，他在赴任途中拜见经略额勒登保请益，额侯曰："定远新造，固圉保民，城垣为亟图。"到任后，他组织人力在原有三百丈兵城基础上扩建一百六十丈土城，并用山石对城墙进行了加固，"北、西、南各建城楼一，北面当敌处砌炮台二"，"城根厚寻有四（约 3.84 米），高丈有五（约 4.8 米），垛墙增崇为咫者六（约二十多厘米）"，扩建工程从"癸亥（1803）仲冬至甲子（1804）夏"，历时半年多，"费金五千有奇"，他"不敢縻帑，亦不忍为民累"，全部由他个人捐献，他母亲也拿出积蓄帮助他（《定远厅志·艺文志·龛修石城碑记》）。严如熤又于黎坝、渔渡筑石城以为掎角之势，提升全厅的防御格局。《清史稿》卷三百六十一曰："新设定远厅，即以如熤补授。九年，建新城，复於西南百馀里黎坝、渔渡坝筑二石城为掎角。治团如洵阳，贼至辄歼，先后擒陈心元、冯世周。"所谓"治团如洵阳"，即仿古屯田之法，"举流民降贼之无归、乡勇戍卒之无业者，悉编入屯，团练捍卫"（《清史稿》卷三百六十一），又于冲要处多筑寨堡，行坚壁清野之法，以御贼寇，厅境获安。严如熤心系农桑，关注民生，其古风《夏耘词》、《谕农词》、《喜雨词》、《祈晴词》《秋获词》皆言农事，悯农爱民，言真意切，其情可嘉。任职定远期间，严如熤完成了《三省山内风土杂识》的撰写，此为其后扩充完善之清代重要军事地理著作《三省边防备览》之雏形，其中提出了一个重要观点："定远固，则全陕可安。"建议将西乡事权归定远厅统筹："定远瘠甚，割西乡隶之，则厅县虽分，事权归一，筹办自易矣。"未获实施。作为"湘系经世派"大学者，严如熤主张舆地经世，抚治定远是他的政治主张进一步推行、检验与完善的重要时期，其实践经验为他后来著述《三省边防备览》、《屯防书》、《汉南续修郡志》、《汉江南北三省山内各图》等传世著作提供了重要资料。嘉庆九年（1804），严如熤"丁母忧"（遭逢母亲丧事）去职离开镇巴，后历任汉中知府、陕安道、陕西按察使，文韬武略，政绩卓著，"宣宗（道光皇帝）每论疆吏才，必首及之"（《清史稿》卷三百六十一）。厅人久怀其德，建德政祠祀之。

第五任同知李枢焕，江西南城（《石泉县志》则说籍贯山西）举人，清嘉庆四年（1799）任石泉知县，嘉庆十年（1805）由西乡县令升任。嘉庆十三年（1808）捐修东门楼，又以厅境系班超食邑之地，在厅城南关帝庙右侧捐建班侯庙一座，其《建班侯庙记》曰："厅为西乡分域，汉班侯封邑也。尝考《西乡县志》，汉定远城在县南二百四十里。父老传闻此地向称班城，是侯之封邑无疑矣……今之父老犹能于荒烟蔓草中指为班城。兹设官建城，仍名定远，是侯之勋未泯，侯之流泽犹存。"（厅志《艺文志》）十四年（1809），在城北捐建养济院十间，收养孤贫，其《建修养济院记》曰："初下车，即见有穷民野处露宿，心怦怦然"，"视此无告穷民竟恝置不问，则牧民者之心亦觉难安"（同上）。厅志评之曰"慈惠慷爽"，民国《西乡县志》则曰"精练多才"。后升重庆府知府、四川建昌道。有《定远留别》七绝四首存厅志《艺文志》，其三曰："黾勉从公岁月深，敝裘粗粝总甘心。一官长物吾何有？吹落黄花满地金。"

第七任同知石珩，字葱佩，江苏如皋监生，曾任洋县、平利等地知县，嘉庆十五年（1810）任定远厅同知。厅志《职官志》曰："工书法，民多宝藏之。"题有班超食邑碑，原竖厅城北门外大桥头，现存县博物馆。碑高128厘米，宽68厘米，正中楷书

"汉定远侯班仲昇食邑"，上款"嘉庆辛未（1811）九月"，下款"署定远厅同知石珩题"。其楷书瘦硬老辣，行草劲健灵活，属帖学一派，名重陕西，西安曾有"非石不饮"之说，意谓酒店无石珩书法则少有人光顾。后任耀州、邠州知州，政讼理顺，民皆爱戴，政绩显著，升陕西学政。

担任本厅同知最久的是马允刚，从嘉庆十六年（1811）到道光二年（1822）共12年。马允刚，字见一，号雨峰，直隶开州举人，喜爱书法，善诗文，性格刚毅果决，不可干以私。任上建班城书院，设定远厅学，请置儒学训导署；暇与诸生讲学，捐刻唐诗明文授读，供给寒士津贴，儆惰赏勤，立教甚严，使厅境文风振起，于定远文教居功至伟。厅志《艺文志》中保存了他与镇巴弟子张正已的唱和之作，张正已《赋呈马司马雨峰先生》曰："使君风采老如何？夔铄将军溯伏波。鹊噪花庭传德化，虫鸣草圊和弦歌。松风时饶清华趣，竹月常从劲节过。椷朴菁莪争献瑞，千年浩气壮山河。"马允刚则有《叠茂才张正已原韵》和之："盛世恩光此日多，长流惠泽满江波。杖臻乡国犹行部，地近巴渝足颂歌。杞梓有才争自献，菁莪待养竟如何？青衫自愧今潦倒，空诵瑶章忆绛河。"这种吟诗唱和的举动必有助于推动厅境士子风雅弦歌之习。马允刚以教化黎民、移易风俗为己任，他在《建修正教寺记》一文中说："予捧檄来此，日思所以化导之者。"其《创建学宫明伦堂记》云："于十七年（1812）先捐修文庙一所"，"十八年又捐修崇圣宫一所"，"十九年又捐修戟门前东西斋房各三间，棂星门三间；二十年制祭桌、祭器、杯爵、木豆、烛台、香炉等件；二十一年又捐修明伦堂三间、大门三间……"十余年间，他"毁淫祠"以除邪祟，正教化而易心性，社会风气为之一变。嘉庆十九年（1814），马允刚募捐筹买城东平溪山（上至庵垭梁顶，下至山脚），禁止耕种，植树造林，固土保城。八十岁时，他被擢升为安徽池州知府，告老还乡。"后都人士立记事碑于明伦堂，以志感慕"（《定远厅志·职官志·官师》），与严如熤并祀德政祠。数十年后，同知沈际清赋诗深情怀念马允刚曰："经济文章仰马融，至今遗爱挹清风。耆英人瑞钟燕北，终古神灵式汉东。野老尚能传德政，士林长此慕宗工。苟斋勉葺承棠荫，还忆艰难缔造功。"（《定远厅志·艺文志·葺澹宁书屋怀马雨峰先生》）

继任同知冀兰泰，字畹亭，号芸田，幼即颖异，性格镇静，遇事有胆识。乾隆五十九年（1794）以高名次中举，历任陕西清涧、兴平、凤翔、三水、山阳、韩城等县知县，修《韩城县续志》，调长安知县。任职之处均有政绩声望，以考核卓异，道光二年（1822）擢升定远厅同知。厅志曰："性耿介严明，迎事而决，无流滞。"道光六年（1826），为平南疆英国支持下的张格尔叛乱，督兵大臣命冀兰泰督办哈拉玉尔滚粮台，次年又办库车台务，兰泰于沙漠中亲率驼队往返万里运输粮草，一切行动依部署而办，甚为严密，不差晷刻。八年（1828）回任定远厅同知，寻除台州知府，后署任宁波、严州等处知府。为政简要而不繁琐，宽厚而不逾制，旧志评曰："才足以任盘核，惠足以振疲癃，虽古循良之吏不能过。"

定远厅第三十五任同知沈际清与第五十任同知沈祖颐为父子。沈祖颐之子沈士远、沈尹默和沈兼士均在民国初年任教于北大，各有所长，名重京师，有北大"三沈"之称（沈氏三代及"三沈"在镇巴之状况详见杨盛峰《北大"三沈"与陕西镇巴》一文）。

第四十四任同知余修凤，湖南平江县监生，光绪三年（1877）八月任。时夏旱大饥，赤地百里，斗米十千无籴，厅境平地无获，少数高山稍有收成，兼以外来饥民交讧，人心汹汹；余修凤上任后，察厅无巨富，即谕各团保上中富户量力输捐，并给各地捐户赏"急公好义"红缕额，以缓解灾情。光绪四年（1878），余修凤捐买民宅，改建为收留难民、流民的专门机构——栖流所。同年，督修龙泉堰，捐收橡种，令厅署人员在平溪山划段承包种树，禁樵固土。"光绪五年（1879），同知余修凤以（班城）书院龌龊，生童日多，改置东门外先农坛内，设已冠义学于旧书院中"（《定远厅志·学校志·书院》）；稽查、解决平落、盐场、九阵坝、清水河、蜡溪坝、椒园河等地义学经费。在社会管理方面，"光绪四年（1878），同知余修凤编立保甲，即以团练寓之：以保正为总哨，甲长为哨长，牌头为什长，各户有壮丁者出一名为练丁……"（《定远厅志·武备志·团练》），将固县坝以外的 23 地按地理方位划归四乡，每地之内根据住户多少设若干保，保下设甲，甲下设牌，全厅 4 乡 24 地，共划编为 71 保 150 甲 1604 牌；同时制定《团练章程》，将行政管理与治安防卫紧密结合，强化了地方管控和居民防御能力。从历史的角度看，余修凤对镇巴最大的贡献是他组织人力、花三年时间编修了镇巴解放前唯一一部地方志——《定远厅志》。"丁丑秋（光绪三年，1877 年），修凤捧檄莅定远任，初下车，即调取志乘，阙如也。盖地处偏隅，设厅日浅，是以文献无征。虽然文献可待，而民情难缓，不有志乘，何以为治？于是，随时咨访，遇事勤求，迄今三载，粗得体要。乃设局选绅，分司其事，有疑难者，则旁征典籍，互参众论，间或断以己意，由是始有成焉。"（《创修〈定远厅志〉序》）余修凤从上任之时起就着手准备修志，经过三年的咨访搜求，调集九十余人组成专门的编写机构，终于在光绪五年（1879）冬完成了六册共二十六卷的《定远厅志》。这是镇巴文化史上的一件大事，它不但填补了历史的空白，也让镇巴历史少了许多空白！

对编撰厅志作出重大贡献的还有黎坝巡检署第九任巡检陈庆怡。其于留坝厅任司狱期间曾撰《留坝厅志略》七卷，礼部尚书汤金钊于序中赞之曰："陈君博雅明敏，小度卑官，辄能留心一方政要，则其遇事尽心可知也。"升定远厅黎坝巡检后，有志于厅志修撰。《绍兴县志资料》第二辑"未刊稿本"中有陈庆怡《定远厅志稿》，虽因故未能刊印，而其所集史料为四十余年后余修凤编撰《定远厅志》打下了坚实的基础。《定远厅志·职官志·巡检》独于陈庆怡之介绍略详："浙江会稽人，附生，道光十二年（1832）任。工吟咏，著有《晴日新馆诗草》。编辑厅志稿，道光以前事实多赖之，诚有志士也！"厅志《艺文志》录其诗最多，达10首，《初见白发》写晚年心迹："短发无端白数茎，喜侬心迹尚双清。只知愁向杯中解，不料霜从镜里生。破帽疲羸（羸）怜薄宦，残书秃笔愧微名。从今渐觉成蒲柳，何日山阴道上行？"其诗形象鲜明，充实清新，文笔流畅，惜《诗草》亦未能刊印。陈庆怡宦游僻远，位卑权轻，而胸怀远志，广搜博集，勤于笔耕，终有所成。

总的来说，定远厅时期颇有一批才优学粹、念切民瘼、抚字勤劳、节励清操的官员，对促进镇巴的经济、社会、文化发展作出了贡献。

## 四、民国人物：地僻不惭世上英

1911年10月10日辛亥革命爆发，25日陕西新军反正，宣布独立，但定远厅仍属清朝同知彭锡畴统治。11月，紫阳县哥老会首领李长裕、周福禄与本县巴庙、小河哥老会首领刘玉珍、刘自仁、任锡珍等人拟在小河口发动拥护孙文、推翻清朝起义，因泄密，被彭锡畴剿灭。是年，观音段义昭、简池李维植（字自立）、城内刘光浩分别在汉中、西安加入同盟会，返本县传播资产阶级民主革命思想。李自立是我县辛亥革命后积极追随孙中山从事革命活动最杰出的人物，其生平事迹详见杨盛峰《孙文秘史民国中将》一文。

1946年3月，国民政府军事委员会给陆军八十八师五二四团镇巴籍准尉班长晏安兴颁发"忠贞"奖章一枚，执照一张，表彰其在对日"淞沪战役"中坚守四行仓库的卓越功绩。晏安兴，镇巴安垭梁人，1900年4月4日出生，后参加国民党军队，1937年随国民革命军第八十八师第五二四团参加著名的四行仓库保卫战，即为所谓"八百壮士"之一。战斗中晏安兴左手腕被子弹打穿，他从衬衣上撕下一绺布条，穿过弹孔一缠，又立刻投入战斗；因战事紧急，条件限制，伤口久未消毒包扎，白布条上竟生虮虱。保卫战结束后被日本人关押，在劳工场做工，后被新四军解救。回重庆后进军官总队受训，1946年3月受国民政府军事委员会嘉奖。1992年2月22日去世，享年

92 岁，葬县城东山，碑文于平生功绩未着一字。另两名参加四行仓库保卫战的四川涪陵籍战士，辗转至渝，抵岸，遇决囚，以为毙逃兵，疑己与队伍离散亦逃兵，遂潜来镇巴巴山林隐居，终老于此。

继定远厅同知石珩、沈际清、沈祖颐之后，民国时期，又一大书法家主政镇巴，他就是镇巴首任知事王世镗先生，其生平事迹详见《民国镇巴第一任知事——章草大师王世镗》一文。

民国镇巴县长中为人称道者有吴乾德。其祖籍湖北红安八里湾，后迁北京，毕业于法政学校，1937 年 1 月 22 日任镇巴县长。夏，查处庸医温中华误死人命案，对城区医生进行医术测试，不合格者一律取消行医资格。是年，采取免交学费、书费、免费做校服的"三免"措施鼓励学生上学，复办马王庙街小学，恢复私学，举办小学师资训练班，力振教育。题写"蜀汉桓侯拴马处"石碑，立于县北拴马岭，上款"中华民国二十八年（1939 年）五月吉"，下款"镇巴县长吴乾德题"，石碑现存县博物馆。1938 年下半年，吴乾德召集全县各地饱学之士 14 人于县慈善会组成修志班子，着手续修《镇巴县志》，半年后吴遭忌解职，修志事辍，镇巴历史失去了一次极佳的整理保存机会，以致清末、民国史事散佚难觅。吴乾德冒风险、顶压力，整肃吏治，改变社会风气：为肃清匪患，亲自调查审理并枪毙了在小洋抢劫客商的董必林和在雷公河抢劫公款的甘大兴；设戒烟（鸦片）所，查封城内所有 18 家烟馆；追回省政府用于救助本县灾民，被西、南两区联保主任领回后贷富不贷贫的农业贷款重新发放；整饬保安大队风纪，关押贪污诈财和纵子抢劫的第二中队长胡子谦及其子胡春堂，关押克扣士兵粮饷、放纵士兵聚赌的第三中队队长何尊三，何的外甥黄一甲游说未果，欲杀吴。吴乾德除暴安良，震撼官场，遂遭反扑，国民党镇巴县党部书记史以鉴向省党部控告吴"滥用权威，以政压党"，省党部于 1939 年 6 月 27 日批复撤销吴的镇巴县县长职务。2014 年夏某夕，镇巴中学教师杨盛峰于县文博馆院内欣赏"蜀汉桓侯拴马处"石碑，旁边一老人指吴乾德之名曰："这是个好县长！"

除吴乾德这样的官员外，镇巴民国时期献身教育的民间人士还有张联辉、张杰三等人。张联辉（1856－1927），字薲楼，祖籍湖北麻城，康熙年间迁城西北柳林沟。光绪三至五年（1877－1879），生员张联辉参加编修《定远厅志》，为五名总校之一。七年（1881），选考优贡，与副贡程学深用俸禄银 380 两于西安西门内购崔氏旧房一所，筑屋 21 间，立为定远会试馆，供定远赴省城参加应试生员作食宿之所。二十八年（1902），就任班城书院院长，兼任主讲。三十一年（1905），响应并推崇新学，废书院，改设定远厅学堂。宣统三年（1911），与王日贵、刘金印、夏涵霖、李大贵于厅城周家街首开女子学校，任校长，其时，在校学生二三十人。民国二年（1913），创立高等小学，任校长至八年（1919）7月。九年（1920），拄杖倚墙赴校授课，竭力倡导国民教育。1927年病逝，享年65岁。

民国人物甚多，当事人皆已作古，见证者语焉不详，而文字记录、档案资料奇缺，然于点滴故事中常有令人惊异者：镇巴虽处僻远，而勇于闯荡的豪杰、奉献革命的英雄、不屈命运的斗士，竟然如此之多哉！

# 五、苏区英雄：血荐轩辕换新天

川陕革命根据地镇巴苏区存在的两年多时间，是镇巴与中国共产党领导的新民主主义革命联系最紧密的时期，众多革命志士来到这里打土豪，分田地，开展武装斗争，建立苏维埃和党的组织，在镇巴大地上留下了革命的红色足迹。据陕西省文物局所编《镇巴文物》一书介绍，曾在镇巴苏区工作和战斗过的老一辈无产阶级革命家有：李先念（1909－1992），时任红四方面军十二师团政委、师政委、军政委，曾驻防陕南县、盐场、关门垭一带，1983年6月在第六届全国人民代表大会上当选为中华人民共和国主席；徐向前（1901－1990），时任红四方面军总指挥，指挥创建川陕革命根据地和各级苏维埃政府，1955年被授予中华人民共和国元帅军衔；洪学智（1913－2006），时任红四方面军十二师政治部主任，曾驻防、战斗在响硐、滚龙坡、盐场、坪落、青鹤观、陕南县一带，指导陕南县苏维埃政府的建立，中华人民共和国成立后被授予上将军衔；蒋克诚（1916－1992），时任少共陕南县委书记，曾战斗在简池、黎坝、关门垭、坪落、渔渡、毛垭一带，领导建立陕南县苏维埃政府，中华人民共和国成立后获少将军衔；王新亭（1908－1984），时任红四方面军十二师政治部主任，曾驻防战斗在盐场、滚龙坡、崔家碥、南沟、山坪、田坪、坪落、长滩、赤南一带，组织建立陕南县委、县苏维埃政府和区、乡苏维埃政府，1955年被授予上将军衔；李德生（1916－2011），时任红四方面军三十五团供给处指导员、团政委、师政委等职，曾驻防战斗在永乐、核桃树、简池、铁佛寺、赤北县、仁村、两河口一带，1988年被授予上将军衔；傅钟（1900－1989），随红四方面军入川后，参加创建川陕根据地的斗争，任红四方面军（后兼西北军区）政治部副主任，同时主办《红军报》、《干部必读》等报刊，多次深入到陕南县、赤北县了解土地革命活动，宣传党和红军的政治主张，1955年被授予上将军衔；张才千（1911－1994），时任红四方面军十师师长，曾驻防战斗在永乐、核桃树、简池、铁溪河、铁佛寺、赤北县一带，1955年被授予中将军衔；贾安潮（1907－2006），时任红四方面军第十二师政治部运输员、文书、粉笔队员、军宣传队分队长，曾驻防战斗在滚龙坡、盐场、南沟、山坪、毛垭塘、响硐、坪落、陕南县（青鹤观）一带，带领群众刻写标语，宣传土地革命，动员青年参加红军，1962年晋升为大校军衔；徐立清（1910－1983），时任红四方面军第十二师政治部主任，组织刻写石刻标语宣传土地革命，参加建立陕南县苏维埃政府工作，1955年被授予中将军衔；卜万科（1910－1969），时任红四方面军第十二师参谋长、三十四团团长，曾驻防战斗在简池坝、蒿坪寺、文家坪、红花坪、牡丹园、范家窝塘、降头山、苏家坡、木竹寺、长岭、关门垭一带，参加攻打镇巴县城的战斗，1955年9月被授予少将军衔；刘飞（1906－1984），时任红四方面军三十四团政治委员，独立师政治部主任等职，曾驻防战斗在赤北县、简池坝、庙坪、蒿坪寺、苏家坡、木竹寺、长岭一带，1955年被授予中将军衔；张德发（1906－1965），时任红四方面军三十四团副团长，曾驻防战斗在简池坝、蒿坪寺、庙坪、文家坪、红花坪、侯家崖、牡丹园、范家窝塘、木竹寺、仁村、长岭一带，两次参加攻打镇巴县城的战斗，建国后曾任新疆建设兵团副司令员；杜国平（1904－1992），时任红四方面军十二师三十四团参谋长，曾驻防战斗在简池坝、蒿坪寺、庙坪、文家坪、红花坪、侯家崖、牡丹园、范家窝塘、木竹寺、仁村、长岭一带，两次参加攻打镇巴县城的战斗，1955年被授予少将军衔；孔庆德（1911－2010），时任红四方面军三十三、三十四团副团长，曾驻防战斗在简池坝、核桃树、铁佛寺、文家坪、红花坪、范家窝塘、木竹寺、苏家坡一带，参加攻打镇巴县城的战斗，1955年被授予中将军衔。

这一时期涌现出了一大批镇巴本地和外县籍的革命英雄，他们所播下的革命火种、所开展的建设新社会的实践，指引着上千镇巴儿女走上了革命道路。

杨大文（？－1933），镇巴简池人。1932年冬，其父杨正太被土匪团首毒打致死。1933年3月，杨大文任田坪乡苏维埃政府土地委员。同年夏，杨大文率人将其叔父、油盘垭富豪杨正和抓到乡苏维埃政府，令其给红军交出粮食。同时，他还领导贫苦农民斗争了土豪李碧端、李碧和、李碧采等人，没收了他们的田地1500多亩，房屋100余间，分给贫苦农民。1933年农历10月的一个晚上，杨正和将杨大文诱骗到家住宿，暗中给参加了神团的儿子杨大林和当团首的女婿陈长建送信；翌晨，将杨大文抓到渔洞河绑在牛槽上，把火炭倒在杨大文背上，烧得皮开肉绽；早饭后，匪徒们把杨大文拉到穿洞子臭椿树沟，剥光衣裤，赤身大绑，杨大林用火枪击中杨大文臀部，接着又用石头砸得杨大文脑浆迸流，杨大文惨烈牺牲。

宋明修（？－1933），原籍湖北，红四方面军28团民运股长。1932年12月，宋到本县简池开展革命斗争，先后建立起窑罐厂、蒿坪寺、雷公田乡和简池区苏维埃政权，并组织游击队配合红军作战。1933 年 5 月，宋收编了驻在杨家营的大池坝民团营长裴元云部 30 余人，并发给裴部十多支枪。同年 11 月 22 日晚 10 时左右，裴元云叛变，将宋诱骗到水龙子沟一旱田边，大喝一声："给我把宋驼背抓起来！"匪徒唐连成、许子栋拧住宋明修的双手，把他架起来，李守贵一把扯下宋身上披着的黑大衣，双手举刀，照宋的后颈处猛砍一刀，宋明修头颅坠地壮烈牺牲。

陈忠瑞（？－1934），四川成都人，中共党员。1933 年 7 月，任中共赤化区委员会书记。1934 年 2 月，陕南县第二次工农兵代表大会通过肃清反革命的决定，陈忠瑞即召开各乡村苏维埃政府主席联席会议，清理出毛垭替匪通风报信的唐代珍，替敌人带路攻打红军的刘三元和伪牌头项成高、王义和、周宗吉，查出并枪毙了贪污饷银的游击队长王三清、替大本团通风报信的梅坡乡苏维埃政府主席刘礼宽等人，此外还发动群众打土豪、分田地，全区共打击土豪劣绅 60 多户，没收田地 414 亩，粮食 17.2 万多公斤，分给 860 多户 3500 多贫苦农民。1934 年，陈忠瑞鉴于反动大本团、烟户团活动频繁，区委、区苏受威胁，经请示陕南县委同意，将区委、区苏维埃政府迁到青鹤观钱家碥。同年 11 月 8 日，小头寨大本团头目饶世民率匪徒 1000 多人，兵分三路攻打县委、县苏所在地青鹤观，陈忠瑞在战斗中牺牲，翌日，陕南县委派人清理战场时，将陈忠瑞同志的遗体安葬在青鹤观侧面的青冈树林里。

王再元（？－1935），简池镇人。1933 年 7 月任中共赤北县简池区委员会书记。同年 8 月，组织工人给红军打马刀，造土炮，制脚马，并派工人委员会委员长李忠苟带人随红军第六连去大池坝击溃大本团。10 月，随红军第五连去小营坝打散大本团，又配合赤卫军在观音庵打粮 100 公斤。后来，大池坝反动民团杨德徵在甘家坝把他捉去，严刑拷打后，关在一间转房里，半夜，王趁岗哨打盹的空隙逃回家养伤。1935 年 2 月，调赤北县苏维埃政府，因伤病复发返回。红军离境后，蒋春田带着伪二区队 10 多人到王坪大屋基将他捉到简池坝街上，翌日在街头油坊被匪团丁用套筒枪照胸部先打一枪，匪首王应远再补一枪，壮烈牺牲。

张子义（1904－1936），河南商城县人，红四方面军七十三师二一九团三营营长，曾参加过鄂、豫、皖时期的反"三次围剿"。1933 年 6 月底木门会议后，张子义奉调三十四团任团长，驻防镇巴县伍家乡苏家坡一带，击溃川陕巨匪、"汉中区边防游击司令"王三春的部队，大破装神弄鬼的"神团"，又派民运股四处发动群众，镇压了反动团首景仁元等人，相继建立了文家坪、侯家岩、牡丹园等乡苏维埃政权。同年夏，将团部移至木竹寺，并建立了红花坪、黎坝、过街楼、关门垭、环山子等乡苏政权和范家窝塘区苏政权。镇压土豪劣绅 30 多人，没收田地 1240 余亩，分给贫苦农民耕种。同年农历九月十六日晚率部攻进镇巴城，捣毁王三春老巢，缴获汉阳造步枪 300 余支，马尾炸弹 40 余枚，此外尚有大量棉花以及兵工厂和造币厂的机器等。1935 年 2 月 4 日，三十四团撤离木竹寺，移驻旺苍。红四方面军与中央红军会师后，张子义率部从理县移驻毛儿盖附近的沙窝，担任右路军后卫。跋涉至包座后，在不明真相的情况下，执行了张国焘命令，二过草地。1936 年在四川荥经县战斗中英勇牺牲。

田善珍（1895－1983），女，简池坝人。1930 年 9 月 7 日，简池团总陈风烈给田善珍等 8 户摊派 32 套军衣，限 7 日内交齐。9 月 13 日，田串联隔房兄弟李应泽等二人，分别在黄龙洞和简池街上用马刀杀死陈风烈父子，同丈夫连夜逃往青水。1933 年 2 月红四军到达本县后，田返回简池，参加了区游击队。3 月，田参加了简池白家梁打神团的战斗。同年 7 月 14 日晚，游击队商量去县城打王三春的事情，田主动说："我敢到镇巴去侦察，死了也就是我一个人。"于是她被任命为侦探队长，带领 8 人胜利完成了侦察任务。1934 年 10 月，田随简池区游击队配合红军参加了反川军刘湘的"六路围攻"，往返 17 天。1935 年农历正月初一，田被叛变的苏区招待员李应洲逮捕后，辗转交给大本团。田经受了"猴儿抱桩"，指甲缝里钉竹签、灌凉水等酷刑，敌人见从她身上榨不出什么信息，就叫人取保把她放了。后，田迁居汉中铺镇。1959 年后，先后任汉中市政协委员，市、省人民代表，铺镇街居民大队队长。"文化大革命"期间被多次揪斗，中共十一届三中全会后才得以平反，并增补为陕西省第四届政协委员。1983 年 12 月病故于汉中。

赵安宅（1901－1985），本县伍家乡红星村赵家院子人，幼时读过《四书》，粗通文墨。1933 年 4 月 21 日红四方面军十师特务团政治处在赵家院子三面粉墙上墨书了《中国共产党十大政纲》和《川陕省苏维埃土地法令》；红军走后，赵即和家人在书有文献的三面墙外续修了 7 间新房，将文献保护起来。不久从三元坝过来一伙大本团，将赵安宅毒打一顿后，掀倒新房屋，逼迫赵将字迹铲掉。赵背着他们，用黄泥将字迹严严实实遮住，瞒过了敌人。解放后，这批珍贵文献才得以重见天日。

在苏区参加红军的镇巴青年中，有不少人为中国革命和社会主义建设作出了重要贡献，他们中的杰出代表有符先辉、钟明锋、孙传学、刘钊等人。

符先辉，生平事迹详见蔡忠琼《碧血洒人间　赤心为人民》一文。

钟明锋，生平事迹详见杨盛峰《从孤儿到大校》一文。

孙传学，1907 年 3 月生，镇巴仁村人，读过一年私塾。1933 年参加中国工农红军，1935 年 3 月加入中国共产党。土地革命战争时期，任陕南县苏维埃文化委员会副主席，红四方面军十二师地方工作队员，第三十一军九十一师政治部干事，先遣支队民运干事。1934年11月7日，镇巴县保卫团、大本团进攻陕南县委驻地青鹤观，孙传学在突围中跳下山崖，幸而被半山腰一个树桩挂住腰带保住了性命。后来参加了川陕革命根据地反六路围攻和红四方面军长征。抗日战争时期，任八路军第一二九师三八六旅副科长、科长、师卫生处政治委员，太岳军区第三军分区武委会政工部长，淳山县武委会主任，参加了百团大战。解放战争时期，任太岳军区卫生部副政治委员，第六十二军民运部长，参加了太原、临汾、兰州和解放西康战役。中华人民共和国成立后，任雅安地委副书记、西康省检察署副检察长、省民政厅党组书记兼副厅长，四川省民政厅副厅长。

刘钊（1919－1989），原名刘秀兰，女，1919年6月出生于镇巴县城半边街。1933年参加红军，长征中加入中共共产主义青年团，1936年在甘肃庆阳转为共产党员，先后任妇女独立营一营排长、红军医院采购员。到达陕北后，历任连长、队长、指导员等军队基层领导职务，解放后转业到最高人民法院任人事科长。1950年进入中国人民大学财政系学习6年，毕业后分配到吉林农业大学党委任组织部长、党委副书记，六十年代调吉林省林业勘察设计院副院长，离休后享受副厅级待遇。1989年8月3日病逝于长春。

同一时期，以彭辉为代表的一些在县内外以公开或地下身份从事革命活动的共产党人和进步人士，也以各自不同的方式为中国革命作出了巨大的贡献。

石梦霞（1911－1940），男，原名世玺，曾更名石沫霞，仁村人，懂得俄、英、日三国文字，尤擅音乐。1929年初秋，经杨虎诚第十七军政治教官江白玉帮助，进入上海美术学校学习。1930年参加由上海反帝大同盟组织的纪念"五卅"运动游行示威。此间，先后在北京、天津、南京等地教书。1933年春，石在陕西省立第五师范学校教地理、音乐、劳作（美术），所选教材含有鲜明政治倾向，所教木刻画均是他自己的手笔，如《高举烈日在前进中》、《饥寒交迫的村景》等。1935年春，石被解聘后重返上海研究音乐理论，同年秋到张家口某报社工作一年，去云阳音乐训练班教书半年，又重返西安。抗战时期，西安市学生组织有两个，一个是共产党领导的"民族先锋队"，一个是中统特务组织的"抗日协进队"，石为巩固"民先队"，组织了一个歌咏队，自己昼夜作曲写词，用"哪怕艰险和黑暗，跌倒了爬起来"、"路途是多荆棘的，铲除它呀，还要我们双手"等歌词把"民先队员"团结起来。1939年农历9月，石回镇巴住了四个多月，在城区义务歌唱《囚徒颂》等进步歌曲，组织县城师生搞彩船队、秧歌队，编排街头剧，宣传抗日救国；还动员石槐定、周刚玉、周刚佐和一位叫施静渊的女教师（系县党部书记长史以鉴之妻）去延安，经过汉中时，史以鉴勾结屯驻汉中的鄂陕甘边区警备总司令祝绍周用绳索将石勒死。石在被勒死之前痛骂："不曾想，我死在你们这群坏家伙手里！"时年29岁。

傅汝弼（1896–1953），湖北麻城人。青年时期曾加入中国共产党，后自行脱党，加入中国国民党。1936年来本县，先后任县政府警佐室警佐、兵役讲习班教官、县教育科科长、县立初级中学校长和国民党县党部秘书、委员、副书记长及县参议员等职。1942年至1943年任教育科科长期间，禁止旧教材，革新旧学制，提倡新文化，帮助重庆地下党派来的共产党员杨化周、曾曲江夫妇在本县开展秘密工作。1943年创建镇巴县立初级中学并首任校长，兼授国语，曾先后聘用共产党员傅淑华（傅汝弼堂妹）、进步人士徐篆（女）和其子赵宗僖等人任教。1944年夏，傅因身份暴露，即通知傅淑华、徐篆等人离县。1953年病故，终年57岁。

傅淑华（1897–1953），女，重庆市人，中共地下党员。1943年至1944年夏，为实现党"动员一切力量争取抗战胜利"的任务，受八路军重庆办事处派遣，与地下党员杨化周、曾曲江和进步人士徐篆到镇巴，在堂兄傅汝弼的帮助下，任镇巴县立初级中学教务主任，徐篆任初中级任教师。1944年6月，学生贺藩鑫进城买东西，返回时自卫队有意整学生而提前关了城门，将贺抓住非法审讯，迫贺承认是共产党员，次日在师生强烈抗议下，才将贺放回。贺回校后哭诉了拷打经过，傅淑华、徐篆利用自卫队内部矛盾，组织学生前往县政府请愿，抢下了分队长王善良的手枪，并将其痛打一顿。暑假前，国民党陕西省党部给镇巴县党部下达密令："查傅淑华、徐篆原在重庆美龄儿童教养院工作，确系共党分子潜入该县活动，仰即就近逮捕，解省勿误为要！"傅汝弼得知后立即帮助傅、徐二人离开镇巴。傅淑华回重庆后任重庆保育院院长，1953年病故，终年56岁。

庞文彦（1911–1969），男，字美轩，镇巴县城人。6岁启蒙，11岁入西安省立第一师范学校读书。1926年3月，在西安私立敬业中学上学时加入共产主义青年团，1927年4月转为中国共产党党员，并担任该中学团支部书记。1928年，其父庞启科在西安逝世，庞送父灵枢回家，并将组织关系转至汉中地下党负责人刘鼎锡（又名刘甲三）处，后因汉中地下党组织被破坏而失去联系。一年后，庞再入西安中山学院攻读理科，1932年肄业回家，先后任县高等小学教员、教育助理员、县政府保甲巡回督导员、事务员、县财务委员会委员兼审计主任、小学校长、县临时参议会议员兼财务委员会主任、县参议会议长等职。1930年加入国民党，1941年春经禁烟科科长常春及介绍加入国民党党员调查网，随后任县党部执行委员、统一委员、书记长等职。1949年

10月，国民党省保安三旅旅长、西巴指挥所主任季凌云指令在镇巴成立保安六团，庞任副团长。不久，保安六团改称陕西省反共救国军第十二游击纵队第五支队，庞任司令。中共地下党组织派人与庞联系，12月12日庞宣布第五支队起义，派人看管武器弹药库，同时派部队在九阵坝击溃向四川通江逃遁的第十二游击纵队第四支队。17日镇巴和平解放。之后庞三次被错捕入狱，于1969年3月8日去世，终年58岁。1985年12月26日中共镇巴县委经过复查作出决定，并报请省委、兰州军区政治部批准，确认庞为第五游击支队起义领导人，予以彻底平反。

彭辉，生平事迹详见毛第安《潍县团长 援朝英雄》一文。

步入镇巴历史舞台的优秀人物很多，或从外地来此奉献才智，或从家乡走出建功立业，他们生命的光辉辉映成镇巴美丽的星空。让我们仰望吧，仰望和谛听者或许终将被仰望和谛听！

（本章由杨盛峰执笔）

**相关链接**

# 南乡县首任县令：余谦

**人物档案**

姓名：余谦

性别：男

时代：汉或东汉或蜀汉

生卒年月：皆不详

籍贯：待考

已知学历：茂才（即秀才）

任职地点：南乡县

选拔方式：荐举

职务：县尹或县令

政绩：政善民安

褒奖：良吏

**档案资料来源**

汉分城固置南乡县，建治于归仁山，今渔渡坝是也。

——康熙二十二年（1683）刊刻，史左《西乡县志·沿革》

（蜀汉）析城固县半，为南乡县，建归仁山即今厅南渔渡坝古城堡是也。

——余修凤《定远厅志·地理·沿革》

蜀汉章武元年（221），划出成固县南部建南乡县，县城设归仁山，即今县南渔渡坝。

——陕西人民出版社1996年版《镇巴县志》

汉，余谦，本县人，以人材举，开设南乡县，遂任本县尹。政善民安。

汉，余谦，以人材举，任本县尹。

——康熙二十二年（1683）刊刻，史左《西乡县志·官守·人物》

余谦，东汉时人，以才能举茂才。蜀汉先主开设南乡县，任谦为令。政善民安，当时称之。(参张志)①

——民国三十七年（1948）石印，薛祥绥《西乡县志·选举》

汉，余谦，元封间举茂才，异等。余未详。

——光绪五年（1877）余修凤《定远厅志·选举》

章武初，县人余谦以人才举任，遂为南乡县令。任职期间，政善民安，人称良吏。

——陕西人民出版社 1991 年《西乡县志·大事记》

## 一、为什么要设立南乡县

东汉末，曹操从张鲁手中强夺了汉中郡，派遣大将屯驻，并多次进犯刘备所领的巴郡等地。备令张飞进兵，经瓦口关之战，曹军败，但仍据有汉中。建安二十三年（218），刘备亲率军将进兵汉中，先取阳平关；翌年春，经定军山一战，斩杀大将夏侯渊，曹军大败，夺取汉中。曹操自长安率军南征，经汉水之战，被迫退兵，刘备占据了汉中。

延康元年（220）十月，曹操之子曹丕废汉献帝，建魏国，都洛阳。东汉灭亡。刘备为延续汉祚，也于 221 年 4 月在成都称帝，国号汉，史称蜀或蜀汉、季汉，改元章武元年。

刘备称帝建国，夺占的汉中郡成为蜀汉的北方守地，领有南郑、褒中、沔阳、成固和南乡五县，是抗击魏国、进兵关中的战略要地和前沿阵地。据王象之《舆地纪胜》引《洋川志》云："蜀先主以成固县东北控魏，南蔽蜀，实为重地，乃分置南乡县，以壮藩篱。"南乡县于 221 年划出成固县的东南部而设立，根据其地理位置和当时的形势分析，设立南乡县的目的除"以壮藩篱"外，可归纳为三：其一，此地居万山之中，地域辽阔，交通极不便利，属于统治者鞭长莫及的薄弱区域，单独建立基层政权，可对其进行有效治理并强化管理；其二，该地进可攻，退可守，是北入汉中盆地、南到巴西郡并连接蜀地的战略要地，因政治、军事的需要而设立；其三，有利于巴蜀

---

① 引者注："参张志"指参考清道光八年张廷槐所编《重修西乡县志》

地区与汉中郡之间的商贸往来。以前两者为主，后者次之。

南乡县是设于称帝前还是之后，尚无确切记载，依汉中在219年夏就被刘备实际占据而推断，应该设立于称帝前，时间段为章武元年（221）的正月至四月之间。其所辖区域就是现在的镇巴、西乡两县。县治设于归仁山，其地在今镇巴县渔渡镇红旗村马家湾。治所为什么不是现在的镇巴县城和西乡县城呢？因渔渡坝靠近巴西郡，离蜀国的政治中心在路程上稍近一些，有利于相互往来。之后，晋将治所北移，其理依然，因其政治中心在洛阳。现在一些资料包括地图在内，都将南乡县的治所直接认定为今西乡县城，这是不符合历史事实的。

至晋武帝太康二年（281），改南乡县为西乡县，县治才由归仁山北移，其地在今西乡县古城（古城之名源于此）。南乡县始治归仁山，存续60余年，前42年为蜀汉，后18年入西晋。南乡置县既是镇巴设县之始，也是西乡建县之端。

# 二、余谦为南乡县的首任县令

据前述"档案资料"所载，余谦为南乡县令当无疑问。是否首任县令呢？依据史左《西乡县志》中"开设南乡县，遂任本县尹"这句来分析，可以断定他就是首任，并且史左的记述为史料之中最早的，其可靠性更大。

史料中，与其他记载都不一致并且语焉不详的是余修凤《定远厅志》中的"汉，余谦，元封间举茂才，异等。余未详。"这段记载当是编著者直接从之前的史料摘录而没有考证，因为：元封是汉武帝的第六个年号，自公元前110年十月为元封元年，历六年，至前105年止。又，因避刘秀讳，在东汉才改称秀才为茂才或茂材的，志书中出现"元封间举茂才"的说法是何原因呢？经查考，来源于《汉书·武帝纪》的诏书曰："……其令州郡察吏民有茂才异等可为将相及使绝国者。"作者东汉人班固只得将原诏书中的"秀才"改为"茂才"。后世人为忠于原文，没有再作改动而直接引用。事实是，秀才也常称作"秀才异等"或"茂才异等"，"异等"就是在同龄人中才能出类拔萃者。

"元封间举茂才"这一疑问算是搞清楚了，但将余谦归入西汉武帝时人，也别无佐证。

综合各种史料所载，可以肯定余谦为南乡县的首任县令。

## 三、余谦是一位"跨越式"的人物

余谦的生卒年无载，但能确定其大致的年代。历史上的汉有西汉、东汉和蜀汉之分，三者在时间上前后相接；后世也有将西汉、东汉统称为汉，而将蜀汉归于三国的，又称季汉。设南乡县是在蜀汉章武元年（221），其前一年的延康元年（220）时东汉就已灭亡。因此，被昭烈帝刘备委为南乡县令的余谦为"跨朝代"、"跨世纪"的人物，他出生、成长于东汉末年，在蜀汉初任职，时间跨越公元 2 至 3 世纪，称他为"汉"时人较为准确，乃东汉、蜀汉的合称。"章武初……为南乡县令"的记载也是正确的。而在史左之后的薛祥绥将其直接记为东汉时人，则有失偏颇。

余谦也有一种可能不是"跨世纪"的人，那就是他 21 岁时任南乡县令！如果这种推测是历史的真实，则南乡县首任县令虽未跨世纪却胜似"跨世纪"人才。

## 四、秀才也能当县令

"他身材很高大；青白脸色，皱纹间时常夹些伤痕；一部乱蓬蓬的花白的胡子。穿的虽然是长衫，可是又脏又破，似乎十多年没有补，也没有洗。他对人说话，总是满口之乎者也，叫人半懂不懂的。"鲁迅先生笔下的这个穷困潦倒、迂腐不化的酸秀才——孔乙己的形象，当是无人不知。

史料证实，余谦就是以秀才的身份被任为南乡县令的。真让人大跌眼镜啊，一介酸秀才何以一举成为堂堂县令呢？难道历史总是在跟人开玩笑？

要弄清个中原由，我们还是先了解下"秀才"的来龙去脉吧。

秀才一词最早见于《管子·小匡》："农之子常为农，朴野不慝（音 tè。不慝就是内心不会隐藏，不存有邪念），其秀才之能为士者，则足赖也。"文中的"秀"是指形体健美、容貌清秀，"才"为内在的学识和才能。汉武帝时，始置太学，创贡举制，诏举贤良方正。元封四年（前107）下诏："盖有非常之功，必待非常之人……其令州郡察吏民有茂才异等可为将相及使绝国者。"（《汉书·武帝纪》）这时期的秀才就是将相之才，或能出使遥远异国的外交人才。其后，秀才逐渐成为一个名词，代指优秀的人才，荐举时偏重于经学，要求博学有谋，清白行高。

历史发展到明清时期，选拔人才的制度和方式都发生了根本性的变化。此时的秀才资格，是进入士大夫阶层的最低门坎，表示有了"功名"在身。但得到秀才这样的功名大都不会带来财富，只有生员资格的秀才没有俸禄，如果未能通过之后的乡试中举，亦不足以为官；绝大多数的秀才在入仕的科举场上会名落孙山，他们在社会地位上稍高于平民，但经济上并不富裕。至此，秀才已成为"生员"的通称，沦为读书人的泛称，在人们心目中都是一幅"穷酸"相，与千年前的"青年俊秀，卓异人才"已无法同日而语了！

东汉后期，秀（茂）才也不是靠"做秀"就能得到，仍要有高尚品德和真才实学才行，也就是德才兼备。被举为茂才的人多授以县令或相当于县令的官衔，而孝廉选拔的对象多是布衣平民，被举为孝廉的人初次给予的官职多是郎，然后再擢升为县令，因此，茂才的起点要比孝廉高。余谦是先"以才能举茂才"，后被任命为南乡县令的，这符合当时的人才选拔和官员任用制度。明清时的秀才高于现在的高中毕业生，类似于或稍低于专科、本科毕业，离入仕还有相当的距离，就像科班毕业生想当公务员，还要参加层层举行的招录考试一样。

我们再看前述史料，清、民国时期的这些志书作者或载余谦"以人材举"，或记"以才能举茂才"，就是不用"秀才"这个称谓，其实是有道理的，避免误读误解呀！

## 五、余谦是县尹还是县令

在中国历史上，县令之名起于战国，秦及魏、赵、韩的县之长官均称为令。在之前的周朝则称县正，春秋时代称为宰、尹、公等。秦汉时，县拥有万户以上者称令，不足者称长。据此，县尹之名早于县令；而汉时有县令、县长两种称谓。由于南乡县是从成固县分出一部分设立，虽然幅员较广，可能人口并不多。故余谦既非县尹也不是县令，当为"县长"较合乎事实。

那么，史料中为什么或称尹或称令，又都不是县长呢？

尹，治理之意；县尹就是治理一县的行政长官。此名源于春秋时楚国，楚在当时不断在边地设县，作为边防重镇，其长官称县尹，尊称为县公。之后，历代设有不同级别的"尹官"，汉代设有京兆尹，唐置府尹，北宋于京都设置府尹并有少尹二人佐之，明清两朝都设置有府尹，民国设有道尹等等，这些尹令都高于县尹，是有品衔、居高位的代称。前面所引史料均为清康熙年间及之后的人所作，他们将余谦载为"县尹"极有可能就是对他的尊称，或者是用县尹对县令、县长进行通称。

而称"县令"也有通称或代称两种可能。

总之，三者虽有差异，但其性质是一样的，混用、通称也都无妨。

## 六、余谦的籍贯在哪里

史料记余谦为"本县人"、"任本县尹"及"县人余谦"，其县都不是具体所指。这就产生了一个千年疑问：他到底是哪个县的人？或者说他的籍贯是哪里？

余谦肯定是南乡县人。据众多史料，南乡县包括现在的西乡和镇巴两县，这两县（或称两地更为恰当）在历史上很长的时期内，也都属同一行政区，禹贡属梁州，周隶于雍，春秋战国为楚地。秦置汉中郡成固县，均隶之；汉承秦制，其隶属关系也没变。直至蜀汉，分成固设南乡县，是两地建县之始。

至晋武帝太康二年（281），改南乡县为西乡县，县治由归仁山北移。最早的史实是先有南乡县后有西乡县。但在改西乡县后的一千多年里，西乡县所辖地域不完全等同于南乡县，因唐置洋源县，清设定远厅，就是现在的镇巴县境。至此，产生了一个没有多大意义但很有意思的问题：余谦是西乡县人还是镇巴县人？

余谦有可能是西乡人。不同时期的《西乡县志》都载其为"本县人"，是为证。但不一定肯定是，他也有可能是镇巴人。因为，康熙二十二年（1683），也就是史左修《西乡县志》时，镇巴地隶属于西乡县；如果在史左之前的史料里亦如是记，就更有可能了。历史上，自公元281年之后至1802年这期间的1500多年里，只在唐朝时的公元621年至825年（共204年）间析设了洋源县，其余时期镇巴皆隶于西乡县，此期，西乡县记镇巴境内的人和事为"本县"是完全正确的。

说余谦有可能是镇巴县人，还有一依据，就是民国三十七年（1948）薛祥绥《西乡县志》里就不提余谦是"本县人"了，他还参考了清道光八年张廷槐所编的《重修西乡县志》，这就进一步证明，余谦有可能是镇巴人，因在清嘉庆七年（1802）就单独设立了定远厅，张廷槐、薛祥绥如直接引用史左或其他相同的记载，就会与现实不符，于是在不否定前人的同时，含混其词，模糊其事。

当然，也有可能在清代以前的史料里确无余谦出生地和事迹的详细记载，这才是让人大伤脑筋的关键所在。现今，我们可以不管或不必细究他是哪里的人，但他是南乡县的首任县令，是这片土地上有记载的仅晚于班超的重要历史人物，我们只知南乡设县这件事，而与之有关的人却一无所知或知之甚少，史料中还能挖出有关余谦的记载吗？余谦后裔的家谱里有线索吗？甚或某座墓碑的文字确与他有关联，余谦，值得我们继续探究。

## 七、政善民安——余谦的政绩

"政善民安，当时称之。""人称良吏"。这就是史料对余谦为政的全部评价。他的具体事迹无载、无考，已不得而知，但擦拭一下历史的尘土，仍有一些他的影子若隐若现。

《后汉书·百官志》所载东汉时的县令（长）的职责是："皆掌治民，显善劝义，禁奸罚恶，理讼平贼，恤民时务，秋冬集课，上计于所属郡国。"蜀汉之初当不会有太大变化。由于南乡县系新设，余谦的职责或其履职侧重点又有所不同，如县署的设立及以下组织机构乡、亭、里、什的建立与管理当是首务；又如整修驿路、设立驿站，保障蜀地与汉中郡的东线畅通也不容缓，这是为前方军事斗争提供保障，确保蜀汉政权稳固的头等大事；还有，他要负责军粮的筹措与供给，这并不是推测而是有依据的，据《吕乂传》载，乂（yì）于公元231－234年为汉中太守，兼领督农，供给军粮。余谦征粮、运粮的任务绝不会轻松。

事实上，余谦初令南乡时，汉中太守是魏延。

晋陈寿《三国志·卷四十》："先主为汉中王，迁治成都，当得重将以镇汉川，众论以为必在张飞，飞亦以心自许。先主乃拔延为督汉中镇远将军，领汉中太守，一军尽惊。"魏延是在公元219年刘备夺占汉中后，就被拔为督汉中的镇远将军，领太守之职的，直到227年升凉州刺史，前后达8年之久。余谦上任伊始的顶头上司就是这位"勇猛过人，又性矜高，当时皆避下之"的魏将军，魏延长期领军与曹魏军在前线作战，各县供粮的任务当是早已有之。

要处理好县内大大小小的繁琐之事，也不是县令一人就能完成的，故县衙还置有县丞一人，"丞署文书"，就是县衙的"秘书长"；县尉一人，"尉主盗贼"，相当于"公安局长"；典吏一人，知仓廪，大致如"财政局加粮食局局长"，还有衙役若干。载余谦"政善"，其实就是"政善治"，是说他治理有方，管理有序，与县署的一班人团结协作，使民众得以安居乐业，不再举家颠沛，流离失所；"政善"方有"民安"，"民安"乃是"政善"的最佳效果。

余谦的"政善"与他个人的品德、才干直接相关，但更重要的因素还在于蜀汉的治国方略。先主刘备的"民本"理念和诸葛亮的安抚政策，就是要让蜀国人心不乱，百业兴旺发达；虽连年战乱，但内部的法度要规范，社会行事要公平，朝野风气要清廉，尽量减少民众的怨恨。我们现在可以这样推断，余谦很好地理解并执行了蜀汉的大政方针，把握了时势，顺应了民心，将居于大山中的南乡县治理得有条不紊。被朝庭褒为"良吏"，被民众记在心间，并传扬千年至今。

文至篇末，情不自禁，有感而作：

南乡初开，百业待举；余公谦者，首任县尹。

归仁山下，始建署衙，牧马河畔，置乡编里；

春劝农桑，冬慰贫疾；刑罚有度，奸盗自匿。

汉巴通达，驿路新辟。千古荒隅，方现新气，

镇巴发端，西乡始起。绩无详述，名留史籍，

渔水有源，巴山常忆。往事如烟，勿叹勿泣，

怀古立志，人生恒矣！

吴平昌

# 治世能臣严如熤：重开镇巴基业

## 赓续有缺镇巴史

严如熤是清中期一位有为的封建官吏，其后半生在陕南汉中宦游渡过，于镇巴和汉中社会历史发展颇具建树，文治武功，影响深远。

镇巴县在清中期以前，独立的行政建制赓续有缺，归属西乡县的历史更为久远。蜀汉昭烈帝章武元年（221）分成固县南境，设县治于归仁山，即今陕西镇巴县渔渡坝，属蜀汉益州汉中郡。武帝太康二年（281年）后一直行政隶属西乡县。嘉庆七年（1802），清政府析出西乡县南二十四地，创设定远厅。

嘉庆八年（1803），严如熤以功加知州衔，赐花翎，擢升为定远厅第二任同知，即厅属最高行政长官。"狄燧……嘉庆九年由西乡令升任。"（《定远厅志·职官志》）狄燧即严如熤的接任者，定远厅第三任知事。由此推断，他作为定远厅同知在任仅岁余，但也就是这短短的一年多的时间里，完成了镇巴行政体制的初创和社会事业的开启。

## 英才出世露锋芒

严如熤，字炳文，号乐园，湖南溆浦人氏，"年十三，补诸生，举优贡"（《清史稿·列传》三六一卷），注重研习舆图、兵法、星卜，尤其"留心兵事"，湖南学政张姚成称其为经世之才，可堪大任。

乾隆六十年（1772），严如熤助湖南巡抚姜晟平苗，首建奇功，才能初露。嘉庆初，川陕鄂三省爆发白莲教起义，清廷下诏各省举孝廉方正之士，廷试题目为"平定川、楚、陕三省方略策"，严如熤的策论被嘉庆皇帝钦定为第一名，发往川、陕、鄂各省督抚大吏参阅。定远厅的行政创制，于此有着很大的历史内因。

嘉庆六年（1801），严如熤被任为陕西兴安府洵阳县知县。适值匪患日盛，加之山大林深，利于匪贼藏匿，难以清剿。严如熤到任后，编练团勇，修筑堡寨，实施坚壁清野之策，洵阳县境社会治安日趋安定，其治理成效得到朝廷肯定。

## 建署筑城起宏基

嘉庆八年（1803）初春，严如熤被擢升为定远厅同知，为第二任同知。"初十日，由西乡前进，十二日抵定远治所，沿途观看情形，咨访舆论。"（《乐园文钞》卷七《定远事宜第一禀》）时值定远厅草创初期，首任知事为山西贡生班逢扬，"未久，卒于官"，于定远厅建设少有作为。

严如熤实为定远厅初创时期行政建制和基础设施等事业建设的开创者，他规划设立署衙，经营地方治理；维时"定远新造，固围保民，城垣为亟图"（《乐园文钞》卷七《蠲修定远厅石城碑记》）。据《汉南续修郡志》（即《汉中郡志》）载："八年，同知严如熤奉母李太恭人至厅，太恭人饬如熤捐修石城。"为了修筑位于固乡坝的定远厅城池，严如熤遵母命，"解囊以应"（《乐园文钞》卷七《蠲修定远厅石城碑记》，下同），殚精竭虑，身体力行，带领朝臣"冲冒雨雪，朝夕督工"，且体恤民力，"不敢糜帑，亦不忍为民累"。定远厅石城修筑"经始于癸亥仲冬，至甲子夏仲落成"，耗时七个月，"费金五千有奇"。

## 定远初定全陕安

军事与兵事是严如熤的强项。由于定远厅地处大巴山腹地，为川陕之门户，加之白莲教起义和山匪横行，"连蜷八百里，半蜀半秦边……西寇昔突窜，鸱贼亦狂癫"（《三省边防备览·巴山吟》）的定远厅治内，山大林深，荒僻人稀，追剿不易，社会治安难靖，民众深受其害。从定远厅的所处地理条件的战略位置计，严如熤认识到"定远固，则全陕可安"（《山内三省风土杂识》）。

为此，上任伊始，严如熤积极清剿匪患，"团练武备，如治洵阳时，贼至辄歼。先后擒陈心元及戕害朱副将之贼冯世周等"（《乐园文钞》卷一《布政使衔陕西按察使乐园严公墓志》）。同时，他还注重实地查勘和调研，一丝不苟，亲力亲为，翻山越岭，跋山涉水，巡查团练与巡检驻地现状，"职带领兵勇，亲赴西南临川边境巡查团练……由西而南，将厅境川省通江、南江、巴州、太平毗连各地周历过半"（《乐园文钞》卷七《禀巡查邻川边界动修两堡情形由》），发现巡检衙署条件极差，"不蔽风雨"，官兵生活困苦，"名虽为官，实与难民无异"。为此，他提出："若不通盘筹算，安置妥地，万一患生意外，边末穷员，讵有赔修之力。"（《乐园文钞》卷七《禀巡查邻川边界动修两堡情形由》）

严如熤在在扩建厅城的同时，"渔渡坝、黎坝二巡检治堡一并捐修完竣"，完成厅内军事要塞的修筑，布重兵扼守其要，在军事防御格局方面，与厅城呈掎角之势，相互策应。

## 开启民智导农桑

除加强军事布防，编修团练整兵，严如熤也十分重视深入民间及边远山区，积极开展社会教育活动，"初八、九日，由厅属南路小祥坝、渔渡坝、盐场，传集绅耆，约定于有人烟场集之处，亲为宣讲，小民环听，颇似有所感动"（《乐园文钞》卷七《禀亲赴各乡宣讲》）。

严如熤上任伊始就对自己工作之轻重缓急有着清醒的认识与安排，筑石城为先，军事与社会治安为重，"至于均徭赋，严保甲，劝农桑，兴学校一应章程，作事谋始，唯有竭尽心力"（《乐园文钞》卷七《定远事宜第一禀》）他时常访贫问苦，"作苦田家事，拮据望登场……讵知甑中饭，汗血粒粒藏"（《夏耘词》），"我亦腆颜绾符为民牧，忍心不念尔农苦"（《秋获词》），体察民情，兴劝农事，"置社仓三所"（《清代七百名人传·严如熤》），以备荒年赈济灾民。同时，他"筑城树桑，督民垦荒，教以耕织"（《定远厅志·职官志》），规导棚民，建学抚民，多有建树，并挫败白莲教军在境内的侵扰，颇受官民爱戴。

## 《风土杂识》探究源

清末民初著名文献学家胡思敬在为《三省山内风土杂识》撰写的"跋"文中明确指出："据先生自序，此书成于嘉庆十年后。道光时复增辑为《边防备览》，总十门一十四卷。"（"关中丛书"《三省山内风土杂识》跋）而严如熤任定远厅同知的时间是嘉庆八年到九年。据此推断，《三省山内风土杂识》应该是严如熤在定远厅任内开始构思起稿的，定远的宦游历练为他在嘉庆十年母亲去世丁忧期间成稿奠定了坚实的基础，该著涉及和载录了大量有关镇巴的舆情资料，在《定远厅志》中多有采信与辑录。

《三省山内风土杂识》的成书为他后来撰写《三省边防备览》奠定了坚实的实践与理论基础。这部集军事地理、区域地理、川陕鄂自然地貌、风土人情、社会政治经济及生产生活方式于一体的著作有着很高的学术价值，当代著名历史学家、图书馆学家来新夏先生曾撰文评价道："严如熤所写的《三省山内风土杂识》就是一本记述清代中叶陕川鄂三省交界地区的山川形势，风土民情的专书……实则藉以分析总结对待流民的对策，所以此书实是一部以'抚辑流民'宗旨为掩护的政治著述。目录家多录此书入地理类杂记，实不如视之为政书更善。"

从社会历史文化以及区域学术史角度来看，《三省山内风土杂识》的成书对于镇巴乃至汉中历史，皆是具有里程碑意义的重大文化事件。

## 经世致用兴天汉

嘉庆十三年（1808），严如熤转任潼关厅同知，当年又升汉中知府。时值汉中深受白莲教兵燹涂炭，严如熤上任知府，积极筹划社会安定之策，联营伍，治团练，立保甲，治堡寨，加强战备，安抚灾民，一段时间后，汉中全境靖安有序，人民安居乐业，社会各项事业获得空前发展。他经常深入民间问民疾苦，筹画水利，"修复褒城山河及城固五门、杨填二堰，各灌田数万亩，其他小堰百余，皆履勘浚治，水利普兴"（《清代七百名人传·严如熤》），使汉中的水利事业复兴，极大地发展了汉中农业。

他在辖内创办义学，主持修复汉中书院，"重修人文称盛"（《清代七百名人传·严如熤》），振兴汉中文教。他延聘汉中大儒郑炳然等人编修《汉南续修郡志》（即《汉中郡志》），为汉中保留了大量珍贵的历史文化信息，流传至今。又广泛搜集本地历代诗词，辑为《山南诗选》，这是民国以前秦巴区域内唯一一部诗歌选集，实属难得文献。道光元年（1821），严如熤奉命与川鄂官员查勘三省边境，促使他将前著《三省山内风士杂识》、《边境道路考》与新的考察材料合辑成《三省边防备览》。此书是严如熤学术成果的集大成，对研究清代秦巴山区的历史文化、人口来源与分布、社会经济、生产方式、手工业状况、山地种植结构以及民生等具有较高的史料价值，为当代学术界所重视。《三省边防备览》留史存真，惠泽后世，它的成书与刊行是汉中历史上的一座学术丰碑，在中国学术史上也具非凡影响。

严如熤是"湘系经世派"的重要成员，对嘉、道年间经世思潮的兴起有过重要的贡献。其人生的重要时期大多是在陕南汉中度过的，"在汉中十余年不调，得成其镇抚南山之功。宣宗每论疆吏才，必首及之"（《清史稿·列传》三六一卷）。严如熤虽为湖湘人氏，但他在汉中历史上留下了浓墨重彩的人生足迹；他作为定远厅行政建制事业的开局者，夯筑基业，身体力行，远谋功深，镇巴人民尤应缅怀之。

张显锋

# 定远厅同知"王余庆"应为"王余晋"

王余庆，定远厅第六任同知。《定远厅志》载其为"山东诸城进士"，"嘉庆十四年任未久以事去"。由于任职时间短，加之志书叙事简约，没有更多有关他的记载。考察有关资料，没有搜索到他的任何信息，但却发现了一些疑似其人的线索。

一是山东大学博士学位论文《明清山东重要的科举世家》"明清时期山东地区六十三个重要的科举世家"中，有关清代王鹭一支主要代表人物的记载：王余晋，善在子，大清嘉庆进士，任陕西蒲城知县，迁定远厅同知，官至兖州府教授。

二是《王氏家谱》说王余晋生于乾隆三十年（1765）乙酉，卒于道光二十八年（1848）戊申。嘉庆九年（1804）甲子科顺天府第五十三名举人，嘉庆十三年（1808）戊辰科考中三甲第五十七名进士。授国史馆誊录（从七品），试用期满，外放陕西麟游县知县，俸满迁满城县知县，后擢升定远厅同知。

这些线索也得到佐证。一是《福山县志稿》人物志载王余晋"字迪上，戊辰进士，陕西蒲城县知县"；二是《蒲城县志》载"王余晋，山东福山进士。嘉庆二十四年（1819）三月任"；三是《麟游县新志》载，该县嘉庆年间共五位知县，王余晋是第五位，言其为"山东福山进士"。

据此判断，"王余庆"疑为"王余晋"的误读误写，两者其实为同一个人。

从时间上看。王余晋生于乾隆三十年（1765）乙酉，卒于道光二十八年（1848）戊申。嘉庆九年（1804）甲子科顺天府第五十三名举人，嘉庆十三年（1808）戊辰科考中三甲第五十七名进士。《定远厅志》载嘉庆十四年也即1809年王余庆（晋）任定远厅同知。三十九岁考中举人，四十四岁任定远同知，合情合理。

从籍贯看。以上所有证据都说明王余晋为山东福山人。《定远厅志》载王余庆为"山东诸城"，那么大范围属山东已无疑。

至于诸城和福山的差异是怎么回事呢？这应该是《定远厅志》记载的谬误。原因如下：一是在明清时，尽管二者分属登州和青州，但它们相距很近，均在胶东半岛以南，大致方位无差，《定远厅志》记载时未能深究；二是余修凤作《定远厅志》时，王余庆（晋）已离开定远66年，时间久远，资料不详；三是作为定远厅第六任同知的王余庆（晋）于嘉庆十四年任，紧接着的第七任石珩于嘉庆十五年任，两者相距不过一年，他"任未久以事去"，匆忙离开，诸事未及也在所难免。

从两字的差别来看，"庆"、"晋"两字读音相近，误读误写的可能性极大。

从任职经历来看，尽管以上几种文献说法有出入，但并不矛盾，无非任职地点多寡及先后的差别而已，而这有可能是记载有所取舍造成的。最重要的一点是都确定王余晋在定远厅任职。而在定远厅任职的清朝四十二任同知中，王姓一共有四位，其余三位分别是第二十二任王儒绥，籍贯山西，举人；第二十五任王志信，籍贯山西，监生；第三十四任王义樟，籍贯福建，举人。那么在此任职的山东进士非王余晋（庆）不可。

至于《王氏家谱》说他任定远厅时，利用公田为农民减轻地税，召抚流民安居；全面整治了定远堰，并制定"堰规"从此杜绝纷争；定远一带连年丰收，百姓皆得安乐；王余晋还鼓励开垦田地，一时定远成为汉中富庶之地……这些显然多有不实。短短一年，承前任延续政策，制定一些乡规民约也未尝不能，但要"全面整治"，"连年丰收"，使定远成为汉中富庶之地，则不现实。言其"俸满迁满城县知县"疑为"蒲城"，理由很简单，一是旧时的印刷"满"、"蒲"两字极易混淆，二则在《满城县志》上得不到证实。作为族谱，多有溢美之词或谬误传讹也是常见的。

那么，还有一个疑问，清朝时安徽省也有一个定远县，王余庆（应是"晋"）会不会是在那里为官？由姜由范、罗廷机于清光绪元年（1875）修编的《定远县志》刻本，第三卷"职官志"记载，从雍正八年至光绪三年七十位县令中，有四位王姓的，但均与王余庆无任何相似之处；再看与王余庆（在陕西定远于嘉庆十四年，即1809年任职）最接近的时间段——嘉庆五年（1800）至嘉庆二十四年（1819），安徽定远共十三位县令，仅有一位王姓（即王钟豫，浙江嘉善人，举人，嘉庆九年属任），也与王余庆无任何瓜葛。

至此，依然有疑问，清代诸城县进士中乃至山东省内有没有叫王余庆的进士？或者，有没有因读音误传而与其名相近的？

根据上海古籍出版社《明清进士题名碑录》查询，清代268年中诸城县有121名进士，王姓36名，没有王余庆；《山东省科考名录汇编》（王功仁，2005年，华文出版社）收录三万余人，里面也没有王余庆。两者倒是都有一个叫王琦庆的，字景韩，生于1776年，卒于1838年。嘉庆十九年甲戌科（1814）二甲第27名进士。他们只相差一个字，"琦"和"余"，完全有可能因读音误传；而且考中进士时间1814年与王余庆在1809于定远任职的时段相近。王余庆会不会就是王琦庆呢？但后者历任户部河南司主事，江南司主事，江西司员外郎，四川司郎中，浙江道监察御史，广东督粮道等职。作为一个正四品的官员，其记载明确可靠。显然，与陕西无关，更不会是任职定远厅的王余庆。

由此可见，"王余庆"应为"王余晋"已确凿无疑。

以上论说除了还原历史的真实以外，还想提一个有趣的话题——定远古来偏远，声名不播，更缺乏名人显要光顾。考察历史才发现其实不然，在走马观花的历任官吏中，有名望有影响的人并非没有。如当年名满华夏的北大"三沈"的祖父沈际清，系定远厅三十三任同知；治边修史堪称清国栋梁的严如熤，升汉中知府前就任于定远厅；声名响动国都南京的章草书法大师王世镗曾为镇巴首任知事，等等。

本文所谈王余晋亦出自有名的"进士之乡"山东福山；晚年，迁任山东兖州府教授（五品），教授孔孟圣学，学名远播；以诗文自娱善终，朝廷例诰封从五品奉直大夫封典；著有《静香移屋试帖》、《静香移屋诗集》多卷传世。

据传，其祖父王积熙更是矢志不渝科考数十年至花甲方中的大器晚成的典范，皇帝老儿都为之动了恻隐之心。廷见时，乾隆皇帝亲自取下自己的坐垫赐他，并在"琼林宴"上特赐御酒三杯，一时传为美谈。其父王善在，官禹城教谕；其侄子王延庆，二十四岁中进士，成为福山最年轻的进士，更是名噪一时。

梅冬盛

# 文治奠基宏定远

定远置厅百余年，任职时间最长的同知莫过于马允刚。马允刚，字见一，号雨峰，直隶开州人，生年不详。"乾隆辛卯中副车，甲午举于乡"（光绪版《开州志》），即于1771年考中乡试副榜贡生，1774年中举人。步入仕途后，先后在陕西镇安、甘泉、沔县、定远、华阴及安徽池州府任职，"年八十岁，以老乞归"（光绪版《镇安乡土志》卷一），八十四岁辞世。纵观马允刚一生，多在陕西任职，尤其是在陕南留下了他深深的仕宦足迹。

嘉庆四年（1799）八月，马允刚任沔县知县。在沔县期间，保境安民，兴文重教，文治武功，业绩斐然，故于嘉庆十六年（1811）升任定远厅同知，为定远厅第八任同知，于道光二年（1822）离任，主政定远厅长达12年。

在长达近两千年的历史中，镇巴有县级行政治所的历史不足五百年。长期缺乏行政建制的结果，就是社会管控力的严重弱化，社会文化事业的萧条，历史文脉的断层；加之地处大巴山腹地，山大林深，沟壑纵横，朝廷管控鞭长难及，匪患经年，教匪潜滋，"地险而俗野"；私学式微，官办教育空白，原有的社会文化基础设施淹没于历史，一派杂芜。

定远厅设立后，马允刚之前的历任同知将主要精力集中于厅域行政事业及军事设施的建设，于社会文化事业及相应基础设施建设尚难顾及。马允刚在任内开创性地承接并很好地完成了这一历史重任，他兴办厅学，奠基教育，培植人才，兴建了一大批社会文化事业基础设施，使厅境文风丕振，于定远文教事业奠基之功至伟。

马允刚以教化黎民、移易风俗为己任，他在《建修正教寺记》一文中说："予捧檄来此，日思所以化导之者。"（《定远厅志·艺文志》）同时，他"崇正学、毁淫祠"的一贯施政理念在《兴建文武二庙并文昌祠记》中，结合定远厅当时社会状况，全面而深刻地予以阐述："国家教民之道，祠典为先。盖以祭祀所在，人心肃焉，民情趋焉；苟祀典不正，淫祠日兴，斯人心肆而民趋于邪，此风俗之所以败，政治之所以失，祸乱之所以作也。定远界连巴蜀,唐宋时东川之地,其俗尚鬼。又自近年来,巴蜀之民开山者多,因之淫祠日盛,教匪之兴实基于此。古之为政者,每因其地而行其政,况此僻壤幽处深山,声教不通于上国,一切教民之具缺如。"(《定远厅志·艺文志》)用以弘扬封建道统和"正学"的"教民之具",就是他后来主持修建的先农坛、文昌庙、吉星祠等众多社会文化教育基础设施。经梳理光绪版《定远厅志》,由马允刚创建的社会文化事业基础设施,粗略列举如下:

东岳庙:厅城北,嘉庆十七年(1812)同知马允刚建;

肖曹祠:东辕门外,嘉庆十八年(1813)同知马允刚建;

先农坛:厅城东门外,嘉庆十九年(1814)同知马允刚建;

风云雷雨山川城隍坛:厅南学署前,嘉庆十九年(1814)同知马允刚建;

关帝庙:厅南文昌庙右,嘉庆十九年(1814)同知马允刚建;

文昌庙:厅南文庙右,嘉庆十九年(1814)年同知马允刚建;

桓侯庙:厅城南,嘉庆二十年(1815)同知马允刚建;

吉星祠:城东平溪山,嘉庆二十二年(1817)同知马允刚建;

三义庙:南关,嘉庆二十四年(1819)同知马允刚捐资重修;

文公庙:文庙礼门左,同知马允刚建;

……

定远厅社会文化事业基础设施建设在马允刚任内呈高密度状态,基本形成了封建时代社会教化的文化基础设施体系。马允刚在任十余年间,"毁淫祠"以除邪崇,正教化而易心性,社会风气为之一变。

任上建班城书院,设定远厅学,开定远厅官学之先河。请置儒学训导署,崇尚并推行儒家正统教育;政事闲暇之余,定期亲赴厅学,开坛训导,为诸生讲学,捐刻唐诗明文及国初时艺授读;供给寒士津贴,儆惰赏勤,立教甚严,其弟子对他则恭肃敬仰有佳。《定远厅志·艺文志》中保存了他与本邑得意弟子张正已的唱和之作,张正已《赋呈马司马雨峰先生》曰:

使君风采老如何?矍铄将军溯伏波。

鹊噪花庭传德化,虫鸣草圊和弦歌。

松风时饶清华趣,竹月常从劲节过。

械朴菁莪争献瑞,千年浩气壮山河。

马允刚则以《叠茂才张正巳原韵》和之：

> 盛世恩光此日多，长流惠泽满江波。
> 杖臻乡国犹行部，地近巴渝足颂歌。
> 杞梓有才争自献，菁莪待养竟如何？
> 青衫自愧今潦倒，空诵瑶章忆绛河。

这种吟诗唱和的亲为之举，涟漪四泛，具有很强的示范效应，必有助于推动厅境士子重教、习文之新风。

马允刚还在优秀人才培植与选拔的制度化建设开创新局，为在厅境内设立科举考点打下了很好的基础。《定远厅志》载："厅治文学渐新，礼仪复古，城乡多俊秀，子弟读书皆可成名，惜多为贫累中止。历年应试，衡文者尝谓'定远文艺几侔大县'，特于正额外拨府学数名，以示奖励。"随着教育事业的发展，优秀人才不断涌现。嘉庆二十四年（1819），同知马允刚详陈其况，请予厅境立学，于道光元年（1821）朝廷准奏。从此，厅内应试的莘莘学子就免去了赴西乡应考的旅途劳顿之苦。

尤其值得一提的是，马允刚一生尤喜好唐诗，其研究专著《唐诗正声》序言的末尾署名为"诰授奉政大夫陕西汉中府定远同知甲子丁卯戊辰庚午四科乡试同考官直隶开州马允刚见一氏撰"（清刻本《唐诗正声》）。据此可以断定，该著是马允刚在定远厅同知任内完成的。《唐诗正声》在唐诗研究领域具有较大的影响，这在镇巴及汉中地域文化史乃至中国文学史都颇具意义。

随着厅治之地人口增多及建设需要，位于厅城东面的平溪山"峻逼城垣"，山上森林多被砍伐，大材作栋梁，柴薪化炊烟，裸露之地被垦殖，日积月累，平溪山的植被遭严重破坏，加之山势陡峭，"一遇暴雨，冲泄浮土，淤塞城壕，潍漫为患"（《定远厅志·地理志》），给厅治的安全带来了严重隐患。嘉庆十九年（1814），马允刚积极采纳胡万顺等乡绅的意见和建议，募捐筹买城东平溪山，置为官山，禁止耕种，植树造林，固土保城。此环境保护之举，就是在今天，亦价值非凡，值得称道。

马允刚八十岁时，被擢升为安徽池州知府，因年事已高，乞归故里，告老还乡。"八十四岁卒于家，州人请祀乡贤。"（光绪七年《开州志》）消息传至定远厅，因其"善政及人，士民感戴"（《定远厅志·祀典志》），与严如熤并祀德政祠。

数十年后，定远厅同知沈际清曾赋诗赞颂怀念马允刚：

经济文章仰马融，至今遗爱挹清风。

耆英人瑞钟燕北，终古神灵式汉东。

野老尚能传德政，士林长此慕宗工。

衙斋勉茸承棠荫，还忆艰难缔造功。

吴国源*　张显锋

　　* 吴国源，男，1973 年生，陕西镇巴人。2001 年获西北大学专门史（中国思想史）硕士学位，2009 年获清华大学专门史（中国思想史）博士学位，2011 年任西安建筑科技大学建筑学院副教授，进入建筑历史与理论博士后流动站。研究方向为建筑历史与理论。

# 余修凤《定远厅志》著录述要

清光绪年间撰修的《定远厅志》，为陕西省汉中府定远厅第四十四任同知余修凤组织纂修。这项工作，始于余公修凤上任伊始，即光绪三年（1877），成书并刊刻于光绪五年（1879）。光绪十七年（1891）同知贺培芬复任，根据清廷会典馆光绪十五年（1889）颁布的钦定舆图格式，用新颁发的测绘章程及其科学仪器，为《定远厅志》新绘厅境全图一幅并作序一篇。光绪十八年（1892）贺氏续刻《定远厅志》，增补了新绘厅境全图及其序文，并校改了舆图中个别文字。这是镇巴历史上唯一一部官方组织纂修的方志，是研究镇巴历史人文、风土民情等不可或缺、重要的方志典籍，极具价值。

不仅如此，它在我国方志文化中占据一席之地，在流布、传承过程的百年间，为许多方志学者所瞩目。《定远厅志》修书晚成，流传甚广，较之其他古志，少有文献本体的疑难。近来配合《镇巴史话》编修审阅工作，检阅《厅志》各类著录文献，发现了一些基本问题在著录中分歧不明。

此梳理辨析、正本清源，可提高《厅志》文献利用的问题意识，加强本县地方文化相关研究的文献基础。不过，本文无意对《厅志》所有藏本寻根觅踪、搜访覈核，仅对所翻检论著的相关著录问题给予辨证厘清，相信如果能清楚把握这些问题，有助于本县今后有序有效地展开版本深入调查和校勘工作。

著录《定远厅志》较早见于《清史稿·艺文志》（成书于1928年）。《清史稿》卷一四六《艺文二》史部地理类："《定远厅志》二十六卷，余修凤修"，著录仅有目录的书名、卷数、作者，没有目录提要，甚为简略。即使如此，我们循其文献类属关系，也能够理解到《厅志》在传统学术类型的性质与位置：《定远厅志》首先属于经、史、子、集四大类的史部类；其次属于史部十六类（一曰正史类，二曰编年类，三曰纪事本末类，四曰别史类，五曰杂史类，六曰诏令奏议类，七曰传记类，八曰史钞类，九曰载记类，十曰时令类，十一曰地理类，十二曰职官类，十三曰政书类，十四曰目录类，十五曰金石类，十六曰史评类）的地理类；再次属于地理类（总志、都会郡县、山川河渠、边防、古迹、杂志、外志）的都会郡县之属。不难看出，《厅志》具有厅县级层面的区域综合史特征。这一目录分类蕴含着文献性质的评价，如果与它在现代文献分类中比较，还能看到《厅志》更多的文献特征与社会意义。

朱士嘉先生《中国地方志综录》（1935 年初版，1958 年增订版）著录《定远厅志》，侧重该文献基本信息和检索信息，在现代方志学整体背景下不再关注厅志文献本身的性质和分类问题。其著录厅志的内容包括书名、卷数、作者、版本、藏书单位等 5 项："（书名）定远厅志，26（卷数），余修凤（纂修人），光绪 5（版本）"以及 17 家藏书单位，比《清史稿·艺文志》目例增出版本、藏书单位这两项。根据这样的调查著录，我们就可以核查《厅志》版本的具体情况，从而奠定必备的研究基础。

《中国地方志联合目录》（1985 年）在《综录》基础上提供了更为详细的目录信息："［光绪］定远厅志二十六卷首一卷末一卷，（清）余修凤纂修，清光绪五年（1879）刻本"，并调查补录《厅志》藏书单位达 48 家。这一著录引出一些卷数核对问题，包括如何确定版本内容及续修补遗的实际情况（下面的著录描述中就会看到）。所谓"二十六卷首一卷末一卷"，也就是《厅志》首尾各有一卷，加上有卷数序号的二十六卷，合计当是二十八卷。这就与前述著录出现了严重分歧。核之现在掌握的资料，"首一卷"即"卷首诏谕"，这在《厅志·例言》中很明确地提及，各版也都有。因而前述著录所谓二十六卷，可能专指有卷数序号的部分，而"卷首"并未列入，这是一般著录惯例，但《联合目录》的文献描述则更为精详可取。问题在于"末一卷"，依前述著录惯例，此卷当有"卷末"或"末卷"等篇名，当为独立于二十六卷的最后一卷。但我们核查现有几个版本，皆无。所以，我们必须要进一步深入了解《联合目录》所收录各家藏书单位的版本情况了，或许这有"末一卷"的版本就在《联合目录》所增补的那些藏书单位中。

在《联合目录》完成同年，高峰先生《陕西方志考》（1985 年）也对《厅志》著录给出了与众不同的判断："［光绪］定远厅志 二十六卷，卷首一卷，光绪五年余修凤纂修，光绪十八年印。"显然，他直接否认了《联合目录》中所说"末一卷"的存在，也就是说《厅志》实际卷数合计二十七卷（我们现在能看到的几本版本确实如此），而非二十八卷。同时，明确提出《厅志》纂修完成的时间是光绪五年，而刻版刊印的时间是光绪十八年，这实际上又否定了光绪五年刻本的存在，对此他专门论述："这部厅志各方志目录皆著为光绪五年刻本。实际是余修凤从光绪三年至五年撰修成书，记事止于光绪五年，是光绪十八年贺培芬刻印，并续刻了厅全图、序文、书名页

（见卷一地理志）。"下文就会看到，这一看法可能影响到了《中国地方志总目提要》的作者。在后文我们通过辨析，认为光绪五年不但刻版存在且有刊印，这是确凿无疑的。高峰先生在《方志考》中较早地展开了《定远厅志》的专门评价："一个偏远厅治，地处万山丛中，建置不过七十七年的历史，竟撰出一部洋洋数十万言二十六卷的厅志，在方志史中实不多见。这部厅志与地图十二幅，绘制都十分精细，经纬度又是朱色套印，就其舆地图而言在陕西方志中可以说未见超过它的。这部厅志的内容质量如何？可以说优劣并存，好坏参半。其优点为记事详细准确，收集资料丰富。它的缺点是大量地收辑与本厅关系不大，甚至是毫不必要的文字。如卷首全册是皇帝诏谕，而且这些诏谕无一是对本厅颁发的。""不过这部厅志还是一部很难得的地方史志，特别是对其地区和历史条件而论，更不应苛求古人。"如何看待这些评价呢？这里扼要讨论几点。①首先是从设厅建置到厅志纂修间隔时间短，政治文化历史积淀相应薄弱，而能修成如此份量的地方综合史志，在中国方志史上罕见。高先生此论值得注意，将厅志编修评价视域放在行政建制与文化工程之间的关系考量，理解到本县《厅志》背后其人、其书、其政之间内在精神脉络。没有深厚的政治历史文化积淀和地缘优势，未尝不能有后来居上的文化创获，虽然局限仍在，但文化的内聚力与地理环境的激发，未尝不是人文创造的一种模式。关键在于身处其乡的人，如何将自我与环境沟通、如何与文化不断完成视域交融。②放在陕西古代方志修纂的比较视野里，对《厅志》舆图给予了高度评价：贺培芬新测并续刻厅境全图、改绘网格红线及新旧舆图的精制特征，在陕西古代方志舆图中无出其右。这一评价本身极有学术价值，也开拓了《厅志》的研究视域。这给我们提出了一个很重要的课题：《厅志》舆图的绘制方法、价值与镇巴地境图学表达综合研究。唯有从著录中觅得研究脉络并承续深入展开，方不枉前贤发现之功，这也是地方文化研究的一个途径：辨章学术，承前启后，上通下达。③对厅志内容评价稍显粗疏，诸如"记事详细准确"，这是需要具体案例研究才能具体到位，例如《四库全书总目提要》笔法。以《定远厅志·职官志》为例，其中对历任同知记述详略不一，但在关键史实表述上有春秋笔法，诸如谢长年的传记下"以事去"寥寥三字句，却蕴含一段陕西官吏大案和改变清代职官制度的一条则例（另有专文讨论）。《厅志》地方史料和清史官方文档的合读，更能理解《厅志》记事包含有简而不失、为贤者讳的特点（类似记事特点很多，兹不赘述）。但在《厅志·武备志》中其"记事详细准确"足可与《清实录》互补对照。另外，《方志考》评价厅志"收集资料丰富"，也不能如此一概而论，我们曾核查清会典、清实录等相关史料，诸多与本地有关的经济、政治等重要史料《厅志》并未录用，带有很明显的选择性，这其中原由需要展开史料来源的考察才能判断，因而这类评价不宜太泛。④对于《厅志》在《诏谕》、《选举志》、《学校志》、《祀典志》等多处辑录清代通典会要中的制度条文这一现象，就方志史料价值而言，当然可有批评。但这些资料并非《厅志》纂修的滥竽充数之文，而是余修凤方志体例及其方志功用的整体安排，它们串联了本地史料，将地方史料与国家相应制度条文有序编列，对于方志本身编修年代的政治与文化价值可谓大焉，这种文本现象本身就具有地方文化的研究价值。因而这是著录者评价的学术前理解问题，臧否与否可有选择。

这之后，本地学者付文学先生1992年在《贺培芬为＜定远厅志＞补图、增订》（《镇巴文史资料 第4辑》1992年）一文中，对《厅志》著录情况又增添了一些看法，他说："事经一年《续刻定远厅全图》告竣。并对《艺文志》、《人物志》等志作了补遗、续序，重新印刷，是为《定远厅志》增订本。"这里提到了《厅志》中对艺文志补遗的工作，其具体情况后文《总目提要》中有详论，而《人物志》补遗究竟如何？至今线索不明。很遗憾的是，付先生的文章对这些著录重要信息没有展开版本文献的详论。

《中国地方志总目提要》（1996）是继《联合目录》以后中国方志学研究又一重大成就，它对《厅志》的著录迄今也最为详实。上述关于《定远厅志》的著录问题，在这里也得到集中体现。《总目提要》对《厅志》卷数描述与《联合目录》相同："二十六卷首一卷末一卷"。值得高度重视的是它对"末一卷"问题给予了详述："光绪三年（1877）始修，至五年书成。光绪七年余又对艺文志补充了《补遗》，归于第二十六卷后作为末卷。"这一明白无误的文献形态描述，指明"末一卷"为艺文志二卷（卷二十五、卷二十六）之后的独立卷，不仅是对艺文志内容的补遗，而且完成时间在余修凤离任当年（1881）——这一年《厅志》初刻刊成已过两年。如此来看，《厅志》初刻本当为"二十六卷首一卷"，而光绪十八年（1892）续刻本才形成最为完善的版本，即"二十六卷首一卷末一卷"且续刻有新测厅境全图一幅及其序文一篇。遗憾的是，这个文献形态的版本究竟藏于何家单位？目前尚未有相关著录。我们掌握的国图贺氏续刻本，并未发现有作为艺文志《补遗》部分"末一卷"，这仍有待核查。另外需要注意的是，《总目提要》对厅志版本的描述，并未明确提及光绪五年的余氏初刻本，仅说"五年书成"，而在记述光绪十七年测绘了"续刻"定远厅全图一幅（没有提及序文）一事和朱墨套印的精制舆图这一特征之后，才说"光绪十八年付梓"，并在提要最后才明确提到"有光绪十八年（1892）刻本"。显然，作者并没有明确认可光绪五年刻本刊印一事，可能是认为光绪五年《厅志》刻板并未付之刊印，待光绪七年补遗完成、光绪十七年续刻舆图及序文完成后，才有"光绪十八年付梓"刊印之事。《总目提要》对《厅志》版本流传情况的这种表态，与上述高峰先生的看法相似，两者的差别主要是否存在"末一卷"的问题。《总目提要》对厅志纂修价值也给予了专门评价，值得参考："一个建置仅八十余年的厅，纂修这样一部内容丰富，卷帙浩繁的厅志实属不易。是志资料丰富，记事详明准确。但也收录了与该厅关系不大，甚至关系全无的资料，如首卷全册三万余字的皇帝诏谕。但仍不失为一部较好的方志。刻印尚好，流传亦广。"这些评价也与上述高峰先生的看法一致，究竟如何理解这些评价？具体讨论我们在另一篇文章（余修凤与《定远厅志》）中展开。

1996年新修《镇巴县志》在《大事记》中，将厅志编修著录作为本县一件大事记述如下："光绪三年（1877）秋，同知余修凤，调集九十余人采访编写厅志，五年秋，刻板印刷《定远厅志》六册二十六卷。十七年（1891）春复任同知贺培芬，为《定远厅志》续绘厅境全图，作序补遗，于十八年（1892）秋续刻重版。"结合以上讨论，我们不难看出其记述有这样几个问题：①确定光绪五年《厅志》刻板并刊印发行。从现有《中国地方志集成》、《中国方志丛书》所录版本的文献内容特征看，此事确凿无疑。另外，《中国地方志集成》收录本《厅志》的扉页上明确指明："本书二十六卷首一卷末一卷，据光绪五年（1879）刻本影印"，《中国方志丛书》收录本厅志的扉页上也明确指明："据光绪五年刊本影印"。②卷册描述仅为"六册二十六卷"，缺乏对上述"首一卷""末一卷"的卷数判定。③记述了贺培芬补图、作序、补遗之事，但补遗问题在文献形态的具体表现则不置一词；④所谓"续刻重版"有待商榷，"续刻"一事无疑，但全书是否将新补内容续刻并"重版"？所谓重版，就是将全书原刻版给予校勘之后重新雕刻，然后再刊印发行。后文对此有辨析，"重版"一说证据不足。

通过以上的著录情况，我们发现这样一些需要进一步核查的问题：

1. "末一卷"问题

这一版本出自何家单位？《集成》《丛书》所录版本显然完全符合光绪五年版本全部特征，诸如卷数及舆图等，据此我们不能说光绪五年刻本没有刊印（"付梓"），但《集成》收录本扉页上所表明的"本书二十六卷首一卷末一卷"而实际上核查全书并没有"末一卷"内容，不知何故？国家图书馆收录的版本具备《总目提要》的大部分特征，显然系续刻刊印，但国图贺氏续刻本又仍然缺失艺文志《补遗》这"末一卷"，这本身就表明了两个刊印的刻本存在，那么能够完全体现续刻本的《厅志》究竟藏于何家？只有找到这些刻本，才能真正弄清楚《厅志》版本流传的真实过程，这是我们今后要展开的明确的基础工作。同时也提出一个问题，现有方志目录文献能否在已有检录工作基础上，统一集中补录各家藏书单位所藏方志的较详版本信息？如此，我们上述的著录介绍就能避免更多本来简单而无须申论的琐碎。

2. 补遗或校改问题

我们追究"末一卷"版本问题，其实质是核查全书内容是否存在艺文志的补遗或所谓"人物志的补遗"问题，这对史料整理工作大有益处。但从上述著录看，相关著录分歧严重且相关信息不详（各家藏书单位具体版本内容），目前只能对此存疑待查。

最后，就我们目前工作条件所能得出的判断，对《定远厅志》文献形态著录问题给予如下初步总结。

《定远厅志》，清光绪年间陕西省汉中府定远厅第四十四任同知余修凤纂修。厅志纂修始于余氏上任伊始即光绪三年（1877），书成并刻版刊印于光绪五年（1879）。是为余氏初刻本，其地理志舆图十一幅，系余修凤平江同乡赵祯隆勘测绘制。光绪十七年（1891）同知贺培芬复任，根据清廷会典馆光绪十五年（1889）颁布的钦定舆图格式，用新颁发的测绘章程及其科学仪器，为《定远厅志》新绘厅境全图一幅并作序一篇。光绪十八年（1892）贺氏续刻《定远厅志》，增补了新绘厅境全图及其序文，并校改了舆图中个别文字，是为贺氏续刻本。由我们目前初步的调查比较看，现存《定远厅志》当有两个版本：1879年余氏初刻本和1892年贺氏续刻本，前者可据大陆《中国地方志集成》、台湾《中国方志丛书》所录为准，后者可据国家图书馆所录为准，而国内其他图书馆收藏的厅志版本情况（参见《中国地方志联合目录》）则有待深入调查。经过初步比较可以看出，贺氏续刻本忠实保留了余氏初刻本的内容，仅在厅志卷一《地理志·舆图》后面增刻了新绘厅境全图及其序文，将初刻本的舆图网格线改为朱红色，并对初刻版舆图两处文字做了校改。因而，续刻工作可能是在原刻版基础上进行了增刻和校刻，而非对原刻板的整体重刻（或重版）。这一点在国图收藏的1892年贺氏续刻本上看得很清楚。首先，书中续刻舆图页的书口题名上特别标明"光绪壬辰年 新刻"，而且书口款式与原刻不同；其次，书中续刻舆图新序，特别在书口题名标明"卷一 舆图序"，以示与原刻舆图序的区别。由此分析，如果是整体重版，按例则新序当如《汉中续修府志》那样将后世序文置于原刻版序文之后即可（无须在书口新题名），同样，按例则续刻舆图可直接附于原舆图之后即可（图名标注新刻即可，无须在在书口新题名）。如果情况确实如此，那么《厅志》成书在刊印历程中，其实出现了基于原刻版的余氏初刻本和基于续刻版的贺氏续刻本（或称增刻本），而其中具体细节问题仍有待深入核对。

总之，就掌握的现有资料而言，初刻本和续刻本的区别基本集中在舆图方面，情况如下。

舆图十一幅：厅境全图、东乡图、南乡图、西乡图、北乡图（此五图 1892 年续刻本为朱红网格图，1879 年初刻本为墨线网格图）；城池图、衙署图、定远营图、考院图、城隍庙图（初刻本为横写"隍庙图"，续刻本为竖写"城隍庙图"）、文庙图（初刻本图左附款"平江赵祯隆书"，续刻本图左附款"平江赵祯隆写"）；

续刻本新增刻"定远厅全图"舆图一幅，新增补"续刻定远厅全图序"序文一篇，并校刻了初刻版舆图中的部分文字。

吴国源

# 北大"三沈"与陕西镇巴

北大"三沈"——沈士远、沈尹默、沈兼士兄弟，是中国现代文化史上三颗耀眼的明星。1913年2月，30岁的沈尹默应邀到北京大学预科教中国历史，第二年任国文系教授兼国文研究所主任，教授汉魏六朝诗文。不久，他的弟弟沈兼士和兄长沈士远也先后到了北京大学任教。兄弟三人皆学有所长，名重京师，于是便有了北大"三沈"之称。许广平在《鲁迅和青年们》一文中回忆说："我初到北平时，即听朋友说：'北平文化界之权威，以三沈二周二马为最著名。'"① 可见"三沈"在当时的影响就已非常之大。陈独秀主编的《新青年》迁到北京后，沈尹默与鲁迅、李大钊、胡适、刘半农等人一起参加了编辑部的工作，成为"五四"新文化运动的骨干；沈尹默先生

五四"时期的"北大三沈"
（前排左起沈士远、刘半农、马幼渔、徐祖正、钱玄同，
后排左起周作人、沈尹默、沈兼士、苏民生）

---

① 许广平，《欣慰的纪念·鲁迅和青年们》，人民文学出版社，1981年。

还是集人品、学品、书品、诗品"四绝"于一身的书法大家，民国初年书坛就有"南沈北于（右任）"之称，著名文学家徐平羽先生曾谓沈老之书法艺术成就，"超越元、明、清，直入宋四家而无愧"①。

那么，北大"三沈"与陕西镇巴有什么关系呢？1957年4月4日，七十五岁的沈尹默先生用他那绝妙的书法作了一篇《自述》②。在这篇一千四百多字的自传中，沈老用了四百多字的篇幅深情地回忆了他青少年时代在镇巴生活的十年岁月。从这篇文章中，我们不仅可以了解到沈氏三代宦游镇巴的历程，还可窥见沈氏兄妹在镇巴的生活场景。

## 沈氏三代宦游镇巴

"三沈"祖籍浙江，其祖父沈际清（1819－1889），号拣泉，曾任定远厅同知。沈尹默先生在《自述》一文中说："祖父拣泉公是前清解元，潘世恩、何凌汉的门生，在北京时常为潘代笔；他的诗思敏捷，酒酣辄手不停挥，顷刻成章；书法颜、董，有求之者必应，毫不吝惜。后随左宗棠到陕西，即未他往，曾任汉中府属之定远厅同知，有遗墨赏桂长篇古诗在城外正教寺壁上。"这里所说的"汉中府属之定远厅"就是现在的镇巴。镇巴原名定远，为汉定远侯班超的封邑，清嘉庆七年（1802）设厅，属陕西汉中府，民国二年改名定远县，三年改镇巴县至今。文中所说正教寺是由原东岳庙改建而成的，在镇巴县城的西北角，现在小地名还叫东岳，是镇巴县委党校所在地。《定远厅志·职官志·官师》同知名录载："沈际清，浙江归安县人，己亥中顺天解元。贞诚朴实，有长者风。咸丰十年任。"③沈际清先生为定远厅第35任同知。《定远厅志·艺文志·诗》共收录了他的三首诗，其中一首题为"庚申夏初下车值川匪乱赴滚龙坡督筑关堞设防感赋纪事用润之前辈韵"，这个题目告诉我们，他是1860年（咸丰十年，庚申年）夏到任的；而定远厅第36任同知王义樟"同治元年（1862）署任"④，这说明沈际清先生任定远厅同知的时间在1860－1862年之间。

上文所说的"遗墨赏桂长篇古诗"也收录在《定远厅志·艺文志·诗》中，题目

---

① 杨飞、黄炜信，《骂出来的书法大家》，《文史博览》，2012年第12期。

② 沈尹默《自述》原为书法作品，文字内容由沈先生弟子戴自中先生整理，载于南京师大《文教资料》2001年第四期。

③ 《定远厅志》，清光绪三年至五年（1877－1879）定远厅同知余修凤编撰，共六册二十六卷。

④ 《定远厅志·职官志·官师》

为"偕闵游戎赏桂正教寺",全诗如下：

> 秋高气爽老桂香，衙斋挈侣访禅堂。羽扇风流真儒将，提壶携榼山之阳。
> 尘谭斐亹霏玉屑，花气馥郁透云房。竟日流连略形迹，中酒浑忘嵇阮狂。
> 我劳簿领增烦郁，清远空怀云水乡。趁兹雅叙得良友，会须一饮三百觞。
> 川媚山辉互掩映，双干长伴古甘棠。时和尤幸逢中稔，遍陬无事戢戎装。
> 相对庭柯共欣赏，金粟世界兆金穰。还冀来秋多撷取，蟾宫满香应文昌。

这是一首游赏之作。匪患荡除后，拣泉公一身轻松，与闵游戎（指当时的定远营游击闵长甲）到厅城西北的正教寺游玩，赏花饮酒，赋诗抒怀，并将诗作即兴题写在正教寺的墙壁上。诗与书乃拣泉公所长，"诗思敏捷，酒酣辄手不停挥，顷刻成章"，这篇激情率性之作一定是一幅极好的书法作品，可惜现在已经看不到了。很有意思的是，二十多年以后，拣泉公的孙子——十五岁的沈尹默曾来到正教寺临摹学书，在墨迹游走中体会祖父当年的文思才情。沈尹默在《自述》中说："后来我父闿斋公亦官定远，前后连任十年。我十五岁时已略知书字，因命我将祖父题壁诗钩摹一通藏之。"费在山先生在《沈尹默先生学书年表》一文中则是这样说的："一八九七年，丁申（酉），十五岁，已能为人书扇。父命用鱼油纸钩摹正教寺高壁祖书赏桂花长篇古诗。"① 这种诗、书家传的方式也是风雅而有趣的。

十五岁的沈尹默能有机会临摹祖父题在定远小城西北正教寺墙壁上的书法作品，是因为他的父亲沈祖颐先生后来也做了定远厅的同知。《竹溪沈氏家乘》载："沈祖颐，字诒仲，际清长子，生母宜人陆氏，咸丰甲寅（1854）三月十六日生，国学生。送筹饷，例报捐通判，指发陕西，加盐提举衔，以转饷功保升同知。"② 沈祖颐先生任定远厅同知的情况未载入《定远厅志》，因为该志是定远厅第44任同知余修凤于光绪五年（1879）纂修的，而沈祖颐先生任定远厅同知是光绪十八年（1892），第49任，在修志之后。据《汉阴县志》记载："沈祖颐，字诒仲，浙江归安县进士。""光绪八年四月署汉阴厅抚民通判，十年十一月御（卸）任；光绪十七年八月再任汉阴厅抚民通判，十八年五月御（卸）任，升汉中府定远厅同知。"③ 据此可知，沈祖颐先生是在他三十九岁那一年升任定远厅同知的。从沈尹默在《自述》中说的"后来我父闿斋公

---

① 南京师大，《文教资料》2001年第四期。

② 清沈秉成等修《竹溪沈氏家乘》二十卷，清光绪十年（1884）增印本。

③ 清赵世震修《汉阴县志·汉阴历代行政官吏一览表》，汉阴县志办公室1985年点校刊印本。

亦官定远，前后连任十年"来看，沈祖颐先生在镇巴的时间当是在 1892 年到 1902 年间，直到去世。

沈氏三代在镇巴共生活了十余年，两任同知，最终培养出了三位学界巨子——北大"三沈"，这不但是沈氏家族的荣耀，也当是镇巴历史上的一件盛事。

## "三沈"镇巴十年成长

沈祖颐先生升任定远厅同知的这一年，长子沈士远十三岁，次子沈尹默十岁，三子沈兼士八岁，都处在成长的黄金时期。在镇巴生活的十年岁月对"三沈"的人生产生了深远的影响。沈尹默先生在《自述》中深情地回忆了自己在定远（镇巴）的这一段山居岁月：

> 后来我父闇斋公亦官定远，前后连任十年。我十五岁时已略知书字，因命我将祖父题壁诗钩摹一通藏之。父亲亦喜吟咏，但矜慎不苟作。书字参合欧、赵，中年喜北碑。为人书，字稍不称意，必改为之。公余时读两汉书，尤爱范史。我幼年在家塾读书，父亲忙于公事，但于无形中受到薰育。定远原是僻邑，而官廨后园依城为墙，内有池亭花木，登高远望，则山野在目，河流湍急有声，境实静寂。每当课余，即往游览，徘徊不能去。春秋佳日，别无朋好可与往还，只同兄弟姊妹聚集，学作韵语，篇成呈请父亲，为评定甲乙。山居生活，印象至深，几乎规定了我一生的性格，直至二十一岁父亲见背，始离山城，返居长安。

沈尹默先生这段留在他的书法精品中的文字，记录了"三沈"在镇巴的大量生活信息。

其一，"三沈"在镇巴的生活地点主要是在"官廨"之内。从《定远厅志·地理志》的"城池图"中可以看到，当时的衙门在马王庙街，与现在的镇巴县政府的位置相距不远；衙署后面不远就是北城墙，"官廨后园"就在这中间；后园中由南向北依次有听雨轩、花厅、书房、望远楼、澄清阁、鉴池、甘雨亭和一口井；甘雨亭和课农台在北城墙上面，有阶可登，便于乘城远望。我们不妨想象一下当年沈氏五兄妹在这里的生活：房中读书，轩下听雨，楼上望远，阁中属对，池畔赏花，亭下沉吟……诗书人文之道与自然山水之美兼而有之，信可乐也！

其二，"三沈"的早期教育主要是在镇巴完成的。沈兼士先生后来在一首诗的序文中说："童年随宦汉中，山城花事极盛，与诸兄姊家塾放学，颇饶嬉春之乐。"① 这里的"汉中山城"当然就是指镇巴，而"家塾放学"则说明沈祖颐先生在镇巴为孩子们设立了"家塾"。尹默先生在《自述》中也说过："每当课余，即往游览，徘徊不能去。"这里的"课余"应当就是在"家塾"中上课之余。《自述》中还提到一位湖南宁乡的吴老夫子，因为教读《古诗源》和《唐诗三百首》而给他留下了很好的印象；但也由于这位先生的严厉，让十四岁的沈尹默因背不下书而生了一场病。

不过，父亲的熏陶可能对"三沈"的影响更大一些。从沈尹默《自述》中所说的"父亲亦喜吟咏，但矜慎不苟作"，"为人书，字稍不称意，必改为之"等情况来看，沈祖颐先生在诗文、书法上是一个极为严谨、认真的人，而在这两方面他自己又有很好的家传功底，所以对孩子们的教育一定是十分严格并且要求很高的。祖颐先生给孩子们的课外作业形式多种多样，比如让他们写同题韵文，然后"为评定甲乙"；比如让他们到厅城西北、洋水对面的正教寺去临摹祖父题在壁上的诗……深厚的家学濡染为"三沈"后来成为"北平文化界之权威"打下了坚实的基础。

## 深情怀念镇巴岁月

定远小城的青山绿水给"三沈"留下了美好而深刻的印象。

从望远楼、甘雨亭上可以看到城东的平溪山（现名安垭梁）、城西的黑虎梁，而西城墙下就是洋水（现名泾洋河）。尹默先生在《自述》中深情地回忆说："登高远望，则山野在目，河流湍急有声，境实静寂。每当课余，即往游览，徘徊不能去。"他晚年所著的《秋明室杂诗》中有这样一首："夜雨怨巴山，巴山那得知。巴山常夜雨，未异从来时。悠悠古人心，沉沉今日思。且莫论古今，但咏西窗诗。"② 这当是"雨中黄叶树，灯下白头人"之时对当年在巴山小城生活的深切怀念吧？

沈兼士先生也对这段镇巴生活念念不忘。1944 年春，年近六十的兼士先生为躲避日伪搜捕，自北平南下途经陕南入蜀，触景忆旧，想起五十年前在汉中定远小城的生活，感慨万千，赋诗抒怀曰："漠漠轻阴欲雨天，海棠开罢柳吹绵。鸣鸠有意惊春梦，唤起童心五十年。"他在诗序中说："童年随宦汉中，山城花事极盛，与诸兄姊家塾放

---

① 转引自丁文，《"三沈"的陕南"山居生活"与"童子功"》，《安康文化》，2008 年第 2 期。

② 沈尹默，《秋明室杂诗》第三十六首，写本，1952 年印行。

学，颇饶嬉春之乐。夏浅春深，徜徉绿荫庭院，尤爱听鸠妇呼雨之声。丧乱之余，旧游重记，偶闻鸣鸠，不胜逝水之感。"① 山城的花事、雌鸠的鸣叫萦绕在兼士先生心头，长达半个世纪犹然不能忘怀！

从1892年到1902年，"三沈"在镇巴生活了整整十年。这十年是沈士远从十三岁到二十三岁、沈尹默从十岁到二十岁、沈兼士从八岁到十八岁的十年，正是"三沈"兄弟学习、成长的黄金时期，也必然对他们的人生有着极为深远的影响，所以沈尹默先生说："山居生活，印象至深，几乎规定了我一生的性格。"

三代人的缘分、两任同知的家史、十余年生活的濡染——"三沈"与镇巴有着难以割舍的情结。尹默先生说："定远原是僻邑。"从这僻邑之中却走出了三位文化大师，这不能不引人深思。然而遗憾的是，由于种种原因，大师们在镇巴的这段往事一直湮没无闻，既无学者提及，也不为镇巴本地人所知。笔者也是在做其他研究时偶然发现，搜集了一点史料，撰成此文，抛砖引玉，期待有更多的发现与深入的研究，以使"三沈"的精神价值与文化内涵得到更大的丰富和弘扬。

杨盛峰

---

① 转引自丁文，《"三沈"的陕南"山居生活"与"童子功"》，《安康文化》，2008年第2期。

# 孙文密使　　民国中将

有一位镇巴人，年轻时随黄兴留学日本，辛亥革命时在陕响应，后又受孙中山先生密令回陕讨贼，衔至陆军中将却身后萧条——他就是清末、民国时期的革命志士李自立。

## 远游求学得遇黄兴

李自立，名维植，清光绪十三年（1887）生于定远厅石虎坝李塘村（今镇巴县简池镇李塘坝村）。青年时外出求学，考入陕西陆军小学堂。该校原名陕西省武备学堂，1898年创建于西安西关，学制三年，开设自然学科和军事学科两大类课程，举办两期后停办，1902年9月改为陕西陆军小学堂。李自立入陆军小学堂后，以革命嫌疑被除名，复入农校，加入同盟会。《汉中地区志》卷十九《同盟会》说："清光绪二十九年（1903），汉中人吴作霖（吴文青）加入兴中会（同盟会前身组织之一）。此后在日本、上海、西安等地求学加入同盟会的汉中人共22人，有……镇巴的李自立（维植）等。"《汉中地区志》卷三十三《李自立传》说："曾随黄兴入日本士官学校学习。"日本在当时为东亚现代化国家，开眼看世界的中国青年纷纷前往学习，李自立从巴山深处的镇巴走出去，越秦岭，渡扶桑，迅速走向了广阔的世界；而黄兴是民国开国元勋，与孙中山并称"孙黄"，李自立的人生就此与黄兴产生交集，既已进入清末革命大潮之核心，其思维视野与精神境界必然产生质的飞跃。

## 在陕响应辛亥革命

辛亥革命爆发时，李自立已从日本回陕。《镇巴县志·大事记》说："宣统三年（1911）……观音段义昭、简池李维植（字自立）、城内刘光浩分别在汉中、西安加入同盟会，返本县传播资产阶级民主革命思想。"李自立加入同盟会的时间应该更早一些。1911年10月22日，陕西同盟会和哥老会发动西安起义，与湖南同时举义，成为全国响应武昌起义最早的省份，打破了清政府在西北以陕西为基地围剿辛亥革命的企图；陕西巡抚文瑞跳井自杀，省城大定。西安光复后，清军反扑，从河南、甘肃两面夹击陕西。逃亡兰州的前陕甘总督升允被清廷启用署理陕西巡抚，亲率甘军20营分两路进攻陕西，一路经长武攻入邠州（今彬县），一路由固关进攻凤翔。凤翔府城虽于是年10月29日光复，但政局一片混乱，陕西军政府命万炳南赴凤翔督师反击甘军。万炳南是哥老会首领，西安起义的领导人之一；起义成功后，被推举为起义军组织的秦陇复汉军政府副大统领（张凤翙为大统领）。万到凤翔后，采取措施稳定局面，并指挥所部及援军分三路奇袭清军，收复柳林镇。24岁的李自立时任万炳南旅参议，与参谋长陈素子一起为万炳南运筹帷幄，历时三月，击退西路清军对陕西的进攻，保卫了省府西大门凤翔，对稳定西部战局、捍卫辛亥革命成果作出了重要贡献。

## 孙文密令讨贼救国

1922年8月，第二次护法运动因陈炯明的叛变而失败，孙中山重建广东革命根据地，将驻扎福建的北伐军改名讨贼军。1923年初，孙中山通电讨陈，命令讨贼军"为国家除叛逆、为广东去凶残"，陈炯明迅速溃败。2月，孙中山返回广州，第三次在广州建立政权，重新成立大元帅府，再任陆海军大元帅。这一时期，一度强大的陕西护法队伍——陕西靖国军却正处在分化瓦解、存亡绝续的关键时期，杨虎城等人拥立于右任为总司令，继续高张护法大旗。时已36岁的李自立与凤县人赵西山奉陕西靖国军总司令于右任之命，"为宣慰各军代表，赴广州晋谒孙中山，报告陕西革命战争情形，并献西北军事善后之策"（《汉中地区志》卷三十三李自立传）。李自立的人生又与孙中山先生发生了交集。这次晋谒的具体情况不得而知，但从此后的情形来看，李自立与孙中山先生之间一定有过深入的思想交流，李自立从此坚定地沿着孙中山先生指引的革命道路前进，而孙中山先生也对李自立极为信任赏识。这一时期，孙中山先生开始接受苏联和中国共产党的帮助，制定了"联俄、联共、扶助农工"的三大政策，逐步确立了有明确反帝反封建内容的新三民主义。李自立必然深受孙中山先生新三民主义思想的影响，这也成为他后来反蒋的思想基础。

其时，陕西靖国军已逐渐瓦解。孙中山遂委任李自立和赵西山为中华民国陆海军大元帅大本营出勤委员，在他的直接领导下从事革命工作。1923年9月4日，孙中山在广东石龙授予李自立、赵西山密令："派大本营出勤委员李自立、赵西山前赴陕西，传谕同志各军将领，迅速协同一致，讨贼救国。此令。孙文。"据新华网陕西频道2011 年 9 日 29 日文章《凤县珍藏的孙文密令》报道：孙中山给李自立、赵西山的密令现藏于凤县文化馆，密令"以白绫作底，为精墨楷书，幅面长 26.5 厘米、宽 18.5 厘米"，钤盖"中华民国陆海军大元帅之印"，"1998 年，《孙文密令》经国家文物局文物鉴定委员会专家组鉴定，密令文字为孙中山秘书代书，其上所盖印章均为孙中山先生原物，因其重要的革命文物价值及历史研究价值，《孙文密令》被定为国家一级革命文物"。

孙中山给李自立、赵西山的密令

　　孙中山予李自立以密令，说明他对李自立高度信任，对其才华也充分肯定。"李自立、赵西山持密令联络豫、直各省同志，遍历关内外诸军，宣达孙中山对于国事之主张，在讨伐军阀、统一民国方面颇多建树。"（《汉中地区志》卷三十三《李自立传》）

## 斥蒋"皇帝"坚守遗志

　　孙中山先生逝世后，他联合共产党人开启的"打倒列强，除军阀"的革命洪流已势不可挡。然而，正当轰轰烈烈的大革命以摧枯拉朽之势向北推进之时，1927 年 4 月 12 日，以蒋介石为首的国民党新右派在上海发动反对国民党左派和共产党的武装政变，大肆屠杀共产党员、国民党左派及革命群众，使大革命受到严重摧残。李自立认为蒋介石背叛了孙中山遗志，在各种场合公开称蒋为"蒋皇帝"，以表鄙夷，因而备受冷落排斥，后虽获陆军中将军衔，却无丝毫实权。

李自立骂蒋介石为"蒋皇帝"，不但表现了他不畏强权、直率敢言的个性，更表达了他对蒋介石破坏革命、倒行逆施、背叛中山先生革命精神的愤慨。他还曾积极支持石梦霞等镇巴青年去延安，并为此作出了很大的努力，这都表明李自立先生始终坚持新三民主义、与共产党人合作的鲜明态度。

## 为国忘家两袖清风

1946 年底，国民党中央派李自立视察东北，次年 4 月 28 日，李自立病故于沈阳杜聿明部，享年 60 岁。是年 6 月 16 日，镇巴县参议院议案："（李自立）为国忘家，两袖清风，无产无嗣，身后萧条，其遗孀困居西安，生活清苦，尚需政府抚恤救济。"（《汉中地区志》卷三十三李自立传）

李自立先生作为同盟会员，早年参加辛亥革命，是民国的功臣、革命的先驱，而他的家人却在他去世后"尚需政府抚恤救济"，这是多么可悲而又何等高尚的事情！以其声望资历，稍事屈就，何愁没有荣华富贵？然而他始终坚守革命节操，追随中山先生而终生谨守其志，"为国忘家，两袖清风"，不畏强暴，不慕富贵，贫贱不移，百折不悔——其精神当历百世而不朽也！

杨盛峰

# 民国镇巴第一任知事：章草大师王世镗

　　中国近代章草大师王世镗于 1912 年 6 月到定远厅（1914 年 1 月改名为镇巴县），任民国时期第一任知事，后改任襄城县知事和西乡县代理知事，1916 年再任镇巴县知事，1918 年离任，在镇巴任职时间近五年。

## 津门才俊积铁子

　　王世镗，字鲁生，自号积铁子，晚年自称积铁老人，生于清同治七年（1868），天津章武人氏。民国二十二年（1933）十一月辞世于南京，归葬牛首山。

　　王世镗自小好学，天资聪慧，少年时就文锋甚健，熔铸经史，好新学，尤喜天文、数理，爱读新书报，在清朝末年的科举考试中，因数理成绩突出，被主考官疑为康梁新党，因此落榜，愤然而归。自此后，王世镗再无科举之意，遂专心读书，静习书法。

　　清光绪二十四年（1898）九月，戊戌变法失败，身在天津的王世镗为躲避迫害，于光绪二十八年（1902）投奔当时在陕西安康任县令的兄长王世瑛，从此与陕南结下了不解之缘。

　　王世镗在安康埋头研习了一段时间的书法，便开始游历陕南褒河谷口与川北剑阁，于荒郊野外的山峰峡谷中寻幽探胜，并见到了他心驰神往的汉代摩崖石刻，感悟到了磅礴的书艺文脉，"方窥得汉魏嬗变之源"，这让他激动万分，惊喜不已。此番游历，可谓是王世镗书法艺术之路的重要转折点。自此之后，他"整日校碑读书，韬匿光彩"，从文字字形、笔法入手，追溯篆、隶、行、草等书体的发展源流与衍变规律，日耽翰墨，终生不辍，终成一代旷世书法艺术大师。

## 镇巴刻石千秋憾

　　1912 年 1 月 1 日中华民国建立，延续了两千多年的封建王朝宣告结束。民国肇始，中国社会的政治格局发生巨变，虽然无法从历史的或然性角度进行解读，可历史事实表明，一代章草大师与镇巴结下了难以述说的缘分。

王世镗于1912年6月前往定远厅，任定远厅（镇巴）知事，为民国时代首任，时年四十四岁。根据王蓬先生的考证和梳理，"民国三年、五年，即1914年、1916年，担任褒城县知事和西乡县代理知事（仅三个月）。1916年，镇巴改厅为县，又由王世镗任知事，于1918年离任。"

自1912年至1918年，王世镗在镇巴断续宦游时间满打满算不足五年。但就是在这四五年里，形成了他章草艺术的第一个高峰，标志为《增改草字诀》稿本。这是王世镗积十多年之功力，雄心豪胆，在精心修改东晋大书家王羲之的《草诀歌》的基础上，"从文字学入手，上溯篆隶、八分、今草，辨析其嬗变接替的关系，梳理章草与今草的区别与变化"，以及严格区分章草与狂草的分野，于1917年在镇巴撰写完成的。这不仅在镇巴，就是在汉中历史上，都是彪炳史册的文化大事件，在中国书法艺术史上也构成了一座奇绝高峰。

《增改草字诀》稿本完成后，镇巴乡绅张澄亭出资将其镂刻于石，可因石质不坚、"石粗工拙"，只拓了20余册后，便出现石材脱落而导致字体受损的情况，于是弃石而废。这块《增改草字诀》刻石本该成为中国书法史上可移动的文化瑰宝，却至此"香消玉殒"，于先生、于镇巴乃至汉中人民，都是天大的憾事！

## "功深治安"重现天

2014年3月，镇巴教师进修学校校长梅冬盛与相关人员一道，在青岗坪一农户家，寻得王世镗的题匾一方，内容为"功深治安"，匾首"中华民国秦军前任汉南招抚使、现任第七协统领张，营务处升衔二等参谋定远厅知事王，为"，落款为"定远厅稽查公所稽查官周开治，民国元年阳历六月，毅旦"。

受匾人为周开治，其墓志云："光绪二年天运丙子九月初一日戊时，老坟坪生长人……青年时聪听祖辈教诲，弃文习武，造诣很深。后逢清末民初时厅同知彭锡畴，知父胆壮气强，择聘为民团总，信受重用，一九一〇年拔汉南秦军部深造。一九一一年辛亥革命，风云浩起，调遣回厅，维护治安，成效卓然。是年六月首任厅稽察官，是月厅呈功汉中府，准嘉奖。汉南第七协统领张、秦军营务处升衔二等参谋厅知事王世堂（镗），亲书赠'功深治安'硬匾，浩送家庆功。"该墓志不仅概述了墓主人的一生，还对"功深治安"匾的来历做了清晰的文字记载，证实该匾为王世镗于1912年6

月手书无疑。此发现实属难得，此匾具有很高的文物价值。在《镇巴文史资料》第四辑中收录的符文学先生的文章中对此事也有提及。

## 为政足迹难寻觅

对于今天的镇巴人民，有一件颇为遗憾的事，那就是现在很难见到王世镗在镇巴从政活动的文字材料，就连镇巴县档案馆也缺乏民国初期的相关档案。王世镗先生作为书法家多少有迹可循，可作为政治家的可证活动，史料几乎是空白。

在王蓬先生的《山河岁月》一书中有如下记载："1912 年他刚出任定远（镇巴）厅知事时对泾洋河的治理……王世镗到任后还是对山形水势进行考察，发现城南河心高于城池，一旦洪水暴涨，下游淤塞，必遭水患。遂组织民众加高城南河堤，于第三年竣工。"就在王世镗离任之后不久，新任镇巴知事向他请教泾洋河治理之方，他现场研墨提笔，写下"深填滩，低凿堰，迂湾削角，逢正抽心"十四个字，字迹遒劲，力透纸背，新任知事将此治河要诀刻石于碑，立于洋河畔。王世镗引用李冰修筑都江堰之治水名言，提出了对洋河的治理之法，也侧面反映了他的自然科学知识基础。但不管怎么说，笔墨瀚海构成了王世镗人生的主线，即就是在他为官一方的时期内也处处有证。

## 章草奇案蒙奇冤

1918 年王世镗退出宦海，购置了汉中莲花池东南角的一所院落和一些田产，从此隐居于此，与清池白莲为伴，专攻书艺。王世镗以《增改草字诀》稿本为基础，潜心钻研章草艺术，经"十载恨墙面，三冬忘鱼筌"般呕心沥血，于 1924 年完成了空前绝后煌煌书艺论著《稿诀集字》。"整个《稿诀集字》308 句，1500 字"，皆由著者本人亲笔书写。此篇论著针对明代韩道亨的《草诀歌》，多有辩驳与生发，梳理了草书的笔势、源流、结字规律等，从理论上进行高屋建瓴地概括和阐发，言简意赅，见解独到，于章草艺术的创新与发展具有振衰继绝之功，功莫大焉。

1925 年前后，一册名为《章草草诀歌》的拓片影印本在古籍市场出现，引发中国书法界的一桩"离奇章草案"。此案源于一位名叫卓君庸的收藏家，他获得了镇巴刻石《增改草字诀》的拓本，叹其非凡，意欲印行，但不知著者何人，便请当时的著名学者并能写章草的余绍颂、罗复勘等人鉴定考证。余、罗依其迹界定为晚明人之书，更谓王世镗"改易数十字，遂窃为己有"，还"颇疑王氏藏有旧拓，知其鲜传，故所以为蓝本，略补小注及近世人证其为己作耳"，"掩毁名字，剽窃宝藏"，王世镗被人扣上一顶剽袭前人书法、欺世盗名的帽子。

此消息传到汉中，让王世镗哭笑不得，郁闷至极。但因家境日陷困顿，先生自知势单力孤，无力去打这场千里之外的文墨官司，只好吞牙隐忍，沉默以对。三年后，即1928年，汉中道尹阮贞豫出面倡导主持，并筹集资金，精选石材，寻觅刻匠，将《稿诀集字》文字稿本重新刻石存世，这又是汉中文化史的一大盛事。刻石竣工后，将其镶嵌于汉中城北哑姑山宝峰寺内。五十年后的1978年，此碑完好无损地迁移至汉台博物馆，嵌立于馆内碑廊，重放异彩。

## 缘遇伯乐世留名

20世纪30年代初，卓君庸那本石拓本《稿诀》被民国书法大家于右任发现并购得。他经过仔细考证辨认，觉得其用笔古拙朴厚、雄劲真醇，不太像是余绍颂、罗复勘等人所谓的宋书或明书，尤其觉得书法风格不同于他早年见过的杨升庵传世书法真迹。正困惑间，外甥周伯敏刚巧来到于公馆，见舅父所持影印本《稿诀》乃其叔岳父王世镗所书，便说到《稿诀》曾刻于石藏于陕南汉中宝峰山寺观。于右任惊问此人尚在否，周伯敏说："就我所知，此人现仍在汉中，住城关镇小后巷内。"

于右任惊骇之余，感叹不已，以为如此书法奇才，埋没穷乡僻壤，如明珠暗投，实为国人之羞，于是立即通过驻防在陕南汉中的三十八军军长孙蔚如联系上了已经穷困潦倒的王世镗。王世镗感喟万分，接受了于右任先生的盛情相邀，前往南京与于先生相会。

迁往南京的王世镗受到了于右任先生的极高礼遇，互有相见恨晚之感。王世镗留住于府期间，右任先生在生活上给予无微不至的关怀，还荐举王世镗为南京国民政府监察院秘书，获领月俸。此间，两人切磋书道，情谊日深。在于右任先生的提携与支持下，王世镗终于在南京获取了本该属于他的大师盛名。

在南京生活期间，王世镗社会活动增多，"求书者日众，迎接酬酢，倍极辛劳，加以水土不服"，加之其有吸食鸦片的不良嗜好，身体每况愈下，经多方医治无效，于1933年11月4日病逝，享年六十六岁。于右任先生十分悲痛，为之治丧，葬之于南京牛首山娃娃桥畔，手书碑文"大书法家王世镗先生之墓，世愚弟于右任敬书"。

对王世镗的书法艺术成就，于右任在其逝后给予了极高的评价，"古之张芝，今之索靖，三百年来，世无以并"，认为其章草是"三百年来笔一支"。

张显锋

# 碧血洒人间　　赤心为人民

## ——记镇巴籍少将符先辉

"碧血洒人间，赤心为人民。留得英名在，激励后来人。"

这是 1982 年 10 月镇巴烈士纪念碑落成时，符先辉将军亲笔题写的诗句。前两句可谓是将军自己奋战一生的真实写照，后两句则是将军对家乡后辈们的殷切期望。作为跟随徐向前元帅走出大巴山投身红色革命的镇巴儿女，他是万千分之一的优秀代表；作为迄今为止镇巴唯一的少将，他更是镇巴人民景仰的英雄、永远的骄傲。

锦绣镇巴城，巍巍纪念塔。作为陕南镇巴"红军之乡"的标志性建筑，纪念碑铭刻的不应仅是"不朽"的褒誉，更当是我们"不忘"的记忆。

符先辉少将

# 一、参加红军

走进镇巴革命烈士纪念馆，重回那段烽火连天的岁月。1932年底，中国工农红军第四方面军创建了川陕革命根据地。随即，红军部队和地方工作队进入镇巴县境，消灭国民党驻军、地方反动民团及土匪，宣传红军的宗旨和政策，组织发动各乡群众，建立党的地方组织和苏维埃政权，开展武装斗争，实行土地革命。

当这股红色旋风刮进大巴山，一个出生于简池坝农民家庭的少年终于看到了乱世之中的人生曙光。这个孩子生得浓眉大眼，高鼻阔嘴，英气逼人；他上过几年私塾，聪明好学，胸怀大志；但母亲病故，父亲游手好闲，土豪劣绅欺压剥削，家里生活极其艰难——这个年仅14岁的小小少年义无反顾地加入了"为穷人谋幸福"的红军队伍，成为了童子团的红小鬼——他，就是符先辉。不久，他转入了中国共产党，担任游击队通讯员，后来又随新四军参谋长方敬焰到了西北军委会，成为负责张国焘和徐向前、陈昌浩等首长们警戒与通信工作的警卫队队长——从此踏上了红色革命之路，彻底地改变了自己的人生命运！

# 二、八翻雪山，三过草地

"红军战士意志坚，随军长征历艰险。为驱倭寇洒热血，魂游中华山水间。"这是符先辉所作的《老兵抒怀》，今天读来，依然能感受到他当年的满腔热血和坚定信念。

1935年，红四方面军入川长征。由于张国焘的错误决策，符先辉所在方面军总部首长及交通队员在西康一带先后八翻雪山、三过草地，创造了人间奇迹。雪山空气稀薄，冰雪反光，山陡路滑，冰雹时下，战士们裹着冻成冰筒的单衣，艰难地刨冰前进，常有战士或牲口掉下悬崖绝壁。草地茫茫百里，气候变化无常，露宿无干地，充饥无草根，很多战士都因冻饿或陷入沼泽而牺牲。就在这异常艰苦的条件下，符先辉还救助了多名掉队伤病员。长征锻炼了他的坚强意志，也让他更加珍惜与战友的患难深情。

不仅如此，长征路还是符先辉人生中的一大转折点。十七岁的符先辉作为培养对象被选入红军大学学习，朱总司令亲自作形势报告，刘伯承校长、徐向前总指挥经常给大家讲战略战术。这段行军路上异常艰苦的学习生活使得符先辉掌握了很多指挥作战的方法，同时也大大提高了思想觉悟和文化水平，这为他后来成为我军高级将领打下了坚实基础。

# 三、抗日虎将

抗日战争时期，符先辉历任八路军一二九师教导团队长、山西青年抗敌决死第一纵队游击第一支队队长、游击二团营长兼教导队队长、太岳军区五十七团营长、副团长、独立七十二团团长，先后参加了粉碎日寇进攻晋东南的九路围攻、百团大战。

他在《我在抗日战争中的五十七团》一文中详细地介绍了政治整军、参加百团大战、反蚕食斗争、开辟中条抗日根据地的经历。除了与日军面对面开火、灵活机动打伏击，他们还翻铁路、割电线、烧枕木、扭钢轨、破桥梁、毁涵洞、炸据点、杀汉奸，大力破坏敌人运兵运物的交通枢纽，沉重打击了日军的嚣张气焰。百团大战后期，"符先辉三下中条"在当地传为佳话；两次身先士卒打击贾真一匪帮，也为他赢得"虎将"的美誉。

他的回忆录中讲述过这样一个案例：1945年8月10日，朱德总司令发布大反攻命令，时任太岳抗日部队五十四团团长的符先辉和大家一起高兴得又唱又跳，大家高呼着"坚决消灭日本鬼子侵略军，坚决收复一切失地，坚决为死难的亿万同胞报仇雪耻……"一路向运城进发。然而守城日军和国民党阎军勾结一气，大量集兵，拒不投降。于是我五十四团当即向敌人力量薄弱的平陆和茅津渡一带出击。这里是日寇的一个军需供应基地。当我军占领了制高点进行了封锁包围之后，将守敌部队集中到操场上，申明正义，令其反正。结果，我方没费一枪一单，就解除了敌军的全部武装，不仅俘虏了500多人，还缴获了大量军需物资。符老在《战斗生活纪实》一书中说："在百团大战中，在长期作战中，多次取胜受到表扬，其中第一营还受到我一二九师通令嘉奖。老百姓把开辟岳南中条地区五十七团等部队称为'咱们自家的部队'。"

这些胜仗都得益于他指挥得当、战术灵活。今天读到这些文字，我们依然可以感受到将军的机智果敢与自豪之情。

# 四、"尖刀"插在蒋介石的"背上"

1947年9月10日，陈赓、谢富治兵团四纵十二旅包围并攻打胡宗南部队一个营和保安团等2000余敌军守卫的卢氏县城。当城墙被炸开一个缺口时，负责攻城的符先辉团长带着一梯队冲了上去。敌人狼嚎般反扑，十几挺机枪疯狂扫射，火力非常猛烈，形势十分危急。符先辉团长不顾个人安危，和先头部队共同坚守阵地。当大家劝他离开阵地注意隐蔽时，他斩钉截铁地说："不攻进卢氏城，我符先辉绝不离开这里！"在他的率领下，我军全部占领卢氏县城，歼灭敌军1500余人。随军记者以《敲开进军陕南的大门》为题，报道了符先辉团长的英雄事迹。国民党的一些顽固派不服气地讥笑共产党的团长只是一个"尖刀式"的勇夫，不足以为将也。一些民主人士则发表评论说，共产党的团长指挥作战是"跟我上"，国民党的军官指挥作战是"给我上"，虽一字之差，但胜败由此而定矣。

敌人嘲笑他是一个"尖刀式"的勇夫，而正是这把"尖刀"，插在了蒋介石的"背上"。根据党中央毛主席的战略决策，十二旅和十七师要远离主力，深入敌后，开辟一个新战场——鄂陕根据地，诱敌西进，以达到牵制住数倍敌人的目的。陈赓司令员形象地说，这个任务，等于在蒋介石"背上"插上了一把刀，但敌人也会将豫陕边四面封锁包围并想尽各种办法把我军吃掉或挤走。就在这四面环敌、敌优我劣、环境条件异常艰苦、与上级不能取得联系的情况下，符先辉率部克服困难，独立作战，紧紧依靠人民群众，努力发展壮大队伍，很快便站稳了脚跟，建立了革命政权，有力地配合了其他战场的对敌作战。在鄂陕交界关亚子战斗中，他率部歼敌一个师，还俘虏了敌师长符树蓬。"鄂西北这块地方，郧西解放得最早，由于它的地理位置和经济、地形等条件，当时党政军首脑机关全都设在这里。我们以郧西为中心，进而解放了郧阳、均县、白河、旬阳、淅川、竹山和房县；横扫了荆紫关、赵东川、草店等四周的土顽；在站稳了脚跟之后，又分兵参加了苑西战役、襄樊战役、淮海战役、房竹战役，最后解放了全陕南。在这一历史进程中，郧西及鄂西北根据地起了重要作用。"在符老这风轻云淡的叙述中，该隐藏着多少炮火硝烟和流血牺牲啊！

我们也不难想象，当他和战士们喊着"打到汉中去，解放全陕南，配合一野消灭胡宗南"的口号，挥师西进解放家乡时，他的心情又该是多么欣喜和激动！当符先辉率部解放安康挺进汉中时，盘踞汉中的胡宗南怕成为"瓮中之鳖"，迅速将其秦岭防线撤退至成都地区。我军即于12月6日解放了汉中，并相继解放了汉中地区所属的包括镇巴在内的十几个县。汉中的解放意义重大，它不仅为我军在成都平原聚歼国民党军队主力胡宗南集团创造了条件，更重要的是使国民党反动集团企图保存西南半壁江山的梦想彻底破灭。1949年底，符先辉指挥了川北战役，歼灭川陕鄂豫绥靖公署主任王凌云部三个军零一个师，俘敌一万三千余人，为全中国的解放作出了重要贡献。

符先辉的老战友、原通信兵政治部副主任、少将张明这样评价他："他善于使用侦查手段，非常注意了解敌情、民情和地志"，"他从不打无准备之仗，从不打消耗仗。不打则已，打则必胜，可以说他是一个'常胜将军'。"他的另一位老战友、原青海省军区政委、少将王文英在回忆录里说："凡他所带过的部队，都成为勇猛顽强、能连续作战、打得非常出色的部队。他一生的战斗业绩完全说明，他是一位足智多谋、能攻善打的一员猛将。"——"常胜将军"和"猛将"，这该是对一个军人的最高赞誉了吧。

## 五、安康情结

尽管我们不可能把符老一生的所有战役一一展现，但是牛蹄岭一战却是不能不提的。1949 年 7 月 20 日，胡宗南部撤至安康外围牛蹄岭一带负隅顽抗。这里地形险要，易守难攻。针对敌人防御情况，十九军以符先辉师长率领的五十五师为主攻部队，发起了牛蹄岭战斗。

"24 日凌晨一时战斗打响，五时攻下大小牛蹄岭。天还没大亮，敌人就开始反扑。敌众我寡，天空敌机轮番轰炸，地面大炮机枪密集扫射，这一天的坚守战从凌晨打到黄昏，打得非常艰苦，非常残酷，战斗最后处于胶着对峙状态。当时指战员们连续几昼夜打仗，白天头顶烈日曝晒，战斗没有间歇，也没有替换，战场上没有水喝也吃不上饭，最后人困马乏，打得筋疲力尽……"这是时隔 34 年之后的 1983 年 3 月 31 日，符先辉将军重返牛蹄岭战场时讲述的。

与他同行的柳山朵当时任五十五师政治部宣传科科长，他也拿出自己珍藏的日记和油印简报向大家介绍说："牛蹄岭战斗激烈残酷的程度，前所未有，我师接连打退敌人十几次反扑，打得敌人尸横遍野，我方也伤亡千把人，尸体和土块把齐胸的战壕全填平了。许多战士与敌人肉搏拼刺，有的和敌人抱在一起，用牙齿咬掉敌人的鼻子和耳朵，有的抱着敌人一起滚下悬崖。副团长孟俊奇就是在这场战斗中的最后时刻英勇牺牲的……"

的确，牛蹄岭战斗是陕南部队自淮海战役后打得最激烈、最艰苦的一仗，共歼敌 2550 余人，我方伤亡 1250 余人。虽然付出了惨重牺牲，但取得了陕南战役的决定性胜利，不仅给敌人 4 个军以痛击，而且实现了中央军委以十八兵团和十九军牵制、滞留胡宗南集团于秦岭地区的战略意图，从战略上有力地配合了我军主力在大西北战场上的作战和向大西南侧后运动，顺利打开了进入安康的大门。

20 世纪 90 年代，符将军在一次拜访安康老乡时中这样讲道："我忘不了安康啊！你们那里的龙须草草鞋、浆水面、红苕包谷糁我永远记着呢。我解放安康时三十二岁，你王阿姨十八岁，她是工作队的，也跳秧歌舞，我是在那成的家，那是我的第二故乡啊！仗打了不少，但最惨烈的就是你们安康牛蹄岭战斗。就那么大个地方，国民党死了近三千人，我们也牺牲一千多，又下大雨，山沟里水都是红的，接着天晴大太阳，几天尸体就腐烂了，惨烈啊！我的职务和功劳都是战友们的生命和鲜血成就的……"

符先辉将军夫人王玉蟾在《我的思念》一文中写道："这里有上千名为解放安康、解放全陕南而壮烈牺牲的官兵。先辉生前曾无数次为这些官兵垂泪。1990 年安康人民在这片热土上为革命烈士修起陵园，竖起丰碑，先辉亲自前来剪彩。他总说这里有他的泪、血和情思……他永远忘不了为解放陕南而长眠的战友，希望有一天能回到他们中间去。当我手捧先辉的骨灰，迈着沉重的脚步走进安康牛蹄岭烈士陵园时，我无法忍住泪水，思绪万千……"

解放后，符先辉曾经领着十四任五十五师的师长来过安康；临终前，还嘱咐一定要把骨灰埋在安康——可见他对安康的感情多么深厚！

## 六、二炮工程的奠基人

建国后，符先辉于 1952 年 2 月到朝鲜战场见习对美作战的战略战术，同年 8 月入解放军南京高等军事学院高级系学习；1955 年 2 月又奉命赴朝任中国人民志愿军二十一军副军长，为朝鲜的和平建设做了大量卓有成效的工作；回国后，于 1959 年率部参加了青海、西藏平叛，为边疆安定和祖国统一事业做出了重要的贡献。

1959 年到 1969 年，符先辉三次调动工作，调整职务：先任北京军区工程兵主任，为国防工程建设倾注了大量心血，受到了周恩来总理的嘉勉；后任六十五军军长，他坚持严格治军，注重言传身教；再任第二炮兵副司令员，这一干就是十八年。他主管作战、工程和后勤建设。二炮工程庞大复杂，是我国战略核力量的重要组成部分，它涉及武器系统、作战使用、工程建设和备战惯例多个方面，也是一个需要多学科、多行业共同配合、密切协作的工程。可以说，二炮工程从无到有、从小到大、从单一到多型号，无不浸透着他的心血和汗水，因此二炮的官兵们把他誉为"二炮工程的奠基人"。

他尊重科学，爱护人才，曾经不止一次说过：千万不要有长官意识，不然一个决策失误就会给国家和军队带来上亿元的损失。他对航天部、核工业部的专家、技术人员都非常尊重，和钱学森等专家一起讨论研究导弹发射方式问题时，总是虚心好学，从不轻易下结论；一旦形成决定，他都坚决服从。

他思想敏锐，善于接受新事物，能够创造性地开展工作。在他的领导下，解决了某型号阵地的活动钢板基座问题，改变了原有的发射方式，成功地完成了耐火涂料、气垫技术、推进剂污水处理、液氮汽化、钢包砼防护门等一系列革新试验，并获得多项国家和军队科技进步奖；在施工作业中也大胆采用一系列新技术，不仅大大提高了工作效率，还为国家节省了大量资金。

他一直坚持亲临一线指导工作。为了勘察选点，不管坐吉普车千里颠簸，还是跋山涉水风餐露宿，他都要选到最佳点位才罢休。可以说，凡是有二炮工程的地方，都留下了他的足迹和汗水。在1979年的一次勘察中，他因过度操劳而心脏病突发，在基地抢救后又送回北京治疗。1983年某重点工程开工不久便遇到洞内大塌方，他第一时间带着专家赶到阵地。当大家都说太危险劝他别进去时，他随手抓过一顶安全帽，脸一沉吼道："里面不是还有战士吗？我这把老骨头没那么娇贵！'不入虎穴，焉得虎子'？战争年代，哪个指挥员不是往第一线钻？不亲自了解事情，咋个下决断嘛！"就这样，他硬是冒着随时塌方的危险，趟过半米深的积水，亲自勘察险情。在他的领导和鼓舞下，官兵们很快就突破了工程难点，赢得了新的胜利。

他在二炮任职的十多年时间里，正是二炮大型武器阵地工程建设的关键时期。如今这些阵地都先后建成，已成为我国最具威慑力的核打击力量。这一切，无不浸润着符先辉将军的半生心血。

## 七、镇巴人民的骄傲

1987年，符先辉将军再返故里，看望家乡父老，帮扶贫困老区，还为家乡简池捐资修建了一座桥。为了感念将军恩德，家乡人民在桥头立起一座石碑，刻写着"将军桥"三个鲜红大字。将军桥与当年红色交通站的标志——鸡脚树相互辉映，成为镇巴红色革命最亮丽的风景线。

在当年欢迎将军回乡探亲的文艺晚会上，陕南歌王刘光朗即兴编唱了这首民歌——

"阳春三月桃花开，将军回到故乡来。少小离家老大回，平易近人人敬爱。满口讲的是镇巴话，乡语乡音至未改。身居北京任将军，家乡建设您关怀……

"阳春三月桃花开，将军回到故乡来。戎马一生多辛劳，胸前勋章放光彩。有功之臣不居功，红军本色依然在。身居闹市恋故土，家乡山水您殊爱……

"阳春三月桃花开，将军回到故乡来。一杯香茶敬亲人，句句山歌表情怀。说不完的知心话，唱不完的情和爱。父老乡亲想念您，欢迎将军常回来。家乡人民盼望您，盼您青春永常在……"

如今英雄已逝，献给英雄的歌却依然飘荡在家乡的山山水水，飘荡在英雄曾经浴血奋战的沟沟坎坎……

"他讲真话，办实事，性格刚直，胸怀坦荡，光明磊落，谦虚谨慎，待人诚恳，平易近人，善于团结同志，爱护干部，关心群众，有良好的民主作风和高尚的道德修养。他处事公道，一身正气，廉洁奉公，生活俭朴，严于自律，不徇私情，对子女和身边工作人员要求严格，处处以自身的模范行动影响和教育部属，始终保持了人民公仆的政治本色，深受广大官兵的爱戴和尊敬。"

"符先辉将军于 1955 年被授予大校军衔，1961 年晋升少将军衔，1955 年被授予三级八一勋章、二级独立自由勋章、二级解放勋章，1988 年被授予中国人民解放军一级红星功勋荣誉章，是中共九大代表、第六届全国人大代表。"

"中国共产党优秀党员，久经考验的忠诚的共产主义战士，我军杰出的军事指挥员，第二炮兵原副司令员符先辉同志，因病医治无效，于 1998 年 1 月 7 日在北京逝世，享年 80 岁。"

——引自《符先辉纪念集》之《符先辉同志生平》

追忆他的前半生，铁马冰河，喋血疆场，我们不能不惊叹其壮怀激烈、豪气天纵的革命情怀；纵观他的后半生，献身国防，扶助家乡，我们不能不感慨其鞠躬尽瘁、死而后已的奋斗精神！

苍苍松柏，熠熠红星。仰望纪念碑，仰望将军的人生丰碑，仰望一个离我们如此之近的英雄人物，一个身经百战为新中国诞生趟出一条血路来的开国功臣，一个殚精竭虑为国防事业做出重大贡献的共和国名将——从他 14 岁跟随红军走出镇巴的那一刻起，就注定了他的名字会和班超、张飞一起镌刻在镇巴的历史丰碑上，永不磨灭！

蔡忠琼

# 从孤儿到大校

## ——镇巴籍抗战英雄钟明锋琐记

钟明锋

《战火纷飞的武乡》① 一书这样描写抗战英雄钟明锋："这个传奇式的人物既是游击队的指挥者，又是个勇猛顽强的战斗员。钟营长是个身高膀宽的壮汉，说话像放炮，走路快如风，一个人要两支冲锋枪，左右开弓，百发百中。他领着那支精悍的小队伍，时增时减，谁也不知究竟有多少。东山一带人们说有八百，漳河西边人们说上千数。白发老爷爷们说：'那就不是一伙凡人呵，那是天兵神将，要多少来多少。'只有蟠龙北面那道圪梁上的老百姓知道他带着一营神八路……"

钟明锋先生声名远播太行上下、白山黑水、岭南海疆，而在他的家乡镇巴却令名不彰。笔者老家与英雄故里岭相连、村相邻，距离不过四五公里，惜吾生也晚，未能一睹英雄风采。而今英雄已逝，我这个晚辈同乡仅能将所得琐碎资料连缀于此，略述英雄生平，聊表仰慕之忱。

## 福地中的苦难

钟明锋于民国六年（1917）出生于陕西省镇巴县南区坪落（今赤南镇）袁家坝村钟家岭上，早年的名字叫钟世秀。站在钟家岭上西南望，一里多远的西山脚下、坪落

---

① 李树生编，《战火纷飞的武乡》，山西人民出版社，2011 年。

河边，有一个长着郁郁葱葱的松柏的小山丘，那就是后来闻名遐迩的青鹤观；夹在两山之间的坪落坝子从钟家岭上面往西南延伸下去，绕过青鹤观，绵延好几里，"土地平旷，屋舍俨然，有良田美池桑竹之属。阡陌交通，鸡犬相闻"，真是一处世外桃源！

出生在这样一个地方的钟明锋应该是幸福的。然而，影响一个人生活的因素很多，自然条件只是其中之一。钟明锋出生在一个贫苦的农民家庭，温饱难继。更为不幸的是，他九岁那年失去了母亲，十三岁那年又失去了父亲——他成了一个孤儿！无依无靠、孤苦伶仃的钟明锋经常受到地主豪绅、地痞流氓的欺侮而无力反抗，据说他曾以挖仇人祖坟的方式来表达他的愤怒——这不是一个逆来顺受的孩子！

那个年代的镇巴百姓除了遭受地主剥削、乡绅欺压外，还有政府的苛捐杂税和土匪的烧杀劫掠。钟明锋后来回忆说："红军来以前，我们镇巴主要是土匪王三春统治着，老百姓叫他王棒老二。这支土匪是我县人民的主要祸害，他的口号是'牛不打不耕田，人不打不出钱，石头也要榨出油……'为此，该匪奸淫烧杀，抢劫民财，无所不为，残酷压迫剥削人民，严重破坏了生产，给人民带来了巨大灾难，人民咬牙切齿的愤恨。"（镇巴县党史办编《红军在镇巴（第一集）》，钟明锋，《红军在镇巴建立苏维埃政权的情况》）如同鲁迅在《故乡》中对闰土生存环境的概括——"饥荒，苛税，兵，匪，官，绅"——是那个时代中国农民最普遍的遭遇，而大土匪王三春的盘踞让镇巴百姓更是苦不堪言。

## 从孤儿到红军战士

生活在这样一个环境中的钟世秀，无革命则已，有革命必投身其中！他说："我第一次看到红军是红十师的部队，他们来长滩坝宣传的政策是打倒帝国主义、铲除封建主义、实行土地革命，这叫红军的"三大政策"。他们来建立了长滩区和长滩乡苏维埃政府，主席姓姚，村主席钟世江，土地委员是我，十家选一代表。不久，我就参加红军，往红十师三十二团当警卫兵。当时，团长是刘世模同志，政委是王建安同志。"红军的到来改变了这个苦孩子的命运，从此他有了自己的队伍，有了依靠。长滩乡苏维埃政府成立于1933年1月上旬，辖六个村苏，梨树坡村就在钟家岭附近，钟明锋担任了该村的土地委员，这时他刚满15岁。不过，他在土地委员这个职务上干的时间很短。

1933年1月19日，长滩乡苏维埃政府遭反动大本团偷袭而被破坏。不久，钟明锋就参加了红军。他后来回忆说："我们先后在镇巴关门垭、滚龙坡驻扎，为红军筹集粮食等物资。"从1933年到1935年初，四川军阀田颂尧、刘湘相继对川陕革命根据地进行过两次大规模的围攻，国民党地方部队、民团等也时时袭击红军和苏维埃。在这样的频繁战斗的环境中，年轻的红军战士钟明锋经受着一次又一次的锻炼。

不过，这时的钟明锋既是红军战士，同时又是钟家岭上的一个农民。他回忆说："各级苏维埃政府贯彻红军打倒帝国主义、铲除封建主义、打倒土豪劣绅平分土地的'三大政策'，苏区群众非常欢迎，革命热情很高。人民群众起来打土豪，大部分地主、土豪劣绅都跑到镇巴城白区一带去了，游击队在平落抓住钟世豪、钟长祥等土豪，就地镇压了，没收了他们的田地，分给了穷苦农民，每人分得三背谷子的水田。苏维埃政权优待参加红军的人，给我分了七背谷子的田，收了两年粮食。给钟光参除分田地外，还给他分了一件皮袄。农村组织的有代耕队，给烈军属和鳏寡孤独的人代耕田地。"钟明锋这时候确确实实是一个穿着军装的农民，不过他从事生产的时候应该很少，分给他的土地是由代耕队耕种的。

1934年1月，少共（即共产主义青年团）陕南县委员会在坪落青鹤观成立，钟明锋随即加入。1935年3月28日，为了策应中央红军长征，红四方面军强渡嘉陵江西进，于4月底完全撤离川陕革命根据地，向川西长征。钟明锋随部队离开家乡参加长征，1935年在长征途中转为中共党员。他说："长征途中，在张国焘左倾机会主义的主持下，把九军、三十军和总部一部分组成西路军，在甘肃一带被敌人打垮了，许多同志壮烈牺牲了……我们部队当时住在甘肃镇原县迎接西路军归来。"（同上）在甘肃镇原县迎接西路军已经是1937年春天了。1936年10月，长征红军三大主力会师后，红四方面军总部率2.1万余人西渡黄河，改称西路军。西路军战事一再失利，中革军委于1937年2月27日迅即组成以刘伯承为司令员的援西军对西路军进行救援，3月10日左右到达镇原县。钟明锋这时就在援西军中。

## 血战邢沙永：受伤不下火线

1937年7月，抗日战争全面爆发。年仅20岁的钟明锋已是一个有着四年军龄的红军战士了。8月22日，根据第二次国共合作的有关协议，处于陕北的中国工农红军主力部队改编为国民革命军第八路军，下辖一一五、一二〇、一二九三个师，每师辖两个旅，每旅辖两个团。红四方面军第4军在陕西富平改编为一二九师第三八五旅，下辖由红四军第十师改编的第七六九团和由红四军第十二师改编的第七七〇团。钟明锋在红四军红十师参加的红军，所以这时在八路军一二九师七六九团里面，团长就是原十师师长陈锡联。七六九团开赴抗日前线的第一次重大行动就是奇袭阳明堡日军机场，钟明锋参加了这次行动。

奇袭阳明堡之后，钟明锋南下翻越太行山，到河北邢台浆水镇训练游击大队。晋冀鲁豫军区第三纵队（十一军）战史编审领导小组编写的《八路军一二九师三八五旅抗日战争战史》（1988 年 10 月）"大事记"中写道：1937 年 11 月 13 日，"二营教导员李定灼带领钟明峰（锋）等人到邢台县浆水镇一带，组织训练邢台浆水游击大队。"大事记中特别提到钟明锋的名字，说明这个 20 岁的年轻人在战斗中表现突出、军事技术过硬，在七九六团中已经小有名气，所以选他去训练地方游击大队。邢台在河北省南部，华北平原西部边缘，抗战之初即已沦陷。浆水镇位于邢台市西，太行山脉南段东麓，西与山西毗邻。

1941 年 3 月底和 7 月间，日军在华北实施了两次"治安强化运动"，对八路军太行等抗日根据地不断进行"扫荡"、"蚕食"，并在平汉（北平至汉口）铁路西侧构筑了两道封锁线，以割断太行山区与冀、鲁平原的联系。面对日趋严重的局势，八路军总部命令以一二九师三八五旅为主，于 1941 年 8 月 31 日在河北邢台、沙河、永年地区发起邢沙永战役，这是继"百团大战"之后的又一次大战役。钟明锋时任三八五旅十四团一营营长，在战斗中身先士卒，受伤不下火线，给战友们留下了深刻的印象。《刘伯承的非常之路》（刘备耕著，人民东方出版社 2009 年 9 月版）一书第十篇《论兵新孙吴　战例邢沙永》有这样的记载：

> 夜晚开战，十四团与敌人展开逐街、逐巷、逐垒地争夺。战到天明，我三营与一营遭受敌火力压制，只好依托房屋固守，暂时对峙到 9 月 1 日傍晚，一、三营汇合后，向三王村核心阵地敌人发起猛攻，很快地占领了村东、村西的部分房屋，同敌人展开了激烈的巷战。
>
> ……
>
> 进攻中，一营钟明锋营长负伤，他不肯下火线，稍事包扎后，带领部队相继消灭了敌特务连、通信连……

中国人民解放军原副总参谋长何正文将军是和钟明锋同一时期在川陕革命根据地参加红军、又一起参加了邢沙永战役的老战友，他在《回忆邢沙永战役》（八路军太行纪念馆回忆史料）一文中说：

> 十四团一、三营利用夜暗掩护，秘密迅速地接敌，发起攻击后，很快就

突入村中，与敌人展开了逐街逐巷、逐房逐垒的争夺。战至天明，攻入村中的三营与后续梯队的一营遭敌火力分割，只好依托房屋固守，阻敌反扑，暂与敌人形成对峙局面。9 月 1 日傍晚，一营又投入战斗，与三营会合后，便向三王村内守敌的核心阵地攻击，很快占领了村东和村西的部分房屋，与敌展开激烈的巷战。守敌拼命抵抗，多次进行反扑，但均被一、三营击退……进攻中，三营营长钟明锋不幸负伤，当担架队要抬他下去时，钟营长对卫生员说："任务还没有完成，我身为营长，此时此刻怎么能离开战场呢？"经过简单地包扎之后，他又带领部队相继消灭了敌特务连和通信连。

参加邢沙永战役的军民达十多万人，而上面两则材料中都提到了钟明锋受伤不下火线的细节，说明此事十分感人，影响很大。何正文将军写回忆文章的时间是 1986 年，时隔四十五年，钟明锋在战场上说的话犹在耳旁，足见印象深刻。钟明锋受伤不下火线，包扎后继续战斗，表现了一个八路军中层军官的勇敢无畏和坚韧顽强。

## 战斗在蚂蚁汕：武功队长显神威

从邢台往西翻越太行山就到了山西左权、武乡一带。武乡县位于山西省东南部，太行山西麓，横跨太行、太岳两山。钟明锋在武乡的抗日故事至今在当地广为流传。

武乡县涌泉乡最北端有一个叫作蚂蚁汕的村子，它三面环山、岭梁起伏、沟壑纵横、树木繁茂，武西抗日县政府就设在这里。1942 年，钟明锋带领他的武工队驻进了蚂蚁汕村。

武工队是武装工作队的简称，它不是编制单位，而是任务单位。一二九师政治部曾规定，武工队队长必须是营以上干部，参加武工队的人选，文的要求具备一定的文化水平，会演讲，会写标语，会做敌军工作和群众工作；武的必须身经百战，有丰富的敌后游击作战经验，有独立活动能力，具备各种军事技能，而占第一位的则是必须要有坚强的政治素质，能够准确掌握党的对敌斗争的政策和策略，保证在特别艰苦的环境面前不变节。能够进入武工队并担任队长，这说明钟明锋的政治、军事素质都是特别突出的。

政协山西省武乡县官网"家乡之音"栏目文章《小红庄——蚂蚁汕的抗战故事》中有这样一段文字：

武工队是一支短小精干的队伍，1942 年时叫青年连，归独立营建制，队长钟明锋是一名久经沙场的老红军，他们政治可靠、战斗力强、经验丰富。这支队伍活跃在敌人的后方，平时穿便衣，长枪短枪全副武装，灵活机动打击日寇。白天在游击区宣传动员群众，晚上摸进敌占区搞接头，取情报，抓特务，捉汉奸。结合民兵参战联防。安地雷，打夜战，居无定所、行动隐蔽，来无踪去无影，神出鬼没，搞得敌人闻风丧胆。武工队员个个文武全才，屡建功勋，确实是一支了不起的部队。为克服当时的经济困难，遵照上级号召，发扬南泥湾精神，武工队还自己开荒种地种菜，种植一亩多菜园，除供自己灶房伙食外，还经常给群众老乡家送萝卜、白菜、小葱等。他们有啥困难，村干部和老乡们也极力帮忙。武工队在蚂蚁汕与当地群众相处融洽，亲如一家。正月天与老乡们大联欢、闹娱乐、踩高跷、扭秧歌，配合民兵进南沟日军据点侦探敌情，真的是有胆有识、智勇双全。

这段文字比较全面地介绍了钟明锋领导的武工队在武乡抗击日寇的情况。文中说："队长钟明锋是一名久经沙场的老红军"。其实，1942 年的钟明锋也只不过 25 岁，但已经是一个"搞得敌人闻风丧胆"的抗日英雄了！

## 指挥伏击：反"扫荡"中屡歼敌

1942 年 10 月，为粉碎敌人"扫荡"，掩护人民秋收，保卫根据地的粮食，八路军三八五旅十四团以一部分部队转到外线作战，一部分部队留在武乡以东及清漳河一带，积极开展小部队活动，带领当地民兵打击敌人，并破坏其交通线与临时补给线。

10 月 20 日深夜，钟明锋率领十四团三营到达蟠武（蟠龙镇到武乡县城）公路沿线，隐蔽在李峪到长乐村之间的一段公路附近。21 日傍晚，敌 300 余人从胡峦岭刚一出发，我军已从民兵设置的消息树（看到几棵树连续倒下）获知敌人出动的消息，三营从枣烟村赶到长乐村东侧埋伏好。这时驻浊漳河南岸庙岭村待机的七六九团一营也在营长李德生同志率领下，经麻池沟到达长乐村以南。晚 10 时，当敌走至李峪与长乐之间的小汕湾时，正好进入我两支部队的伏击圈。我两支部队一起进攻，敌人处于两军的夹击之中，四散溃逃，敌指挥官收拾残部企图夺路窜回武乡。这时，十四团三连在路南占领制高点阻击敌人，特别是三连二排的机枪猛烈射击封锁了敌人的逃路，打倒 10 多个日军。我军趁势大量歼敌，战斗一直打到第二天拂晓，敌人溃退。三营在毙伤日军 30 余人以后主动撤出战斗，安全转移。

10月28日，钟明锋又带领三营在下型塘打了个漂亮的伏击战。蟠武公路是敌人进攻我腹地的主要补给线，人员车辆来往不断，钟明锋和团领导研究决定在下型塘伏击敌人。钟明锋在《十四团在武乡1942年秋季反"扫荡"中》一文中回忆说："当时我分析：敌从段村出发，必定会在上北漳歇脚，所以把伏击圈布置在下型塘一带；十一连在下型塘对面的落凤坪以封锁河滩的开阔地；九连、十连在下型塘村边；七连在陌峪口；另在下型塘东侧老槐树下布置了一个突击班。这样采用两面夹击的打法，计划将敌消灭在山间的隘路中。"（《战火纷飞的武乡》）28日上午9时，敌一个大队500余人自上北漳沿蟠武公路向下型塘推进，9点半左右进入三营伏击圈，当敌前卫进至距我突击班10余米时，突击班齐射，组成一片火网，敌前卫队全部应声倒下，晕头转向的鬼子发现被围，立即慌忙向东抢占落凤坪高地，正好进入十一连的伏击圈。十一连居高临下，一阵枪弹打得敌人抬不起头，被迫退到河滩，想凭借河坎顽抗，又堕入九、十连的火网内。敌人腹背被我三个连队打得在蟠洪河的河滩里团团转。日军指挥官见部队乱成一团，在河滩里东躲西藏无济于事，就集中力量冲向陌峪口，企图冲开一条出路，正好又遭我七连的迎头痛击。这时胡峦岭联防民兵在陌峪口一带山坡上呼喊助威，敌人摸不清我军底细，被我毙伤100余人，丢弃了大批军用物资，残敌向蟠龙镇方向仓皇逃去。此战缴获各种枪50余支，山炮弹4箱共60发，洋马3匹，还有大量的军毯、钢盔、大衣、皮鞋等军用物资。下午4时，三营顺利转移到安全地带。

此次反"扫荡"持续作战18天，钟明锋率领的十四团三营战绩卓著，其十一连获陈锡联代表太行三军分区授予的"包围圈里的模范军"的英雄称号，1942年11月21日的《新华日报》华北版刊登了该连的模范事迹。

## 蟠武战役：将强兵抖擞

位于武乡县东部蟠洪河北岸的蟠龙是一个千年古镇，它西连县城，东扼太行，北接榆辽，南牵上党，历来是兵家必争之地。1939年7月，八路军总部、中共中央北方局进驻砖壁村后，这一带集中了大量的党政军高级机关。1940年2月，中国人民抗日军政大学也从晋察冀迁到了蟠龙镇，一二九师司令部、三八五旅、三八六旅等机关也在该镇范围内驻扎，这里成了太行的政治、经济、文化中心。1943年夏，日寇欲以重兵突袭的方式占领我腹心要地蟠龙镇。为了粉碎敌人驻守蟠龙的阴谋，太行三分区司令员陈锡联、政治委员彭涛进行认真研究，请示一二九师及太行军区刘、邓首长，决定集中优势兵力，采用"围日打伪，以强攻弱，猛虎掏心"的战术，于7月19日凌晨发起蟠（龙）武（乡）战役。

行动最早的是钟明锋所在的十四团，他们的预定攻击目标是胡峦岭据点。胡峦岭位于连接蟠龙与段村的蟠武公路上，是蟠龙镇西南的制高点，这里地势险要，易守难攻，而且敌人在村东、村西构筑了两座碉堡，碉堡间又挖了纵横交错的数道堑壕来连接，并在村四周拉起了铁丝网，挖下了散兵坑，地形非常复杂。我军提前派出侦察人员进行了侦察，对碉堡的布防与敌人驻扎情况也作了了解。十四团受领攻击任务后作了具体的部署：钟明锋率领三营在姚庄集结，从北向南发起攻击；一营在上北漳一带集结，从南向北发起攻击；两个营以突然猛烈的进攻切断胡峦岭之敌与武乡、蟠龙的联系，南北夹击，争取尽快拿下胡峦岭。武乡作家郝雪廷在其《蟠武战役》一文中写道：

> 三营营长是钟明锋，他曾多次化装深入敌占区，收集情报，活捉日本鬼子，在武乡东乡一带很有名气。俗话说强将手下无弱兵，战士们跟着钟营长，一个个精神抖擞，很快就隐蔽来到胡峦岭村口。按照钟明锋营长预先的周密布置，九连、十一连担任主攻，七连作预备队，钟营长与十一连连长黄金龙亲率十一连突击队，摸到胡峦岭悬崖下，利用绳索搭钩攀上悬崖，占领了村东碉堡的野战工事，这时时间已经接近子夜，他们默不作声，静下来休息片刻，等待军分区首长的总攻信号。

> 19日零时，远方的信号弹升上了天空，钟明锋营长立刻带领战士们朝敌人开火，当敌人发觉遭到打击时，已经晚了，我军已经近在咫尺，并占据了有利地形，猛烈的火力打得敌人顾及不暇。突击队用火力压制敌人，掩护九连、七连继续攀登。村东的伪军缩入碉堡，凭借坚固的碉堡顽抗反击，并企图再次夺占外围的野战工事。三营与敌人展开激烈的争夺战，战斗打得非常激烈，敌人挖好的壕沟、掩体成了我军的作战工事，战士们在壕沟中边打边进，直逼敌人的碉堡……

这次战役从7月19日凌晨发起到20日结束，我太行三分区部队在民兵的有力配合下，攻克碉堡8座，拔除胡峦岭等外围据点3处，毙伤日伪军400余人，俘日军4人、伪军100余人，缴获长短枪220余支，轻重机枪15挺，掷弹筒4门，炮1门，还有许多手雷、子弹、毛毯、被子、罐头等军用物资，给了伪"剿共第一师"沉重的打击，日寇小林大队也遭到很大损失。敌人被迫龟缩在蟠龙、白家庄、侯家垴等据点里，为我军民围困蟠龙创造了极为有利条件。

## 蟠龙围困战："钟明锋在此！"

蟠武战役后，敌人增加了兵力，加固了防卫工事，准备长期驻守。7月下旬，三分区司令部和三地委召开了联席会议，提出了"坚持长期围困，逼退蟠龙敌人"的新方针。分区派七六九团、十四团和独立营等地方部队，以连或排为单位分散在蟠龙周围各个围困敌人的联防线上，作为民兵游击队的组织者和指挥者。《战火纷飞的武乡》一书中李志宽的《蟠龙围困战》一文说：

> 当时，十四团除活动在榆武公路上的两个营之外，英雄营长钟明锋率领三营化整为零，配合区游击队长路三保和韩高升等带领的四区游击队52人，日夜活跃在蟠龙以北，胡峦岭至韩家垴的联防线上……

> 在围困蟠龙时，钟营长依靠着民兵，民兵们围绕着他。在神出鬼没的游击战争中，创造了无数奇迹。每次战斗一开始，钟营长大声一喊："钟明锋在此！"民兵听了气壮，敌人闻之丧胆。老百姓一听钟营长在这里，就知道敌人又该吃家伙了……由于钟营长把各村民兵、四区游击队和正规军巧妙地调配在一起，使敌人无法辨明那些是民兵，那些是正规军，当敌人认为是民兵来骚扰时，偏偏遭到我正规部队的奇袭。敌占蟠龙不久，钟营长一连几夜专门指挥联防民兵，奔胡峦岭据点袭击敌人。有时佯攻，有时引退。闹得敌人晕头转向，架起机枪一个劲儿乱打。后来敌人见没有发生意外，以为是"土八路"在"捣乱"，于是放松了戒备。第7天夜里，当疲惫的敌人已安然入睡的时候，钟营长趁敌人未作戒备，手握两支冲锋枪，带着几十个民兵和八路军战士，突然袭入据点。他们从岗楼上枪眼里塞进手榴弹，炸得敌人七零八落，活着的还未找见武器，穿上衣服，就乖乖地举起了双手。这次，生俘伪军10多人，夺机枪一挺，步枪9支，还拉出3匹大洋马，回去后又用这战利品武装了配合作战的胡峦岭民兵队。

> 麦子刚黄梢，三四百敌人到蟠龙以北一带村庄，奔袭抢粮，钟营长闻讯从10里外赶到，设伏于石板沟口的青纱帐里，当几百伪军哼着淫词滥调，得意洋洋地进入我伏击圈时，被我两面火力夹击，打了个落花流水，只好狼狈逃回蟠龙。不几天又在上北漳附近截住一股敌人。伪军小队长一听"钟明锋"三个字，早吓坏了，30多个敌兵，还未等交锋就举手当了俘虏，并帮助

扛着军用品运回北山里。

钟营长打仗是不分大小的。8月的一天，钟营长和战士们正在西沟岭吃早饭，侦察班送来情报说胡峦岭据点日伪军这几天中午经常三三五五溜达到龙湍村边去偷吃老百姓的西瓜。钟营长放下碗，提起冲锋枪，领着战士们出发了。半前晌跑了30多里山路，绕到龙湍村，他让各班分散埋伏在高粱地里，自己带了两个神勇的射击手，藏进离瓜地不远的戏楼里，一边等候，一边朝后墙上钻了碗口大三个洞。不一会6个敌人进了西瓜地，只听戏楼里发出"乒乒乓乓"的枪声，6个敌军应声倒下。当岗楼上敌兵闻声来援时，钟营长他们早跑的无影无踪了。

敌人连吃苦头，对钟明锋和他的游击队怀恨在心，日军"洪部"知道后，到处张贴告示：捉来钟瞎子，赏洋两千四。

6月中旬，特务向蟠龙敌人报告：钟营长带着部队驻扎在汉广一带，蟠龙日军调集近千名日伪军，远绕姚庄地带，分数路向汉广方向迂回包围。每到一村都放出汉奸、密探，侦察钟明锋的驻地。喽啰们攀山绕岭偷偷摸摸转了多半夜，连个八路军的影子也未发现。原来，钟营长得到紧急情报，带着队伍紧跟在敌人屁股后面走。敌人转出这个村，他们刚好进村。闹得敌人大失所望，拂晓时分，侦察员转来报告：这批敌人有从蟠龙东北面返回蟠龙的迹象。钟营长和侦察员作了分析研究，便迅速配备部队和民兵游击队抄小路，横插到敌人前面，在韩家垴东北的咽喉地带埋伏下来。垂头丧气的大队敌兵，蠕动着进入韩家垴下面的一条峡谷时，两面山梁上七、八支军号"哒哒滴滴"吹个不停，一阵暴风骤雨般的射击，打得日伪军在峡谷里身子都转不过来。后来，一个日本小队长挥着东洋刀，逼迫部下冲上去抓活的。"不到跟前不大打！"钟营长吩咐战士们。30米、20米，10米……从望远镜中见这批送命鬼大都是日本人，并呜哩哇啦地狂吼：八格牙鲁，捉活的。日军简直爬到脚下了，钟营长两手举起两支冲锋枪喊一声："打！"勇士们卡住了隘口，居高临下，左右开弓，又掷手榴弹，又扔石头。这批日军像崖头坍塌一般，一批批滚下山谷，所剩敌军见势不妙，拖了小队长尸体就跑。枪支弹药和尸体丢了一沟。

四区游击队用战利品武装了自己。山头上老百姓连蹦带跳赞不绝口："钟营长领的果然是一支神兵呀……"钟营长还多次装扮成民夫混进蟠龙摸敌情，捉"舌头"。他留在武东、武西的战斗故事，至今人们还津津乐道。

1944 年 3 月 4 日，太行三分区在蟠龙镇召开了万人参加的庆功祝捷大会，河滩广场上红旗招展，人山人海，欢声雷动，鼓乐喧天，人们用花轿抬着围困蟠龙斗争中所涌现出来的英雄们，十四团英雄营长钟明锋被选为太行区一等杀敌英雄，成为名震太行的抗战功臣。

## 从十四团团长到朱德警卫团团长

钟明锋在武乡一带战功赫赫，老百姓视之为神兵天将，敌人则闻"锋"丧胆。后来，他由十四团三营营长升任十四团团长。在《八路军一二九师三八五旅抗日战争战史》一书的附录中可以看到，钟明锋列名于《十四团历任领导干部名单》，职务是团长（第五任），与他配合的政委是宋净明，参谋长吕世英，政治处主任李镜如。

1945 年 4 月，八路军总特务团奉命调驻左权县，并与总部警卫营合编，名为"朱德警卫团"，全团二千余人。八路军参谋长滕代远在左权县桐峪镇召开的命名大会上宣读了命令，团长钟明锋，政委陈志彬；颁发了团旗、团章。团的主要任务是警卫八路军前方总部。滕代远五子滕久昕在《已是悬崖百丈冰，犹有花枝俏》（晋城党史网）一文中写道："1945 年 4 月，父亲在左权县桐峪镇主持八路军总部警卫营与特务团合编为'朱德警卫团'的大会，亲手将团旗授予团长钟明锋和政委陈志彬。随后的几个月中，太行、太岳军区部队和八路军总部警卫团分头行动，先后攻克收复陵川、沁源、阳城、左权、晋城、和顺等县城，接着趁势攻打祁县，发起豫北战役、中条山西部战役和安阳战役，真正的大反攻开始了。"

钟明锋在祁县曾改变了一个叫李林克的小孤女的命运，他自己可能很快就把这事忘记了，可李林克终生难忘。《广西党史》2004 年第 2 期《从童养媳到领导干部——记李林克的革命生涯》一文中说："1944 年 7 月 15 日是李林克终身难忘的日子。就在这一天，她找到了救星，获得了新生。那年她 13 岁，没有上过一天学。原朱德警卫团团长钟明锋此时到祁县检察工作。当他得知李林克的情况后，就决定把她送到八路军总部三军分区的一所学校学习。"文中所记的年代可能有误，但钟明锋送李林克入学的事一定是真的。李林克从此走上了革命道路，后来成长为一名高级干部。

1945 年 9 月，朱德警卫团在上党战役中补入辽县、榆社新兵七百余人，补建一、二、三、七连，编为三三制。上党战役结束后，钟明锋调走，唐兴盛任团长。

## 解放战争时期：从华北到东北，从平津到华南

解放战争初期钟明锋到了东北。1946 年 6 月，中共中央东北局和西满分局决定成立以陶铸为书记的辽吉省委，在洮南组建了以钟明锋为司令员的辽吉四军分区。1947 年 4 月 28 日，辽吉军区保二旅编入辽吉纵队，改称西满独立二师，钟明锋任副师长。8 月 4 日，西满纵队改编为东北民主联军第七纵队，下辖第十九、二十、二十一师，钟明锋任二十师副师长。9 月至 11 月，第七纵队参加了东北秋季攻势。

1948 年 1 月，东北民主联军改称东北人民解放军，同年 8 月整编为东北野战军，11 月东北野战军第七纵队改称中国人民解放军第四十四军，所辖第二十师改称第一三一师，钟明锋任副师长。12 月至次年 1 月，四十四军参加平津战役。4 月，四十四军编入第四野战军第十五兵团建制，由天津向华中、华南进军，相继参加了湘赣战役、广东战役，而后担负广州警备和粤中地区剿匪任务。1950 年 5 月至 8 月，第一三一师在广东军区降防部队和炮兵配合下，解放了万山群岛。

1950 年 9 月，粤中军分区机关从开平三埠迁驻江门，钟明锋为军分区司令员。抗美援朝战争中，钟明锋任第四十军一一九师副师长，于 1950 年 10 月 16 日从辑安跨过鸭绿江入朝作战。据《海南省志·军事志》记载，钟明锋在 1952 年 4 月至 6 月间任驻海南的第四十三军参谋长。

## 大校军衔，荣誉勋章

钟明锋从 16 岁参加红军，到参加抗美援朝战争，20 年间 7 次负伤，右眼致残，多次荣立战功，曾被评为布尔什维克式营长、杀敌英雄，先后荣获三级八一勋章、二级独立自由勋章、二级解放勋章，1955 年被授予大校军衔。

据《汉中地区志》卷三十三《钟明锋传》记载，钟明锋在解放后相继担任"粤中分区司令员、四十三军兼粤西军区参谋长、粤北军区副参谋长、广东军区参谋长、国营四三〇厂副厂长、陕西省人民防空办公室党组副书记、副主任等职"。据《陕西省志·军事志》第九编记载，钟明锋任陕西省人民防空办公室第一副主任的时间是 1979 年 4 月到 1983 年 4 月间。1984 年经中共中央组织部批准享受副省级待遇。

钟明锋少年离家，但对家乡建设十分关注。1985 年 3 月他最后一次回乡返省后，将家乡存在的困难向省委、省政府领导进行了详细反映。1989 年 9 月 21 日，钟明锋

因患肠癌医治无效在西安逝世,享年72岁。遵照遗愿,其骨灰一部分安放在陕西省革命陵园,一部分安放在家乡袁家坝。《镇巴县志大事记》载:"(1989年)10月6日,镇巴县委、县政府在赤南乡袁家坝村举行红军老战士钟明锋骨灰安放仪式。"

钟明锋先生一生历经土地革命、抗日战争、解放战争、抗美援朝和社会主义建设等多个时期,身经百战,功勋卓著,尤其是在抗战中所建立的赫赫战功和所表现出来的英雄气概,堪为镇巴人民、甚至是中国人民的楷模!

杨盛峰

# 潍县团长　　援朝英雄

## ——记开国大校彭辉

　　这是 1932 年一个再寻常不过的清晨。一个 17 岁的放牛娃，头戴一顶破草帽，手里拿着一块黑面馍，赶着牛群，兴奋地向山顶奔去。他的家在镇巴县碾子垭一个山窝窝里。今天他起得特别早，想乘着放牛之机走得更远一些，看看山外面是什么样子。

　　然而他失望了，翻过一道道梁，他看到的是一道道更高的山，它们似乎无穷无尽，连绵到天涯海角。这看不到尽头的山阻挡了他的视野，他多想有一天走出大山，看看外面的世界……

开国大校彭辉

傍晚，怀着失落的心情，放牛少年无精打采地赶着牛群回家了。当父亲问他给牛割的草时，他才意识到不仅忘了割牛草，就连割草的镰刀都不知道扔哪儿去了。父亲顿时气不打一处来，一阵疾风骤雨般的毒打劈头盖脸而来，他苦苦求饶也不能感染父亲铁石般的心，因为那一把镰刀对穷苦人家来说是重要而必不可少的用具。他失望了，饥饿疼痛让他辗转反侧，彻夜难眠。想起白天那一座座阻挡他视野的大山，他更加难受。他感觉到心中有一股强大的力量在召唤着他。第二天天还没亮，他便悄悄走出了家门。他决心要走出这笼子一样的大山，寻找属于自己的世界。这个青年就是后来驰骋战场、威震四方的中国人民解放军将领彭辉。

## 从十七路军到抗大

离家出走后，彭辉走下阳坡岭，来到三观塘，参加了王三春的驻防部队。当时，川北巨匪王三春于1931年8月接受了国民党三十八军招安，被委任为"陕西汉中区边防游击司令"，驻防镇巴。而三十八军派来镇巴招安王匪的五十一旅联络参谋陈仁三系中共地下党员，他驻王三春部两年多，传播革命思想，在官兵、绅士中秘密发展了舒翼之等20多人为中共党员。不久，王三春的部队转移到了洋县。彭辉受中共地下党员李谋芳的影响，逐渐产生了摆脱土匪部队的念头。在一个月黑风高的夜晚，他和李谋芳率领一个排，北上到了西北军杨虎城的部队，成为杨虎城警卫团的一名警卫兵。1933年1月他光荣加入了中国共产党，并在国民革命军第十七路军中从事中共地下党的秘密工作。1935年到陕西绥靖公署特务团二营营部当传令兵，担任中共地下交通员。1937年6月，中共陕西省委介绍彭辉到红一方面军政治部，之后由红一方面军开具介绍信（给博古、洛甫、罗瑞卿三人）到中央组织部，7月分配到延安抗日军政大学三期短训班学习。1938年2月毕业后留校，任抗日军政大学五大队三队队长。

## 在敌机轰炸下帮助受困群众转移

1941年的十月，对中国人民来说是灾难深重的十月，也是拼命抗争的十月。经过百团大战打击后的日寇像被捅过的马蜂窝，对敌后抗日根据地进行着疯狂地扫荡。

彭辉所在的山东抗日根据地遭到了日军空前规模的秋季大扫荡。鬼子集结了五六万人的兵力，采用"铁壁合围"、"梳篦扫荡"、"对角清剿"等一系列新战术，妄想用边合击边压缩的办法，将抗日军民逼进狭小的地区内，然后集中主力一举歼灭。我军及时识破了敌人的阴谋，决定避开敌人锋芒，让主力部队跳跃到外线作战，并要求地方政府和武装组织掩护群众进山，开展游击战争。

彭辉时任抗日军政大学一分校三大队三营营长，率领学院三百多名娃娃兵向沂蒙山区转移。一分校的学员分为三队，即干部、男生、女生，男生多为十四五岁的娃娃，故又称娃娃兵。

一天早上，正待转移的娃娃兵遇上了几架日军飞机轰炸，飞机由远而近，轰鸣声像破锣一样在天空中响起。紧接着，从不远处传来一阵机关枪声和沉闷的轰炸声，震得地面发颤，壁土纷纷剥落，彭辉立即组织学员朝学校内院疏散。这时，人群里突然有人大呼："老乡的房子着火啦！"彭辉一愣，向东望去，只见百米之外烈火熊熊，浓烟滚滚，不时传来凄惨的哭喊声、呼救声。说时迟，那时快，彭辉立即率领学员奔向火海，大家早已把个人生死置之度外，不顾一切，一次又一次将受困的大爷大妈抢救出火海，并帮助他们转移到安全的地方，之后彭辉带着娃娃兵默默地离开了村子，继续向沂蒙山方向行进。

## 沂蒙山中反"清剿"

沂蒙山区位于山东腹地，到处是连绵的山峦，山上长满了繁茂稠密的草木，是抗日战士跟敌人周旋的好地方。彭辉率领的娃娃军来到沂蒙山西段，这里早已被日伪军占领，敌人在山区里设置了不少据点，奸淫掳掠，罪行累累。为了打击敌人，山区人民在党的领导下，运用地雷战、"麻雀"战、"蘑菇"战等游击战法，炸桥梁，割电线，截军车，搞得敌人日夜不得安宁。

了解到附近的一些情况后，彭辉指挥娃娃兵在一条较大的山梁上隐蔽起来。山梁下面有一个叫猪尾巴沟的地方，敌人设置了据点，里面驻扎了三十多个鬼子和一个连的皇协军。不久，扫荡的敌人就脚跟脚地到了。根据敌情变化，彭辉将原先的集中活动变为小组活动，把三百多人分为十几个小组，彭辉身边仅留下了二十多个娃娃兵、七八条枪和几十颗手榴弹。在群众的掩护下，娃娃兵们爬陡壁，越山涧，钻石洞，和众多的敌人在高山密林里周旋了三个多月。日寇的暴行在娃娃兵们幼小的心灵里埋下了深深的仇恨的种子。等了很久，复仇的这一天终于来了。

十月下旬的一天，一个老乡从山下跑上来说：上午，猪尾巴沟据点里出动了七八个鬼子和百多个皇协军，配合扫荡的敌人进行清剿；这时他们把抓到的三十多个群众，还有牲畜等，用绳子拴连在一起，正朝据点押送。

娃娃兵们听到后，怒火中烧，纷纷要求和敌人拼命。彭辉当即和一班长谷志远（后来在抗美援朝战争中任团长，牺牲在朝鲜战场上）研究，虽说战斗人员少，装备差，但地形熟，可进可退，只要英勇顽强，乘其不备来个突然袭击，还是有希望取得胜利的。

就这样，彭辉带着这支周身燃烧着仇恨烈火的年轻队伍，在老乡的带领下，穿过密林深沟，在敌人回据点的路上隐蔽下来，等待敌人落网。

一个，两个，一群黑点在东北面的高坡上出现。敌人拉成一线，把几十个群众夹在中间，向着埋伏圈走来。近了，更近了！彭辉一声令下："打呀！"他首先撂倒了最前面的鬼子，大家一齐打去，四个鬼子应声倒下。剩下的三个鬼子正要抵抗，又被一阵骤起的枪弹送上了西天。

走在后面的皇协军见鬼子被打掉，不知所措，乱作一团。接着彭辉他们又甩出了手榴弹，顿时山沟里火光闪闪，硝烟四起，敌人挤着，叫着，争相逃命。突然，一班长纵身跳起，朝山沟下面扑去，不一会儿，他从沟沿下的烟雾里拖上了负伤的皇协军连长。看着这个双手沾满同胞鲜血的二鬼子，彭辉真想一枪结果了他的性命，但他马上改变了主意，拿着枪指着皇协军连长的头说道："快命令你的人投降，不然一枪崩了你！"这个胆小的怕死鬼，乖乖地扯起公鸭嗓子命令他的手下投降，山沟里扑扑通通跪倒了一大片，无一漏网。山沟上下立刻响起了阵阵欢呼声。子弟兵们和得救的乡亲汇合在一块儿，拥抱在一起，脸上流淌着激动的泪水。

在反扫荡的日子里，这样的胜利仅是小小的插曲。1943年7月后，彭辉历任胶东军区十一团一营副营长、十六团二营营长、中海独立团参谋长，参加了沂蒙山区的反"扫荡"、胶东战斗、即墨城战斗、胶高即迫击战、石门村攻坚战、五里坡遭遇战、官庄突围战。彭辉指挥石门村攻坚战和五里坡遭遇战及官庄突围战，打死打伤和俘敌500余人，取得了三战三捷和反清剿战斗的胜利。

## 潍城苦战功赫然

山东潍坊是赫赫有名的世界"风筝之都"，原名潍县。它地处胶济铁路中段，像一副扁担，挑起济南和青岛，还联系着渤海和胶东。解放战争时期，这里是国民党的重要据点之一。1947年，蒋军遭到人民解放军沉重打击后，损兵折将，丧师失地，不得不调整战略，即由"全面进攻"转入"重点进攻"。重点进攻的方向选在山东和陕北解放区。潍县战役就是山东战场粉碎国民党反动派所谓"重点进攻"的重要战役之一。1948 年初，山东之敌已龟缩在津浦路中段—胶济线南—潍县一段，勉强支撑着济南、青岛、烟台、兖州、潍县等几个大城市，妄图利用美国主子武装的部队和坚固的工事、据点进行顽抗，并伺机反扑，挽回败局。

1948 年 4 月，根据党中央"集中兵力，各个歼灭敌人"的指示，华东人民解放军山东兵团决心实施中间突破，先拿下潍城，再攻打兖州和解放济南。彭辉的七十九团被任命为潍城主攻团。

在当时，攻克潍城是非常困难的。由于所处战略地位重要，潍城是蒋匪军重点防守的城市，在多年的"拉锯"斗争中，该城是从未被攻克过的反动堡垒。当时由国民党九十六军中将军长兼四十五师师长陈金城率部坚守，其中包括二一二旅、二一四旅和保安司令张天佑管辖的伪保安部，加上八区专员自卫总队，共有十五个团四万七千余人。在人民解放军转入反攻后，陈金城又急急忙忙进一步加强防备措施，以西城为防御中心，设置了三道防线：第一道防线在城外围，有大小九十多个子母堡垒式的独立据点，设置了陷阱、鹿砦、铁丝网等密密麻麻的防御障碍物；第二道防线在四面城关，备有高三米、厚四米的土城寨，城寨外面布满了地雷；第三道防线在东西两城，城墙上装有电网，壁面陡立，人不能上下，只有四门及四面有阶梯可以上下出入，沿城墙还组成了纵横交错的火力点，形成了一个能攻善守的环形防御体系。这个精心构造的城防体系，不但在山东，就是在全国也是少有的。

彭辉率领七十九团于 1948 年 4 月 15 日黄昏进入阵地，开始实施从东北关向西城攻击的主攻任务，到 4 月 23 日全部完成了对潍城的包围，切断了城内敌人与外界的一切联系，使陈金城成了瓮中之鳖。

4 月 24 日凌晨，攻城战斗打响了。彭团长命令英勇善战、享有"钢八连"称号的三营八连担任爆破任务。随着信号弹的升起，只听得轰隆隆的巨响，大地猛烈地震动，城墙立即被炸开一个缺口，紧接着三排的爆破手们按全排编组顺序迅速连续实施爆破。这时敌人已从惊慌中清醒过来，把所有的火力都集中在刚被炸开的突破口上，给爆破造成了严重威胁。英勇的三排战士冒着密集的炮火，又连续进行了四次前赴后继地爆破，城墙终于被炸开了一个七八公尺宽的大口子，三连的突破口终于打开了。同时，在三连西侧的四连也连续进行了六次爆破，炸开了一个同样大的缺口，陈金城鼓吹的"金城"首先被轰开了两个大口子！为攻城部队打开了通路。

下半夜，彭辉命令一梯队二、三营在炮火掩护下果断出击，朝突破口猛扑，软、硬梯队迅速架好梯子。八连九班长刘庸亭带领全班战士，冒着敌人的炮火，不顾城头哗哗往下掉的石头、瓦块，用肩膀顶住梯子，让突击队勇士们奋力登上城头，迅猛冲向敌人。红旗手张意德首先冲上城头，旗插在背上，手握冲锋枪，正要冲向敌群，不幸中弹牺牲。副连长孙义成立即接过红旗，继续前进，把红旗牢牢插在突破口的城墙上。西侧的四连也迅速抢占了西突破口。为了保证大部队登城，彭辉又指挥四、五连的战士不顾疲劳，立即又用软梯沿正面下城，分别以连为单位向两侧猛攻，抢占有利地形。四连很快抢占了第一号工事，接着二排、三排相继又抢占了敌人的二号、三号工事，在敌人强大的炮火下，他们依靠这些临时攻占的据点奋力还击，坚守阵地……

天亮后，敌机开始出动了，疯狂地向突击队进行轰炸和扫射，突破口受到敌人火力的严密封锁，后续部队一时被压得抬不起头来。加之友邻部队夜间的突击登城均未成功，也无法援助城内的四、五连，在城外只能听到激烈的枪炮声。彭辉感到情况越来越险恶，他立即对兵力、火力重新做了部署，一方面组织火力对空射击，阻止敌机低空扫射，命令三营继续向东突击，以便同友邻部队取得联系，进行协同作战。另外，组织特务连由重火力掩护，向西面之敌实施短促突击，配合友邻打退敌之反扑。然后，用软梯下城向城内进发，接应和支援四、五连在城内战斗。就这样，激烈的争夺在我军来说首次在白天进行，整个潍城炮声震耳欲聋，硝烟弥漫，喊杀声掩盖了全城。

晚十点许，纵队司令部下达了主力强攻西城的命令。在我强大的炮火掩护下，七十九团二梯队一营其他兄弟部队从两个突破口向城内敌人发起了猛攻，与孤军战斗近三十多个小时的四、五连胜利会师。在强大的攻势下，敌军惊慌失措，完全失去了统一指挥。从入夜开始，解放军与残敌展开了激烈的巷战。午夜时分，敌军长陈金城感到西城防御体系已经彻底崩溃，末日来临，统率军部及随从人员拼命向东城逃窜。

26 日凌晨，彭辉军不给敌人以喘息机会，继续对东城发起攻击。部队冒着敌人的炮火，在白浪河上强行架浮桥，由于敌火力较强，一时难以通过。彭辉的七十九团便一面加强炮击，一面组织部队从浅水处涉水而过。战士们发扬了不怕牺牲、不怕疲劳、连续作战的精神，再次同敌人进行了激烈的巷战，东城敌人失去指挥，各自争相逃命，溃不成军。次日凌晨，最后一部分企图弃城逃窜的残敌，被西部部队和民兵截获。

这次战役从战前准备到结束，历时二十个昼夜，全歼守敌四万七千余人，活捉了敌中将军长陈金城，解放了长期未曾攻克的潍县城，从而进一步孤立了济南、青岛之敌，使鲁南、渤海、胶东三个解放区连成了一片。彭辉的九纵七十九团，由于英勇善战，5 月 8 日荣获中共中央华东局和华东野战军的嘉奖，授予"潍县团"的光荣称号。

## 抗美援朝，全歼美国陆军精锐加强兵团

1950 年 10 月，中国人民解放军雄赳赳、气昂昂，跨过鸭绿江，进行抗美援朝战

争。此时彭辉任中国人民志愿军二十七军八十师副师长，他指挥该师参加了第二次、第五次和金城防御战役。第二次战役中，八十师奉命首先向新兴里地区之敌发起进攻，在零下 40 度的严寒中，忍饥挨冻，浴血奋战，在兄弟部队的配合下，将美军第七师一个加强步兵团（亦称"北极熊团"）3191 人全歼于新兴里地区，创造了抗美援朝中我军以劣势装备全歼美军一个加强步兵团的先例，这在美国陆军的历史上也是罕见的，成为世界上以劣势装备全歼优势装备的典型战例。第五次战役中，八十师防御战斗组织严密，争取时间出色完成了突破美陆军第二十四师防御阵地和机动防御作战任务，大量杀伤敌军，保住阵地，受到上级领导表彰。

## 开国大校，镇巴的骄傲

1955 年 9 月，彭辉进入南京军事学院合成系学习，同年被授予大校军衔。1959 年 9 月任陆军第六十军一七九师师长、六十军副参谋长。1964 年 6 月，任公安部队河南省总队总队长，1969 年 7 月起任河南省军区副参谋长、副司令员、省革委会副主任等职。1987 年 1 月离休，享受正军职待遇。1993 年 9 月 3 日病逝于河南郑州。

彭辉同志在硝烟弥漫的革命战争年代，既是指挥员，又是战斗员。他英勇善战、不怕流血牺牲，他运筹帷幄、指挥果断，多次多处身负重伤，先后荣立战功 12 次，为我军的发展壮大、中华民族的独立和中国人民的解放事业、为世界和平都做出了突出贡献，先后荣获二级独立自由勋章、二级解放勋章、二级红星功勋荣誉章、朝鲜民主主义人民共和国二级国旗勋章。他光明磊落、清正廉洁，忠于党、忠于人民，具有坚定的共产主义信念，自始至终保持着军人的革命气节。他的一生是革命的一生，战斗的一生，是全心全意为人民服务的一生！

开国大校彭辉，你是镇巴的骄傲！

毛第安*

---

* 毛弟安，男，镇巴县人。1991 年毕业于汉中师范学院历史系，现供职于镇巴中学。其《三张假条》、《第三世界为何频发局部战争》、《二战中西班牙为何保持中立》、《谈谈历史课堂教学的策略》等文章在《德育报》、《当代中学生报》等报刊发表。

# 四行仓库保卫战 800 壮士之镇巴籍英雄晏安兴

在中国的抗战史上，淞沪会战之震惊中外的四行仓库保卫战 800 壮士（实为 414 人）之中，陕西籍的可谓凤毛麟角，而这凤毛麟角中就有一名镇巴籍英雄晏安兴，实为我县的光荣与自豪，应大书特书；但因各种原因，除在《镇巴县志·大事记》上有一句"1946 年 3 月，国民政府军事委员会给本县籍陆军八十八师五二四团准尉班长晏安兴颁发'忠贞'奖章一枚，执照一张，表彰晏在对日'淞沪战役'中坚守四行仓库卓有功绩"记载之外，其人其事被湮没于历史的荒尘之中，可惜可叹。

晏老英雄于 1992 年去世，简陋的水泥墓碑上的文字也仅寥寥数语：

> "盖文人生两大之间木本水源吾父生于一九〇〇年四月初四日，建生享受光九十二岁，殁于一九九二年二月二十二日，二老生前勤劳终身，恩泽子孙，故载碑为念是以为序。"

可歌可泣的四行仓库保卫战之事不曾被人提及，不禁让人痛惜。于此将一些有关晏老英雄的零碎片段收录与此，权当纪念，也希望我们更多的本土本乡人知晓。

## 背景还原

### 四行仓库保卫战概述

在中国的抗战史上，有这样一段传奇。1937 年日军在上海发动"8·13"侵略战争，中国军队奋起抵抗，松沪会战爆发，敌强己弱，明知不可为而为之。10 月 26 日，为掩护大部队撤退，谢晋元团长率领第八十八师二六二旅五二四团第一营 452 名军人（为迷惑敌人，当时宣传称"八百壮士"），誓死固守苏州河畔四行仓库，"八百壮士"高喊着"死守"孤军奋战，激战了四天五夜，寸步不让，以寡敌众抗击着数万日军飞机、坦克、大炮数十次轮番进攻，史称"八百壮士，四行孤军"。10月31日凌晨2时，完成掩护任务后，宋子文电话传达蒋介石撤退的命令后，部队撤出四行仓库，进入英租界，成了国际俘虏，开始了孤军营的艰苦斗争岁月。此役中方计27人受伤，10人阵亡；日军超过200人阵亡。至此，震惊中外的四行仓库保卫战结束。

### 四行仓库保卫战后续

撤退被俘：部队撤退后随即宣布与第八十八师汇合，但马上被租界内受日军威胁的英军拦截，没收武器并限制自由，随即被送至公共租界西部意大利防区的胶州路进行隔离。

分散多处：日本偷袭珍珠港后，日军占领了上海公共租界，并俘获了这些士兵。其中一些人被遣送至杭州、孝陵卫及南京光华门做苦役。被送至孝陵卫及光华门的士兵于1942年7月至11月期间陆续逃脱，其中一部分又在重庆重新归队，另一部分就近参加游击队。另外36名官兵被押至新几内亚做苦工。一部分留在南京老虎桥监狱拘押，后约一百名该营战士回到上海在四行仓库搭棚为谢晋元守灵。国共内战爆发后他们大多不愿再战而复员。

## 战役意义

四行仓库保卫战直接打击了嚣张的日军，成功掩护了国民革命军第八十八师及其他国民革命军向西撤退，重新振奋了因淞沪会战受挫而下降的中国军民士气。

早在战斗中，隔着一条苏州河，一岸是炮火连天的战斗，一岸是数万群情激愤的上海市民的呐喊助威；至谢团长殉难的噩耗传出去后，上海市民前来吊唁者纷至沓来，营房内外，被挤得水泄不通，一连进行了3天3夜，共有超过10万人参加了他的葬礼，而三天内拥进孤军军营瞻仰其遗体的就达25万人次之多。

### 事后嘉奖

1937年，保卫战结束在即，蒋中正提升了所有参加保卫战的军人的军衔（各晋一级），并授予谢晋元与杨瑞符青天白日勋章。谢晋元死后被追赠少将军衔。八百壮士孤军抗战的事迹传开后，全国慰劳总会向他们敬赠了忠党卫国纪念章。

1944年，"八百壮士"部分幸存者逃出日军控制范围，陆续到达重庆，国民政府又特意制发了忠贞奖章表彰这些爱国勇士。另外还有四行孤军工务社证章。

## 英魂还家

2008 年，在遥远的南太平洋岛国巴布亚新几内亚，华侨发现在这个热带海岛国度的偏僻山坡上有一千多名埋骨异域的中国将士，其中竟包括参加 1937 年淞沪会战中上海四行仓库保卫战的谢晋元"八百壮士"，另外也有新四军的战士的遗骨。他们被侵华日军强行带离故土，在这里做劳工，曾经生活得非常凄惨，死后埋骨异乡，不能回国。

2009 年 1 月，一家网站成立了"迎接抗日战士回国筹备组"，并前往巴布亚新几内亚实地考察，计划迎接抗日将士遗骸回国。

海峡两岸都表现出了对此事的高度重视。台湾当局有关部门表示，已成立项目编组积极处理，"未来将派员前往现勘，后续将依勘察结果，研拟妥适处理方式，以慰忠灵"。

3 月 24 日，中国外交部发言人表示，政府将以隆重、庄严的仪式迎接在太平洋岛国巴布亚新几内亚的抗战将士遗骸归国。散落海外的英烈遗骨，在沉寂数十年后，受到了海峡两岸共同的礼遇。

2009 年 3 月 7 日，台湾"国防部"成立专案小组，自巴布亚新几内亚迎回海外阵亡将士英灵总牌位，并由"总统"马英九主持春祀。其中包含国民党陆军六十七师二○○团吴坤上尉、新三十师孔宪章上士、曹友生上士，以及当地从事抗日活动被捕的民众梁有年、陈纬南，共计 256 位英灵正式入祀圆山国民革命忠烈祠。

2010 年 12 月 16 日，"八百壮士"中的最后一名幸存士兵杨养正因肺部严重感染及心脏衰竭，在重庆中国人民解放军第三军医大学附属新桥医院逝世。享年九十六岁。

## 镇巴英雄

震惊中外的四行仓库保卫战"八百壮士"中有镇巴的晏安兴。400 余人的中国军队第八十八师第五二四团大多为湖北人。据晏安兴生前讲，陕西的不过 3 人。

根据笔者调查了解到的资料，可以大致给他做一个并不完整的简介：

晏安兴，男，镇巴安垭梁人，1900 年 4 月 4 日出生，后参加国民党军队……

……1937 年在第八十八师第五二四团参加著名的四行仓库保卫战……

……保卫战中，左手被子弹打穿，他当即用布条穿过弹孔，一拉，包扎后又立刻投入战斗……

……在保卫战前夕，所在团驻扎在上海，他还经常去听梅兰芳的戏……

……保卫战结束后，被关押，在日本人劳工场做工，后被新四军所救，回重庆后曾进军官总队受训……

……劳工营中生活艰难，据他生前讲，住的牢房虱子多得用火烧都烧不完……

…… 1946 年 3 月，在重庆，国民政府军事委员给准尉班长晏安兴颁发"忠贞"奖章一枚，执照一张，表彰晏在对日"淞沪战役"中坚守四行仓库卓越功绩。

……大约 1946 年回镇巴，解放前夕被迫给国民党当过训练保长的教官，但无军衔军籍，解放后定成分为伪保长……

……1968 年下放落户到渔渡喻家沟，1972 年底才回城被安排在石灰社，直至退休……

……有两亲兄弟，均已过世。妻子生前为小学教师，夫妻收了一个养子，即城关小学教师晏定文，情甚笃……

……左邻右舍对晏老甚是敬重，他时常把斧头磨得雪亮，帮人劈柴……

……1992 年 2 月 22 日去世，享年 92 岁。

中间具体过程不详。

笔者多次试图寻找更多有关老人的相关细节和信息，始终无果。

1986 年，谢晋元将军之子、时任上海市政协委员和民革上海市委常委的谢继民，以市政协办公厅名义给当时健在的 28 位原八百壮士开具过一个证明，内容是：

"×××在谢晋元将军的率领下，曾参加闻名中外的上海四行仓库保卫战，掩护当时 40 万中国军队撤退，是'八百壮士'之一。后进入'孤军营'，与租界帝国主义、日本侵略军、汉奸进行了不屈不挠的斗争，保持了中华民族的崇高气节，为中国人民的抗日战争作出了贡献。对该同志的光荣历史，特此证明。"

1987 年，谢继民开具书面证明，当时恰好是淞沪会战 50 周年纪念活动，当时有 28 位健在的原八百壮士参加，名单如下：

| 余长寿 | 陈德松 | 赵学珍 | 马海泉 | 万振英 | 郭兴发 | 肖益生 |
| 焦友山 | 章渭源 | 唐柏年 | 李锦堂 | 张青轩 | 周俊明 | 曹明忠 |
| 张傲林 | 孙连凯 | 唐全和 | 万连卿 | 徐志良 | 陈永生 | 齐从兴 |
| 王金钰 | 曹月秋 | 张应禄 | 傅永忠 | 王志钦 | 龙阳春 | 芦鸿俊 |

遗憾的是，由于各种原因，当时尚在世的我县晏安兴未能和其取得联系，故此证明中没有老人的名字。

因各种特殊的原因，老人生前不愿多讲那些经历；据其养子讲有一点笔录材料，但已遗失且不详尽；我们试图向上海淞沪抗战博物馆咨询，当时女童子军杨惠敏向谢晋元索取所有守军的名册，但为了迷惑日军同时又不使其失望，谢晋元让人根据原五二四团的名册伪造了一份800人的名单让她带出去——这中间一定有晏安兴的名字，但纪念馆方面表示没有这个名单，建议我们到南京第二历史博物馆，但要介绍信并亲自去，想来一时难以成行；于是我们又翻看了许多健在者的回忆访谈，均未发现谈及晏安兴这个名字；又据其养子讲，父亲生前对他说，他是被新四军救出来的，这个细节很重要。我们在"网易论坛"中陆续看到一则四行仓库保卫战一位幸存的战士谈话中有这样的叙述：

……被日军俘虏，在战俘营关押三年，后日本侵略军强迫劳役，挖沪杭铁路宝山—上海段两旁的护路沟，挖沟挖到上海市郊时，有些认识我们的人发现了我们。他们不胜惊喜，其中有几个和我们相识的女大学生，她们乔装打扮，接连三四天往来工地活动。我们在大路上丢下小纸团，请他们与附近游击队联系，帮助我们逃脱，但不幸被监视的敌兵发现了。第二天晚上，敌人用火车把我们集体押解到南京老虎桥第一监狱。在南京，我们蹲了8个月的牢。

1942年冬，我们这一批共87人（军官有雷雄代团长，陈日升、杨德欱和我），被分配往安徽芜湖裕溪口装卸煤炭，由车上卸下再装上船。司称员向我们示意，对面山上有新四军活动。我们于是决定趁机于当天行动。我们逃到游击区时，87人只剩下29人了，其余的多数在脱逃途中遇难，也有少数逃散的，不知下落。

我们逃到游击区后，受到了新四军的欢迎，他们向我们宣传抗日形势，安排最好的住房给伤员养伤，用最好的食品慰劳我们。后来，我们辗转到了宣城，再经河南去重庆……

现有资料显示，被新四军救的只有这一波人。显然，晏安兴就是和这位战士一样如细节中描述的方式回到了重庆的。然后授奖，回到了家乡。

晏安兴回乡后，被县国民政府弄去作训练保长的"教官"，后来也因此而被定成分为"伪保长"，后被下放到渔度喻家沟，回城后以做砖瓦为生。

老人瘦削，但精神矍铄，平日将两把斧头磨得晶亮，热心帮邻居劈柴；90余岁仍然自己打水劈柴做饭，不愧一个抗日英雄的铮铮铁骨。

## 没有尾声

《镇巴县志·大事记》载：

> 35年（1946）3月，国民政府军事委员会给本县籍陆军八十八师五二四团准尉班长晏安兴颁发"忠贞"奖章一枚，执照一张，表彰晏在对日"淞沪战役"中坚守四行仓库卓有功绩。

笔者是10多年前在别处看到这条记载，遗憾未有深入，待今日记起，英雄已作古；更让人痛惜的是，老人生前在外租房为家，所租之房竟然就在向阳街，离笔者家不足10米的距离。是他普通得没有引人注意，还是其他什么原因，我们竟与英雄擦肩而过。

不过，当时特意为此写了一首诗：

> 常道松沪多英雄，不知安兴蛟中龙。
> 四行铸就忠贞碑，唏嘘后生今作颂。
> 仓库对月应有恨，昙花溅血岂无踪。
> 东西南北任君去，河山峡海待相逢。

凭已知的四行仓库保卫战的情况，估计老人最有可能去了台湾或殒身沙场，推理很简单，这么一个大英雄我怎么没听起谁说过。故有"河山峡海待相逢"之句，不想，今日相逢，已是老人的墓地。

在事关中华民族生死存亡的历时八年的抗日战争中，由于特殊的地理位置和大山阻隔，孤居一隅的镇巴少有战争的袭扰，即使是与日军战斗的美军战机坠毁渔渡长滩的火光中那短暂的惊恐，也很快被对几个飞行员的蓝眼睛大鼻子的好奇给冲淡了去。而作为那场震惊世界的伟大战斗的见证者，更置身于日寇刀光剑影的血泊中的镇巴抗日英雄，即使在故土也鲜为人知。不禁让人慨叹，发人深思。

经过建国后和平的几十年，特别是全身心专注于经济大革命大发展的热潮中，战争的硝烟似乎更成了"浮云"。其实，纵眼现实，国际势力西化分化颠覆我们的企图从来没有停止过。钓鱼岛风波时起，南海风云诡谲，我们必须保持高度的警惕。这种警惕，不仅是手上的钢枪，更应是对历史的记忆，对英雄的缅怀和重温，这也许才是英雄先烈们最重要的愈久弥新的真正价值。

忘记过去，就没有未来。

2012 年清明前夕，几位关注此事的老师在安兴老人养子的带引下，爬上城东安垭梁，来到晏安兴老人的墓地。

途中其养子断断续续的讲了一些养父的点滴：

"他身高在一米七以上，据他说勇士团都是挑选的。"

"他曾跟日本鬼子刀对刀死拼过。"

"他们所在的部队在正面战场打得很艰苦。"

……

一处平凡的所在，像这里的许多坟墓一样，此刻都掩映在四月的春暖花开之中。比起战死沙场或流落太平洋孤岛的战友，老人的归宿可谓幸运：背后山梁上就是他的老家，坟茔下两百米处的山腰处就是革命烈士纪念塔。镇巴不是抗日前线，没有抗日英雄纪念塔，但面对外侮和强敌，每一个为此奋斗和牺牲的战士都是民族的英雄，不管叶落何处，他们都永远矗立在民族的纪念塔上！

梅冬盛

晏安兴诞辰 112 年纪念日

2012 年 4 月 4 日

# 隐居巴山林的抗战奇侣

引子：从四行仓库保卫战到陪都"遇险"，一对士兵夫妇在不可逆转的战争漩涡中，走向了一条自己无法主宰的道路，变成了"逃兵"。他们无法原谅自己，于是花了70多年的时光来忏悔，把自己大好的青春年华、壮年岁月、以及沧桑晚年都交付给了一个叫巴山林的地方……

## 山风苍凉，黄埔军歌泣幽咽

这里是川陕交界处，一望无际的原始森林，人迹罕至。20多年前，因为跟踪抓捕一名杀人案犯，我们来到了这块土地上。

我们从大池翻山过去的，也可以从红渔的火地坝林场过去。当时那里仅此一户无人知晓的人家，也没有明确的地名。后来大致弄清楚了路线和方位。也就是从火地坝上内外罗城，在临近西乡交界处。

突然发现的那户人家，也即本文的男女主人公所居住的地方，在两条小山沟的交汇处，两条小溪从茅屋的左右流过，在正前方的三脚下合二为一，溪水清澈透明，冰凉彻骨。茅屋的右侧的山上全部是大树，左侧的山上全部是清一色的竹海，房子周围是一块不大的草地。

"风雷急，狼烟起，热血儿女报家国，黄埔健儿赴国难……"

我们深感意外——在如此荒僻的地方竟然能听到连岁月都快遗忘的声音，这该是一个怎样的歌者？

偏僻、荒凉，与世隔绝；茅屋、篱落，隐遁红尘。

我们无意中的到访很让主人吃惊。男的个子不高，估计不到1米6，受过伤，走路一拐一拐的，耳朵好像有些聋，少言寡语，不善言辞，自卑心极强，总是低着头，不与人对视、交流，甚至不怎么说话。问他什么，他总是小心翼翼、诚惶诚恐，看看女主人，总是女主人帮他回答。女主人看上去还高出他半头，头发花白，戴着白色头巾，衣着朴素，走路的姿态还有几分军人的痕迹，岁月的沧桑难掩她曾经的美丽，她在年轻时应该是个非常漂亮的女人。

他们对我们的到来十分戒备，不想和我们多说什么，总是闪烁其辞。他们不认识简体字，看了看我们随身带的文件，面面相觑。

在这样的原始森林里，过着离群索居、与世隔绝的生活，竟然会唱《黄埔军歌》，他们自何处来，是什么人？一连串的疑问让我寝食难安。没过多久，我又专程拜访了他们。

交谈中，女主人脱口问我是不是"共匪"、"毛泽东的人"，我更是吃惊，认真地给他们讲述了现在的历史，他们老泪纵横。原来，这里隐藏着一段长达半个多世纪的历史。

## 淞沪会战，自愧人生做"逃兵"

女主人姓吴，我们叫她吴妈妈。据她讲她和老伴都是四川涪陵人，原来有过一次婚姻，丈夫在战乱年代不知所踪，她还有一个小孩，也不知道在什么地方，她老家是重庆涪陵"李住街"的，有些情况吴妈妈不能说得过于清楚，她本人原本就有些顾虑。当我把这些事带出深山后，有热心人很感动，就去看望吴妈妈。重庆的驴友在6年前去过，并且还在重庆涪陵寻找过吴妈妈说到的人和地方，但"李住街"当年在重庆大轰炸时期被夷为平地，现在是在原址上重建了李住镇，吴妈妈的亲人一直没有找到。这是后话。

从几次的交谈中得知，吴妈妈和他现在的丈夫都曾在国民革命军十九路军中效命；他们一块参加上海淞沪会战，参加四行仓库保卫战。她丈夫比她小8岁，是800壮士中的号兵（通讯员），她当时是医务兵。她说，因为苏州河大桥被日军炸毁，他们沦为孤军，被迫退入英租界，在国际社会的干预下停火，英国人要求他们就地解除武装，可以享受日内瓦公约规定的战俘待遇，团长谢晋元坚决不从。后来他们被英国人全部就地看押，好像是坚持了四年，最后由于日本特务的渗透，队伍里出了叛徒，刺杀了团长谢晋元，队伍被就地解除武装，少数人投降了日本人，一部分人以难民的身份离开。出来后，他们发现一切都不复存在了，国民政府公开宣传报道的是800壮士全部以身殉国，团长谢晋元杀身成仁！

后来她和战友、老乡（现在的丈夫）一起随逃难的人潮辗转去了重庆，想继续寻找部队，结果在重庆朝天门码头遇上了国民政府的宪兵公开处决20多名逃兵。他们觉得自己也是逃兵，不敢继续寻找部队，于是开始了漫漫逃亡路……他们是血与火的战友，又是漫漫逃亡路上的难友。他们一生都因为自己是"逃兵"而羞愧！她告诉我：她死后一定要让人把她面部向下掩埋，因为她无脸面对所有的人……

面对我的询问，她对回忆似乎无限神往，又似乎无限辛酸。

她信仰"三民主义"，对"蒋委员长"心存至高无上的敬畏，能沉痛地讲出"四行保卫战"的惨烈情景；她能在纸上准确地画出青天白日旗，能说起他们的长官谢晋元，能流畅地背诵国民政府的《戡乱救国大纲》；她知道"七·七卢沟桥事变"，知道"八·一三淞沪抗战"，口口声声称宋庆龄为"国母"；她因为"今天还活着"而忐忑不安，甚至觉得自己这样活着"很不光彩"……

## 艰辛凄寂，僻居巴山度一生

他们因为羞愧，把自己的耻辱无限放大，以至于对沧海桑田的变化都浑噩未觉。其实，历史早可以给他们一个公允的评价。他们是抗战的英雄！是我们这个国家遗忘了他们，他们是值得我们尊敬的人！

他们住在巴山林原始森林里，过着离群索居、与世隔绝的生活，他们不用钞票，只是偶尔和外面来的人用土特产换一些食盐和衣服。

她丈夫左小腿有枪弹贯通伤，她说当时在英租界有一个叫"老慢"的医生给他做过简单的治疗，但还是落下了残疾，不能干重活。

她对外面的世界一无所知，住的是自己搭建的茅屋。这里没有公路，没有电，完全是原生态，跟现代文明毫不沾边。

第一次人口普查的时候他们甚至都不敢说话，假装"傻子"，普查登记表里写着："出生年月，不详；民族，不详；文化程度，文盲；身体状况，有先天性人格缺陷，存在语言障碍，生活能基本自理……"

他们一生都没有再走出大山，只是常常因为自己是"逃兵"感到羞愧难当！苦难的人生已经将他们曾经的英俊和挺拔磨灭殆尽。我曾问吴妈妈，"这一生过得苦吗？"她不以为然，而是十分庆幸自己今天还活着，和那些失去了生命的战友相比，她已经很满足了。

## 青山埋骨，英名当为后人知

2011 年 10 月 10 日，一个曾经在远东国际大都市上海经受淞沪会战的洗礼、在四行仓库保卫战的硝烟中退下来的战士，在西南边陲的巴山林悄然而逝，一生的荣辱与沧桑鲜为人知；而她的丈夫、战友早已在 12 年前离她而去……

他们所拥有的是一种非常纯粹、高尚、让人震撼的精神，这种精神值得我们永远去缅怀和尊重。

吴妈妈走了，是那样的无声无息。她会在天堂里和她的战友们团聚！天堂里，你也不要有什么愧疚，因为你曾经和我说过：这个世界除了"日本鬼子"，你没有恨！因为你还告诉我：你爱这个国家，爱这里所有的人，爱这里的大山、小河、森林和栖身的茅屋……

一个爱憎分明的人，一个能用自己的一生去"赎罪"的人，她的灵魂早已安居天堂。我们应该尊重和敬畏这样的灵魂，应该为我们的土地上能安放这样的一颗灵魂而骄傲和自豪。

任怀义*

二〇一三年三月

* 任怀义，男，1963 年生，镇巴县人。从警 32 年，现任镇巴县公安局经济文化保卫大队队长。曾荣获公安部"全国学雷锋先进个人"和陕西省公安厅"全省公安经济文化保卫工作先进个人"称号，第二届"感动汉中人物"。其撰写的《被遗忘的烈士陵园》、《朝圣之旅》等文章收录于《军魂不散》（香港天马出版公司）一书。

# 青山侧影

在烽火连天的抗战岁月，他参加过八路军晋察冀反扫荡战斗，多次与日军短兵相接，血溅白刃，与死神擦肩而过；解放战争时期，他在黑山阻击战中浴血奋战，挂过彩，负过伤。他的名字叫李青山。

解放前，镇巴县城很小，我的母亲、外婆、舅舅和表哥住在镇巴城内的马王庙街上，李青山住在城外南关半边街。表哥自小就与李青山认识。后来，十几岁的李青山和表哥都离开到了镇巴，彼此几十年音讯不通。"文革"期间，李青山被打成反革命，受红卫兵运动冲击，监外就医，从大连遣返镇巴；在新疆工作的表哥为躲避武斗也回了镇巴，就住在我家里；那时我读小学，学校停课，我缀学在家。李青山与表哥久别重逢，多次在一起聊天。倾听着他们交谈战争年代的往事，李青山在我的脑海里留下了深深的印象。

## 李青山的姓

"文革"开始后，李青山一家六口，除在大连铁路系统工作的长女外，都被遣返回了镇巴。李青山的妻子马桂珍原籍延安，家庭贫寒，马桂珍很小就做了"寒帮媳妇"（即童养媳）。红军到了延安，马桂珍投身革命，后与李青山结成伴侣。在"文革"那个讲成分、讲出身的年代，马桂珍本属于根正苗红的"红五类"，但她仍然受到株连，随夫回了镇巴。好在她每月99元工资照发，全家六口靠着这笔薪水生活。99元的工资在当时比县委书记的还高，可见马桂珍的行政级别不会低于正处级。此后，马桂珍还担任过城关镇六个居委会的党总支部书记。

李青山和马桂珍育有五个儿女：长女李江萍、长子晏安东、次子晏安华、次女晏丽、小女晏小花。说来奇怪，四个孩子未随父母姓，这其中藏着一段辛酸的往事……

镇巴县城座落在巴山深处的河谷地带，安垭梁、黑虎梁两山东西守望，泾洋河南北走向穿城而过。李青山生父姓晏，家住城东安垭梁牛师河。李青山出生时父母给他起了一个好听的乳名——天喜子，这名字寄托着父母的期盼，期盼孩子的出生能带来喜信。但天喜子出生后命运多舛，天灾人祸接连不断：他先是出天花，虽躲过一死，但留下了满身天花疤痕和满脸麻子；后来家庭生活越来越艰难，一家人吃糠咽菜，还时常揭不开锅，父母为了给孩子寻条活路，忍痛将几岁的天喜子过寄给了县城南关的李家作养子。天喜子到了李家起名李作霖，十三岁那年被国民党军队抓丁拉夫带走了。后来，李作霖在国民党军队与红军交战中投诚了红军，到了延安，从此走上了人生新旅程。

"文革"期间，李青山有一次对邻居李作建说："我原名李作霖。在黑山阻击战中，我的师长对我说：'东北有个大军阀叫张作霖，你叫李作霖不好，把名字改了吧。'从那以后我就改名李青山。"

## 李青山的骂

李青山在与表哥聊天时说，抗日战争时期，他曾做过八路军首长王震的警卫员。他还说说："王胡子打起仗来不怕死，经常离开指挥所亲临前线，甚至到战斗的前沿阵地手持望远镜观察敌情——这是非常危险的，鬼子的狙击手专门瞄准拿望远镜的人打，他们知道那是八路军当官的。我们当警卫员的是干啥子吃的？是专门保卫首长安全的，时刻准备情况紧急时替首长挡子弹。当我们做警卫员的阻挡首长上前沿阵地出战壕时，王胡子经常骂骂咧咧地强行要上战壕。你给首长说他不听，这时我也顾不了那么多了，就从首长手里夺过望远镜，替首长上战壕观察敌情。事后我也当着王胡子骂骂咧咧地说：'你不怕死，你强行上前沿阵地，要是被鬼子打死了，你当烈士当英雄，老子怎么给上级交待？搞不好上级因为你死了还要给老子一颗枪子呢，像那样还不如老子出战壕替你观察，要是被鬼子打死了，老子也当烈士，也当英雄！'"

李青山曾说他的名字是黑山阻击战时他的师长替他改的，那么，是哪位师长建议他改了名字？对已有资料进行分析，可以作出一些判断。奉命担任黑山阻击战任务的只有东野十纵一个纵队，在东野十纵下辖的二十八、二十九、三十三个师中，二十九、三十两个师都是由东北原有的地方武装改编而成，因此这两个师不可能是李青山所在的部队。李青山所在的部队最有可能是东野十纵第二十八师，二十八师师长贺庆积最有可能是李青山的老领导、老上级，他们之间应非一时一事的交情，彼此应有比较亲密的关系。据李青山讲，他曾是抗日战争时期威名远扬的八路军三五九旅旅长王震的警卫员，而十纵二十八师以及师长贺庆积都与三五九旅有着深厚的历史渊源。东野十纵二十八师是以红军时期的红六军团为基础，经历了抗战时期的三五九旅七一七团和七一九团，再到奉命开赴东北的三五九旅南下第二支队，发展成长为解放战争时期东北民主联军独立一师、十纵第二十八师，王震、贺庆积是这支部队的老领导。由于资料和档案的缺乏，关于李青山参加革命战争活动与这支部队的具体关系还不十分清楚，但据笔者亲耳所闻李青山自述的点滴革命活动，如给三五九旅旅长王震当警卫员，在山西参加抗日反扫荡时身负重伤后白求恩在战场救护所给他做手术，再到参加黑山阻击战，李青山的这些故事与上述部队成长发展的足迹十分吻合，二者之间相互比照印证能得到符合逻辑的解释。因此，我判断李青山参加黑山阻击战时所在的部队应是二十八师，建议他改名的师长应是贺庆积。同时，透过了解红六军团到东野十纵二十八师的发展历程，也可以看到李青山所走过的革命道路。

李青山是东野第十纵队英雄指战员中的一员，他对这支英雄的部队怀有深厚的情感，绝不能容忍对黑山阻击战指战员们的形象有一丝一毫的侵犯。我曾亲耳听到李青山对老电影《黑山阻击战》（20世纪50年代末八一电影制片厂拍摄）不符合事实的描述发泄的不满，李青山说："电影《黑山阻击战》描述纵队司令员（原型人物为十纵司令员梁兴初）与女医生在战场上谈恋爱，纯属胡编滥造！黑山阻击战三天打得残酷惨烈，多少好战友兄弟上午还一起战斗，到晚上人就没了，牺牲了，眼瞅着阵地上来不及掩埋的被炮弹炸飞了胳膊和腿的战友的遗体就感到剜心的痛，从司令员到战士都打红了眼、急红了眼，还有闲功夫和心情在战场上谈情说爱？纯粹瞎毬编，没有的事！"这其中叫骂的话听起来十分粗俗，但却显示了一种质朴的情感——只有亲身经历了黑山阻击战，穿越过弹如雨下、血肉横飞、硝烟弥漫的惨烈战场而有幸活下来的战士特有的情感。在李青山内心，东野十纵一起经历了生死考验的战友是值得永远敬仰的高山，"黑山阻击战"是屹立于他内心永远的丰碑，他以此为荣，绝不容许对其有任何的冒犯。

## 李青山的伤

上过战场的人挂彩负伤似乎是寻常事，但李青山的伤却有特别之处。李青山的亲侄儿晏安军和侄媳妇都说：李青山一只手只剩下三个指头，另一只手只剩下四个指头，失去的指头有的是在战场上肉搏时被鬼子的战刀削掉的，有的是被弹片炸断的。李青山的外甥周芝儒说："他死后我为他净身时，看见他的头上、身上满是伤痕，头上有被子弹和弹片擦过削出的三道槽，肚子上有一道一拃长的刀疤，背上也有被子弹射中的伤疤，腿上、臂膀上也有被刺刀刺中留下的伤疤。"当我听到这些时我为之震撼，我能感受到这每一个伤疤背后惊心动魄的生与死的较量。我从来没有听到过李青山夸耀自己的战功，也从没有看见过他的军功章，但他身上累累的伤痕足以为其戎马倥偬、血染沙场的革命生涯作证。

我曾听到李青山跟我表哥讲，他头上有块弹片，由于所处位置危险一直没有取出来；李青山还说："我肚子上那道一拃长的刀疤，是在晋察冀反扫荡斗争中负的伤。当时我们三五九旅伏击了敌人，在与鬼子短兵相接白刃搏斗激战中，我被鬼子兵的刺刀挑中了肚子，肠子都流出来了。事后我听战友们讲，当时他们将我送到了一个破庙里的战地医疗救护所，战友们以为我可能救不活了、牺牲了，幸好白求恩正在这个战地救护所抢救伤员，白求恩为我成功地做了手术，救了我的命。"

关于白求恩为他做手术的事，李青山并没有讲发生的具体时间、地点和战役，但可以根据相关资料进行一些推断。三五九旅于 1937 年 9 月 3 日从陕北出发开赴山西抗日前线，到 1939 年 9 月奉命从晋察冀调回陕甘宁边区驻防，在晋察冀战斗了两年时间。据《党史博览》授权中国共产党新闻网（人民网）于 2012 年 2 月 3 日独家发布刘岩的文章《白求恩殉职以后　生前在哪些地方战斗过？》记载："按照白求恩在《加美流动医疗队 11 月份工作报告》中的记述……（西征医疗队和白求恩在 1938 年 11月）27 日晚，接王震旅长急信，得知部队 29 日将在灵丘北部作战，于是 28 日行军 60公里，到达灵丘县城以西的蔡家峪军区后方医院一所，29 日转到县城西北黑寺村临时急救站，连日抢救前线送来的 71 名伤员。"而在"三五九旅抗日重点战役集锦"中也记载："1938 年 11 月 29 日，三五九旅七一七团、七一八团、七一九团在山西省广灵县与日军 1000 余人战斗，我军毙伤日军 300 余人。"查阅 1950 年初版的旧地图，广灵、灵丘当时都位于察哈尔省，广灵地处灵丘北面，两县城直线距离近五十华里，从广灵到灵丘县城西北黑寺村临时急救站的直线距离更近。综上所述可知，李青山所说的他负伤的那次战斗应该是 1938 年 11 月 29 日在广灵的战斗，白求恩对李青山施予战场救治的地点是在灵丘黑寺村临时急救站。作出这样的判断主要是考虑了四个因素：三五九旅三个团都参加了 29 日的战斗；接到王震急信，29 日当天白求恩即在灵丘黑寺村建立起了临时急救站，并连日救治前线送来的伤员；灵丘黑寺村临时急救站与李青山自述的白求恩救治他的战地救护所条件相似；三五九旅当天战斗的战场广灵与灵丘黑寺村临时急救站的距离约 50 华里，这个距离使重伤员从前线送达战地急救站，能在"伤后的 8 小时"得到及时地救治。

　　我感觉到李青山最重的伤还是"文革"给他心灵留下的创伤。1974年初夏，舅母病重，表哥为尽孝道又回到了镇巴。一天中午，表哥准备了一些酒菜，请来李青山和我外婆家的亲戚郝表叔三人一起喝酒，酒酣耳热时，表哥主动问李青山："老李，我原来见你时干得很好的，后来为啥搞成现在这个样子了？"也许是受了酒的刺激，李青山当即脱下单薄的外衣，露出浑身的伤疤，十分激动地指着胸前肋巴上、肚子上、臂膀上，子弹穿的、刺刀戳的、弹片擦出的十字形的、斜形的累累伤痕，流着泪水十分伤心和委屈地说："我说不清，为什么为革命在战场上拼杀了几十年，落下了浑身的伤疤，现在他们却说我是反革命、与高岗有嫌疑，我实在说不清！"表哥说："现在社会上有很多事情说不清，等吧，总有一天能把问题澄清的。"李青山曾给表哥讲：他到北京去找过老上级、老领导、老战友，找过中央，请求澄清问题，给予平反，但得到的答案只有一个字"等"。但李青山没有等到"文革"结束，没有等到平反的那一天，他去世了，死后葬在黑虎梁山脚下。"文革"结束后，李青山得到了平反，他的妻子和四个孩子重新回到了大连。再后来，李青山的大女儿李江萍回镇巴起了李青山的坟，将李青山的尸骨带回了大连……

　　　　　　　斯人逝矣，
　　　　　　　吾心常忆。
　　　　　　　安垭黑虎伴洋水，
　　　　　　　静待魂归故里。

　　　　　　　你的背影消失在巴山蜀水的云雾里，
　　　　　　　你的脚步跨进了延河之滨的圣地，
　　　　　　　你的鲜血洒在了晋察冀抗击倭寇的原野，
　　　　　　　大洋彼岸的洋医生成为再造你生命的上帝，
　　　　　　　辽西平原黑山高地长眠着你并肩鏖战的战友兄弟。

　　　　　　　归去来兮，
　　　　　　　天喜魂兮，
　　　　　　　魁星墓园虽未留你容足之地，
　　　　　　　韦编丹青亦未书你壮士伟迹，
　　　　　　　可安垭晒旗留有你童年辛酸的记忆，

黑虎山下有你最后的归宿地。

归去来兮，

祈祷君魂归故里！

董才轶[*]

二〇一四年十月

---

[*] 董才轶，男，1955 年生，镇巴县人。毕业于陕西师范大学历史系，正高级教师职称，特级教师。供职于镇巴中学，一生从事历史教学。其撰写的《历史课比较教学刍议》、《宋代官员退休制度》、《"三伏"考》等十多篇文章在《中学历史教学参考》等报刊发表。

# 一个镇巴老兵的传奇人生

1992 年夏天，一个 70 多岁的老人走进了镇巴县公安局刑警大队我的办公室。他简单地作了自我介绍，说明了来意，随后交给我一份手写的材料。

我看了一下这位自称叫马忠新的老人：他端坐在我对面的椅子上，两手正正的放在大腿上，双目旁若无人地直视前方。他在等待我阅读他送来的材料。我漫不经心地急速浏览着他的材料……

"你当年为什么参加红军？"

"就因为两个馒头。"

我第一次听到来访的人如此"不负责任"的回答。我看了他一眼，开始听他讲述。"小时候，家里很穷，常常吃不饱饭，能吃上白面馒头是做梦都在想的事情。那天我在长岭街上赶场，看见有人在围观红军宣传队的表演。一个自称叫侨造的红军战士大声说：'我们红军是穷人的队伍，是为穷人打天下的队伍！红军是为了让天底下所有的穷人都能吃上饱饭的！凡是愿意参加红军的人，我们每人发两个馒头。'就这样，我领了两个馒头参加了红军。那年我十二岁……"

"就因为这个？"

"是啊，当年的日子你是不能想象的。为了活下去，我没有选择！"

我开始对这份材料认真"浏览"了。

## 替毛泽东给张学良送信

1933 年 7 月在镇巴县长岭乡参加红军儿童团，当时的儿童团长是侨造，男，江西人。马忠新能记得起名字的战友有：陶坤生，男，安徽人；郑三英，女，本县人；姚明贵，男，本县赤南人；张慧，女；陈贵，女，四川达县红星村人；催光汉等。当年他们从长岭出发，经云雾山到赤南的青鹤观（当时是中共陕南县委所在地），后到四川巴州（今四川巴中市），他和陈贵、催光汉等人被安排在政治部歌舞团，歌舞团一共有七个班，他任四班班长。半个月后到达川陕革命根据地首府通江。

"你刚参加红军就能任命你为班长？"我以狐疑的神态打量着他。

"是，当年我们一块参加红军的人年龄都很小，个子都不高，唯有我人高马大的。"他平静地回答。

我开始审视眼前这位老人：一米八几的个子，70多岁了依旧挺拔英武，笔直的身板，两眼炯炯有神，标准的军人仪态让人心生敬畏。我相信了他的解释，继续阅读他的材料。

"1934年接上级命令，为了欢迎红一方面军来四川，以及庆祝贵州遵义大捷，红四方面军政治部部长张国焘带领60余人去了贵州遵义，其中就有歌舞团的我。当时歌舞团的负责人是一个满脸麻子的西藏人，同去的还有陈贵、催光汉等。到达遵义联欢结束后，红一军又从我们60人中选调了15人留在红一军，其中就有我们歌舞团的陈贵、催光汉和我。后来我们就跟着红一方面军从遵义开始了长征，经过赤水河、贵阳、大渡河等地。到达泸定时，毛泽东亲笔给张学良写了一封信，让我送去西安交给张学良……"

"是毛泽东亲自派你去的吗？"

"不是，是我们歌舞团的领导派我去的，是贺凤和陈贵两人把信件给我缝在腋下棉衣里的。"

"贺凤是谁？"

"是我们军长，陈贵是我的战友。"

"那么多红军战士为什么偏偏选中你？"

"可能是我人比较机灵，而且长年在歌舞团里，我演谁像谁！"

他的眼里充满了不可置疑的自信。

"当天我们就从泸定出发，一个叫武胜红的西藏战友和我同行。我们化装成脚夫和商队马帮一块同行，经懋功、毛尔盖、巴西、腊子口到了甘肃的静宁；后又跟青海往西安送盐的骆驼商队，经天水、张家川到了西安。当时已经是1936年的9月份。我们从小南门进的城，武胜红住在城里的星星客栈，我一个人一路打听找到了张学良的总部。张学良将军不在，是少帅的秘书熊正平、警卫排长来玉成接待的我，一直等到下午少帅才回来，我就把信交给了他，当晚我就留在了少帅的官邸。少帅安排熊正平写了回信，叫我把信交给和我同行的武胜红带回，我就留在了少帅府……"

我没法相信这会是真的，但也没法否定它的可能！历史上毛泽东有没有给张学良写过信？无法考证。我只是觉得这个故事太过离奇，闻所未闻，当时我是打死也不相信。

我看着他问道："那么你知道毛泽东给张学良书信的内容和张学良给毛泽东回信的内容吗？"

"不知道，我只知道是军事秘密，我只知道完成任务！"从他的回答里我没有看出什么"破绽"。

"那么你为什么没有和武胜红一块回红一军，而是选择留在了少帅府呢？"

青年马忠新

"是在少帅府的第二天，张学良将军把回信交给我，我与张学良、熊正平告辞，我向他们敬了一个礼，转身走出院子。张学良突然大声叫我的名字，我随即答'到'，并立即转身回去。这时我和张学良将军面对面的站着，当时我的个子高出他一头，我下意识地俯了一下身。张学良将军突然大声喊道：'立正！'我随即挺直了身板。张学良将军大声地说：'毛泽东说我是不抵抗将军，那么他是在抗日吗？……国难当头，是骡子是马要拉出来溜溜。他口口声声说要抗日，那就好，凡是开往抗日前线的红军队伍我张学良绝不阻拦！……大敌当前，守土有责，服从命令是军人的天职，为国捐躯是军人的天道，他毛泽东不能光说不练；我给他一个机会，给他让一条路让他把队伍拉到抗日前线去，但不要在我面前耍什么花招，不要把我们东北军当病猫……'张学良将军和熊正平主任脸上挂满了泪水，张学良将军顿了顿继续说道，'只要是真心抗日的，在哪里都一样，不要再跟他们东躲西藏了，要抗日就堂堂正正地跟着我。我希望你能留在我这里，你愿意吗?'我被张学良将军的话深深地打动了，我没有丝毫的犹豫，大声而坚决地说愿意。就这样，我选择了留下……"

## 成了张学良的姑父

从谈话中可以看出，马忠新当时并没有信仰什么"主义"，只因为张学良将军的一番慷慨陈词，他就选择了留下。就这样，1936年9月，马忠新成了东北军的一员。

随后，马忠新把张学良将军的回信交给了住在星星客栈的武胜红，自己留在了少帅张学良的身边。这是他第一次脱离红军，这一事件在"文革"时被指叛逃。

马忠新在少帅府跟一个叫"娃儿"的司机学会了开汽车，经常跟随将军、赵一狄以及熊正平、来玉成等出行。经将军夫人赵一狄介绍，马忠新认识了张学良将军的姑姑张作英;不久，马忠新被少帅封为"少校副官"。1936年11月，马忠新和张作英结婚，当年他16岁，张作英17岁，主持婚礼的是熊正平，参加婚礼的有来玉成、王佐钦（警卫班长）、赵授山、杨虎城等人。

这是真的吗?没有人敢相信这是真的!可是，谁敢如此夸张地"描述"和"想象"这样的事件?谁又能拿出证据来否定它的真实性呢?

"1936年12月12日发生了西安事变，12月25日，少帅送蒋介石回南京后，我就到了少帅部队的第四卫生院学医。当时的院长是张林安，别名张有远（少帅的爷爷）;医务主任赵历;护理员何配机，湖南人;护理主任孙钱元，男，东北人;外科护理班长张道，男，东北人。1937年抗日战争中，第四卫生院由国共合作办公室改为第二野战医院，随刘伯承带领的第二野战军一起转移到华北，后又转移到上海的兴胜寺塔。在此，我夫人张作英因难产病逝，我当时与院长张林安出差到江湾医院去了，两天后才回本院，张作英后来安葬在兴胜寺塔附近的一块墓地里。后来部队转战到了湖南常德，张林安院长也调任重庆海陆空总医院长，我随部队转战广西、贵州、云南大板桥。在大板桥时，海陆空医院总院院长张林安曾经来医院访问检查，他悄悄地告诉我'张学良少帅现在被蒋介石扣留在贵州花期（花溪）一个山洞里。'"

"1940年中国从美国购买了五千辆汽车，另外美国又送了中国五千辆汽车，当时医院会开车的人和国民党支汽二团第五连、支汽三团一起去印度接车。去印度接车的总负责人是朱信元，男，山东人，同去的司机有江进余，男，广东人，刘能，男，四川人，刘文等。在去印度接车经过贵州花期（花溪）时，我曾经去看望过少帅……"

"西安事变时你在什么地方？"

"我和我夫人在南京度蜜月。当时时局很紧张，进出西安的交通都管制了，西安处于戒严状态，我们回不去，直到事件结束，取消戒严，我们才回的西安。"

"回到西安后是一个什么情况？"

"西安事变结束后我和夫人从南京回到西安，西安城里很乱，当时东北军也是人心惶惶。1937 年初，我夫人就找到她的叔父张林安，让我去学医，张林安的别名叫张有远，是东北军第四医院的院长。不久国共合作开始，军队重新整编，我们被编入'国民革命军第二野战军'序列，1938 年驻防上海，我夫人是和院长的家眷一块随军去的上海，我后来一直在二野医院工作，随部队南征北战跑遍了大半个中国。"

"你夫人死于难产？你是医生，怎么会发生这样的事情？"

"是啊，我也没有想到会发生这样的事情，可它就发生了！当时我要是在她身边，绝不会发生这样的悲剧，当时的惨状……唉！"马忠新的眼里充满了哀伤和沉重。夫人张作英的死是他一生中最不堪回首的伤痛，他抿着嘴许久没有说话，微微抬起头仰望着天花板，好像害怕眼里的泪水在我面前掉落下来。

我们彼此沉默着。

许久，眼泪从他脸上静静地一滴滴滑落，我"强迫"自己的眼睛从马忠新脸上移开——我的心里泛起一股从未有过的酸楚。

## 花溪探视张学良将军

从材料上看，马忠新于 1940 年出国接车途中，去贵州的花溪探视了被蒋介石软禁的张学良将军。我希望能从中窥视一下马忠新所说的一切。

"张学良将军当时被关押在贵州花溪的一个山洞里，和外界无法联系，你是怎么见到他的？"

"当年我们去印度接车的司机大部分是从各部队抽调的，还有一些会开车的华侨志愿者。我们的总队长是朱信元，40 来岁，山东人，是国防部装备处的，会讲英语，是抗战爆发前第一批从美国归来的爱国华侨，军装上永远都佩戴着宋美龄亲自颁发给他的勋章。我四次跟他往返印度，人很好，大家都喜欢他。1941 年 2 月，我们第二次接车归来途径贵阳时，当地民众为我们举行了盛大的欢迎仪式。当时朱处长的一个朋友在宪兵队，也参加了这次联欢晚会。谈话中我知道他朋友是军法处派住贵州专门负责看管张学良将军的，我告诉朱处长，我是少帅的姑父，想去看看少帅。当初他们都不相信，第二天我又和朱处长说这个事，朱半信半疑，他在贵阳兵站不知道给谁打了很长时间的电话，然后告诉我，让我等消息。当时我们被安排在贵阳休整5天。第二天早上，兵站的传令兵来告诉朱处长接电话，我一块去的，朱一边听电话一边看着我笑，最后他笑着说：'早知道你有这个背景我是不敢把你带到印度去的。走，我陪你去看看这个风云人物！'于是朱在兵站借了一辆威利斯吉普，我开上车一块去了花溪。"

"花溪在贵阳什么地方？"

"在贵阳南边，20多公里，路很烂，坑坑洼洼的。"马忠新继续给我讲述。"我们走了一个多小时，到了花溪的一座大桥。桥上有部队把守，我们停下车告诉他们我们的来意，他们说不知情。原来他们是当地驻军的防空部队，他们告诉我们，过桥后左转顺河一直上'七莲洞'，有一个秘密军事工作站。按他们的引导我们去了那里，朱处长的朋友已经在那里等我们，他要我们把随身携带的枪支交给宪兵保管，然后拿出一张特别通行证交给他，说只能让我们去一个人。朱处长说：'难道我这个勋章在这里不管用吗？'他朋友说：'老兄，这不是雷多，你说了不算。我费了很大的周折才签到这个通行证，上面不光是我们的人，还有军统西南站的，你们俩只能去一个，而且只有一个小时的会见时间，你们商量一下，尽快。'朱处长说，委员长和蒋夫人他都见过，想见见张学良以后有的是机会。就这样，我在两个宪兵的带领下上到山腰一个宽敞的山洞里，见到了张学良将军和赵一狄小姐。"

马忠新停了停，我没有问话，只是静静地看着他。他继续讲："可能知道我要去看他们，张学良将军和赵一狄小姐显得很平静。一句话没说我就已经泪流满面了。赵一狄小姐给我冲了一杯咖啡，张学良将军喝的是白开水。赵一狄小姐告诉我，张学良将军刚刚动了一次小手术，现在还不能喝茶和咖啡。张学良将军的桌子上放着一大摞书籍，有《明史》《圣经》等，地上还有张学良将军在旧报纸上练习的书法。张学良将军显得比过去胖了一点，皮肤白了许多，他似乎比过去稳沉了许多。他说他现在挺好的，每天坚持完成委员长和蒋夫人给他布置的作业——'通读《明史》'，'熟读《圣经》'，这样自己就能自醒、冷静。他问我现在又成家了没有，我一直在哭，说不出话来，只能向他摇了摇头。本来我不确定我夫人张作英的死他们是否知道，看来他们已经知道了。张学良将军说：'不要悲观，抗战胜利指日可待，最多三五年就见分晓！我张学良是戴罪之身，愧对东北的父老乡亲和全国四万万同胞，我是不得已而为之。端腊说过，张学良以身试法的最大成就，就是在中国促成了同仇敌忾、共同抗战的全新局面。我个人的安危和尊严不足为惜，只要国人觉醒足矣！委员长是对的，他说抗战不是一朝一夕的事情，要从长计议。我是恨不得明天就打回奉天去，结果我让委员长难堪了。于公，他是最高统帅，我应该服从；于私，他是兄长，我是小弟，我应该尊重。这些我都没有做好，我应该承担这个责任！这里是我自己要求来的。在南京期间每天都有形形色色的人来找我，伪满特务也蠢蠢欲动，通过各种渠道离间我和委员长的关系。为了让委员长放心，我发过誓，只要兄长一心抗战，我愿意接受任何处罚，以命相交，死不足惜……'"

我很茫然，像听天书一样！

"张学良将军所说的端腊是谁？"

"我也不知道，应该是个高级长官，因为张学良将军年轻气盛，一般人的话他不会在意的。"马忠新很随意地答到。

"雷多是什么意思？"

"是印度的一个小镇，是我们接车的地方。"

我无法做出自己的判断，只觉得这个故事太纷乱，太离奇，太不可思议！

## 四平战役中大难不死

抗战期间，马忠新所在的第二野战军医院随作战部队一块南征北战，走遍了大半个中国。

"1945年日本投降，第二野战军医院随刘伯承带领的部队去徐州接收日本的武器装备，但部队赶到徐州时日本的军队已经撤走，接着部队就赶到了四平。到四平后就和国民党军队发生了战争，内战爆发。战争中我身负重伤，胸部中弹，我的左脚关节踝被国民党的装甲车轧成骨折，就在我所在的医院治疗，伤愈后继续在医院工作……"

"你是怎么受伤的？伤得重吗？住了多长时间的院？"

"1946年5月，我们前锋部队在四平和国民党部队发生激战，他们多次冲锋都没能突破防线，双方部队伤亡都很大。四平街的拉锯战尤为惨烈，阵地几次失守又几次夺回来，打得乌天黑地的。我和一个救护小组在战场上救护受伤的战友，当时的情况一点也不夸张地说，确实是枪林弹雨。对方是陈明仁的美械师，清一色的汤姆逊12毫米大口径冲锋枪，还有重炮、坦克、装甲车、喷火器等，我们的战士一片片地倒下。我们救护小组的三个人最后只剩下了我一个。对方突然发起反冲锋，由于实力悬殊，我们被迫后撤。因为没有有效的火力掩护，我们一部分人被对方的机枪火力压制在一片开阔地里没法撤出，敌人居高临下用重炮、机枪牢牢地控制我们的退路，坦克、装甲车在前面开路，步兵紧随其后从我们的正面直冲过来，子弹就像下雨一样，一发子弹打进了我的胸部，我仰面倒在了地上，身边到处都是战友的尸体。坦克、装甲车上面站满了手持冲锋枪的国军士兵，他们用手里的枪补射那些受伤后还在叫喊和挣扎的战友。装甲车从我的左脚踝上碾过，求生的欲望告诉我不能叫，我像死人一样躺在地上一动不动。为了防止我军炮火还击，他们迅速撤退了。当时战场上已经是昏天黑地的了，我听见坦克声和他们的歌声渐渐远去，从背包里拿出两个急救包包在伤口上，坚持着慢慢向回爬，爬到不远处一个鹿砦壕沟（由铁丝网、壕沟、尖锐的木桩等构成的防御工事，主要是阻挡步兵突击）边就失去了知觉。到现在我都不知道是谁把我救回去的，只知道是我们医院担架队在清理战场掩埋战友遗体的时候发现了我。后来在'军调会'的调停下，我们退回来了原来的驻防地。第一次四平战役以我们的失败而告终……"

也许是他见惯了战场上的惨烈和悲壮，也许是他的内心足够强大，他异常平静地向我讲述着枪林弹雨的战场和自己受伤的情况。

"'军调会'是怎么回事？你怎么敢说四平战役是以'失败而告终'？"

"军调会是抗战胜利后为防止国共双方发生武装冲突成立的一个机构，由国共双方和美国军事观察团代表组成，负责调查、调停军事冲突。我负伤后流血过多，发生了失血性休克，经抢救治疗后脑子一直很清楚。当时医院领导告诉我，军调会的人来了你不要乱讲话，后来我就装着神志不清，他们拍了几张照片就离开了。四平战役的失败是公开的事实，当时我们部队上上下下还在进行'四平战役为什么失败'的教训总结。"

他拉起深蓝色的裤管，左小腿上赫然呈现着两条类似千足虫状的伤痕，淡红色，从脚踝到膝关节，伤痕形成的"棱"明显高出原皮肤许多，和他本来白皙的皮肤形成鲜明的对比。他又解开衣服上的扣子，右胸肋骨下侧有一个鸡蛋大小的浅红色的凹陷面，右侧背部腰带上方有一个近乎拳头大的暗红色的撕裂伤痕，很显然是大口径枪弹形成的贯通伤所致，子弹从前胸部边缘射入，从背部侧面穿出，所幸没有重创内脏，只是右胸最下一根肋骨和阑尾在手术中被摘除。

不管到底发生了什么，老人身上的伤痕都让我感到震惊……

## 在南京给邓小平包扎烫伤

"受伤后，我在医院躺了近两年，其间先后做了三次手术。伤愈后我继续在医院工作，担任护理员和救护车司机。那时候人手少，一个人要干很多事，能干什么就干点什么……"

我一边看着材料，一边继续着我们的谈话。一件意想不到的事件让马忠新有幸偶遇了几位叱咤风云的人物。

"1949 年 4 月 23 日南京解放，4 月 27 日上级指示，让我和一个姓孙的政治教导员去接收国民党第八医院（后改名为登陆医院）。4 月 28 日，我给邓小平政委包扎过脚上的烫伤……"

"给邓小平政委包扎过脚上的烫伤？你能不能详细说说当天的情况？"

"那天是我们刚刚接管这个院的第二天，我们卫生队的十几个医生护士都去街面和部队为战士们处理伤情，孙教导员去了后勤部，医院里的国民党医生和守军都被送到教导营感化学习去了。中午，我一个人在值班，这时我听见门口有人喊：'有医生莫得？'我说有，我是值班医生。他看了看我说：'吔，小伙子，我们可能是老乡哟。认识一哈（下），我叫邓小平，是四川广安的。你是哪个县的？'我立即立正敬礼答道：'报告政委，我叫马忠新，是陕西镇巴人。''哦！不要拘礼，听口音不像陕西人呐。你看看我这个脚能不能处理一哈，早上不小心把热水瓶踢烂了，巴到脚背烧，当时不要紧，这会好像越来越连（严）重了！'我把邓政委让进屋里，他坐在治疗床上撩起右脚的裤腿，我帮他把鞋小心地脱下来，只见小腿前面有些轻微烫伤形成的红斑，脚背上有两个梁姜大泡，我用'洗納水'（美国军用消毒液）先给他作了一个表面消毒，然后用手术刀把两个水泡划破，把里面的积液排出，用消炎膏慢慢地给他涂上，然后用纱布和绷带给他包扎好。他一边抽烟一边翻看着桌子上的财物登记清单，笑着问我上过几年学，我如实告诉他我没有上过学，是在野战医院里跟战友们学的医。他说：'不错嘛，我们的军队真的是个大学校，什么知识都能学到。你的字还需要下功夫练一练，我们的国家需要有文化的人，更需要有技术的人，有空的时候多学习一下文化，多钻连（研）一些技术，将来一定会有用的！'我把他皮鞋上的鞋带解开，他勉强把脚伸进去了一半，用开玩笑的口气说：'我来的时候还能走，这下可麻烦了啊，走不了路了哪门搞啊？你这个医生是咋个当起的呀！如果在我老家这样的医生可是要赔党（赔偿损失）的哟！他们还在总统府等我！咋个办？'我说：'要不我开车送你去。'他看了看院子里的一辆救护车，又看了看我说：'你还会开车？了不得呀。我在法国也接触过汽车，那是贵族资产阶级的东西，我们要不起，学了一点点，现在早就还给老师了！'我把车开过来时，邓小平政委突然对我们这个房子产生了兴趣，他让我从车上拿了一把启子，拆开一块板，认真看了看里面的结构，连声说这是个好东西，可以想盖就盖，想拆就拆。看完后邓政委自己上的车，我想邓政委当时是顺路来医院处理烫伤的。"

是真的还是想象？是真实的描述！还是随意的杜撰？——没有人能告诉我。

## 在"总统府"里和首长们的短暂相处

"我开着车从医院出来，当时街上没有汽车，行人也很少，过了一个街口就到了总统府前面的第一道街面工事，我的车被站岗的战士拦了下来。站岗的战士向车里看了看，立即挺直了身子给我们敬了一个持枪礼，并转身后退放行，邓政委象征性的向执勤的战士笑着挥了挥手，以示还礼。我把车开到总统府大门前面的二道工事前停了下来，下车准备去扶邓政委下车，邓政委说：'不用，我能慢慢走。这个地方过去我们做梦都没敢想过能到此一游，这是帝王将相发号施令的地方，你还是跟我一块进去耍一哈、看一哈嘛，将来也可以跟战友们吹吹牛嘛！'就这样，我和邓政委一块走进了总统府的大门，经过一个通道，我们一起走进了一个大厅，刘伯承、陈毅等首长都在。大厅里非常零乱，满屋都是东倒西歪的桌子椅子和纸张。因为还没有恢复供电，大厅里的光线有些暗。刘伯承正坐在总统的宝座上，大家都在说刘伯承司令员是南京市长最好的人选，刘伯承司令员笑着说：'我命苦，这个宝座不是给我坐的，我倒是想留在这里，但命里不带呀！这个市长已经有人选了，很快你们就会知道谁是这里真正的老板了！'这时几个战士进来打扫卫生，我和几位首长一块从侧门来到外面的走廊上。走廊上更是一片狼藉，遍地垃圾，烟雾缭绕。邓小平政委一边看一边说：'是哪个败家子把这里整得乌烟瘴气的？大门外面的沙包也不让人搬一哈，害得我跛起个脚脚从大门外走起进来的！'陈毅笑着说：'工兵营几个连在抢修水管，老百姓要用水嘛，我们要讲理噻，我们打烂了的我们要负责嘛。人手本来就少，老蒋又不配合我们，他又派人在发电厂安放了定时炸弹，工兵又去了一个连，没得人了咋个办呢？至于是哪个败家子吗，是我手下那些败家子嘛！'陈毅军长边说边用眼神示意大理石柱子上刻的两行字，几位首长一块走过去看，我也站在首长身后看了看，只见上面刻着'王大勇到此一游1949年4月23日'几个字，陈毅摇了摇头作了一个鬼脸，大家相视一笑。陈毅和邓小平政委分别捡起地上还在冒烟的沙发垫子从走廊的窗户扔出去，陈毅在走廊的另一端大声说：'这里还有大手笔哟！'大家过去一看，只见走廊尽头一面墙上有人用刺刀歪歪扭扭地刻着'活捉蒋介石，解放全中国！'几个大字，落款是'江西邓友才'。邓政委看了后说：'有才，有气势，有气势！只是刀功太差，还想留名千古！'陈毅大笑着说：'这可怪不得我们的战士哟，这是你老刘和老邓的口号嘛，战士们都记在心里，刻在墙上了！'几位首长都大笑起来。邓政委接过来说：'要给你们那些败家子好好讲一讲，这些东西都很珍贵，要细心保护，打烂了要钱花的。这些帝王将相坐的板凳椅子他们都敢当柴烧，不得了啊！我们不是地主老财，我们都是穷人，是无产阶级，我们花不起这个钱！'气氛有些严肃了，陈毅说：'一会开会的时候我正要讲这个问题。一打进南京，我们那些败家子有些狂，今天早上他们把美国领事馆的人抓了一个，别人说话他们听不懂，人家给他们看证件，他们认不得外国字，硬是把人家给我押了过来。其实别人就是来找我们交涉的，他们要求我们保护他们在华侨民的人身和财产安全。一会请两位首长在会上也顺便把我那些败家子货敲打敲打，不要光给他们讲好听的，难听的叫我一个人讲，你们都当好人，这不公平嘛！啊！'邓政委笑着说：'各人的娃儿各人管，我们不管！'几个首长和在场人都大笑起来。这时一个背冲锋枪、戴红袖标的战士进来报告说，来开会的营以上干部全部到齐了。我看他们要开会，就和他们告辞开车回了医院。"

"当时邓小平是一个人去你们医院的吗？"

"是一个人来的。"马忠新肯定地回答道。

"他那么大的首长，在当时那么危险的环境里会很不安全的，他一个人出来……"

马忠新似乎听出我在质疑这个情节，他打断我的问话道："过去那些首长可不是现在这些官员，他们没有前呼后拥的场面，首长一个人外出是家常便饭的事，信不信由你！我没有乱说。"

"你当时开的汽车是什么品牌的，邓小平当时抽的是什么牌子的香……"

"我开的车是美国道奇，美国产的！你在拷问我吗？"马忠新没有等我问完就果断地回答，他有些愤懑。

"不，是询问！"我试图解释。我一时不知道怎样继续我们的谈话，点上一支烟，并把大半盒烟和打火机递给他，他面无表情地摇了摇头表示拒绝。

"最好还是少抽点烟，烟对身体没有半点好处。邓政委当年抽的是哈德门，现在已经看不到这个牌子的烟了。"少顷，他打破沉默对我说道。

"哦！当然，这个我知道，可是……"我有些语无伦次，不知道是我在"拷问"他，还是在被他"拷问"！

我陷入了沉思。他的这段经历也许是他人生的一个偶然。人生的"偶然"无处不在，也许是冥冥中的定数，它会让你在某个时候、某个地方和某个人"偶遇"，"邂逅"或者是"遭遇"。就像我们无法知道某个时刻，有只不知名的小鸟会在我们毫不知情的情况下和翱翔在天空的飞机"偶然相遇"一样，尽管它出现的概率很低，但它却真实地发生过！你不能因为你不相信、你没看见过而去否认它的存在。

最初马忠新给我讲这段的时候，我根本就不相信，所以我没有在意其中的细节。现在仔细回想起来，这不是没有这种可能，这些情节有他的合理性。

## 被迫解甲归田

1952 年 10 月，马忠新主动向南京陆军医院提出转业，经领导批准，他被安排在陕西省公安总局。1953 年，由熊正平、公安科长陈治进介绍，他到咸阳筹建处工作，不久被下放到澄河矿务局卫生所工作。其间当过医生，在矿上开过绞车，1961 年回家务农。

"新中国成立后，战争结束了，你当时在什么地方？"

"我一直在南京陆军医院。1950 年抗美援朝战争爆发，我被派往华中陆军医院，工作了近一年。其间，我还为抗美援朝一级战斗英雄王长华治过伤。王长华排长当时是家喻户晓的英雄，听说还是毛岸英的战友。他的伤很重，烧伤面积达百分之八十，是被美军凝固汽油弹烧伤的，他是为了抢救战友和保护机密文件受伤的。1951 年底我又奉命回到南京陆军医院。"

"按说有如此经历的人，应该有一个很好的安排，可为什么会……"我没法相信他说的这些，依旧质疑！

"当年我跟随部队转战南北，战争结束了，想念家乡的亲人，我想有一个真正属于自己的家。当时我提出转业，领导还不同意，后来还是刘伯承、邓政委商量后，决定把我转到西北军区，这样离家要近一些。"

"那后来你为什么会放弃在陕西公安总局的工作去了澄河煤矿，后来又回了老家呢？"

我仔细阅读着他的材料，默默地等待着他能给我一个"合理的解释"。马忠新沉默了良久……

"当时，1952 年军队和地方都开始了大清查、大整顿，我在东北军里干过，大清查的时候我的'阶级立场'和我曾经有过的短暂婚姻都成了我的'历史问题'。1952 年到 1961 年间政治运动不断，我不断被工作单位清理、调出，最终于 1961 年被澄河煤矿精简回乡，容不得我选择。当年在'镇压反革命运动'和'三反五反'运动中，没有枪毙我已经很不错了！那段历史你听说过吗？唉——"

他有些激动，嘴唇在颤抖。他下意识地用右手抹了抹嘴巴，努力想使自己平静下来。

我觉得我帮不了他。如此离奇的经历，和这么多的显赫人物有如此的交道——我甚至不知道怎样把我们的谈话继续下去。

"你的情况你完全可以去找邓小平说说，他能证明你所说的一切。他老人家现在可是我们国家的最高统帅，你应该知道的……"

他彻底愤怒了，拍案而起！

"算了，你们这些官僚机构，到处都一样！我现在能和邓小平说上话，我还需要浪费你的时间！……这些年，我跑了许多部门，没有一个人相信我说的，他们和你一样嘲笑我，讥讽我！本来我已经心灰意冷了，有人说你是个热心人，我报着一丝希望来找你，看来你和那些家伙没什么两样！"

他站起身来，洒脱地整理了一下衣服、扣子，立正，转身，昂首而去。

一切都始料不及！那一刻我呆若木鸡。我没有刻意调侃他的意思。那一刻，我的内心突然泛起一种莫名的无助和愧疚！

## 病人变成了妻子

当年我在公安局刑警大队工作，其间配合组织部门参与过许多冤假错案的调查走访工作，一种强烈的责任感和使命感驱使着我去为他们寻找真相。许多人"慕名而来"，但大多数都案子相对简单，很容易被查证落实，唯有马忠新的经历如天方夜谭般离奇，我确实没这个能力去证实他如此传奇的人生经历。

1993 年夏，我办案去了四川通江，在通江"革命历史陈列馆"里，我突然听到讲解员说到"儿童团长侨造……"等几个人物，与马忠新所述有着某些似是而非的关联。我突然觉得马忠新的故事尽管我不能全信，但也不能不信。

于是，于 1994 年秋，我专程去了马忠新的家——渔渡镇木竹乡范场坝茨沟村。开着越野车从城里出发，沿 210 国道向南行驶 36 公里到渔渡，在造反桥向右分路，进入渔木乡村公路。渔木公路当年只是一条机耕道，仅一车之宽，小型汽车能勉强通过，崎岖蜿蜒的路面上杂草丛生，鲜有车辆驶过。从渔渡到马忠新的家 20 多公里，我的车子开了两个多小时。

他家在公路对面山脚下的河边，两间土木结构的房子，看上去陈旧、普通。没有电，没有自来水，更没有电视、电话之类的东西，堂屋里整齐地摆放着两个大药柜，一个黑色的桌子放在正中，上面放着一个类似小枕头的垫子，旁边放着一个捣药用的铁罐，铁罐的外部已经被磨得锃光瓦亮，一大叠黄色的方块纸整齐地放在桌子的一端。屋里的女主人热情地迎接了我，我没有说明真实来意，说是下乡路过，随便来看看马大夫。她告诉我：马大夫今天不在，外面看病去了。

"你是他女儿？""不，不是，他是我当家的！"女主人一边整理药柜，一边坦然地回答我。可能有许多人这样理解他们的关系，她应该不是第一次回答这样的问题了。

为了缓和气氛、摆脱窘境，我说："我，我们可是亲戚哟！我外婆叫马忠英，按说我要把他叫舅姥爷，把你叫舅婆才对。"

"是吗？那我们真不是外人。快坐，我给你泡水。""舅婆"热情地招呼着我。她40多岁，干练、热情，衣着得体，看上去像30几岁的人。我们拉着家常，不知不觉间转向了主题。

"你舅爷是个了不起的人，人间所有的罪他都受过，人间所有的苦他都吃过，他的经历不管别人信不信，我相信。"

我开始聆听舅婆诉说她心中的"舅爷"。

"你舅爷大我整整26岁。我小时候身体一直不好，病哀哀的，家里兄弟姊妹又多，没有多少钱治病，后来病情越来越严重，最后连路都走不了了。1963年渔渡发了百年不遇的大洪水，连镇里的医院都冲了，没办法，我只有在家里等死。后来听人说木竹有一个从军队回来的军医，医术高明，救了不少人的命，家里抱着'死马当作活马医'的态度，让我的两个哥哥和嫂嫂把我用滑竿抬到他家里治疗。他又是中药，又是西药，没日没夜地照顾我，给我治疗了一个来月，我竟然好了。当时家里太穷，我也把家里拖累很了，没有钱给他。我说：'过去差别人钱还不起可以给人家当长工抵债，我家里没有钱，干脆我给你当长工抵债，行不行？'他开玩笑地说：'那这个债你可要给我当一辈子长工看能不能抵清。'我当时脱口而出：'我愿意给你当一辈子长工。'……后来爸爸妈妈也无奈地同意了我们的婚事。结婚那天，他一大早步行到我家，全家人一块吃了一顿饭，他拉着我的手从家里出来，我们什么都没有。我们手拉手的走在村里的田坎上！他那个气势没有人能比，全村人都向我投来美慕的眼光，大家一块起哄要他走几个正步，他竟然在田坎上昂首挺胸地走了一段正步，大家都高兴得在一边鼓掌，都说你舅爷真帅，说他不是个凡人！我们一块生活到今天。他很体贴人，知冷知热。他教我医术，现在我也是这里小有名气的妇科医生了。""舅婆"的眼里洋溢着无法掩饰的幸福。

"文革期间，县上下来的红卫兵、造反派和社教队，一波接一波地批斗他，他差一点就被整死了，他烧毁了他所有的证件，只剩了一张证件皮皮了。造反派做我的工作，说他是美蒋特务，要我跟他划清界限，我坚决不肯，后来我们一块被戴高帽子，开批斗会，但村里的老百姓都很喜欢我们，白天批斗，晚上给我们送好吃的，公社派给我们管制分子的义务工，晚上全村的老百姓连夜就帮着干完。有这些善良的村民，我们才活了下来，才活到了今天。"

终于没有等到"舅爷"归来，夜色中我驾车返回，心情陡然沉重起来。河对岸"舅婆"还在用手电向我挥别。

我后来听说，"舅爷"拯救过许多人的生命。

木竹饭场坝一个姓杨的村民对镇巴中学的几个老师说："过去我们这里缺医少药，婴儿死亡率很高。马大夫没有回来前，我们对面那个岩洞里火匣子（用于盛装死亡婴幼尸体的棺材或木头盒子）堆满了的，他回来后，所有患病的婴儿都得到了救治，再也没有火匣子往那山洞里放了。他救过好多人的生命，真的很了不起！"

一个曾经的患者说："那年我倒拐子（胳膊）上长了一个疖子疮，有鸡蛋那么大一个。马大夫过路看见了，他边问我这问我那，转移我的注意力。说话间，他告诉我，疮已经割了。我一看，妈也，那么大个脓疮已经全部割掉了，我还没反应过来，他给我清理包扎了，后来换了三次药，短短十几天就好了。我服了，马大夫不是一般的人，只是命不好，生在我们这个穷山旮旯里。"

## 精通汽车的农民

听了"舅婆"的故事后，我就一直注意向人们打听关于马忠新的故事，没想到他是个知名度极高的人。

20世纪70年代在大田堡工农铁厂当汽车司机的陈师傅告诉我："76年我在工农铁厂当汽车司机。那是个6月份，我在赤南的覃家岩装了一车铁矿石，一个农民模样的老汉背了一个背篓，想搭一段顺路车，我没有同意。我开车走到大河口赵家坟时要过一个小河，我加速从小河中冲过准备爬坡时，车突然加不起油，我顺势退回来，又冲，还是加不起油，汽车排气管里噼里啪啦的放炮，就是加不起油，也不熄火，在那里来回倒腾了半个多小时。那人赶了上来，他把背篓放在公路边，一边歇气一边看着我，我想他一定是在看我的笑话，就想赶快把车修好，可是怎么修也找不到毛病，当时我已经是汗流浃背狼狈不堪了。我拿扳手准备拆油箱上的油管，老汉笑着说：'小伙子，不是油路的问题。'我一听气不打一处来，当年懂汽车技术的人本来就不多，何况你一个农民？我没好气地说：'你懂个球，有本事你来嘛！'他不动声色地说：'我来就我来。你过河时开得太快，分电器盖被水打湿了，一听就知道6个缸只有4个缸在做功，这么陡的坡，这么重的货，6个缸只有4个缸工作你哪门上得去嘛？'他一边说一边用搭在肩上擦汗的毛巾擦拭分电器盖和分缸线，然后信心满满地盖上引擎盖，回头对我说：'把背篓放在车上。'我机械地照办了。他钻进驾驶室，一踩马达，发动机欢快如故，只见他挂档、起步，轻松自如地爬上了河沟。我当时开车才两年，他娴熟的操控技术让我相形见绌，自愧不如。他一边开车一边说，我的车还有些小毛病，一是点火时间过晚，发动机声音很闷，燃油不能充分燃烧，动力不能完全发挥，这样发动机还费油，且水温容易过高；二是离合器踏板过低，分离不是很彻底，容易造成挂档响齿。我茅塞顿开，今天我是遇上高人了！我的车水温一直高，经常开锅，都说是国产车的'通病'，一直没能解决！挂档响齿问题，一直被同事认为是我的操作技术问题！胜读十年书啊！不知不觉间车开到了渔渡，我才发现路走错了，这是他的目的地，而我的目的地是铁厂。不过不枉此行，我学了不少东西，我把他的地址和名字记在了一个小本子上，回车队，我向队长汇报了我没有按时回来的原因，并说了这个人的情况，队长没有责怪我。后来，我们队里车坏了修不好，就派人去请他。当时，他还只能以看病为由悄悄来铁厂给我们修车，厂里原来有两辆长期趴窝的柴油翻斗车他也给我们修好了，而且他从来没有收过我们的钱，我有时只是给他灌一桶柴油，他回家照明用。那人真是个神人！"

盐场镇一个姓何的拖拉机手告诉我："马大夫是远近闻名的医生，我母亲病了，我开着手扶拖拉机去木竹请他，回来路上没油了。当年汽油和柴油供应非常紧张，全国都在搞'封车节油'以应对油荒，但当时各供销社供应农村照明用的煤油却很充足。马大夫告诉我，用煤油加一定比例的机油就可以替代柴油。那个年代许多拖拉机都停运了，我按马大夫给的'秘方'，拖拉机一天也没有停过，我们兄弟四个挣了不少'俏价钱'。"

## 老兵的末路

1994年春节前夕，一个从上海市某公安局退休的镇巴籍民警，姓胡，来公安局找我。他解放前在西安读书，后参加地下党投身革命，解放后在上海市公安局工作，他希望我能帮他查一查解放后他父亲在镇巴的一段历史结论。经过40多天的走访和查阅档案，他终于满意而归。临走时他告诉我，如果有什么事情需要帮忙就不要客气，我就把马忠新夫人张作英是不是埋在上海兴胜寺塔一事委托他调查一下，几个月后他打来一个电话，说上海当年的兴胜寺塔是一个教会医院，在1938年的档里查到一个记录：殒者，张作英，女，年龄，20岁，籍贯，奉天；殒因，分娩意外；渡式，义冢；殒主，上海妇女救国会；殒时，民国27年10月13日。整个表格却没有马忠新的名字和信息。尽管如此，我感觉与马忠新的说法已经有几分"靠谱"了。

我对马忠新材料里所提及的人物进行尽可能的调查找寻。1995年，我在陕西省人民医院见到了奄奄一息的国民党西北军老兵纪宏图，他证实了马忠新在西安事变前的一些情况，并出具了书面证明，但他对西安事变以后的马忠新一无所知。

来玉成在文革期间被关押在陕西省黄陵县某监狱，1980年释放后不知所终；王佐钦，没有人知道他在哪里；给赵授山、熊正平等人的问询函一直没有回复……

老年马忠新

当我们在努力证明马忠新的人生经历的时候，马忠新却没有能够等我们把他的问题弄清楚。1997年3月7日，马忠新在家里平静地走完了他78年的风雨人生。2012年7月28日，他晚年的妻子也步尘而去，他收养的两个侄子早已成家另立门户，他的两个儿子，一个在老战友的帮助下70年代末去了陕西省某国有煤矿当了矿工，小儿子在我县一个私人煤矿打工。

2014年4月5日，受一种力量的驱使，我们的志愿者团队来到了马忠新的墓地。马忠新老人被安葬在老屋旁边的山脚下，没有墓碑，没有墓志铭，只有萋萋的荒草在风中摇曳，似乎是在向我们这些探访者招手致意。坟头向着对面的山峦，似是在等待和期盼着什么。墓地荒凉、静怡，只有不远处小河里的潺潺水鸣。我们无言以对，这也是我和马忠新老人最为平静的一次"对话"……

回忆关于他的那些故事，一个当年生活在大山里且没有公路（渔木公路于1990年开通，只是一条乡间便道，机耕道）的地方的农民，他娴熟的驾车技术从何而来？八十年代前我县汽车很少，许多山里人没看见过汽车，他一个居住在深山的人，从哪里学到汽车的驾驶和修理技术？当年整个县的医疗条件极差，渔渡镇医院也只是中医为主，西医为辅，外科闻所未闻，而马忠新却能在山里给一些患者实施外科手术，绝不可能是"无师自通"的！一个数十年居住在大山里的老人，在当年没有电、没有电视、没有电话，更没有网络的情况下，他不可能从影视资料上获取什么信息来"对号入座"！他的故事值得我们去探究。

也许他还在等待着我们最终的结论，还在期待着有人能在他的墓碑上刻上他所希望的墓志铭。但马忠新也说过："我是在自寻烦恼，我需要你们去给我证明什么？我应该知足才对。我那么多战友牺牲了，许多战友连名字都没有人知道，他们的家在何处？他们的亲人何在？他们有没有兄弟姐妹？他们有没有妻室儿女？他们找谁去证明、找谁去说理？我还活着，我应该感到很幸福！我应该庆幸自己今天还活着！我真是个不知好歹的东西。我需要你们证明？滚吧！你们永远不能证明什么！"

尽管我被马忠新激愤地呵斥过，但我认为他还是一个不折不扣的绅士，当年我害怕被他责问，而今天我却强烈的渴望他再一次拍案而起！

马忠新少年从军，因为两个馒头而参加了红军，是他一生中最高贵的"拍卖"！

马忠新给毛泽东充当信使，给张学良将军送信，是他一生中最值得骄傲的经历！

马忠新和张学良将军的姑姑张作英暂短的婚姻，是他一生中死不瞑目的爱和刻骨铭心的痛！

马忠新在四平战役里身负重伤，死里逃生是他一生中最大的幸运，他大难不死却无缘"后福"。

马忠新和许多伟人在不经意间偶然相遇，是他一生最大的自豪和荣耀，却无缘"再见"！

马忠新少小离家，出门时父母在堂，兄长健在，回家时却已经是家破人亡、父母离世，兄长和他从未见过面的嫂嫂也相继去世；两间破烂不堪的房子，两个衣衫褴褛的小侄子竟是他生活的全部！

一个出生入死的老兵，一个传奇人物的末路竟然是如此的悲惨和不堪！

手上的这份材料，让我忽然觉得如此沉重。我希望有更多的人能够以悲悯的情怀去看待那段历史，希望这个故事能在大家的共同关注下水落石出、尘埃落定，希望事实和真相能告慰那个死不瞑目的老兵，更希望那个老兵能原谅我及我们的一些无知、浅薄、傲慢和冷漠……

任怀义

2014 年 7 月 7 日

# 口占张联辉

米仓道窄书窗寒，生员会试多不便。
攒薪置得崔氏宅，不曰萼楼曰定远。
长安风紧仕途累，西门火暖乡情满。
崔檐书香作缥缈，高压线上停旧燕。
西风日起催新学，即舍书院返乡关。
学堂女校又高小，擎天大厦第一砖。
柱杖花甲黄昏近，倚墙日月方堂站。
我辈树下乘荫凉，代代桃李君犹见。

梅冬盛

# 后 记

## 一

好些年前，国家文物局的乡友谭平向我索要有关老家历史方面的书籍，未果。再要，依然未果。非我不尽力也。其实，手头也搜罗了一点早期的资料，但均显局促片面，品貌亦旧。

"不可能专门来编一本吧！"见面时，我半开玩笑。

不想，他却当了真，并力促此事。"……镇巴历史文化从内容到形式——特别是民歌等国家级非遗，丰富多彩，特色鲜明，是不可再生资源。深度研发，不仅是区域个性化发展的着力点，也是重塑治内文化自信自强的财富源。做一套咋样——系统又通俗的历史文化读本？"

出于写作爱好，本人对地方历史文化有所涉足，也掌握一些相关资讯。但面对研撰这等繁巨专务，难免迟疑。乡友却毫不妥协，一如既往地"鞭策"，话里话外无不浸润着桑梓之情。

不想，事情有了新的契机。"十二五"期间，全省启动专业技术人员继续教育，我校被批准成立了"镇巴县专业技术人员继续教育基地"，并建起了以学习考试为核心的功能性网站。为此，我们针对成人教育工学矛盾突出、教学培训有效性不足等问题，力求在坚持省市继续教育课程标准规划政策的原则下，尝试开发更有针对性和现实性的原创教程（虽然这种将照本宣科式的一般性培训提前到了课程开发阶段的"自强"行动大大增加了难度）。期间，我们的思想认识也在发生变化。服务于地方社会发展，必将是专技培训的要务。近年，我县着力推进"民歌、红军、苗民"三乡文化强县战略，如果开发一套系统的历史文化方面的教材，再充分利用继教平台进行普及，使这些作为我县经济社会建设中坚力量的专技人员系统地了解本土历史文化，进而全面提升人文素养、地域认同感、自豪感和自信力，进而在各自的工作决策中多一个维度，这对于助推我县经济社会及文化的发展，将具有很现实的意义。

这时，乡友谭平又恰好到了文物出版社，相当繁琐的后期出版工作也基本可以落实。万事俱备，东风恰至。研创工作肇始，定名《镇巴史话》。

## 二

镇巴地境建县时间很早（公元 221 年），而地方志仅两部：一是 1879 年刊印的《定远厅志》，一是 1996 年出版的《镇巴县志》。这两部书的数量都很有限，尤其是《定远厅志》，存世极少，且为繁体、文言、无标点的竖排本，不便于大众阅读；《镇巴县志》虽通俗易读，又太过专业繁杂，造成镇巴历史知识的普及存在问题。即便是有着较高学历的知识分子，也有不少人误以为镇巴历史极为短浅，更谈不上全面系统地了解了。因此，地方历史知识的普及当是文化建设的基础工程；著书立说，编撰大众喜闻乐读的历史文化普及读本尤为必要；简明扼要地勾勒镇巴历史轮廓，浓墨重彩地描绘本地人事亮点，则是本课程开发的要则。

于是我们报请主管部门以课题招议标形式进行，镇巴中学的杨盛峰老师斟酌再三而最终应诺组队担承。在具体实施过程中，我们特别强调了课题的各项要求及指标，并适时统筹跟进。

浩浩千年，芸芸万事，大则绪端纷繁而杂乱难贯，小则疑窦百出而无据可证。杨老师等遂通读《定远厅志》等相关史书典籍数十部，踏寻周遭遗迹旧址数十处，史实相参，古今互证，通始末，得精要。穷思深究，独辟蹊径，遂列纲目八章。本论概述谓之"史"，章后链接谓之"话"，史、话结合，有点有面，相得益彰。或亲自撰写，或多方约稿，或原创新撰，或旧文翻新，或研讨会商，或熬灯独坐，或信函求证，或网络捞针，或独自苦成，或合作谋篇……千番斟酌，频易其稿，所得字数远逾四十万，倍于初拟之数，再经屡次会商，减篇目，删冗文，精词句，又请专人细校全稿，得言凡三十八万余。

初稿成，学校初验，修改；遂委托西安建筑科技大学副教授、清华大学博士吴国源独立审验，再改；最后，由文物出版社正式出版——大功成矣。

## 三

《镇巴史话》之特点，书前绪论及二序多有论述，下面仅就新意之处略举数例：

大致勾勒出汉末至民国末期镇巴人口变化情况；理出了镇巴军事史脉络；对建立南乡、洋源县及定远厅的情况有了较全面的叙述；对两宋元明时期县境社会经济状况有了较全面的探索；丰富了镇巴历史人物谱；充实了"洋河"历史称谓的证据；开启了对镇巴现代科技史的研究；对镇巴古代农业、冶铁、植茶等进行了专门研究；对清代丁木坝胡高学墓表进行了深入研究；对镇巴古代文学史进行了专题研究；获得了《山南诗集》中唯一一首本县诗人的作品；考察了全国罕见的"五姓祠堂"；考证了王世镗所书治河要诀的作者；研究了当阳寺三教合修的文化背景；对红崖河李氏家族的迁徙史进行了专题研究；对清末民初碾子垭汤、蒋两大家族的纠葛斗争进行了专题研究……特别需要指出的是，全书最后一篇长文《一个镇巴老兵的传奇人生》所写人物马忠新，他自称替毛泽东送过信、给张学良当过姑父、给邓小平包扎过烫伤，他返乡后的行为也的确让人称奇，可他自己证明不了自己；我们之所以最终保留这篇传记，是希望在网络时代开启一种新的历史研究方式——让广大网友中的知情者来证实或证伪——当然，这种冒险的创新还有待读者的支持和考证。

在此，我们特别要指出的是在课程开发过程中，我们通过研读周边县市的史志并结合现状考察对照，发现镇巴历史上人文精神的积淀和传承尤显淡薄。究其原因，在于作为其传承重要载体的有精神内质的人的缺乏。非没有也，而是唯一一部清《定远厅志》中缺少人物传记，即便有一点，也是蜻蜓点水，只言片语而缺失重要细节。人不传，文事无依托，道德不彰显，人文精神必不得传也。为此，我们反复研究，决定增加相应专章及内容，如对余谦、严如熤、余修凤、王余晋、"三沈"、王世镗、李自立、符先辉、钟明锋、彭辉、晏安兴、吴妈妈、李青山、马忠新等人物进行了力所能及的挖掘拓展，并丰富了相当多的细节，从而极大充实了镇巴历史人物谱。

## 四

在此，我们要感谢本文的主要撰稿人杨盛峰老师及其研创人员，本书的各章综述部分均由其执笔。研撰期间，他爬故纸堆，探老坟头，入深山沟，探幽发微，夜以继日，辛苦异常。其对课题价值深刻的认识，耐得住寂寞坐得下来的定力，基于本心的执著爱好，让人感佩。

同样，我还要感谢在田野考察、档案查询、资料收集等各个环节为我们提供方便的所有单位和个人，后期在篡稿汇编、检查校对、专题研讨等繁琐工作中废寝忘食、全心投入的所有专家和老师，以及默然于后台服务的我校全体同仁。

书虽出，心惴惴。春秋卷册，草根斗胆，青涩有之，缺漏难免，诚望方家和读者谅解并不吝赐教，以臻尽善。

# 五

笑语当真，书成事竟——为的是朋友所托，为的是同志心愿，为的是大家知悉脚下山水，深味本土人文，更为了在悉知的基础上爱得更深，在深味的基础上做得更好。

——谨以此书献给所有热爱这片土地的人们！

梅冬盛

二零一五年孟春于镇巴

彩版一　观音寨古钟

彩版二　20世纪50年代尚存的河运船队

彩版三　渔渡坝五姓祠堂木梁上的文字

彩版四　拆毁中的渔渡坝五姓祠堂

彩版五　观音镇小里沟李氏老宅

彩版六　观音镇小里沟李氏墓群之赵夫人墓

彩版七　碾子垭老街武昌会馆遗址

彩版八　宋·蒿坪寺古钟

彩版九　响洞老街

彩版一〇　巴山林马家坝旧纸坊

彩版一一　观音镇小里沟石寨

彩版一二 红色交通线上的秘密联络点——高脚洞

彩版一三　白天河会仙桥

彩版一四　现存胡家寨胡高学墓表

彩版一五　永平桥记事碑

彩版一六　钟魁楼遗址

彩版一七　周子垭至宝塔

彩版一八　盐场镇南沟村张恕亭神道碑

彩版一九　渔渡坝当阳寺熊道士墓

彩版二〇　平安镇祖师寨

彩版二一　蜀汉南乡县城墙遗址

彩版二二　王世镗手书"功深治安"牌匾

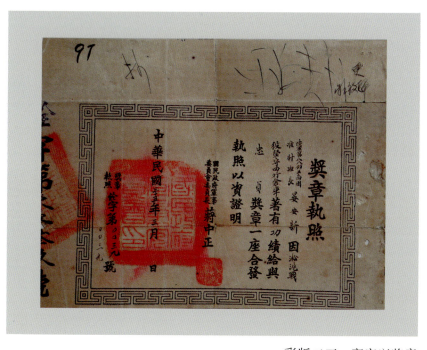

彩版二三　晏安兴奖章

彩版二四　清·《定远厅志》原本